푸코 효과

통 치 성 에 관 한 연 구

THE FOUCAULT EFFECT

푸코 효과

콜린 고든, 그래엄 버첼, 피터 밀러 엮음

심성보, 유진, 이규원, 이승철, 전의령, 최영찬 옮김

일러두기

1. 본서에 수록된 미셸 푸코의 「정치와 담론 연구」, 「방법에 관한 질문들」, 「통치성」은 푸코 사후 출간된 『말과 글』(*Dits et Écrits*)에 모두 수록되어 있다. 이 글들을 번역하는 과정에서 『말과 글』 판본을 참조했음을 밝혀둔다.

2. 앞서 언급한 푸코의 「통치성」은 『안전, 영토, 인구: 콜레주드프랑스 강의 1977~78년』의 4강(1978년 2월 1일)에 해당한다. 그러나 본서에 수록된 판본은 이 강의의 이탈리아어 전사본을 번역 대본으로 삼고 있다. 2004년 『안전, 영토, 인구』가 출간되기 전까지 수십 년간, 이 글의 모든 번역은 저 이탈리아어 전사본을 번역 대본으로 사용했다. 그러므로 그 나름의 '역사적 의의'를 존중하는 차원에서 우리 역시 (『말과 글』에 수록된) 이탈리아어 전사본을 번역 대본으로 삼았다. 단, 이탈리아어 전사본에서 모호한 구절의 전후 맥락을 확인할 때에는 위에서 말한 최종판(2004년)을 참조했다.

3. 푸코의 주요 개념들은 읽은이들의 혼동을 피하기 위해, 현재 출간 중인 '콜레주드프랑스 강의' 시리즈에서 사용된 번역어와 가급적 통일했다.

4. 각주에는 '지은이 주'와 '옮긴이 주'가 있다. 지은이 주는 괄호 안에 숫자(1, 2, 3……)로 표시했고, 옮긴이 주는 별표(*, **, ***……)로 표시했다. 옮긴이 주에는 본문의 내용을 이해하는 데 필요한 배경지식이나 자세한 서지사항 등을 소개해놓았다.

5. 본문에 들어 있는 '[ ]' 안의 내용은 옮긴이들이 읽는이들의 이해를 돕기 위해 원문에 없었던 내용이나 표현을 덧붙인 것이다. 단, 지은이가 덧붙였을 경우에는 '[ ]' 안의 내용 뒤에 '— 지은이'라고 명기했다.

6. 본문에 인용된 책이나 글의 내용 중, 해당 한국어판이 있는 경우에는 '[ ]' 안에 그 자세한 서지사항과 해당 쪽수를 병기했다. 단, 인용된 구절은 한국어판을 참조하되 꼭 그대로 따르지는 않았고, 필요할 경우에는 부분적으로 수정했다.

7. 단행본·전집·정기간행물·팸플릿·영상물·음반물·공연물에는 겹낫표(『 』)를, 그리고 논문·논설·기고문·단편·미술 등에는 홑낫표(「 」)를 사용했다.

차 례

서 문 7

서 문

이런 효과는 결코 외양이나 환상이 아니다. 이 효과는 표면을 따라 펼쳐지거나 늘어서는 하나의 생산물인바, [그 모습을] 그 자신의 원인과 꼭 같이 드러내며 그 원인과 똑같은 외연을 지닌다. 이 생산물은 그 원인을 효과들로부터 떼어낼 수 없는 내재적 원인이요, 그 효과들 바깥에서는 순수한 무 또는 x로 규정한다. 그런 효과들, 그런 생산물은 대개 하나의 고유명사나 개별적 이름에 의해 지시된다. 하나의 고유명사는, 그것이 이런 종류의 효과를 가리키는 한에서만 하나의 기호로 간주될 수 있다.*

미셸 푸코의 동시대인이자 친구였던 질 들뢰즈는 위의 인용구에서 켈빈 효과**나 콤프턴 효과*** 같이 특정한 물리 현상에 개인의 이름을 붙이는 과학의 명명법에 대해 설명하고 있다. 들뢰즈는 개별성에 관해서도 흥미로운 점을 지적하는데, 어떤 '효과'에 물리학자의 이름이 붙는 데서 볼 수 있듯이, 개별성의 완전한 형태는 비개인적 특이성의 완전한 형태

---

* Gilles Deleuze, *Logique du sens*, Paris: Minuit, 1969, p.88. [이정우 옮김, 『의미의 논리』, 한길사, 1999, 149쪽.]
** Kelvin effect. 영국의 수리물리학자 톰슨(William Thomson, 1st Baron Kelvin, 1824 ~1907)이 발견한 기체의 온도 변화 현상을 말한다.
*** Compton effect. 미국의 물리학자 콤프턴(Arthur Compton, 1892~1962)이 발견한 X선 광자와 전자의 산란 현상을 말한다.

를 구현할 수 있다는 것이다. 이 편집서의 제목은 이런 사유에서 빌어왔다. 간단히 말하면, 여기서 이야기하는 '푸코 효과'란 **통치**라 불리는 행위나 기예가 사유가능해지고 실행가능해지는 다양한 방식들을, 현재 역사에서의 특정한 관점에 따라 가시화하는 것이다.

또한 이 제목은 본서의 저자들이 (개인적인 친분 말고도) 공유하고 있는바, 그러나 어떤 학파에 소속되어 있다거나 어떤 선언문에 지지 서명을 하는 것과는 다른 무엇을 전해주기도 한다. 우리가 공유하고 있는 것은 어떤 특정한 탐험의 열정, 즉 아마도 지금까지는 푸코가 가장 잘 식별해내고 묘사해 놓았을 역사적 실재의 한 차원을 (국가이성, 내치, 자유주의, 안전, 사회경제, 보험, 연대주의, 복지, 리스크 관리 등 그 현대적 현상 형태 전반에 걸쳐) 포착하고 분석하려는 부단한 노력이다.

우리는 여전히 새로운 것, 지난 시기의 지적 작업들이 충분히 소화해내거나 숙성시키지 못한 것, 그래서 우리가 우리의 현재를 이해하고 우리의 현재에 응답하며 더 나아가 우리의 현재를 넘어서도록 도와줄 수 있는 무엇인가가 여기 수록된 작업들에 있다고 믿는다. 1976년에 푸코는 우리가 정치 분석에서 아직 왕의 목을 자르지 못했다고 말했다.* 즉, 정치에 대한 사유는 여전히 전제주의 대 정당성, 억압 대 권리의 대립 구도에 갇혀 있다는 것이다. 영국의 비판적인 정치 문화는 최근 들어 성문헌법과 권리장전에 천명된 목표들을 적극 지지하기 시작했다. 푸코가 이런 목표들이 무의미하다고 주장한 것은 아니다. 하지만 통치는 단순히 길들여져야 하는 권력이거나 정당화되어야 하는 권위가 아니다. 통치는 각각을 돌보면서 모두를 고려하는 하나의 행위이자 기예이다. 또한 통치는 언제나 사유를 전제로 하는 기예이다. 통치행위의 감각과 대상은 하늘에서 뚝 떨어진 것도, 사회적 실천을 통해 이미 완성된 형태로

---

* Michel Foucault, *Histoire de la sexualité, t.1: La volonté de savoir*, Paris: Gallimard, 1976, p.117. [이규현 옮김, 『성의 역사 1: 지식의 의지』(제3판), 나남, 2010, 98쪽.]

등장한 것도 아니다. 통치행위의 감각과 대상은 발명되어야만 했던 (그리고 계속 재발명되어온) 것들이다. 푸코는 사회적 현실의 가장 거칠고 가장 어리석어 보이는 영역에서도 어느 정도의 사유가 존재함을 보여줬다. 비판이 변화를 위한 진정한 힘일 수 있는 이유가 바로 여기에 있다. 비판은 특정한 실천들로부터 그 자명성을 박탈하고, 사유가능한 것의 범위를 확장해 다른 것을 발명할 수 있게 해준다. '푸코 효과'가 이런 비판의 힘을 되살리는 데 기여하는 것이 우리의 바람이다.

제1부

푸코와 통치성

1 | 통치합리성에 관한 소개

콜린 고든

미셸 푸코는 1970년에서 1984년까지 파리의 콜레주드프랑스에서 [안식년이던 1977년만 빼고] 매년 강의했다. 특별히 개설된 '사유체계의 역사'라는 강의의 전담 교수였던 푸코의 업무는 어떤 강의계획에 맞춰 가르치는 것이 아니라 자신의 연구결과를 공개적으로 보고하는 것이었다. 이 강의들 중 몇몇은 푸코의 다양한 후기 저작에서 나올 테마들을 예비적으로 검토하고 있는데, 푸코 자신이 공식적으로 집필한 강의요지들은 콜레주드프랑스에서 단행본으로 출간되기도 했다.[1] 하지만 그 외에도 이 강의들은 푸코가 더 이상 발전시키지 않았거나 완성된 문서의 형태로 정리할 시간이 없었던 풍부한 자료들을 포함하고 있다. 아마도 매년 진행된 강의 중 가장 주목할 만한 것은 1978년의 강의 『안전, 영토, 인구』와 1979년의 강의 『생명정치의 탄생』일 것이다. 1978년 강의 일부는 (비록 프랑스에서는 아니었지만) 푸코 생전에 출간됐고, 이 책에 다시 수록됐다(본서의 4장을 보라). 푸코의 유작 관리자들은 푸코가 이 강의들 전체의 사후 출간을 금지한 것으로 푸코의 유언장 내용을 해석했지만, 최근 1978년과 1979년 강의의 첫 번째 강연을 녹음한 테이프가 공개된 데서도 알 수 있듯이 이 두 해에 걸친 강의는 예외적인 관심을 받아왔으며, 현재 전체 녹음 테이프의 공개가 고려 중에 있다.* 연구자들

---

1) Michel Foucault, *Résumé des cours: 1970-1982*, Paris: Julliard, 1989.

은 이 두 해의 강의 전체를 녹음한 기록을 파리 솔슈아르도서관의 푸코 문서고에서 이용할 수 있다.

이 강의들에서 푸코는 자신이 '통치합리성' 혹은 자신의 신조어를 써서 '통치성'이라 부른 것을 연구하는 새로운 분야를 규정하고 탐색했다. 하지만 푸코 혼자 이 작업을 수행한 것은 아니다. 강의와 병행해 별도로 진행된 세미나에 동료 학자들이 참여했는데, 그 중 몇몇은 이 책의 기고자들이다. 푸코는 후속 강의들에서 통치와 관련된 테마가 아니라 『성의 역사』 2~3권에서 다룰 주제로 관심을 돌렸다. 하지만 푸코는 미국을 방문할 때마다, 특히 버클리에서 지속적으로 통치 문제에 대해 강의하고 연구 세미나를 열었다. 말년에 미국에서 출판된 일련의 강의, 논문, 대담은 푸코가 행한 이 분야의 연구를 이해하는 데 중요한 자료이다.

이 글에서 나는 '통치성'이라는 테마가 푸코의 작업에서 가지는 의미와 이 표제 아래 푸코와 다른 이들이 수행한 연구들을 개괄하고, 이런 작업방식을 통해 상당수의 상이하고 독립적인 연구자들이 생산해온 정치적·철학적 분석들의 몽타주를 제공할 것이다. 어떻게 보면 이것은 문제적일 뿐만 아니라 매우 성급한 시도이다. 압축적이고 혼합적인 설명은 기고자들 간의 중요한 관점 차이를 지워버릴지도 모른다. 또한 나는 완전한 형태의 결과물을 논하기보다는 하나의 연구 영역을 묘사하고 있다(다행히도 이제는 본서 기고자들의 주요 후속 연구들을 참조할 수 있게 됐다).2) 하지만 푸코의 강의 자료에 접근하기 어려운데다 그마저 격식을

---

* 푸코의 콜레주드프랑스 강의는 1997년에 『"사회를 보호해야 한다"』(1975~76년 강의)가 출간된 이래로 쇠이유와 갈리마르의 공동 작업에 의해 속속 출간되고 있다.

2) Jacques Donzelot, *L'Invention du Social: Essai sur le déclin des passions politiques*, Paris: Fayard, 1984; Seuil, 1994. [주형일 옮김, 『사회보장의 발명: 정치적 열정의 쇠퇴에 대한 시론』, 동문선, 2009]; François Ewald, *L'État Providence*, Paris: Grasset, 1986; Ian Hacking, *The Taming of Chance*, Cambridge: Cambridge University Press, 1990. [정혜경 옮김, 『우연을 길들이다: 통계는 어떻게 우연을 과학으로 만들었는가?』, 바다출판사, 2012.] 빈곤의 통치에 대한 조반나 프로카치의 책은 1991년에 출판될 예정이

안 갖춘 구어체 형태로 되어 있는 탓에 요약은 달갑지 않지만 꼭 필요한 작업이다. 이런 발표 형식에서 오는 장애와 그로 인한 불편에 대해서는 자료 자체의 풍부함을 봐서라도 독자들의 양해를 바랄 뿐이다.

나는 앞서 말한 작업들을 요약하는 동시에 그것들을 서로 연결시키고 맥락화하고자 한다. 우리는 여전히 푸코 작업의 상당수, 특히 그가 1976년부터 1984년 사이에 행한 지적 작업에 완전히 접근할 수는 없지만, 차츰 그 놀랄 만한 광범위함을 깨달아가고 있다. 통치라는 테마는 푸코의 후기 철학에서 핵심 위치를 차지하며, 따라서 이 위치를 가능한 한 정확히 규명하려는 노력이 요구된다. 이 테마가 가진 폭넓은 영향력을 이해하려면, 이 연구 의제와 동시대 정치상황 간의 관계를 살펴볼 필요가 있다. 또한 이 테마가 가진 특유한 가치를 정당하게 논의하려면 이 작업의 독특하고 전례 없는 성격을 교조적으로 과장하는 대신에 동시대의 인접한 정치철학과 정치 사상사 영역들에서 이뤄진 탐구들과 소통할 수 있는 통로를 확립하는 데 노력을 기울여야 한다. 본서의 6장에서 그래엄 버첼이 보여주고 있듯이, 이런 생산적인 연결 지점들은 무수히 많다. 마지막으로, 푸코가 말년에 발표한 작업들에 대한 다양한 논의를 충분히 참작해, 이런 방식의 작업과 사유에 내포된 (만일 그런 것이 있다면) 윤리적·정치적 함의를 살펴볼 필요가 있을 것이다.

푸코는 '통치합리성'이라는 주제로 무엇을 염두에 두었을까? 푸코는 '통치'라는 용어를 넓은 의미와 좁은 의미로 모두 이해했다. 푸코는 대체로 '통치'라는 용어를 '품행의 인도'라는 의미로 정의했다. 즉 통치는 사람들 일부나 전체의 품행을 형성·지도하거나 그에 영향을 끼치려고 하는 활동의 형태이다. 푸코는 마지막 두 해의 강의들, 그리고 계획했지만 출간되지 못한 어느 책에 『자기의 통치와 타인의 통치』라는 제목을

다. [실제로는 예고보다 2년 뒤에야 출간됐다. Giovanna Procacci, *Gouverner la misère: La question sociale en France (1789-1848)*, Paris: Grasset, 1993.]

붙였다. 활동으로서 통치는 자기와 자기의 관계, 특정 형태의 통제나 지도와 관련된 사적 개인들 간의 관계, 사회제도와 공동체 내부에서의 관계, 그리고 마지막으로 정치적 주권의 행사와 연관된 관계 등과 모두 관련되어 있다. 푸코는 결정적으로 이처럼 통치의 상이한 형태들과 의미들 간의 상호연관에 주목했지만, 특별히 통치합리성에 관한 강의들에서는 정치 영역에서의 통치에 주로 관심을 기울였다.

푸코는 '통치합리성'과 '통치술'을 거의 동의어로 사용한다. 푸코는 하나의 활동 혹은 실천으로서 통치에 관심을 가졌을 뿐 아니라 그런 활동을 구성하고 그 실행방법을 이해하는 방식으로서 통치술에 주목했다. 따라서 통치합리성은 통치실천의 성질에 관한 사유방식 혹은 사유체계를 뜻하며(누가 통치하는가, 통치란 무엇인가, 무엇이 혹은 누가 통치받는가), 이는 통치자와 피통치자 양쪽 모두가 인식할 수 있고 실천할 수 있는 형태의 활동을 가능케 한다. 다른 작업에서처럼, 여기서도 푸코는 그런 다양한 합리성의 형태가 인간에 의해 창안된 역사적·우연적 결과물이라는 점이 야기하는 철학적 문제에 주목하고 있다.

이 두 해의 강의에서 푸코는 이런 분석의 관점을 서너 가지 상이한 역사적 영역에 적용한다. 첫째, 그리스 철학, 더 일반적으로 말하면 고대와 초기 그리스도교에서의 통치 성격이라는 테마와 '사목권력'의 형태로서의 통치라는 아이디어. 둘째, 국가이성 및 내치국가의 관념과 결부된 근대 초기 유럽에서의 통치 원리들. 셋째, 하나의 통치술로서의 18세기 자유주의의 등장. 마지막으로, 통치합리성에 대한 재고의 방식으로서 전후[제2차 세계대전 이후] 독일·미국·프랑스에서의 신자유주의 사상들. 푸코는 이 다양하고 비연속적인 시도들을 (그 자신의 강연 제목 중 하나인 "전체적인 동시에 개별적으로"라는 공식으로 요약되는3)) 이들의

---

3) Michel Foucault, "'Omnes et singulatim': Towards a Critique of 'Political Reason'," *The Tanner Lectures on Human Values II*, Salt Lake City: University of Utah Press,

공통 관심사에 근거해 하나로 연결시켰다. 푸코는 서구 사회에서 전부에 대한 통치이자 각자에 대한 통치이며, '전체화'하는 동시에 '개별화'하는 데 중점을 둔 정치적 주권형태 쪽으로 발전해가는 통치실천의 특징적인 (동시에 문제적인) 속성으로서 이 공식을 제시한다.

푸코가 이런 결론에 도달하기까지의 몇몇 과정을 재구성해보면, 그가 어떻게 이 문제에 몰두하게 됐는지를 더 잘 이해할 수 있다. 잘 알려졌다시피, 푸코는 앞서 발표한 『감시와 처벌』에서 근대 감옥의 발명에 일정 부분 응용됐던 규율기술을 연구함으로써 '권력의 미시물리학'이라는 일종의 정치 분석을 제시하고 설명한 바 있다. 이 책에서 푸코는 학교·공장·감옥과 같은 일련의 사회적·정치적 제도들 내에서 개인의 행위를 관찰·감독·생산·통제하는 것을 목적으로 하는 '권력의 기술' 혹은 '지식/권력'을 추적함으로써만 근대 사회의 전반적 특성이 제대로 이해될 수 있다고 주장한다. 이런 생각은 상당한 관심과 동시에 광범위한 비판에 부딪혔는데, 그 중 몇몇 비판에 대한 푸코의 대응이 후속 작업들의 방향을 결정한 것처럼 보인다.

먼저 맑스주의 좌파에 의해 빈번하게 제기된 반론은, 권력관계의 특수성과 특정한 기술 및 실천의 상세한 구조에 주목하는 이런 새로운 시도가 이른바 사회와 국가 간의 관계 같은 포괄적인 정치적 문제를 설명하거나 조명하지 못한다는 것이었다. 또 다른 반론은 종속화하는 권력의 편재적 관계망으로 사회를 묘사하는 푸코의 접근은, 중요한 개인의 자유의 가능성을 제거한다는 것이었다. 세 번째 비판은 인도주의적인 형법 개혁이 가져온 효과에 대한 푸코의 비판적 설명은, 전반적으로 허무주의와 절망의 정치철학으로 귀결된다는 것이었다.

1981; "'Omnes et singulatim': Vers une critique de la raison politique," *Dits et Écrits*, t.4: 1980-1988, Paris: Gallimard, 1994. [이종인 옮김, 「옴네스 에트 싱귤라팀: 정치적 이성 비판을 향하여」, 『촘스키와 푸코, 인간의 본성을 말하다』, 시대의창, 2010.]

푸코는 다른 무엇보다 첫 번째 반론에 답하면서 통치성에 관한 강의를 시작한다. 푸코에 따르면, 특수한 국지적 제도 속에서 인간 개개인에게 적용되는 기술과 실천을 연구하기 위해 사용된 분석방식은, 정치적 주권의 수준에서 사회 전체의 인구를 통치하는 기술과 실천에 대한 분석에도 적용할 수 있다. 권력 연구의 방법론과 내용에 있어, 미시물리학적인 접근과 거시물리학적인 접근 사이에 단절은 존재하지 않는다. 또한 이런 권력의 미시물리학에서 거시물리학으로의 이동은, 맑스주의 비판자들이 푸코에게 요구한 동시에 자신들이 직접 행한 국가 이론으로의 회귀와는 구별되어야 한다. 푸코는 자신이 "소화가 안되는 음식을 버린다"는 의미에서 국가 이론을 회피하고 있다는 비판이 어느 정도 진실이라는 점을 인정한 바 있다.* 국가 이론은 국가의 본질적 속성과 성향에서, 특히 국가 자체가 스스로 팽창을 추구하며 국가 외부의 모든 것을 식민화하려는 성향을 가진다는 전제 아래서 근대의 통치실천들을 이해하려고 시도한다. 하지만 푸코가 보기에, 국가는 그런 내재적 성향을 지니고 있지 않으며, 일반적으로 말해 본질적 특성 자체를 갖지 않는다. 즉, 국가라는 제도의 속성은 통치실천들에 따라 변하는 하나의 함수이지, 그 역은 아닌 것이다. 정치 이론은 제도들에 지나치게 주목하면서, 실천들을 간과하는 경향이 있다. 푸코는 여기서『감시와 처벌』과 동일한 방법론적 경로를 택하는데, 즉 처벌행위의 원리 및 의미의 변화가 형벌제도들의 구조적 변화보다 우선시되어야 한다는 것이다.

이미 푸코는『성의 역사』(1976년) 1권의 마지막 장에서 권력의 미시물리학과 거시물리학을 연결시키는 자신만의 시각을 발전시킨 바 있다.

---

* "여러분께서는 …… 제가 국가 이론을 다루지 않고 건너뛰려 한다고 [이의를 제기할 수 있을 겁니다]. 저는 그렇다고 대답하겠습니다. 저는 국가 이론을 건너뛰고 있으며, 건너뛰고자 하고, 또 건너뛰어야만 합니다. 소화가 안되는 음식을 버릴 수 있고, 또 버려야만 하는 것처럼 말입니다." 미셸 푸코, 오트르망 옮김,『생명관리정치의 탄생: 콜레주드프랑스 강의 1978~79년』, 도서출판 난장, 2012, 115쪽.

여기서 푸코는 특히 개인들이 생명존재로 사유되는 한에서 개인들에게 행사되는 권력형태를 지칭하기 위해 '생명권력'이라는 용어를 도입한다. 이 새로운 권력 아래서 정치는 **인구**의 구성원으로서의 주체들에게 관여하는데, 여기서 개인의 성적 행위와 재생산 행위는 국가 정책과 권력이라는 쟁점과 상호연결된다. 푸코는 1978년 강의에서 생명권력 혹은 생명정치라는 이 테마를 다시 꺼내들어 통치라는 테마에 대한 자신의 접근과 긴밀히 연결시킨다. 하나의 중요한 연결고리는, 근대의 생명정치가 새로운 종류의 대항정치를 산출한다는 생각이다. 통치실천들이 개인의 세밀한 성적 행위를 '생명'과 직접 연결시키기 시작하면서, 개인들은 그 동일한 생명의 욕구와 필요를 정치적인 대항요구의 토대로 정식화하기 시작한다. 따라서 생명정치는 푸코가 권력관계의 '전략적 가역성'이라 부른 것, 즉 통치실천의 조건이 저항의 거점으로 전환되는 방식을 보여준다. 즉, 푸코가 1978년 강의에서 언급하듯이, '품행의 인도'로서의 통치의 역사는 이에 저항하는 '대항품행'의 역사와 결합되어 있다.

이와 관련해 푸코는 미국에서 출간된 글과 대담에서 더 분명하게 권력·자유·희망에 관한 자신의 견해를 밝혔다. 어쨌든 푸코는 특정한 권력의 사용이 거의 절대적으로 개인을 길들이고 종속시킬 수 있다는 인상을 주는 『감시와 처벌』의 표현방식에 문제가 있다고 생각한 듯하다. 정반대로, 푸코는 1982년의 「주체와 권력」이라는 글에서, 권력이란 (단순히 물리력이나 폭력이 아니며) 다른 방식으로 자유롭게 행동할 수 있는 개인을 대상으로 하는 경우에만 권력이 된다고 주장한다. 권력은 "타인의 행위에 대한 행위"로 정의된다.** 즉, 권력은 행위자로서 타인의 능

** Michel Foucault, "The Subject and Power," *Michel Foucault: Beyond Structuralism and Hermeneutics*, ed. Herbert L. Dreyfus and Paul Rabinow, Chicago: University of Chicago Press, 1982, p.220; "Le sujet et le pouvoir," *Dits et Écrits*, t.4: 1980-1988, Paris: Gallimard, 1994, p.237. [서우석 옮김, 「주체와 권력」, 『미셸 푸코: 구조주의와 해석학을 넘어서』, 나남, 1989, 313쪽.]

력을 배제하기는커녕 오히려 전제하며, 일련의 개방된 실천적·윤리적 가능성에 근거해 혹은 이를 통해 작동한다.[4] 따라서 권력이 인간관계에서 편재하는 차원이기는 하지만, 사회 속에서 권력은 결코 고정되고 폐쇄된 체계가 아닌 끝없이 열려 있는 전략적 게임인 것이다.

고집스런 의지와 비타협적 자유는 권력관계의 핵심에 놓여 있으며, 또한 끊임없이 권력관계를 자극한다. [따라서] 본질적인 적대에 대해 말하기보다는 '경합'에 대해 말하는 것이 나을 것이다. 경합이란 양측을 마비시키는[무력하게 만드는] 정면 충돌이라기보다는 영속적인 도발, 즉 상호적 자극이자 투쟁의 관계이다.[5]

따라서 푸코가 서양의 통치실천과 그 합리성들의 역사에서 발견한 가장 매혹적이면서도 불편했을 요소는 자유와 '시민정신,' 즉 윤리적으로 자유로운 주체의 생명과 생명-행위를 그 자신이 지닌 설득력의 상관물로 삼는 권력의 아이디어일 것이다. 푸코가 막스 베버의 후계자로서의 자신을 발견하게 되는 결정적인 지점이 바로 여기이다.[6] 후기 푸코의 작업은 정치의 역사와 윤리의 역사를 새로운 방식으로 결합시킴으로써, 근대 정치사회학의 주요 테마와 조우하게 되는 것이다.

푸코가 행한 이런 작업의 정치적·비판적 지향점에 대해서는 더 설명이 필요한데, 우선 이 작업이 탄생한 장소와 시기에 주목해보자. 푸코

4) 나는 이 점을 다음의 글에서 자세히 다뤘다. Colin Gordon, "Afterword," in Michel Foucault, *Power/Knowledge: Selected Interviews and Other Writings 1972-1977*, Brighton: The Harvester Press, 1980, p.245ff. [홍성민 옮김, 「편집자 후기」, 『권력과 지식: 미셸 푸코와의 대담』, 나남, 1991, 305쪽 이하.]

5) Foucault, "The Subject and Power," pp.221~222; ; "Le sujet et le pouvoir," p.238. [「주체와 권력」, 314쪽.]

6) Colin Gordon, "The Soul of the Citizen," *Max Weber: Rationality and Modernity*, ed. Sam Whimster and Scott Lash, London: Allen & Unwin, 1987, pp.293~316.

의 1978년 강의는 프랑스에서 사회당-공산당 선거연합의 예기치 못한 총선 패배와 겹친다. 1979년 강의가 끝난 몇 주 뒤에는 마가렛 대처가 영국 수상으로 선출됐다. 즉, 푸코의 통치성 연구는 프랑스에서 1968년 이후 무수히 피어난 사회적 투쟁들이 저물던 시기, 또한 맑스주의의 지적 위상이 급격히 붕괴되어가고(이는 부분적으로 동유럽 반체제 인사들의 영향으로 촉발됐는데, 푸코는 이들이 프랑스에서 환대받고 수용되는 데 적극 관여했다), 독일의 헬무트 슈미트에서 프랑스의 발레리 지스카르 데스탱과 레이몽 바르, 영국의 제임스 캘러헌과 데니스 힐리에 이르기까지 신자유주의 정치 사상이 유럽에 급속히 퍼져나가며 통치에 관한 전후의 사상적 원리들에 도전하기 시작한 시기이기도 하다.

푸코의 통치성 강의들에서 드러난 뚜렷한 특징 중 하나는 그 침착성과 (베버적 의미에서) 모범적인 가치판단의 배제이다. 강의의 의미심장한 도입부에서, 푸코는 학문적 담론을 실천적 지침("이것을 좋아하라. 저것을 싫어하라. 이것을 행하라. 저것을 거부하라……")의 수단으로 사용하기를 거부한다. 푸코는 실천적·정치적 선택이 이론적 텍스트의 공간 내에서 결정될 수 있다는 생각을 기각한다. 그런 생각은 도덕적 선택을 단순한 미학적 취향 수준으로 격하시킨다는 것이다.* 통치합리성에 대한 푸코의 설명에는, 그의 니체주의적 태도로 인해 독자들이 그의 다른 글들에서 쉽게 볼 수 있는 경멸적 풍자가 없다. 자유주의와 신자유주의 사상가에 대한 푸코의 설명은 종종 그가 이들에게 (가치중립적이긴 하지만) 지적인 매력을 느끼고 이들을 존중한다는 느낌마저 준다. 푸코의 이런 관점은 자유지상주의라 할 수 있을지 모르지만 무정부주의적인 것은 아니다. 이 강의에서 푸코가 비판하는 것이 있다면, 그것은 비판 문화 자체이다. 푸코는 사유의 책무가 관련된 곳에서는 실천적 격언을 마다하지 않았다. 즉, 푸코에 따르면 (자신이 제시했듯이) 통치술에 관한 일련

---

* 푸코, 『생명관리정치의 탄생』, 19쪽.

의 새로운 관념들로 이해된 신자유주의는 좌파의 비판 문화가 용기 있게 인정하는 것보다 훨씬 독창적이며 도전적인 현상이다. 좌파는 신자유주의라는 정치적 도전에 대응할 준비가 전혀 안 되어 있는데, 푸코의 지적처럼 사회주의가 자신만의 고유한 통치술을 가져본 적이 없기 때문에 더욱더 그렇다. 따라서 현재에 대한 이런 비판적 관심으로부터 끄집어낼 수 있는 결론은, 어떤 목적과 가치를 추구하고자 하는 이는 새로운 발명을 해낼 필요가 있으며 그래야만 한다는 것이다.

이런 관점은 후기 푸코에서 두드러지게 드러난다. 1981년의 대담에서 푸코는 사회당 정부의 집권을 솔직하게 환영하며 새로운 '좌파의 논리'가 등장하기를, 즉 피통치자를 감독하려던 이전 정부의 오만을 정부와 피통치자 간의 자유로운 대화, 솔직하게 얼굴을 맞대고 대화하는 새로운 실천으로 대체하기를 원한다고 밝혔다.* 푸코 자신도 사회정책 문제들에 관해 토론할 의향을 보였으며, 특히 건강보험 문제를 비롯해 안전수단을 제공하면서도 개인의 자율성을 보장하는 새로운 복지메커니즘을 수립할 필요성에 대해 프랑스민주노동동맹 대표와 긴 회담을 가지기도 했다. 그 토론 과정에서 푸코는 정치 문화에서 발명의 문제를 되살리자고 호소했다. 또한 푸코는 1970년대 이후 자신을 사로잡아온 감옥 문제에 대해 실천적 관심을 꾸준히 유지했다. 1970년대 사형제 폐지 캠페인을 함께 해온 새 법무부장관 로베르 바댕테르에게 푸코가 개인적으로 조언한 것은 유명하다.7) 미셸 로카르도 푸코와 친분을 유지했는데, 훗날 로카르가 '인간의 정부[통치]'에 대해 쓴 글들은 본서에 실린 몇몇 글을 상기시킬 정도이다. 하지만 대체로 푸코는 통치술에 관한 대화 상대보다는 이데올로기적 나팔수 같은 역할을 지식인에게 기대했던 사회

---

* Michel Foucault, "Est-il donc important de penser?," *Libération*, no.15, 30-31 mai 1981, p.21; *Dits et Écrits*, t.4: 1980-1988, Paris: Gallimard, 1994, p.179.

7) Robert Badinter, "Au nom des mots," *Michel Foucault: Une histoire de la vérité*, Paris: Syros, 1985, pp.73~75.

당에 실망한 것으로 보인다. 최근에 폴 벤느는 푸코가 1984년 사망할 즈음에 "사회당을 비판하는 책을 준비 중"이었다고 밝힌 바 있다.

나는 뒤에서 푸코의 후기 작업에 담긴 실천 철학에 대해 자세히 살펴볼 것이다. 그 전에 여기서는 '통치성' 강의들을 더 꼼꼼히 살펴볼 필요가 있다. 우리는 어떻게 푸코가 자신의 주장을 여타의 국가 이론들과 차별화했는지 살펴봤다. 그렇다면 푸코의 주장은 더 고전적인 정치철학의 문제들과는 어떤 관계를 맺고 있을까? 우리는 고전적인 분류방식을 사용해 단순화된 대립 구도를 만들어낼 수 있을지도 모른다. 즉, 고전적인 정치철학의 대다수는 '최선의 통치'에 관심을 가졌으며, 정치적 주권과 정치적 복종의 정당한 토대에 주된 관심을 쏟았다. 하지만 통치성은 어떻게 통치할 것인가의 문제와 관련된다. 여기서 푸코는 '어떻게'라는 질문, 즉 실천들의 내재적 조건과 제약의 문제에 관심을 가진다. 물론 이런 관심의 전환이 직접적으로 논쟁적 함의를 가지는 것은 아니다. 비록 푸코가 어느 강의에서 사회계약론은 허풍이고 시민사회는 하나의 우화에 불과하다고 말한 바 있지만,** 푸코는 정당성 이론이 아무 쓸모가 없다고 주장하지는 않았다. 단지 푸코가 말하고자 한 것은 주권의 정당성에 대한 이론들은 그런 주권 아래서 권력이 실제 행사되는 방식을 묘사하는 수단으로는 적절하지 않다는 것이었다.

그러나 여기서도, '어떻게'에 대한 관심이 순수한 수단이나 사실의 영역에 한정되지는 않는다. 첫째, 푸코의 관심은 "실제로 존재하는 것" 뿐 아니라 사유가능한 것의 변화, 문제화, 발명, 기획에 관한 것이기도 하다. 둘째, 통치활동의 내적 제약들로 여겨지는 요소들은 정당성의 원리뿐 아니라 규범적 의미와 내용과도 연관되어 있다. 셋째, 우리가 이미 살펴본 대로 생명정치로서의 통치, 즉 삶과 생명의 통솔로서 통치의 내용과 대상은 그 자체로 이미 윤리적 문제이다. 넷째, (1980년 강의 중

** 푸코, 『생명관리정치의 탄생』, 특히 11~12강을 참조하라.

첫 번째 강연에서*) 푸코는 서양 문화의 통치가 자신이 초기에 제시한 지식-권력 간의 단순한 공리주의적 관계를 넘어서, 진실에 대한 관심을 동반한다는 사유를 발전시킨다. 푸코는 주권이 순수한 폭력에만 근거하지 않는다는 생각을 확장해, 자신이 '인간에 대한 통치'와 '진실의 현시'라고 부르는 것 간의 규칙적이지만 다양하게 현재화되는 상호의존성에 대한 분석을 발전시킨다. 요컨대 통치술의 서양적 판본 중 하나는 '진실이라는 이름의 통치'로 이해될 수 있는 것이다.

| 근대 초기 |

1978년 강의에서 고대 문화의 '사목권력'이라는 주제를 다루기 시작할 때 푸코는 새로운 방식으로 자기 작업의 고전적 테마로 되돌아갔다. 푸코는 『임상의학의 탄생』에서 개별 임상사례의 해석을 중심으로 구조화된 의학지식의 복잡다단한 기원을 추적한 바 있다. 고전 의학은 개별적인 것에 대한 과학을 금지했던 아리스토텔레스의 입장을 따랐다. 아리스토텔레스에 따르면 학문은 목^{genus}과 종^{species}에 관한 것이고, 개별적인 차이는 과학의 문턱에 미치지 못하는 문제였다. 플라톤은 『정치가』에서 통치술의 특성에 대해 논하며 지배자의 기예가 자신의 양들을 개별적으로 돌보는 목동의 기예와 같은 것인지 묻는다. 플라톤에 따르면 이런 관념은 실현될 수 없는 것으로 기각되는데, 왜냐하면 지배자의 지식과 세심함은 결코 개개인을 보살필 정도로 확장될 수 없기 때문이다. "오직 신만이 그렇게 할 수 있다." 이런 점에서 그리스의 정치는 사목의 게임보다는 시민과 법률의 게임을 선택했다. 반면 사목 모델은 그리스도교에 의해 채택되어 영혼의 돌봄의 형태로 정교화됐는데, 그럼에도

---

* Michel Foucault, *Subjectivité et vérité: Cours au Collège de France, 1980-1981*, Paris: Seuil/Gallimard, 2014, leçon du 7 janvier 1981. [『주체성과 진실: 콜레주드프랑스 강의 1980~81년』, 도서출판 난장, 근간, 1강(1981년 1월 7일).]

서양 그리스도교에서 성직자의 역할과 세속 통치자의 역할은 결코 하나로 통합되지 못했다. 근대의 통치합리성과 관련해 푸코가 관심을 가지는 지점은, 바로 그 자신이 '도시-게임'과 '사목-게임'의 '악마적' 결합이라고 부른 경향의 현실화, 즉 구분되어 이해됐던 '개별화'와 '전체화'를 결합시키는 세속적인 정치적 사목의 발명이었다.

푸코는 16세기 유럽에서 국가이성이라는 신조가 등장한 것을 **자율적** 합리성으로서의 근대적 통치성의 출발점으로 꼽는다. 통치의 원칙은 더 이상 세계의 신성한 우주-신학적 질서에 종속되지 않으며, 그 일부도 아니다. 오히려 국가의 원칙들은 국가 자체에 내재적이어야 한다. 통치하는 방법을 알기 위해서는, 국가와 국가적 **이해관계**의 숨겨진 원천을 파악해야 한다. 이런 지식은 비범하고 예견할 수 없는 대담한 통치행위를 가능케 하는 것으로서, 피통치자는 이런 지식에 접근할 수 없으며 접근해서도 안 된다. 국가이성, 국익, 국가비밀, 쿠데타 같이 서로 밀접히 결합된 일련의 개념들은 17세기 초 프랑스 정치 이론가들의 핵심 용어들이었다. 에티엔 튀오는 다음과 같이 말한다.

국가라는 관념은 더 이상 우주의 신성한 질서에서 비롯되지 않는다. 정치적 사유의 출발점은 이제 천지창조가 아니라 주권국가이다. 국가이성은 낡은 가치의 질서를 전복시킨 듯하다……. 인간의 계산과 간교에서 탄생한 국가는 하나의 지식기구이자 이성의 산물로서 하나의 이단적 층위를 그 안에 포함하고 있다……. 인간적이고 종교적인 이유를 넘어, 국가는 하나의 특수한 필연성을 따른다……. 국가이성은 오직 그 자체의 법칙만을 준수하기 때문에 놀랍고 전능한 현실로 등장하며, 따라서 그 본성은 지성의 영역을 넘어 하나의 미스터리를 구성하게 된다.[8]

---

8) Étienne Thuau, *Raison d'État et pensée politique à l'époque de Richelieu*, Paris: Armand Colin, 1966, p.360ff.

한마디로 국가는 감정이나 종교는 모르는 그만의 이성을 갖고 있다. 당시에 (어느 한 교황[피우스 5세]이 '악마의 이성'이라고 비난한) 국가이성은 '공적 신중함[사려]'civil prudence과 동의어로 간주됐다. 이렇게 된 이유는 부분적으로 그리스도교에서의 전통적인 신중함(즉 플라톤의 또 다른 은유를 빌려서 말해보면, 키잡이로서의 통치자가 암초와 폭풍의 위협으로부터 배와 승객을 보호하듯이, 개별적이고 구체적인 상황에서 통치자가 적합한 조치를 취할 수 있는 덕목) 개념이 변화된 결과이다. 원래 신중함[이라는 단어]은 적합한 선례에 대한 지식을 의미하는 맥락에서 쓰였는데(어떤 특이한 사례에도 항상 선례가 존재한다), 그 뒤로는 니콜로 마키아벨리의 이탈리아에서처럼 '운명의 여신'의 왕국에서 불확실성과 예측불가능성이 규범이 되는 맥락과 관련되어 그 의미가 변했다. 원래 이런 상황에 대한 대응으로 고안된 마키아벨리의 정치술은, 푸코가 언급했듯이 태생적 한계를 가지고 있었다. 즉, 그것이 어떻게 획득됐든지 간에 오직 군주의 주권을 '유지'하는 데만 초점을 맞춘 정치적 원리는 결코 영속적인 주권의 보유를 보장하지 못한다. 따라서 정치이성의 자리를 군주에서 국가로 옮기는 것이 중요한데, 국가는 세속적 영속성(에른스트 칸토로비치가 보여주듯이, 이 세속적 영속성이라는 개념 자체에는 복잡한 그리스도교적 전사前史가 있다)의 한 형태로 간주될 수 있기 때문이다. 즉, "국가란 무한정 오랜 역사적 시간 동안 버티어야 할 실재이다."[9] 푸코가 덧붙이듯이, "만약 반성을 통해 [자신에게] 통치받는 것(즉, 국가)의 성격을 통찰해낸다면, 통치술은 합리적인 것"이다. 요컨대 국가이성은 "국가의 힘에 상응하는 통치"이다.[10]

---

9) Foucault, "'Omnes et singulatim'"(1981), p.245; 1994, p.153. [「옴네스 에트 싱굴라팀」, 246쪽]; Ernst Kantorowicz, *The King's Two Bodies: A Study in Medieval Poli -tical Theology*, Princeton: Princeton University Press, 1957, pp.64~192.

10) Foucault, "'Omnes et singulatim'"(1981), pp.243, 246; 1994, pp.151, 153. [「옴네스 에트 싱굴라팀」, 244, 246쪽.]

푸코에 따르면, 유럽의 국가이성을 마키아벨리주의의 한계를 넘어 **국력**에 관한 지식으로 만든 정치적 사유양식은 30년 전쟁[1618~48년] 이후 독일에서 등장한 내치학Polizeiwissenschaft[즉, 관방학], (영어로는 policy가 Polizei의 의미에 더 가깝지만) '내치의 과학'science of police이라는 표현 아래 등장한 일련의 이론·교육학·법률화에서 가장 잘 나타난다. 도식적으로 말하면, 예측불가능하고 우연적인 수많은 상황에 알맞는 구체적 행동을 계산해야 한다는 국가이성의 문제는 통치되고 있는 국가의 현실 자체, 더 나아가 국가에 속한 개인 각각의 실생활까지 아우르는(적어도 그런 포부를 지닌) 매우 세밀한 지식을 창출하는 것으로 해결됐다. 내치 국가는 '번영국가'라고도 불렸다. 국가와 신민 간의 동일시는 이런 번영 혹은 행복이라는 관념을 통해 이뤄졌다. 내치 이론은 국고를 최대한 늘리려는 중상주의 경제정책과 맞닿아 있기는 하지만, 동시에 국부와 국력의 실제적 토대는 국가의 인구, 즉 각자 모두의 힘과 생산성에 달려 있다고 주장한다. 푸코에 의하면, 여기에 "내치의 핵심적 역설"이 존재한다. 즉, 근대 통치술은 개인의 발전이 국력을 증진시키게끔, 각자의 삶에서 각 요소들을 개발하고자 한다.11) 다시 말하면, 내치국가는 사목[권력]을 구축함으로써 국가의 신중함을 추구하려고 한다.

푸코와 파스콸레 파스퀴노가 내치학 저자들로부터 따오는 몇몇 인용과 구절은 이 주제를 웅변적으로 보여준다. "내치의 대상은 삶, 즉 필수적이고 유용하며 넘쳐나는 삶이다. 내치는 사람들이 생존하고, 살아가고, 그보다 더 나은 것을 하도록 보장해야 한다." 내치는 "삶을 다룬다." "내치가 포괄하는 대상은 어떤 의미로는 무한하다." "내치의 진정한 대상은 인간이다." 내치는 "인간의 행복과 관련된 모든 것을 다룬다." "내치의 유일한 목적은 삶 속에서 궁극적인 행복으로 이끄는 것이다."12) 내

---

11) Foucault, "'Omnes et singulatim'"(1981), pp.251~252; 1994, pp.158~159. [「옴네스 에트 싱굴라팀」, 253~254쪽.]

치는 끊임없는 목록작성과 분류의 학문이다. 종교, 관세, 보건, 식품, 도로, 공공질서, 학문, 상업, 상품, 하인, 빈곤 등에 대한 내치가 존재한다. 내치학은 통치되고 있는 현실에 두루두루 관여하려고, 리바이어던의 감각 기관을 만들려고 열망한다. 내치학은 (다시 한번, 열망하기로는) 상세하고 지속적인 통제에 관한 지식이기도 하다. 푸코는 (프랑수아 미테랑의 드골주의 비판서의 제목을 빌려와) 내치국가의 통치를 '영속적인 쿠데타'로 묘사한다. 내치적 통치가 일반적인 법률형태에 의거해서만 통치받는 자들에게 개입하는 것은 아니다. 내치적 통치는 구체적이고 상세한 규제와 명령을 수단으로 삼아 작동한다. 국가이성의 주창자들은 이런 내치적 통치의 작동을 '특수한 정의[법집행]'로 묘사했는데, 푸코는 내치국가의 두드러진 특징을, 법에 의한 통치와 명령에 의한 통치의 구분이 거의 사라지는 데서 찾았다.

이것은 어떤 종류의 통치합리성인가? 여기서 세계사와 근대사의 다양한 합리성과 합리화를 고찰한 베버의 말을 참조하는 것이 유용할 듯하다. 베버가 중국의 유교에 관해 언급한 것과 다소 유사하게 내치는 세계의 정연한 경로와 행정[부]의 질서확립 활동을 개념적으로 합친 '질서의 합리주의'이다.13) 하지만 내치는 이 두 관념을 인공적 장치의 지배 아래에, 세속적·비전통적 에토스 내부에 다시 집어넣는다. 프리드리히 마이네케는 이탈리아의 국가이성 이론가 트라자노 보칼리니(1556~1613)가 자신의 저서에서 터키의 상태를 어떻게 봤는지 환기시켰다.

---

12) Michel Foucault, *Sécurité, Territoire, Population: Cours au Collège de France, 1977-1978*, Paris: Seuil/Gallimard, 2004. [오트르망 옮김, 『안전, 영토, 인구: 콜레주드프랑스 강의 1977~78년』, 도서출판 난장, 2011. 특히 12강(1978년 3월 29일)을 참조하라]. 또한 본서 5장에 수록된 파스퀴노의 글을 참조하라.

13) Max Weber, *The Religion of China: Confucianism and Taoism*, New York: Free Press, 1951, pp.169, 181~183. [이상률 옮김, 『유교와 도교: 중국종교의 정통과 이단』, 문예출판사, 1990, 245, 260~263쪽. 베버의 논의와 내치 개념의 공통점에 대해서는 다음을 참조하라. Gordon, "The Soul of the Citizen," pp.301~302.]

터키는 르네상스 시기의 정치 사상이 쭉 추구해온 것에 생명을 불어넣고 전범을 제시했다. 의식적·의도적으로 구축된 인공 구조물, 마치 시계처럼 정돈되어서 그 시계의 스프링과 톱니에 해당하는 인간들의 다양한 힘과 특질을 활용하는 국가메커니즘 말이다.[14]

다소 유사한 맥락에서, 내치국가가 보장하는 질서는 국가 스스로가 창출한 질서이다. 마키아벨리의 군주에게는 새로 획득되어 정당성이 결여된 주권의 안정화가 문제였다면, 그만큼 고유한 내치의 문제는 파스퀴노가 보여줬듯이 베스트팔렌 조약으로 경계가 새로 구획된 게르만 국가들에서 하나의 정치체를 창출하는 일, 즉 전쟁으로 황폐해진 국토 위에 무로부터 질서를 창출하는 것이었다. 사회적 시장경제가 1945년의 전후 독일에 수행한 기능을, 내치는 1648년의 독일에 행한 것이다.

내치학 혹은 '관방학'은 하나의 경제로 이해된 통치의 정치산술, 즉 최초의 근대적 **경제주권** 체계를 중상주의와 관련된 지식들에 긴밀히 연결시켰다. 파스퀴노가 보여주듯이, 여기서 경제는 (자유주의에서와 같은) 합리성의 **자율적** 형태로서는 아직 아니지만 합리성의 **특정한** 형태로서 출현한다. 기능적 전체로서의 경제는 그저 통치에 의해 운영되는 것만이 아니라 끊임없이 생산되어야만 하는 기계이다. 경제라는 통치의 이 테마는 고대의 오이코스oikos라는 맥락에서 유래하는 소유·양육·통제행위를 모두 함축하고 있다. ['경제'를 뜻하는] 독일어 Wirtschaft는 Wirt(세대주/가부장), Wirtschaften(경제활동, 경제의 수행)과 동일한 어원을 가진다. 베버는 관방학에 선행했던 것들과 깊이 관련된 개념, 즉 도시경제Stadt-wirtschaft도 이와 동일한 특징을 가지고 있다고 암시한다. 요컨대 베버가 비판적으로 살펴봤듯이 도시경제라는 용어는 **경제조직** 양식과 **경제를 규**

---

14) Friedrich Meinecke, *Machiavellism: The Doctrine of Raison d'État and Its Place in Modern History*, London: Routledge & K. Paul, 1957, p.86.

제하는 유기체 양자를 구별 없이 가리킨다. 관방학자들이 국가를 '사회 전체'와 동일시할 수 있었던 것은 상당 부분, 국가가 오이코노미^{oeconomy}에 상응하는 속성을 지녔기 때문이다. 즉, 국가와 사회를 동일시하는 것은 어떤 의미로는 Wirt와 Wirtschaften를 일치[통일]시키는 것과 같다. 혹은 후대의 용어로 말하면 기업가와 기업을 동일시하는 것에 상응한다(이런 맥락에서 오토 힌츠는 근대 초기 프로이센의 '국가정신'이 베버의 '자본주의의 프로테스탄트 정신'과 사실상 동일한 것이라고 주장한다).

마지막으로, 내치의 통치는 푸코가 말하는 사목권력의 용어로 말하면 스스로를 '전체적인 동시에 개별적'이라고 정의하는 통치이다. 여기서 모든 신민은 경제적으로 유용한 삶에 종사하며, 내치의 통치는 개별 신민들의 행복과 국력을 등치시키는 오이코노미이다. 결국 내치는 일종의 경제적 사목(푸코가 '인간의 통치'와 '사물의 통치'라는 관념에 대해 논하는 본서의 4장을 참조하라), 혹은 (초기 자본주의의 발전에 장애물로 작용했던 가톨릭 사목과는 다소 상이한 체제의) 세속적 성직자 정치이다. 국가는 개인을 위해 희생하지 않지만, (리슐리외가 주장하듯이) 개인은 때때로 국가를 위해 희생되어야 한다. 지배자는 목자(독일어로 Hirt)인 동시에 가부장(독일어로 Wirt)이며, 통치받는 인구는 [돌봐야 할] 양떼인 동시에 [집안의 자산인] 가축이기도 하다. 따라서 내치 이론가들이 깨끗이 인정하듯이, 복지는 착취와 결합되어야 한다. 중상주의는 베버의 말처럼 국가를 기업처럼 운영하는 것을 의미한다.15)

하지만 내치국가의 이런 도덕적 양가성 말고도 윤리 문화의 변형된 형태가 등장했다는 사실을 이해할 필요가 있다. 새로운 국가과학 덕택에 등장한 이 시기의 놀랍고도 야심찬 약속과 더불어, 근대 초기의 정치 문화에서 주목할 만한 두 번째 특징은 개인적 품행의 원리와 정치행위의 원리 간의 긴밀한 연결성이다. 푸코가 지적하듯이, 이 시기는 지배하

---

15) Max Weber, *General Economic History*, London: Allen & Unwin, 1927, p.347.

는 자에게나 지배받는 자에게나 통치활동이 자기의 통치와 본질적으로 상호의존적이라고 여겨졌던 전무후무한 시기이다. 이제 통치의 문제는 '개인의 언어'를 통해 제기됐다. 푸코는 이 영역의 연구에서 자신의 선구자들, 즉 베버 이후 독일 정치사회학자들의 연구에 대해 알고 있었다. 예컨대 파스퀴노가 지적하듯이 푸코의 작업은 그와 동시대에 게하르트 외스트라이히가 근대 초기 국가에서의 신-스토아주의의 역할에 관해 행한 연구와 놀랄 만큼 상보적인 관계에 있다.16)

왜 '품행'이 당시 그토록 주된 테마가 됐는가? 그 답은 국가이성이 그러했듯이 광범위한 선행 사건들과 관련되어 있다. 개인의 정체성이 세습적 신분과 충성·의존의 긴밀한 연결망 속에 고정되어 있던 봉건질서의 붕괴, 종교에서 개인을 문제화하고 사목적 지도구조의 갱신과 강화를 요구한 종교개혁의 여파, 종교전쟁에 의해 발생한 공적·사적 생활의 대규모 혼란 등. 프랑스에서 국가이성은 공멸에 이를지도 모르는 종교적 경로보다는 정치를 '탈신학화'(외스트라이히)하려는 정치학파politiques의 선택에 기원을 두고 있다. 이런 변화의 당연한 귀결로 개인의 윤리에 관한 세속적 형태의 성찰이 발전하게 됐다. 하지만 이런 흐름을 비-종교화로의 이동으로 착각해서는 안 된다. 오히려 이런 흐름은 각 진영들(가톨릭, 칼뱅파, 루터파 등)에게 고해를 둘러싼 전투, 즉 일종의 도덕적 재무장 경쟁에 필요한 적극적 동원의 도구를 제공했다.

외스트라이히가 연구했듯이, 스토아주의적 윤리의 재발견과 갱신은 이런 조건들과의 선택적 친화성으로 인해 근대 초기의 정치 사상에 큰 영향을 미칠 수 있었다. 당시 근대 유럽의 혼란은 고대 로마 공화정의 혼란과 유사하게 느껴졌기 때문에, 로마 스토아주의 학자들은 매우 주

---

16) Pasquale Pasquino, "Michel Foucault 1926-84," *Economy and Society*, vol.15, no.1, February 1986, pp.97~101; Gerhard Oestreich, *Neo-Stoicism and the Early Modern State*, Cambridge: Cambridge University Press, 1983.

의 깊게 읽혔다. 이때 철학은 외적 혼돈과 내적 혼란 속에서 도덕적·윤리적 지향점을 회복하기 위한 자원을 찾는 과정에서 일종의 무기이자 치료약으로서 연구됐다. 이 신-스토아주의적 문화에서 철학은 무엇보다 실용적·실천적 형태의 지식, 질서구축의 방법론으로 간주됐다. 스토아주의는 세계-질서, 즉 '현세의 내치'를 상정하지만 이와 동시에 인공물과 기술에 호의적이고 공조했다. 따라서 그 몇몇 외양과는 달리 스토아주의는 국가이성의 사유와 친연성을 가지고 있었다. 스토아주의의 주된 도덕적·기술적 덕목 중의 하나는, 특히 유스투스 리피시우스의 매우 영향력 있는 저서에서 개진된 바 있는, 지배하는 자와 지배받는 자 모두에게 공통된 '항상성'Constantia이라는 신중한 윤리의 가능성이다. 즉 지배하는 자에게나 지배받는 자에게나 각자의 위치에서 삶-품행과 관련한 동일한 기본 덕목들의 수양을 요구했다. 명령과 복종의 명확한 세속적 윤리를 최초로 제시한 것은 이 신-스토아주의일 것이다. 이들에게 복종은 단순한 의지의 희생이나 예속이 아니라 삶-품행의 능동적 형태를 의미했다. 외스트라이히는 여기서 프랑스 국가이성의 실행자들이 거의 종교적 열정과 같은 정신상태에 대해 증언한 것을 인용한다.

더 나아가 외스트라이히는 이런 발전을 내치국가의 '광적인 규제'와 연결시키면서, 특히 새롭게 도시화된 인구들과 관련해 전면적인 규제를 펼치려 한 내치국가의 도덕적 대의를 더 잘 전달해준다.

사회가 복잡해질수록 더욱 많은 권력이 필요해졌다. 사람들을 인구가 증가하면서 필요해진 직업들과 시민으로서의 역할에 알맞도록 만들기 위해서는 '지도'가 필요했다……. 그 출발점은 노동과 검약의 규율에 맞춰 사람들을 교육함으로써 정치적·군사적·경제적 인간의 정신적·도덕적·심리적 기질을 변화시키는 데 있었다.[17]

---

17) Oestreich, *Neo-Stoicism and the Early Modern State*, p.157.

이와 동시에 '궁정생활'의 규율 역시 존재했다. 외스트라이히에 따르면 궁정에서의 "모든 사회적 교제는 엄격한 질서에 따라 통치됐다. 하지만 아무리 엄격하더라도 이는 노예적인 것이 아니라, 사람들이 타락하지 않도록 막아주는 도덕적 훈련으로 생각됐다." 즉, 토머스 홉스가 『시민론』의 서두에서 밝히고 있듯이, "인간은 본성이 아니라 규율에 의해서 사회에 적합하게" 만들어졌던 것이다.[18]

| 현실 자유주의 |

1) 경제적 통치

앞서 살펴봤듯이, 푸코는 근대 초기에 이뤄진 국가이성과 내치학의 결합을 인식론적·윤리적 의미에서 독특한 주요 계기로 파악한다. 이 결합은 통치행위를 그 자체로 특정적이고 환원불가능한 합리성을 띤 기예로 만들었고, 주권의 행사에 정치적 사목이라는 실천적 형태(세속적 안전과 번영을 목적으로 한 '전체적인 동시에 개별적인' 통치)를 부여했다.

현대 복지국가의 몇몇 속성은 내치국가에서 기원했다고 볼 수 있고, 또 그렇게 주장되는 듯하다. 하지만 몇몇 속성만 그렇다. 근대의 통치합리성에 관한 푸코의 강의는, 이 주제[통치]의 역사 중간에 일어난 또 다른 대변환, 즉 자유주의의 등장도 똑같이 면밀하게 살펴본다.

버첼이 본서의 6장에서 보여주듯이, 자유주의에 대한 푸코의 접근법은 최근 영어권 역사학자들이 초기 자유주의 사상 연구에서 보여준 몇몇 움직임과 수렴된다. 양자 모두 정치경제학의 기원을 현대 경제학의 역사적 이력에 맞춰서만 이해하는 편협하고 시대착오적인 독해를 거부하며, 애덤 스미스와 그 동시대인들의 작업에서 보이는 경제적·사회적·

---

18) Oestreich, *Neo-Stoicism and the Early Modern State*, p.269; Thomas Hobbes, "De Cive"(I.1.), *Man and Citizen*, Brighton: Harverster Press, 1972. [이준호 옮김, 『시민론: 정부와 사회에 관한 철학적 기초』, 서광사, 2013.]

통치적 성찰의 통일성에 주목하고, 18세기의 자유주의자들을 때마침 선견지명을 갖춘 19세기 산업자본의 옹호자로 보는 맑스주의적 해석을 회의한다. 여기서 푸코의 관점에 뭔가 독창적이지는 않더라도 구별되는 점이 존재한다면, 그것은 푸코가 자유주의를 단순히 정치·경제 이론의 어떤 교리 혹은 교리들의 집합으로 이해한 것이 아니라 본질적으로 통치술과 연관된 사유양식으로 이해하려고 한 데 있다.

푸코는 스미스의 『국부론』이 정치적·경제적 사유만이 아니라 지식과 통치의 관계도 변화시켰다고 본다. 관방학자들에게 국가의 행위와 내치학은 동형적이고 분리불가능한 것이었다. 여기서 '(과)학'이라는 관념은 직접적으로 실용적인 함의를 지니는데, 푸코의 지적처럼 그것은 외교의 노하우를 계산하는 것과 비슷하다. 다른 한편, 정치경제학에서 과학적 객관성은 국가의 견지와 집착으로부터 상대적 거리와 자율성을 유지할 때 가능한 것으로서, 이 경제과학의 내용은 [통치에 필요한 모든 것을] 알고 있는 주체로 간주되는 국가가 가질 수밖에 없는 유한성과 취약점을 단언한다. 따라서 임마누엘 칸트의 용어를 빌리면, 자유주의는 정확히 말해 **국가이성 비판**, 즉 아는 능력에는 내적 한계가 있음을 국가이성에게 보여줌으로써 국가이성을 성숙시키고 교화시키려고 하는 일종의 제한과 신중한 구속의 교리라고 정의될 수 있다. 자유주의는 통치가 어떻게 가능한지, 무엇을 할 수 있는지, 그 자체의 역량 내에 있는 일을 완수하기 위해 포기해야 하는 야심이 무엇인지를 결정한다.

푸코는 이런 정치-인식론적 혁명의 두 단계를 구별한다. 먼저 프랑스에서는 경제학파들 중에서 중농주의 분파가 최초로 국가이성을 지지한 사람들(즉, 정치학파들의 초기 분파)이 선전해온 놀라운 이단적 주장들을 뒤집었다. 리바이어던의 인공적이고 창안된 이성은, 인간 사회의 사건들은 유사-자연을 이룬다는 분명한 발견에 의해 반박됐다. 사회와 그 사회의 경제는 이런 자연의 법칙, 즉 자신의 질서와 번영을 창출할 수 있는 시민사회의 자율적 능력을 존중하고 그에 부합해서만 통치될 수 있고, 통치되어야만 한다. 중농주의 학설에서 이런 형태의 자유방임 정책은 특정한 기술적 제안, 즉 주권자가 국가 내의 경제과정 전체를 감독할 수 있도록 고안된 장치인, 프랑수아 케네의 '경제표'와 관련되어 있다. 주권자가 경제표를 통해 경제에서 무슨 일이 어떻게 일어나고 있는지를 알 수 있기 때문에, 여기서 이 지배자는 경제 주체들에게 행동의 자유를 용인할 수 있는 위치에 있는 셈이다. 즉, 푸코의 말을 빌리면, 여기서는 군주의 지식과 신민의 자유가 서로 상응관계에 놓이며, 정치적인 것과 경제적인 것이 투명하게 중첩된다.

푸코가 보기에, 스미스의 '보이지 않는 손'은 경제표라는 기술을 간접적이지만 근본적으로 비판한다. 즉, '보이지 않는 손'은 중농주의자들의 경제적 주권 모델이 불가능함을 의미하는데, 주권자가 경제표 안에 모아질 지식을 안정적으로 확보하기란 원칙적으로 불가능하다.

스미스는 개별 경제행위자들의 선택과 계산에 관해 "오로지 자기 자신의 이익을 위해서 [……] 다른 많은 경우에서처럼 이 경우에도 그는 보이지 않는 손에 이끌려서 자신이 전혀 의도하지 않았던" 공공의 이익을 증가시킨다고 주장한다.[19] 여기서 스미스는 보이지 않는 손은 보이지 않기 **때문에** 작동할 수 있다고 덧붙인다. 만약 이와 반대로 개인이 공공의 이익을 위해 거래하고자 한다면, 효용은 거의 발생하지 않을 것이다.[20] 푸코는 경제과정의 바람직한 불투명성이라는 이런 논지가 개별 시민뿐 아니라 정부에도 적용된다고 지적한다. 평범한 시민이 '보이지 않는 손'의 작동을 이해할 수 없듯이, (섭리의 작용에 대한 신의 지식에 비견될 만한) 총체화하는 과학의 관점에서조차 이 작동은 투명하게 인지될 수 없다. 따라서 공적 이익을 위해 개인의 경제적 행동을 제한하려

---

19) Adam Smith, *The Wealth of Nations*, vol.1, Chicago: University of Chicago Press, 1976, p.477. [김수행 옮김, 『국부론』(개역판/상), 비봉출판사, 2007, 552쪽.]
20) Smith, *The Wealth of Nations*, vol.1, p.478. [『국부론』(개역판/상), 553쪽.]

는 노력은 신민들뿐만 아니라 군주에게도 불가능하다. "군주는 자신의 의무를 이행하려고 시도할 때 항상 수많은 망상에 빠질 수밖에 없었고, 또한 이 의무를 적절히 이행하는 데는 인간의 어떤 지혜나 지식도 결코 충분할 수 없었던 것이다."21) 국가가 지닌 실행력의 유한성은 국가가 지닌 아는 능력의 한계가 야기하는 직접적 결과라 할 수 있다. 스미스 이후 칸트가 인간은 전체로서의 우주를 인식할 수 없다고 단언한 것처럼, 정치경제학은 주권자가 경제과정 전체를 인식할 수 없으며, 따라서 **경제적 주권은 불가능하다**고 주장한 것이다. 정치경제학은 정부가 자신의 이익을 위해 필요로 하고 알아야만 하는 과학적 지식이지만, 정부를 위해 상세하고 연역적인 행동 프로그램을 만들어낼 수는 없다. 푸코가 지적하듯이, 정치경제학은 통치술의 '옆'에 있거나 통치술과 '마주하는' 지식의 역할을 수행하지만, 그 자체가 통치술을 구성할 수는 없다.22)

그러므로 국가이성과 내치학으로 대표되는 통치와 지식의 직접적 통일성은 이제 무너지게 된다. 경제적, 혹은 상업적 사회의 규칙성은 계산적인 국가 규제의 합리성과는 근본적으로 다른 합리성을 보여준다. 정치경제학의 새로운 객관성은 [지금까지 살펴봤듯이] 정치적으로 중립적인 과학적 관점을 견지하는 것으로서만 확보되는 것이 아니다. 오히려 더 중요한 것은 정치경제학 자체가 통치되는 현실을 객관화하는 새로운 양식을 도입한다는 점이다. 그에 따라 통치이성은 새롭게 등장한 복잡하고, 개방적이며, 불완전한 정치-인식론적 배치 속에 재정위됐다. 우리 사회에서 이에 뒤이은 통치의 역사 전체는 이 자유주의적 문제-공간의 위상학적 위치바꾸기와 복잡화의 연속으로 이해될 수 있다.

그렇지만 이런 전환을 통치의 사유에 있어서 완전한 단절의 순간으로만 간주한다면, 이 복잡한 사건을 제대로 이해할 수 없다. 사실 이는

---

21) Smith, *The Wealth of Nations*, vol.2, p.208. [『국부론』(개역판/하), 848쪽.]

22) 푸코의 1979년 3월 28일 콜레주드프랑스 강의. [『생명관리정치의 탄생』, 398쪽.]

푸코의 통상적인 방법론과도 어울리지 않는다.[23] 많은 이들이 강조하듯이, 『국부론』은 상아탑의 이론적 산물도 아니고, 부상하는 부르주아 계급의 선전 문건도 아니다. 무엇보다 『국부론』은 국가에 대한 일련의 정책제안 모음집이다. 스미스는 정치인들은 교활하고 간교한 족속이라고 비웃긴 했지만, 국가안보(예컨대 군사정책) 같은 특수한 문제의 실용적 해결책을 논하는 것을 꺼려하지 않았다. 오히려 스미스가 에딘버러에서 행한 강의는, 정치경제학을 법치의 기술, 즉 내치의 분과에 속하는 것으로 분류하면서 논의를 시작한다. "내치의 목적은 저렴한 가격의 상품, 공공의 안전, 그리고 청결인데, 공공의 안전과 청결은 이 강의에서 다룰 만큼 미묘하고 복잡한 주제는 아니다. 따라서 여기서 우리는 첫 번째 항목을 통해 국가의 번영에 대해 논할 것이다."[24] 여기서 스미스는 내치학의 경제 외적 관심사들을 간단히 기각하는데, 이는 (스미스가 그들 일부의 글을 알고 있었던 것으로 보이는) 관방학자들과는 대조되지만, 관방학자의 경쟁자였던 법학자들과는 공통된 입장이다. 스미스에 따르면, "도로에서 흙을 없애는 적절한 방법"과 "도시 경비를 유지하는 방법" 같은 주제는 "유용하긴 하나 …… 이런 종류의 일반 담론이 다루기에는 너무나 사소한 일들이다."[25] 곧 살펴보겠지만, 이런 입장이 자유주의 입장 전체를 대표하는 것은 아니다. 하지만 어쨌든 스미스는 근대적 수준의 '공적 풍요'가 주권자의 노력 때문이 아니라, 그의 시도에도 불구하고 달성됐다고 주장한다. 여기서 스미스는 관방학자들과 동일하게 '염가,' '풍요,' '번영'을 국가정책의 핵심 목적으로 제시하고 있지만 이를 추구하는 방법에 있어서는 상이한 입장을 견지한다.

---

23) 푸코가 자신의 방법론에 대해 논의하는 본서의 3장을 참조하라.

24) Adam Smith, *Lectures on Jurisprudence*, ed., Ronald L. Meek, David D. Raphael, Peter G. Stein, Oxford: Clarendon Press, 1978, p.349.

25) Smith, *Lectures on Jurisprudence*, p.486.

우리가 자유주의의 방법 자체 혹은 그 방법의 가장 유명한 표어-공식인 자유방임[내버려둬라]을 검토하기 시작하면 문제는 훨씬 더 복잡해진다. 자유방임은 행동하지 않는 방식일 뿐만 아니라 행동하는 방식이기도 하다. 푸코의 말을 빌리면, 자유방임은 "사태를 저지하는 것이라기보다는 필요한 자연적 조절이 작동하도록 꾀하는 것, 더 나아가 자연적 조절을 가능케 하는 조절을 행하는 것"을 명령한다. "조작하고 불러일으키며 조절하고 그대로 방치해두는 것."26) 즉, 자유방임은 수동적 방치의 의미만큼이나 능동적 의미, 즉 자율권을 부여한다는 의미로 이해될 필요가 있다. 앨버트 허시먼은 스미스의 자유주의와 제임스 스튜어트의 자유주의를 대조하면서 이 점을 지적한 바 있다. [허시먼의 설명에 따르면] 스튜어트는 두 가지 의미에서 '근대 경제'를 시계메커니즘에 비유하고 있다. "한편으로, 시계는 너무 정교해서 부드럽게 다루지 않으면 즉시 부서진다." 이는 낡아빠진 자의적 행정명령은 각종 불이익을 가져오기에 당장 멈춰야 함을 의미한다. 다른 한편으로 시계는 "계속 시간이 틀릴 수 있는데, 이는 스프링이 너무 헐겁거나 강하기 때문이고 이를 고치려면 수선공의 손이 필요하다."27) 따라서 스튜어트는 "자의적으로 부주의하게 다루기가 불가능할 뿐만 아니라 주의 깊고 능숙한 '정치가'에 의해 자주 시간이 조정되어야 할 필요성"을 주장한다.28) 이에 반해 스미스의 강조점은 통치의 전문성보다는 그것의 우둔함에 한계를 설정할 필요성에 놓여 있다. 즉, 스미스는 "최소한의 기능만을 수행하는 국가보다는 어리석은 짓을 할 능력에 한계가 있는 국가"를 추구한다.29)

---

26) 푸코의 1978년 4월 5일 콜레주드프랑스 강의. [『안전, 영토, 인구』, 477~478쪽.]

27) Albert Hirschman, *The Passions and the Interests: Political Arguments for Capital-ism before Its Triumph*, Princeton: Princeton University Press, 1977, pp.86~87. [김승현 옮김, 『열정과 이해관계』, 나남, 1994, 88~89쪽.]

28) Hirschman, *The Passions and the Interests*, p.87. [『열정과 이해관계』, 89쪽.]

29) Hirschman, *The Passions and the Interests*, p.104. [『열정과 이해관계』, 105쪽.]

스튜어트는 내치에 의한 통치보다 자유주의적 통치가 훨씬 더 까다로운 기술체계를 수반한다고 보는 듯하다. 반면 스미스는 자유방임의 평이함과 편리함을 칭찬하며 지배자의 능력에 대해서는 별다른 기대를 하지 않는다. 자유주의가 내치의 통치보다 더 까다로우면서 동시에 그렇지 않을 수도 있을까? 아마도 그럴 것이다. 우리는 스튜어트와 스미스의 차이를 전술과 선호의 차이로 뭉뚱그리고, 기저에 놓인 그들의 목적은 사실상 동일하다는 식으로 해석할 수도 있다. 하지만 이 둘의 대립에서 우리는 자유주의가 계속해서 직면해온 하나의 수수께끼를 발견한다. 이 수수께끼는 국가의 개입을 필요로 하는 대상과 그렇지 않은 대상을 구분하는 법, 즉 스미스의 제자 제러미 벤담이 논한 대로 **통치의 아젠다와 그렇지 않은 것** 사이에 확실한 경계를 설정하는 방법에 관한 것이다.

자유주의 이론은 통치가 작동하는 현실을 변형한 것만큼이나 통치의 방법 자체를 문제화해왔다. 이런 통치방법의 문제화와 그에 수반되는 쟁점들을 검토함으로써, 푸코와 그의 동료 연구자들은 자유주의를 역사적으로 뿌리깊은 모순의 산물(지속적으로 성장하는 국가를 견제하는 최소정부라는 백일몽)로 치부하기보다는, 자유주의가 어떻게 놀랍도록 풍부한 하나의 문제틀이자 정치적 발명의 지속적인 동력으로 작동해왔는지를 보여주고자 한다. 자유주의의 이론적 독창성을 강조하는 푸코의 분석이 가진 힘은 바로 여기에서 찾을 수 있다. "자유주의는 현실 속에서 자신을 실현하는 데 실패한, 현실과 대립하는 미몽이 아니다. 오히려 자유주의는 현실 비판의 도구로서, 바로 이것이 자유주의가 그토록 다양한 형태를 가지며 반복적으로 논의되는 이유이다."[30] 자유주의는 내치학과 과학적 사회주의에 대립해 세계를 이론적으로 폐쇄하려는 시도, 즉 현실을 정치적 원리의 총체적 실현을 위한 무대로서 파악하는 입장

---

30) Michel Foucault, "History of Systems of Thought, 1979," *Philosophy and Social Criticism*, vol.8, no.3, October, 1981, pp.355~356.

에 반대하고 비난한다. 물론 이는 자유주의 관념이 현실적 영향력이 없다는 말이 아니다. 만약 진정한 자유주의 사회가 존재하지 않는다면, 이는 자유주의가 유토피아적 원칙이 아니기 때문이다. 오늘날 우리는 사회주의 사상이 존재하지만, '현실 사회주의'는 이와 다른 것임을 인정한다. 이 책의 저자들 중 몇몇이 시도하고 있는 것은, 어쩌면 (관습적으로 '진정한' 자유주의적이라 인정되는 원칙들과 복잡하고 혼란스런 관계를 맺고 있지만, 이에 개의치 않는) '현실 자유주의'라 부를 수 있는 현상들을 수집하고 분석하는 작업이라 볼 수 있다.

푸코는 근래의 다른 저자들처럼, 존 로크의 정치법학(시민사회, 사회계약, 사적소유권의 존엄성)과 상업사회에 대한 정치경제학적 접근 간에 자유주의적 예정조화를 논하는 네오-맑스주의적 접근에 이의를 제기한다. 푸코는 18세기 자유주의가 이후 자본주의적 잉여가치 전유를 위한 철학적 정당화를 예비했다는 이런 주장은 일종의 궤변론적 종합이라고 비판한다. 통치방법으로서 자유주의의 형성과 발전을 적절히 이해하기 위해서는, 그것이 그 이데올로기의 비판자들이 가정하는 것보다 훨씬 덜 상호적으로 응집되지 않은 프로젝트임을 인정해야 한다.

푸코가 보기에 네오-맑스주의적 접근은 자유주의사상에서 법이 가지는 위치를 오해하고 있다. 자유주의는 "계약관계에 근거한 정치사회라는 관념에서 태어난 것이 아니다." 자유주의가 국가의 규제행위를 주로 법률적 형태로 재구성하고 이에 한정하고자 시도해왔다면,

[그것은] 자유주의가 사법체계 자체와 친화성이 있기 때문이 아니라 법이 특수하고 개별적인 예외 조건들을 제거한 일반적 형태의 개입을 가능케 하기 때문이며, 이런 법률의 정교화에 피통치자가 의회를 통해 참여하는 것이 통치의 경제상 가장 효율적인 방식이기 때문이다.31)

31) Foucault, "History of Systems of Thought, 1979," p.357.

즉, 경제적 자유주의에서 법치가 가지는 특별한 중요성은, 정치적 주권의 정당성보다는(또한 확대하자면 경제적 착취의 정당성보다는), 통치 행위의 적합한 기술적 형태(스튜어트가 이야기한 시계공의 전문지식 형태)에서 비롯된 것이다.

푸코에 따르면, 이런 식의 기술적 사유는 순수한 법률적 사유와 순수한 경제적 사유 모두와 구별되는 또 다른 범주, 즉 안전의 관점에서 이해되어야 한다. 그리고 바로 이 지점에서, 내치의 세계와 정치경제의 세계는 일종의 변증법적 방식으로 겹쳐진다.

안전에 대한 관심은, 관방학자들에게 '국가번영'의 기본 원리이자, 이를 국가의 '영속성'과 매개하는 보편적인 원리였다. 즉, 국가의 전면적 개입을 가능케 하고 뒷받침하는 원리로서의 번영은 국가안전의 필수 조건이지만, 역으로 만약 국가를 보존하고 영구화할 능력이 없다면 번영은 그 자체로는 아무것도 아닐 것이다. 벤담의 법학은 이 문제에 관해서는 내치학만큼이나 단호하다.

> 이런 법의 목적 가운데 반드시 미래를 아우르는 것으로는 안전이 유일하다. 생존·풍요·평등은 일시적으로만 고려될지 모르나, 안전은 그것이 해당되는 모든 편익과 관련해 시간 관념이 확장되어야 함을 암시한다. 따라서 안전은 가장 중요한 목적이다.[32]

벤담은 "개념을 분명히 하려면, 자유가 안전에서 갈려져 나온 것이라고 봐야만 한다"라고 말한다.[33] 푸코는 자유주의 통치에 있어 "그 역도 사실"이라고 덧붙인다. 그러니까 자유는 안전의 조건이기도 하다. 푸코

---

32) Jeremy Bentham, "Principles of the Civil Code"(Pt.I, Ch.2), *The Works of Jeremy Bentham*, vol.1, ed. John Bowring, Edinburgh: William Tait, 1843, p.302.

33) Bentham, "Principles of the Civil Code," p.302.

에 따르면 자유방임의 적극적 의미, 즉 자연적인 조정을 가능케 하고 촉진하는 규제형태의 고안은 안전메커니즘의 설치를 필요로 한다,

소위 경제적 절차나 인구에 내재하는 과정인 자연적 현상의 안전을 확보하는 것을 본질적 기능으로 하는 국가의 개입, 이것이 바로 통치성의 근본적 목표가 되어갑니다. 거기서 마지막으로 생겨나는 것이 자유의 기입입니다. 그것은 단순히 주권자 혹은 통치의 권력·찬탈·남용에 대립해 개인이 갖는 정당한 권리로서의 자유만이 아니라 통치성 자체에 불가결한 요소가 된 자유를 일컫습니다.[34]

요컨대 자유는 통치행위를 둘러싸고 있는 하나의 매개체이다. 자유를 무시하는 것은 단지 권리의 침해만을 의미하는 것이 아니라, 통치방식에 대해 무지하다는 것을 의미한다.

자유-안전이라는 이 새로운 쌍과 내치의 안전 간의 대조는 절대적인 것이 아니다. 내치는 규율하고, 구획하고, 고정시킨다. 하지만 기하학적 중심인 왕의 자리에서 여타를 감독하는 이런 격자적 질서체계는 동시에 운동과 흐름의 네트워크이기도 하다. 푸코가 보여주듯이, 18세기 프랑스에서 도시화와 내치는 거의 동일한 의미를 지니고 있었다. 국왕이 전 영토를 하나의 거대한 도시처럼 조직하는 것은, 내치가 지닌 목표 중 하나였던 것이다. 공공 장소·교량·도로·강 등은 내치가 특별히 주목한 대상이었는데, 내치 이론가 장 도마는 결합과 이동을 위한 이런 물리적 하부구조를 도시가 모임과 **교류**의 장소로 작동할 수 있게 해주는 수단이라 주장했다. 이때 교류란 통치받는 인구 내부에서 이뤄지는 교제·교환·순환·공동생활의 모든 과정을 포함한 것으로서,[35] 자유주의는 이런 교통

---

34) 푸코의 1978년 4월 5일 콜레주드프랑스 강의. [『안전, 영토, 인구』, 478쪽.]

35) 푸코의 1978년 4월 5일 콜레주드프랑스 강의. [『안전, 영토, 인구』, 454~455쪽.]

의 가시적인 격자로서의 질서 관념을 폐기하고, 대신 인구의 운동이 가진 필연적으로 불투명하고 자율적인 성격을 인정한다. 따라서 자유주의는 이런 운동이 지닌 취약성에 관심을 기울였으며, 어떻게 이를 '안전메커니즘'의 관점에서 접근할 수 있을지 고심하기 시작한다.

푸코의 안전에 대한 논의는, 그가 『감시와 처벌』에서 사용한 분석틀을 중요한 방식으로 확장한 것이다.[36] 푸코는 안전을 그저 정치권력의 자명한 전제 조건으로서가 아니라 법률·주권·규율의 원리 및 실천과 구분되며 다양한 통치 지형 내에서 이런 상이한 원리와 실천들의 상호 결합을 가능케 하는 정치의 방식이자 실천의 원칙으로 파악한다.

푸코는 안전의 방법이 가진 세 가지 일반적인 특징을 다음과 같이 제시한다. 첫째, 안전은 일련의 가능하고 개연적인 사건들을 다룬다. 둘째, 안전은 비용의 비교와 계산에 근거해 가치를 평가한다. 셋째, 안전은 허용된 행위와 금지된 행위 간의 절대적인 이분법적 구분에 근거하기보다는 허용범위 내에서 최적 평균에 근거해 작동한다. 주권이 영토라는 광대한 공간을 대상으로 삼고 규율이 개인(비록 이 개인은 특정한 집단의 구성원으로 취급되지만)의 신체에 초점을 맞춘다면, 안전은 '인구 전체'를 대상으로 삼는다. 푸코에 따르면, 18세기 이래 안전은 점차 근대적 통치합리성의 지배적 요소로 자리잡아왔다. 오늘날 우리는 법치국가Rechts-staat나 규율사회가 아닌 안전사회에서 살아가는 것이다.

푸코는 인구와 안전에 대한 자유주의적 논의의 특이성과 독창성을, **이해관계의 주체**로서의 경제인이라는 영국 경험주의 철학의 발견에서 찾는다. 여기서 이해관계의 주체란 환원될 수 없고(개인의 감정은 다른 어떤 것, 즉 그것을 불러일으킨 더 근본적인 어떤 원인을 통해서 설명될 수 없다) 양도될 수 없는(어떤 외부적 요인도 선호에 대한 개인의 결정을 대체하거나 제한할 수 없다) 개인적 선호와 선택권을 가진 주체를 의미한다.

---

36) 푸코의 1978년 4월 5일 콜레주드프랑스 강의. [『안전, 영토, 인구』, 461쪽.]

데이비드 흄이 말한 것처럼 "내 손가락의 생채기보다 전 세계의 파멸을 선택했다는 것이 이성과 상충하는 것은 아니다."[37] 푸코에 따르면, 이런 이해관계 관념에 근거한 흄과 벤담의 주장은 존 로크의 사회계약론뿐 아니라 사회계약과 이해관계의 원리를 화해시키고자 했던 윌리엄 블랙스톤의 시도 모두를 불가능하게 만든다. 사회계약론은 개인을 정치적·법적 주체로 전환시키는 권한의 포기 혹은 위임의 원초적 행위를 전제한다. 이해관계의 주체는 그 정의상 이 전제와 충돌하는데, 이는 원칙상 그 어떤 것도 주체가 자신의 이해관계에 따라 이런 계약을 파기하는 것을 막을 수 없기 때문이다. 이해관계의 주체는 법적 주체가 자신에게 부과하는 제한행위의 범위를 끊임없이 넘어선다.

물론 경제적 영역과 법적 영역 간에 근본적 불화가 존재한다는 전제가 자유주의 논의에서 완전히 새로운 것은 아니다. 엘리 알레비는 벤담이 경제가 이룩한다고 가정한 "이해관계의 자연적 조화"와 법치의 목적으로 내세운 "이해관계의 인공적 조화" 간의 명백한 모순이 벤담 철학의 가장 큰 문제라고 지적한다.[38] 이런 충돌에서 알레비는 논리의 불일치를 찾아내지만, 푸코는 여기서 합리성들 간의 불일치, 즉 주체의 개체화 원리와 주권의 토대와 관련될 뿐 아니라 집합적 전체화의 과정과 통치행동의 결정에도 영향을 끼치는 중대한 불일치를 읽어낸다.

정치경제학과 스미스의 '보이지 않는 손'은 개별적 이해관계는 사적인 차원에서 결정되며, 이런 이해관계는 사회적 차원에서 궁극적인 조화에 도달한다고 주장한다. 이런 사적 결정과 조화는 법률과 사법적 주권의 원리들에 기입되어 있는 보편성 및 초월성과는 달리, 복잡한 상황과 사건 속에서 근본적 내재성에 입각해 전개되는 '자생적 증식의 변증

---

37) David Hume, *A Treatise on Human Nature*, Oxford: Clarendon Press, 1978, p.416. [이준호 옮김, 『정념에 관하여: 인간 이성에 관한 논고 2』, 서광사, 1996, 161쪽.]

38) Élie Halévy, *The Growth of Philosophical Radicalism*, London: Faber & Faber, 1972, p.118.

법'을 통해 달성된다. 이 원리는 주체뿐 아니라 주권의 전체화하는 감독의 눈길로도 파악할 수 없는 것이다. 이런 의미에서, 이해관계의 주체를 전제한 채 이뤄지는 정치 주권에 관한 논의는 로크의 정치법학을 보완하거나 완성하는 것이 아니라, 오히려 경제적 주권의 자격 없음을 설명하려는 시도로 이해되어야 한다.

푸코가 보기에 자유주의가 시작하는 진정한 순간은 "한편으로는 이해관계·경제의 주체들을 특징짓는 전체화가 불가능한 다양성과, 다른 한편으로는 법률적 주권자의 전체화하는 통일성 간에 본질적인 양립불가능성"*이 정식화되는 순간이다. 즉, 자유주의의 주요 과업은 주권의 영역에서 시장을 제거하거나 경제의 주권자를 정치경제학의 단순한 기능자[직원]로 격하시키는 위험한 양자택일(양자 모두 통치이성의 힘을 약화시킨다)을 넘어서 통치 영역에 대한 새로운 정의를 고안해내는 것이다. 푸코의 주장에 따르면, 경제적 주체와 법적 주체를 동일시하는 것은 초기 자유주의와 그 모든 계승자들에게 완전히 불가능한 일이다. 법-경제의 과학 같은 학문은 결코 존재한 적도 없고 존재할 수도 없다. 자유주의는 이와는 달리, 경제적 주체성과 법적 주체성을 더 폭넓은 요소의 부분적이고 상관적인 계기들로 통합할 수 있는 복합적인 동치성의 공간을 구축하고자 했다. 이 발명과 구축의 과정에서 **시민사회**에 대한 자유주의만의 독특한 이론이 핵심 역할을 수행한다.[39]

이전의 사상가들과 마찬가지로, 로크는 '시민사회'를 사실상 정치사회 혹은 법의 사회와 동일시했다. 하지만 18세기 후반에 이 용어는 새로운 의미를 얻게 되는데, 푸코는 이 새로운 정의가 애덤 퍼거슨의 『시민사회사』에서 가장 완전하고 설득력 있게 제시된다고 봤다. 이 저술은 스미스의 『국부론』과 유사한 문제의식에 근거해 서로 보완관계에 있는

---

* 푸코, 『생명관리정치의 탄생』, 392쪽.
39) 푸코의 1979년 4월 4일 콜레주드프랑스 강의. [『생명관리정치의 탄생』, 399~405쪽.]

저술로서, 사적인 경제적 이해관계를 공적 번영의 동력으로 본 스미스의 근본적 내재성의 원칙은 이제 사회의 일반적인 구성 전반을 포괄하는 것으로 확장된다. 즉, 퍼거슨에 따르면 사회를 설립하는 역사적 행동 같은 것은 없으며, 사회는 그 자신을 설립한다. 인간 집단들은 스스로를 조직하고 분업을 시행한다(여기서 노동은 정치적 노동, 즉 특정한 과업을 가장 적합한 이에게 할당하는 전문화된 과업 역시 포함한다). 이런 과정은 인간이 자신의 감각 기관과 언어 능력을 사용하는 만큼이나 자연적이고 자발적인 것이다. 사회는 자신의 '분열적 통합성'unité déchirante 속에서, 요컨대 경제적 이기주의의 원심력과 비경제적 이해관계(즉 개인들이 자연스럽게 자신과 가까운 가족·친족·민족의 안녕을 도모하고 다른 집단의 곤경에서 위안을 찾게 만드는 연민의 감정 혹은 비이해관계적 이해관계)의 구심력 간에 존재하는 내적 긴장을 통해 자신의 역사를 만든다. 따라서 사회의 존재는 끊임없이 자신을 분열시키는 동시에 끊임없이 그 자신의 조직을 재구성하는 태생적으로 역사적인 과정이다. 통치활동은 이렇게 발전하는 사회적 유대의 유기적 요소로서, 서로 구별되면서도 연속적인 다양한 사회형태에 걸쳐 이 역사적 과정에 관여하게 된다.

　푸코는 초기 자유주의의 시민사회 개념은 무엇보다 통치테크놀로지의 도구나 상관물로 이해되어야 한다고 주장한다. 시민사회 개념은 초경제적인 것the transeconomic의 경제, 즉 사회적 통치를 가능케 한 시장의 형식적 경계들 사이에 걸쳐 있는 하나의 방법론이라 할 수 있다.

　호모 에코노미쿠스는 소위 시민사회라는 농밀하고 충만하며 복잡한 현실에 깃든 추상적이고 이념적이며 순수하게 경제적인 요소 같은 것입니다. 혹은 시민사회란 경제적 인간에 의해 구성되는 그런 이념적 요소들이 그 내부에 재배치됨으로써 적절하게 운영될 수 있는 구체적 총체라고 말할 수도 있겠습니다. 따라서 호모 에코노미쿠스와 시민사회는 동일한 총체의 일부를 이루고 있는 것[입니다].[40]

따라서 시민사회는 일차적으로 통치 의지를 거부하거나 이에 도전하는 태고의 자연상태로 여겨져서는 안 된다. 시민사회는 오히려 내치나 섹슈얼리티의 경우처럼 "상호작용에 의한 현실," 즉 통치관계를 둘러싼 경합적 싸움의 벡터, "권력의 여러 관계[와] 이런 권력관계들로부터 끊임없이 벗어나는 것 간의 상호작용"41)의 벡터로 이해되어야 한다. 자유주의에 대한 이런 관점은 자유주의의 역사를 돌아보게 만든다. 예컨대 19세기는 **사회적 통치**에의 추구, 즉 근대성의 서로 경합하는 힘들 사이에서 '사회적인 것'이 가진 문제적 요소들에 근거해 있는 자신의 사명과 기능을 스스로 이끌어낼 수 있는 통치에 사로잡혀 있었다.

시민사회라는 관념은 정치적 실천이자 경제적 통치를 위한 '안전메커니즘'의 정교화로서 자유주의가 발전하는 데 어떤 영향을 미쳤는가? 이 질문에 대한 적절한 대답은 놀랍게도 이 강의보다 약 20년 전에 출판된 『광기의 역사』에서 찾을 수 있다. 여기서 푸코는 18세기 후반에 사회 구제와 공공의료 정책의 변화를 분석하는데, 여기서 우리는 이후에 그가 안전의 방법론으로 제시하는 다양한 특징들을 발견할 수 있다.

푸코는 안전의 원칙이 일련의 가능하고 개연성 있는 사건을 다룬다고 주장한다. 이런 참조틀은 공공 자본이 자선 *기금*에 묶여 비유동성에 처해 있는 사태를 비판한 안-로베르-자크 튀르고의 주장에서 명백해진다. 튀르고에 따르면 사회의 필요는 수많은 상황적·정세적 변화에 따른다. 따라서 [푸코는 튀르고의 말에 다음과 같은 설명을 덧붙인다.] "[자선] 기금의 비유동성은 기금이 부응한다고 간주되는 우발적 필요의 변화 많고 유동적인 양태와 모순된다."42)

---

40) 푸코의 1979년 4월 4일 콜레주드프랑스 강의. [『생명관리정치의 탄생』, 405쪽.]

41) 푸코의 1979년 4월 4일 콜레주드프랑스 강의. [『생명관리정치의 탄생』, 406쪽.]

42) Michel Foucault, *Histoire de la folie à l'âge classique*, Paris: Gallimard, 1972, p.431. [이규현 옮김, 『광기의 역사』, 나남, 2003, 639~640쪽.]

프랑스 경제학파는 구제제도를 (퍼거슨이 생각하는) 시민사회의 요소로 포함시키고자 했다. 공적 구제는 인간 본성에 내재한 연민의 발현이며, 따라서 사회와 통치에 선행하지는 않는다 해도 동시에 존재해야만 하는 것이다. 이는 순수하게 인간적인 차원으로 정치적 공동체보다도 우선시되어야 한다. 이처럼 경제학파는 구제의 **사회적 의무**를 **사회 전체의 의무**라기보다 **사회에 속한 사람들의 의무**로 이해했다.[43]

따라서 가능한 구제형태를 결정하기 위해서는 사회인들을 하나로 묶어낼 수 있는 연민, 동정, 연대와 같은 감정의 본질과 한계가 무엇인지 명확하게 규정할 필요가 있다. 구제의 이론은 계약에 의한 집단의 의무를 정의하는 것이 아니라, 반쯤 심리적이고 반쯤 도덕적인 그런 분석에 바탕을 두어야 한다. 이런 식으로 이해된 구제는 국가의 구조가 아니라 사람과 사람 사이의 개인적인 유대이다.[44]

(흄과 퍼거슨의 입장을 따라) 이런 감정들은 실재하지만 범위가 제한적이고 국지적인 것으로 간주됐다. 따라서 구제의 조직은 이런 사회적 연민의 불연속적 공간으로, 즉 "강렬한 심리의 활기찬 지대, 또는 멀어지고 무기력한 심정의 생기 없고 생동감 없는 지대"[45]로 통합될 필요가 있었다. 이런 입장이 병원 진료를 자택 치료에 대한 지원으로 대체하자는 주장을 낳았다. 즉 환자 가족의 자택 치료를 지원하는 것은 기존에 존재하던 가족 간의 자연스런 결속과 애정을 강화하는 동시에 일반 병원체계에 비해 절반 이하의 비용이 들기에, 이는 비용을 최소화하고 최적의 규범을 보호한다는 안전의 원칙에 합당했던 것이다.

---

43) Foucault, *Histoire de la folie à l'âge classique*, p.435. [『광기의 역사』, 645쪽.]

44) Foucault, *Histoire de la folie à l'âge classique*, p.435. [『광기의 역사』, 645쪽.]

45) Foucault, *Histoire de la folie à l'âge classique*, p.436. [『광기의 역사』, 647쪽.]

또한 시민사회라는 관점은 집합적인 인간 실체, 즉 인구에 대한 새로운 통치적 분석을 낳았다. 푸코에 따르면 '경제적 통치'는 자유주의의 이중적 의미(정치경제학의 지식에 따른 통치라는 의미와 비용을 최소화하는 통치라는 의미)를 포함하고 있다. 이제 더 적은 힘과 권위를 사용해 더 많은 성과를 내기 위해 수많은 노력과 기술이 동원됐다.

이 시기 동안에 유럽의 절대주의 체제와 헌정적 체제에서는 모두 형법 원리의 갱신과 관련해 (체자레 베카리아에서 벤담과 안젤름 포이에르바흐에 이르기까지) 매우 유사한 논의들이 등장했다.『감시와 처벌』이 보여주듯이, 이런 개혁 프로그램들은 형법의 효과를 개선하고 상업사회의 조건에 부합하는 법률제도를 설립하려는 데 초점을 맞췄다(이와 관련해 『국부론』에 나오는 '사법 비용'과 이의 자금 조달에 관한 토의가 추가될 수 있을 것이다).46) 형법 개혁론자들은 전통적인 폭력적·전시적 형벌형태를 비판하고, 규칙성과 신뢰성의 기준이 법에 적용될 필요가 있다고 강조했는데, 이런 비판은 전적으로 스튜어트가 경제정책의 영역에서 "낡아빠진 자의적 행정명령"을 혹평했던 것과 일맥상통한다. 벤담의 쾌락과 고통에 대한 공리주의적 계산은 안전이라는 실용적인 합리성을 보여주는 탁월한 사례라 할 수 있다. 여기서 호모 에코노미쿠스는 이해관계의 인간이자 쾌락과 고통의 인간으로, 단지 시장경제의 추상적인 원자가 아니라 정치적 발명을 위한 하나의 출발점으로 기능한다.

여기서 다시 한 번 자유주의 통치와 더 오래된 내치의 실천 사이의 유사점과 차이점을 면밀히 살펴볼 필요가 있다. 벤담의 판옵티콘에 대한 푸코의 논의는 이 문제를 잘 요약해주고 있다. 푸코가 상세하게 보여줬듯이, 벤담의 아이디어는 내치국가의 특징인 규율기술과 연관되어 있다. 판옵티콘은 벤담의 동생 새무얼이 러시아 정부를 위해 관리했던 크리미아 해군 노역소에서 직접적인 착상을 얻었으며, 벤담 자신도 한동

---

46) Smith, *The Wealth of Nations*, Bk.V, Pt.I, Ch.II. [『국부론』(개역판/하), 875~891쪽.]

안 예카트리나 2세가 이 계획의 후견인이 되어주기를 기대했다. 푸코는 규율을 국가가 관리하는 것, 즉 규율의 국가화를 관방학적 정치기술이라 불렀다. 이는 주권의 감시를 개인 품행의 정밀한 규제와 감독에 연결시키는 연속적인 권력의 네트워크를 수립하는 과정이라 할 수 있다. "내치권력은 '모든 것'······ 사소한 여러 가지 사건, 행동, 행위, 여론 등 '발생하는 모든 일'을 대상화해야 한다." 내치의 대상은 예카트리나 2세가 대훈령에서 언급한 "매 순간 발생되는 사건," '보잘것없는 [모든] 사건'이다.47) 푸코는 『감시와 처벌』에서 이런 사유방식을 그 자신이 18세기의 '세부에 관한 역사'라고 부른 것에서 발견한다. "이 역사는 장-바티스트 드 라 살의 영향 아래에서 라이프니츠와 [조르주-루이 르클레르크 드] 뷔퐁, 그리고 프리드리히 2세를 거치면서 교육학, 의학, 군사전술, 그리고 경제를 가로지르며 ······ 자신이 통치하고 있던 국가의 가장 사소한 사건까지도 감지할 수 있게 해주는 하나의 권력장치를 주변에 마련하고자" 했던 나폴레옹 체제에서 정점에 달한다.48)

쉽게 생각할 수 있듯이, 이런 역사는 판옵티콘 개념에서 뚜렷이 발견된다. 하지만 더 면밀히 보면, 벤담의 생각과 혁명 이후의 프랑스 정부가 보여준 유사한 추세는 모두 이런 세부적인 것의 정치사에서 어떤 심층적인 변화가 일어났음을 보여준다. 자크 동즐로는 이 변화를 보여주고자 집정정부의 내무장관이 기안한 공장규제법 초안을 인용한다.

> 산업과 관련된 업무의 가변적인 속성에 비춰볼 때 ······ 공권력이 제정한 규정으로 생산의 온갖 세부사항을 규제하려는 것은 헛된 일이므로, 최선의 방책은 노동의 감독을 책임진 이들에게 노동에 관계된 모든 것을 규제하도록 허용하는 것이다.49)

---

47) Michel Foucault, *Discipline and Punish*, Harmondsworth: Penguin, 1979, p.213. [오생근 옮김, 『감시와 처벌』(재판), 나남, 2003, 329쪽.]

48) Foucault, *Discipline and Punish*, pp.140~141. [『감시와 처벌』(재판), 221~222쪽.]

동즐로가 보여주듯이, 이 미간행 문서가 보여주는 경제적 생산 영역에서의 사적권력의 보장과 위임 체계는 19세기 대부분에 걸쳐 프랑스에서 나타날 산업체계의 현실과 원리를 예견하고 있는 것이다.

이 법을 통해 고용주에 대한 노동자의 경제적 계약관계는 고용주가 완전히 자유롭게 규칙을 제정한다는 점에서 노동자에 대한 고용주의 일종의 후견인 계약형태가 됐다. 고용주는 많은 경우 공장 규칙에 일련의 수많은 규율적이고 도덕적인 요구를 포함시켰는데, 이런 요구는 노동자의 습관과 태도를 통제하기 위해 공장 내부를 훨씬 초과해 노동계급의 공장외부에서의 사회적·도덕적 행동까지 포함하고 있었다……. 각 기업이 가진 독특한 특성들은 사업주에게 이토록 배타적인 책임을 부여하고, 그의 권력에 특별히 강화시켜주기 위한 좋은 구실이 됐다.[50]

정치경제학에서 시장의 복잡한 작동이 내치국가에 의해 완전히 파악될 수 없는 것으로 가정된 것과 마찬가지로, 자유주의 통치 아래서 생산영역의 세밀한 조건과 결정은, 한편으로는 (내치학자 니콜라 들라마르의 용어를 빌리면) "매우 세밀한 조사"에 근거해야 했으며, 다른 한편으로는 규제적 감시와 권력을 개별기업과 고용주의 직접적이고 분산된 미시층위에 위임하는 것을 통해서만 이뤄질 수 있는 것으로 사고됐다. 프랑스 정부는 백과사전적 법령으로 질서를 강제하기보다는, 사실상 공법의 권력을 개별 사업주의 사적 관할권에 이양했다. 자유주의적 안전은 통제의 횃불이 아닌, 질서의 정치에 대한 기록인 것이다.

판옵티콘은 그것만의 차별되고 매우 인위적이며 현실화되지는 못했던 방식으로 이와 유사한 논리를 따른다. 여기서는 검열과 감시를 통한

---

49) Donzelot, *L'invention du social*, p.144. [『사회보장의 발명』, 129쪽.]
50) Donzelot, *L'invention du social*, pp.145~146. [『사회보장의 발명』, 130~131쪽.]

통제기능이 정치적 주권자로부터 감호소를 관리하는 기업가에게로 이양된다. 기업가는 사적 이윤이라는 인센티브와 공적 감사라는 공화국의 제약만 따르면 된다. 이 모델을 형벌제도에 처음 적용하려 했을 때 벤담은 판옵티콘을 직접 건설해 운영하겠다고 제안했으나 영국 정부는 오랜 심의와 유예 끝에 이를 거부했다. 마이클 이그나티에프는 이 결정을 "감금의 역사에서 매우 중요한 사건"이라 말한다.[51] 그럴지도 모른다. 실제로 근대 형법의 역사는 특히 처벌을 포함한 특정 국가기능의 자유주의적 사유화·상업화에 정치권이 (완전히 배척하거나 명백하지는 않았더라도) 반발했음을 보여준다. 하지만 무엇보다 이 사례는 '경제적 통치'로서 자유주의 내부에 존재하는 상이하지만 중첩되는 두 가지 경향을 구분해야 할 필요성을 보여준다. 한편에는 통치기능 자체를 경제적으로 규제되는 구조·제도로 대체하려는 시도(스튜어트의 이미지를 뒤집어, 경제를 통치라는 시계장치의 제어기로 만드려는 시도)가 존재하고, 다른 한편에는 현존하는 경제구조와 제도(시장뿐 아니라 기업의 구조와 제도)에 통치의 하부구조의 기능을 부여하려는 시도가 존재한다. 벤담의 개인적 실패(그의 아이디어의 영향력은 이 실패를 보상하고도 남지만)가 첫 번째 경향의 한계를 증언한다면, 동즐로가 제시한 사례는 두 번째 경향의 중요성을 보여준다. 프랑수아 에발드는 다른 사례를 인용하는데, 1810년의 나폴레옹 칙령은 국가 광물에 대한 권리를 민간 기업에 양여하면서 민간 업자는 "남성, 여성, 아동 대중" 사이에 (그들의 착취를 위해 필요한) "올바른 질서와 안전"을 보장해야 한다는 조건을 달았다.

광산 회사는 영리적 사업만큼이나 무질서를 평정하는 사업이자 지방을 식민화하는 사업이었다……. 이런 민간 사업 영역은 관습법의 입장에 보

---

51) Michael Ignatieff, *A Just Measure of Pain*, Harmondsworth: Penguin, 1989, p.112. 이 재판본에서는 1978년 원판에 있었던 푸코에 관한 언급이 삭제됐다.

자면 엄밀히 말해 불법이었다. 그럼에도 불구하고 법은 이 기업들이 질서와 안전의 과업을 적절히 충족하는 한, 이런 활동을 허용했다. 이런 영역은 공적 질서의 영역 외부에 놓인 것이 아니다. 왜냐하면 이런 영역이 유순한 개인을 만들어냄으로써 공적 질서를 유지하기 때문이다.

여기서 에발드는 이렇게 결론내린다. "우리는 이런 권력의 전략을 **자유주의**라 부를 수 있을 것이다. 이때 자유주의는 단순히 경제형태가 아닌 자본주의 사회에서 권력의 작동 원칙을 뜻한다."52)

제국에서의 이런 선례들은 프랑스 자유주의가 내치행정의 어떤 면들과 지속적으로 결합해 존재했음을 보여준다. 하지만 칼 맑스와 프리드리히 엥겔스가 보여주듯이, 19세기 초반 프랑스보다 비공식적이며 탈중심적이던 영국의 법적·정치적 환경에서도 상황은 별반 다르지 않았다. 영국에서 지방 치안법원은 공장주들이 사적인 처벌 규정을 집행할 수 있도록 승인하고 법적 강제력을 부여해줬다. 이런 현상은 자유주의가 내치국가로부터 계승한 공적 질서와 경제적 질서 간의 상호관계에 대한 관심이 어느 정도의 강도와 범위를 가지고 있는지 보여준다.

이런 분석은 『감시와 처벌』에서 국가에 관한 질문이 생략되고 있다고 여기는 이들에게 하나의 답변을 제공한다. 사실 19세기 사회에서 어디에나 존재하며 미시적 규율권력의 끈들을 끌어당기는 국가의 손을 찾으려 한다면 헛된 일이다. 그렇더라도 다른 한편으로, 이 대거 사유화된 미시권력 구조들은 통치의 관점에서 질서의 일관된 일반 정책에 연루되어 있었다. 더욱이 자유주의가 규율의 국가화라는 관방학적 경향을 중단시킨다면, 자유주의 통치는 그것에 상응하는 작업을 사유화된 질서체계의 '시민사회' 내부에서 다른 형태로 추구하기도 한다. 이것은 푸코가 '국가의 규율화'라고 부른 정책,53) 즉 규율기술에 대한 국가의 당면 관

---

52) François Ewald, "Présentation," *Les Temps Modernes*, no.354, janvier 1979.

심이 그 자체의 관료조직과 장치들에게로 집중되는 것이다. 칼 폴라니가 지적하듯이 '감시가능성'이라는 벤담의 판옵티콘 원리가 감옥과 수인뿐만 아니라 각 정부부처와 공무원에게도 적용됐던 것이다.[54]

2) 사회적인 것의 통치

매우 도식적이기는 하지만, 공적 질서와 사적 질서의 이런 이중 구조는 '현실 자유주의,' 즉 효과적인 안전의 실천으로서 자유주의의 초기 단계를 특징짓는다고 할 수 있을 것이다.

이 체계의 가장 명확한 한계는 그것이 경제에 부여한 통치적 장점들의 효력이 잘 해야 경제 자체의 성과에 의해 제한되는 반면에, 이 경제는 도시 빈민이라는 불안정한 인구 대중을 급속히 양산해 국가의 정치적 안전뿐 아니라 인구의 물질적 안전조차 제공하지 못하는 것으로 비쳐질 수 있다는 데 있었다. 이런 상황은 시민사회라는 자유주의적 이상의 근저에 깔린 이중성을 드러낸다. C. B. 맥퍼슨은 이런 이중성의 기원을 로크의 정치철학에서 발견한다.[55] 한편으로 소유권은 모든 사람을 최소한 자신의 육체와 노동을 소유하고 있는 시민으로 만든다. 그러나 다른 한편으로, 노동자는 소유권으로 인해 그들의 새로운 주인, 즉 생산수단의 소유자를 매개로 해서만 사회의 구성원이 될 수 있다.[56]

『사회적인 것의 발명』에서 동즐로는 '경제적 통치'의 혁신적 개입이 해소시키지 못한 자유주의적 정치법학 내의 긴장이 어떻게 1848년 혁

---

53) Foucault, *Discipline and Punish*, p.216. [『감시와 처벌』(재판), 332쪽.]

54) Karl Polanyi, *The Great Transformation: The Political and Economic Origins of Our Time*, Boston: Beacon Press, 1957, p.140. [홍기빈 옮김, 『거대한 전환: 우리 시대의 정치·경제적 기원』, 도서출판 길, 2009, 393쪽.]

55) C. B. Macpherson, *The Political Theory of Possessive Individualism: From Hobbes to Locke*, Oxford: Clarendon Press, 1962. [이유동 옮김, 『소유적 개인주의의 정치이론』, 인간사랑, 1991.]

56) Donzelot, *L'invention du social*, pp.40~42. [『사회보장의 발명』, 35~37쪽.]

명에서 공화주의적 권리 관념의 근본적인 균열로, 두 가지 양립불가능한 시민권 개념 사이의 폭발적인 충돌로 나타났는지 보여준다. 한쪽에는 노동할 권리로서의 시민권, 혹은 시민들에게 경제적 생존에 필요한 최소한의 조건을 보장해야 할 국가의 의무가 있었다. 다른 한쪽에는 [재산의] 몰수를 통한 국유화로 우려되는 경제적 시민권의 침해에 단호히 맞서는 소유권으로서의 시민권이 있었다.57) 더욱이 양쪽 모두 공화주의 체제의 정당성이 각자가 주장하는 사회적 권리의 기준을 충족시키는 데 전적으로 달려 있다고 봤기 때문에 정부는 어려운 상황에 처하게 됐다.

이와 동일한 갈등 속에서 시민사회 개념은 새롭고 상충하는 해석들의 주제가 됐다. 참정권을 제한적으로 부여한 1815년 이후의 프랑스 헌법들은 산업계 기업가들에게 부여된 일방적 권력을 반영한 것으로, 노동 인구를 정치적으로 '사실상의 자연상태'로 남겨둔 로크 식 시민사회의 적나라한 이중성을 실행한 것으로 말해져왔다.58) 1848년과 1871년 파리 코뮌은 이렇게 배제된 인구가 그들이 원하는 방향으로 새로운 시민사회를 구성하려던 반작용적 시도로 해석될 수 있을 것이다.

하지만 조반나 프로카치가 보여주듯이(본서 7장), 이와 동일한 일련의 테마들이 같은 시기에 다른 이들, 즉 단순한 통속적 도덕주의자들이라는 식으로 치부해 정치사에서 한 구석으로 밀어내버릴 수는 없는 부르주아 세력에 의해서도 동원되고 있었다. 다른 방향에서, 이 자유주의적 '사회경제학자들'과 박애주의자들은 가난한 대중들의 생활 조건이 실질적인 반사회적 조건, 시민사회의 도덕적·인간적 구조가 완전히 결여된 위협과 퇴보라는 의미에서의 '자연상태'라고 비난했다. 이 영역의 교화와 재건성을 위한 이들의 계획은 그 귀결에 있어서 봉기에 대한 인민들의 기억만큼이나 중요하게 여겨져야 한다.

---

57) Donzelot, *L'invention du social*, pp.33~49. [『사회보장의 발명』, 29~43쪽.]

58) Donzelot, *L'invention du social*, pp.21~33. [『사회보장의 발명』, 18~29쪽.]

사회적 권리와 시민사회의 의미를 둘러싼 갈등은 국가의 역할에 관한 의견차로 연결됐다. 1848년의 내전에서 핵심 쟁점은 정확히 무엇이 국가의 아젠다와 비-아젠다였느냐였다. 동즐로의 지적처럼, 자유주의의 전성기라 여겨지는 19세기 중반은 국가에 관한 질문이 사라진 시기가 아니라, 국가와 그것의 의무·위험성을 둘러싼 논쟁과 투쟁이 전례 없이 범람한 시기이다. 이 역설은 쉽게 설명될 수 있다. **국가의 문제**를 둘러싼 논쟁과 불안들은 **국가이성**이 쇠퇴하고 있다는, 즉 국가행동에 내재한 하나의 합리성이 사라지고 있다는 공통된 의식 때문에 발생한 것이다. 그리고 이런 역설은 하나의 국가 이론이나 '부르주아 국가'를 근대사의 주체로 보는 시각에 의해서는 결코 분석될 수 없을 것이다.

동즐로는 사회적 권리를 둘러싼 전투에서 대립했던 자유주의적-보수주의와 혁명적 맑스주의가 프랑스 국가를 공격할 때는 꽤 주목할 만큼 유사했음을 지적한다. 양측은 당시의 프랑스 국가가 사회체에 들러붙은 낯선 기생물로서, 개별 시민과 국가를 연결하는 '매개적 단체'(동업조합, 종교 집단)를 혁명적으로 억압해서든지 부르주아적 상속법에 따라 농민의 재산을 구획해서든지 사회 공동체의 구조를 분쇄해 익명적이고 무기력한 개인들의 덩어리로 만든다고 여겼다.[59] 맑스는 1848년과 1871년의 프랑스 대중 봉기를 무엇보다 국가에 대항한 시민사회의 반란으로 해석했는데, 최근 프랑스와 영국 좌파의 분파들은 이 관점을 열정적으로 되살려왔다. 『루이 보나파르트의 브뤼메르 18일』에서 『고타강령 비판』에 이르기까지, 국가를 다루는 맑스의 언어는 (국가에 관한 맑스의 관점에서 가장 두드러진 특징일) 그 과격함에 있어서 매우 일관적이다. '초자연적 낙태물,' '기생체,' '몽마,' 자신의 사회적 기초로부터 스스로를 부정하게 떼어내려 하는 '시민사회의 이상 생성물' 등. 맑스는 현존 국가들에 관한 일반화된 이론을 피할 뿐만 아니라 명백히 금지했다. 모든

---

59) Donzelot, *L'invention du social*, pp.54~66. [『사회보장의 발명』, 48~59쪽.]

문명화된 사회에서 다양하게 실현된 보편적 형태로 분석될 수 있는 자본주의 사회와는 달리, "'오늘날의 국가'는 국경과 함께 변한다. 따라서 '오늘날의 국가'는 일종의 허구이다."[60] 맑스는 민족적 부르주아지가 패배한 정치적 과제를 프롤레타리아트가 떠맡게 된 나라들(영국, 네덜란드, 미국이 아닌 독일이나 프랑스)의 상황에 대해 논할 때에만 국가에 관심을 기울였다. 즉, 국가의 중요성은 그것이 정상적인 역사 발전의 장애물이 되는 상황에서만 드러난다. 맑스의 언어는 국가의 존재가 가진 내재적 비합리성과 도착성을 너무나 강렬하게 드러내고 있어서 이 장애물을 제거하면 사적 유물론의 마지막 지점에 다다를 것처럼 보인다.

역으로, 만약 맑스가 토머스 페인이나 윌리엄 고드윈과 시민사회의 덕스러운 성격이라는 아이디어를 공유한 것처럼 보인다면, 이는 물론 그가 당시 시민사회의 상황에 호의적이어서가 아니라, 경제의 모순된 논리(궁극적으로는 공산주의 사회의 등장에 따라 해소될 모순)가 전개되는 영역으로서 시민사회가 가진 잠재력 때문일 것이다. 맑스에 따르면, 꼬뮌은 "계급투쟁이 그 서로 다른 국면들을 가장 합리적이고 인간적인 방식으로 경과할 수 있는 합리적 매개체"로, "국가권력을 사회로 다시 흡수"하고 국가행정을 둘러싼 날조된 신비적 성격을 걷어냄으로써 사회의 통일성을 회복한다.[61] 만약 맑스의 사유에서 자유주의적-유토피아적 합리주의의 요소를 발견할 수 있다면, 그것은 공산주의 사회에 대한 그의 전망보다는 오히려 부르주아 사회의 개방된 공적 공간에서의 계급투쟁에 대한 그의 이런 입장에서 찾을 수 있을 것이다.

---

60) Karl Marx, "Critique of the Gotha Program," *The First International and After*, Harmondsworth: Penguin, 1974, p.355 [이수현 옮김, 「고타강령 초안 비판」, 『칼 맑스/프리드리히 엥겔스 저작 선집 4』, 박종철출판사, 1995, 385쪽.]

61) Karl Marx, "First Draft of *The Civil War in France*," *The First International and After*, Harmondsworth: Penguin, 1974, p.253 [안효상 옮김, 「《프랑스에서의 내전》 첫 번째 초고」, 『칼 맑스/프리드리히 엥겔스 저작 선집 4』, 박종철출판사, 1995, 23쪽.]

푸코와 그의 동료들이 보여주듯이, 맑스주의적 비판이 놓치고 있는 것은 자유주의 사상가들 역시 (비록 그들이 맑스가 발견한 심층적 모순에 대해서는 무지하더라도) 정치경제학의 전제들과 그 함의를 통해 통치의 결정을 즉각 명료하고 의식적으로 문제화한다는 점이다. 이런 점에서 자유주의는 자신이 가진 비일관성을 잘 알고 있다. 과학적 맑스주의의 관점에서 보면, 자본주의적 통치합리성이라는 아이디어는 근본적으로 모순적인 것일지 모른다. 오늘날 자본주의 국가에 관한 맑스주의 이론들은 이런 견해를 증명하고자 하는데, 푸코는 이런 주장 자체의 진위에 관심을 가지지 않는다. 다만 그가 지적하는 것은, 이런 입장이 자본주의 통치합리성을 구성해온, 여전히 지속되고 있는 역사적으로 방대하며 매우 혁신적인 시도들에 대한 분석을 방기할 위험이 있다는 것이다.

19세기 중반 통치 위기를 거치면서 투쟁의 대상이 됐던 주요 용어들(사회, 국가, 소유, 권리)은 이후 수십 년 동안 행해진 전략적 재정비에 따라 새로운 의미를 얻었다. 파스퀴노가 라인하르트 코젤렉을 좇아 주장하는 것처럼, 이런 재정비 과정에 대한 가장 통찰력 있는 예견은 맑스가 아닌, 오히려 그보다 영향력이 별로 없었던 다른 사상가들에게서 찾을 수 있다.[62] 예컨대 맑스와 동시대인인 독일의 역사학자이자 자유주의 개혁파였던 로렌츠 폰 슈타인은 자신이 '사회국가'라 이름 붙인 것을 향한 역사적 경향을 논한다. 슈타인에 따르면, 프로이센에서 통치의 문제는 여전히 시민사회 혹은 '국가-시민의 사회'로 전환되지 못한 '경제사회'의 존재 때문이다.[63] 이런 불일치는 사회적 동질성이 결여됐기 때문인데, 이는 계급투쟁의 존재 때문이 아니라 신분질서로 구성된 낡

---

62) Pasquale Pasquino, "Introduction to Lorenz von Stein"; Karl-Herman Kästner, "From the Social Question to the Social State," *Economy and Society*, vol.10, no.1, February 1981, pp.1~25.

63) Reinhardt Koselleck, *Vergangene Zukunft: Zur Semantik geschiechtlicher Zeiten*, Frankfurt: Suhrkamp, 1979, p.101. [한철 옮김, 『지나간 미래』, 문학동네, 1998, 115쪽.]

고 파편화된 정치체가 여전히 독일 사회에 남아 있기 때문이다. 따라서 슈타인은 신분사회로부터 계급사회로의 지체된 민족적 진화를 촉진시키기 위해 국가를 호출한다(맑스는 나중에 독일사회민주당의 고타 강령을 비판하면서, 사회진화의 필수불가결한 참여자로서 국가라는 이런 주장을 강력하게 비난한 바 있다). 이런 논점들 가운데 다음과 같은 몇몇, 즉 시민사회의 형성에 능동적인 역사적 협력자로 참여하는 자유주의 국가라는 아이디어, 사회적 조직의 내부적 일관성에 대한 정확한 평가, 그리고 아마도 가장 놀랍게도 계급형성의 문제를 국가의 안전의 한 조건으로서 국가적 의제의 일부로 접근하는 시각은 독일의 특수한 맥락을 넘어 확장될 수 있는 가능성을 가진다.

코젤렉은 장기적인 정치적 예견에 대한 슈타인의 관심을, 당대에 발생한 역사적 감각의 광범위한 변화와 연결시킨다. 우리는 이미 이보다 앞선 시기 내치국가에서 어떻게 안전의 문제가 세속적 영원성의 범위로 확장됐는지 살펴봤다. 하지만 이 시기 사상가들은, 여전히 삶의 스승으로서의 역사historia magistrae vitae라는 개념, 즉 과거 사건의 기록이 현재의 지배자를 위한 교훈적 사례와 선례라는 사유에 의지하고 있었다. 하지만 계몽·혁명·진보 관념의 등장과 함께, 현재 사건들은 근본적으로 선례가 없고 끈임없이 가속되는 경로를 따른다는 새로운 역사 개념이 출현한다. 코젤렉은 알렉시스 드 토크빌을 인용하면서 이런 진보 관념의 대가, 즉 교훈적 원천으로서의 역사에 대한 정치적 성찰의 상실에 대해 언급한다. "과거가 더 이상 미래를 밝혀주지 않자 [인간의] 정신은 어둠 속을 걷게 됐다."[64] 같은 시기에 맑스는 『공산당 선언』에서 부르주아 시대를 특징짓는 "항구적 불안과 격동"[65]을 말했지만, 일반적으로

---

64) Alexis de Tocqueville, *De la démocratie en Amérique*, t.II, Paris: Robert Laffont, 1986, p.657; Koselleck, *Vergangene Zukunft*, p.47. 재인용. [임효선·박지동 옮김, 『미국의 민주주의 II』, 한길사, 2002, 903쪽; 『지나간 미래』, 54쪽.]

맑스주의는 이런 불안과 불확실성의 정신에 있어 자유주의 사상이 가진 중요성을 거의 주목하지 않았다.

계급의 형성과정은 사실상 자유주의적 통치의 관심사와 크게 동떨어져 있지 않다. 오히려 계급의 문제는 산업화된 시장경제를 **사회적으로** 가능케한다는 점에서, 부르주아의 관점에서 볼 때 안전장치의 핵심 요소이다. 맑스 외에 다른 이들도 산업의 사회성이라는 개방된 공간과 산업적 규율이라는 닫힌 공간 간의 결합에 관심을 기울였다. 19세기 후반이 되면, 프롤레타리아의 상태를 정치적 '자연상태'로 격하시키는 것은 그 타당성을 상실한다. 1848년과 1871년 혁명은 부르주아들에게 가난한 도시 대중들의 반사회적 자율성과 반규율성이 가진 위험성을 극적으로 보여줬다. 이에 따라 집단적인 경제적 시민권의 모델에 근거해 빈민들을 재구성하려는 시도, 즉 노동계급을 정치체의 한 요소로서 사회적으로 통합하려는 노력이 이뤄졌다. 이런 프롤레타리아 계급의 형성과정은 부르주아 계급투쟁의 주요 벡터가 되는데,[66] 이 영역에서 자유주의와 사회주의의 마주침은 앞서 자유주의가 내치의 세계와 맺었던 관계만큼이나 매우 미묘하며 모호한 성격을 지닌다.

프랑스에서 제3공화국(1871~1940)은 이 과정의 결정적 단계를 위한 무대였다.[67] 제3공화국은 이전 정부를 1848년에 난파시켰던 정치적 주권의 동일한 문제, 즉 보편적 (남성) 선거권에 의해 선출된 주권적 입법부와 사적 기업의 횡포라는 낡은 산업질서를 향해 고조된 대중의 불만이라는 이중적 맥락에 직면해 있었다. 한 당대인의 글에 따르면, 이는 "유권자 남성과 노동자 남성 간의 충격적 대비"라 이름 붙일 수 있다.

---

65) Karl Marx and Friedrich Engels, "The Communist Manifiesto," *The Revolutions of 1848*, Harmondsworth: Penguin, 1973, p.70. [최인호 옮김, 「공산주의당 선언」, 『칼 맑스/프리드리히 엥겔스 저작 선집 1』, 박종철출판사, 1995, 403쪽.]

66) 본서의 7장과 11장을 참고하라.

67) Donzelot, *L'invention du social*, pp.73~120. [『사회보장의 발명』, 65~108쪽.]

즉, "투표 칸막이에서 그는 주권자이지만 공장에서는 멍에에 구속되어 있다."[68] 이런 문제에 직면해 애초부터 권리라는 정치적 언어를 사용하지 않았다는 점에서 제3공화국은 제2공화국의 사례와 구별된다. 새 공화국의 헌법은「인간과 시민의 권리선언」을 승인하기보다는 개인과 국가 간의 공화주의적 충돌(개인들이 국가에 권리의 이름으로 복지를 요구하고, 이를 따르지 않을 경우 주권적 권리에 근거해 반란을 일으키겠다고 위협함으로써 발생하는 충돌)을 제거하고자 애썼다. 19세기 말에 이르러 우리는 자유주의의 정치적·법적 유산이 근본적으로 변하는 것을 목격하게 된다. 법의 재량과 명백한 기술적 중립성이 그 전략적 힘과 영향력의 척도가 되는, 하나의 조용한 법적 혁명이 일어난 것이다.

독일 동료학자들의 영향을 받은 제3공화국의 법학자들은 자연권에 대한 루소적 접근은 내전으로 이어질 뿐이라고 비난한다. 법은 초월적이며 국가는 이의 관리인일 뿐이라는 사유는 기각되고, 이제 법은 사회의 역사적이고 상대적인 산물이자 표현으로 간주될 것이다. 이와 동시에 법이론(행정법·민법·형법)과 인간과학(심리학·범죄학·사회학)은 자율적인 개인의 의지라는 법의 근본적 가정에 의문을 제기하고, 그 대신 인간 의지가 지닌 순간적이고, 변덕스러우며, 일반적으로 의심스러운 성격에 주목한다. 세 번째로, 국가와 개인의 양극을 매개함으로써, 법과 사회학은 대혁명이 억제했던 '매개 조직들'의 법적 지위를 재구축하는 데 협력한다.* 모리스 오리우가 제시한 제도 이론의 목표가 바로 이것인데,[69]

---

68) Catherine Mével, "Du droit public au droit disciplinaire," in Catherine Mével, Jacques Donzelot, et Jean-Daniel Grousson, *Introduction aux transformations des rapports de pouvoir dans l'entreprise*, Paris: Mnistère de Travail, 1979, p.45. 이 인용문은 당시 노동장관이던 르네 비비아니(René Viviani, 1863~1925)가 다음에서 언급하기도 했다. *Le temps*, 25 février 1908.

* 프랑스 혁명 이후 국민의회는 1791년의 르 샤플리에 법(Le Chapelier Law)을 통해 국가와 개인을 매개하는 사회적 중간 조직들을 금지시켰다. 이 조치는 구체제에서 활발했던 매개 조직들의 활동을 억제하고 개인이 한 명의 주권자로서 국가와

이에 따르면 (가족적, 상업적, 직업적, 정치적, 종교적) 제도들은 시민사회의 현실적 조직을 구성하고, 각 제도에는 사회적 권리의 부분적 원천이 존재한다. 정초적인 권력의 소재, 특정한 과업이나 사업, 이미 상정되어 있는 선험적 합의 등. 이런 제도의 지속성은 거기에 속한 개인들의 짧은 인생과 대조를 이룬다. 개인은 오직 제도를 경유해서, 제도 덕택에 권리의 주체이자 시민이 될 수 있다. 제도에 대한 시민의 의무는 논리적으로 시민의 권리보다 선행한다. 그러나 국가 역시 다른 제도들 중 하나로서 오직 상대적인 역할만을 부여받는데, 즉 국가는 **공적 서비스**의 원리에 따라 **일반적 이해관계**를 위해 행동하는 특수한 제도일 뿐이다.

제3공화국은 자연적 권리를 방기하는 행정법을 제정함으로써 개인과 국가가 맺는 엄격하게 법적인 관계에 변형을 가한다. 이 법에 따라 시민은 국가가 자신의 사적 이해관계를 침해할 경우 그 손실에 대한 보상을 청구할 권리를 보장받는데, 이 청구권은 주권적 차원에서 국가를 비판하는 것 대신에 주어진 것이라 할 수 있다. 즉, 행정력의 자기제한과 '자기-통제'는 상당한 범위의 통치적 행위를 법적 저항에서 면제시킴으로써 가능해진다.[70] 동즐로가 보여주듯이, 행정권력에 대한 이런 법률적 면제는 (프랑스의 상황에서는) 안전에 대한 계산에 따라 자유민주주의 정치를 현실화하기 위해 부과된 하나의 전제라 할 수 있다.

국가와 개인의 이런 동시적 상대화는 공적인 것과 사적인 것의 대립 약화를 새롭게 수반한다. 사회학적 사유와 사회법은 사적 영역을 '실효적인' 공적 영역으로 간주한다. 사적 기업·제도 당국은 국가가 몰두하는 '공적 서비스'에 (부분적이고 간접적이며) 법적으로 통합·흡수된다. 공장

일대일 관계를 맺게 하는 것을 목적으로 한 것이다. 이 법의 효과에 이에 대한 대응들에 대해서는 본서의 8장과 11장을 참고하라.

69) Donzelot, *L'invention du social*, pp.86~103. [『사회보장의 발명』, 77~93쪽.]

70) Mével, "Du droit public au droit disciplinaire," p.53; Maurice Hauriou, *La science sociale traditionelle*, Paris: Édition Larose, 1896.

의 규율적인 '사적 법률'은 부분적으로 보건·안전법에 규정된 공적 규범에 종속되고, 또 부분적으로는 조직화된 노동과의 단체협상에 문호를 열며, 마지막으로는 공법의 필수 분야인 공적 질서를 위해 [국가에] 인수된다.71) 이와 동시에 산업 안전에서 국가가 노동자의 재해보험 공급자로서의 새로운 역할을 맡게 되면서, 국가는 새로운 종류의 '공적 제도'로서 기존의 사적·상업적 보험 회사들의 입장을 따라가게 된다.

이 새로운 정치법학은 고전적 정치 이론의 기본 용어들 일부를 재조직한다. 예컨대 로크 식의 환원불가능한 특권으로서의 소유권이라는 입장은 이제 퍼거슨의 이해관계라는 범주에 종속되며 제도와 연합체들을 매개하는 집합주의적 관점에서 고려되기 시작한다. 이제 사회적 권리는 독일 법학자 루돌프 폰 예링의 표현을 빌리면, 집합적 투쟁과정의 전리품이자 결과로 이해된다.72) 시민의 저항권은 억제되지만, 사회적 투쟁권과 청구권은 필수적이고 심지어 의무적인 것으로 승인된다. 노동자 회합을 억압하기 위해 무력을 동원하는 한편, 조직화된 노동의 역할은 수용했던 1900년경 프랑스 체제의 정치적 합리성은 이런 변화를 보여주는 것이다. 즉, 계급투쟁이 이제 정치적으로 통합된 것이다.

이런 변화와 동시에 시민사회에 대한 특정한 관념이 소멸되기 시작했다. 이제 시민사회를 이질적이고 침략적인 국가에 대립하는 자율적 질서로 생각하는 입장은 설득력을 잃었다. 이는 내치국가의 새로운 형태가 사회를 삼켜버렸기 때문이 아니다. 오히려 통치활동 자체가 이전에 자유주의 사상가들이 통치의 대상, 즉 상업사회나 시장에 부여했던 밀도와 복잡성을 획득하기 시작한다. 우리가 이런 변화를 자유주의 통치의 청산이나 배반이 아닌 변형으로 간주하는 이유는, 이런 변화가 새로운 국가이성의 수립을 통해 이뤄진 것이 아니라 국가에 새로운 역할을 부여

---

71) Donzelot, *L'invention du social*, p.141ff. [『사회보장의 발명』, 113쪽 이하.]

72) Mével, "Du droit public au droit disciplinaire," p.53.

하고 여전히 광범위한 외부적 원천을 통한 개입을 통해 이뤄졌기 때문이다. 최소주의적인 동시에 괴물같이 거대한 것으로 인식됐던 기존 국가는 19세기 중반에 위기를 겪으면서 능동적인 동시에 관망적이고, 개입주의적인 동시에 중립적인 국가로 변형됐던 것이다.

동즐로가 주장하듯이, 사회학이라는 새로운 분과학문은 어떤 것이 국가의 과제이고 어떤 것이 아닌지 결정해야 하는 자유주의의 난제에 대한 해답의 원칙들을 제공함으로써 이 변화의 촉매 역할을 수행했다. 에밀 뒤르켐이 발전시키고 레옹 뒤기와 레옹 부르주아에 의해 정치적 교리로 다듬어진 연대 개념은 오리우의 제도주의와 경쟁·보완관계를 맺으며, "사회구조 자체보다는 사회적 유대의 형태에 영향을 끼치는" 국가 개입의 틀과 양식을 창출했다.73) 연대주의는 1900년대의 프랑스에서 (비슷한 시기 영국의 자유주의적 집산주의와 유사하게) 지배 이데올로기에 가까운 것이 됐으며, 사회적 행정의 영역에서 진행된 일련의 근본적 혁신에 정치적 근거를 제공했다.74) 오늘날 연대는 종종 사회주의 윤리의 기본적이고 지속적인 가치로 여겨지지만, 시민사회 개념처럼 우리는 이 용어의 도구적 가치의 역사를 염두에 둘 필요가 있다.

시민사회 개념을 '상호행위적'인 것으로, 즉 통치와 피통치 사이에서 벌어지는 게임의 유동적 접면에 대한 코드화로 파악한 푸코의 정의는, 동즐로가 '사회적인 것'이라 명명한 새로운 영역에도 동일하게 적용될 수 있다. '사회적인 것'은 항상 경제와 사회 간의 불일치 위에서/속에서 작동하는 통치행위의 공간을 가리킨다. 경제와 사회의 구성 원리는 서로 간에 적대적인 것으로 여겨지기 때문에, 번영의 정치학(존 메이너드 케인스나 윌리엄 베버리지)는 이 둘 간의 상호적 교정을 통해 긍정적인 순환관계를 설립하는 데 힘을 쏟는다.

---

73) 본서 8장, 특히 256쪽을 참조하라.

74) Donzelot, *L'invention du social*, ch.2. [『사회보장의 발명』, 65~108쪽.]

이것이 바로 "국가자체가 더 이상 사회적 관계의 판돈이 아니라 사회관계의 외부에 위치하면서 그 진보의 보증인이 되는 상황"이다.[75] 정치의 핵심 문제는 이제 국가행동의 정당화라기보다는 사회적인 것의 통치가능성이다. 근대의 상황을 묘사하기 위해 내치국가를 연구하는 것의 타당성이 여기에 있다. 즉, 내치국가는 국가와 '전체 시민사회'의 직접적 동일성을 전제한다. 사회적 통치는 동일성은 아니더라도 자유주의 경제의 위기와 갈등을 대상으로 한 사회의 과업과 통치적 작업 간에 내밀한 공생관계, 하나의 동형성이 있음을 가정한다. 사회의 자기인식은 통치 문제들의 일람표 형태를 취하게 되는 것이다.

20세기 초반 '테일러주의적' 상호행위라는 경제적 계급관계의 변형태는 자본주의 생산의 수정된 법적-통치적 틀을 구성했다. 이 변형태 속에서 노동계급은 자주관리에 대한 생디칼리즘적 요구를 철회하고 생산성 증대를 수용하는 대가로 임금 인상과 노동 조건의 개선, 낡은 방식의 공장규율 해체 등의 혜택을 얻을 수 있었다.[76] 어떤 이들은 이 역사적 상호행위 형태가 노동과정 내부에서의 계급투쟁을 개량주의적 궁지에 빠뜨렸지만, 그 대신 국가 영역과 사회적 권리·임금의 문제를 새로운 투쟁 영역으로 구성함으로써 (최소한 그 의미에 있어서는) 더 급진적인 혁명의 의제들을 도입한 것으로 해석한다. 여러 면에서 이런 주장은 논란의 여지가 없어 보이는 동시에 근본적으로 잘못된 분석처럼 보인다. 케인스주의와 복지국가에서 정점을 이루는 이런 새로운 통치체계에서, 각 정치 세력들이 국가가 자신의 사회경제적 사명을 수행하는 가장 유익한 방법을 둘러싸고 서로 대립하게 된다는 점은 사실이다. 또한 이런 투쟁은 20세기 전체주의의 교훈에 근거해 좌파와 우파 모두 이런 사명의 도착倒錯에 관해 경고하기 시작하게 될 때까지 지속되게 된다. 그러

---

75) 본서 8장, 특히 256쪽을 참조하라.
76) 본서 13장, 특히 371~373쪽을 참조하라.

나 동즐로가 지적하듯이, 이 대립되는 주장들이 사용한 극적으로 투쟁적인 용어들과는 달리, 사회경제 체계의 조정과 관리에 있어서 이들 간의 의견차는 실제로는 상대적으로 협소한 것이었다.

우리가 살고 있는 사회는 무엇보다 '안전사회'가 됐다고 말할 때 푸코가 염두에 둔 것 중 하나는, 이제 통치가 **정치적 안전**과 **사회적 안전**의 명확한 상호의존적 순환회로에 들어가게 됐다는 것임에 틀림없다. '사회적인 것'의 차원을 국가의 적대자나 피해자로 보는 것은 잘못이다. 근대 자유주의 사회에서 사회적인 것은 그 특성상 넓은 의미에서 통치적 안전의 장이다. 역으로 통치형태의 영역은 사회의 안전 문제들이 기입되는 표면이다. 그 안에서 국가의 행위가 자동제어장치로 작용하는 (온화한 형태이든 아니든) 총체적 사회정치체계 모델은 이런 상황의 주요 측면을 은폐한다. 푸코의 지적처럼, 안전의 합리성은 원래 개방된 것으로서, 통제의 폐쇄된 순환회로뿐 아니라 가능한 것과 개연적인 것의 계산 역시 다룬다. 따라서 안전의 합리성에 부응하는 통치관계는 단순히 기능적인 것만이 아니라 '상호행위적인' 것이기도 하다. 이 합리성은 통치를 문제화의 실천으로, 권력의 행사와 그 손아귀를 벗어나는 모든 것 사이의 (부분적으로) 열린 상호작용 영역으로 구조화한다.

푸코는 국가 이론들이 상정하는 다소 획일적인 대상과 '통치성의 복합적 체제'라는 관점을 대비시킨다. 이 관점은 근대 통치의 변별적 **복수화 양태들**의 범위에 대한 분석에서 지침이 되어주며 국가와 사회의 개념적 경계를 상대화하는 데 기여할 것이다. 이 과정에는 (사회위생과 의료, 사회복지, 통계 수집 등) 새로운 통치 과제의 조사와 확정에서 사적 개인과 조직이 행하는 주도적 역할, 공적·사적 영역에 상관없이 다양한 행위자들과 전문가들 사이의 교류로 이뤄지는 상호작용(가령 범죄인류학과 상해보험, 혹은 산업사회학과 심리치료), 자체 내부에 부분적으로 자율적 권한을 갖는 다양한 공간을 감춰두는 공적 통치제도들의 성향, '특수법인'*이나 지방자치의 민영화 혹은 사회서비스 내에서 새로워진 자원활동의 동원 등으로 대표되는 권한 위임의 상이한 형태들, 국가와의 삼각 대화에 참여하는 '사회적 파트너,' 즉 키스 미들마스의 적절한 용어를 쓰자면,[77) 국가기구 외부에 자리잡은 채 통치하는 제도로서 기능하는 자본과 노동의 대표 조직에 부여된 기능 등이 모두 포함된다.

어떤 이유에서 이런 상황을 여전히 '현실 자유주의'의 한 형태라 말할 수 있을까? 개략적인 가설적 답변은 다음과 같다. 통치에 대한 자유주의적 아이디어는 재화와 서비스의 경제적 시장에 덧붙여(처음에 고전 자유주의가 자율적 합리성을 시민사회에 부여한 것은 이런 시장의 존재를 기반으로 한 것이다) 국가와 사회의 상호작용을 통치적 재화와 서비스의 2차 시장과 유사한 형태로 개조하는 과정을 포함한다. 이렇게 보면, 신자유주의의 야심찬 기획은 개별적 시민을 하나의 선수이자 파트너로서 이 시장의 게임에 연루시키려는 것이라 할 수 있다.

| 시민사회에서 사회적 시장으로의 이행 |

푸코에 따르면, 근대 통치합리성은 개별화하는 동시에 전체화한다. 즉, 근대 통치이성은 한 명의 개인뿐 아니라 하나의 사회 혹은 인구 전체가 통치되고 통치가능해진다는 것이 어떤 것인가라는 질문에 대한 해답을 찾으려 한다는 것이다. 이런 질문을 제기하고 답변하는 다양한 방식들은 서로 경쟁하면서 공존하는데, 여기서 나는 본서의 기고자들이 재구성한 다양한 근대 통치의 문제들과 기술들 중 일부를 살펴보고자 한다. 전체적으로 볼 때, 이들의 작업은 복지국가와 신자유주의의 계보학을 다루는 시도로 이해될 수 있을 것이다.

---

* quango. 형식적으로 정부로부터 독립되어 고유한 법적 권한을 갖지만, 정부로부터 지원금을 받으며 정부가 일부 임명권을 소유한 준-공공 행정기구.

77) Keith Middlemas, *Politics in Industrial Society: The Experience of the British System since 1911*, London: Deutsch, 1979.

자유주의에 대한 강의보다 20여 년 앞선 『광기의 역사』에서 푸코는 부르주아적 정치·경제 문화에 부합하는 형태의 사회적 시민권을 고안해내려는 18세기의 관심이 광인의 치료를 둘러싼 사고방식에 끼친 영향을 다룬 바 있다. 앞서 살펴봤듯이, 퍼거슨의 시민사회 관념은 계약에 의한 법적 사회보다는 통치가능한 질서 속에서 개별 경제행위자를 포괄할 수 있는 더 광범위한 정치적 틀의 발명이라는 과제와 관련되어 있다. 당시의 새로운 정신의학은 더 이상 구체제의 내치-감금제도로 적절히 처리할 수 없는 사람들에 대한 유사-법률적 사법권의 정초라는 문제를 고민하게 된다. "사회적 인간의 동시대적 경험을 '법적 주체'라는 오랜 사법적 개념에 맞추는 것은 18세기의 한결같은 노력들 가운데 하나였다. …… 19세기 실증주의 의학은 '계몽'의 이런 노력 전체를 이어받았다." '정상인'이라는 근대의 개념은 이 시대로부터 내려오는 하나의 구성물이며, 그것의 개념적 공간은 자연이 아니라 사회체와 법의 주체를 동일시하는 체계 속에 있다. 정신병을 앓는 비정상인은 "법적으로 무능력한 주체와 집단의 교란자로 간주된 사람의 신화적 통일체로 서서히 구성되어온"[78] 산물로서, 사회적 부적응자에 대한 새로운 형태의 공적 감성과 맞물리며 전면에 등장한 것이다. 푸코는 투명한 공론장이 주권의 자리에 도입된 프랑스 제1공화국의 시민사회 안에서 어떻게 새로운 '정치적 시민'이라는 상이, 기존 전제정의 관료제와 경찰을 대신해 '법의 인간'과 '통치의 인간'의 결합된 역할을 떠맡게 됐는지 설명한다. 푸코에 따르면, 이런 시민의식의 공적 감각을 진흥시키는 것과 병행해 정신적 규범이라는 내적 영역에 대한 단속이 이뤄지게 된다.

　19세기 초의 '사회경제학자들'은 이런 시민의식 관념을 이어받은 가장 적극적인 지지자에 들어간다. 프로카치는 본서 7장에서 초기 산업사회의 정치적 사유에 이들이 끼친 (간과되어온) 영향에 대해 서술한다. 사

---

78) Foucault, *Histoire de la folie à l'âge classique*, p.146. [『광기의 역사』, 242~243쪽.]

회경제학은 정치경제학에 대한 비판이다. 경제적 부의 생산메커니즘을 작동시키기 위해서는, 낡은 특권과 중상주의의 구속적 정책을 제거하는 것만으로는 충분하지 않다. 경제적 진보의 가장 큰 장애물은 **사회적** 문제, 혹은 사회 그 자체이다. 자유의 필수 조건인 경제사회(이때의 '사회'는 앞의 '사회'와 다른 의미를 가진다)의 존재는 아직 실현되고 안정화되지 못했으며, 사회경제학자들에 따르면 단순히 프롤레타리아트화된 생산과정의 설립을 통해서는 결코 달성될 수 없는 것이다. 빈민의 비도덕적이고 전산업사회적인 연대는 사회적 위험의 순수 형태로 간주됐다. 그것은 폭동과 난동 같은 명백한 정치적 위협의 원천일 뿐 아니라 더 중요하게는 자유주의적 복지에 필수적인 자본과 노동의 자유로운 순환을 방해함으로써 반사회적 위험을 야기하는, 진정한 사회적 존재와는 양립할 수 없는 제어되지 않는 본능의 장으로 여겨졌다. 이 맬서스적인 빈민을 호모 에코노미쿠스로 만들려면 경제적 원조를 끊는 것만으로 충분하지 않다. 왜냐하면 이들은 만성적으로 이해관계를 결여하고 있으며, 빈곤에서 벗어나 물질적 안녕을 추구하기를 거부하기 때문이다.[79] 경제인의 인격과 심성을 이 빈민층에 심어주려면 좀 더 광범위한 전략, 즉 이 '위험한 계급들'의 고집 센 성질로부터 벗어나 경제인 이상의 어떤 것, 즉 사회적 시민을 형성하기 위한 정치적 테크놀로지가 요구된다.

"여기에 기이한 역설이 존재한다. 범죄성이 사회적 병인을 지닌 현상이라고 주장한다면, 어떻게 범죄자가 반사회적 본성을 갖고 있다고 말할 수 있는가?"[80] 19세기 중반에 이르면 사회·자연·역사를 둘러싼 계몽주의적 관점은 정반대로 뒤집어진다. 정신의학에서 광인은 점차 진보와 근대적 삶의 피해자라기보다는, 사회의 진화과정에서 나온 폐기물로 간주된다. 푸코가 『광기의 역사』에서 주장하듯이,

---

79) 본서 7장, 특히 231~232쪽을 참조하라.
80) 본서 12장, 특히 356쪽을 참조하라.

광기는 …… 부르주아 윤리의 형태를 저버린 계급의 낙인이 되고, 소외라는 철학적 개념이 경제학적 노동 분석에 의해 역사적 의미를 획득하는 시기에, 바로 그 시기에, 정신이상이라는 의학적이고 심리학적인 개념은 역사에서 완전히 떨어져나가 종種의 위태로워진 안녕이라는 이름으로 도덕적 비판이 된다.[81]

파스퀴노는 범죄학의 시작을 동일한 사유의 국면에 자리매김한다.

사회의 진화 한가운데에서, 바로 그 과정 덕분에, 진화의 올바른 속도를 따라잡지 못하고 뒤처져서 그 존재가 전체[사회]의 올바른 작동에 해가 되는 개인과 집단을 낡은 잔재물로 인식할 수 있다는 것이다.[82]

사회경제학자들이 이해관계에 대한 공리주의적 계산 능력은 타고난 것이 아니라 교육을 통해 주입되어야 하는 것임을 발견하는 동안, 법학자들은 형법의 기초로서 공리주의적 억제 이론을 문제시하기 시작했다. 범죄자란 태생적으로 비정상적 존재라서 정상적인 이성적 판단을 하지 못하기에 억제적 처벌은 실패할 수밖에 없다. 사회의 법적 기반인 사회계약론은 뒤집어진다. 법은 이제 단순히 역사적으로 변하는 사회의 한 발현 형태일 뿐이다. 형법체계는 진화과정의 명령에 따라 법을 수정함으로써 사회의 핵심적 이해관계에 봉사하고 이를 방어해야만 한다. 범죄자는 실수를 범한 개인이 아니라 위험한 생물학적 환경의 견본, 즉 별개의 인종으로 간주된다. 따라서 이런 시각에 따르면, 사회의 방어로서의 정의는 억제가 아니라 무해화와 사전예방을 과제로 삼는다. 이런 측면에서 사회의 방어는 사회경제학 및 사회보건학과 손을 잡게 된다.

---

81) Foucault, *Histoire de la folie à l'âge classique*, p.399. [『광기의 역사』, 594쪽.]
82) 본서 12장, 특히 356쪽을 참조하라.

사회의 방어는 사회의 안전이라는 또 다른 근대적 부산물을 낳는다. 에발드가 보여주듯이, 이런 전략들이 공존하는 근대의 '사회정치학'을 가능케 하는 조건 중 하나는 **리스크의 철학**이라는 사회적 사유의 등장이다(10장). 리스크·기업·진보·근대성은 계보학적으로 상호의존적인 사회적 관념들로, 이 관념들이 형성하는 성좌는 돌이켜보면 종종 역설적인 형태를 띤다. 에발드의 가장 인상적인 통찰 중 하나는 리스크가 자본주의의 정신이 아니라 하나의 자본이라는 것이다. '리스크'와 '리스크 감수'라는 용어는 보험기술의 산물로, 보험업자는 고객 사업주의 리스크를 '감수'한다. 자본주의의 파우스트적 대담함은 리스크를 떠맡는 이 능력에 있다. 에발드가 보여주듯이, 19세기에 리스크는 가능한 경험을 객관화하는 과정에서 모든 것을 포괄하는 백과사전적 원칙이 된다. 즉, 그것은 개인의 삶과 민간 기업의 위험 요소뿐 아니라 공동의 사회적 시도들을 지칭하기 위해 사용된다. 도전적인 근대성과 리스크를 감수하는 정신이라는 수사학은 19세기 내내 노동계급에게 부르주아의 개인주의적 삶의 윤리, 즉 개인의 삶을 하나의 기업적 과제로 인식하고, 죽음과 장애의 확률을 존재의 '직업적 리스크'로서 계산하고 준비하는 태도를 설파하기 위해 동원된 것처럼 보인다. 하지만 신중함과 기업이라는 이 관념들은 19세기 후반 법학자들에 의해 상당한 변화를 겪게 된다.

다니엘 드페르와 에발드는 (10장과 11장에서) 산업재해 문제가 이런 변화에서 핵심 역할을 했음을 보여준다(참고로 산업재해라는 주제는 감옥 문제와 함께 1970년대 초반 프랑스 좌파 사이에서 큰 관심을 받은 바 있다). 이들의 연구와 함께 같은 시기 통계적 사유에 대한 이언 해킹의 인식론적 연구(9장)를 읽으면, 우리는 이 연구들이 19세기 중반경 보험기술들에 의해 야기된 형이상학적 관념들의 획기적 변화, 즉 통계에 기반을 둔 사회적 인과성 개념, 개인 과실의 처벌보다는 **사회적 리스크**의 분산에 초점을 맞추는 민법 철학, 무과실 민사책임이라는 새로운 개념 등에 관한 것임을 알 수 있다. 푸코는 위험한 개인이라는 통념을 다룬 중요한 에세이에서 이런 새로운 관념들이 범죄학자들의 새로운 예방적 원리들을 사법적으로 가능케 했을 것이라고 주장한다.

이렇게 민사적 책임을 처벌의 대상에서 제외한 것은, 다소 역설적으로 범죄인류학의 사유에 근거한 하나의 형법 모델을 가능케 했던 것 같다. 즉, 태생적 범죄자, 성도착자, 범죄적 인성을 가진 자란 구체적으로 인과관계를 추적하기는 어렵지만 여하튼 특별히 높은 범죄적 경향성을 가지는 사람이 아니라면, 다시 말해 그 자신이 하나의 범죄적 리스크인 인간이 아니라면 무엇이겠는가?[83]

사회적 리스크 개념은 보험테크놀로지를 사회 연대나 사회 정의 같은 사회 문제들에 획기적으로 적용할 수 있게 해줬다. 보험기술의 주요 강점 중 하나는, 지속적인 감시에 의존하지 않을 수 있는 안전형태의 기술적 기반으로서 **전문지식**을 활용하는 데 있다.

보험은 이해관계의 연대에 크게 기여한다.……　보험은 인격적·도덕적 연대와 대비되는, 법률학자들이 좋아하는 용어를 쓰자면 이른바 **실재적 연대** 혹은 **사물을 통한 연대**의 주요 유대관계의 일종이다.[84]

푸코가 내치학의 특징이라고 언급한 것, 즉 '인간과 사물'의 통치에 대한 독특한 관심이 여기서 새로운 차원을 얻게 된다. '사물을 통한 연

---

83) Michel Foucault, "About the Concept of the 'Dangerous Individual' in 19th Century Legal Psychiatry," *International Journal of Law and Psychiatry*, vol.1, no.1, February 1978, p.16; "L'évolution de la notion d'«individu dangereux» dans la psychiatrie légale du XIXᵉ siècle," *Dits et Écrits*, t.3: 1976-1979, Paris: Gallimard, 1994, p.461.

84) Albert Chauffon, *Les assurances: Leur passé, leur present, leur avenir*, t.1, Paris: Chevalier-Marescq, 1884, p.303; 본서 10장, 특히 306쪽도 참조하라.

대'는 사회적 자본화의 이중적 과정에 상응한다. 드페르가 지적하듯이, 인적자본이라는 경제적 형태로서 처음 상업적 계산에 들어가는 것은 노동자의 노동력이라기보다는 그의 생명 자체이다. 새로운 사회안전제도들이 관심을 기울이는 복지형태는 정확히 **리스크**로서 자본화될 수 있는 인적 자산이며, 그런 자본을 보장받기 위한 보험료는 자본주의적 제도들에 프롤레타리아트의 저축을 축적하는 효율적 경로를 제공한다.

사회적 법안이나 노동법의 전제 조건 중 하나는 사회 법칙, 특히 사회학적 인과질서의 이해이다. 만약 사회가 어떤 의미에서 인간 기업들의 일반적 주체라면, 기업 내 노사관계의 형태는 더 이상 사적 고용계약의 조항들에 의한 그럴듯한 법적 규제에만 맡겨질 수 없다. 노동자와 노동조합의 방어적 권리가 산업 입법을 통해 꾸준히 획득되어왔다는 것은, 동즐로에 따르면, "고용계약의 의미에서 **계약적** 요소가 줄어드는 대신에 **법에 명시된 것**의 영역이 늘어났음"을 뜻한다. 즉, 이제 우리는 "개인이 자신을 자본과 상대하는 한 명의 노동자로 정의하던 상황에서, (노동을 하든 안 하든) 개인이 사회의 피고용인인 상황으로 옮겨왔다."[85]

이런 방식의 경제적 사회화는 사회에 경제를 운영하고 노동을 보장하는 직접적 책임을 부과하지는 않았지만, 사회로 하여금 탁월한 리스크 감수자의 역할을 맡게 함으로써 국가에 새로운 안전을 보장해줄 수 있었다. 만약 국가가 각종 종류의 보험 제공자에게 요구되는 정도의 신뢰도를 지닌 유일한 기관이라면, 국가의 지속적인 생존 자체가 각별한 사회적 요청이 될 것이기 때문이다. 에발드가 지적하듯이, 보험의 존재는 혁명에 대비하는 하나의 보험이다. 따라서 보험적 실천에 의해 형성되고 뒤르켐 등의 사회학 이론으로 정교화된 연대라는 정치적 원칙은,[86]

---

85) Jacques Donzelot, "The Poverty of Political Culture," *Ideology and Consciousness*, no.5, Spring 1979, p.81.

86) Donzelot, "The Poverty of Political Culture," pp.32~34.

세기 전환기 프랑스 제3공화국에서 이뤄진 역사적인 통치적 타협의 핵심이라 할 수 있다. 다른 연구들에 따르면, 같은 시기 영국의 정치·사회에서도 유사한 아이디어들이 등장하고 있었다.[87]

| 신자유주의의 판본들 |

1979년 강의에서 푸코는 18세기부터 시작된 자유주의 통치술에 대한 논의를, 앞서 개괄한 복지국가 체체에 근본적으로 도전하는 제2차 세계대전 이후의 사상들에 관한 논의로까지 확장한다. 푸코는 전후 서구 사회, 특히 서독, 미국, 프랑스에서 등장한 신자유주의에 주목한다.

먼저 서독의 경우를 살펴보자. 학술지 『질서』를 발간하면서 질서자유주의 학파로 알려진 일단의 법학자들과 경제학자들은 전후 서독의 재건에 주요 역할을 수행했으며, 시장에 독창적인 통치적 의미를 부여했다. 이들은 더 이상 시장을 (비록 역사적 상황을 따르더라도, 근본적으로) 자생적이고 준-자연적인 실재로 간주하지 않는다. 만약 시장의 자연적 성격을 인정한다면, 통치는 자유방임의 실천에 스스로를 제한해야 할 것이다. 하지만 질서자유주의는 시장이 자연적인 사회적 실재가 아니며, 통치의 임무는 오히려 시장이 존재하고 기능할 수 있도록 사회적 정책을 수행하는 것이라고 주장한다. 이들에 따르면, 근래의 정치적·경제적 재앙은 시장경제의 결점이나 모순 탓이 아니다. 자연적 현상이 아니라면 시장이 본질적인 비합리성을 갖고 있다고 보기도 힘들기 때문이다. 따라서 근대 독일에서 자유주의는 시도됐다가 실패로 드러난 것이 아니라, 한번도 제대로 실행된 적이 없었다고 말해야 할 것이다.

시장이 열린 공간이고 거기서의 경쟁적 자유는 하나의 인공적 게임이라는 이들의 주장은 콘라트 아데나워 정권[1949~63년] 초기에 새로

---

87) Michel Freeden, *The New Liberalism: An Ideology of Social Reform*, Oxford: Cla-rendon Press, 1978.

운 정치적 정당성의 기반으로 기능했다. 푸코가 보여주듯이, 서독에서 번영이 지닌 함의는 베버의 프로테스탄트 자본가에게 세속적 부가 가진 의미(신에게 선택됐다는 징표)와 비교될 수 있다. 번영은 민족의 정치적 절멸상태에서 벗어나, 시민적 결합과 미래의 주권을 위한 새로운 기반을 창출하는 동력의 역할을 한다. 이런 관점에서 질서자유주의자들에게 사회정치의 주요 문제는 시장의 반사회적 효과라기보다는 사회의 반경쟁적 효과이다. 현실 세계에서 경쟁이 원활하게 작동하기 위해서는 특정한 형태의 실정적인 제도적·법률적 형태들, 즉 하나의 자본주의적 **시스템**이 요구된다. 푸코가 지적하듯이, 서독의 신자유주의는 베버의 사회학적 유산을 물려받았으며, 비록 암묵적 형태이기는 하지만, 고전 정치경제학이 시장의 법적·제도적 차원을 설명하지 못한다는 맑스주의적 비판 역시 수용한다. 질서자유주의자들에 따르면, 자본주의가 생존하기 위해서는 이 시스템의 역사적 우연성들에 적절하게 대비하기 위해 경제적 사유의 범위를 확장해야만 한다. 법률적 영역은 단순히 경제의 상부구조로 간주되어서는 안될 뿐만 아니라, 더 나아가 시장의 이름으로 수행되는 경제적 통치는 새로운 종류의 법률적 행동주의, 즉 '경제적 권리의 의식적 자각'에 핵심적 역할을 부여해야만 한다.

이에 따라 '법에 의한 지배'를 시장경제의 작동에 가장 어울리는 통치형태로 이해해온 자유주의적 관념은 중대한 변화를 겪는다. 18세기 동안 법률 형식주의가 개입을 최소화하는 수동적인 의미에서의 자유방임을 지지했다면, 질서자유주의는 광범위한 법률적 개입주의를 제시한다. 이때 법률적 개입은 기업형태를 사회 조직의 일반적인 기능 원칙으로 확장함으로써, 기업의 게임을 일반화된 품행의 양식으로 만드는 것을 목적으로 한다. 질서자유주의자 중 한 명인 알렉산더 뤼스토우는 의미심장하게도 이런 정책을 '생명정책'Vitalpolitik이라고 부른다. 뤼스토우는 개인의 삶은 일련의 다양한 기업의 추구로 구성된다고 주장한다. 즉, 개인이 자기 자신, 직업활동, 가족, 재산, 환경 등과 맺는 모든 관계는 기업형태의 에토스와 구조를 가진다. 이런 '생명정책'은 사회 내에서 "윤리적이고 문화적인 가치 창조"의 과정을 촉진할 것이었다.[88]

푸코의 지적처럼, 뤼스토우의 생각은 기업의 원리 자체에 모순의 씨앗이 있음을 인정하는 듯하다. (서독이라는 정치체의 특징인 국가주의적 교화 노선을 연상시키는) 생명정책이라는 아이디어는 대체로 사회체를 해체시킬 시장경쟁 효과의 완화를 목표로 하고 있는 것처럼 보이기 때문이다. 푸코에 따르면, 전후 미국에서 시카고를 중심으로 등장한 신자유주의 경제학파는 훨씬 더 급진적인 일관성을 보여준다. 서독인들이 경제적인 것의 이름 아래 수행되는 사회적인 것의 통치를 기획했다면, 미국인들 중 가장 과감한 이들은 사회적인 것을 경제적인 것의 한 형태로서 재정립할 것을 제안한다(특히 푸코는 게리 베커를 살펴본다).

이런 작업은, 경제란 희소 자원의 분배에서 대안의 추구까지 모든 행위의 연구와 관련된다고 보는 신고전주의적 공식으로부터 시작해, 경제이론의 대상을 재정의하고 그 영역을 점차 확장함으로써 이뤄진다. 그에 따라 이제는 선택가능한 경로·수단·도구 사이에서 전략적 선택을 행하는 모든 목적추구적 행위, 더 넓게는 모든 **합리적 행동**(또 그런 행동의 일종으로서의 합리적 생각), 혹은 결국에는 합리적이든 비합리적이든 간에 무작위적이지 않은 방식으로 환경에 반응하거나 '현실을 인식하는' 모든 행동에 관심을 갖는 것이 곧 경제학이라고 제시된다.

이런 식으로 경제학적 접근은 인간 행위 전체를 설명할 수 있게 됐고, 따라서 통치행위 전체를 기획할 수 있는 일관된 순수경제적 방법을 제시할 수 있었다. 이런 신자유주의적 호모 에코노미쿠스는 스미스, 흄, 퍼거슨의 자유주의가 생각했던 경제적 행위자의 부활인 동시에 근본적인 전복이다. 이 개념은 **선택**을 인간의 기본 자질로, 인간과학과 사회과

---

88) Gordon, "The Soul of the Citizen," p.314ff; Alexander Rüstow, *Rede und Antwort*, Ludwigsburg: Martin Hoch, 1963, pp.36, 82.

학의 인간학적 범주와 틀을 실질적으로 일소하는 경제적 계산에 자율성을 부여하는 원리로 제시함으로써 재활성화됐다. 푸코는 범죄와 범죄 예방에 대한 베커의 경제적 분석에서 이런 재활성화의 귀결이 뚜렷히 나타남을 보여줬는데, 베커의 분석은 이 영역에서 공유되던 심리학적·생물학적 전제를 철저히 배제했다. 즉, 베커의 분석에서는 호모 에코노미쿠스가 19세기의 호모 크리미날리스[범죄인]$^{homo\ criminalis}$를 밀어낸다. 마찬가지로, 질서라는 범주도 기존의 법적 사유에서 가졌던 지배적 역할을 박탈당하고 **준법행위의 공급**, 즉, 가격이 사회적 수요에 따라 결정되는 하나의 상품 같은 것으로 재해석된다. 베커에 따르면, 한 사회가 허용할 수 있는 범죄의 양을 계산하는 것은 합리적 행위이다.

하지만 바로 여기서 호모 에코노미쿠스는 18세기의 선조와 크게 갈라진다. 원래 호모 에코노미쿠스는 그 행위의 활기를 통치가 영원히 건드릴 수 없는 주체를 뜻했으나, 미국의 신자유주의적 호모 에코노미쿠스는 **조작가능한 인간**, 즉 자신의 환경 변화에 지속적으로 반응하는 인간이다. 바로 이 지점에서 경제적 통치는 행동주의와 조우한다.

그러나 이것이 다가 아니다. 미국 신자유주의는 인간 노동에 대한 경제적 이해를 풍부하게 만들었다고 자임하기도 한다. 여기서 다시, 미국 신자유주의는 경제활동을 가용 자원의 차별적 활용으로 보는 그 자체의 전반적 관점에 고취된다. 가령 산업사회에서 노동이 추상적 외양을 갖는 것은 맑스주의가 추정하듯이 자본의 논리가 낳은 실질적 결과가 아니라 노동을 정확히 질적으로 분석하지 못한, 즉 "노동자에게 노동이란 무엇인가?"를 설명하지 못한 정치경제학에 의해 야기된 오해라는 것이다. 신자유주의자들에 따르면, 노동자에게 노동이란 자신의 인적자본을 구성하는 역량, 소질, 기량 같은 자원을 활용해 그 자본의 수익을 구성하는 소득을 얻는 행위이다. 인적자본은 타고난 신체적·유전적 요소, 그리고 환경의 자극에 적절히 적응하는 데 투자해(양육, 교육 등에 의해) 생긴 후천적 소질, 두 가지로 이뤄진다. 경제학적으로 가치를 생산하는 유사

기계로 정의된 소질은 상품의 생산뿐만 아니라 욕구 충족의 생산에도 관여한다. 한 신자유주의자의 말처럼, (논리적 담화나 예술작품의 감상을 만끽하는 역량을 그 수혜자에게 부여하는) 교육은 경제학적으로 볼 때 그 소유자와 분리될 수 없는 특성을 지닌 내구 소비재와 거의 동일한 것으로 간주될 수 있다. 이렇게 보면 개별 생산자-소비자는 새로운 의미에서 하나의 기업일 뿐만 아니라 자기 자신의 기업가이다.

이런 신자유주의 학파의 사유와 그 영향력의 정도를 어떻게 평가하든지 간에, 오늘날 신자유주의 통치이성이 서구 사회의 삶에서 이미 작동하기 시작했음을 보여주는 증거들은 많다. 단적인 예로, 오늘날 재등장한 대량실업이 뜻밖에 정치적으로 용납됐던 이유 중 하나는, 기업으로서의 개인이라는 관념의 확산에 있을 것이다. 자기 자신에 대한 기업으로서의 개인의 삶이라는 생각은 사람들이 (최소한) 하나의 사업[삶이라는 사업]에 계속 종사한다는 것, 자기 자신의 인적자본을 유지·재생산·재구성하기 위해 적절히 준비하는 것도 삶이라는 지속적인 사업의 일환이라는 것을 함축한다. 바로 이것이 통치가 집단적 탐욕의 해독제로 권하는 '자기배려'이다. 신자유주의가 실험되던 1970년대의 프랑스에서처럼 '평생교육의 권리'가 제도적으로 현실화된 곳의 경우, 그 기술적 내용들이 소질과 자기인식, 수행과 자아실현(더 나아가 자기표현)이 공생하도록 만드는 자아기술의 보고寶庫, 즉 '새로운 심리 문화'에 주로 근거해 있었다는 점은 눈여겨볼 만하다. 일부 문화평론가들이 자가소비적 나르시시즘의 승리라 진단한 현상은 삶의 의미를 자본화하는 사적 정체성·관계의 매니지먼트화로 이해하는 것이 더 정확할 것이다.

이런 발전은 동즐로가 묘사한 사회적 리스크 개념의 수정, 즉 사회생활 중 발생한 질병과 상해에 대한 집합적 보상의 원칙이 중심이었다가 자신이 사회에 부과하는 리스크의 부담을 감소시켜야 하는 개인의 시민적 의무(예컨대 예방적 건강관리 프로그램에의 참여)가 더 강조되는 움직임과 긴밀히 연관되어 있다(13장). 동즐로의 표현을 빌리면, 사회복지관계에서 계약보다 법적 명시가 강조되던 경향이 역전되기 시작한 것이다. 이것은 사회보장이 폐기되거나 그 메커니즘이 해체된다기보다는 그것들 자체가 사회경제적 협상이라는 게임에서 참가자들의 판돈이 된다는 뜻이다. 일종의 통화 유동이 일반화되는 셈이다. 진보라는 아이디어, 즉 사회보장을 보장했던 관념마저 중요성을 상실한다. 개별 구성원이 당한 손실을 보상해주는 집합적 주체로서의 사회체라는 구상은, 경쟁적 세계시장의 규율을 사회체 곳곳에 전파하는 집합적 현실원칙의 감독관 역할을 하는 국가라는 아이디어로 대체된다. 이제 국가는 자신의 삶의 가치를 증진시키려는 개인들과 삶의 비용을 경제화하려는 개인들 사이에서 벌어지는 지속적인 상호행위의 심판 역할을 자처한다.

로베르 카스텔은 리스크 예방과 관련해 등장한 이런 새로운 협동체제가 어떻게 사회환경적 개입주의라는 새로운 전도유망한 영역을 확장시켰는지 보여준다(14장). 전산화와 행정합리화는 인구의 '실질적' 통치를 최초로 가능케 한다. 컴퓨터 전산화는, 적절한 전문적 평가들을 한데모으고 특정한 '요인들'의 조합을 밝혀내는 방식으로, 공동체 및 그 자신에게 (비록 의도한 것이 아니더라도) 중대한 리스크를 야기할 수 있는 사회구성원들을 빠짐없이 식별해내는 것을 가능케 해줬다. 심리치료와 사회복지 영역에서 지난 150년 동안 발전해온 비정상인과 반사회분자를 격리·감독하는 고전적 관리기술은 비후견적 지도에 근거한 새로운 관리방식으로 대체되기 시작했다. 새로 확장된 의미를 갖게 된 **장애**는 개개인의 운명을 합리화하는 핵심 범주로 기능한다. 이전까지 등한시되던 인력 자원을 전시 중에 동원했던 영국의 전례를 좇아, 비정상인들을 무해화해 가둬두는 특별한 공간을 창출하기보다는 사회적 시장의 훨씬 더 거대한 게임에 장애를 가진 개인을 안전하게 동원할 수 있는 특별한 순환회로를 창출하는 리스크 관리기술이 고안됐다. 드페르는 보험기술의 발전을 논하며 어떻게 보험통계 분석기술이 보험가입 인구를 '주변적 리스크'를 가진 다양한 집단들로 분할하는지 보여준다(11장). 카스텔의 주장에 따르면, "주변성은 이제 미지의 위험한 영역이 아니라 사회적인 것 내에서 더 경쟁력 있는 경로를 밟을 능력이 없는 이들을 흡수하는 하나의 조직화된 지대가 된다."

평생교육의 에토스가 신분 하강의 체제를 제어한다고 여겨지는 한, 이처럼 주변화된 혹은 '장애를 가진' 다수조차 결코 가망 없는 이들이 아니다. 여기에서 신자유주의 통치는 장애인 대중을 제거하는 것이 아니라 이들을 주어진 사회 속에 분산시키는 것을 우선시한다. 이런 접근이 힘든 곳에서는 영국에서 이른바 '공동체' 해법으로 불리는 것, 즉 리스크가 집중된 국지적 집단을 제어하기 위해 고안된 특별한 사회환경적 개입체제가 대안으로 사용될 것이다.

| 푸코의 정치 |

이 책에서 제시된 정치 분석은 새로운 정치 운동의 자극이나 지도, 정치적 논쟁의 당면 의제 변경, 새로운 사회조직의 계획 수립을 책임지려 한다거나 목표로 하지 않는다. 여기에 실린 글들은 정치적 사유가 특정한 당면 현실을 이해하도록 돕고, 결국에는 실천적 선택과 상상력을 위해 더 풍부한 기반을 제공할 수 있어야 한다고 주장한다. 물론 이것조차 보통 일은 아닐 것이다. 추문처럼 푸코의 철학에 들씌워진 전복적 이미지에도 불구하고, 이 책의 작업이 제기하는 생각들, 특히 간단히 말해 우리 시대를 이해하려면 새로운 사유의 시도가 있어야 한다는 생각은 오늘날 받아들여지는 정치적 지혜의 일부와 크게 상충되지 않는다. 물론 몇몇 생각은 시대를 적절히 앞서고 있으며, 또 몇몇은 여전히 비판과 분석의 날카로움을 벼리는 데 기여한다고 말할 수도 있겠다.

정치의 공식은 계속 바뀌어왔다. 한때 무한한 사회적 요구들의 수취자인 동시에 잠재적으로 전체주의적이라 비판받던 국가의 혐오스런 표상은 그 타당성을 잃었다. 이제는 통치 자체가 비판의 담론을 책임지며 폐쇄된 사회의 경직성과 특권에 도전한다. 개인의 자율성과 책임감을 확대하겠다는 공약은 선거의 필수품이 됐다. 이 책의 저자들은 이런 변화의 가치와 결과에 공통된 평가를 내리지 않는다. 따라서 나는 일종의 결론으로서, 말년에 푸코가 제시한 철학의 몇몇 측면과 정치 논평들 사이에 존재하는 몇몇 연결고리를 제시하는 데 만족하고자 한다.

푸코는 어느 대담에서, 그 자체로 악한 것은 없지만 모든 것은 위험하다고 말한 바 있다. 왜냐하면 사태는 언제나 잘못될 가능성이 있기 때문이라는 것이다. 그렇지만 푸코는 재앙이 불가피한 것이 아니기에 그것을 막기 위해 어떤 것이 행해질 가능성이 항상 존재한다고도 말했다. 이것은 확실히 다소 비관적이지만 능동적인 입장이기도 하다.[89] 이 언급은 푸코가 근대 서구의 통치형태들을 논하면서 내린 평가와 잘 들어맞는다. 푸코는 복지국가가 스탈린주의, 국가사회주의, 파시즘 같은 근대 전체주의(혹은 일당 독재) 국가의 변종이거나 맹아가 아니라고 봤다. 이 지점에서 푸코는 프리드리히 폰 하이에크 같은 신자유주의 사상가들의 비판에 설득력이 없다고 본 듯하다. 다른 한편으로, 푸코는 1970년대 프랑스 정부(신자유주의의 아이디어를 동시에 실험했던 바로 그 체제)의 법·질서 정책의 일부가 복지국가 이전의 19세기까지 거슬러 올라가는 사회 방어의 교리를 위험하게 새로 정교화하고 있음을 발견했다.[90]

---

89) Michel Foucault, "On the Genealogy of Ethics: An Overview of Work in Progress," *Michel Foucault: Beyond Structuralism and Hermeneutics*, ed. Herbert L. Dreyfus and Paul Rabinow, Chicago: University of Chicago Press, 1982, pp.231~232; "À propos de la généalogie de l'éthique: Un aperçu du travail en cours," *Dits et Écrits*, t.4: 1980-1988, Paris: Gallimard, 1994, p.386. [서우석 옮김, 「윤리학의 계보학에 대하여」, 『미셸 푸코: 구조주의와 해석학을 넘어서』, 나남, 1989, 325쪽.]

90) Michel Foucault, "La stratégie du pourtour," *Nouvel observateur*, no.759, 28 mai 1979, p.57; *Dits et Écrits*, t.3: 1976-1979, Paris: Gallimard, 1994, p.796; "Le cit-ron et le lait," *Le Monde*, 21 octobre 1979, p.14; *Dits et Écrits*, t.3, ibid., p.698. 한편 푸코의 1976년 콜레주드프랑스 강의의 제목이 "사회를 보호해야 한다"였다. Foucault, *Résumé des cours*, op. cit.

이런 시각들은 현실에 대한 독특한 정치적 태도와 궤를 같이한다. 푸코는 정치 문화에서 공권력 남용의 허용기준을 낮춰야 한다고 주장했지만, 그것에 수반해 (특히 전투적 혁명가들에게 나타나는) 정치적 피해망상증에서도 벗어나야 한다고 주장했다. 푸코의 설명에 따르면, 현존 국가가 궁극적으로는 내치국가로서의 제 본모습을 드러낼 것이라는 공포(혹은 희망)는 현존하는 것들 중에서 용납할 수 없는 것들을 감지하고 거부하는 우리의 능력을 무디게 만든다.

푸코가 통치술로서의 자유주의의 역사적 효율성을 충분히 존중하면서, 국가 내부에 스스로를 무한히 확장하려는 경향이 존재한다는 자유주의적(그리고 맑스주의적) 악몽을 의심하고 있다고 말하는 사람들도 있을지 모르겠다. 푸코가 로버트 노직처럼 국가의 최소화를 주장하는 무정부적·자유주의적 개인주의에 빠져든 것은 아니다. 그렇지만 통치 자체의 무능력을 내세움으로써, 다원적 사회공간의 뼈대로서의 '법치' 개념에 기댐으로써,[91] 혹은 독일의 신자유주의자들처럼 사회적 시장을 통치적 고안물과 발명품에 의해서만 유지되는 자유의 게임으로 재정의함으로써 권력을 제한하려고 의도하는 지식형태로서의 자유주의가 지닌 특징들에 푸코가 (최소한) 흥미를 느꼈던 것은 사실인 듯하다.

기본적으로 푸코가 반대한 것은 완전한 자유를 보장한다거나 완벽한 계몽을 이루겠다는 (신자유주의적 혹은 사회주의적) 기획이다.

> 자유는 하나의 **실천**이다……. 인간의 자유는 그것을 보장하려 고안된 제도나 법률에 의해 보증될 수 없다. 바로 이것이 거의 모든 법과 제도가 등을 돌리는 이유이다. 법과 제도가 모호해서가 아니라 그저 '자유'란 실행되어야만 하는 것이기 때문이다……. 자유는 그것을 보장하는 사물의 구조에 내재할 수 없다. 자유를 보장해주는 것은 자유이다.[92]

---

91) Badinter, "Au nom des mots," pp.73~75.

그렇지만 이런 불확실성이 엄격함의 부재를 의미하는 것은 아니다.

나는 권력이 그 본성상 악이라고 말하는 것이 아니다. 권력은 그 메커니
즘상 무한하다고 말하는 것이다(이것은 권력이 전능하다는 뜻이 아니다.
완전히 그 반대이다). 권력을 제한하기 위한 규칙들은 결코 충분히 엄중
하지가 않다. 권력이 장악한 모든 기회를 박탈하기 위한 보편적 원리들
은 결코 충분히 엄격하지가 않다. 권력에 대해 언제나 우리는 넘어설 수
없는 법과 제한 없는 권리를 맞세워야만 한다.[93]

후기 푸코의 논의에는 일종의 시지푸스적 낙관주의가 존재한다. 혹
은 통치에 관한 푸코의 사유에서 두 가지 상이한 계열의 낙관주의가 수
렴한다고 말할 수도 있겠다. 첫 번째 낙관주의는 통치합리성이라는 생
각 자체에 담겨 있다. 푸코는 통치활동 또는 통치양식의 가능성 자체가
그에 상응하는 특정한 합리성 개념을 구성할 수 있느냐에 달려 있다고
본 듯한데, 이것은 반대로 말해서 통치가 작동하려면 통치하는 자뿐 아
니라 통치받는 자도 그것을 신뢰할 수 있어야 한다는 뜻이다. 이런 의미
에서 합리성 개념은, 권력과 지식의 관계에 대한 푸코의 초기 사유에서
처럼, 확실히 기술이나 노하우 같은 것의 실용주의적 한계를 넘어서는
것으로 보인다. 두 번째 낙관주의는 당연히 다음과 같은 사유에 담겨 있
다. 즉 기존의 실천과 우리 자신에 대한 기존의 개념을 가능케 해준 여
러 사고방식들은 생각보다 우연적이고, 얼마 되지 않았으며, 바뀔 수 있

---

92) Michel Foucault, "Space, Knowledge and Power," *The Foucault Reader*, ed. Paul
   Rabinow, Harmondsworth: Penguin, 1986, p.245; "Espace, savoir et pouvoir,"
   Dits et Écrits, t.4: 1980-1988, Paris: Gallimard, 1994, p.276.

93) Michel Foucault, "Is It Useless to Revolt?," *Philosophy and Social Criticism*, vol.8,
   no.1, Spring 1981, pp.1~9; "Inutile de se soulever?," *Dits et Écrits*, t.3: 1976-
   1979, Paris: Gallimard, 1994, pp.790~794.

다는 사유가 바로 그것이다. 이 두 가지 테마는 [푸코의 사유에서] 서로 연결된다. 왜냐하면 통치란 '품행의 인도'이기 때문이며, 통치하는 자와 통치받는 자의 관계는 통치받는 개인이 기꺼이 주체로서 존재하게 되는 방식을 (아마도 거의 무한정으로) 거쳐가야 하기 때문이다. 결국 푸코에게 있어 통치관계란 일종의 도덕적 유도 경기(혹은 '경합') 같은 것을 의미한다고 말할 수도 있겠다. 통치받는 자들이 각자의 개별성을 통해 통치의 전제들·조건들에 연루되는 한, 통치는 그 자체의 합리성을 통치받는 자들의 문제와 긴밀한 무엇인가로 만든다. 이런 새로운 의미에서, 정치는 윤리에 대해 설명할 책임을 지게 되는 것이다.

1981년에 푸코는 통치의 좌파적 논리가 이런 기초 위에서 발전할 수 있다고 생각했다. 즉, 통치받는 자들이 현실의 공통된 문제와 관련해 일체 순종하거나 공모하지 않으면서도 정부와 협력하는 방식으로 말이다. "통치에 협조하는 것은 결코 종속이나 전면적 용인을 뜻하지 않는다. 사람들은 협조하는 동시에 반항할 수 있다. 나는 심지어 두 가지가 나란히 가는 것이라고 생각한다."[94] 정작 이 희망은 좌절된 듯이 보인다, 하지만 그런 희망 자체가 포기됐다고 생각할 이유는 전혀 없다.

---

94) Michel Foucault, "Is It Really Important to Think?," *Philosophy and Social Criticism*, vol.9, no.1, Spring 1982, pp.29~40; "Est-il donc important de penser?," *Dits et Écrits*, t.4: 1980-1988, Paris: Gallimard, 1994, pp.178~182.

당신의 사유방식, 즉 정신의 역사에 존재하는 불연속과 체계의 제약을 드러내는 사유
방식은 진보적인 정치 개입의 모든 기반을 제거해버리는 것이 아닐까요? 그런 사유는
체계를 수용하거나 통제불가능한 사건, 다시 말해 그 체계를 뒤엎을 수 있는 외부적
폭력의 분출에 호소해야 하는 양자택일의 딜레마에 빠지지 않습니까?

먼저 여러 질문을 제기해준 『에스프리』 독자 여러분들과 답변할 기회를
준 [장-마리] 도메나크에게 감사드립니다. 질문이 너무 많고, 또 다들 흥
미로운 것이어서, 모든 질문에 답할 수는 없을 것 같습니다. 다른 질문
에 답하지 못하는 것을 미안하게 생각하면서, 저는 위의 질문에만 답해
보려고 합니다. 그 이유는 첫째로 저는 처음에 이 질문을 받고 놀랐지만,
곧 이 질문이 제 작업의 핵심과 관련된 것임을 깨달았기 때문입니다. 둘
째로 이 질문에 대한 답변을 통해 몇몇 다른 질문에 대한 답변도 할 수
있을 것 같기 때문이며, 또 끝으로 이 질문은 오늘날 어떤 이론적 작업
도 피해갈 수 없는 과제를 제시하고 있기 때문입니다.

우선 제 작업에 대한 당신의 요약이 정확하며, 동시에 불가피한 갈
등 지점을 제대로 짚어내고 있다고 말해야겠군요. 제 작업이 "정신의 역
사에 존재하는 불연속과 체계의 제약을 드러내는 것"이라는 당신의 정

---

* Michel Foucault, "Réponse à une question," *Esprit*, no. 371, mai 1968, pp.850~874;
Dits et Écrits, t.1: 1954-1969, Paris: Gallimard, 1994, pp.673~695.

의에, 저는 거의 전적으로 동의합니다. 또한 이런 시도가 좀처럼 타당한 것으로 여겨지기 힘들다는 것 역시 잘 알고 있습니다. 당신은 제 기존 작업들을 소름 끼치도록 정확하게 요약했습니다. 지금까지의 제 작업이 합리적인 사람이라면 누구도 맡고 싶어하지 않을 작업임을 인정할 수밖에 없군요. 갑자기 제 자신이 괴짜처럼 느껴지네요. 아마도 제 유별남은 정당화되기 힘들 것입니다. 이 작업은 제 자신 이외에는 다른 원칙에 기댈 수 없었기에 외롭지만 끈질기고 부지런하게 진행됐고, 지금은 저도 이 작업들이 (바로 그것들이 야기한 소동에서 보듯이) 기존에 성립된 규범들에서 벗어나 있다는 것을 잘 알고 있습니다. 하지만 당신이 아주 정확하게 정의한 것들 중 두세 가지 세부 사항에는 신경이 쓰이기에 그것에 동의하지 못하거나 피하게 되네요.

우선 당신은 **체계**라는 단어를 단수로 사용했습니다. 하지만 저는 다원론자입니다. (이제부터의 답변이 제 최근 작업[『말과 사물』]에 한정되지 않고 선행 작업들을[『광기의 역사』와 『임상의학의 탄생』]까지 언급하는 것을 용서해주십시오. 이들은 서로 연결되어 한 덩이의 연구를 형성하고 있으며, 다루는 주제나 참고하는 시대 역시 비슷합니다. 또한 각각의 저작들은 다른 두 작업들과 몇몇 부분에서 서로 대립하면서 동시에 연결되어 있는 하나의 기술적 실험을 구성하고 있습니다.) 다시 말하지만, 저는 다원론자입니다. 제가 제기한 문제는 담론들의 **개별화**에 관한 것이었습니다. 담론을 개별화하기 위한 잘 알려져 있고 믿을 만한(혹은 거의 그 수준에 이르는) 몇몇 기준들이 있습니다. 예컨대 담론이 속한 언어체계나 담론을 발화하는 주체의 동일성 같은 것 말이죠. 하지만 동시에 역시 잘 알려져 있기는 하지만, 훨씬 더 모호한 다른 기준들도 있습니다. 예컨대 우리가 정신의학이나 의학, 문법, 생물학, 경제학을 **단수 형태**로 말할 때 과연 우리는 어떤 것에 대해 말하고 있는 것일까요? 우리가 한 눈에 알아챌 수 있다고 믿는, 하지만 그 경계를 정하려고 할 때는 난감하기 그지없는 이 의심스러운 통일체들의 정체는 무엇일까요? 이들 중 몇 가지(의학, 수학)는 거의 인류 역사 초기로 거슬러 올라가는 반면에 몇 개(경제학, 정신의학)는 비교적 최근에 등장한 것들이고, 또 어떤 것들(예컨대 결의론* 같은 것들)은 거의 사라져 버렸습니다. 이처럼 각각의 통일체들은 그것에 덧붙여지는 새로운 언표들로 인해 끊임없는 변화를 겪고 있습니다(탄생 이후 끊임없이 갱신되면서도 유지되어온 사회학이나 심리학 같은 경우를 생각해보십시오). 이 통일체는 수많은 실수와 누락, 혁신과 변형 이후에도 유지되며, 때로는 변화 전후의 담론을 동일한 것으로 간주하기 어렵게 만드는 근본적인 변화들도 견뎌내곤 합니다(대체 누가 중농주의에서 케인스까지의 경제학이 단절 없이 일관된 것이라고 말할 수 있을까요?)

물론 각각의 순간마다 자신들의 개별성을 재정의하는 담론이 있을 수 있습니다. 예컨대 수학은 매 시기마다 그 역사의 총체성을 재해석하곤 했습니다. 그렇지만 제가 이야기한 대부분의 경우에 있어서, 각 담론들은 자신의 역사의 총체성을 하나의 엄격한 틀에 맞춰 재구성해낼 수 없었습니다. 이럴 경우에는, [담론의 통일성을 유지하기 위한] 두 개의 전통적인 해결책이 존재합니다. 무엇보다 우선적으로 역사적-초월론적 시도가 있습니다. 모든 역사적 현상과 기원을 넘어서는 원초적 토대를 찾으려는 시도, 고갈될 수 없으며 모든 사건의 배후에 존재하는 지평, 다시 말해 역사를 통틀어 끝없는 통일성이 계속 유지될 수 있는 열린 지평을 발굴하려는 시도들. 그 다음으로는 경험적인 혹은 심리학적인 시도가 있습니다. 창립자를 찾고, 그가 무엇을 말하려고 했는지를 해석하며, 그의 담론에서 주목받지 못했던 숨겨진 의미들을 추적하고, 이런 의미들의 운명과 상호연결을 추적하며, 이 담론의 전통과 그것의 영향을 설명하고, 그의 관심과 감성 혹은 마음에 나타난 자각·망각·의식, 위기

---

* casuistique. 초창기의 그리스도교 규범을 변화된 시대 상황에 맞게 변형시킬 것을 주장한 도덕 담론. 16~17세기 가톨릭 교회의 정책들을 뒷받침하기 위해 활용됐으나, 이후 대체로 설득력을 잃은 것으로 간주됐다.

와 변화의 순간들을 식별해내려는 시도들. 제가 보기에, 첫 번째 시도는 동어반복적이며 두 번째 방식은 부차적이고 핵심적이지 않은 것 같습니다. 그러므로 저는 각 담론의 특징을 식별해내고 체계화함으로써, 우리의 담론 세계를 통시적인 동시에 공시적으로 사로잡고 있는 거대한 통일체들을 개별화하고자 시도했습니다.

저는 이를 위해 다음과 같은 세 가지 종류의 기준들을 정했습니다.

1) **형성**의 기준들. 정치경제학이나 일반 문법과 같은 담론을 개별화하는 것은, 대상의 단일성도, 형식적 구조도, 개념의 일관된 구성도, 근본적인 철학적 입장도 아닙니다. 이들을 개별화할 수 있는 것은 이들의 모든 대상들(비록 이 대상들이 파편화되어 있더라도), 모든 작동들(종종 중첩되지도 서로 연결되지도 않지만), 모든 개념들(서로 잘 들어맞지 않더라도), 그리고 모든 이론적 선택들(종종 상호배타적이지만)에 적용되는 형성의 법칙이 존재하기 때문입니다. 우리가 이런 일단의 규칙들을 식별해낼 때마다, 개별화된 담론의 형성이 존재하게 됩니다.

2) **변형** 혹은 **문턱**의 기준들. 저는 자연사나 정신병리학은 다음의 경우에 담론의 통일체가 된다고 생각했습니다. 특정한 시기에 가능한 그것의 대상·작동·개념·이론적 입장을 한데 모아주는 조건들을 식별할 수 있을 경우, 이런 내부적 변화가 무엇인지 정의할 수 있을 경우, 새로운 형성 규칙이 작동하기 시작하는 변형의 문턱을 정의할 수 있을 경우.

3) **상호관계**의 기준들. 임상의학은 다음의 경우에 하나의 자율적인 담론적 형성물로 이야기될 수 있습니다. 즉, 다른 종류의 담론들(생물학, 화학, 정치 이론 혹은 사회조사와 같은)과 비담론적 맥락들(제도, 사회관계, 경제·정치적 정세)과 관련해 그 담론을 위치짓고 규정할 수 있는 일련의 관계를 우리가 한정할 수 있는 경우.

이 기준들을 이용해, 우리는 ('이성의 진보'나 '시대정신' 같은) 기존의 총체화된 역사를 다양하게 분화된 분석들로 대체할 수 있습니다. 또한 이런 기준들을 통해, 우리는 특정한 시기에 존재하는 지식의 총합이나 연구의 일반적 스타일 같은 것이 아닌, 다양한 과학적 담론들의 분산과 간극, 상호대립, 관계들로서 한 시대의 **에피스테메**를 정의할 수 있습니다. 에피스테메는 **어떤 인식의 배후에 자리잡은 거대한 이론** 같은 것이 아닙니다. 그것은 **분산**의 공간이자, **관계들을 무한히 기술할 수 있는 열려진 장**이라 할 수 있습니다. 또한 우리는 이런 기준을 이용해 모든 과학을 하나의 공통된 궤적에 쓸어 담는 거대사가 아니라 다양한 담론들에 특수하게 적용되는 역사, 다시 말해 그 담론에서 무엇이 계속 남아 있고 무엇이 변화했는가에 대한 역사를 쓸 수 있습니다(예컨대 수학의 역사는 생물학의 역사와 같은 형태를 띠고 있지 않고, 정신병리학의 역사와도 다릅니다). 요컨대 에피스테메는 모든 과학에 공통적인 **역사의 한 층위가 아니라 특수한 장들이 동시에 만들어내는 놀이** 같은 것입니다. 마지막으로 우리는 이 기준들을 이용해, 각각의 장소에 걸맞는 상이한 문턱들을 놓을 수 있습니다. 하나의 연대기가 모든 담론에 똑같이 적용된다는 주장은 사전에 증명될 수 없습니다(또한 우리는 조사 이후에 이 주장이 틀렸음을 알 수 있습니다). 예를 들면 19세기 초반 언어 분석을 묘사할 수 있게 해준 문턱과 유사한 에피소드가 수학사에는 없으며, 더 역설적인 예로 (데이비드 리카도로 표시되는) 정치경제학의 문턱은 (칼 맑스가 행한) 사회와 역사에 대한 분석의 구성과 일치하지 않습니다.[1] 에피스테메는 **이성의 일반적인 발달 단계가 아니라, 계속되는 어긋남들 간의 복잡한 관계**입니다.

당신도 보다시피, 주권적이고 단일하며 제약된 형태에 대한 요청은 제게 매우 낯선 것입니다. 저는 다양한 징후들로부터 시작해 한 시대의

---

1) 이미 오스카 랑게[Oskar Lange, 1904~1965]가 지적한 이 사실은 윌리엄 페티[William Petty, 1623~1687]에서부터 현대의 계량경제학자들까지 이어지는 인식론적 장 속에서 맑스의 개념들이 전하고 있는, 제한되고 한정된 장소와 함께, 이 개념들이 어떻게 역사 이론에서는 정초적 역할을 가지는지 보여준다. 나는 이 문제를 곧 출간될『과거와 현재: 인간과학의 또 하나의 고고학』(가제)에서 더 자세히 다룰 생각이다. [여기서 푸코가 예고한 책은『지식의 고고학』(1969)을 말하는 듯하다.]

단일한 정신이나 의식의 일반적 형태, 그러니까 하나의 **세계관** 따위를 추적하려 한 것이 아닙니다. 또한 저는 한 시기의 사상 전반을 지배했던 하나의 형식적 구조들의 등장과 쇠퇴에 대해 묘사한 것도 아닙니다. 즉, 저는 초월론적인 것의 부침의 역사를 쓴 것이 아닙니다. 마지막으로 저는 역사라는 배경막에 그림자 극장을 펼치는 정신 같은, 그러니까 태어나서 성장하고 위기를 겪다가 도전받은 후 위대한 유령처럼 사그라드는, 세속적 감성이나 사상들에 대해 말하고자 했던 것도 아닙니다. 저는 담론들의 집합을 하나하나 연구했을 뿐입니다. 저는 이 담론들을 특징짓고, 이들 담론의 규칙, 변화, 문턱, 잔상의 작동 등을 연구했습니다. 또한 저는 이들을 조합하고 그 관계 전체를 묘사해왔습니다. 따라서 필요할 때마다, 저는 **복수로서의** 체계들을 만들어냈다고 할 수 있죠.

당신의 말처럼, 제 사유는 "불연속을 강조"하는 사유입니다. 사실 이 불연속 개념은 오늘날 언어학자와 역사학자들 사이에서 매우 중요한 개념입니다. 하지만 여기서도 단수형의 사용은 적절하지 않은 것 같군요. 다시 한 번 말하지만, 저는 다원론자입니다. 제 문제는 사람들이 으레 연속적이라 여기는 '변화'에 대한 추상적이고 일반적이며 단일한 생각을 **변형의 다양한 양태들**에 대한 분석으로 대체하는 것이었습니다. 이는 두 가지를 의미합니다. 하나는 변화가 가진 난폭함을 약화시키는 부드러운 연속성의 오래된 형태들(전통, 영향, 사고 습관, 널리 퍼져 있는 정신적 형태, 인간 정신에 대한 규제 등)을 괄호치고, 대신에 차이의 활력을 지속적으로 강조하고 세심하게 편차를 밝혀내는 것을 의미합니다. 다음으로, 이는 변화에 대한 모든 심리학적 설명(위대한 발명가의 천재성이나, 의식의 위기, 새로운 정신의 등장 등)을 괄호치고, 변화를 (유발하는 것이 아니라) **구성하는** 변형들을 꼼꼼하게 정의하는 것을 의미합니다. 요컨대 우리는 (일반 형태, 추상적 요소, 제1원인, 보편적 효과, 기존의 것과 새로운 것의 혼합 등을 이야기하는) **생성**의 테마에서 벗어나 **변형들**을 그것의 특수성 속에서 분석할 필요가 있습니다.

1. 우선 특정한 담론적 형성 **내부에서** 자신의 대상과 전략들, 개념들, 이론적 입장들에 영향을 끼치는 변화들이 있습니다. 여기서는 **일반 문법**의 예로 한정해 말해보죠. 추론이나 논리적 귀결에 따른 변화(어근과 어미변화 간의 구분에 함축된 연결동사 이론), 일반화에 따른 변화(동사의 지칭 역할을 강조하는 이론의 확장과 이에 따른 연결동사 이론의 쇠퇴), 제한에 따른 변화(한정사 개념을 보어의 문법적 활용형태로 특정화하려는 시도), 보충적 대상들 간의 전환으로 인한 변화(하나의 보편적이고 투명한 언어를 구축하려는 시도로부터 가장 원시적인 언어에서 숨겨진 비밀을 찾으려는 시도로의 변화), 양자택일의 두 입장에서 한쪽을 택함으로써 발생하는 변화(어근 구성에서 모음이 우선시되어야 하는지 자음이 우선시되어야 하는지를 둘러싼 입장차), 의존관계의 변경에 따른 변화(명사의 이론에 근거해 동사의 이론을 세울 수도 있고, 그 역일 수도 있음), 배제나 포함에 따른 변화(언어를 재현적 기호의 체계로 바라보는 입장은 언어 간의 친족관계에 대한 연구를 낡은 것으로 만들었지만, 이후 원시언어에 대한 분석을 통해 이 친족관계에 대한 연구가 재활성화됨). 이런 종류의 변화들은 담론적 형성물의 특수한 일련의 **파생형들**을 만들어냅니다.

2. 그리고 담론적 형성물 **자체에** 영향을 끼치는 변화들이 있습니다.

— 가능한 대상의 장을 결정하는 경계의 자리바꿈(19세기 초반에 이르자 의학적 대상은 더 이상 분류의 표면에서 찾아지지 않았습니다. 대신 그 대상은 신체라는 3차원적 공간에 표시됐습니다).

— 담론 내에서 말하는 주체의 새로운 위치와 역할(18세기 자연주의자들의 담론에서 주체는 격자를 통해 **관찰하고** 코드에 따라 **기록하는** 주체가 됐습니다. 이 주체는 이제 듣고 해석하고 해독하기를 그만둡니다).

— 대상과 관련한 언어의 새로운 기능들([조제프 피통 드] 투른포르 이후로,* 자연주의자들의 담론은 사물의 안으로 뚫고 들어가서 그것이 은

밀히 감추고 있는 언어들을 포착해 드러내기 위한 것이 아니었습니다. 대신에 이 시기의 담론은 각 요소들의 형태, 숫자, 크기, 경향 등을 일의적으로 번역할 수 있는 등록부의 표면을 확장하기 위한 것이었습니다).

— 사회에서 담론이 자리잡고 순환되는 새로운 형태(임상의학 담론은 18세기 의학 담론과 동일한 장소에서 정식화된 것이 아니며, 동일한 기록 절차를 가지고 있지도 않았습니다. 또한 임상의학 담론은 18세기 의학 담론과 동일한 방식으로 등록·전파·축적·보존·논박되지 않았습니다).

이런 종류의 변화들은 앞서의 변화보다 더 중요하며, 담론 영역 자체에 영향을 끼치는 변형들, 즉 **변종들**을 구성합니다.

3. 마지막으로 몇 개의 담론적 형성물에 동시에 영향을 끼치는 변화들이 있습니다.

— 위계적 다이어그램의 전도(언어 분석은 고전주의 시대에 주도적 역할을 했지만, 19세기 초반 생물학에 그 역할을 넘겨줘야 했습니다).

— 주도하는 것의 성격 변화(기호에 대한 일반 이론으로서의 고전 문법은 다른 영역들에서 분석 도구의 전환을 보증했습니다. 유사하게 19세기에는 생물학의 특정한 개념들이 '은유적으로' 다른 영역들에 이식됐습니다. 예컨대 유기체, 기능, 생명이라는 표현으로부터 조직, 사회적 기능, 언어의 생명 같은 표현이 가능하게 됐습니다).

— 기능상의 자리바꿈(18세기에는 철학적 담론에 속했던, 사물의 연속성에 대한 이론은 19세기에는 과학적 담론의 주제가 됐습니다).

이런 종류의 변형들은 앞서 두 종류의 변화보다 더 중요하며, 에피스테메 그 자체에 해당하는 변화들, 즉 **재분배들**을 구성합니다.

---

* Joseph Pitton de Tournefort(1656~1708). 프랑스의 식물학자. 다양한 식물을 종(species)과 속(genus) 등의 기준에 따라 분류한 작업으로 유명하다. 푸코는 17~18세기의 여러 자연사 이론을 통해 고전주의 시대의 에피스테메를 분석하는 와중에 투른포르의 작업들에 대해 다루고 있다. 특히 다음을 참조하라. 미셸 푸코, 이규현 옮김, 「5. 분류하기」, 『말과 사물』, 민음사, 2012, 191~242쪽.

이것들이 우리가 담론에서 발견할 수 있는 다양한 변화입니다들(대충 열다섯 가지 정도가 되나요?). 이제 제가 왜 단수로서의 불연속이 아니라 **불연속들**(말하자면, 두 상이한 담론의 상태를 설명해주는 다양한 변형들)을 강조하는지 알 수 있을 것입니다. 하지만 제게 중요한 것은 이런 변형들의 완벽한 유형화가 아닙니다.

1. 제게 중요한 것은 '변화'라는 단조롭고 텅 빈 개념에 어떤 내용, 즉 특정한 변화들의 놀이라는 내용을 채워 넣는 것입니다. '이념'과 '과학'의 역사는 더 이상 혁신들의 나열이 아니라 실현된 변형들을 묘사하는 분석이어야 합니다.[2]

2. 제게 중요한 것은 이런 분석을 심리학적 진단과 뒤섞지 않는 것입니다. 자신의 작업을 통해 일련의 변화들을 불러오게 한 것이 그 사람의 천재성인지, 아니면 그 사람이 어린 시절에 겪었던 경험인지를 물을 수는 있습니다. 하지만 그 사람의 담론적 실천을 특징짓는 가능성의 장, 작동의 형태들, 변형의 유형들을 서술하는 것은 별개의 문제입니다.

3. 또한 중요한 것은 한편에는 거의 죽어가는 관성화된 담론들이 있고, 다른 한쪽에는 이들을 조정하고 뒤엎고 혁신하는 전능한 주체가 있다는 식의 서술을 피하는 것입니다. 오히려 담론의 주체는 담론적 장의 일부입니다. 즉, 주체는 담론 속에서 자신의 장소(그리고 자리바꿈의 가능성)와 자신의 기능(그리고 기능적 변화의 가능성)을 가집니다. 담론은 순수한 주체성이 분출하는 장소가 아니라, 다양하게 분화된 주체 위치와 기능들의 공간입니다.

4. 그리고 무엇보다 제게 중요한 것은 이런 모든 변형들 간의 상호의존의 놀이를 정의하는 것입니다.

— **담론 내부에** 존재하는 상호의존(하나의 담론적 형성물의 대상, 작동, 개념 사이의 상호의존).

---

2) 여기서 나는 조르주 캉길렘이 다양한 방식으로 보여준 방법의 예를 따르고 있다.

— 담론 간에 존재하는 상호의존(상이한 담론적 형성물 간의 상호의존, 예컨대 제가『말과 사물』에서 분석한 바 있는 자연사, 경제학, 문법, 재현 이론 사이의 상호연관성).

— 담론과 담론 외부 간에 존재하는 상호의존(담론적 형성물의 변화와 담론 외부에서 생산된 다른 요소들 사이의 상호의존. 예컨대 제가『광기의 역사』나『임상의학의 탄생』에서 분석한 바 있는 의학 담론과 경제적·정치적·사회적 변화 전체와의 상호연관성).

저는 인과관계의 할당이라는 단일하고 단순한 작업을, 이런 상호의존의 놀이 전반에 대한 연구로 대체하고자 했습니다. 또한 지금까지 유지되어온 원인의 특권적 지위를 박탈하고, 이런 다형적 상호연관의 묶음을 명확히 보여주고 싶었습니다.

당신도 보시다시피, 이는 하나의 '연속적인' 것을, 똑같이 추상적이고 일반적인 '불연속적인' 것으로 대체하는 따위의 작업이 아닙니다. 제게 불연속은 사건들 사이에 위치한 단조롭고 사유불가능한 공백, 즉 우울할 정도로 많은 원인들을 제시하거나 민첩하게 정신의 세계를 탐구해서 메꿔야만 하는(이 두 해결책은 완전히 대칭적입니다) 공백이 아닙니다. 오히려 불연속은 (자신에게 고유한 조건, 규칙, 층위를 가지기에) 서로 구분되지만 상호의존의 도식에 따라 연결되어 있는 특정한 변형들이 만들어내는 놀이라 할 수 있습니다. 그리고 역사는 이런 변형들에 대한 이론이자 이들을 서술해내는 분석입니다.

❧

제가 좀 더 분명히 하고 싶은 지점이 하나 더 있습니다. 당신은 '정신의 역사'라는 표현을 사용했는데, 사실 저는 담론들의 역사를 쓰려 했던 것입니다. 당신은 [그 둘의] 차이가 뭐냐고 물을지도 모르겠습니다. "당신은 원 텍스트들을 문법구조에 따라 분석한 것도 아니고, 그들이 속해 있는 의미론적 장을 묘사한 것도 아니지 않습니까? 언어가 당신의 대상은 아니니까요. 그렇다면? 이 텍스트들을 이끄는 사유를 발견하고, 이 텍스트들에 대해 충실하지는 않지만 안정적인 해석을 가능케 해주는 재현들을 재구성하는 것이 아니었다면, 당신이 하려고 했던 것은 도대체 무엇입니까? 당신이 텍스트들의 이면에서 그것을 정식화한 인간의 의도를 찾아내려고 했던 것이 아니라면, 또 의도된 것이든 그렇지 않은 것이든 간에 이 텍스트들이 담고 있는 의미들, 즉 미처 인식되지 못했던 언어체계의 보충물을 찾아내려고 했던 것이 아니라면, 그러니까 당신이 찾으려던 것이 자유의 기원이나 정신의 역사 같은 것이 아니라면, 도대체 당신은 무엇을 찾으려고 했던 것인가요?"

아마도 여기가 핵심 지점인 듯합니다. 당신의 말도 일리 있습니다. 제가 담론에서 분석하려던 것은 담론의 언어구조도, 일반적 의미에서 담론을 구성하는 형식적 규칙들도 아닙니다. 왜냐하면 저는 담론을 정당화하는 것, 담론을 이해가능하게 하는 것, 담론을 소통에 쓸모 있게 만드는 것에는 별 관심이 없기 때문입니다. 제가 던진 질문은 코드에 대한 것이 아니라 사건에 대한 것이었습니다. 즉, 제가 던진 질문은 언표들의 존재 법칙이자 언표를 가능케 해주는 것들, 즉 하나의 언표와 다른 것들에 각각의 장소를 부과하는 것, 언표들의 독특한 출현 조건, 그들이 이전의 혹은 동시적인 여타의 (담론적이든 그렇지 않은) 사건들과 맺고 있는 관계와 같은 것들에 대한 것이었죠. 저는 이 질문에 답하면서, (그것이 명백하든 모호하든 간에) 발화하는 주체의 의식을 참조하거나 담론행위를 저자의 (아마도 비자발적인) 의지와 연결시키려는 시도, 혹은 실제로 말해진 것을 넘어서는 말한 자의 의도를 찾아내거나 텍스트 내에서 발견되지 않는 것들을 잡아내려는 시도 등을 피하려고 노력해왔습니다.

따라서 제가 하고 있는 것은 하나의 정식화도, **주석을 다는 행위**도 아닙니다. 오히려 이는 하나의 **고고학**이고, 이 용어가 명백히 의미하듯이 **문서고**에 대한 서술입니다. 이 단어는 어떤 시대에 모였거나 이 시대로부터 소멸되는 사고를 겪지 않고 보존될 수 있었던 텍스트 뭉치를 가리키지 않습니다. 저는 이 용어를, 특정한 시기의 특정한 사회 내에서 다음의 요소들을 규정하는 일련의 법칙을 일컫는 말로 사용하고 있습니다.

— **말할 수 있는 것**의 한계들과 형태들. 무엇이 말해질 수 있으며, 무엇이 담론 영역을 구성해왔는가? 이런저런 영역에 적합하다고 여겨지는 담론성의 유형은 무엇인가(이야기에 어울리는 유형, 기술과학記述科學에 해당하는 유형, 문학적 표현에 적합하다고 여겨지는 유형은 각각 무엇인가)?

— **보존**의 한계들과 형태들. 어떤 언표들이 흔적도 없이 사라지게 되는가? 반면 어떤 언표들이 (의례적인 암송과 교육, 오락과 축제 혹은 선전 등의 형태를 통해) 인간의 기억에 자리잡게 되는가? 어떤 언표들이 재사용 가능한 것으로 여겨지며, 그 이유는 무엇인가? 어떤 언표들이 어떤 집단 내에서 순환하는가? 억압되거나 검열되는 언표들은 무엇인가?

— 다양한 담론적 형성물에서 찾아볼 수 있는 **기억**의 한계들과 형태들. 모든 이들에게 타당한 것으로 간주되는 언표들은 어떤 것이며, 어떤 언표들이 논박될 수 있거나 전혀 근거 없는 것으로 폄하되는가? 어떤 언표들이 무시되어 방치되며, 어떤 언표들이 이질적인 것으로 배척되는가? 현재의 언표체계와 과거 언표들 사이의 관계는 어떤 형태인가?

— **재활성화**의 한계들과 형태들. 이전 시대의 담론들이나 외래 문화의 담론들 중 어떤 종류의 담론만이 계속 유지되고, 높게 평가받으며, 수입되고, 재구성되는가? 우리는 이 담론들을 가지고 무엇을 하며, (주해·해석·분석 등을 통해) 이들 담론들을 어떻게 변화시키는가? 이들 담론들에 어떤 평가 체계가 적용되며, 어떤 역할이 주어지게 되는가?

— **전유**의 한계들과 형태들. 어떤 개인, 어떤 집단, 어떤 계급이 특정한 종류의 담론에 대한 접근권을 가지고 있는가? 담론과 발화자, 그리고 가정된 청자 사이의 관계는 어떤 방식으로 제도화되어 있는가? 담론과 그 저자 사이의 관계는 어떤 방식으로 제시되고 정의되고 있는가? 계급과 민족, 언어·문화·종족 집단들 사이에서 담론의 전유를 둘러싼 투쟁은 어떻게 벌어지고 있는가?

제가 제기한 분석들은 바로 이런 기반 위에서만 통일성과 방향성을 가집니다. 따라서 저는 정신형태의 연속성이나 그 의미의 두터움을 다루는 정신의 역사를 연구한 것이 아닙니다. 저는 어떤 담론의 함의가 아니라 그것의 출현과 그 조건에 대해, 담론이 숨기고 있을지 모르는 내용이 아니라 그것이 영향을 미친 변형들에 대해, 영구적 기원 같이 담론 내부에 보존되어온 의미가 아니라 그들이 상호공존하는 장의 지속과 소멸에 대해 물어왔습니다. 이는 담론의 외부 차원에서 담론을 분석하는 문제입니다. 이를 통해 다음과 같은 세 가지 결론을 얻을 수 있습니다.

— 과거의 담론을 **주해**의 대상이 아니라, 그 자체의 고유한 배치를 묘사할 수 있는 하나의 **유적**으로 바라볼 것.[3]

— 담론 속에서 (구조주의적 방법이 그렇듯이) 그것의 구성 법칙을 찾는 것이 아니라 그것의 존재 조건들을 찾을 것.[4]

— 담론을 그것을 생산한 주체, 정신, 사유 등과 연결시키는 것이 아니라 그것이 배치되는 실제적인 장과 연결시킬 것.

✤

당신의 정의에서 세 가지만 살짝 바꾸고 그것에 동의를 얻기 위해 지금껏 장황하게 설명한 것을 용서해주십시오. 이제 제 작업은 "**담론들**의 역사에 존재하는 **불연속들**의 놀이와 **체계들**의 다양성을 드러내려는 시도"로

---

3) 나는 이 용어를 캉길렘으로부터 빌려왔다. 캉길렘은 내가 하려던 바를 나 자신보다 훨씬 더 잘 수행한 사람이다. [푸코는 종종 '유적'(monument)과 '문서'(document)를 대비하면서 문서고(archive)를 연구하는 고고학은 담론을 문서가 아니라 유적으로 바라볼 필요가 있다고 강조한다. "역사란 그 전통적인 형태에 있어 유적을 '기억시키고' 그것을 문서로 바꾸며, 그 자체로 종종 전혀 언어적이 아니며 자신이 말하는 바와 다른 것을 침묵 속에서 말하는 이 흔적들로 하여금 말하게 하고자 하는 시도하는 것이다. 우리 시대에 있어서의 역사란 '문서'를 '유적'으로 변환시키는 작업이다." 미셸 푸코, 이정우 옮김, 『지식의 고고학』, 민음사, 2000, 26~27쪽.]

4) 내가 이른바 '구조주의자'가 아니라는 사실을 다시 한번 분명히 밝혀야 할까?

정의될 수 있을 듯합니다. 제가 용어 문제를 끝없이 얘기하며 질문의 초점을 흐리거나 피해가고 있다고 생각하지 않았으면 합니다. 저는 다만 논의를 전개하려면 당신의 사전 동의가 필요하다고 생각했을 뿐입니다. 자, 이제 막다른 골목에 다다랐으니 당신의 질문에 답해야겠군요.

확실히 당신이 알고 싶은 것이 **제**가 반동이냐 아니냐, 혹은 제 글들이 (본질적으로 혹은 몇몇 징후적인 부분에서) **반동이냐 아니냐**의 문제는 아닐 거라고 생각합니다. 당신은 훨씬 더 중요한 것, 제게는 유일하게 정당한 문제제기라고 보일 만한 질문을 던지고 있습니다. 즉, 당신은 제가 말한 것과 특정한 정치적 실천 간의 **관계들**에 대해 묻고 있는 것입니다.

이에 대해서는 두 가지 답변이 가능할 것 같습니다. 첫 번째 답변은 제 담론이 그 자체의 영역(즉, 사상·과학·사유·지식의 역사 등)에서 행하는 비판적 활동과 관련된 것입니다. 즉, 내가 일소하고자 했던 것들이 실제로 진보적 정치에 불가결했던 것이었을까요? 두 번째 답변은 제 담론이 다루려던 대상들의 영역과 분석의 장과 관련된 것입니다. 즉, 제 작업은 진보적 정치의 현실적 실천과 어떻게 절합될 수 있을까요?

먼저 제가 수행한 비판적 활동을 다음과 같이 요약하고 싶군요.

1. 전통적인 형태의 사유의 역사가 무경계적인 공간을 가정한 곳에 **경계들을 확립한 것**. 특히 다음과 같은 시도들.

— "담론의 지배에는 어떤 정해진 경계도 없다"는 해석적 대전제에 도전한 것. 즉, 침묵 자체도 발화로 채워져 있으며, 들리지 않는 말 속에서도 숨겨진 의미의 중얼거림을 들을 수 있고, 누군가 말하지 않은 것은 그가 말한 것의 연장이라는, 그리고 잠자고 있는 텍스트의 세계가 우리 역사의 빈칸에서 우리를 기다리고 있다는 식의 주장들. 저는 이런 방식의 사유에 대항해, 담론들은 자신에게 고유한 영역과 형성 규칙, 존재 조건들을 가지는 제한된 실천의 영역이라고 주장했습니다. 담론의 역사적 기반은, 동일하면서 다른 더 심오한 담론 같은 것이 아닙니다.

— "외부에서 도래해 관성에 빠진 언어적 코드에 생기를 불어넣고,

담론 내부에 지워질 수 없는 자유의 흔적을 남기는 주권적 주체"라는 생각에, 또한 "의미를 구성하고 담론 내에 그것을 기입하는 주체성"이라는 테마에 도전한 것. 저는 이런 사유방식에 반대해 "담론을 말하는" 다양한 주체들이 행하는 역할과 작동의 지도를 그리려고 했습니다.

— "무한히 거슬러 올라갈 수 있는 기원"이라는 테마와 "사유의 영역에서 역사의 역할은 망각된 것을 일깨우고 감춰진 부분을 드러내며 기존의 장벽을 없애거나 새로운 장벽을 세우는 것"이라는 생각에 도전한 것. 저는 이런 사유에 반대해 담론의 탄생·소멸 조건을 규정하고 문턱을 지정할 수 있는 역사적으로 제한된 담론체계의 분석을 제안했습니다.

한마디로, 이런 경계들을 세우는 것, 즉 기원, 주체, 암묵적 의미라는 세 가지 테마에 문제를 제기하는 것은 19세기 철학이 그것에 부과했던 역사-초월론적 구조로부터 담론적 영역을 해방시키는 작업입니다(저항의 강력함에서 알 수 있듯이, 이는 매우 어려운 작업이죠).

2. **무분별한 이항대립들을 제거한 것.** 이항대립의 몇 가지 예를 중요도가 작은 것부터 나열해보겠습니다. 혁신의 역동성 대 무거운 전통·관성적인 지식·낡은 사유방식 사이의 이항대립, (일상적 평범함이라 말할 수 있는) 앎의 일반적 형태 대 (천재에 고유한 독자성이나 특이성으로 대표되는) 앎의 일탈적 형태 사이의 이항대립, 보편적 수렴이 이뤄지는 안정된 시대 대 의식이 위기에 처하고 감수성이 변하며 모든 개념이 혁신되고 뒤집어지고 다시 생명력을 얻거나 완전히 잊혀지게 되는 분출의 순간 사이의 이항대립. 저는 이런 이분법에 대항해 (특정 시기에 가능한 지식의 분산을 정의하는) 공시적 차이들과 (일단의 변형들과 이들 사이의 위계·층위·상호의존 등을 결정하는) 통시적 차이들의 장을 분석하고자 했습니다. 전통과 혁신, 낡은 것과 새로운 것, 죽은 것과 살아 있는 것, 닫힌 것과 열린 것, 안정된 것과 역동적인 것의 구도로 쓰여지던 역사 대신에, 저는 영원한 차이들의 역사에 대해 말하려고 했습니다. 더 정확히 말하면, 이념의 역사를 비동일성의 기술記述적이고 특수한 형태의 종합

으로 바라보고자 했죠. 이를 통해 한 세기 넘게 사유의 역사를 지배해왔던 삼중의 은유(즉 퇴행형태와 적응형태를 구분하는 진화론적 은유, 죽은 것과 살아 있는 것을 구분하는 생물학적 은유, 부동상태와 운동을 대립시키는 역학적 은유)로부터 그것을 해방시키고 싶었습니다.

3. 담론을 그 자체로 고유한 존재로 다루는 것을 방해하던 **무시를 일소한 것**(제가 보기에는 이것이 제가 행한 가장 중요한 비판 작업입니다). 이런 무시는 다음과 같은 측면들로 구성되어 있었습니다.

— 담론을 독자적 원리나 일관성 없는 그저 그런 요소로 다루려는 시도(담론을 침묵 속에 남겨진 것들을 **번역**해내기 위한 순수 표면, 혹은 사유·상상·지식·무의식적 테마들이 표현되는 단순한 장소로만 다루는 것).

— (우리가 한 작가의 저작, 혹은 초기 작품, 혹은 성숙기 작품이라고 말하듯이) 담론 내에서 오직 심리학적이거나 개인화된 패턴만을 찾으려 하거나 (장르나 문체 같은) 언어적 혹은 수사학적 모델을 찾으려는 시도, 혹은 (구상이나 테마 같은) 의미론적 모델을 식별해내려는 시도들.

— 모든 실천은 담론 이전이나 담론 바깥의 영역(사유의 이상적 형태나 침묵하는 실천의 영역)에서 이뤄진다고 가정하는 태도. 이에 따라 담론을 사물과 사유를 둘러싼 미미한 장식물이나 사소한 첨가물로, 즉 담론을 지금까지 말해진 것을 단순히 되풀이하는 것으로 혹은 **말하지 않고 행해진 것**에 달라붙은 잉여 같은 것으로 취급하려는 태도.

저는 이런 부정적인 인식에 맞서 담론은 아무것도 아닌 것이 아니라고 주장하려고 했습니다. 또한 담론의 일관성에 대한 정의와 그 정의에 대한 역사적 분석이 가능한 이유는 담론이 그저 "누군가가 말하고자 했던 것" 이상이기 때문이라는 것을 보여주려 했습니다(모호하면서도 묵직한 이 '의도'의 문제는 여전히 일반적으로 말해지는 것보다 훨씬 더 강력한 영향력을 발휘합니다). 담론은 침묵하는 것도 아닙니다(담론은 말하지 않은 것이 아니라 추적할 수 있는 자취, 즉 말해진 것의 얇은 표면에 자신의 검은 흔적을 남긴 것이라 할 수 있습니다). 담론은 사람들이 특정 시기에

(문법과 논리의 법칙에 따라) 정확하게 말할 수 있었던 것과 실제 말해진 것 사이의 차이를 통해 구성됩니다. 담론적 장이란 특정한 시대에 존재하는 이런 차이의 법칙을 말합니다. 그러므로 담론적 장은 언어적 구조나 형식적 추론의 질서가 아니라 다양한 작동들을 규정합니다. 담론적 장은 말하기와 글쓰기가 그 자체들 간의 대립 구도와 기능 차이를 다양화할 수 있는 '중립적' 장을 제공하며, 규제된 실천들의 집합으로서의 담론적 장은 내면의 명민한 사유에 가시적인 외적 신체를 제공하거나 사물의 통일성을 배가시켜주는 출현의 표면을 제공하는 데 그치는 것이 아닙니다. 담론에 대한 이런 무시의 밑바닥에는 (사유-언어, 역사-진실, 말하기-글쓰기, 말-사물이라는 이분법을 계속적으로 유지하며) 담론 속에서 (정의할 수 있는 규칙들에 따라) 무엇인가가 형성되고 변화하고 사라지고 대체된다는 것을 부인하려는 태도가 자리잡고 있습니다. 그렇지만 사회가 생산하는 것의 곁에는 언제나 (이런 사회적 생산과 식별가능한 관계를 맺는) 말해진 것의 형성물과 변형물이 존재합니다. 제가 쓰고자 했던 것이 바로 이런 '말해진 것'의 역사였습니다.

4. 제가 행한 마지막 비판적 작업은 지금까지의 모든 것을 포괄하는 것으로, 우리가 사상·사유·과학·지식·개념·의식의 역사라 부르는 분과학문들이 가지는 **모호한 지위를 제거**한 것이었습니다. 이런 학문들의 모호함은 다음과 같은 몇 가지 점에서 잘 드러납니다.

— 영역을 한정하는 것의 어려움. 과학의 역사가 끝나고, 의견의 역사가 시작되는 곳은 어디인가? 개념과 관념, 테마의 역사는 상호구분 가능한 것인가? 지식의 역사와 상상의 역사의 경계는 어디인가?

— 연구 대상의 본성을 정의하는 것의 어려움. 알려지고 유포되고 망각된 것의 역사이냐, 정신적 형식과 그것의 혼선에 대한 역사이냐? 둘 다 아니라면, 특정 시기나 문화에서 사람들이 공유했던 정신적 특성에 대한 역사인가? 이는 집단적 정신에 대해 이야기하는 것일까? 아니면 이성의 (목적론적이고 발생론적인) 역사에 대해 이야기하는 것일까?

— 사유나 지식에 대한 작업과 여타의 역사적 분석 영역들 사이의 관계를 지정하는 것의 어려움. 우리는 사유나 지식을 다른 영역(예컨대 사회적 관계나 정치적 상황 혹은 경제적 결정)의 징후나 결과로서 다뤄야 하는가? 혹은 여타의 영역이 의식을 경유하며 굴절된 산물이나, 그 총체적 형태의 상징적 표현으로 다뤄야 하는가?

저는 담론을 그 자체의 형성 조건과 변화들, 상호의존과 상호관계의 놀이 속에서 분석함으로써 이런 모든 모호함을 극복하고자 했습니다. 이를 통해 담론은 여타의 실천들과 서술가능한 관계를 맺게 됩니다. 사유의 역사를 그것을 포괄하는 경제·사회·정치의 역사 속에서 다루거나(이때 사유의 역사는 후자의 표현이거나 복제물일 뿐입니다), 이념의 역사를 외부 조건에 비추어 살펴보는 것(이때 이념은 외부 조건들의 징후이자 표현 혹은 인과적 결과물일 뿐입니다) 대신에, 저는 담론적 실천의 역사를 다른 실천들과 연결되어 있는 특정한 관계 속에서 살펴보고자 했습니다. 이는 **전체사**(다양한 요소들을 하나의 원리나 하나의 형식 주변에 결집시키는 역사)를 구성하는 작업이 아니라, **일반사**의 장을 열어젖히는 작업입니다. 이 일반사의 영역에서 우리는 실천들의 특이성과 이들이 맺고 있는 상호관계의 놀이, 상호의존의 형태들을 묘사해낼 수 있으며, 담론적 실천에 대한 역사적 분석은 바로 이런 일반사의 공간에서 하나의 분과학문으로 정립될 수 있습니다.

이것들이 제가 행한 비판적 작업입니다. 자, 이제 제가 당신을 다음과 같은 질문의 증인으로 소환하는 것을 용서해 주십시오. 이 질문들은 사람들을 놀라게 할지도 모르겠습니다. "진보적 정치는 (그 이론적 성찰에 있어서) 의미·기원·구성적 주체와 같은 주제들과, 즉 역사에 로고스의 영원한 현존과 주체의 주권성, 원초적 운명 같은 뿌리깊은 목적론 등을 보장해주는 주제들과 결합되어 있습니까? 진보적 정치는 이런 주제들에 도전하기보다는, 이들과 공모하는 것인가요? 혹은 진보적 정치는 역사적 변형이라는 어려운 문제를 은폐하는 진화론적·생물학적·역학적 은유들과 어울리는 것입니까? 이들을 꼼꼼히 분석해 붕괴시키는 것이 아니구요? 더 나아가 봅시다. 담론을 사물과 사유의 주변에서 잠시 머무르다 곧 사라져버릴 얇디 얇은 투명성으로 보는 입장과 진보적 정치 간에 어떤 필연적인 친족 관계가 있는 것일까요? 말은 그저 공허한 바람이고 중요하지 않은 외침이며 역사의 진지함과 사유의 과묵함에서는 좀처럼 듣기 힘든 날개의 퍼덕임일 뿐이라는, 이런 오래된 테마를 재탕하는 데 진보적 정치가 이해관계를 가지고 있다고 믿어야 하는 것입니까?(오히려 저는 지난 2백 년간 유럽에서의 혁명적 담론과 실천들이 이런 테마들로부터 우리를 해방시켰다고 생각했습니다만). 마지막으로 우리는 진보적 정치가 담론적 실천의 폄하와 관계를 맺고 있다고, 그래서 정신·의식·이성·지식·이념·입장의 역사가 그 모호한 이상성 속에서 범람하도록 조장하고 있다고 믿어야 합니까?"

어쩌면 당신이 말한 진보적 정치는 확실히 이런 위험한 안락함과 잘 조응할지도 모르겠습니다. 그것이 원초적 토대나 초월적 목적론 속에서 자신의 보증을 찾는 한, 그것이 습관적으로 생명체의 이미지나 역학의 모델을 통해 시간을 은유화시키는 한, 그것이 실천과 그 관계들의 변형에 대한 일반적 분석과 같은 어려운 과제를 방기하고, 사물과 사유에 담긴 숨겨진 의미와 그것의 상징적 가치, 표현적 관계를 살피는 총체성의 전체사 속에서 자신의 안식처를 찾는 한 말입니다.

❧

당신은 제게 이렇게 말할지도 모르겠습니다. "잘 알겠습니다. 당신의 비판 작업은 첫 인상과는 달리 그렇게 비판 받을 만한 것은 아니군요. 하지만 언어학, 경제학 혹은 해부학의 탄생을 파헤치는 작업이 정치와 어떤 식으로 관계 맺으며, 어떻게 오늘날의 정치적 문제들에 개입할 수 있습니까? 철학자들이 먼지 쌓인 문서고에 파묻혀 지내지 않던 시절도 있었는데……." 자, 여기에 대한 제 답변은 이렇습니다. "그 분석에는 정치와 무관하지 않은 문제들이 존재합니다. 법의 문제나 실천의 조건, 과학적 담론들의 기능과 제도화 같은 문제들 말이죠. 제 역사적 분석 대상은 이런 문제들이었고, 저는 수학이나 물리학 같이 확고한 인식론적 구조를 가진 담론보다는, 의학이나 경제학 혹은 인간과학과 같이 난해하고 복잡한 실정성의 영역을 택해 이런 문제에 답하고자 했습니다."

간단한 예를 들어보도록 하겠습니다. 19세기 초부터 대략 현재까지 의학을 특징짓고 있는 임상의학 담론의 형성에 대해 살펴봅시다. 제가 이 문제를 선택한 데는 이유가 있습니다. 먼저 이 문제와 관련해 우리는 매우 한정된 역사적 사실만을 다루기 때문입니다. 또한 우리가 이 담론의 기원을 살펴보기 위해 먼 과거로 거슬러 올라갈 필요가 없으며, 이런 임상의학을 단지 '유사 과학'으로 폄하하는 것은 아주 경솔한 짓이기 때문입니다. 그리고 무엇보다 이 예에서 우리는 과학적 변화와 특정한 정치적 사건(비록 전 유럽적 규모에서 진행됐다 하더라도 이른바 프랑스 혁명이라는 이름 아래 묶일 수 있는 사건)이 맺고 있는 관계를 '직관적으로' 이해할 수 있습니다. 따라서 과제는 아직 모호해 보이는 이 정치적 사건과 과학적 변화 사이의 관계를 구체적으로 분석하는 것이죠.

첫 번째 가설. 변화된 것은 (정치적·경제적·사회적 변화의 영향을 받은) 인간의 의식이고, 그 과정에서 질병에 대한 그들의 관점 역시 변했다. 즉, 사람들은 이런 의학적 변화의 정치적 중요성(건강하지 못한 주민들 사이에 퍼진 질병, 불만, 반란 등)과 경제적 함의(건강한 노동력을 얻고자 하는 고용주의 욕망, 국가에 빈민 구호의 비용을 떠넘기려는 부르주아지의 욕망)를 알고 있었으며, 이 변화과정에 그들의 사회에 대한 관념(보편적 가치를 가지는 하나의 의학과 두 개의 구분되는 적용 영역, 즉 빈곤 계층을 위한 시료원과 부유한 계층을 위한 자유롭고 경쟁적인 의료행위)이나 세계에 대한 새로운 태도(해부를 가능케 한 신체의 탈신성화, 노동의 도구로서 중요해진 살아 있는 신체, 구원을 대체한 건강에의 관심)를 적용해왔다. 이런 설명은 많은 부분에서 사실입니다. 하지만 한편으로 이 가설은 과학적 담론의 형성 자체에 대해 설명해주지 못하고, 다른 한편으로 이런 변화된 태도와 그것이 가져온 효과들은 그 자체로 의학 담론이 새로운 지위를 획득했기 때문에 가능한 것이었습니다.

두 번째 가설. 임상의학의 기본 개념들은 정치적 실천이나 이를 반영한 이론적 형식들로부터의 **전환을 통해** 파생된 것이다. 즉, 이 시기에 유기적 연대나 기능적 통일성, 조직간 소통 같은 개념이 등장하고 부분적 분석보다는 신체 전체에 대한 분석이 선호된 것은 여전한 봉건적 계층구조 아래 존재하는 기능적 혹은 경제적 유형의 사회관계를 밝히려는 정치적 실천에 조응하는 것이었다. 또한 질병을 거의 식물종의 분류처럼 큰 단위로 묶은 기존의 입장을 거부하고 그 발병 시기와 발전과정, 원인과 치료법을 병리학적으로 이해하려는 시도는 이론적 지식뿐 아니라 다양한 응용 지식을 통해 세계를 지배하려 했던, 따라서 자신에게 한계이자 질병으로 부과된 것을 더 이상 자연적으로 받아들이지 않았던 당시 지배 계급의 기획과 상응하는 것 아닐까? 하지만 이런 분석 역시 제게는 타당해 보이지 않습니다. 왜냐하면 이런 분석은 다음과 같은 핵심 문제를 회피하고 있기 때문입니다. 다른 담론들 사이에서, 더 일반화하면 다른 실천들 사이에서, 의학 담론이 이런 전환과 상응성을 만들어내기 위해서는 어떤 존재양식과 기능을 가지고 있어야 할까요?

바로 이것이 제가 전통적인 분석과는 상이한 공격 방향을 잡은 이유입니다. 실제로 정치적 실천과 의학 담론 간에 연결고리가 있다면, 제가 보기에 그것은 정치적 실천이 먼저 인간의 의식을 바꾸고 세상에 대한 지각방식을 변형시킨 뒤에, 결국 지식의 형태와 앎의 내용을 변화시키는 데 성공했기 때문이 아닙니다. 또한 이 시기의 의학에 자리잡기 시작한 개념, 테마, 구상 등에 정치적 실천이 어느 정도 분명하고 체계적인 방식으로 반영되어 있기 때문도 아닙니다. 오히려 이 연결고리는 훨씬 더 직접적입니다. 정치적 실천은 의학 담론의 의미나 형식을 변형시킨 것이 아니라 그것의 출현, 도입, 작동의 조건을 변형시켰습니다. 즉,

정치적 실천은 의학 담론의 존재양식 자체를 변형시켰던 것입니다. 그리고 이런 변형은 제가 다른 곳에서 분석했듯이 다양한 작동들을 통해 이뤄졌습니다. 여기서는 짧게 요약해보겠습니다. 의학 담론을 다룰 권리를 누구에게 법적으로 부여할 것인가를 결정하는 새로운 기준의 등장, 새로운 관찰 격자, 즉 기존의 것을 제거하기보다는 그 위에 새롭게 부과된 관찰 격자가 적용되면서 나타난 의학적 대상의 새로운 분할(예컨대 질병은 이제 인구의 수준에서 통계적으로 관찰됐습니다), 구호의 공간을 관찰과 의학적 개입의 공간으로 만드는 새로운 구빈법의 등장(이 공간은 경제적 원리에 따라 조직됐습니다. 의학적 치료로 혜택을 받는 이는 의학적 정보를 통해 이를 보상해야만 했습니다. 즉, 그는 죽을 때까지 받는 치료와 조사받아야만 하는 의무를 맞바꿔야 했습니다), 의학적 담론을 기록·보존·축적하며 가르치고 교육하는 새로운 양식의 등장(의학적 담론은 이제 의사의 경험 속에 축적되는 것이 아니라 질병에 대한 문서들 사이에 자리잡게 됐습니다), 인구에 대한 행정적·정치적 통제체계의 일부를 담당하는 의학 담론의 새로운 기능(이제 사회는 건강과 질병의 범주에 따라 진단받고 '치료되어야' 했습니다).

자, 이제부터 분석이 복잡해집니다. 담론의 기능과 존재 조건 속에서 일어난 이런 변형들은 의학의 방법·자료·개념들에 '반영'되지도, '표현'되지도, '번역'되지도 않았습니다. 오히려 이런 변형들은 형성의 규칙 자체를 바꿔버렸습니다. 정치적 실천에 의해 변형된 것은 의학의 '대상들'이 아니라(정치적 실천이 '병든 종'을 찾는 연구를 '상처부위 감염'에 대한 연구로 바꿔 놓을 수 없는 것은 명확하지 않습니까), 의학 담론이 적용가능한 대상을 제공하는 체계 자체였습니다(감시되고 기록되는 인구, 병의 사전 징후와 매일 매일의 진척상태를 기록하는 개인 병력, 해부된 인체의 공간). 정치적 실천이 변형시킨 것은 분석의 방법이 아니라 방법이 형성되는 체계 자체였던 것입니다(질병·죽음·사인·입원·퇴원 등에 관한 공식 기록, 문서고의 형성, 환자에 대한 의사의 보고서 등). 다시 말하면, 정치적 실천이 변형시킨 것은 개념들이 아니라 개념 형성의 체계 자체였습니다('강골'solide이라는 개념을 '조직'tissu이라는 개념으로 대체한 것은 당연히 정치적 변화의 결과가 아닙니다. 오히려 정치적 실천은 개념의 형성체계 자체를 변화시켰습니다. 질병의 증상에 대한 기록, 기능적 원인에 대한 가설적 진단, 진단에 따라 교체되는 촘촘하고 심도 깊은 해부의 격자, 질병의 산포와 그 산포 경로를 표시한 장에 질병의 좌표를 지정하는 행위 등). 일반적으로 정치적 실천을 과학적 담론의 내용과 연결시키는 성급한 결론은, 제가 보기에는 둘 간의 절합이 정확하게 묘사될 수 있는 이런 차원들을 오히려 은폐하는 것 같습니다.

이런 분석에서 시작하면 다음과 같은 질문에 답할 수 있습니다.

— 과학 담론과 정치적 실천 사이의 전체적 관계를 어떻게 묘사할 것인가? 이 종속관계를 어떻게 상세히 이해할 수 있을 것인가? 이 관계는 말하는 주체의 의식이나 사유의 효과를 매개로 하는 것이 아니라는 점에서, 매우 직접적인 관계입니다. 하지만 과학 담론의 언표가 더 이상 사회적 관계와 경제적 상황의 직접적 표현으로 간주될 수 없다는 의미에서는, 이 관계가 간접적이라고 말할 수도 있습니다.

— 과학 담론과 관련해 정치적 실천의 적절한 역할은 무엇인가? 정치적 실천은 무엇을 만들어내는 따위의 마술적 역할을 수행하지 않습니다. 정치적 실천이 무에서 과학을 창조해내는 것도 아닙니다. 정치적 실천은 다만 담론의 작동체계와 존재 조건을 변형시킬 뿐입니다. 이런 변화는 자의적인 것도, '자유로운' 것도 아닙니다. 이들은 특정한 지형 속에서만 작동하며, 따라서 무제한적인 변형의 가능성을 제공해주는 것은 아닙니다. 정치적 실천은 자신이 관계하는 담론적 장의 일관성을 무화시키거나 보편적 비판의 역할을 담당하지 않습니다. 우리는 정치적 실천의 이름으로 과학의 과학성을 판단할 수는 없습니다(적어도 과학이 스스로 정치 이론임을 자임하지 않는 한 말입니다). 하지만 정치적 실천의 이름으로 과학의 기능과 존재양식에 질문을 던져볼 수는 있습니다.

— 정치적 실천과 과학적 장 사이의 관계는 다른 질서의 관계들과 어떻게 절합될 수 있는가? 19세기 초반에 의학은 (제가 『임상의학의 탄생』에서 분석한 것처럼) 정치적 실천과 연결되어 있었을 뿐 아니라, 몇몇 다른 분과학문에서 일어난 '담론들 상호간의' 변화들(제가 『말과 사물』에서 묘사한 바 있듯이, 질서와 분류학적 특성에 대한 분석이 연대·기능·연속적 계열에 대한 분석으로 대체된 것)과도 관련되어 있었습니다.

— 전통적으로 강조되어온 현상들(영향, 모델의 교환, 개념의 은유화와 전파 등)은 어떻게 선행하는 변화들 속에서 자신의 역사적 가능성의 조건을 발견하게 되는가? 예컨대 19세기 생물학적 개념들(유기체, 기능, 진화, 심지어 질병 등의 용어)의 사회 분석에의 유입과, 우리가 익히 알고 있는 이 용어들의 역할(이전 시대의 '자연주의자들'과 비교해 훨씬 더 이데올로기적이고 훨씬 더 중요한 역할)은 정치적 실천이 의학 담론에 부과한 지위 때문에 가능했습니다.

이 긴 설명을 통해 저는 당신에게 오직 한 가지를 보여주고자 했습니다. 그것은 제가 분석을 통해 드러내고자 한 것들, 즉 담론들의 **실정성**, 담론들의 존재 조건, 담론의 등장·기능·변형을 규제하는 체계들이 정치적 실천과 관련되어 있다는 것, 그리고 정치적 실천들이 그 조건들을 만들어낸다는 것입니다. 과학 담론을 여타의 실천들과 분리가능한 형태로 절합되는 규제된 실천들의 종합으로 파악함으로써, 저는 똑똑한 몇몇 사람들을 위해 문제를 복잡하게 만들며 즐거워하고 있는 것이 아닙니다. 저는 담론이, 특히 과학 담론이 어느 정도의 수준에서 어떤 방식으로 정치적 실천의 대상이 될 수 있는지, 그리고 이들이 상호관계 속에서 어떤 의존적 체계를 구축하는지를 보여주고자 했을 뿐입니다.

다시 한 번 제가 제기하는 질문의 증인이 되어주길 바랍니다. 우리는 실천과 그것의 조건 및 규칙, 역사적 변형에 대한 질문에, 의식이나 사유혹은 순수한 관념성이나 심리학적 특질에 근거해 대답하는 기존의 정치학에 너무 익숙해져 있지 않습니까? 19세기 이후로 실천의 방대한 영역 속에서 지배적 이성의 현현이나 서구의 역사적-초월론적 운명을 발견하는 정치학에 너무 익숙해져 있지 않습니까? 더 정확히 말하면, 과학 담론의 존재 조건과 형성 규칙을 그 특수성과 의존관계 속에서 분석하지 않으려는 태도는 모든 정치를 위험한 양자택일로 몰고 가지 않을까요? 한편으로는, 원한다면 '기술지배적인' 방식이라 부를 수 있는 선택항, 즉 과학적 담론의 타당성과 유효성을 그 담론이 접합되어 있는 여타의 실천들이나 실제 존재 조건들과는 상관없이 긍정하는(따라서 과학을 여타의 실천을 위한 보편적 규칙으로서 전제하는, 즉 과학적 담론 그 자체가 규제되고 조건지어진 실천임을 염두에 두지 않는) 선택지가 있습니다. 그 맞은 편에는 담론 영역에 직접 개입하는 방식의 선택지, 즉 과학적 담론을 전혀 일관성이 없는 것처럼 다루며 그것을 심리학적 문제의 원자료로 환원하는(즉, 누가 그것을 말했느냐에 따라 말해진 것을 판단하는) 방식 혹은 (과학에서 '반동적' 개념과 '진보적' 개념을 일별하는 방식으로) 개념들에 직접적으로 가치평가를 내리는 선택지가 놓이게 됩니다.

⚜

이제 몇 가지 가설을 제기하면서 글을 마칠까 합니다.

— 여타의 정치들이 이상적 필연성과 단일한 결정관계 혹은 개인의 자발성의 자유로운 놀이만을 인식한다면, 진보적 정치는 실천의 특정한 규칙이나 역사적 조건을 인식하는 정치입니다.

— 여타의 정치들이 변화의 단일한 추상적 관념이나 천재라는 마술적 존재를 믿는다면, 진보적 정치는 실천 속에서 변형의 가능성들을 정의하고, 이 변형들 간의 상호의존적 놀이를 식별해내는 정치입니다.

— 진보적 정치는 인간, 혹은 의식, 혹은 일반적 주체를 모든 변형의 보편적인 실행자로 만들지 않습니다. [오히려] 진보적 정치는 그 자체만의 형성 규칙을 가진 영역에서 주체가 차지할 수 있는 상이한 층위들과 기능들을 한정짓습니다.

— 진보적 정치는 담론을 침묵하는 의식의 표현이나 말없이 진행되는 과정의 결과로 보지 않습니다. 오히려 과학, 문학, 종교적 언표나 정치 담론들은, 여타의 실천들에 접합되는 하나의 실천을 구성합니다.

— 진보적 정치는 과학 담론과 관련해 '끝없는 요구'나 '전지적 비판'의 태도를 취하기보다 다양한 과학적 담론들이 그 자체의 실정성 속에서(즉, 특정한 조건과 연관되고 특정한 규칙과 변형에 종속된 실천으로서) 어떻게 여타의 실천과 상호관계를 맺게 되는지 인식해야만 합니다.

제가 지난 10여 년 동안 시도해온 작업이 당신의 물음과 만나는 지점이 바로 여기입니다. 저는 바로 여기가, 당신의 질문이 매우 정당하고 적절하게 제 작업의 핵심에 도달한 지점이라고 말해야겠군요. 지난 두 달 동안 당신의 질문은 제 머리 속에서 떠나지 않았는데, 여하간 이런 압력 속에서 제가 그동안의 제 작업을 재정의해야 한다면, 저는 다음과 같이 말해야 할 것 같습니다. "17세기 이후 유럽 사회에서, 담론 특히 과학 담론의 존재 양식이 어떠해야 했는지를 다양한 차원에서(특히 그것들의 형성 규칙, 그것들의 조건, 그것들의 상호의존, 그것들의 변형 등과 관련해서) 살펴보는 것. 오늘날 우리의 지식이 어떻게 존재하게 됐으며, 좀 더 정확히 말해 인간이라는 이 기묘한 대상을 자신의 영역으로 갖는 지식이 어떻게 존재하게 됐는지를 알기 위한 시도."

저 역시 다른 사람들처럼, 이런 작업이 얼마나 (이 단어의 엄격한 의미에서) '배은망덕한' 일인지 잘 알고 있습니다. 달콤하고 조용하며 친숙한 의식에 근거해서가 아니라 불명확한 익명적 규칙들에 근거해 담론에 접근한다는 것이 얼마나 거슬리는 일입니까. 사람들이 천재와 자유의 투명하게 펼쳐지는 놀이를 발견하는 데 익숙한 곳에서 실천의 한계와 필연성을 말하는 것이 얼마나 불유쾌한 짓입니까. 또한 지금까지 삶의 변화의 재확인과 산 경험의 지향적 연속성에 의해 뒷받침되던 담론의 역사를 변형의 묶음으로 다루는 것이 얼마나 도발적인 일입니까. 마지막으로 저는 사람들이 말할 때 그 자신의 담론 속에 '자기 자신'을 표현하려 하고, 또 그러기를 원하는 상황에서 텍스트 전체를 자르고, 분석하고, 뒤섞고, 재구성해서 텍스트 저자의 얼굴을 식별할 수조차 없게 만들어버리는 것이 얼마나 참을 수 없는 짓인지도 잘 알고 있습니다. 사람들은 말하겠죠. "대체 뭐야!" 빽빽이 들어선 수많은 말들과 수많은 이들에게 읽혀진 수많은 종이 위의 표식들, 발화 자체의 순간을 넘어 이들을 보존하려는 위대한 열망들, 인간의 기억 속에 말들을 각인하고 보존하려는 뿌리깊은 경건함. 이 모든 것들이 흔적을 쫓는 텅 빈 두 손 만을, 이런 시도들 속에서 자신을 위로하려는 불안만을, 이제 생존 외에는 아무것도 남지 않은 끝장난 삶만을 남겨뒀단 말인가? 가장 심오한 차원에서 담론은 하나의 '자취'가 아니고, 담론의 중얼거림은 물질에서 벗어난 불멸성의 자리가 아니란 말인가? 담론의 시간은 역사의 차원까지 확장된 의식의 시간이나 의식의 형태에 현전한 역사의 시간이 아니라고 인정해야만 한단 말인가? 나 자신의 담론 속에 나 자신의 삶은 존재하지 않는다고 인정해야 한단 말인가? 말함으로써 나는 죽음을 내쫓는 것이 아니라 오히려 죽음을 불러들이고, 내 삶에 그토록 무관심하고 **중립적인** 이 외부에 나의 모든 내밀함을 소멸시켜 나의 삶과 죽음 사이에 어떤 차이도 만들어낼 수 없단 말인가?

저는 이런 사람들의 당혹감을 아주 잘 이해합니다. 사람들은 분명히 그들의 역사와 경제, 그들의 사회적 실천과 언어, 그들의 신화와 심지어 그들이 어렸을 때부터 들어온 우화들이, 자신도 알지 못하는 어떤 규칙들을 따르고 있다는 사실을 인정하는 데 어려움을 겪고 있습니다. 게다가 그들은 무매개적이고 직접적으로 자신의 생각·믿음·상상을 말할 수 있게 도와주는 이런 담론들을 빼앗기고 싶어 하지 않습니다. 그들은 담론이 분석가능한 규칙과 변형들을 가진 복잡하고 변별화된 실천이라는 사실을 인정하기보다는 달콤하고 위안이 되는 확실성과, 담론의 원천 가까이 머무르거나 자신만의 생생한 말을 사용함으로써 비록 세상이나 삶까지는 아니지만 그 '의미'를 바꿀 수 있는 능력을 빼앗기지 않는 편을 택하려 합니다. 그들의 언어 속에서 이미 수많은 것들이 그들로부터 달아나고 있지만, 사람들은 말해진 것이든지 쓰여진 것이든지 상관없이 **자신들이 말한 것**, 즉 이 담론의 작은 조각들을 포기하고 싶어 하지 않습니다. 이 약하고 불확실한 조각들이 시공간에서의 그들의 삶을 연장시켜주리라 생각하기 때문입니다. 이해할 만한 일이지만, 사람들은 다음과 같은 말을 견딜 수 없습니다. "담론은 삶이 아니다. 담론의 시간은 당신의 것이 아니다. 담론 안에서 당신은 죽음과 화해할 수 없다. 당신이 지금까지 말한 것을 통해 신을 죽이는 것은 가능할지 모르지만, 당신이 말한 것들이 신보다 오래 살 누군가를 만들어낼 수 있다고 생각하지는 말아라." 당신이 발화하는 모든 문장, 정확히 당신이 이 순간 급하게 쓰고 있는 바로 그 문장이, 당신이 여러 페이지에 걸쳐 하나의 물음에 답하기 위해 쓰고 있으며, 스스로가 개인적으로 연루되어 있다고 느끼고, 결국 당신의 이름을 서명할 바로 그 텍스트가 익명의 법칙과 텅 빈 관성에 지배되고 있습니다. "누가 말하는가는 중요하지 않다. 누군가 이렇게 말했다. 누가 말하는가는 중요하지 않다."

| 왜 감옥인가? |

질문 당신은 19세기 초 감옥이 새로운 형벌 체계의 중심으로 자리잡은 사건을 '급격한 대체'라 부르며 주목해왔는데, 감옥의 탄생을 그토록 중요시하는 이유가 있습니까?

19세기에 사형, 식민지 유배, 추방 같은 다른 양식의 형벌도 여전히 실행됐다는 점에서, 당신은 형벌체계에서 감옥이 가지는 중요성을 과장

---

* Michel Foucault, "Table ronde du 20 mai 1978," *L'impossible prison: Recherches sur els système pénitentiaire au XIXe siècle*, éd., Michel Ferrot, Paris: Seuil, 1980, pp.40~56; *Dits et Écrits*, t.4: 1980-1988, Paris: Gallimard, 1994, pp.20~34. 이 대담이 수록된 『불가능한 감옥』은 원래 『프랑스 혁명사 연보』라는 잡지에 실린 일련의 논문들을 묶어 편집한 것으로, 그 논문들은 푸코의 『감시와 처벌』에 대한 역사가들의 논의와 19세기 형벌사에 대한 보완적 연구들을 다루고 있다. *Annales historiques de la Révolution française*, no.288, juillet-septembre 1977. 한편, 원탁 토론의 형식으로 진행된 이 대담에는 푸코를 비롯해서 모리스 아귈롱, 니콜 카스탕, 카트린 뒤프라, 프랑수아 에발트, 아를레트 파르주, 알레산드로 폰타나, 카를로 긴즈부르그, 레미 고세, 자크 리오나, 파스콸레 파스퀴노, 미셸 페로, 자크 르벨 등이 참가했다. 『불가능한 감옥』에는 『감시와 처벌』에 대한 리오나의 논문(「역사가와 철학자:《감시와 처벌》에 대하여」["L'histor-ien et le philosophe: À propos de *Surveiller et punir*"])과 이에 대한 푸코의 답변(「먼지와 구름」["La poussière et le nuage"])도 수록되어 있는데, 바로 이 두 논문이 여기에 수록된 대담의 출발점이라 할 수 있다. 페로에 따르면, 이 대담의 원고는 출판을 위해 상당 부분 수정됐다. 푸코가 본인의 답변을 손봤고, 여러 역사가들의 질문은 하나의 역사가 집단이 던진 질문들처럼 수정했다 ─ 편집자 각주.

하는 것은 아닌가요? 역사적 방법에 있어서 당신은 '인과관계'나 구조적 차원의 설명을 무시하고 때때로 단순히 하나의 사건에 불과한 것을 특권화하는 경향이 있는 듯합니다. 물론 동시대 역사가들의 작업이 지나칠 만큼 '사회적인 것'에 근거한 설명에 몰두해 있는 것은 사실입니다. 하지만 '사회적인 것'이 역사적 설명이 가능한 유일한 차원은 아니더라도, 그것 전체를 '해석 도식'에서 완전히 누락시키는 것이 옳을까요?

미셸 푸코(이하 푸코) 일단 제 말과 글을 총체성에 대한 주장으로 받아들이지 않았으면 합니다. 저는 제가 말한 것들을 보편화시킬 생각이 없어요. 또한 거꾸로 제가 다루지 않은 것들이 중요하지 않은 것으로 폄하되는 것도 원치 않습니다. 제 작업은 장래를 위한 포석과 말줄임표[나중에 얘기하려고 놔둔 부분] 사이에 있습니다. 저는 연구의 장을 열어젖히고 한 번 시도해본 뒤에, 실패하면 다른 방식으로 시도해보길 좋아하죠. 많은 경우 저는 여전히 작업 중이며(저는 최근 특히 변증법, 계보학, 전략 간의 관계에 대해 고민하고 있습니다) 제가 결국에는 어디엔가 도달할 수 있을지조차 잘 모르겠습니다. 따라서 제가 말하는 것은 하나의 제안, 혹은 관심 있는 사람의 참여를 권하는 '게임에의 초대'로 받아들여져야 합니다. 그것은 한 덩어리로 수용되거나 버려질 수 있는 교조적 주장이 아니에요. 제 책들은 철학 논문도, 역사 연구서도 아닙니다. 기껏해야 그것들은 역사적 장을 다루는 철학적 단편 같은 것이죠.

　이제 당신의 질문에 답해보죠. 먼저 감옥의 문제부터 살펴봅시다. 당신은 감옥이 실제로 제가 주장한 것처럼 중요했는지, 그것이 정말 형벌제도를 집약하고 있는지를 묻고 있습니다. 하지만 저는 감옥이 전체 형벌체계의 본질적 핵심이라고 주장한 것이 아닙니다. 또한 감옥의 문제를 통해서만 형벌의 문제나 일반적인 범죄의 문제에 도달할 수 있다고 말한 것도 아닙니다. 제가 감옥을 대상으로 삼은 것에는 두 가지 이유가 있습니다. 우선 감옥이 기존의 연구들에서 상대적으로 무시되어왔기 때문입니다. 이것은 그 자체로 혼란스러운 단어입니다만, 형벌질서에 대해 연구할 때, 사람들은 보통 범죄자들에 대한 사회학적 분석이나 형벌체계와 그 기반에 대한 법적 분석이라는 두 가지 방향 가운데 하나를 택해왔습니다. 프랑크푸르트 학파였던 게오르그 루쉐와 오토 키르히하이머의 연구를 제외하면* 실제 형벌이 어떻게 이뤄지는지는 거의 연구되지 않았죠. 사실 제도로서의 감옥에 대한 연구는 있습니다만, 우리 사회의 일반적 형벌로서의 감금에 대한 연구는 거의 찾아보기 힘듭니다.

감옥을 연구한 두 번째 이유는 일명 '도덕의 테크놀로지'라 부를 수 있는 것의 변화 경로를 추적해 '도덕의 계보학'을 조명하는 프로젝트를 다시 제기하기 위해서였습니다. 어떤 행위가 왜 처벌되는지의 문제를 더 잘 이해하기 위해 저는 이런 질문을 던져봤죠. "사람들은 **어떻게** 처벌되는가?" 이는 제가 광기의 문제를 다룰 때도 똑같이 사용했던 방법입니다. 당시 저는 특정한 시기에 **무엇이** 정상/광기, 정상적 행위/정신병으로 간주되는가를 묻기보다는 **어떻게** 이 구분선이 작동하는가를 질문하고 싶었습니다. 이 방법이 최고의 설명방식이라고는 말하지 않겠습니다만, 제가 보기에 이 방법은 꽤 많은 부분을 조명할 수 있게 해줍니다.

또한 제가 이 책을 쓰고 있는 동안에, 감옥 더 나아가 형벌행위 전반과 관련된 문제제기들이 있었습니다. 그리고 이런 운동은 프랑스만의 현상이 아니었죠. 이탈리아, 영국, 미국에서도 비슷한 일들이 있었어요. 이것은 여담입니다만 어째서 특정한 시기에, 그러니까 1968년 5월보다 꽤 이전 시기에 지식의 형태를 통한 개인들의 감금·투옥·훈련, 개인들에 대한 배치·분류·대상화 같은 문제들이 격렬히 제기됐는지에 대해 질문해보는 것도 흥미로울 것 같습니다. 반정신의학의 주제들이 정식화된 것은 1958년에서 1960년 사이였습니다. 브루노 베틀하임을 읽어보시면 아시겠지만, 분명히 집단수용소 문제의 영향이 있었죠.** 그

---

* Georg Rusche and Otto Kirchheimer, *Punishment and Social Structure*, New York: Columbia University Press, 1939. 푸코는 『감시와 처벌』 곳곳에서 이 책을 인용한다.

렇지만 우리는 여전히 1960년을 전후로 어떤 일들이 있었는지 좀 더 자세히 들여다볼 필요가 있습니다.

제가 했던 다른 연구들과 마찬가지로, 감옥과 관련한 제 분석 대상은 '제도'나 '이론' 혹은 '이데올로기'가 아니라 '실천들'이었습니다. 또한 저는 특정한 시기에 이런 실천들이 수용되는 조건들에 대해 연구하고자 했죠. 저는 이 실천의 형태들이 단순히 제도나 이데올로기에 의해 결정되거나 현실적 조건에 의해 규정되는 것이 아니라(물론 이런 요소들도 나름의 역할을 하긴 합니다만), 실천들 나름의 고유한 규칙성과 논리, 전략, 자명성 그리고 '이성'을 가지고 있다는 가설을 세웠습니다. 그러니까 이는 '실천의 체제'를 분석하는 문제였습니다. 여기서 실천이란 우리가 말하고 행하는 것, 전제가 되는 규칙과 이성들, 그리고 명확한 사실과 계획 등이 만나고 뒤엉키는 장소라 할 수 있습니다.

이런 '실천의 체제'를 분석한다는 것은 무엇을 해야 하는가와 관련된 명령의 효과('사법진술의 효과')와 무엇을 알아야 하는가와 관련된 코드화의 효과('진실진술의 효과')를 동시에 생산하는 품행의 프로그램화를 분석한다는 것을 의미합니다.

따라서 저는 제도로서의 감옥의 역사가 아니라 '감금이라는 실천'의 역사를 쓰고 싶었습니다. 저는 이런 실천의 기원, 더 정확히 말하면 오래도록 계속되어온 감금이라는 실천이 어떻게 특정한 시기에 형벌제도의 핵심 요소로 수용되고, 그 제도의 자연스럽고 자명하며 주된 요소로 자리잡게 됐는지를 보여주고자 했던 것이죠.

** Bruno Bettelheim, "Individual and Mass Behavior in Extreme Situation," *Journal of Abnormal and Social Psychology*, vol.38, no.4, October 1943; *The Informed Heart: Autonomy in a Mass Age*, New York: The Free Press, 1960. 베틀하임(1903~1990)은 오스트리아 태생의 유대인 심리학자로, 1938~39년에 걸쳐 강제수용소 생활을 경험한 바 있다. 이후 미국으로 망명한 베틀하임은 이 시기의 경험을 바탕으로 강제수용소와 그 동학에 관한 저서들을 포함해 다수의 심리학 저서를 남겼다.

다시 말해 이런 거짓된 자명성을 뒤흔들고, 그것의 취약성을 드러내는 것이 제 목표였습니다. 또한 이런 역사적 과정들의 자의성을 단순히 폭로하는 것이 아니라, 다양한 역사적 과정과 이들 사이의 복잡한 상호관계, 오늘날까지도 계속되고 있는 상호관계를 밝혀내는 것이 중요했습니다. 이런 점에서, 처벌로서의 감금의 역사는 애초의 기대 이상으로 저를 사로잡았습니다. 19세기 초반의 텍스트들과 논쟁들을 살펴보면, 모두 감옥이 일반적인 형벌 도구가 됐다는 사실에 놀라움을 금치 못하고 있습니다. 이는 18세기 개혁가들이 생각하지도 못한 결과였기 때문이죠. 저는 동시대인들이 갑작스런 변화로 느낀 이런 사실을 더 이상 분석할 필요가 없는 놀라운 결과로 생각하지 않았습니다. 오히려 저는 이런 '현상적' 변화, 즉 이 불연속을 출발점으로 삼아 이를 제거하기보다는 이를 설명하려 시도했죠. 이는 현상적 변화 밑에 묻혀 있는 연속성의 층위를 발굴해내는 작업이라기보다는 이런 급작스런 변화를 가능케 했던 변형을 식별해내는 문제였습니다.

아시겠지만, 나만큼 연속성을 강조한 사람도 없습니다. 불연속의 포착은 제게는 곧 풀어야 할 문제를 제기하는 것일 뿐이기 때문입니다.

| 사건화하기 |

질문 당신의 답변이 몇 가지 의문점들을 해결해주는군요. 하지만 여전히 역사가들은 당신의 분석이 가진 모호함, 즉 일종의 과다한 합리주의와 과소한 합리성 사이에서의 동요를 불편해합니다.

푸코 저는 '사건화'라 부를 수 있는 방향으로 작업하고자 노력하고 있습니다. '사건'은 최근 들어 역사가들이 별로 인정하지 않았던 범주입니다만, 저는 특정한 의미에서 이해될 때 '사건화'는 분석의 유용한 도구가 될 수 있다고 생각합니다. 제가 말하는 사건화란 무엇을 의미할까요? 무엇보다 사건화란 자명성의 파괴입니다. 사건화는 사람들이 역사적 상수나 직접적인 인간학적 특질 혹은 모든 사태를 동등하게 묶어주는 명확성을 찾으려는 곳에서, 하나의 '특이성'을 솟아나게 하는 문제이죠. 사태가 "필연적으로 그렇게 전개될 이유는 없었다"는 사실을 보여주는 것, 다시 말해 광인을 정신병자로 인식하는 것, 감금이 범죄자에 대한 유일한 대응책이 된 것, 개인의 신체에 대한 검사를 통해 질병의 원인을 찾는 것 등이 그렇게까지 당연한 일이 아님을 보여주는 작업이 바로 사건화입니다. 우리의 지식, 합의, 실천이 기대고 있는 이런 자명성과의 단절이 사건화의 첫 번째 이론-정치적 기능입니다.

두 번째로, 사건화는 특정한 시기에 자명하고 보편적이며 필연적인 것처럼 보이는 것들을 생산해낸 전략, 관계맺음, 마주침, 지지, 방해, 힘의 놀이 등을 재발견해내는 것을 의미합니다. 이런 작업을 위해 우리는 인과관계를 분산시킬 필요가 있죠.

인과관계를 분산시킨다는 것이 무슨 뜻일까요? 특이성을 생기 없는 연속성 속에서 확인하면 그만인 사실로, 이유 없는 단절로 봐야 한다는 뜻일까요? 물론 아닙니다. 왜냐하면 이런 입장은 연속성이 당연한 것이자 그 자체로 존재하는 것임을 인정하는 것이기 때문이죠.

인과관계를 분산시킨다는 것은 무엇보다 우선 하나의 사건을 그것을 구성하는 다양한 과정을 통해 분석한다는 것을 의미합니다. 그러므로 형벌로서의 감금의 실천을 (제도의 산물이나 이데올로기적 효과가 아닌) 하나의 '사건'으로 분석한다는 것은 다음의 과정들을 추적하는 것입니다. 이미 존재했던 감금이라는 실천의 '형벌화' 과정(즉, 감금의 법적 형벌로의 점진적 편입 과정), 형벌적 정의를 추구하는 실천들의 '감금화' 과정(즉, 형벌로서의 투옥과 교정의 기술들이 형벌질서의 중요 요소로 자리잡게 된 과정), 그리고 좀 더 파편화되어 전개되는 거대한 과정들에 대한 분석(예컨대 감금의 형벌화와 함께 진행된, 보상과 처벌을 통해 작동하는 폐쇄적 교육 공간의 형성 같은 다양한 과정들).

둘째, 인과성의 무게를 줄인다는 것은 과정으로 분석된 하나의 특이한 사건 주변에 '이해가능성의 다형체' 혹은 '다면체'를 구축하는 것을 의미합니다. 이때 이 다면체의 각 면들은 사전에 정의되지도 않고, 유한하지도 않습니다. 따라서 이 작업은 점진적이고 필연적으로 불완전한 과정을 통해 진행됩니다. 그리고 과정을 쪼개 분석할수록, 더 많은 이해가능성의 외적 관계들을 구성할 수 있으며, 또 그래야만 한다는 것도 염두에 두어야 합니다(구체적으로 예를 들면, 우리가 형벌적 실천의 '감금화' 과정을 세밀하게 분석하면 할수록, 우리는 점점 그 실천을 학교 교육이나 군대 훈련과 연결시키는 방향으로 나아가게 됩니다). 과정을 내부에서 쪼개는 것이 분석적 '돌출점들'의 다양화로 이어지는 것이죠.

셋째, 따라서 분석이 진행될수록, 이런 작업방식은 점점 더 다음과 같이 다형체적인 것이 되어갑니다.

— 관계를 맺고 있는 요소들의 다형체. 일단 '감옥'에서 시작해, 우리는 교육행위의 역사와 직업군인의 형성, 영국의 경험철학과 화기의 사용기술들, 새로운 노동분업 방식 등에 대한 연구로 나아가게 됩니다.

— 묘사되어야 하는 관계들의 다형체. 여기에는 감시를 위한 건축물 같은 기술적 모델들의 변화, 강도행위의 증가라던가, 공개적 고문이나 처형으로 야기된 무질서, 추방행위가 가진 단점 같은 당시의 특정한 상황에 대한 대응으로 계산된 전술들, 그리고 행위에 대한 공리주의적 구상이나 이상[관념]의 탄생, 기호의 형성 등과 관련된 이론적 도식의 적용 등이 해당됩니다.

— 참고하는 영역의 다형체. 그 본성과 범위에서 다양한 이 영역들은 세부적인 수준에서의 기술적 변화부터 자본주의 경제의 요구에 부합하는 새로운 권력의 기술들을 안착시키려는 시도들까지 다양합니다.

자, 오랫동안 돌아온 것 같군요. 하지만 이제 종종 제기되곤 하는 과다한 혹은 과소한 합리주의의 문제에 답변할 준비가 됐습니다.

사건에 대한 역사학자들의 사랑이 식은 지는 꽤 오래됐고, 이제 '탈-사건화'가 역사적 이해가능성의 원칙이 됐습니다. 이런 역사가들은 대상을 매우 단일하고 필연적이며 불가피하고, 따라서 궁극적으로 역사 외적인 메커니즘이나 구조와 연결해 분석합니다. 분석의 최고점으로서 하나의 경제메커니즘, 하나의 인간학적 구조 혹은 하나의 인구학적 과정을 밝히는 것, 결국 이것이 오늘날 탈-사건화된 역사의 목표입니다(물론 이는 광범위한 조류들을 아주 거칠게 정리한 것입니다만).

확실히 이런 분석방법에서 보면, 제가 제시한 분석은 너무 과다하거나 너무 과소하죠. 관계들은 너무 다양하고 분석 방향은 너무 많은 반면에, 필연적 통일성은 너무 적습니다. 이해가능성의 측면에서는 너무 과잉이고, 필연성의 측면에서는 너무 과소하다고나 할까요?

하지만 제게 역사적 분석과 정치적 비판, 양자 모두에서 문제가 되는 것은 바로 이 지점입니다. 우리는 단일한 필연성의 지표에 갇혀 있지 않으며, 또한 그것에 스스로를 가둬서도 안 됩니다.

| 합리성들의 문제 |

질문 사건화의 문제에 대해 좀 더 이야기했으면 좋겠군요. 당신에 대한 수많은 오해들, 당신이 언급한 당신을 '불연속의 사상가'라 부르는 오해 이외에 다른 오해들은 이 문제에서 기인하는 것 같기 때문입니다. 제가 보기에 당신의 작업에는 단절을 식별해내고 현실과 역사를 생산하는 관계들의 네트워크를 주의 깊고 상세히 열거하는 것을 넘어서는, 그러니까 당신이 방금 거부한 역사적 상수 혹은 인간학적·문화적 속성에 대한 설명 역시 존재하는 것 같습니다. 그것은 지난 3~4세기 동안 진행되어온 우리 사회의 합리화 혹은 가능한 합리화들의 역사라 할 수 있을 텐데요. 당신이 처음 쓴 책이 광기와 이성의 역사에 대한 것이라는 사실은 아무래도 우연이 아닌 것 같습니다. 저는 당신의 다른 모든 책들, 그러니까 격리의 다양한 기술에 대한 분석이나 사회적 분류법에 대한 분석들도 모두 이런 합리화라는 메타-인간학적 혹은 메타-역사적 과정에 대한 것이었다고 생각합니다. 이런 점에서 당신이 '사건화'를 본인 작업의 핵심이라 규정하는 것은, 제게는 좀 일면적인 주장처럼 보이는군요.

푸코 자본의 모순에 대한 맑스주의적 분석을 자본주의 사회의 비합리적 합리성과 연결시켜 이해하려는 이들을 '베버주의자'라 부를 수 있다면, 저는 베버주의자가 아닙니다. 제 최종 관심은 인간학적 불변 요소로서의 합리성이 아니니까요. 저는 사람들이 '합리화'에 대해 말할 때 항상 절대적 이성의 가치를 가정하거나 모든 것들을 합리화 과정이라는 말에 끼워 맞추는 오류를 범하고 있다고 생각합니다. 우리는 '합리화'라는 용어를 도구적이고 상대적인 의미에 한정지어야만 합니다. 대중 앞에서 행해지는 고문이 감옥에 누군가를 가두는 것보다 그 자체로 더 비합리적인 행위는 아닙니다. 다만 형벌이 가져올 효과와 효용을 계산하고 형벌의 강도를 조절하는 새로운 방식의 형벌적 실천의 관점에서 볼 때 기존의 방식이 비합리적일 뿐이죠. 우리는 어떤 절대적 기준에 기대어 어떤 행위를 더 완벽한 형태의 혹은 덜 완벽한 형태의 합리성이라고 평가해서는 안 됩니다. 오히려 우리는 실천들 혹은 실천들의 체계에 어떤 합리성의 형태가 각인되어 있는지, 이런 실천들의 체계 속에서 합리성이 행하는 역할은 무엇인지에 대해 살펴봐야만 합니다. 특정한 합리성의 체제가 없다면 '실천들'도 존재할 수 없기 때문이죠. 하지만 저는 이 체제를 이성의 가치에 기대어 평가하기보다는 다음과 같은 두 가지 축을 통해 분석하고 싶었습니다. 하나는 코드화/명령의 차원(즉, 합리성이 어떻게 규칙과 절차, 목적을 위한 수단 등을 만들어내는지)이고, 다른 하나는 참과 거짓의 형성과 관련된 차원(즉, 합리성이 어떻게 참과 거짓을 말할 수 있는 대상의 장을 결정하는지)입니다.

제가 광인의 격리, 임상의학, 경험과학의 조직, 형벌 같은 '실천들'을 연구한 것은 실천의 방식을 결정하는 '코드'(인간이 어떻게 등급화되고 조사되며, 사물과 기호는 어떻게 분류되고, 개인은 어떻게 훈육되는가 등)와, 이런 실천의 이유와 원칙을 제공하고 정당화하는 데 기여하는 진리 담론의 생산 사이의 상호관계를 연구하기 위한 것이었습니다. 좀 더 분명히 말해, 제 문제는 인간이 진리의 생산을 통해 (그 자신과 타자를) 통치하는 방식을 살펴보는 것이었죠(다시 한번 말하지만, 여기서 진리의 생산이란 어떤 참된 발화의 생산이 아니라, 참된 실천과 거짓된 실천이 동시에 통제되고 관련되는 영역들의 정비를 말하는 것입니다).

실천들의 특이한 조합을 사건화함으로써 사법진술과 진실진술의 다양한 체제로서 이를 가시화하는 것, 이것이야말로 제가 하고 싶었던 일입니다. 당신도 보다시피, 이것은 지식의 역사에 관한 것도, 우리 사회를 지배하는 점증하는 합리성에 대한 분석도, 또 우리도 모르는 사이에 우리의 행위를 지배하는 코드화의 인간학에 대한 것도 아닙니다. 다만 저는 진리와 거짓을 생산하는 체제를 역사적 분석과 정치적 비판의 핵심으로 자리매김하고 싶었을 뿐입니다.

질문 당신이 막스 베버를 언급한 건 우연이 아닌 것 같군요. 물론 당신은 인정하고 싶지 않겠지만, 당신의 작업에는 누군가가 현실을 설명하고자 할 때 분석을 마비시키고 침묵하게 만드는 일종의 '이념형' 같은 것이 존재합니다. 당신이 피에르 리비에르의 수기*를 출판했을 때 이 수기에 대해 특별한 코멘트를 하지 않은 것도 이런 이유 때문이 아닐까요?

푸코 당신이 말한 베버와의 비교는 적절하지 않은 것 같군요. 도식적으로 말하면, '이념형'은 역사적 해석을 위한 범주라고 할 수 있습니다. 그것은 사후적으로 여러 종류의 자료들을 연결하려는 역사가들을 위한 하나의 이해의 구조이죠. 이념형은 역사가들로 하여금, 개인의 사유에 떠오르지 않거나 사라졌지만 그들의 구체적 실천을 가능케 하는 어떤 일반적 원칙들에 근거해 (예컨대 칼뱅주의, 국가, 자본주의 기업 등의 본질 같은) 사물의 '본질'을 이해할 수 있게 해줍니다.

---

* Michel Foucault, *Moi, Pierre Rivière ayant égorgé ma mère, ma sœur et mon frère* ……, présenté par Michel Foucault, Paris: Juillard, 1973 [심세광 옮김, 『내 어머니와 누이와 남동생을 죽인 나, 피에르 리비에르』, 도서출판 앨피, 2008.]

제가 형벌로서의 투옥이나 광기의 정신의학화 혹은 섹슈얼리티 영역의 조직 등에 내재한 합리성들을 분석하고, 그 실제 작동에서 제도는 합리적 도식이 순수한 형태로 적용되는 장이 아니라고 강조했을 때, 그것이 이념형의 분석이었을까요? 저는 그렇지 않다고 생각합니다.

　첫째, 감옥, 병원, 혹은 수용소의 합리적 도식들은 역사가들의 사후적 해석을 통해서만 발견될 수 있는 일반적 원칙들이 아니라 공개적인 **프로그램들**이었습니다. 즉, 우리는 제도를 조직하고 공간을 정비하며 행동들을 규제했던 일단의 계산되고 합리화된 처방들을 다루고 있는 것입니다. 그것은 하나의 이상이긴 했지만, 여전히 보류 중인 하나의 프로그램이었지 숨겨진 보편적 의미 같은 성질의 것은 아니었습니다.

　둘째, 당연히 이런 프로그램화는 그것이 직접적으로 작동시키는 합리성보다 훨씬 더 일반적인 합리성의 형태들에 의존합니다. 저는 형벌로서의 투옥에서 발견되는 합리성이 단순히 직접적인 이해관계의 계산에 따른 결과가 아니란 것을 보여주고자 했습니다(당시에도 여전히 단순한 구류가 더 간단하고 더 값싼 해결책이었습니다). 형벌로서의 투옥은 오히려 인간의 규율기술 전반과 행동의 감시, 그리고 사회체를 이루는 요소들의 개별화와 관련되어 있습니다. '규율'은 ('규율된 인간'의) '이념형'을 구현한 것이 아닙니다. 규율은 (학교 교육이나 총기를 사용할 수 있는 군대의 형성 같은) 국지화된 목적들에 대응해 계획된 다양한 기술들의 상호결합이자 일반화라고 해야 할 것입니다.

　셋째, 이 프로그램들은 결코 제도들 내에서 완전히 실현되지 않았습니다. 사람들이 이 프로그램들을 단순화하고 어떤 계획은 채택하고 어떤 것은 포기했기에, 이 프로그램들은 결코 계획대로 완전히 실현되지 않았죠. 하지만 제가 보여주고자 했던 것은, 이런 차이를 이상의 순수함과 현실의 무질서한 불순함 간의 문제로 이해해서는 안 된다는 것입니다. 오히려 애초의 프로그램과 완전히 합치하지는 않더라도, 그들 나름의 합리성이라는 측면에서는 완벽히 이해될 수 있으며 안정적이고 지속적인 효과를 생산해낸, 상호대립적이면서도 함께 결합하고 중첩되기도 했던 다양한 전략들이 존재했다고 봐야 할 것입니다. 바로 이런 특성이 그 장치에 견고함과 유연성을 더해주는 것이라 할 수 있겠죠.

프로그램들, 기술들, 장치들, 이것들 가운데 어느 것도 '이념형'이 아닙니다. 저는 상호 간에 절합되는 다양한 현실들의 전개와 상호 간의 놀이를 연구하고자 했습니다. 하나의 프로그램, 그 프로그램을 설명해주는 관계, 그 프로그램에 강제력을 부과하는 법률 같은 것들은 모두 그것들을 실현한 제도나 그것들에 조응하는 행동과 마찬가지로 (비록 상이한 양태이긴 하지만) 그 자체 하나의 현실로 간주되어야 합니다.

당신은 이렇게 말할지 모르겠습니다. "'프로그램' 안에서는 어떤 일도 일어나지 않는다. 이것들은 그저 꿈, 유토피아 혹은 상상의 산물일 뿐으로, 당신에게는 이것들을 현실로 대체할 권리가 없다. 벤담의 『판옵티콘』은 19세기 감옥의 '실제 현실'을 제대로 묘사해주지 않는다."

하지만 저는 이렇게 대답하고 싶군요. 감옥의 '실제 현실'을 묘사하고 싶었다면, 굳이 제러미 벤담을 참고하지 않았을 것이라고. 그런데 실제 현실이 이론가들의 도식이나 형식과 일치하지 않는다고 해서, 그것이 단지 유토피아적이고 상상적인 것이었다고 할 수는 없습니다. 이는 현실을 굉장히 빈곤하게 만드는 사고방식입니다. 한편으로, 이런 도식의 정교화는 다양한 실천과 전략 전반에 긴밀히 연결되어 있습니다. 즉, 효과적이고 지속적이며 잘 계산된 형벌메커니즘을 찾으려는 시도들은 새로운 경제형태·도시화와 기존의 사법 기관 사이에 발생한 불일치를 해소하려는 노력에서 비롯됐습니다. 이 시기에 프랑스 같은 나라에서 뚜렷이 나타난 사법적 실천, 판사 개인이 누리는 국가 기능 전반으로부터의 독립성과 자율성을 축소하려는 시도, 새롭게 등장한 범죄형태에 대응하려는 의지 역시 이런 도식의 정교화에 영향을 끼쳤죠. 다른 한편으로, 이 프로그램들은 현실에서 일련의 영향력을 발휘했습니다(물론 이 프로그램들이 현실을 대체했다는 말은 아닙니다). 이 프로그램들은 제도들 내에서 구체화됐고, 개인의 행동 원칙을 제공하는가 하면, 사물을 지각하고 평가하는 격자로 기능하기도 했습니다. 범죄자들이 감옥의 새로운 규율메커니즘에 완고히 저항한 것은 사실입니다. 임시변통으로 지어진 건물들에서 교도소장과 간수들의 운영을 통해 감옥이 기능하는 방식은, 아름답기까지 한 벤담의 구상에 비하면 그저 뒤죽박죽 잡탕에 불과했던 것도 사실이죠. 하지만 정확히 말해서, 감옥이 뒤죽박죽으로 보이고 범죄자들이 교정불가능한 것처럼 보이며 '범죄자'라는 인종이 공론과 '정의'[사법]의 영역에 등장했다면, 죄수들의 저항과 재범자들의 운명이 우리가 알고 있는 형태로 진행됐다면, 이는 이런 종류의 프로그램이 몇몇 계획 입안자들의 머리 속 유토피아로 남아 있지 않았기 때문입니다.

이런 행실의 프로그램화 그리고 사법진술과 진실진술의 체제들은 단순히 현실화되는 데 실패한 도식들이 아닙니다. 오히려 그것들은 현실 안에서 특수한 효과, 즉 타인과 자기 자신을 '지도'하고, '통치'하고, '통솔'하는 방식에서 참과 거짓을 구분해주는 효과를 낳았던 현실의 조각들입니다. 역사적 사건들의 형태 안에서 이런 효과들을 이해하는 것, 이와 함께 이것이 (철학 그 자체의 문제인) 진리의 문제에 가지는 함의를 연구하는 것, 바로 이것이 대략 제 테마였습니다. 당신도 알 수 있겠지만, 이런 작업은 '생생한 현실'의 '총체' 속에서 '사회'를 이해하는 것(어떻게 보면 이 작업도 꽤 멋집니다만)과는 아무런 관련이 없습니다.

제가 처음부터 자문해왔지만 아직 답하지 못한 물음은 "만약 그 안에서 계속 참과 거짓의 구분이 생산된다면, 역사란 과연 무엇인가?"입니다. 이 질문을 통해 저는 네 가지를 말하고자 합니다. 첫째, 참/거짓의 구분을 생산하고 변형하는 것이 어째서 우리의 역사성에 있어 특징적이며 결정적인 지위를 차지하고 있는가? 둘째, 그 형태는 계속 변하나 그 가치는 보편적인 것으로 간주되는 과학적 지식을 생산해온 '서구' 사회에서 이 참/거짓의 관계는 어떻게 작동해왔는가? 셋째, 역사가 그 자체로 참/거짓의 구분을 생산해왔고 이런 구분이 역사적 지식을 뒷받침해왔다면, 역사에 관한 역사적 지식이 어떻게 가능할 것인가? 넷째, 가장 일반적인 정치적 문제는 진리의 문제이지 않은가? 참/거짓을 구분하는 방식과 자기와 타자를 통치하는 방식은 어떻게 서로 연결되어 있는가? 이 두 방식 각각을, 그리고 한 방식으로 다른 방식을 완전히 새롭게 정초하려는 의지, 즉 자기를 통치하는 다른 방식을 통해 전혀 다른 [참/거짓의] 구분을 발견하고, 그 다른 구분으로부터 전혀 다른 통치를 하려는 의지, 그것이 바로 제가 '정치적 영성'이라 부르는 것입니다.*

| 무력화 효과 |

질문 당신의 분석이 유통되고 수용되는 방식에 대해 조금 현실적인 질문을 해보죠. 가령 당신의 책은 감옥에서 일하는 사회복지사 같은 사람들의 활동을 막아버리는, 그래서 거의 무력하게 만들어버리는 효과를 낳고 있습니다. 어떻게 보자면 당신의 비판은 너무 무자비해서, 그들에게 출구를 가르쳐주지 않기 때문이죠. 당신은 방금 사건화에 대해 이야기하면서, 당신이 현존하는 자명성들을 파괴해 이런 자명성들이 어떻게 생산되어왔고, 그것이 어째서 불안정한지를 보여주고 싶었다고 말했습니다. 하지만 제가 보기에 당신의 작업은 두 번째 목적, 즉 자명한 것들의 불안정성에 대한 폭로라는 목적은 달성하지 못한 것 같습니다.

푸코 당신이 '무력화'의 문제를 제기하는 것은 정당합니다. 그것은 매우 중요한 문제이니까요.

　사실 저는 "코드 전체의 전복," "앎의 질서 전체의 탈구," "폭력의 혁명적 옹호," "현대 문화 전체의 전복"에 제가 영향을 끼칠 수 있다고 느

---

* spiritualité politique. 푸코가 이 글에서 처음 공식적으로 사용한 이 개념은 같은 해 가을 푸코가 이란 혁명을 지지하는 근거로 활용됐다. '영성' 개념은 1981~82년 콜레주드프랑스 강의 『주체의 해석학』의 중심 주제 중 하나이기도 하다. 1980년대 초부터 푸코가 진리와 통치실천 사이의 대안적 관계맺음에 초점을 맞추고 있다는 점에서, 그의 후기 작업은 사실상 이 개념을 구체화하는 작업이라고도 볼 수 있다.

끼지 않습니다. 대중적 형태를 띤 이런 희망은 오늘날 뛰어난 작업들을 지탱하는 힘이고, 저는 안정된 쟁점에 집착하는 다른 작업들에 비해 이런 작업들을 훨씬 더 존중합니다. 그렇지만 제 계획은 이들과 비견될 만큼 큰 것이 아닙니다. 광기, 정상성, 질병, 범죄, 처벌을 둘러싼 '자명성'과 '진부한 생각들'을 벗겨내는 것, 이런 주제들을 다른 사항들과 함께 검토해 더 이상 특정한 문장이 그토록 가볍게 이야기되거나 특정한 행위가 망설임 없이 행해지지 않도록 하는 것, 사람들이 어떤 것을 느끼고 행동하는 방식을 바꾸는 데 기여하는 것, 관용의 경계와 감수성의 형태를 바꾸는 어려운 작업에 힘을 보태는 것. 저는 이 정도 일을 할 수 있을 뿐입니다. 제가 말하고자 하는 것들이 어쨌든 이런 현실적 효과들로부터 동떨어진 것이 아니었으면 하고 바라지만……. 또한 이것들이 허약하고 불안정하며, 다시 중단될 수 있다는 것도 잘 알고 있습니다.

하지만 당신이 맞습니다. 우리는 좀 더 미심쩍은 눈으로 이 상황을 바라봐야 합니다. 아마 제가 쓴 것들이 사람들을 무력하게 만드는 효과를 가질 수도 있을 것입니다. 하지만 우리는 여전히 그런 효과가 누구에게 발휘되는지를 명확히 할 필요가 있습니다.

프랑스의 정신의학 쪽 권위자들이 제게 한 말들을 생각해보면, 또 제가 모든 형태의 권력에 반대한다는 우파들의 비난이나 제가 "부르주아의 최후 보루"라는 좌파들의 비판을 떠올려보면(이것은 [장] 카나파** 같은 이들이 한 말이 아니라 정반대 진영에서 나온 주장입니다), 그리고 저를 『나의 투쟁』의 아돌프 히틀러 같은 인물이라고 비판한 용감한 정신분석학자와 지난 15년간 제가 '해부'되고 '매장'당한 횟수를 생각해보면, 글

***

** Jean Kanapa(1921~1978). 프랑스의 정치인. 전후 프랑스공산당의 지도자 중 한 명으로, 1950년대 스탈린주의적 입장에서 실존주의를 비난하며 장-폴 사르트르와 논쟁을 벌였다. 이 논쟁에서 사용된 카나파의 글들은 거칠고 공격적인 수사들로 잘 알려져 있다. 한편 사르트르는 1966년 『말과 사물』을 평하면서 푸코의 작업이 맑스에 대항해 부르주아지가 세울 수 있는 최후의 보루라고 비판한 바 있다.

쎄요, 제가 선량한 많은 이들에게 무력감보다는 짜증을 안겨줬던 것 같군요. 이렇게 계속 들끓는 분노들이 제게 힘을 주는 것 같습니다. 최근에 한 잡지는 아주 맛깔나는 페탱주의적* 문체로, 제가 섹슈얼리티에 대해 말한 것들을 하나의 교리로 받아들여서는 위험하다고 경고했죠('주체의 중요성'과 '작가의 인성'이 제 작업을 위험하게 만든다더군요).

이런 점에서 보자면 무력화의 위험은 없는 것 같습니다만, 저는 여전히 당신에게 동의합니다. 이런 예들이야, 언급하기에는 즐겁지만 긁어 모으기에는 피곤한, 사소한 에피소드들이죠. 문제는 현장에서 어떤 일이 벌어지고 있는가입니다.

우리는 19세기 이후로 무력화와 마비의 차이에 대해 알고 있습니다. 먼저 마비에 대해 말해보죠. 누가 마비됩니까? 당신은 제가 쓴 정신의 학의 역사가, 이미 그 제도 내에서 벌어지는 일들에 불만을 가지고 있던 이들을 마비시켰다고 생각합니까? 감옥 안에서, 그리고 감옥 주변에서 일어나는 일을 봐도, 저는 마비 효과가 그리 크지 않았다고 생각합니다. 적어도 감옥에 갇힌 사람들 같은 경우는, 별로 개의치 않았어요.

하지만 한편으로 다른 많은 이들, 즉 감옥이라는 제도 내에서 일하는 사람들, 죄수들과는 전혀 다른 입장을 지닌 사람들은 제 책에서 "무엇을 할 것인가?"에 대한 충고나 처방을 찾을 수 없었을 것입니다. 제 기획은 정확히 그들이 더 이상 "무엇을 할지 모르도록" 만들기 위한 것이었습니다. 지금까지 그들이 당연히 여겨온 행위·제스처·담론이 문제시되고, 어려워지고, 위험해지는 것, 이 효과는 의도된 것입니다. 이제 당신에게 알려줄 것이 하나 있군요. 저는 감옥의 문제는 '사회복지사들'의 문제가 아니라 죄수들의 문제라고 생각합니다. 그리고 이런 점에서 저는 지난

---

* Philippe Pétain(1856~1951). 프랑스의 군인·정치인. 제2차 세계대전 당시 독일과 협력했던 프랑스 비시 정권의 수장을 지냈다. 오늘날 프랑스에서 '페탱주의[적]'이라는 표현은 대체로 전통적인 농촌 가톨릭 사회에 대한 노스탤지어를 자극하는 권위주의적이고 우파적인 이데올로기를 일컫는다.

15년간 제가 말해온 것들이, 뭐라 표현해야 할지 모르겠지만, 그렇게 사람들의 운동을 가로막는 효과를 낳았는지는 잘 모르겠습니다.

하지만 마비가 무력화와 동의어는 아니죠. 오히려 반대라고 해야 할 것입니다. 마비 속에서 무언가를 행하는 것의 어려움을 느끼는 것과 함께, 문제 전반에 대한 자각이 함께 이뤄지는 한 말입니다. 마비는 그 자체로 목적은 아닙니다. 제가 보기에는 "무엇을 할 것인가?"의 문제는 위로부터, 그러니까 선지자나 입법자의 역할을 하는 개혁가들로부터 내려지는 것이 아닙니다. 오히려 장기간의 의견 교환, 성찰, 시도, 다양한 분석들을 통해 결정되는 것이죠. 만약 당신이 말한 대로 사회복지사들이 출구가 어디인지 모르고 있다면, 그것은 이들이 출구를 찾고 있다는 좋은 증거일 뿐이지, 이들이 무기력해지거나 무감각해져서가 아닙니다. 오히려 그 반대이죠. 제가 그들에게 "무엇을 할 것인가?"에 대해 말하지 않는 것은 그들을 옴짝달싹 못하게 만들기 위해서가 아닙니다.

당신이 말한 사회복지사들의 물음이 더욱 확장되기 위해서는 처방적이고 예언적인 담론으로 이 물음을 뭉개버리지 않는 것이 무엇보다 중요합니다. 개혁의 필요성이 비판행위를 제한하고 가로막는 협박의 도구로 활용되어서는 안 됩니다. 어떤 경우에도, "비판하지마. 네가 그걸 바꿀 수 있는 것도 아니잖아"라고 말하는 사람들에 귀 기울여서는 안 됩니다. 이것은 행정관료들이 말하는 방식입니다. 비판은 "그러니 이제 이런 일을 해야 한다"는 결론을 위한 전제가 되어서는 안 됩니다. 비판은 저항하고 투쟁하는 사람들, 더 이상 지금처럼 존재하기를 거부하는 사람들의 도구가 되어야만 합니다. 비판은 갈등과 대립, 거부의 시도와 함께해야 합니다. 비판은 다른 법을 위해 지금의 법을 거부하는 것이 되어서는 안 되며, 어떤 프로그램의 한 단계인 것도 아닙니다. 비판은 현재 존재하는 것에 대한 도전이어야 합니다.

당신도 아시다시피, 문제는 행위의 주체, 즉 행위를 통해 현실을 변형시키는 주체입니다. 감옥과 형벌메커니즘이 변한다면, 그것은 개혁 방안이 사회복지사들의 머리 속에 주입됐기 때문이 아닙니다. 그런 변화는 형벌의 현실과 관계된 이들이 서로 부딪히고, 그 자신과도 갈등하며, 난관과 불가능에 부딪히고, 갈등과 대립을 통과할 때 이뤄지게 될 것입니다. 즉, 변화는 비판이 현실에서 작동할 때 이뤄지는 것이지, 개혁가들이 자신들의 이상을 실현할 때 이뤄지는 것이 아닙니다.

질문 하지만 이런 무력화 효과는 역사가들 사이에서도 발견됩니다. 역사가들이 당신의 작업에 대응하지 않는 것은 그들에게 '푸코적 도식'이 맑스적 도식만큼이나 골칫거리이기 때문입니다. 당신이 스스로가 생산해 낸 이런 '효과'에 관심을 가질지는 모르겠습니다. 다만 당신이 방금 한 설명이 『감시와 처벌』에서는 명확히 드러나지 않는 것 같은데요.

푸코 지금 우리가 '무력화'라는 단어를 동일한 의미로 사용하는지 의심스럽군요. 제가 보기에 역사가들은 '무력'해지기보다는 '짜증'을 받았던 것 같습니다(물론 프랑수아 브루세가 사용한 의미에서 말입니다*).

무엇에 짜증이 난 것일까요? 도식 때문에? 저는 그렇게 생각하지 않습니다. 제게는 '도식'이 없으니까요. 만약 그들이 '짜증'을 냈다면(분명히 이런저런 잡지들에서 이런 짜증이 조심스레 표현됐습니다. 그렇지 않나요?), 그것은 아마도 도식의 부재 때문일 것입니다. 제게는 하부구조/상부구조도, 맬서스 식의 주기론도, 국가와 시민사회의 대립 구도도 없습니다. 지난 1백 년에서 1백50년 동안 역사가들의 작업을 때로는 공공연히, 때로는 은밀히 뒷받침해온 이런 도식이 제게는 없습니다.

따라서 당연히 불쾌감과 함께 제 자신을 그런 도식에 끼워 맞추기 위한 질문들이 제기됩니다. "당신은 국가를 어떻게 다룹니까? 국가에 대한 당신의 이론은 무엇이죠? 당신은 국가의 역할을 무시하는군요." 어떤 사

---

* François Broussais(1772~1838). 프랑스의 생리학자. 외적 자극에 대한 인간의 반응에 대한 연구를 많이 남겼다.

람들은 반대로 말합니다. "당신은 모든 곳에서 국가를 보는군요. 당신은 국가가 개인의 일상생활을 미세하게 통제할 수 있다고 생각합니다." 혹은 이렇게 말하는 사람도 있죠. "당신의 설명에는 하부구조에 대한 설명이 빠져 있습니다." 하지만 또 다른 이들은 제가 섹슈얼리티를 일종의 하부구조로 만들었다고 하더군요! 이런 비판들의 상호모순성은 제 작업이 이런 도식 어디에도 속하지 않는다는 증거라 할 수 있습니다.

아마도 제가 새로운 도식을 구성하거나 기존의 도식을 증명하는 데 무심하다는 것, 제 관심이 사회를 분석하는 일반 원칙을 제공하는 데 있지 않다는 것, 바로 이런 점들이 제 작업을 처음부터 역사가들의 작업과 구분시켜주는 지점일 것입니다. 역사가들은 '사회'를 분석의 일반적 지평으로 간주하고(이것의 옳고 그름은 또 다른 문제입니다만), 이와의 관계 속에서 이런저런 대상들(예컨대 '사회,' '경제,' '문명' 같은 것들)을 위치지어왔습니다. 하지만 제 일반적 주제는 사회가 아니라 참/거짓의 담론들입니다. 즉, 제가 관심을 가지고 있는 것은 상호의존적인 참 혹은 거짓일 수 있는 담론들과 그 대상, 그리고 그 영역들의 상관적 형성입니다. 덧붙이자면, 저는 이들의 형성뿐 아니라 이들이 현실에 미치는 영향에도 관심을 가지고 있습니다.

제 설명이 좀 모호한 것 같군요. 예를 들어보죠. 역사가가 특정한 시기에 성적 행위들이 과연 통제됐는지, 그리고 그 중 어떤 것들이 심각하게 처벌됐는지에 대해 묻는 것은 아주 정당한 일입니다(물론 결혼 적령기가 늦어진 것을 가지고 '억압'의 강화를 설명하는 식의 작업은 경솔한 일입니다. 이는 결혼 연령의 증가가 어째서 다른 방식이 아닌 이런 방식으로 실현됐는가 하는 질문의 윤곽만 겨우 잡았을 뿐입니다). 하지만 제가 제기하는 질문은 완전히 다른 것입니다. 저는 성적 행위를 담론화하는 방식이 어떻게 변해왔는가, 이런 담론화 방식을 지배한 사법진술과 '진실진술'의 형태는 어떤 것이었는가, 그리고 이 요소들이 어떻게 마침내 섹슈얼리티라 불리는 영역을 구성하게 됐는가에 대해 질문을 제기하고 있는 것입니다. 이런 영역의 형성이 가져온 수많은 효과 중 하나가 바로 역사가들에게 섹슈얼리티라는 '자명해 보이는' 범주를 제공해준 것이었고, 역사가들은 이 범주에 근거해 섹슈얼리티와 그것의 억압에 대한 역사를 쓸 수 있다고 믿게 된 것이죠.

역사가들이 객관적으로 주어진 것으로 여기는 요소들의 **'객관화'의 역사**(말하자면, 객관성들의 객관화의 역사)야말로, 제가 살펴보고자 했던 것입니다. 이런 문제는 손쉽게 빠져나올 수 없는 미로 같은 것이고, 간단히 재생산할 수 있는 도식으로 환원되지도 않습니다. 그렇기 때문에 당연히 사람들을 불편하고 짜증나게 하겠죠.

물론 이것은 역사가들이 무관심해도 상관없는 철학적 문제입니다. 비록 제가 역사적 분석에서 객관화의 역사를 문제로 제기하고는 있지만, 역사가 꼭 이에 답해야 한다고 주장하는 것은 아닙니다. 저는 단지 역사적 지식 안에서 이런 질문이 생산해내는 효과를 알고 싶을 뿐입니다. 폴 벤느가 정확히 지적했듯이,1) 이는 그 자체로 역사적 분석을 통해 형성된 **유명론적 비판**이 역사적 지식에 끼치는 효과를 묻는 일입니다.

---

1) Paul Veyne, "Foucault révolutionne l'histoire," *Comment on écrit l'histoire: Essai d'épi -stémologie*, 2ᵉ éd., Paris: Seuil, 1978. [김현경·이상길 옮김, 「역사학을 혁신한 푸코」, 『역사를 어떻게 쓰는가』, 새물결, 2004.]

4 | 통치성*
미셸 푸코

몇몇 안전장치들을 분석하면서 저는 인구라는 특수한 문제가 어떻게 출현했는지 살펴보려고 했습니다. 그리고 이와 관련된 쟁점들을 더 자세히 살펴보면서 곧장 통치의 문제로 향했습니다. 요컨대 앞선 강의에서는 안전-인구-통치라는 계열의 배치가 문제시됐습니다. 이제부터 제가 정리해보려고 하는 것은 바로 이 통치의 문제입니다.

고대 그리스-로마 시대에도, 중세 시대에도 자기 처신, 권력의 행사, 신민들에게 인정과 존경을 얻는 방식에 대해 '군주에 대한 조언'으로 제시된 논설들이 늘 존재해왔습니다. 신을 사랑하라, 신에게 복종하라, 신은 자신의 법을 인간의 도시[국가]에 강제한다 등. 그런데 주목할 만한 것은 16세기부터, 대체로 16세기 중엽부터 18세기 말 사이에 딱히 '군주에 대한 조언'도 아니고 '정치과학'도 아닌, 군주에 대한 조언과 정치과학 논설의 중간에서 '통치술'로 제시된 논설들이 상당수 개진되고 성행했다는 점입니다. 통치의 문제는 16세기에 아주 다양한 여러 측면에

* Michel Foucault, "La 'governamentalità,'" *Aut-Aut*, no.167-168, settembre-dicembre 1978; "La 'gouvernementalité,'" *Dits et Écrits*, t.3: 1976-1979, Paris: Gallimard, 1994, pp.635~657. 여기서 번역 대본으로 삼은 이탈리아어판은 파스콸레 파스퀴노가 기록한 전사본이다. 본문에서 언급되는 인물과 책에 대한 자세한 정보는 이 강의의 최종판을 참조하라. 미셸 푸코, 오트르망 옮김, 『안전, 영토, 인구: 콜레주드프랑스 강의 1977~78년』, 도서출판 난장, 2011, 131~165쪽.

서, 매우 상이한 측면과 관련해 동시에 터져나왔습니다. 가령 자기 자신의 통치라는 문제가 있었습니다. 16세기에는 "어떻게 자기 자신을 통치하는가?"라는 문제가 다시 현실화되며 스토아주의로의 회귀가 일어났죠. 영혼과 품행의 통치라는 문제도 있었습니다. 물론 이것은 가톨릭이나 개신교의 사목에 관한 문제였습니다. 아이의 통치라는 문제도 있었는데, 이것은 16세기에 출현해 발전한 교육학의 중요한 문제틀이었죠. 이러다가 결국 군주에 의한 국가의 통치가 문제시됐을 것입니다. 어떻게 자신을 통치할 것인가? 어떻게 통치받아야 할 것인가? 어떻게 타인을 통치할 것인가? 누구에게 통치받는 것을 받아들일 것인가? 어떻게 최고의 통치자가 될 것인가? 그 강렬함에서나 다양성에서나 16세기의 특징일 이 모든 문제는, 아주 도식적으로 말하면 두 절차의 교차점에 놓여 있었습니다. 물론 중세의 구조를 해체하며 거대한 영토적·행정적·식민적 국가를 정비하고 정착시킨 절차가 그 중 하나입니다. 그리고 첫 번째 절차의 간섭이 없지 않았고, 종교개혁과 그 이후의 반종교개혁와 함께 발생했던 완전히 다른 운동, 우리는 구원받기 위해 이 현세에서 어떻게 영적으로 지도받기를 원하느냐고 질문한 운동이 있었습니다.

한편에는 국가의 중앙집권화 운동, 다른 한편에는 종교의 분열과 대립의 운동. 저는 이 두 운동의 교차 속에서 "어떻게, 누구에게, 얼마나, 무슨 목적으로, 어떤 방법으로 통치받을 것인가?"라는 문제가, 바로 통치 일반의 문제계가 16세기에 특히 강렬하게 제기됐다고 봅니다.

16세기 중반에 출현해, 아니 터져나와 곧 살펴볼 변동과 함께 18세기 말까지 확산된 저 방대하고 단조로운 통치 관련 문헌들을 통해 저는 몇몇 주목할 점만을 지적해보고 싶습니다. 국가의 통치라고 할 수 있는 것, 괜찮다면 통치의 정치적 형태라고 부를 수 있는 것의 정의 자체와 관련된 요점들을 식별해보고 싶다는 말입니다. 제 생각에, 이렇게 하기 위한 가장 간단한 방법은 저 수많은 통치 관련 문헌을 어떤 텍스트, 16~18세기의 숱한 통치 관련 문헌이 명시적으로든 암묵적으로든 그것과 관련해, 그것에 대립해, 그것을 거부하며 자기의 지위를 확립하도록 끊임없이 반발할 수 있는 논점을 만들어낸 텍스트와 대조해보는 것입니다. 그 혐오스런 텍스트는 당연히 니콜로 마키아벨리의 『군주론』[1532]입니다. 『군주론』은 그 뒤에 등장해 그것을 거부하고 비판한 모든 텍스트와의 관계를 추적해보는 것이 흥미로운 텍스트입니다.

우선 기억해야 할 점이 있는데, 마키아벨리의 『군주론』은 곧바로 혐오받은 것이 아니라 거꾸로 동시대인들과 바로 뒤의 후손들에게 칭송받았고, 18세기 말 직후 혹은 통치술 관련 문헌들이 사라지던 19세기 초에 또 다시 칭송받았습니다. 『군주론』은 19세기 초에, 특히 [아우구스트 빌헬름] 레베르그, [레오폴트 폰] 랑케, [하인리히] 레오, 켈러만* 같은 사람들의 번역·소개·논평을 통해 독일에서 재등장했습니다. 이탈리아에서도 마찬가지였는데, 여기에는 그럴 만한 맥락이 있었습니다. 한편으로는 나폴레옹이라는 맥락이 있었습니다. 그러나 프랑스 혁명, 그리고 미국 혁명의 문제를 창출해낸 맥락도 존재합니다. [그 문제는 다음과 같습니다.] 주권자가 국가에 행사하는 주권이 어떻게, 어떤 조건 속에서 유지될 수 있는가? 또한 칼 폰 클라우제비츠와 더불어 정치와 전략의 관계라는 문제가 출현합니다. 1825년의 비엔나 회의에서 분명해졌듯이 세력관계, 그 세력관계의 계산은 국제관계를 이해하고 합리화하는 원칙으로서 정치적으로 중요했습니다. 마지막으로 이것[정치와 전략의 관계라는 문제]은 이탈리아와 독일의 영토 통일에 관한 문제이기도 했습니다. 주지하다시피, 마키아벨리는 이탈리아가 영토를 통일할 수 있는 조건을 규정해보려고 노력했던 사람들 중 하나였습니다.

19세기 초에 마키아벨리가 재등장한 것은 바로 이런 분위기에서였습니다. 그렇지만 그 중간 시기, 즉 마키아벨리가 영예를 부여받은 16세

---

*『안전, 영토, 인구』의 책임 편집자 미셸 세넬라르에 의하면, '켈러만'(Kellermann)이라는 이름은 그 어떤 참고문헌에도 나오지 않는다.

기 초와 마키아벨리가 재발견·재평가되던 19세기 초 사이에, 확실히 오랫동안 반ᵡ마키아벨리 문헌들이 있었습니다. 대체로 가톨릭 진영, 특히 예수회에서 나온 일련의 책들은 노골적인 형태를 띠기도 했습니다. 암브로지오 폴리티의 『디스푸타티오네스 데 리브리스 아 크리스티아노 데 테스탄디스』, 그러니까 『그리스도교인들이 혐오해야 마땅한 책들에 관한 논고』[1552]라는 텍스트가 그 예입니다. 불행하게도 '이노상'이라는 이름과 '장티예'라는 성을 갖게 된 사람의 책도 있습니다.* 즉, 이노상 장티예는 최초의 반마키아벨리 문헌 중 하나인 『마키아벨리에 반대해 올바르게 통치할 수 있는 수단에 관한 논고』[1576]를 썼습니다. 이처럼 노골적인 반마키아벨리 문헌 중에는 프리드리히 2세가 훗날인 1740년에 쓴 글도 발견됩니다. 그러나 티를 내지 않고 마키아벨리에 반대한 비노골적인 문헌들도 있었죠. 1580년 영어로 출간된 토마스 엘리엇의 『통치자』, 파올로 파루타의 『정치생활의 완성』[1579], 그리고 초기의 텍스트 중 하나로서 제가 뒤에서 더 살펴볼 텐데, 1567년에 출판된 기욤 드라 페리에르의 『정치의 거울』 등이 그 예입니다.**

중요한 것은, 명백하든 암묵적이든 반마키아벨리주의가 받아들일 수 없는 것을 검열·차단·기각하는 부정적 기능만 한 것은 아니라는 점입니다. 반마키아벨리 문헌은 그 자체의 대상, 개념, 전략을 갖춘 실정적 장르이니, 저는 이런 실정성 속에서 이 문헌들을 살펴보려고 합니다.

명시적인 것이든 함축적인 것이든 반마키아벨리 문헌에서 우리는 무엇을 발견할 수 있을까요? 당연히 마키아벨리의 사유에 대한 피상적인 표상을 부정적으로 발견합니다. 마키아벨리는 일종의 적으로 제시되고 재구성됩니다. 그래야 이런 문헌의 저자들이 해야 할 말을 할 수 있을

---

* 프랑스어 '이노상'(Innocent)에는 '단순한/어리석은'의 뜻이, '장티예'(Gentillet)에는 '별 내용 없는/시시한'의 뜻이 있어서 이렇게 말한 듯하다.

** 사실 엘리엇의 책이 나온 것은 1531년이다. 또한 1567년은 『정치의 거울』 재판이 출간된 해로서, 초판은 1555년에 나왔다(뒤에서는 옳게 말하고 있다).

테니까요. 이런 [반마키아벨리] 문헌들은, 스스로 그것과 맞서 싸우기 위해 어느 정도 재구성해 놓은 군주를 어떻게 특징지을까요?

첫째, 어떤 원칙을 통해서입니다. 마키아벨리에게 군주는 자신의 공국과 단수성, 외재성, 초월성의 관계를 맺습니다. 마키아벨리의 군주는 자신의 공국을 상속이나 병합이나 정복을 통해 얻습니다. 어떤 경우이든, 군주는 공국의 일부가 아니고 그 외부에 놓입니다. 군주와 공국이 폭력이나 전통에 의해 연결됐든, 조약과 공모 같은 타협이나 다른 군주들과의 협정을 통해 연결됐든, 그것은 중요하지 않습니다. 어쨌든 그것은 순전히 인위적인 연결입니다. 군주와 그의 공국 사이에는 근본적, 본질적, 자연적, 법률적 연관이 존재하지 않습니다. 외재성, 군주의 초월성, 바로 이것이 원칙입니다. [둘째] 이 원칙의 필연적 결과로, 공국과의 관계가 외재적인 한, 군주는 취약하고 계속 위협받습니다. 군주는 자신의 공국을 차지하거나 탈환하려는 적들에게 밖으로부터 위협받습니다. 또한 군주의 권위가 인정되어야 할 선험적·즉각적 이유가 없기 때문에 신민들에 의해 내부로부터 위협받습니다. 셋째, 앞의 원칙과 필연적 결과로부터 하나의 정언명령이 연역됩니다. 즉, 권력은 공국을 유지, 강화, 보호할 목적으로만 행사되어야 합니다. 신민과 영토로 이뤄진 총체로 이해된 공국, 이렇게 말할 수 있다면, 객관적인 공국이 아니라 군주 자신이 소유한 것, 즉 자신이 상속받거나 획득한 영토, 자신에게 복종하는 신민들과 자기 자신이 맺은 관계로 이해된 공국 말입니다. 군주가 자신의 신민, 자신의 영토와 맺은 관계로서의 공국, 바로 이것을 보호해야 하는 것이지, 직접적으로나 근본적으로 영토나 그 주민을 보호해야 하는 것이 아닙니다. 통치술, 즉 마키아벨리가 제시한 군주가 되는 기술의 목표[대상]는 군주가 자신의 공국과 맺는 바로 이 허약한 관계입니다.

그렇기 때문에 마키아벨리의 책에서 분석의 양상은 두 가지 측면을 갖게 됩니다. 한편으로 위험의 파악이 문제시됩니다. 위험은 어디에서 오고, 무엇으로 이뤄져 있으며, 다른 것과 비교해 얼마나 격렬할까? 무엇이 가장 큰 위험이고 무엇이 가장 약한 위험일까? 다른 한편으로 군주가 공국, 즉 자기 자신을 신민과 영토에 이어주는 이 연결고리를 보호할 수 있게 해주는 힘의 관계를 다루는 기술이 문제시됩니다. 간단히 말하면, 명시적이든 함축적이든 상이한 반마키아벨리적 논고들 속에서 엿보이는 마키아벨리의 『군주론』은 본질적으로 자신의 공국을 보존하는 군주의 수완에 관한 논고입니다. 제 생각에, 반마키아벨리 문헌들은 바로 이 군주의 수완, 군주의 처세술을 그것과 대조되는 새로운 무엇, 즉 통치술로 대체하고 싶어 했습니다. 요컨대 공국을 보존하는 수완이 있다는 것은 통치술을 갖고 있는 것이 아니라는 거죠.

통치술을 이루는 것은 무엇일까요? 아직 설명이 불분명할 테니, 방대한 반마키아벨리 문헌들 중 초기의 것, 즉 1555년 쓰여진 라 페리에르의 『정치의 거울』을 예로 들어보죠.

마키아벨리의 것에 비하면 꽤 실망스럽지만, 그래도 이 텍스트에서는 상당히 중요하다고 생각되는 몇몇 내용의 윤곽이 보입니다. 첫째, 라 페리에르는 '통치하다'와 '통치자'를 어떻게 이해하고 어떻게 정의할까요? 라 페리에르는 46쪽에서 이렇게 말합니다. "통치자라 불릴 수 있는 것은 제왕, 황제, 왕, 군주, 영주, 행정관, 고위 성직자, 판사, 그 이외에 이들과 유사한 자들이다." 통치술을 다루는 다른 사람들도 라 페리에르처럼 우리가 집안을, 영혼을, 아동을, 지역을, 수도원을, 종교 단체를, 가족을 통치[관리]한다 같이 말하고 있음을 늘 상기시킵니다.

순전히 어휘의 문제로 보이고 실제로 그렇지만, 사실 이 지적에는 중요한 정치적 함의가 있습니다. 마키아벨리에게서, 또는 사람들이 부여한 표상에서 군주는 그 정의상 공국에서 유일한 인물이며, 공국과 관련해 외재적·초월적 위치에 있습니다. 이것이 우리가 읽은 책[『군주론』]의 근본 원칙입니다. 그러나 통치자, 통치의 실천은 다양합니다. 왜냐하면 많은 사람이 통치하기 때문이죠. 가장, 수도원장, 아동이나 제자와 관련해서는 교육자와 스승 등. 즉, 다수의 통치가 있고, 국가를 통치하는 군주의 통치는 그 중 하나일 뿐입니다. 게다가 이 모든 통치는 사회 자체나 국가에 내재적입니다. 가장이 가족을 통치하고, 수도원장이 수도원을 통치하는 것은 국가 안에서입니다. 그러니 통치의 형태는 복수적이며, 통치의 실천은 국가와 관련해 내재적입니다. 이런 통치의 복수성과 내재성은 마키아벨리의 군주가 갖는 초월적 단수성과 철저히 대립됩니다.

물론 사회와 국가 내부에서 교차되며 착종되는 일체의 통치형태 중 우리가 파악해야 할 통치의 특정한 형태는 국가 전체에 적용되는 통치입니다. 그래서 프랑수아 르 모트 르 바이에르는 라 페리에르의 텍스트보다 좀 늦게, 정확히 1세기 뒤에 황태자를 위해 쓴 일련의 교육용 텍스트에서 상이한 통치형태의 유형론을 제시하며 이렇게 말합니다. 본래 각각 특정한 형태의 과학이나 고찰에 속하는 세 가지 유형의 통치가 있다. 자기 자신에 대한 통치는 도덕에, 가족을 적절히 통치하는 기술은 경제에, 마지막으로 국가를 잘 통치하는 것의 [과]학은 정치에 속한다. 도덕과 경제에 비해 정치가 특수한 것은 분명합니다. 르 바이에르는 정치가 딱히 경제인 것도, 전적으로 도덕인 것도 아니라고 지적하죠.

중요한 것은 이런 유형론에도 불구하고 각 통치술은 이 세 영역, 특히 경제와 정치 사이의 근본적 연속성을 언급하고 전제했다는 점입니다. 군주에 대한 교의나 주권자에 대한 법 이론이 군주의 권력과 다른 형태의 모든 권력이 불연속적임을 늘 분명히 밝히려 했고, 그래서 그 불연속성을 설명해 가치를 부여하고 정초해왔던 것과 달리, [앞서 살펴본] 통치술에서는 연속성, 즉 아래에서 위로 가는 연속성과 위에서 아래로 가는 연속성을 파악하려고 노력해야만 했습니다.

상향적 연속성이란 국가를 통치하고 싶은 자는 우선 자기 자신을 통치하는 법을 알아야 하고, 그 뒤에 다른 수준에서 자신의 가족, 재산, 영지 등을 통치하는 법을 알아야 하며, 그러면 최종적으로 국가를 통치하는 데 이를 수 있다는 뜻입니다. 당대에 매우 중시됐던 군주에 대한 모든 교육법을 특징짓는 것은 바로 이런 상승의 선으로서, 르 바이에르가 그 예입니다. 르 바이에르는 황태자를 위해 우선 도덕에 관한 책을 썼고, 그 다음에는 경제에 관한 책을 썼으며, 마지막으로 정치에 관한 논고를 썼습니다. 이렇듯 아래에서 위로 가는 상이한 통치형태의 연속성을 보장해주는 것이 바로 군주의 교육법입니다.

거꾸로 국가가 잘 통치되면 가장이 가족·부·재산·토지를 잘 통치하는 법을 알게 되고, 개인들도 바른 길로 간다는 의미에서 하향적 연속성이 있습니다. 국가의 올바른 통치가 개인의 품행이나 가정의 관리에까지 영향을 끼치는 이 하강의 선은 당대에 '내치'라 불리기 시작하죠.

군주의 교육은 여러 통치형태의 상향적 연속성을, 내치는 하향적 연속성을 확고히 합니다. 좌우간 군주의 교육법과 내치에 존재하는 연속성에서 핵심 요소는 간단히 '경제'라 불렸던 가족의 통치였습니다.

근본적으로 이 문헌[르 바이에르의 텍스트]에서는 통치술이 다음과 같은 질문의 답변으로서 등장합니다. 자신의 부인·자녀·고용인을 다스리고, 집안 재산을 늘리고, 가족을 위해 인척관계를 적절히 다룰 줄 아는 훌륭한 가장이 가정을 이끄는 것처럼 개인·부·재산을 적절히 관리하는 경제[라는 것], 그 주의력과 세심함, 가장이 가족과 맺는 그런 유형의 관계를 어떻게 국가의 관리에 도입할 것인가?

정치의 실천에 경제를 도입하는 것, 이것이 통치의 본질적 관건이 될 것이었습니다. 16세기에도, 18세기에도 그랬죠. 장-자크 루소는 「정치경제학」[1755]이라는 논문에서 여전히 이 문제에 대해 동일한 용어로 간략히, 즉 원래 '경제'라는 용어는 "가족 모두의 공동선을 위해 가정을 지혜롭게 통치하는 것"을 지칭했다고 말했습니다. 루소는 이 지혜로운 가정의 통치가, 고칠 것은 고쳐서, 곧 살펴볼 불연속과 더불어, 어떻게 국가의 관리 일반에 유입될 수 있을지가 문제라고 말했죠. 따라서 국가를 통치한다는 것은 국가 전체의 수준에서 경제를, 경제의 활동을 활용하는 것, 즉 가장이 자신의 가족과 재산에게 하듯이 세심하게 주민·부·만인의 품행을 일정한 형태로 감시하고 통제해야 하는 것입니다.

18세기에 중요했던 어느 표현이 이 점을 잘 특징짓습니다. 프랑수아 케네는 훌륭한 통치를 '경제적 통치'라 불렀죠. 우리는 경제적 통치라는 관념이 등장하는 순간을 케네에게서 발견할 수 있는데, [사실] 경제의 형태로, 경제의 모델에 따라 권력을 행사하는 기술이 통치술이니 기본적으로 이것은 동어반복입니다. 그러나 케네가 '경제적 통치'를 말했다면, 그것은 제가 곧 밝혀보려는 이유들로 '경제'라는 말이 이미 근대적 의미를 띠어가고, 통치의 본질, 즉 경제의 형태로 권력을 행사하는 기술의 본질이 오늘날 우리가 경제라 부르는 것을 그 주요 대상으로 삼는다는 점이 이 시기에 분명해졌기 때문일 것입니다. '경제'라는 용어는 16세기에 통치의 한 형태를 지칭했고, 18세기에는 제가 우리의 역사에서 대단히 중요하고 생각하는 일련의 복잡한 절차를 통해 현실의 한 수준, [통치가 관여하는] 어떤 개입의 장을 지칭하게 됩니다. 통치한다는 것, 통치받는다는 것이 무엇인지가 지금까지의 내용이었습니다.

둘째, 라 페리에르의 책에는 "통치란 적절한 목적에 이르기 위한 사물의 올바른 배치이다"라는 말이 계속 나옵니다. 통치자·통치의 정의와 다른 몇몇 새로운 점을 이 두 번째 문장과 관련해 좀 더 살펴보죠.

"통치란 사물의 올바른 배치"라는 문구에서 '사물'이라는 말에 주목해보죠. 『군주론』에서 권력이 관여하는 대상을 특징짓는 것이 무엇인지 살펴보면 마키아벨리에게 권력의 대상, 표적은 두 가지임을 알 수 있습니다. 하나는 영토이고, 다른 하나는 그 영토에 거주하는 사람들이죠. 게다가 마키아벨리는 자신의 용도와 분석에 고유한 목적을 위해, 중세에서 16세기까지 공법에서 주권을 규정하던 사법적 원칙을 취했을 뿐입니다. 당시[중세~16세기]에 주권은 사물이 아니라 무엇보다 영토에, 따라서 그곳의 거주자들에게 행사됐죠. 이런 의미에서 영토는 마키아벨리의 공국에서도, 법률 이론가들이나 철학자들이 규정한 군주의 법률적 주권에서도 근본 요소라고 할 수 있습니다. 물론 이 영토는 비옥할 수도 있고 황폐할 수도 있으며, 인구 밀도가 높을 수도 있고 거꾸로 낮을 수도 있습니다. 그곳의 사람들은 가난할 수도 있고 부유할 수도 있으며, 활동적일 수도 있고 게으를 수도 있죠. 하지만 이 모든 요소는 공국이나 주권 자체의 기초인 영토와 관련해서는 변수에 지나지 않습니다.

그런데 라 페리에르의 텍스트에서는 보시다시피 통치의 정의가 전혀 영토를 가리키지 않습니다. 통치되는 것은 사물이죠. 통치는 '사물'을 통치하는 것이라는 라 페리에르의 말은 무슨 뜻일까요? 제 생각에 문제는 사물을 인간과 대립시키는 것이라기보다는 통치가 영토가 아니라 사물과 인간으로 구성된 복합체에 관여함을 보여주는 것입니다. 요컨대 통치가 담당해야 하는 사물은 인간이지만, 그 인간은 부·자원·식량뿐만 아니라 국경 안에서 특질·기후·가뭄·비옥함을 지닌 영토 같은 사물과 관계맺고 연결되고 연루되어 있는 인간입니다. 관습, 습관, 행동·사고방식 같은 사물과도 관계맺고 있는 인간, 마지막으로 기근·전염병·죽음 등의 사고나 불행 같은 사물과도 관계맺고 있는 인간입니다.

인간과 사물의 뒤얽힘으로 이해된 사물의 관리가 통치라는 점은 흔한 은유, 즉 통치 관련 논고들에서 늘 참조되는 배의 은유에서도 쉽게 확증됩니다. 배를 통치한다는 것은 무엇일까요? 물론 그것은 선원들을 책임지는 동시에 배와 화물을 책임지는 일입니다. 배를 통치한다는 것은 바람, 암초, 폭풍, 악천우를 고려하는 일이기도 하죠. 배의 통치를 특징짓는 것은 보전해야 할 배와 항구로 가져가야 할 화물을 지키는 선원들과의 관계이며, 바람·암초·폭풍 같은 모든 사건과 맺는 관계입니다. 집도 마찬가지입니다. 가족을 통치한다는 것의 본질적인 목적은 가족의 소유물을 지키는 것이 아닙니다. 그것은 본질적으로 가족을 구성하는 개인들, 그들의 부, 재산을 목표로 갖는[삼는] 것입니다. 가족의 통치란 사망, 탄생 등 곧 닥칠 수 있는 사건들을 고려하는 것입니다. 또한 다른 가족들과의 결합처럼 치를 수 있는 일을 고려하는 것입니다. 통치를 특징짓는 것은 이 모든 총체적 관리입니다. 이에 비해 가족의 토지 소유나 군주를 위한 영토 주권의 획득 같은 문제는 결국 상대적으로 부차적인 요소입니다. 그러므로 [가족의 통치에서도] 본질적인 것은 인간과 사물의 복합체이며, 영토와 재산은 변수에 지나지 않습니다.

통치가 사물의 통치라는 라 페리에르의 기묘한 정의에 담긴 이 주제는 17~18세기도 다시 나타납니다. 프리드리히 2세의 『반마키아벨리』에는 [이 주제와 관련해] 대단히 의미심장한 대목이 많습니다. 예를 들어 프리드리히 2세는 이렇게 말합니다. 네덜란드와 러시아를 비교해보라. 러시아는 그 어떤 유럽 국가보다 더 넓은 국경을 가진 나라일 텐데, 그 국경은 무엇으로 이뤄져 있는가? 늪지, 숲, 사막이다. 그곳에는 활발하지도 근면하지도 않은 가난하고 비참한 사람들이 드문드문 살고 있다. 반면에 네덜란드와 비교해보라. 그곳은 늪지로 이뤄진 아주 작은 나라이다. 하지만 네덜란드에는 네덜란드를 유럽의 주요 국가로 만들어준 인구, 부, 상업활동, 함대가 있다. 러시아는 이제 겨우 그렇게 되어가는 중인데 말이다. 따라서 통치한다는 것은 사물을 통치하는 것입니다.

앞서 제가 인용한 문구, 라 페리에르가 "통치란 적절한 목적에 이르기 위한 사물의 올바른 배치이다"라고 말한 부분으로 돌아가보죠. 그러니까 통치에는 하나의 지향성, "적절한 목적에 이르기 위한 사물의 배치"라는 지향성이 있는데, 제 생각에는 바로 여기서 통치는 주권과 명확히 대립됩니다. 물론 주권이 철학 텍스트나 법학 텍스트에서 순수하고 단순한 권리로 제시된 적은 결코 없습니다. 군말할 것도 없이 정당한 군주에게는 권력을 행사할 근거가 있다, 라고 법학자들이, 하물며 신학자들이 말한 적도 결코 없습니다. 훌륭한 군주가 되려면 군주는 하나의 목표, 즉 '공동의 선과 만인의 구제'를 목표로 제시해야 합니다.

17세기 말의 한 문구, 즉 "주권자로서의 권위는 공익에 이바지하고 유지하는 데 사용하도록 [군주들에게] 부여된 것이다"라는 사무엘 폰 푸펜도르프의 말을 예로 들어보죠. 군주는 국가에 이롭지 않다면 그 어떤 것도 자신에게 이롭다고 여겨서는 안 됩니다. 그런데 법학자들이 주권의 목적 자체라며 원칙적으로 말하고 늘 상기시켜온 이 공동선, 혹은 만인의 구제는 무엇일까요? 법학자들과 신학자들이 이 공동선에 부여한 실제 의미를 보면, 신민들이 완벽히 법에 복종하고, 각자에게 주어진 임무를 잘 수행하며, 운명처럼 예정된 직업을 충실히 실천하고, 적어도 신이 자연과 인간에게 부과한 법에 부합하는 한, 기존 질서를 준수할 때 공동선이 존재합니다. 요컨대 공동선은 본질적으로 법에, 현세 군주의 법이나 절대적 주권자인 신의 법에 복종하는 것입니다. 좌우간 주권의 목적, 즉 공동선이나 보편적 선을 특징짓고 있는 것은 결국 절대적 복종과 다르지 않습니다. 이것은 주권의 목적이 순환적인 것임을 뜻합니다. 주권의 목적은 주권의 행사 자체입니다. 선은 법에 대한 복종이므로, 주권이 제시하는 선은 사람들이 주권에 복종하는 것입니다. 그 이론적 구조, 도덕적 정당화, 실제적 효과가 무엇이든지 간에, 여기에는 마키아벨리가 군주의 주요 목표는 자신의 공국을 보전하는 것이라고 말했을 때와 그리 다를 바 없는 본질적 순환성이 있습니다. 이처럼 우리는 늘 주권 혹은 공국이 그 자체와 맺는 순환적 관계 속으로 되돌아갑니다.

그러나 라 페리에르의 새로운 정의, 그가 탐구한 통치의 정의와 함께 다른 유형의 지향성이 출현합니다. 라 페리에르가 정의한 통치는 사물의 올바른 배치인데, 이때 사물은 법학자들의 텍스트에서 말해지듯이 '공동선'의 형태가 아니라 통치되어야 할 각 사물에 '적절한 목적'을 향해 인도됩니다. 무엇보다 이것은 그 특정한 목적이 다양하다는 것을 뜻합니다. 가령 통치는 가능한 한 최대의 부를 창출하고, 사람들에게 가능한 한 많은 생계수단을 조달하며, 결국 인구를 증가시킬 수 있어야 합니다. 따라서 이 일련의 특수한 지향성이 통치의 대상이 됩니다. 이 상이한 지향성을 이루기 위해 사물을 배치해야 합니다. 이 '배치하다'라는 말이 중요합니다. 사실 주권이 법에의 복종이라는 그 목적을 달성할 수 있게 해준 것은 법 자체입니다. 즉, 법과 주권은 철저히 합체되어 있습니다. 이와 달리 여기서[라 페리에르에게서] 관건은 인간에게 법을 부과하는 것이 아니라 사물을 배치하는 것, 다시 말해서 법보다는 전술을, 혹은 법을 그 극한까지 최대한 전술로 활용하는 것, 일정 수의 수단을 사용해 어떤 목적을 달성할 수 있도록 사물을 배치하는 것이 관건입니다.

저는 바로 여기에 중요한 단절이 있다고 생각합니다. 주권의 목표가 주권 내부에 있고 그 도구를 법의 형태로 그 자체에게서 끌어낸다면, 통치의 목적은 자신이 관리하는 사물 내부에 존재합니다. 통치의 목적은 통치가 인도하는 절차의 완성·최적화·강화에서 찾아지고, 통치의 도구는 법이 아니라 다양한 전술이 될 것이었습니다. 그래서 법이 쇠퇴합니다. 혹은 통치가 어떠해야 하느냐의 관점에서 법은 확실히 주된 도구가 아닙니다. 우리는 이 주제를 17세기 내내, 그리고 통치의 목적을 법에 의해 효율적으로 달성할 수 없다고 설명한 18세기 경제학자들과 중농주의자들의 모든 텍스트에서 뚜렷이 보게 됩니다.

마지막 네 번째로, 라 페리에르는 잘 통치할 줄 아는 자는 '인내, 지혜, 근면함'을 갖춰야 한다고 말합니다. 라 페리에르는 '인내'로 무엇을 의미할까요? '인내'라는 말을 설명하려고 라 페리에르는 자신이 '꿀벌의 왕'이라고 부르는 뒝벌을 예로 듭니다. "뒝벌은 벌침 없이 꿀벌떼 위에 군림한다." 라 페리에르가 말하길, 신은 진정한 통치자에게는 통치를 위한 벌침, 즉 살상 도구인 검이 필요 없다는 것을 이처럼 '신비한 방식으로' 보여주려 한 것입니다. 진정한 통치자는 분노하는 대신에 인내해야 하며, 통치자의 면모에서 본질이 되어야 할 것은 죽일 수 있는 권리, 자신의 힘을 과시하는 권리가 아닙니다. 벌침의 부재가 부여하는 긍정적인 내용은 무엇일까요? '지혜와 근면함'일 것입니다. '지혜'란 전통적으로 그랬듯이 인간의 법과 신의 법에 대한 지식, 정의와 형평성에 대한 지식이 아니라 정확히 말해 사물, 달성할 수 있고 달성해야 하는 목표, 목표 달성을 위해 활용해야 할 '배치'에 관한 지식입니다. 주권자의 지혜를 구성하는 것은 바로 이런 지식입니다. '근면함'이란 주권자나 통치자가 자신을 피통치자에게 봉사하는 존재라 보고 그렇게 행동할 수 있을 때에만 통치하게 만들어주는 것입니다. 라 페리에르는 다시 가장을 예로 듭니다. 가장은 가족의 다른 누구보다 일찍 일어나 늦게 잠들고, 가정에 봉사해야 한다고 생각하기 때문에 모든 것을 돌보는 자입니다.

통치의 이런 성격 규정은 우리가 마키아벨리에게서 보는 군주의 성격 규정과 매우 다릅니다. 물론 이런 통치의 관념은 새로운 측면도 있지만 좀 거칩니다. 통치술의 개념과 이론에 관한 이 최초의 조야한 소묘가 16세기에 공론空論으로만 남아 있었다고 생각하지는 않습니다. 정치 이론가들의 관심사였던 것만은 아니죠. 우리는 현실에서 그 상관물을 찾아낼 수 있습니다. 통치술 이론은 한편으로 16세기부터 영토적 군주제의 발전, 즉 통치의 장치나 중계물의 출현 등과 연관되어 있었습니다. 또 다른 한편으로는 16세기 말부터 발전해 17세기에 대거 확산된 분석과 지식의 총체, 즉 본질적으로 다양한 소여와 차원, 다양한 힘의 요소를 지닌 국가에 대한 지식으로서, 국가에 대한 (과)학인 '통계학'이라 불렸던 것과도 연결되어 있었습니다. 마지막 세 번째로, 통치술에 관한 탐구는 중상주의·관방학과도 상관관계를 맺지 않을 수 없었습니다.

매우 도식적으로 말하면, 통치술은 16세기 말과 17세기 초에 그 최초의 형태로 구체화됩니다. 그것은 오늘날 우리에게 주어진 경멸적이고 부정적인 의미에서의 국가이성, 즉 국가의 이익만을 위해 법, 형평성, 혹은 인간성의 원칙들을 파괴하는 국가이성이 아니라 긍정적이고 절대적인 의미에서의 국가이성이라는 주제의 주변에서 조직됐죠. [이런 의미에서의 국가이성에서] 국가는 그 자체에 내재하고 단지 자연법이나 신법 또는 지혜와 신중함[사려]의 가르침으로부터 파생될 수는 없는 합리적 원칙에 따라 통치됩니다. 국가는 자연과 마찬가지로, 물론 그 유형은 다르지만, 그 자체만의 합리성을 가지고 있습니다. 거꾸로 통치술은 초월적 규칙, 어떤 우주론적 모델이나 철학적이고 도덕적인 이상 속에서 그 자체의 토대를 찾으려 하기보다는 국가의 특정한 실재를 구성하는 그 무엇 속에서 그 자체의 합리성의 원칙을 찾아야만 합니다. 이것이 최초의 국가합리성의 요소들인데, 저는 이 요소들을 후속 강의들에서 고찰해볼 것입니다. 그러나 여기서는 18세기 초까지 이런 형태의 '국가이성'이 통치술의 발전에 일종의 장애로 작용했다고 말할 수 있겠습니다.*

여기에는 몇몇 이유가 있다고 생각합니다. 먼저 통치술을 방해한 좁은 의미에서의 역사적 원인들이 있습니다. 17세기의 커다란 위기들이 그것입니다. 첫째로 참화와 파멸을 가져온 30년 전쟁이 있었고, 둘째로 17세기 중반 내내 농촌과 도시에서 발발한 대규모 폭동이 있었으며, 마지막으로 17세기 말에 서구 군주정의 모든 정책을 짓누른 재정 위기와 식량난이 있었습니다. 요컨대 통치술은 팽창의 시기, 즉 시작부터 끝까지 17세기를 끊임없이 괴롭힌 대대적인 군사적·경제적·정치적 긴급성이 없었던 시기에만 전개되고 고찰되고 채택되고 그 규모를 확대할 수 있었던 것입니다. 대략적으로 말한 것일지도 모르겠는데, 아무튼 이처럼 대대적인 역사적 원인들이 통치술의 발전을 방해했습니다.

16세기에 정식화된 통치술은, 제가 그리 좋아하지 않는 용어입니다만, 제도적·심성적 구조라 할 만한 다른 이유로도 17세기에 방해받았습니다. 아무튼 주권의 행사라는 문제가 이론적인 문제이자 정치의 조직화 원리로서 우선시된 것이 통치술이 방해받은 근본 원인이었습니다. 주권이 주된 문제인 한, 주권의 제도가 근본 제도인 한, 권력의 행사가 주권의 행사로 고찰되는 한, 통치술은 특수하고 독자적으로 발전할 수 없었는데, 바로 중상주의에 좋은 예가 있습니다. 중상주의는 정치적 실천과 국가에 대한 지식의 수준에서 통치술을 행하려던 최초의 노력이었습니다. 최초로 제지된 노력이라고 말할 뻔 했네요. 이런 의미에서 중상주의는 통치술이 합리화되는 [과정에서] 최초의 문턱이라고 할 수 있습니다. 왜냐하면 라 페리에르의 텍스트는 현실적이라기보다 도덕적인 원칙을 알려줬을 뿐이니까요. 중상주의는 권력의 행사를 통치의 실천으로

---

*『안전, 영토, 인구』의 책임 편집자 미셸 세넬라르에 의하면, 이 문단은 이 해(1978년) 강의의 녹음 테이프에도, 강의원고에도 없는 정체불명의 문단이다.

서 처음 합리화했습니다. 이때 처음으로 국가에 대한 지식은 통치의 전술로 활용될 수 있게 구축되기 시작했죠. 그러나 중상주의는 방해받아 중단되는데, 제 생각으로는 군주의 힘을 주된 목표로 삼았기 때문입니다. 즉, 국가를 부유하게 만들려면 어떻게 해야 할까가 아니라 주권자가 부를 얻고 국고를 마음대로 운용하고, 자신의 정책을 펼칠 수 있게 군대를 설립할 수 있으려면 어떻게 해야 할까를 물었던 것입니다. 중상주의의 목표는 군주의 힘이었고, 중상주의에게 주어질 도구는 법·칙령·규제, 즉 군주의 전통적인 무기였습니다. 목표는 군주, 도구는 바로 주권의 도구, 그것이었습니다. 중상주의는 자신들이 숙고한 통치술이 제공해줄 가능성들을 주권의 제도적·심성적 구조 내부로 들여오려고 애썼지만, 바로 이 구조가 통치술을 방해한 것입니다.

그에 따라 17세기 내내, 그리고 중상주의의 주제가 대거 청산되는 18세기 초까지 통치술은 다소간 정체된 채 두 사물 사이에 갇히게 됩니다. 한편에는 주권이 하나의 문제와 제도로서 다뤄지는 너무나 넓고 추상적이며 경직된 틀이 있었습니다. 통치술은 주권 이론과의 타협을 시도했습니다. 혁신된 주권 이론에서 통치술의 지도 원리를 연역해내려고 시도했던 것이죠. 17세기의 법학자들이 계약 이론을 정식화하거나 실현시키려 할 때 개입한 곳이 바로 여기입니다. 창설적 계약에 관한 이론이자 군주와 신민의 상호약속에 관한 이론인 계약 이론이 통치술의 일반 원칙과 (재)합치될 일종의 이론적 모형이 될 것이었죠. 그러나 계약 이론이, 실제로 토머스 홉스의 예가 명백히 증명하듯이, 군주와 신민의 관계를 고찰해 공법 이론에서 대단히 중요한 역할을 했고, 궁극적으로 통치술의 지도 원리를 찾으려 했음에도 불구하고, 사람들은 공법의 일반 원리를 정식화하는 데서 늘 머무르고 말았습니다.

이처럼 너무나 넓고 추상적이며 경직된 주권의 틀이 한편에 있었고, 다른 한편에는 너무나 편협하고 취약하며 일관되지 못한 가족 모델이 있었습니다. 통치술은 주권의 일반적 형태로 되돌아가려고 하거나, 아니면 그와 동시에 가족의 통치라는 일종의 구체적 모델로 방향을 바꾸려 했습니다. 통치자로 하여금 가족을 통치하는 것처럼 정확하고 세밀하게 국가를 통치하게 하려면 어떻게 해야 할까? 그런데 이것 역시 당시에는 오직 가족과 가정으로 이뤄진 작은 집단의 관리만을 지칭하고 있었던 경제라는 관념에 의해 방해받았습니다. 이렇듯 한편에는 가정과 가장이 있고, 다른 한편에는 국가와 군주가 있었습니다. [이런 상황 속에서] 통치술은 그 자체만의 차원을 발견할 수 없었던 것입니다.

통치술은 어떻게 이런 방해물에서 풀려났을까요? 방해물의 제거과정 역시 방해물처럼 몇몇 일반적 과정 속에 위치시켜야 합니다. [우선] 18세기에는 통화가 풍부해지고, 역사가들이 잘 알고 있는 순환적 절차에 따라 농산물 생산이 증가하는 것과 연계되어 인구가 팽창했습니다. 이 모든 것이 [설명의] 일반적인 틀인데, 더 정확하게 말하면 통치술이 방해물에서 풀려난 것은 인구 문제의 출현과 관련 있습니다. 아니면 세밀히 복원해야 하는 아주 미묘한 절차, 그 안에서 통치학, 가족이 아닌 것으로의 경제의 중심 이동, 마지막으로 인구 문제가 어떻게 서로 연결됐는지 볼 수 있는 절차가 있었다고 말할 수도 있겠습니다.

경제가 현실의 특정한 수준, 즉 오늘날 우리가 '경제적'이라고 특징짓는 수준으로 중심을 이동할 수 있었던 것은 통치학의 발전을 통해서입니다. 그리고 인구라는 특수한 문제의 윤곽을 뚜렷하게 드러낼 수 있게 된 것 역시 통치학의 발전을 통해서였습니다. 하지만 주권이라는 법률적 틀 바깥에서 통치의 문제를 사유하고, 성찰하고, 계산할 수 있었던 것은 인구라는 특유의 문제가 지각된 덕분이라고, 오늘날 '경제'라고 불리는 현실의 수준이 따로 떼어내진 덕분이라고 말할 수도 있습니다. 그리고 주권의 형태로 작동하는 군주제의 행정 내부에서만, 군주제의 행정을 이롭게 하는 방식으로만 중상주의의 틀 안에서 작동할 수 있었던 바로 그 통계학은 이제 통치술의 방해물을 제거하는 데서 주요 기술적 요소가 되거나 그런 기술적 요소의 하나가 됩니다.

어떻게 인구 문제가 실제로 통치술을 방해물에서 풀려나게 할 수 있었을까요? 인구라는 관점, 인구 고유의 현상이라는 현실은 가족 모델을 배제하고, 경제라는 관념의 중심을 다른 곳으로 옮길 수 있게 해줬습니다. 실제로 당시까지 행정적인 틀 내부에서, 그러므로 주권의 작용이라는 관점에서 작동해왔던 통계학은 이제 인구에는 사망자 수, 병자의 수, 사고의 규칙성 등 그 자체만의 규칙성이 있다는 것을 발견하고 점차 보여주게 됩니다. 또한 통계학은 인구가 응집되면 특유의 효과를 발휘하며, 대역병, 풍토병의 만연, 노동과 부의 연쇄 상승 같은 이런 [인구 특유의] 현상은 가족의 현상으로 환원될 수 없다는 점도 보여줬습니다. 또한 통계학은 인구가 그 자체의 변동, 행동방식, 활동을 통해 특정한 경제적 효과를 자아낸다는 것을 보여줬습니다. 통계학은 인구 고유의 현상을 수량화함으로써 가족이라는 작은 틀로 환원될 수 없는 인구의 특수성을 보여줍니다. [그에 따라] 도덕적·종교적일 수 있는 몇몇 잔존하는 주제를 제외하면, 통치 모델로서의 가족은 사라지게 됩니다.

그 대신에 가족은 바로 그 순간에 인구 내부의 한 요소로, 인구의 통치에서 기초적인 중계지점으로 등장하게 됩니다. 달리 말하면, 인구라는 문제계의 등장 이전까지 통치술은 가족 모델에 근거해서만, 가족의 관리로서 이해됐던 경제에 근거해서만 사유될 수 있었습니다. 그런데 가족으로 절대 환원될 수 없는 인구가 등장하면서부터는 결국 가족이 인구와 관련해 부차적인 것이 됩니다. 즉, 인구 내부의 한 요소로 여겨지게 되죠. 따라서 가족은 더 이상 일종의 모델이 아닙니다. 요컨대 가족은 성행위, 인구통계, 자녀의 수, 소비 등과 관련해 인구로부터 무엇인가를 얻고 싶을 때에만, [즉] 우리가 가족을 활용해야 할 때에만 특권을 지니는 [인구의] 부분segment인 것이죠. 이렇게 가족은 모델에서 도구로, 좋은 통치의 공상적 모델이 아니라 인구의 통치를 위한 특권적 도구로 변해갑니다. 가족이 모델의 수준에서 도구의 수준으로 이동한 것은 아주 중요합니다. 실제로 18세기 중반부터 가족은 인구와 관련해 도구성의 수준에서, 즉 사망률에 관한 캠페인, 결혼·우두/천연두 접종 등과 관련된 캠페인 속에서 나타납니다. 이렇듯 인구가 통치술의 방해물을 제거할 수 있게 된 것은 인구가 가족 모델을 제거했기 때문입니다.

둘째로 인구는 특히 통치의 최종 목표로 등장합니다. 근본적으로, 무엇이 통치의 목표일 수 있을까요? 인구를 통치하는 것이 아니라 인구의 조건을 개선하고 인구의 부, 수명, 건강 등을 증진시키는 것임은 확실합니다. 또한 통치가 이런 목표를 달성하는 데 주어진 도구들은 어떻게 보면 인구라는 장 안에 존재합니다. 그 도구들은 각종 캠페인을 통해 직접적으로 인구에 작용하기도 하고, 사람들이 알아채지 못하게, 가령 출생률을 부추기거나 인구의 흐름을 이런저런 지역이나 행동으로 이끄는 기술을 통해 간접적으로 작용하기도 합니다. 따라서 인구는 군주의 역량이라기보다 통치의 목표이자 도구로 등장하게 됩니다. 요컨대 인구는 욕구와 열망의 주체일 뿐만 아니라 통치의 수중에 놓인 객체[대상]이며 통치에 직면해 자신이 무엇을 원하는지 알고 있는 동시에 자신에게 무슨 일이 행해지고 있는지 알지 못합니다. 인구를 구성하는 개인들 각각의 인식으로서의 이해관계과 인구의 이해관계로서의 이해관계는, 인구를 구성하고 있는 사람들의 개별적 이해관계와 열망이 무엇이든 간에, 인구에 대한 통치의 근본 표적이자 도구가 될 것이었습니다. 아무튼 이것이 통치술의 탄생, 혹은 완전히 새로운 전술과 기술의 탄생입니다.

마지막으로 인구는 16세기의 텍스트들이 '군주의 인내심'이라 불렀던 것이 조직되는 중심점이 될 것이었습니다. 즉, 인구는 합리적이고 숙고된 방식을 통해 효율적으로 다스릴 수 있도록 통치가 자신의 관찰과 지식 속에서 염두에 둬야 할 대상이 될 것이었습니다. 통치에 관한 지식은 넓은 의미에서 인구를 중심으로 돌아가는 모든 절차에 관한 지식, 정확히 말해 '경제'라 불리는 것의 구성과 결코 분리되어 구성될 수 없습니다. 지난번에 저는 인구가 부의 상이한 요소들 사이에서 새로운 주제로 등장했을 때 정치경제학이 구성될 수 있었다고 말했습니다. '정치경제학'이라 불리는 학문, 이와 동시에 통치를 특징짓는 개입형태, 즉 경제와 인구의 장에 대한 개입은 인구, 영토, 부 사이의 연속적이고 다층적인 관계망을 파악함으로써 구성될 것이었습니다. 간단히 말해, 통치술에서 정치과학으로의 이행, 18세기에 주권의 구조가 지배하는 체제에서 통치의 기술이 지배하는 체제로 옮겨갔던 이행은 인구를 중심으로, 따라서 정치경제학의 탄생을 중심으로 이뤄졌습니다.

이렇게 말한다고 해서, 통치술이 정치과학이 되는 순간부터 주권이 제 역할을 멈췄다는 뜻은 아닙니다. 오히려 반대로, 이 시기만큼 주권의 문제가 첨예하게 제기된 적은 없었다고 할 수 있습니다. 왜냐하면 16세기와 17세기에 그랬던 것처럼 주권 이론에서 어떻게 통치술을 연역할 수 있느냐가 문제가 아니라, 이미 통치술이 존재하고 전개되고 있음을 감안할 때 국가를 특징짓는 주권에 어떤 사법적 형태, 어떤 제도적 형태, 어떤 법률적 토대를 부여할 수 있느냐가 문제였기 때문입니다.

루소의 두 텍스트를 읽어보세요. 시기적으로 앞의 텍스트, 즉 『백과전서』에 수록된 「정치경제학」 항목을 읽어보면 루소가 통치와 통치술의 문제를 어떻게 제기했는지 알 수 있습니다. 루소는 정확히 이렇게 적었습니다. '경제'라는 말은 본질적으로 가부장에 의한 가족 재산의 관리를 지칭한다. 이런 견지에서 이 텍스트는 꽤 전형적입니다. 하지만 루소는 이 모델이 과거에는 참조됐더라도 더 이상 받아들여질 수 없다고 말합니다. 이제는 정치경제학이 더 이상 가족 경제가 아님을 다 알고 있다는 것이죠. 중농주의나, 통계학이나, 인구의 일반적인 문제를 언급하지 않은 채 루소는 이 단절을 명시합니다. 그리고 경제, 즉 정치경제학이 더 이상 낡은 가족 모델과 겹쳐서는 안 되는 완전히 새로운 의미를 갖는다고 명시합니다. 아무튼 루소는 이 텍스트에서 통치술을 정의하는 일에 착수했죠. 그리고 나서 『사회계약론』[1762]을 씁니다. 여기서는 '자연,' '계약,' '일반의지' 같은 관념으로 어떻게 주권의 법률적 원리는 물론이거니와 통치술을 정의하고 특징지을 수 있게 해주는 요소들까지 모두 감안한 통치의 일반 원리를 제시할 수 있느냐가 문제시됩니다. 그러니까 새로운 통치술, 정치과학의 문턱을 방금 막 넘어선 통치술의 등장으로 주권이 완전히 제거된 것이 아닙니다. 주권의 문제는 제거된 것이 아닙니다. 이와 반대로 전례 없이 첨예해진 것이죠.

규율 역시 제거되지 않았습니다. 물론 규율의 조직, 규율의 배치, 그리고 학교·공장·군대 등 17~18세기 초에 규율이 만개시킨 모든 제도는 거대한 행정적 군주제의 발전과 일체를 이루며, 또 그것의 발전을 통해서만 이해될 수 있습니다만, 인구의 관리가 시도됐던 이 시기보다 규율이 더 중요하고 가치를 부여받았던 적은 없습니다. 인구를 관리한다는 것은 그저 현상들 전체를 관리한다거나 포괄적인 결과의 수준에서 현상들을 관리한다는 뜻이 아닙니다. 인구를 관리한다는 것은 인구를 깊이 있게, 섬세하게, 세세하게 관리한다는 뜻입니다.

루소를 생각해보면, 인구의 통치라는 관념은 주권의 창설이라는 문제를 더욱 첨예하게 만들었습니다. 또한 제가 다른 곳에서 규율의 역사를 분석하려고 했듯이,* 인구의 통치라는 관념은 규율을 발전시킬 필요성 역시 더욱 첨예하게 만들었죠. 그러니 규율사회가 주권사회를 대체했고, 그 다음에 통치사회가 규율사회를 대체했다는 식으로 사태를 이해해서는 안 됩니다. 실제로는 삼각형이 있습니다. 인구가 그 핵심 표적이며 안전장치가 그 주된 메커니즘인, 주권-규율-통치적 관리의 삼각형 말입니다. 아무튼 제가 보여드리고 싶었던 것은 통치의 선택이 주된 당면 문제로 떠오른 이후 주권의 항구성을 뒤흔든 운동, 인구를 하나의 소여이자 개입의 장이자 통치기술의 목표로 등장시킨 운동, [마지막] 세 번째로 경제를 현실의 특수한 영역으로 떼어내고 정치경제학을 이 영역에서에 하나의 과학이자 통치의 개입기술로 떼어낸 운동 간의 깊은 역

---

* Michel Foucault, *Surveiller et punir*, Paris: Gallimard, 1975. [오생근 옮김, 『감시와 처벌』(재판), 나남, 2003쪽.]

사적 연관관계입니다. 제 생각에 우리는 이 세 가지 운동, 즉 18세기 이후로 하나의 견고한 계열을 형성해 오늘날까지도 해체되지 않고 있는 통치, 인구, 정치경제학에 확실히 주목해야만 합니다.

한마디만 덧붙이겠습니다. 올해 시작한 강의에 더 정확한 제목을 붙이고 싶었다면 저는 "안전, 영토, 인구"라는 제목을 고르지 않았어야 했습니다. 제가 지금 하고 싶은 것은 '통치성의 역사'라 부를 수 있는 어떤 것입니다. 저는 '통치성'이라는 용어로 세 가지를 의미합니다. [첫째] 인구가 주요 표적이고, 정치경제학이 그 주된 지식의 형태이며, 안전장치가 그 주된 기술적 도구인, 지극히 복잡하지만 아주 특수한 형태의 권력을 행사케 해주는 제도, 절차, 분석, 성찰, 계산, 전술의 총체를 저는 '통치성'이라 이해합니다. 둘째, '통치'라고 부를 수 있는 권력 유형, 한편으로 일련의 특수한 통치장치를 발전시키고 다른 한편으로 일련의 지식을 발전시킨 이 권력 유형을 서구 전역에서 꽤 오랫동안 주권, 규율 같은 다른 권력 유형보다 계속 우위에 서게 만든 경향, 힘의 선을 저는 '통치성'이라 이해합니다. 마지막으로, 저는 '통치성'이라는 용어로, 중세의 사법국가가 15~16세기에 행정국가가 되면서 점차 '통치화'되는 절차, 혹은 그 절차의 결과를 이해해야 한다고 생각합니다.

우리는 오늘날 국가에 대한 사랑이나 혐오가 어떤 매력을 발산하는지 잘 알고 있습니다. 우리는 사람들이 국가의 탄생, 역사, 발전, 권력, 남용에 얼마나 집착하는지 잘 알고 있습니다. 본질적으로, 국가 문제에 대한 과대평가는 두 가지 형태로 발견되는 것 같습니다. 즉각적이고 감성적이며 비극적인 형태, 즉 우리 앞에 냉혹한 괴물이 있다는 식의 서정적 표현이 그 하나입니다. 국가 문제를 과대평가하는 두 번째 방식, 겉보기에 환원적이라 역설적인 형태는 국가를 몇 가지 기능으로, 예를 들어 생산력의 발전, 생산관계의 재생산 등으로 환원하는 분석입니다. 국가의 다른 역할들을 이런 역할로 환원하게 되면, 잘 아시겠지만, 국가 자체를 절대적이고 본질적인 것[무엇]으로, 공격해야 할 표적이자 점유해야 할 특권적 위치로 만들어버립니다. 그런데 지난 역사 속에서나 지금에나 확실히 국가는 이런 단일성, 개체성, 엄밀한 기능성을 지닌 적이 없으며, 감히 말하건대 그런 중요성을 지닌 적도 없습니다. 결국 국가란 우리가 생각하는 것만큼 중요하지 않은 혼성적 현실, 신화화된 추상일지 모릅니다. 어쩌면 우리의 근대에서, 즉 우리의 현재에서 중요한 것은 사회의 국가화가 아니라 제가 국가의 '통치화'라 부른 것일지 모릅니다.

우리는 18세기에 발견된 통치성의 시대에 살고 있습니다. 국가의 통치화는 유달리 뒤틀린 현상입니다. 왜냐하면 실제로 통치성의 문제나 통치기술이 유일한 정치적 현안이자 정치적 투쟁과 경쟁의 유일한 현실적 공간이 되어왔다고 해도, 국가의 통치화는 국가를 살아남게 해준 현상이었기 때문입니다. 국가가 지금과 같은 모습으로 존재하는 것은 국가에 있어 외재적이자 내재적인 이 통치성 덕분이라고도 할 수 있습니다. 왜냐하면 바로 통치의 전술이 국가에 속해야 할 것과 속하지 말아야 할 것, 공적인 것과 사적인 것, 국가적인 것과 비국가적인 것을 매 순간 정의하기 때문입니다. 따라서 국가의 생존, 국가의 한계는 통치성의 일반적 전술에 근거해 이해되어야 한다고 말해도 좋습니다.

아주 포괄적이고 대략적으로, 따라서 부정확하더라도, 우리는 서구에 존재해온 권력의 주된 형태와 주된 경제를 이렇게 재구성해볼 수 있습니다. 먼저 봉건적 유형의 영토성 안에서 탄생했고, 관습법과 성문법 같은 법으로 이뤄져 온갖 계약과 소송[계쟁]이 상호작용을 벌이는 사회에 상응하는 사법국가가 있었습니다. 두 번째로 15~16세기에 봉건적이지 않은 국경 유형의 영토성에서 탄생했고, 통제와 규율의 사회에 상응하는 행정국가가 있습니다. 마지막으로, 더 이상 그것의 영토성, 그것이 차지하고 있는 지면에 의해서가 아니라 그것의 대중에 의해 본질적으로 정의되는 통치국가가 있습니다. 그 자체의 부피, 밀도, 자신들이 퍼져 있는 영토를 지닌 인구 대중 말입니다. 그러나 여기서 영토는 어떻게 보면 인구 대중의 구성 요소 중 하나에 불과합니다. 본질적으로 인구에 근거해 있으며 경제적 지식을 도구로 참조하고 활용하는 이 통치국가는 안전장치에 의해 통제되는 사회에 상응합니다.

자, 뭐랄까, 이것이 제가 중요하다고 생각한 현상, 즉 통치성의 확립에 관한 설명입니다. 이제는 한편으로 그리스도교 사목이라는 오래된 모델에 근거해 통치성이 어떻게 탄생했는지 보여드리려고 합니다. 두 번째로는 통치성이 외교적·군사적 모델, 혹은 외교적·군사적 기술에 의거해 어떻게 탄생했는지 보여드릴 것입니다. 마지막 세 번째로는 일련의 매우 특수한 도구, 즉 통치술과 정확히 동시대에 형성됐고, 17세기와 18세기의 오래된 의미에서 내치라고 불렸던 것 덕분에, 통치성이 어떻게 이런 차원을 획득할 수 있었는지 보여드릴 것입니다. [그리스도교의] 사목, 새로운 외교적·군사적 기술, 마지막으로 내치. 저는 바로 이 세 가지 주요 요소로부터 출발해 서구의 역사에서 근본적이었던 현상, 즉 국가의 통치화가 생겨날 수 있게 됐다고 생각합니다.

| 제2부 |

자유주의 통치성과
'사회'의 발명

우선, 한 영국 저자가 피어시 레이븐스톤이라는 필명으로 1821년에 발표한 『인구와 정치경제학이라는 주제에 대해 일반적으로 받아들여지는 몇몇 의견의 정확성에 관한 몇 가지 의문』의 일부를 길게 인용해보자. 내가 특히 관심을 갖는 곳은 인용문의 마지막 부분이지만, 전체 문단이 언급할 만한 가치가 있기 때문에 길게 인용해본다. 반복하건대 우리는 1821년에 있다. 다음은 「자본」이라는 장의 서두이다.

그러나 만약 자본의 창출로 인해 유발되는 결과들을 간과한다면, 우리는 지대와 세금이 가져오는 효과에 대해 매우 불완전한 견해를 갖게 될 것이다. 자본은 산업을 잠식해들어가는 데 있어서 지대와 세금의 자식이자 연합이며 변함없는 동맹이다. 사실상 자본은 지대와 세금이 산업에 접근해가는 길을 열어주는 첨병이며, 게으른 자들이 늘어나고 사회에 그 짐을 부과하는 데 커다란 영향을 끼치는 원인이다.

그러나 자본의 특성을 정확하게 이해하는 것은 쉬운 문제가 아니다. 자본은 그것의 동맹인 지대와 세금과는 상당히 다르다. 지대와 세금은 개방되고 승인된 존재이다. 우리는 이들이 작동하는 방식을 알 수 있으며, 지대와 세금의 양을 계산할 때 이들의 효과를 추정할 수 있다. 그들의 움직임은 백주대낮에 일어나며, 위장되지 않는다. 지대와 세금은 가시적인 유형의 실체이며, 이들의 특성은 경험 속에서 확인되고, 결과에 대해 검증할 수도 있다. 그러나 자본은 그렇지 않다. 자본은 형이상학적인 존재이다. 자본의 효과는 어디서나 느껴지지만, 자본의 존재는 어디에서도 감지되지 않는다. 자본이 가진 무형적 특성은 영원히 우리의 이해를 벗어난다. 누구도 자본의 형체를 보지 못했고, 누구도 자본의 거주지에 대해 이야기할 수 없다. 자본의 힘은 그 내부에 있지 않으며, 자본은 항상 빌려온 수단을 통해 작용한다. 자본의 가치는 실제적인 부가 아니라, 오로지 부의 재현이다. 자본은 국가에 실질적인 부를 더하지 않고도, 상상 가능한 수준까지 증가할 수 있다. 자본은 고전 철학자들의 불가사의한 에테르와 같다. 그것은 우리의 주변을 맴돌며 우리가 하는 모든 것에 섞여 있다. 자본 그 자체는 눈에 보이지 않지만 자본의 효과는 너무도 명백하다. 철학자들에게 에테르가 유용한 것 못지않게, 경제학자들에게는 자본이 유용하다.

자본은 다른 방식으로는 해명할 수 없는 모든 것을 설명하는 데 이용된다. 이성이 실패하고 논증이 불충분한 곳에서 자본은 모든 의심을 침묵케 하는 부적으로 기능한다. 자본에 관한 이론들에서, 자본은 고대인들의 신화 속에서 어둠이 차지하는 것과 동일한 위치를 차지한다. 그것은 모든 계보의 근원이자, 모든 것의 대모大母이며, 세상에 일어나는 모든 일의 원인이다. 자본은 산업의 부모이자, 모든 개선의 선구자이다. 자본은 우리가 사는 도시를 건축하고, 밭을 경작하며, 강의 흐름을 정비하고, 메마른 산을 삼림으로 뒤덮으며, 사막을 정원으로 바꾸고, 모든 것이 황폐했던 곳을 비옥하게 만든다. 자본은 높으신 주님께 경배를 드리기 위해 세운, 경제학자들이 우상숭배하는 신이다. 자본의 힘이 이런 것이라면, 그것은 충분히 숭배받을 자격이 있을 것이다.[1]

---

1) Piercy Ravenstone, *A Few Doubts as to the Correctness of Some Options Generally Entertained on the Subjects of Population and Political Economy*, London: John Andrews, 1821, pp.292~294.

아주 좋다. 이 텍스트는 최소 두 개의 목표물을 겨냥하는 듯하다. 한편으로는 자본의 혜택을 찬양하는 성가대 식 담론("자본이 우리가 사는 도시를 건설하고……" 등)을 겨냥한다. 그런데 이런 접근을 통해 이 텍스트는 자신이 겨냥하는 바로 그 경제학자들이 발명한 반박 주장, 즉 "세상의 모든 재부를 구매하는 데 최초로 사용된 것은 노동이었다"[2)는 주장을 암시하는 것 같다. (그리고 내게는 이것이 좀 더 흥미로운데) 다른 한편으로는 자본을 모든 것의 대모이며, 세상에서 일어나는 모든 일의 원인이자, 모든 의심을 잠재우는 부적으로 묘사하는 소위 자본주의적 계보학을 공격한다. 실제로 최근의 역사에 대한 우리의 이해는 꽤 오랜 시간 동안 자본의 축과 자본의 상관물인 부르주아지라는 축에 좌우됐으며, 지식과 제도의 역사는 이런 개념들을 중심으로 논의되어왔다. 사람들은 자신들이 단순한, 그래서 오히려 더 매력적인 원리를 발견해 지난 2세기 동안 우리 사회의 역사에 혼란을 가져온 엄청난 수의 억압과 반란에 대해 이해하고 설명할 수 있게 됐다고 믿었다. 여기에는 기묘한 역설이 있다. 형이상학적 실체인 자본은 이제 특권적인 물질성의 지위를 가졌거나 가지게 되며, 그 외의 모든 것은 그저 그림자극에 불과해진다.

이런 담론들 속에서 감옥과 정신병원, 그리고 그런 제도들을 등장케 하고 그에 필요한 자리를 준비해온 모든 지식은 그저 '숨겨진 손,' 즉 축적과 프롤레타리아트화라는 (바로 이 둘이 역사에서 발견되는 유일한 대립쌍이니) 왕도를 따라 나아가는 데 저항하는 모든 것, 따라서 어떻게 해서든 제거할 필요가 있는 모든 것을 점차적으로 종속시키고, 억류하고, 혹은 추방하는 부르주아지(혹은 자본)의 편재성을 재현/대변해줄 뿐이다. 설령 훗날 이것을 사회주의라 부르는 날이 올지라도 말이다.

---

2) Adam Smith, *An Inquiry into the Nature and Causes of the Wealth of Nations*, vol.1, ed. Roy H. Campbell and Andrew S. Skinner, Oxford: Clarendon Press, 1976, p.48. [김수행 옮김, 『국부론』(개역판/상), 비봉출판사, 2007, 38쪽.]

지난 20년간 이런 도식은 이론적으로 불충분하고 정치적으로 옹호될 수 없는 것으로 비판받기 시작했다. 이 도식은 이론적으로 불충분한데, 왜냐하면 이를 세부적인 분석에 적용하자마자 이 도식은 오류이며 분석의 핵심을 이루는 문제들, 예컨대 감옥과 일반적인 감금의 현실 자체를 설명할 수 없다는 것이 드러났기 때문이다. 또한 이 도식은 정치적으로도 옹호될 수 없는데, 왜냐하면 이 도식이 적어도 지난 1960년대 이후로 서구 사회를 가로질러온 수많은 투쟁들을 설명할 수 없으며, 설사 그 투쟁들을 설명한다 하더라도 그 투쟁들에 참여한 당사자들이 점점 더 받아들일 수 없는 해석을 억지로 끼워 맞출 뿐이기 때문이다. 이런 문제제기는 빙산에서 물 속에 잠겨 있던 부분을 발견하는 것으로 이어졌다. 단조롭고, 연속적이며, 보편적인 자본의 계보학 이면에서 우리가 권력의 테크놀로지라고 부르기 시작한 다형적인 우주가 나타났던 것이다. 그리고 이런 놀라움을 통해, 사태를 철학화하는 것이 중단되고 그 대신 역사에 대한 관심이 새롭게 일어났다.

그러나 이 새로운 우주는 거대한 이항대립이라는 단순한 형태로 환원되지 않으며 본질적인 단일 원리에 기대어 사태를 설명한 수 없다는 점에서 우리의 사유를 불안하게 만든다. 지난 2세기 동안 등장한 모든 형태의 지식과 사회과학 중에서, 내가 역사에 대한 부르주아적·자본주의적 계보학이라고 부르는 것의 핵심을 형성해온 것은 정치경제학인 듯하다. 다음과 같은 두 가지 이유와 의미에서 그렇다.

1. 정치경제학은 영국과 프랑스에서 (산업 부르주아지든 농업 부르주아지든 관계없이) 근대 부르주아지의 출현과 함께 등장한 '과학'으로 간주되기 때문이다.
2. 하지만 또한 (대개 이런 측면은 무시되곤 하지만) 정치경제학은 칼 맑스보다 훨씬 앞서 부르주아적 혹은 자본주의적 역사의 기반을 이루는 것을 발명해냈기 때문이다. 즉, 이후에 역사유물론으로 불리게 된 것

의 가장 단순하고 일반적인 형태는 18세기 후반 스코틀랜드에서 애덤 스미스, 존 밀러, 애덤 퍼거슨 같은 이들이 정식화했다.[3]

내가 자본주의적 역사라 말할 때 오해가 없었으면 한다. 다른 종류의 역사나 역사를 쓰는 다른 방법, 예컨대 맑스주의적 혹은 프롤레타리아적 역사, 아래로부터의 역사, 인민의 역사, 주변인들의 역사, 그밖의 무슨무슨 역사가 존재할지 모른다고 말하려는 것이 아니다. 내가 말하려는 것, 최소한 제안하고 싶은 것은 이와 정반대의 것이다. 내가 '자본주의적' 혹은 '부르주아적'이라는 용어로 지칭하는 것은 자본과 부르주아 계급, 그리고 그들의 실정적 특성과 부정, 기원, 진화, 초월, 전환, 변형을 담론의 특권적 대상이자 모든 사건의 축, 발전의 궤적이자 설명 원리로 삼는 역사서술 방식을 의미한다. 사람들이 상상의 바리케이트에서 이편 혹은 저편에 설 수는 있겠지만 그 기본적인 질문은 바뀌지 않는다.

⚜

스코틀랜드에서 역사유물론이 탄생한 지 얼마 안 된 18세기 말경 독일의 정치적 사유에서 한 담론이 등장했는데, 이 담론은 지금까지 살아남아 오랫동안 정치극장에 위대한 전쟁물(사회와 국가의 갈등이라는 이름 아래 진행되는 선과 악의 전투)을 상연해왔다. 임마누엘 칸트, 빌헬름 폰 홈볼트와 함께(특히 국가 개입의 한계에 대한 홈볼트의 글을 보라[4]) 윌리

---

3) Smith, *The Wealth of Nations*, op. cit.; John Millar, *An Historical View of the Engl -ish Government from the Settlement of the Saxons in Britain to the Revolution in 1688*, 4 vols, London: J. Mawman, 1803; Adam Ferguson, *An Essay on the History of Civil Society*, Edinburgh: A. Millar, 1767.

4) Wilhelm von Humboldt, *Ideen zu einem Versuch die Gränzen der Wirksamkeit des Staats zu bestimmen*, Breslau: Eduard Trewendt, 1851; *The Sphere and Duties of Government*, London: John Chapman, 1854.

엄 고드윈 같은 아나키스트부터 벵자맹 콩스탕 같은 자유주의자들,5) 또한 맑스주의의 일부 분파를 포괄하는 광대한 스펙트럼의 정치 담론이 탄생했다. 이 담론은 개인과 시민사회의 이름으로 신민의 정치적 성숙을 선언하면서 국가의 인간에 대한 보호감독, 특히 독일 사상가들이 영토국가의 '가부장적 지배'6)라고 봤던 것의 종결을 요구하는 담론이었다. 우리의 논의와 관련해 가장 흥미로운 것은 이 담론이 국가를 개인의 자유를 가로막고 사회 세력의 발전을 위협하는, 하나의 작은 전능한 기구로 제시하는 방식이다. 여기에서 사회체는 처음부터 덕스러운 본질을 가지고 있는 것으로, 국가는 이런 사회체와 분리되어 그것에 억압적·부정적 권력을 행사하는 심급으로 간주된다.

정치극장에서는 이 2개의 드라마(자본의 계보학, 사회와 국가의 전투)가 반복상영이든 2편 동시상영이든 간에 아주 오랫동안 상영되어왔다. 이 점을 고려해 이 극장이 사실 텅 비어 있으며 멍청한 배우들이 바보 같은 대사를 하고 있을 뿐이라는 것을 깨닫는다면, 그 대신 이 무대의 이면을 들여다본다면, 우리는 존 메이너드 케인스와 맑스에 대한 노래("근대의 역사는 자본 축적과 함께 열렸다"7))가 울려 퍼지는 무대와는 달리, 그 이면에서 오노레-앙투안 프레지에가 (『공산당 선언』이 나온 지 2년 뒤인) 1850년에 제기한 주장을 들을 수 있을 것이다. "내치가 문명의 가장 견고한 기반이라는 것을 추호의 의심도 없이 확언할 수 있다."8)

5) William Godwin, *Enquiry Concerning Political Justice and its Influence on General Virtue and Happiness*, London: G. G. J. & J. Robinson, 1793; Benjamin Constant, *Cours politique constitutionelle*, Paris: Didier, 1836.

6) Humboldt, "Uebergang zur eigentlichen Untersuchung"(K.III), *Ideen*, op. cit.

7) John Maynard Keynes, "Economic Possibilities for Our Grandchildren"(1930), *The Collected Writings*, vol.9, London: Macmillan, 1972, p.323.

8) Honoré-Antoine Frégier, *Histoire de l'administration de la Police de Paris depuis Philippe-Auguste jusqu'aux états-généraux de 1789*, 2 vols, Paris: Guillaumin, 1850.

내가 지저분하고 저열한 것들에 대한 열정 때문에 내치학에 관심을 갖게 됐다고 생각하지 않았으면 한다. 그와 반대로 나는 원래 그 이론적 엄밀성(프랑수아 케네, 데이비드 리카도, 맑스를 생각해보라)에서 의심의 여지없이 모든 사회과학 중에서 가장 고귀한 학문, 즉 정치경제학의 기원(니체적인 의미에서의 발생entstehung)을 추적하고 있었다. 조지프 슘페터의『경제학사』를 읽으면서, 나는 요한 폰 유스티의『국가의 힘과 행복의 기초, 즉 공공 내치학에 대한 종합적 설명』(1760~61), 요제프 폰 존넨펠즈의『내치, 상업, 금융과학의 기초』(1765) 같은 저작들과 마주쳤다.[9] 나는 이 저작들을 연구하면서 '내치학,' 즉 그 기원은 그보다 한참 이전 시기인 것으로 추정되지만, 근대 전체를 가로지르며 18세기 계몽주의 이후 우리가 알고 있는 사회질서의 구성에 참여하고 이를 떠받쳐 온 각종 지식들이 오늘날 무시되는 광범위한 문헌들의 정점에 위치해 있음을 점차 깨닫게 됐다. 사회를 지식의 대상이자 정치적 개입의 목표로 구성한 이런 문헌들, 혹은 18세기에 '행복의 과학' 혹은 '통치의 과학'으로 알려진 이 **내치**의 지식은 자본의 계보학보다 우리의 역사와 현재에 대해 더 많은 것을 알려주는 것처럼 보인다.

다음은 체자레 베카리아가 (오스트리아의 마리아 테레지아 황제가 그를 위해 마련해준) 정치경제학·내치학과의 학과장으로서, 1769년에 밀라노에서 행한 강의노트『공공경제학의 요소들』의 일부이다.

사물이 작용하는 도덕적·물리적 법칙을 모른다면, 사회적 습속의 변화에 비례해 신체가 증진되지 않는다면, 다양한 개인·작업·산물 사이에서

---

9) Joseph A. Schumpeter, *History of Economic Analysis*, ed. Elizabeth Boody Schumpeter, London: Allen & Unwin, 1954, pp.170~171; Johann Heinrich Gottlob von Justi, *Die Grundfeste zu der Macht und Glückseligkeit der Staaten*, Leipzig: Hartung, 1760~61; Joseph von Sonnenfels, *Grundsätze der Polizey, Handlung und Finanzwissenschaft*, Wien: J. Kurtzböck, 1768~76.

그 모든 작동을 쉽고 확실하게 만드는 질서의 빛을 보지 못한다면, 아무리 완벽함과 항구성을 갖춘 인간이라 할지라도 어떤 땅과 인간 노동의 산물도, 상호교역도, 공적 기여도 성취할 수 없다. 그러므로 과학, 교육, 질서정연함, 안전, 공공의 평정 등 내치의 이름 아래 포괄되는 모든 대상은 공공 경제학의 다섯 번째이자 마지막 대상이 될 것이다.[10]

베카리아에게서 따온 이 인용문에서 우리는 프레지에가 한 세기가 채 지나기도 전에 다시 정식화할 내치와 문명의 관계를 발견한다. 확실히 여기서 내치/경찰은 현재의 의미로, 다시 말하면 최소한 공식적으로는 '질서 유지와 위험 방지'를 목적으로 하는 행위라는 의미로 쓰이고 있지 않다. 내치에 대한 이런 통념은 상대적으로 최근에, 18세기 말이나 19세기 초에 발명된 것이다. 즉, 내치는 아브위 사니에가 혁명력 7년에 파리에서 출간한 『교정 규범과 간단한 내치』에서부터 이렇듯 다소 부정적인 방식으로 정의되기 시작했을 뿐이다. 1770년 이전에는 내치의 과업에 대한 부정적 정의를 찾기 어려운 것 같다. 1770년에 괴팅겐에서 출간된 요한 슈테판 퓌터 판사의 『독일의 공법제도』에는 다음과 같이 서술되어 있다. "내치는 국내 문제와 관련해 만인의 공포인 미래의 위험을 방지할 책임을 지는 공권력이다."[11] 만약 이렇듯 미래의 불행에 대한 관심cura advertendi mala future(간단히 말해, 미래의 불행을 방지하고 질서를 유지하는 것)으로서의 내치라는 아이디어가 비교적 최근의 것이라면, 그 이전에 '내치'는 무엇을 의미했는가? 어떻게 베카리아는 우리가 앞서 인용한 용어들로 '내치'를 정의할 수 있었을까?

---

10) Cesare Beccaria, *Elementi di economia pubblica*, Milan: Destefanis, 1804, pp.22~23; Avoué Sagnier, *Code correctionnel et de simple police, on recueil des lois, édits, arrêts, règlements et ordonnances composant la législation correctionelle et celle de simple police*, Paris: Tribunaux du département de la Seine, 1798/9.

11) Johann Stephan Pütter, *Elementa juris publici germanici*, Goettingae: [s.n.,] 1770.

뒤셴느는 1757년 니콜라 들라마르의 중요한 논설에 대한 일종의 요약본인『내치 규범』에서 이렇게 논의를 시작한다.[12] "내치는 공공의 이해관계를 일반적 대상으로 한다." 그러나 뒤셴느는 내치에 대한 더 정확한 정의를 찾는 과정에서 약간 곤란을 겪었지만 다음과 같이 놀라운 정식화로 나아간다. "내치에 포함되는 대상은 어떤 의미에서 무한하다." 하지만 "이런 대상은 세부적인 조사를 통해서만 적절히 이해될 수 있다." 우리는 미래의 불행에 대한 관심이라는 19세기 내치의 정의에, 행복의 증진에 대한 관심$^{cura\ promovendi\ salute}$(행복 혹은 공공선의 개발 혹은 증진에 대한 관심)이라는 18세기 이전의 내치에 대한 정의를 대비시킬 수 있을 것이다. 그러나 이런 정의에 덧붙여, 뒤셴느의 조언에 따라 내치의 개입 영역이라 할 수 있는 것들을 상세하지만 신속히 검토해볼 가치가 있다. 이런 작업은 앞서 살펴본 정의들보다 좀 더 구체적인 것, 즉 '내치의 규정들'에 대해 알려준다는 점에서, 내치의 대상을 이해하는 데 더욱 유용할 것이다. 내치에 대한 모든 문헌은, 근본적으로는 중세의 내치의 법과 규정(매우 광범위한 개입 영역을 가졌던 법과 규정)가 붕괴한 이후 지속적으로 이뤄진 엄청난 숙고, 선전, 체계화의 노력이라 할 수 있다. 무엇이 내치에 포함됐는지 알기 위해서는 "내치 규정의 분석"이라는 부제를 달고 있는 뒤셴느 책의 목차를 보는 것으로 충분하다.

1. 종교에 대하여
2. 관세에 대하여
3. 건강에 대하여
4. 식품에 대하여
5. 주요 도로에 대하여
6. 평온과 공중질서에 대하여
7. 과학 및 교양에 대하여
8. 상업에 대하여
9. 제조 및 기계 기술에 대하여
10. 하인, 가사, 간호에 대하여
11. 빈민의 내치에 대하여

---

12) M. Duchesne, *Code de la police, ou analyse des règlements de police*, Paris: Prault père, 1757. [뒤셴느는 샹파뉴 지역 내 비트리의 치안총감으로만 알려져 있다.]

이것은 1757년 프랑스의 사례이다. 그러면 중세 말의 독일어권 지방 사례를 검토해보자. 예를 들어 지난 세기 조제프 바아더란 이름의(역사의 아이러니이지 않은가!)* 독일 학자가 출간한 중세 말의 『뉘른베르크시 내치 규정』을 보면 거의 동일한 목록을 발견할 수 있다.13)

1. 안전에 대하여
2. 관세에 대하여
3. 상업에 대하여
4. 무역에 대하여
5. 식품에 대하여
6. 건강과 청결에 대하여
7. 건축에 대하여
8. 화재에 대하여
9. 삼림과 사냥에 대하여
10. 거지에 대하여
11. 유대인에 대하여

이런 규정 중에는 몇 가지 매우 기이한 것들도 포함되어 있다. 예컨대, 부모와 자식 간의 반말 사용에 대한 규정, 안장과 말에 입히는 옷의 치수에 대한 규정, 결혼 피로연에서 무엇을 먹고 마셔야 하는지에 대한 규정, 교회에 자기 자리를 소유한 여성이 사망할 경우 무엇을 해야 하는지에 대한 규정 등. 혹자는 이 목록이 보여주는 것은 대체로 사소한 일들에 부과된 과다한 법적 규제일 뿐이라고 말할지 모른다. 그러나 나는 여기에 그 이상의 것이 존재한다고 생각한다.

영토국가에서 내치 조례가 규정하는 영역을 조사하다 보면, 이 시기와 그 이후의 관련 텍스트들에서 내치는 '공적 사안의 선한 질서'에 관계한다는 하나의 표준적인 대답을 발견하게 된다. 이 대답은 매우 모호한

---

* 파스퀴노는 독일 적군파의 리더였던 안드레아스 바아더(Andreas Baader, 1943~1977)를 염두에 두고 농담을 한 듯하다.

13) *Nürnberger Polizeiordnung aus dem XIII bis XV. Jahrhundert*, hrsg. Joseph Baader, Stuttgart: Litterarischer Verein, 1861.

것처럼 보일지 모른다. 이 시기(15~17세기)에는 아직 공적 영역과 사적 영역의 대립이라는 관념이 존재하지 않았으며, 이런 구분은 그 효과가 18세기에나 명확해지는 역사적 과정의 최종 결과물이다. 내 생각에 '공적 사안의 선한 질서'라는 표현은 오히려 다른 대립쌍, 즉 관리사회와 독일에서 신분사회ständegesellschaft라고 불리는(프랑스에서 제3신분에 해당하는) 것 간의 대립 속에서 더 적절히 이해될 수 있을 것 같다. 도식적으로 말하면, 내치 규정이 규정하거나 규정하려는 것은 3층으로 구분된 신분사회의 삶에서 규제되지 않았던 모든 것, 즉 중세의 몰락과 함께 질서나 형식이 결여된 것으로 간주된 모든 것이다. 내치학은 바로 이에 관한 것이다. 즉, 그것은 사회체를 형성하려는 거대한 노력이며, 좀 더 정확히는 오늘날 우리가 사회 혹은 사회체라 부르는, 18세기에는 '인구의 선한 질서'라 불렸던 것을 주요 성과로 삼는 사업이라 할 수 있다.

우리는 내치 규정의 개입 영역을 도시의 텅 빈 부지, 광대한 왕국의 무정형 지역, 즉 봉건 세계의 전통적 관습, 확립된 관할권, 권위·복종·보호·연합 등 명확한 관계의 지배가 중지된 일종의 황무지로 상상해볼 수 있다. 이 모든 무정형의 '괴물'(내치 사상가들은 신성 로마제국을 이렇게 불렀다) 내에는 여전히 질서와 투명함의 섬들이 존재했다. 질서와 신분에 근거한 과거 사회의 모든 것이 규제를 요청한 것은 아니다. 그러나 그 질서를 벗어나는 것에 대해서는 개입이 필요하지 않겠는가?

이제 이 황무지는 사람과 사물이 가로지르는 열린 공간으로 인식되기 시작했다. 광장, 시장, 도로, 다리, 강. 이런 것들은 영토 내에서 내치가 구획하고 통제하려 하는 핵심 지점들이다. 내치의 규칙 혹은 규정은 이런 형성 작업의 도구인 동시에 일종의 법에 따른, 아니 오히려 질서의 요구에 따른 자발적 창안의 산물이었다. 이런 질서에 대한 요구는 법을 넘어서, 이전에는 점령되지 않았던, 지금까지 어떤 권력·질서·권위도 지배하려 하지 않았던 영역들에 침입했다. 아마도 여기서 로마 법의 관용구 "아무도 소유하지 않은 토지는 처음으로 차지한 사람에게 속한다"res nullius primi occupandi를 각색해, "아무도 소유하지 않은 권력은 처음으로 점유한 사람에게 속한다"potestas nullius primi occupandi라고 말할 수도 있을 것이다. 이런 권력이 이전에는 완전히 빈터였던 곳에 들어섰다는 것이 아니다. 그보다 이 권력은 권력의 빈터에, 권력에 대한 요구가 이제 막 창출되는 곳에 이식됐다고 말할 수 있다.

그러나 누구의, 누구에 대한, 어떤 수단을 통한 권력인가? 권력을 또 하나의 신화로 만들고 싶지 않다면, 즉 우리가 앞서 이야기했던 자본의 계보학만큼이나 쓸모없는 공허한 권력의 계보학을 구축하고 싶지 않다면, 이 질문은 이런 종류의 분석에 핵심적인 것이라 할 수 있다.

우리는 하나의 가설을 제시할 것이다. 아주 유사한 일련의 문서들, 내치의 규정들, 이에 수반되는 광대한 문헌들(1600년에서 1800년 사이에 나온 독일어권 저작들에 대한 최근의 서지목록을 보면, "엄격한 의미에서의 내치학"이라는 표제 아래 3,215개나 되는 출판물이 존재한다[14])을 통해 입증되는 이런 권력은 그 시기에 '인구'라 불리기 시작한 새로운 실재(이에 대해서는 곧 자세히 이야기할 것이다)에 대한 행정 혹은 통치를 통해 행사됐다. 나는 '관료제'가 아니라 '행정' 혹은 '통치'라는 용어를 사용하는데, 이는 여기서 문제가 되는 것이 계급이나 집단이 아니라 사회체의 적절한 형식 혹은 '좋은 내치'를 구성하는 기능들의 그물망 또는 앙상블이기 때문이다(이 개념에 대해서는 본서 4장을 참조하라).

한 텍스트는 이들 문헌에서 새롭게 등장하고 있는 것이 무엇인지를 잘 보여준다. 이 텍스트는 정치적 프로젝트이면서 동시에 일종의 유토피아를 그려내고 있는데, 17세기 초 스트라스부르크 시의 고관이자 대학 총장이던 게오르크 오브레히트가 썼다는 사실을 고려해볼 때, 매우 주목할 만한 문서이다. 이 텍스트는 "5가지 정치적 비밀"이라는 제목의

---

14) Magdalene Humpert, *Bibliographie der Kameralwissenschaften*, Köln: Kurt Schroe -der, 1937.

5개의 소논문 중 4번째 논문인데, 제목에서 알 수 있듯이 특정한 내치 질서가 논의되고 있다.[15]

여기서 오브레히트가 군주와 인민이 아닌 인구와 통치^{obrigkeit}(이 용어는 권위를 의미할 뿐 아니라 공권력 혹은 정부를 의미한다)라는 정치적 언어를 사용한 최초의 저술가라는 점을 강조할 필요가 있다. 니콜로 마키아벨리와 그의 『군주론』을 생각해보면, 오브레히트의 입장이 국가를 군주의 영토나 소유지라 생각한 르네상스 특유의 관념, 즉 권력의 문제를 위로부터 제기되는 가정적 혹은 가부장적 문제로 이해했던 정치적 사유틀로부터 얼마나 갑작스레 멀어졌는지 알 수 있다. 오브레히트는 30년 전쟁 이후에 독일어권에서 계속해서 발견되는 이런 논의와 관심의 초기 전형일 뿐이다. 오브레히트가 제기하는 문제들은 유럽의 중심 문제 중 하나가 전쟁과 그것이 요구하는 모든 것(즉, 군대, 훈련, 많은 인구, 무엇보다 계속해서 필요한 자금)이었던 시기에 적절한 실용적 수단을 갖춘 과학을 구성하고, 국가의 연간 수입을 늘리는 것과 관련되어 있었다. 다른 모든 저자들처럼 오브레히트 역시 국고를 채우기 위해서는 부의 증대를 위해 고안된 일련의 조치로 세금과 징용을 완수할 필요가 있다고 봤다. 그러나 오브레히트에게 이것은 내치의 이념에 의해 좀 더 정교화되어야 할 프로젝트나 정치적 유토피아의 시작점일 뿐이었다.

오브레히트는 내치의 세 가지 과업을 열거한다. 첫째, 인구와 영토의 모든 역량과 자원에 대한 일종의 통계학적 표로 이해되는 정보수집, 둘째, 인구의 부를 증진하고 국가의 재원을 풍성하게 할 수 있는 일련의 조치, 셋째, 공공의 행복. 오브레히트는 이 모든 것을 종합적으로 요약하는 공식으로 두 개의 라틴어 단어 센서스^{census}와 센수라^{censura}를 제시하

---

15) Georg Obrecht, *Eine Sondere Policey Ordnung, und Constitution, durch Welch ein jeder Magistratus, vermittels besonderen angestellten Deputaten, jederzeit in seiner Regierung, eine gewisse Nachrichtung haben mag*, Straßburg: Zetzner, 1608.

고 있다. 오브레히트에게 센서스는 각자가 세금을 지불할 의무를 의미했다. 다른 한편, 센수라는 사람들의 삶, 다시 말하면 개별의 삶과 전체의 삶을 책임지는 공권력의 과업을 뜻했다. 한 세기 반이 흐른 뒤, 페터 칼 빌헬름 폰 호헨탈이 『정치체의 자유』에서 말했듯이, "내치의 대상은 시민의 행복을 개별적이고 전체적으로^{omnium et singulorum} 유지하고 증진하는 것과 관계된 모든 것이다."16)

오브레히트는 자신이 번영국가의 내치나 행정에 할당한 과업을 완수하기 위해 인구의 조사와 관리 직무를 담당하는 (그가 대리인^{deputaten}이라고 부른) 선출직 공무원을 구상했다. 이 감독관의 업무 중에는 사망신고, 출생신고 같은 일상적인 인구 자료의 관리 업무와 함께, 개인들이 의무적으로 자신의 삶을 담론으로 표현케 하고 이에 근거해 '그리스도교인의 삶'에 이르는 길을 조언하는 상당히 특이한 것도 포함되어 있었다. 모든 시민이 국가의 안전과 행복(다시 한 번 말하지만, 이는 모두와 각자의 안전과 행복을 의미한다)을 위해 참여해야 하는 정보수집의 과업은 이제 일반적이면서 지속적인 고백으로 전환됐다. 자신의 삶을 "담론으로 표현해야 하는 의무"에 대해 말한다고 해서, 내가 이 문구의 의미를 강요하고 있는 것은 아니다. 즉, 나는 미셸 푸코의 『성의 역사』가 아니라, 문자 그대로 "이야기하게 만들기"^{zu red setzen}, 즉 사람들에게 마치 법정에서 증언하는 것처럼 자신의 행동에 대해 말하고 대답하게 만드는 것에 대해 말하고 있는 오브레히트 자신을 인용하고 있는 것이다.

당신이 보호받고, 지원받고, 돌봄을 받고 싶다면, 즉 당신이 행복과 안녕을 원한다면, 우리는 알아야 하고, 당신은 알려줘야 한다. 센서스와 센수라. 이는 그 오래된 의미에서 내치라 알려진 통치형식이 몇 세기 동안 우리에게 제시한 담론이다. 고백이나 삶을 담론으로 표현하는 것은

---

16) Peter Karl Wilhelm von Hohenthal, *Liber de politia, adspersis observationibus de causarum politiae et justitiae differentiis*, Lipsiae: Hilschervm, 1776.

확실히 이런 정식의 필수 부분이다. 하지만 오브레히트와 그의 감독관들은 정보수집에 극도의 관심을 가지고 있었기에 은밀한 고발도 강력히 촉구했다. 옛 왕권의 슬로건인 정의와 평화justitia et pax에 이제 번영이라는 새로운 슬로건이 추가됐다. 번영국가는 이런 형태의 권력과 연계된 모든 담론과 실천의 구호, 즉 오브레히트에서 [바이트 루트비히 폰] 제켄도르프와 폰 유스티에 이르는 모든 내치학의 기치가 될 것이다. 이는 각 단계에서 약속과 협박이라는 두 가지 수준에서 작동하게 된다.

행복은 사회적인 것이 되지 않으면 존재하지 않을 것이다. 그래서 카스텔 드 생-피에르 신부는 18세기 초에 "복종과 순종이 없다면 어떤 사회도 바랄 수 없다. 사회가 없다면 모든 악을 두려워해야 하며 어떤 선도 바랄 수 없다"[17]라고 번영국가의 원리를 정식화했다. 앞서 본 오브레히트의 텍스트를 보면, 다음의 내용에 동의할 수 있을 것이다.

고대의 인민 재판과 현대의 행정권력의 차이는 이것이다. 인민 재판이 누군가 법적 소송이나 재판에 연루될 경우에만 진행되는 반면에, 대리인은 사법상의 대상이 아닌 이들, 심지어 여성과 아이까지 포함한 인구 전체에 대한 권한을 가진다. 또한 재판이 모두가 보는 앞에서 지정된 순간에 공개적으로 행해지는 반면, 대리인은 조용히 끊임없이 자신의 과업을 수행하며, 그들 앞에는 오직 분리된 개인들만 있다.[18]

고립된 사람들, 즉 개인들. 이들이 바로 내치행정의 대상인 인구라는 추상적 개념을 구성한다. '인구'는 오브레히트가 독일에서 창안한 또 다른 최신 조어로서, 적어도 프랑스에서는 18세기가 되어서야 번영국

---

17) Charles-Irénée Castel de Saint-Pierre, *Les rêves d'un home de bien qui peuvent être realizes*, 2ᵉ ed., Paris: Duchesne, 1775, p.39.

18) Hans Maier, *Die ältere deutsche Staats- und Verwaltungslehre*, Neuwied am Rhein: Luchterhand, 1966, p.155.

가 덕분에 표준적인 용법으로 자리잡았다. 영원한 위계구조 속에서 (최소한 법적으로는) 변화불가능한 신분 집단만 존재했던 낡은 사회구조에 이제 인구와 개인들이 도입된 것이다.

오브레히트에게 내치의 중심 과제는 정보수집과 행복이었다. 요컨대 이것[정보수집과 행복]이 17~18세기에 등장해 발전한, 인구로서의 사회체와 관련을 맺고 서서히 인구를 구성하고 형성했던 일련의 지식·실천의 이상적 출발점을 보여준다. 나는 인구학과 통계학이라는 예를 생각하고 있는데, 통계학은 그 어원이 '국가'ˢᵗᵃᵃᵗ라는 단어에서 파생된 것에서 알 수 있듯이 궁극적으로 국가의 과학이라 할 수 있다. 통계학은 헤르만 콘링과 고트프리트 아헨발에 의해 독일에서 탄생했으며, 영국에서는 윌리엄 페티와 찰스 대버넌트에 의해 '정치산술'이라 불렸다. 독일, 즉 맑스주의가 우리에게 후진적이며 철학적인, 후진적이기 때문에 철학적인 국가라고 가르쳐 온 바로 그 독일에서는 (구스타프 뤼멜린이 19세기 말 '사회생물학의 창시자'라 부른) 요한 페테 쥐스밀히 신부에 의해 인구학 분야의 위대한 논문,『출생에서 사망, 그리고 생식에 이르기까지 인간 종의 변화에서의 세계의 신적 질서』가 1740년에 출판됐다.[19]

"여러분에게 결여된 유일한 것은, 오 위대한 국가, 여러분 자신에 대한 지식, 여러분의 힘에 대한 심상이라오."[20] 이 문구는 앙투안 드 몽크레티앙이 1615년에 발표한『정치경제학 논고』에 나오는데, 이는 통계학과 인구학이 응답할 수 있는 요구를 표현하고 있다. 또한 장-바티스트 모오는 1778년에 다음과 같이 반복하고 있다. "인구의 상태에 대해 알지 못하는 국가에서는 질서가 잡힌 정치체제도 계몽 행정도 존재할

---

19) Johan Peter Süssmilch, *Die göttliche Ordnung in den Veränderungen des menschlichen Geschlechts aus der Geburt, dem Tode und der Fortpflanzung desselben erwiesen*, Berlin: J. C. Spener, 1741.

20) Antoine de Montchréstien, *L'Économie politique patronale: Traité de l'œconomie politique, dédié en 1615 au roy*, Paris: Plon, Nourrit et Cie, 1889, p.34.

수 없다."21) 곧 이어서 모오는 이런 지식이 전쟁, 과세, 상업 등에 얼마나 유용할 수 있는지를 설명한다.

권력을 행사하려면 지식이 있어야 한다. 또한 이는 동전의 양면과도 같은 것인데, 이런 지식은 공공의 행복을 위한 하나의 힘이다. 폰 유스티는 이 문제에 대해, 즉 어쩌면 생산력의 발전이라 부를 수 있는 문제에 대해 다음과 같이 말한다.

> 국가의 힘에 기여하는 또 다른 요소는 산업과 이를 구성하는 상이한 구성원들의 재능이다. 따라서 공공의 행복을 유지하고 증대하고 이에 공헌하려면, 신민들로 하여금 자신들에게 예정된 상이한 직업에 필요한 재능과 지식을 익히도록 만들어야 하며, 그들 사이에서 사회의 일반적 선을 위한 질서와 규율을 유지시켜야 한다.22)

이제 이런 지식들, 즉 모든 사회과학과 새로운 기술들은 권력관계가 기입되는 새로운 영토로서 인구와 관계를 맺는다. 과거 3개의 신분으로 구별되던 사회와는 달리, 인구는 연령·성별·직업에 따라 세부적으로 분류되어 각각 상이한 종류의 개입을 요구하는 상이한 문제들을 제기하며, 단순히 살고 죽는 것이 아닌 출생률과 사망률을 가진다. 따라서 이런 인구 문제의 핵심에는 점차적으로 증가하는 건강 문제에 대한 관심이 자리잡고 있다. 다시 한 번 모오를 인용하자면, "인간은 마지막 보루이며, 모든 산물의 매개자이다. 가격을 매겨본다면, 인간은 군주의 재산에서 가장 귀중한 것이다." "도시는 집·도로·공공 장소로만 구성될 수 없다. 도시를 구성하는 것은 바로 인간이다." "인구표를 통해 지식을 얻는 것

---

21) Jean-Baptiste Moheau, *Recherches et considérations sur la population de la France*, Paris: Moutard, 1778, p.20.

22) Johann Heinrich Gottlob von Justi, *Grundsätze der Policey-Wissenschaft*, Götting -en: Bey Abraham van den Hoecks seel. witbe, 1756, p.16.

은 왕과 대신들에 한정되지 않는다……. 인구의 증가나 손실은 수많은 진리를 제시하며 물리학, 의학, 즉 건강과 인간성의 보존·보호·구제를 목적으로 삼는 모든 과학은 이로부터 이득을 얻을 수 있다."[23]

그러므로 인구의 건강은 하나의 가치이자 분석과 개입의 새로운 대상이 된다. 페티는 60만 명의 아일랜드인을 학살하고 생존자들을 북부지역의 강제수용소로 추방한 올리버 크롬웰의 잉글랜드 원정군에 의사로 복무한 바 있다. 이후 페티는 정복된 아일랜드 토지의 재분배에 적극적으로 참여했는데, 이는 그에게 이중의 이익을 가져다줬다. 하나는 이론적인 것으로, 자신의 논문 「아일랜드의 정치적 해부」로 인해 페티는 경제학의 창시자로 여겨지게 됐고, 다른 하나는 좀 더 실용적인 것으로 페티는 정복된 토지에서 좋은 지분을 얻을 수 있었다. 이 모든 활동 이후에, 페티는 잉글랜드 청년 한 명의 사망은 총 69파운드의 손실을 가져온다고 계산해 왕립아카데미의 찬사를 받는다. 페티가 아일랜드 청년 한 명의 사망에는 흑인이나 노예와 동일한 가격인 15파운드의 값을 매겼다는 사실이 계산의 근거를 의심케 할지 모르겠다.[24] 하지만 어쨌든 과학은 원칙들만을 다루며, 여기서 원칙은 분명하다. 인구는 부이며, 건강은 가치이다. 한 세기 뒤, 유럽에서는 거대한 의료화 캠페인이 시작됐다. 여기서는 이 역사에 대해 깊게 파고들지 않을 것이다. 나는 그저 내치의 다른 실천들 중에서 의료화가 어떻게 인구의 새로운 신체정치와 결합되게 됐는지를 지적하고자 한다. 내가 보기에 이는 우리가 자본의 계보학으로부터 벗어나야만 이해할 수 있는 사건이다.

나는 앞서 권력에 대한 질문들(누구에 의해, 누구에게, 어떤 수단을 통해 행사되는가?)을 제기했다. 그리고 어떤 의미에서 권력이 '통치'에 의해, 내치를 통해, 인구에게 행사됐다고 주장하는 것이 가능한지, 어떻게

---

23) Moheau, *Recherches et considérations*, pp.10~11, 16, 22.

24) Alessandro Roncaglia, *Petty: La nascita dell'economia politica*, Milan: Etas libri, 1977.

새로운 형태의 권력이 인구라는 새로운 대상을 구성하며, 거꾸로 그 대상으로부터 어떻게 새로운 권력이 형성되는지 보여주고자 했다.

하지만 어떤 수단을 통해서? (내가 생각하기에 이는 이런 유형의 분석이 성공이냐 실패냐를 가늠하는 핵심질문이다.) 자, 나는 이 글의 여러 곳에서 내치라는 항목으로 묶어서 언급한 실천과 지식 전체를 통해서, 즉 (이미 다른 이들에 의해 분석된 감옥과 그 규율메커니즘, 성, 정신의학, 가족 등도 당연히 포함해) 구제, 후원, 의료화 같은 실천과 지식들을 통해서라고 말해야겠다. 우리는 이런 실천과 지식에 대한 분석을 다양한 방식으로 심화시키고자 하는데, 무엇보다 이것들이 서로 결합해 사회적인 것을 구성하는 단단한 그물망을 직조해내기 때문이다.

이 모든 것은 나로 하여금 위에서 언급했던 문제, 즉 국가의 문제로 되돌아가게 만든다. 국가를 사회체와 분리된 하나의 장치이자 심급으로 보는 시각, 또한 모든 정치적 투쟁의 중심이자 일단 그 실제 본성이 폭로되면 민주화되거나 파괴되어야만 하는 것으로 보는 시각, 혹은 권력의 획득을 위해 필수적으로 전유되어야만 하는 어떤 것으로 보는 시각에서 벗어난다면, 즉 칸트 이래로 정치극장을 수놓아온 이런 낡은 생각을 버린다면 우리는 '국가'라는 단어의 또 다른 의미, 즉 17세기 통계학의 창안자 콘링 같은 이들이 국가를 '시민사회의 전체'integrum corpus civilis societatis로 묘사했을 때 국가가 가지고 있었던 의미를 발견할 수 있을 것이다.[25] 이는 권력관계에 대한 분석을 전적으로 이런 사회체 내부에 위치짓다는 것을 의미한다. 국가는 어떤 의미에서 중세의 붕괴 이후 조금씩 창안되고 발전해온 하나의 관점, 즉 한편으로는 그리스도교 세계와 제국이라는 대칭적이며 상호보완적인 관점을, 다른 한편으로는 지방 세력과 세 가지 신분의 사회라는 사회상을 포기한 이후, 사람들이 부르주아지의 이름보다는 사회·민족·국가의 이름으로 말하기 시작하면서 등

---

25) John Vincenz, *Geschichte der Statistik*, Stuttgart: Ferdinand Enke, 1884, p.63.

장한 하나의 관점이라 할 수 있다. 그리고 또 다른 각도에서 국가는 권력의 장소나 원천, 분쇄해야 할 하나의 거대한 적수라기보다 '통치'의 여러 도구 중 하나이며 한 양태일 뿐이다.

나의 논의가 하나의 명확한 쟁점에 집중하지 않고 많은 사항들을 다루면서 한 번에 너무 많이, 이와 동시에 너무 적게 나아가려 했음을 잘 알고 있다. 다만 내게는 몇 가지 가설을 제기하고, 몇 가지 가능한 분석 대상을 묘사하며, 무대 뒤로 들어가 선행 연구자들이 열어놓은 연구 지형을 잠시 살펴보는 시도도 유용해 보였다. 그러나 나로 하여금 계속 나아가게 하는 동시에 머뭇거리게 만드는 마지막 문제가 남아 있다. 이렇게 말해보자. 만약 우리의 정치적 이성의 극장이 텅 비어 있다면, 내 생각에 이것은 이제까지 상연되어왔고 지금도 상연되고 있는 작품이 우스꽝스러워서만은 아니다. 그보다는 우리 발 밑의 지반이, 최소한 지난 한 세기 동안 유럽에 ('극좌파'를 포함해) '좌파'로 알려진 담론과 실천이 등장하고 발전할 수 있었던 바로 그 지반이 붕괴하고 있기 때문일 것이다. 이제 우리는 어디에 서 있는가? 누구도 모르는 듯하다. 이런 상황에서 내게 흥미로운 것은 수사학적 낙관주의나 철학적 모색 같은 손쉬운 확실성의 방향이 아니라, 우리가 곳곳에서 현재의 경험을 과거로 들어가는 데 유용해 보이는 경로들과 연결시킬 수 있는 가능성이다. 나를 움직이는 것은 바로 이런 가능성, 그리고 이 모든 연구의 단편들이 내게 여전히 모험의 풍미를 안겨준다는 사실인 것 같다.

6 | 독특한 이해관계들: 시민사회, 그리고 '자연적 자유의 체계'를 통치하기

그래엄 버첼

누구든 사회관계의 질서를 **평가**하려면, (어떻게 구성됐든지 간에) 그 질서가 내적·외적인 (의도적) 선택을 통해 지배적 유형이 될 수 있는 최선의 기회를 제공하는 인간형을 기준으로 그 질서를 검토해봐야 한다.[1]

이리하여 모든 사람은 교환에 의해 생활하며, 어느 정도 상인이 된다.[2]

1

애덤 퍼거슨에 따르면, 다수의 사람들은 종종 "그들을 통솔하는 방법을 알고 있는" 한 명의 사람이나 소수에 의해 통치되곤 한다. 그러나 다른 이들이 우리를 통치하고 우리의 행위를 관리·지시·지도한다 해도 우리가 단순히 물리적으로 결정되는 수동적 대상이 되는 것은 아니다. 개인들을 통치하는 것은, 그들에게 가능한 행동 모델을 제시·제한함으로써,

---

1) Max Weber, "Der Sinn der 'Wertfreiheit' der soziologischen und ökonomischen Wissenschaften"(1917), *Gesammelte Aufsätze zur Wissenschaftslehre*, Bd.6, Tübingen: J. C. B. Mohr, 1922, p.517; Wilhelm Hennis, *Max Weber: Essays in Reconstruction*, London: Allen & Unwin, 1988, p.59. 재인용.

2) Adam Smith, *An Inquiry into the Nature and Causes of the Wealth of Nations*, vol. 1, ed. Roy H. Campbell and Andrew S. Skinner, Oxford: Clarendon Press, 1976, p.37. [김수행 옮김, 『국부론』(개역판/상), 비봉출판사, 2007, 28쪽.]

개인이 자신의 특정한 의지를 자신에게 부과된 목적에 맞추고 그에 따라 행동하게 만드는 것을 말한다. 따라서 통치는 피통치자의 활동과 자유를 전제하고 요구한다.3) 개인들이 타인에 의해 통치될 때에도 능동적인 것은 바로 이런 이유 때문이며, 폴 벤느가 지적하듯이, 정치에 주체성의 문제가 존재하는 것도 같은 이유에서이다.4) 예를 들어 개인들이 주어진 과업을 고분고분하게 수행하고 규정된 방식에 따라 행위할 때, 여기에는 어떤 종류의 주체성이 수반되는가? 개인이 지정된 일을 수행하도록 만들기 위해 통치자들이 제시하는 이유/이성은 무엇인가?

벤느에 따르면, 개인은 자신의 '자아-이미지'에 가치를 부여하기 때문에 정치권력이 이런 자신과의 관계를 침해할 때 가장 민감해진다. 개인들이 새로운 통치양식 때문에 지금까지 자신들이 통치받는 주체로서 스스로를 이해해온 방식을 바꿔야 할 때, 이는 아주 중요한 문제가 된다. 바츨라프 하벨이 말하듯이, 개인들이 저항하거나 심지어 반란을 일으키는 순간은 바로 이 순간, 즉 '대립의 선'이 각각의 개별 주체들 사이뿐만 아니라 각 개인 내부를 관통해 지나가는 순간이다.5)

따라서 개인들이 정치권력의 목표가 되고 특정한 주체로 대상화되는 상이한 방식에 근거해 정치질서와 개인의 관계를 검토해야 한다. 이 과

---

3) Adam Ferguson, *An Essay on the History of Civil Society*, Edinburgh: A. Millar, 1767, p.187. 피통치자의 자유와 활동을 전제로 하는 권력에 관해서는 다음을 참조하라. Michel Foucault, "The Subject and Power," *Criticical Inquiry*, vol.8, no.4, Summer 1982; "Le sujet et le pouvoir," *Dits et Écrits*, t.4: 1980-1988, Paris: Gallimard, 1994. [서우석 옮김, 「주체와 권력」, 『미셸 푸코: 구조주의와 해석학을 넘어서』, 나남, 1989쪽.] 푸코가 가명으로 작성한 자전적 소개도 참조하라. Maurice Florence, "(Auto)biography, Michel Foucault 1926-1984," *History of the Present*, no.4, Spring 1988; "Foucault," *Dits et Écrits*, t.4: 1980-1988, Paris: Gallimard, 1994.

4) Paul Veyne, "L'individu atteint au coeur par la puissance publique," *Sur l'individu*, Paris: Seuil, 1987.

5) Václav Havel, "The Power of the Powerless," *The Power of the Powerless*, ed., John Keane, London: Hutchinson, 1985, p.37.

정에서 주관적 정체성의 형태들을 확언(혹은 거부)하는 것은 정치적 권력관계들의 기능으로 검토될 수 있을 것이다.[6] 벤느가 주장하듯이, 통치자와 피통치자는 단순한 역사적 보편체들이 아니다. 통치자는 통치받는 개인을 인도받아야 하는 양떼의 일원으로, 특정한 권리를 가진 법적 주체로, 교정되고 교육받아야 할 아동으로, 개발되어야 할 자원의 일부로, 혹은 관리되어야 할 생물학적 인구의 일부인 생명존재 등으로 식별할 수 있다.[7] 각 경우에서 정치권력의 행사가 전제하거나 요구하는 피통치자들의 주관적인 자아정체성은 상이할 수밖에 없을 것이다.

개인이 정치질서와 맺는 관계의 성격은 자유주의 정치 사상의 핵심 주제였고, 지금도 그렇다. 그것은 오늘날 고전적 자유주의의 원칙이라 간주되는 것들의 부활과 재발명, 혹은 그것으로의 회귀에 있어서도 핵심 요소이다. 이런 당대의 자유주의 부흥 속에서 통치와 주체성이라는 용어로 자유주의의 계보학을 연구한 푸코의 기여는 충분히 숙고될 필요가 있으며 보다 널리 알려지고 논의되어야 한다. 이 글에서 나는 푸코의 초기 자유주의 사상 분석 가운데 일부를 선별하고, 나 자신의 논평과 사례를 덧붙여 몇 군데를 더 자세히 살펴보는 데 주력할 것이다.[8]

---

6) 통치와 주체성에 관한 푸코의 가장 명확한 진술로는 다음을 참조하라. Florence, "(Auto)biography"; "Foucault," op. cit..

7) Paul Veyne, "Foucault revolutionne l'histoire," *Comment on écrit l'histoire: Essai d'épistémologie*, Paris: Seuil, 1979 [이상길·김현경 옮김, 「역사학을 혁신한 푸코」, 『역사를 어떻게 쓸 것인가』, 새물결, 2004.]

8) 이 에세이는 1978~1979년 동안 푸코가 콜레주드프랑스에서 행한 강의[『안전, 영토, 인구』와 『생명정치의 탄생』]에 많이 의존하고 있다. 이 두 해의 강의들을 소개하는 첫 번째 강연은 카세트 테이프 형태로 [처음] 공개됐다. Michel Foucault, *De la gouvernementalité: Leçon d'introduction au cours des années 1978 et 1979*, Paris: Seuil, 1989. 나머지 강연들의 전사본은 아직 공개되지 않았지만, 카세트에 녹음된 내용은 파리 솔슈아르도서관에서 열람할 수 있다[지금은 이 강의들 모두 단행본으로 출간됐다]. 푸코 자신이 작성한 콜레주드프랑스 강의의 개요들은 출판되어 있다. Michel Foucault, *Résumé des cours: 1970-1982*, Paris: Julliard, 1989.

푸코는 이렇게 묻는다. 어떤 통치실천들의 작동을 통해, 어떤 정치이성에 준거해 우리는 이른바 공동체·사회·민족·국가 같은 다소 막연한 전체적 단위들의 구성원으로 우리 스스로를 인식하게 되는가?[9]

2

근대에 들어, 자유주의든 독재든 모든 종류의 통치가 국내 및 국외의 관리에 있어 좋은 방향으로 발전해왔다고 말할 수 있을 것이다. **세력 균형**이라는 정치의 비밀은 현 시대에 와서야 온전히 알려진 것이다. 또한 국가의 내치 역시 지난 세기 들어 크게 개선됐다.[10]

국가의 위대함과 신민들의 행복, 이 둘은 어떤 면에서는 서로 독립적인 것이라 여겨질지도 모르지만, 상업과 관련해서는 공통적으로 상호불가분의 관계를 맺고 있다 해도 과언이 아니다.[11]

크리스티안 마이어에 따르면, 고대 아테네 민주주의가 가능했던 필수조건은 그 구성원들이 본질적으로 정치적인 자아정체성에 가치를 부여하고, 그것을 발전시키고 내면화하는 것이었다. 무엇보다도 그들은 스스로를 **시민**으로 생각하고, 느끼고, 단언해야 했다.[12] 그 결과, 아테네 폴리스

---

9) Michel Foucault, "The Political Technology of Individuals," *Technologies of the Self: A Seminar with Michel Foucault*, ed. Luther H. Martin, Huck Gutman, and Patrick H. Hutton, London: Tavistock, 1988, p.146; "La technologie politique des individus," *Dits et Écrits*, t.4: 1980-1988, Paris: Gallimard, 1994, p.814. [이희원 옮김, 「개인에 관한 정치의 테크놀로지」, 『자기의 테크놀로지』, 동문선, 2007, 246쪽.]

10) David Hume, "Of Civil Liberty," *Essays Moral, Political and Literary*, ed. Eugene F. Miller, Indianapolis: Liberty Press, 1987, p.93.

11) David Hume, "Of Commerce," *Essays Moral, Political and Literary*, op. cit., p.255.

12) Christian Meier, *La politique et la grâce: Anthropologie politique de la beauté grecque*, Paris: Seuil, 1987.

에서의 정치적 평등[isonomia]은 시민·정치질서와 가정·사회질서의 근본
적 분리를 수반했다. 사람들의 정체성은 그들이 가정 영역에서 폴리스로
이동하며 변했다. 사람들이 자신의 존재양식을 가꿔간 것은 바로 폴리스
의 영역에서였으며 이 영역에 참여하기 위해서였던 것이다.[13]

자기 자신의 정체성이 지니는 근본적 의미와 가치는 정치적 시민권
속에서, 즉 동료 시민들과 동등하게 공적 생활에 참여하는 정치공동체의
구성 속에서 찾을 수 있다는 이런 입장은 서양 정치 사상의 오래된 주제
였다. 예컨대 존 포칵은 근대 초기에 폴리스와 공화정의 고전적 시민권
모델에 대한 '공민적-인본주의적'[civic-humanist] 재해석이 수행한 핵심 역
할에 대해 논한 바 있다.[14] 포칵은 시민권을 인격을 위한 가치의 본질적
원천으로 보는 이런 [고전적] 시민권 모델과, 정치질서에 대한 새로운 역
사적 자각(정치질서를 공민적 덕의 기반을 위협하는 우발적 상황과 불명확
한 변화의 시간 속에서 어떻게든 생존하고 유지되어야만 하는 것으로 보는
입장) 간의 대립과 그 대립의 복잡한 과정에 대해 논한다. 포칵에 따르
면, 사회적·정치적 개인성 및 정체성의 기반에 대한 근대의 새롭고 자
기의식적인 설명을 더 진척시키는 작업은, 이런 공화적 시민의 공공적
덕에 대한 신고전주의적 이상("지금까지 서양인에게 알려진 유일한 세속
적 덕성"[15])을 배경으로 형성됐고 형성될 수밖에 없었다. 18세기 정치

---

13) 마이어의 에세이는 고대 그리스의 미(美) 이념에 대한 정치인류학적 연구의 가능
성을 고찰한다. 정치적 덕성으로서 품위(grace)에 대한 마이어의 고찰은 고대 그
리스에서 이뤄진 '존재의 기예'의 정교화를 자기와 타인에 대한 통치기술과 연결
하는 푸코의 분석을 여러 면에서 보완하고 있다. Michel Foucault, *The History of
Sexuality, vol.2: The Use of Pleasure*, Harmondsworth: Penguin, 1986 [문경자·신
은영 옮김, 『성의 역사 2: 쾌락의 활용』(개정판), 나남, 2004.]

14) John G. A. Pocock, *The Machiavellian Moment: Florentine Political Thought and
the Atlantic Republican Tradition*, Princeton: Princeton University Press, 1975. [곽
차섭 옮김, 『마키아벨리언 모멘트』(전2권), 나남, 2011.]

15) Pocock, *The Machiavellian Moment*, p.431. [『마키아벨리언 모멘트』(2권), 168쪽.]

사상은 새롭게 부상한 역사적이고 불확실한 시민적 형태들(개인의 사적이고 직업적인 주체성과 행위양식)이 자기인식과 자기규정에 근거한 공민적 덕이라는 오래된 이상에 도전함으로써 발생한 딜레마에 사로잡혀 있었다. 근대적 "개개인이 공화체에 대해 가지는 관계가 단지 공민적이거나 유덕한 것만이"16) 아닐 수도 있다는 것은 인지할 수 있었지만, 이와 동시에 '교역하는 인간'에 적용할 수 있는 정치적 인성에 관한 이론은 부재한 상황. 이런 상황에서, 18세기 정치 사상은 일종의 "감각의 파우스트적 분리,"17) 즉 주체성의 공민적 모델과 시민적 모델의 분열로부터 인간을 구출하는 방식을 찾는 데 몰입했던 것처럼 보인다.

포콕과 다른 이들의 연구는 근대 초기, 특히 18세기 정치 사상에서 사회적·정치적 주체성의 문제가 근본적이고 지속적인 관심사였음을 보여준다.18) 이 연구들은 같은 시기 푸코가 진행한 통치에 관한 작업과 매우 흥미로운 상호보완적 관계를 이룬다. 푸코의 출발점은 근대 초기에 발달한 새로운 정치이성, 즉 아테네의 고전적 정치적 평등의 원칙과 대립하는, 근본적으로 이율배반적인 정치이성이다. 푸코에 따르면 근대 정치이성은 한편으로 통일체의 법적-정치적 형태에 근거한 국가의 총체

---

16) Pocock, *The Machiavellian Moment*, p.436. [『마키아벨리언 모멘트』(2권), 176쪽.]

17) John G. A. Pocock, *Virtue, Commerce, and History: Essays on Political Thought and History, Chiefly in the Eighteenth Century*, Cambridge: Cambridge University Press, 1985, p.69.

18) Albert Hirschman, *The Passions and the Interests: Political Arguments for Capital -ism before Its Triumph*, Princeton: Princeton University Press, 1977. [김승현 옮김, 『열정과 이해관계』, 나남, 1994]; Gerhard Oestreich, *Neo-Stoicism and the Early Modern State*, Cambridge: Cambridge University Press, 1983; Nobert Elias, *The Civilizing Process*, Oxford: Blackwell, 1978. [박미애 옮김, 『문명화 과정』(전2권), 한길사, 1996]; *The Court Society*, Oxford: Blackwell, 1982. [박여성 옮김, 『궁정사회』, 한길사, 2003]; Itvan Hont and Michael Ignatieff, ed., *Wealth and Virtue: The Shap -ing of Political Economy in the Scottish Enlightenment*, Cambridge: Cambridge University Press, 1983.

화하는 권력행사와, 다른 한편으로 개인의 구체적 삶과 행위에 대한 '사목적' 통치에 근거한 개별화 형태의 권력행사를 서로 결합하거나 "교묘히 조정하는" 기획(그리고 그것의 문제)을 통해 형성됐다.[19]

포착이 "감각의 파우스트적 분리"의 등장을 봤던 곳에서, 푸코는 '정치적 통치성,' 혹은 국가 '사목'이라는 진정한 '괴물'의 형태를 띤 근대 서구 정치이성의 발달을 보고 있는 것이다.[20] 16세기 국가이성 관념의 출현과 관련해, 푸코는 그때까지 국가의 법적-정치적 형태와 정반대되는 것으로 간주됐던 개별화하는 사목적 통치를 국가의 작동과 결합시키려는 정치합리성이 형성되기 시작했다고 주장한다. 푸코에 따르면 서구 역사상 최초로, 개인들의 삶과 활동의 세부 사항에 정치적 관심을 가지며, 세속적이고 비非종말론적 시간 속에 역사적으로 존재하는 국가 자신의 구체적 현실을 통치 대상으로 삼는, 새로운 합리적 원칙에 따른 국가의 통치기획이 등장한다. 근대적 '정체성'의 형태에 대해 말하기 위해서는 근대 초기 이래 서구 국가들에서 발전해온 이런 **개별화**하는 통치술의 합리성과 실천들을 참고해야만 할 것이다.

푸코의 분석에서 두드러진 특징은, 그 중 한두 가지 주제를 포착의 보완적 논의와 함께 살펴보면, 다소 단순하지만 손쉽게 드러난다. 둘은 모두 포착이 개별적인 것의 '사유화'라고 부른 것을 초기 자본주의 경제의 불가피한 효과나 '부르주아' 사회를 예견하는 이데올로기의 표현으로 간주하지 않는다. 이들은 개인성의 형태들이 18세기 사상에서 하나

19) Michel Foucault, "Politics and Reason," *Politics, Philosophy, Culture: Interviews and Other Writings 1977-1984*, London: Routledge, 1988, p.67; "'Omnes et singula -tim': Vers une critique de la raison politique," *Dits et Écrits*, t.4: 1980-1988, Paris: Gallimard, 1994, p.144. [이종인 옮김, 「옴네스 에트 싱굴라팀: 정치적 이성 비판을 향하여」, 『촘스키와 푸코, 인간의 본성을 말하다』, 시대의창, 2010, 231~232쪽.]

20) Foucault, "Politics and Reason," p.71; "'Omnes et singulatim'," p.147. [「옴네스 에트 싱굴라팀」, 237쪽.] 또한 다음을 참조하라. *Résumé des cours*, p.101.

의 **문제**로 테마화되는 다양한 방식을 검토한다. 이들이 보기에 경제·사회·정치적 개인성이라는 근대적 혹은 '자유주의적' 개념들은 무엇보다 길고도 복잡한 윤리적·정치적 질의과정의 결과물인 것이다.

지나친 단순화의 위험을 무릅쓰고 말하면, 포칵이 보기에 18세기 정치 사상이 직면한 문제는 다음과 같이 표현될 수 있을 것이다. 고결한 시민권의 공민적-인본주의적 이상이 더 이상 적용될 수 없다면, 게다가 사회·정치적 인격의 근대적 기반이 가진 특징들이 신고전주의 모델에 비춰볼 때 타락으로 지목될 수밖에 없다면, 대체 어떤 방식으로 근대적 개인의 사회적·정치적 주체성은 개념화될 수 있으며 되어야만 하는가? 포칵이 18세기의 '불안한 고전주의'라고 부른 현상에서 드러나듯이 이 시기에 스파르타·아테네·로마는 끊임없이 비판적 준거점으로 환기됐고, 이들의 공민적-인본주의적 모델은 공민적 덕성의 필수조건들에서 벗어난 동시대 현실의 균형을 잡아주고 대안적인 윤리-정치적 모델을 구축하려는 시도들의 배경이 됐다.

푸코가 논의하는 문제의 장을 이와 비슷하게 요약하면, 개인이 국가의 '강대함'과 신민들의 행복 증진과 보호를 목표로 하는 통치의 합리적 정치기술의 표적이 될 때 어떤 형태의 개인이라는 관념이 등장하며, 또 요구되는지에 관련된 문제라 할 수 있다. 푸코는 개인들을 정치적으로 대상화하는 방식과, 개인의 삶과 활동의 구체적 측면을 국가의 목표에 통합하는 정치적 기술이 맺고 있는 상호관계에 초점을 맞춘다.

또한 두 저자 모두 교역commerce(특히 경쟁 국가들 간의 교역)이 어떻게 18세기 사상에서 본질적으로 **정치적인** 주제로 등장하는지에 대해 논하고 있다. 포칵은 국가들이 상호경쟁적인 무역국들로 변화하면서 야기된 골치 아픈 결과들에 대한 하나의 대응으로서, 윤리적 개인에 대한 공민-인본주의적 모델이 재해석됐음을 강조한다. 포칵에 따르면 이 골치 아픈 결과들 중 하나는 개인 간의, 그리고 개인과 국가 간의 (경제적 의미뿐만 아니라 문화적 측면까지 포함한) 교환관계의 발달로 인한 '사회적 기능의 전문화'에서 찾을 수 있다. 이런 전문화는 공공적 덕의 실천에만 근거한 공화정 시민의 인성적 총체성과 양립할 수 없는 것처럼 보였기 때문에 하나의 문제로 인식됐다.21)

포칵에 따르면 이런 전문화는 또한, 국가들이 무역경쟁국들로 변화하면서 나타난 세속국가 업무의 경향과 관련해 문제시됐다. 특히 여기서 중요한 것은 전문적 정치 관료집단의 출현, 특히 그 중에서도 상비군과 '전쟁 전문가들'의 등장이라 할 수 있다. 포칵이 국가 업무와 관련된 더 진전된 발전으로 꼽는 것은, 17세기 후반에 '국가의 번영'이 정치적 선에 대한 각 **개인**의 기여를 계산하는 정치산술의 기예가 적용되는 "이해가능한 연구 영역"으로 식별된 일이었다.22)

여기에서 포칵의 설명은 푸코의 설명과 흥미롭게 만나는 동시에 갈라진다. 푸코의 분석은 상이하지만 보완적인 방식으로 읽힐 수 있을 것이다. 포칵이 **시민권**의 윤리적 모델에 전문화가 제기한 문제들이라는 관점에서 이 주제에 접근한다면, 푸코는 주권자의 **신민들**, 즉 통치술의 표적이 되는 개인들의 직업화에 초점을 맞춘다.23)

푸코는 국가 간의 상업적 경쟁이 시민들의 윤리-정치적 인격에 끼친 문제적 효과보다는 국가이성의 틀 속에서 계발된 통치기술들을 연결·결합하는 국가정책의 **도구**로서 교역이 행한 역할을 강조한다. 푸코는 중상주의를 국가이성의 합리적 적용이 국가**정책**의 형태로 등장한 최초의 사례로 본다. 여기서 국가 간 교역은 한편으로는 내부적으로 국가를 부강하게 만드는 내치의 행정기술을 위한, 다른 한편으로는 외부적으로 경쟁하며 성장하는 다른 국가들 간의 힘의 균형이라는 틀 속에서 작동하

---

21) Pocock, *The Machiavellian Moment*, p.499. [『마키아벨리언 모멘트』(2권), 273쪽]; *Virtue, Commerce, and History*, p.110.

22) Pocock, *The Machiavellian Moment*, p.425. [『마키아벨리언 모멘트』(2권), 158쪽.]

23) 푸코의 1978년 3월 29일 콜레주드프랑스 강의. [오트르망 옮김, 『안전, 영토, 인구: 콜레주드프랑스 강의 1977~78년』, 도서출판 난장, 2011, 436쪽.]

는 '외교-군사적' 체계를 위한 '공통의 도구'로 기능한다.[24] 푸코가 정치산술과 '직업화' 현상을 논하는 것은 바로 이런 관점에서이다.

푸코에 따르면, 정치산술은 덕이나 정의의 지배와 관련된 지식과는 완전히 상이한 형태의 정치적 지식이다. 말하자면, 그것은 국가 자체 그리고 자신과 경쟁하는 국가들에 관한 세속적인 지식형태라 할 수 있다. 정치산술은 개인과 그들의 활동을, 국가의 부강에 기여하는 계산가능한 힘이자 구성 요소로 객관화한다. 푸코에 따르면, 내치의 행정기술들은 집중적 규제와 증가하는 '규율적' 형성을 통해 자신의 구성 요소와 힘의 기여도를 최대화하려 하는데, 정치산술은 이런 내치의 기술들로 구체화된 권력형태의 도구이자, 이를 통해서 가능해진 정치적 지식이라 할 수 있다. 다시 말해 푸코는 개별화의 과정을 교환, 신용, '동산'에 근거한 추상적·사변적 관계들의 표상 속에서, 즉 새로운 사회적 관계의 발전 속에서 찾기보다는 '직업화'하는 정치적 기술의 실정적 작동에 근거해 설명하고자 한다. 이 정치적 기술은 개인 각각과 전체의 상이한 기여치를 최대화해 국가를 부강하게 한다는 자신의 목적에 맞춰, 이른바 개인의 한계효용이라 할 만한 것의 관점에서 개인을 통치한다.

흥미롭게도 푸코와 포칵은 일부 학자들과 달리, 사회적·정치적 주체성의 근대적 개념이 정교화되는 과정에서 정치적·민사적 법체계가 가졌던 영향력을 그리 높게 보지 않는다. 여기서 다시 이들의 관점은 서로 보완해주는 방식으로 갈라진다. 포칵에 따르면, 정치법체계의 자연법 사상 아래에서 정치질서는 폴리스나 공화정의 공적 삶에 참여하는 평등한 시민들 간의 관계가 아닌, 권리의 계약적 교환과 양도에 기초한 권위와 복종 관계의 측면에서 개념화됐다. 동시에 민법체계에서는 소유를 사람

---

24) 푸코의 1978년 4월 5일 콜레주드프랑스 강의와 이 해의 강의요지를 참조하라.
  [『안전, 영토, 인구』, 455~456, 488쪽]; Denis Meuret, "A Political Genealogy of
  Political Economy," *Economy and Society*, vol.17, no.2, May 1988.

들이 교환할 수 있는 어떤 것에 대한 권리로 개념화했다. 포칵에 따르면, 이런 점에서 법률가들은 공민적-인본주의 전통을 강조하는 이들보다 '동산'이나 상업적 교환에 덜 적대적이었다. 인본주의자들에게 부동산은 (그리스의 오이코스 모델을 따라) 고결한 시민의 자율성을 가능케 하는 필수조건으로서 특권적인 윤리-정치적 의미를 가졌지만, 앞서 설명한 이유들로 인해 법률가들은 '상업사회'와 결부된 사회적 존재형태들을 그리 큰 문제로 간주하지 않았다.25)

한편 푸코는 국가이성의 중상주의적 공식들이 여전히 주권의 개념적·제도적 구조 속에서 발화됐으며 그것에 종속되어 있었다고 주장한다. 국가이성은 주권의 현재 형태를 문제삼지 않은 채, 국가를 강하게 만들고 그 신민들의 행복 증진을 목적으로 삼았다. 법률가들은 당시 발전하던 통치술의 형태들을 계약 이론과 연결시켜 설명할 수 있는 방법을 찾으려 했지만, 이와 관계없이 **통치**이성은 지속적으로 **국가**이성(주권의 행사를 위한 합리성, 즉 주권자의 합리성)의 일종으로 간주됐다. 사실 통치이성의 표적·도구·목표는 주권의 문제를 개념화한 법적-정치적 사유 속에서 코드화될 수 없었지만, 이는 문제가 되지 않았던 것이다. 이런 점에서 정치적 법체계는 포칵의 주장처럼 공민적-인본주의적 사유 틀과 조화될 수 없는 것이었을 뿐 아니라, 푸코의 주장처럼 그 고전적 틀이 타락한 정치적 삶과 인성으로 간주했던 바로 그 실천들을 정치적으로 도구화하고 장려하는 데 기여했던 듯하다(물론 푸코가 덧붙이듯이, 그 고전적 틀은 통치술의 자율적 발전에 장애물이기도 했지만 말이다).

이런 매우 도식적 논평을 통해, 나는 포칵과 푸코가 동일한 현상을 상이하게 설명하고 있다거나, 이들의 상이한 접근이 즉각 서로 겹쳐질

---

25) Pocock, "The Mobility of Property and the Rise of Eighteenth-century Sociology," *Virtue, Commerce, and History*, pp.103~123; "Cambridge Paradigms and Scotch Philosophers," *Wealth and Virtue*, pp.235~252.

수 있다고 주장하려는 것이 아니다. 오히려 그들 각자의 분석은 더 완전한 그림을 상호보완적으로 완성해주는 상이한 독립적 연구들이라 말해야 할 것이다. 여기서 나는 그들의 상이한 관점을 다소 급하게 병치시킴으로써, 근대 초기의 사회적·정치적 주체성의 문제화는 국가권력의 행사를 위한 통치합리성의 발달, 그리고 주권이라는 통일된 법적-정치적 형태들과 이런 통치합리성의 발달을 연결시키려는 시도들의 등장과 연관지어서 풍부하게 분석될 수 있음을 지적하고자 했을 뿐이다.

3

푸코는 자유주의가 어떻게 이런 정치적 통치성의 문제틀을 변형시켰으며, 어떤 새로운 사회적·정치적 주체성을 도입했는지 묻는다.

자유주의 정치는 종종 국가나 통치활동을 제한하려는 시도로 묘사된다. 때때로 이는 개인의 불가침적인 권리에 근거해 과도한 국가권력을 제한하는 소극적 방식으로 표현될 것이다. 반면에 푸코의 지적처럼, 18세기의 법률가들은 실증적[적극적]인 자유주의적 **통치술**의 정교화를 시도하지 않았으며, 이에 성공하지도 못했다. 그들은 자율적인 통치술의 발전보다는 군주권의 개념적·제도적 구조 속에서 통치 문제를 성문화하는 방법을 찾는 데 더 관심을 쏟았다. 통치성에 관한 강연에서 푸코가 언급하듯이, 국가이성의 중상주의적 정교화가 한편으로 주권이라는 의심받지 않는 법률적 틀에, 다른 한편으로는 경제의 가족-가정 모델에 사로잡혀 있는 한, 17~18세기에 통치이성의 특정하고 자율적인 발전은 지체될 수밖에 없었다. 푸코에 따르면, 통치적 사유의 새로운 발달은 **인구**라는 현상이 정치적 문제로 재정립되는 특정한 경로를 통해서 비로소 가능해졌다. 푸코는 이런 인구의 정치 문제화를 18세기 후반에 이뤄진 통치적 사유의 인식론적·실천적 전환을 가능케 한 근본 조건으로 간주한다. 그 결과 이제 통치되는 영역들의 **자연성**과 **불투명함**에 근거해 통치이성과 의지의 능력에 한계를 설정할 수 있게 됐기 때문이다.

중농학파 혹은 경제학파가 도입한 자유방임이라는 비판적 원칙은 특정한 단일 통치방식에 반해, 통치 대상을 자연적으로 자기조절이 가능한 영역으로 간주할 것을 전제한다. 이들의 비판에 따르면, 철저하고 상세한 규제를 통한 통치는 현실을 원하는 대로 지배할 수 있는 군주나 국가의 이성적 의지를 상정하는 것이다. 현실을 의지에 따라 수정할 수 있다는 전제에 반대해, 중농주의자들은 통치의 대상-영역이 군주의 전제적 규제를 무용하고 위험한 것으로 만드는 내재적 자기조절 절차와 메커니즘, 즉 자연성을 지녔다고 본다. 이들에 따르면, 전제적인 규제는 현실이 자기조절의 내재적 메커니즘을 갖고 있기 때문에 불필요할 뿐 아니라 의도와 다른 결과를 낳을 수 있어서 해롭기까지 하다.

푸코는 행정적 전제주의의 '아둔함'에 대한 이런 유형의 비판을 통해 통치가 인구와 부의 자연적 과정을 과제로 다루게 됐다고 본다. 18세기 들어 인구는 점차로 특수한 동시에 상대적인 현실로 간주된다. 인구는 더 이상 국가의 부유함과 힘, 영광의 증진에 기여하는 요소와 힘의 집합이 아니며, 군주의 합리적 의지가 내리는 규제 명령에 따라 행동하는 유용한 개인들의 합계도 아니다. 인구는 더 이상 법적 주체들의 집합인 것만이 아니며, 평등한 시민들의 윤리적 공동체는 더더욱 아니다. 이제 인구는 정치나 행정이 자연적이라고 간주하는 현상과 과정(생명존재 혹은 '종'의 일반 체계 안에 존재하는 개별 생명들과 그들에게 필수적 환경으로 간주되는 요소들 간의 관계에 영향을 끼치는 현상과 과정)의 규칙성의 격자를 통해 이해된다.26) 이와 동시에 인구의 자연적·인공적 변수들이 경

---

26) 푸코에 따르면 중상주의가 부와 인구의 관계를 특권화한 반면, 18세기 동안 '내치'기술들은 삶의 현상과 인구의 정치-행정적 측면을 분명히 드러냈다. 이렇듯 인구 현상을 정치적 문제로 간주하는 관점의 등장에 따라, 결국 인구와 부에 대한 중상주의의 관점은 의문시되고 변하게 됐다. 푸코는 18세기에 등장한 통치 특유의 '생명정치적' 차원에 대해 수차례 말한 바 있다. Michel Foucault, "The Politics of Health in the Eighteenth Century," *Power/Knowledge : Selected Interviews and*

제와 부에 미치는 효과가 규칙성을 가진다는 점에서, 인구는 경제적 변인들 혹은 부의 요소들과 관련해 상대적으로 객관화된다.

푸코에 따르면, 인구라는 현상을 통치의 정치적 문제로 특정화하는 것은 경제과정의 정치적 독립을 가능케 한 주요 조건이다. 가족과 경제과정이 고전적 가정경제 모델에서 맺고 있던 본질적 연결관계는 해체될 것이다.[27] 이제 가족은 이런 모델에서 벗어나 점차 하나의 인구를 형성하는 관계들의 집합 속에서, 도구화할 수 있는 하나의 윤리적-자연적 체계로서 정치적으로 대상화된다.[28] 이와 동시에 경제과정도 가정경제 모델에서 분리되며, 그 자연적 역학은 부를 이루는 요소들의 주체인 인구와 맺고 있는 복잡한 관계들 속에 새롭게 자리잡게 된다.

그리고 나서 자유방임의 원칙은, 새롭고 실행가능한 관리기술의 특화 가능성을 위한 인식론적 전제조건을 구성하는 인구와 부에 대한 일종의 객관화에 근거하게 된다. 자유방임의 원칙은 사물의 결에 맞춰 통치하는 것으로서, 그 전제조건으로서 통치의 대상을 이렇게 특정화한다. 즉, 통치의 대상은 어떤 의미에서 자기지시적으로 규제되어야 하는데, 그 규제는 [통치의 대상이] 최적으로, 그러나 자연스럽고 자기조절적으로 기능할 수 있는 조건을 보호하는 목적에만 한정되어야 한다.[29]

Other Writings 1972-1977, Brighton: The Harvester Press, 1980; "La politique de la santé au XVIIIe siecle," *Dits et Écrits*, t.3: 1976-1979, Paris: Gallimard, 1994. [홍성민 옮김, 「18세기의 질병의 정치학」, 『권력과 지식: 미셸 푸코와의 대담』, 나남, 1991]; *The History of Sexuality, vol.1: An Introduction*, [이규현 옮김, 『성의 역사 1: 지식의 의지』(제3판), 나남, 2010]; *The Birth of Clinic: An Archaeology of Medical Perception*, London: Tavistock, 1973. [홍성민 옮김, 『임상의학의 탄생: 의학적 시선의 고고학』, 이매진, 2006. 특히 2~3장을 참조하라.]

27) 정치경제적 사상의 구조에 대해서는 다음을 참고하라. Keith Tribe, Land, *Labour and Economic Discourse*, London: Routledge, 1978.

28) 푸코에 따르면 가족은 새롭게 등장한 보건의 정치와 18세기 말의 구제형태들을 문제화하는 데서 핵심 역할을 수행했다. 이에 대해서는 『임상의학의 탄생』과 『광기의 역사』를 참조하라.

중농주의자들은 개인의 무제한적 이해관계 추구가 자연스럽게 일반적·공적 이해관계를 낳는 과정으로 이어진다는 식으로 자유방임의 개념을 정식화한다. 자유방임을 통한 통치란 이해관계의 통치이며, 개인의 이해관계뿐 아니라 인구 자체의 이해관계라는 의미에서 이해관계를 통해, 또한 이해관계를 수단으로 작동하는 통치를 말한다.[30] 자유방임은 인구의 일부이자 특수한 개인적 이해관계의 주체들인 **개인**의 품행에 의존하는 통치이다. 말하자면, 이해관계의 개별적 주체는 통치의 대상 혹은 표적인 동시에 이른바 통치의 '파트너'라 할 수 있다. 이 개별적 생명 존재, 특수한 이해관계의 주체는 새로운 사회적·정치적 주체성, 즉 새로운 통치술의 상관물이자 도구인 '경제인'의 원형을 대표한다.

4

통치자는 공론opinion 이외에는 기댈 곳이 없다. 즉 통치는 공론에 근거해서만 성립한다.[31]

만인의 이해관계는 각자에게 고유하며, 이해관계에서 비롯된 혐오와 욕망이 다른 이들에게 똑같이 영향을 끼칠 리 없다.[32]

---

29) 내재적인 자기조절의 메커니즘을 통해 현실[실재]을 관리가능하게 만드는 객관화에 대해서는 다음의 유용한 지적을 참고하라. Colin Gordon, "Afterword," in Foucault, *Power/Knowledge*, op. cit., pp.248~250. [홍성민 옮김, 「편집자 후기」, 『권력과 지식』, 앞의 책, 292~293쪽.]

30) 경제 분석의 초점이 유통에서 생산으로 이동하자 인구는 단순히 국부를 이루는 계산된 힘과 요소의 총합이 아니라 부를 이루는 **주체**로 이해된다. 이 결정적 변화에 따라 인구는 그 자신의 이해관계를 획득하게 될 것이다.

31) David Hume, "Of the First Principles of Government," *Essays Moral, Political and Literary*, op. cit., p.32.

32) David Hume, *Enquiries Concerning Human Understanding and Concerning the Principles of Morals*, Oxford: Clarendon Press, 1975, p.228.

데이비드 흄의 철학은 상당히 실천적인, 다시 말해 정치적인 성격을 가진다. 인간 본성의 정념적·상상적 원리에 대한 흄의 논의는 **개별적** 품행을 사회적으로 합리화하고 그것을 사회적 전체나 '도식'에 통합하기 위한 실천적 원칙과 경험적 주체성의 이론을 제공한다. '스코틀랜드 계몽주의'의 여타 사상가들과 마찬가지로, 흄의 논의는 '공민적 인본주의' 전통이 근대성의 문제로 식별해낸 쟁점들을 해결하기 위한 방안이라고 말할 수 있다. 하지만 던컨 포브스가 주장하듯이, 흄의 사상은 동시에 자연법의 법학적 전통과도 비판적으로 연결되어 있다.[33] 또한 흄의 정치적 저서들에 담긴 주장들이 국가이성의 원칙에 근거한 문제틀 속에 자리매김될 수 있다는 주장도 완전히 틀린 말은 아닌 것 같다. 흄의 사상이 이렇게 상이한 (비록 양립하지 못할 정도는 아니지만) 격자들을 통해 독해될 수 있는 이유는, 그가 이 상이한 영역들에서 어떻게 근대의 정치적 삶의 문제들이 극복되어야 할 장애물들로 구성되는지에 대해 논함으로써 일종의 '사유의 새로운 장면'을 창출해내고 있기 때문이다. 어쨌든 흄의 사유는 '공민적 인본주의'의 이상에 대한 대안을 정교화하는 동시에 주권이라는 법학적 개념틀 외부에서 통치를 사고할 가능성을 발전시키는 데 핵심적인 기여를 하고 있다. **공론**과 **이해관계**라는 주제에 대한 흄의 작업을 간략히 살펴본다면, 이런 이중적 기여가 의미하는 바를 개략적으로나마 이해할 수 있을 것이다.

포칵에 따르면, 17세기 말 영국의 '금융혁명'과 이에 따른 신용관계의 확산은 개인들의 관계, 개인과 국가의 관계가 인간의 상상적 정념에 의해 지배되는 허구적인 것일 뿐이라는 혼란스런 이미지를 낳았다. 신용은 이제 정치질서가 미래에 가질 안정성을 구체적으로 추측케 해주는 정치적 관계의 핵심 요소가 됐다. 그러나 동시에 신용은 평판과 믿음에

---

33) Duncan Forbes, *Hume's Philosophical Politics*, Cambridge: Cambridge University Press, 1985.

근거해 미래에 대한 불확실하고 확률적인 계산을 행하는 것을 의미했기에, 덕성을 갖춘 침착한 시민이라는 이상과 달리 공포와 희망이라는 비현실적·허구적 정념에 근거한 형태의 주체와 연결될 수밖에 없었다. 포칵은 18세기 정치 사상의 주요 주제였던 이성과 정념의 갈등은 새롭게 등장한 이 신용세계의 영향을 받은 것이었다고 주장한다. 포칵에 따르면, 정념을 통치가능한 것으로 만들기 위한 시도 중 핵심적인 것은 신용을 규제된 공론으로 전환시켜 타인의 행위를 예측할 수 있는 합리적 기반을 마련하고 사회성의 윤리에 토대를 제공하는 것이었다.[34]

18세기에 공론은 인식론적 개념인 동시에 정치적 개념이었다.[35] 우선 공론은 확률의 영역에 속했으며, "삶과 행동이 절대적으로 근거하는 명증성의 척도"[36]였다. 동시에 공론이 인식론적으로 불안정하고 상상력에 근거한 '까다로운 정념들'에 영향을 받는다는 사실은 공론을 그 즉시 정치적인 개념으로 만들었다. 더구나 18세기 중반까지 공론은 구체적인 정치적 현실로, 즉 정치신문, 각종 클럽, 카페, 잡지, 서적 등에서 벌어지는 당대의 쟁점에 대한 토론의 형태로 발현됐다.[37] 정부와 독립적으로 존재하는 공론의 정치 문화가 형성됐던 것이다. 흄은 이런 공론세계에서 '교환'이 띠는 형태, 즉 '공통적 삶'에 몰두하는 '중간계층' 개인들의 문화적 교환형태를 지칭하기 위해 '대화'라는 용어를 사용했다. 흄의 실

---

34) Pocock, *The Machiavellian Moment*, p.450ff. [『마키아벨리언 모멘트』(2권), 198쪽 이하]; *Virtue, Commerce, and History*, pp.103~123.

35) 공론의 인식론적 측면과 opinio라는 중세의 개념이 opinion이라는 근대의 개념으로 변해간 과정에 대해서는 다음을 참조하라. Ian Hacking, *The Emergence of Probability*, Cambirge: Cambridge University Press, 1975.

36) David Hume, "An Abstract of a Book Lately Published: Entituled *A Treatise of Human Nature* & c.," *A Treatie of Human Nature*, Oxford, 1978, p.647. [이준호 옮김, 「최근 간행된 어떤 책에 대한 초록」, 『인간본성에 관한 논고 3: 도덕에 관하여』, 서광사, 1998, 198쪽.]

37) Nicholas Phillipson, *Hume*, London: Weidenfeld & Nicolson, 1989.

천철학은 본질적으로 이런 공론의 정치 문화를 조정할 수 있는 원칙을 세우고, 이를 안정화·교정할 수 있는 방법들을 찾아내며, 교환이 가능한 규칙들을 세워 안전하고 사교적인 대화가 가능한 세계 속에서 공론이 안정된 통화처럼 기능하게 하려는 시도라 할 수 있다.

에세이스트로서 흄은 자기 자신을 "학문의 왕국에서 대화의 왕국으로 파견된 사자使者"로 묘사한다. 요컨대 흄은 '대화와 공통적 삶'이 제공한 재료들을 이용해 '학식 있는 자들'과 '대화가능한 자들'의 상호의존적 영역들 간에 이뤄지는 '교환'의 규약을 만드는 과업을 떠맡았던 것이다.38) 이런 역할을 자임하면서 흄은 정부들이 자신의 안정성을 위해 기대야만 하는 공론의 세계에 주목하게 됐다. 지금까지 배움의 세계에 속해왔던 철학은 이제 "공통적 삶에 대한 반성"을 정교화하고 교정하기 위한 시도에 종사해야만 한다.39) 이와 동시에 흄의 회의주의는 추상적 추론에 근거한 주장들을 수정하고, 개인적인 동시에 집합적인 삶의 실천적·도구적 역할에 근거를 제공하려는 시도였다.

추상적 추론에 대한 흄의 회의주의는 '독단적' 의견과 편견을 수정하기 위한 원칙을 제공해주는 한편, 우리의 믿음에 적절한 증거를 제시할 필요성과 우리의 행동을 이끄는 성급한 정념들을 점검하고 자신의 신념을 상대화할 수 있는 전술적 원칙을 제시한다.40) 흄의 비판적 회의론의 주요 표적은 '열정'과 '당파심,' 즉 종종 정부들이 근거하는 두 가지 형태의 공론(재산 혹은 권력에 대한 원리나 공론) 중 하나만을 고집스럽게 주장해 대화가능성을 위협하는 것들이다.41)

---

38) David Hume, "Of Essay Writing," *Essays Moral, Political and Literary*, op. cit., pp.533~537.

39) Hume, *Enquiries*, p.162. [김혜숙 옮김, 『인간의 이해력에 관한 탐구』, 지식을만드는지식, 2010, 243쪽.]

40) Hume, *Enquiries*, p.161. [『인간의 이해력에 관한 탐구』, 241~242쪽.]

41) Hume, "Of the First Principles of Government," p.33.

흄은 이성적 추론은 정념의 순종적인 하인이거나 노예이며, 그래야만 한다고 주장한 것으로 유명하다. 흄은 대상을 식별하고 정념을 만족시킬 수 있는 수단을 계산하는 도구적 역할만을 이성에 부여했다.[42] 흄은 이성의 존재·실행·발전을 '공통적 삶'의 한가운데에, '공통적 삶'의 도구로서, '공통적 삶'의 실질적인 영위로 자리매김한 것이다.

법, 질서, 내치, 규율. 이것들은 인간 이성이 실천에 의해, 적어도 교역과 제조업 같은 더 세속적인 기술들에 적용되어 개선되기 전에는 결코 완벽해질 수 없다. 물레를 만들거나 베틀의 장점을 활용하는 법을 모르는 사람이 통치를 잘 행할 수 있다고 기대할 수 있겠는가?[43]

이처럼 인간의 정념적 활동을 거드는 하인으로서의 이성이 행하는 종속적·도구적 역할은 흄 자신이 구별해낸 또 다른 공론의 형태, 즉 이해관계의 공론 ("통치로부터 얻어지는 일반적인 이득에 대한 감각")과 관련해 더 분명하게 드러난다. 흄에 따르면, 이해관계의 공론이 확산되어야만 "모든 통치에 커다란 안전이 보장된다."[44]

앨버트 허시먼은 어떻게 18세기 동안 '이해관계의 정념' 혹은 '이해타산적 감정'이라는 개념이, 인간의 파괴적일 수 있는 정념을 통치할 수 있는가라는 문제를 풀 유력한 도구로 점차 지목됐는지 묘사했다.[45] 허시먼의 주장에 따르면, 이해관계는 차츰 다른 정념들에 대한 일종의 통제메커니즘으로 이해됐다. 허시먼은 이해관계에 부여된 이 역할이 '교

---

42) Hume, *A Treatie of Human Nature*, pp.415, 459. [이준호 옮김, 『인간본성에 관한 논고 2: 정념에 관하여』, 서광사, 1996, 160쪽; 『도덕에 관하여』, 29~30쪽.]

43) David Hume, "Of Refinement in the Arts," *Essays Moral, Political and Literary*, op. cit., p.273.

44) Hume, "Of the First Principles of Government," p.33.

45) Hirschman, *The Passions and the Interests*, op. cit. [『열정과 이해관계』, 앞의 책.]

역'의 이익들을 규제하고 진정시키고 개선하는 것, 즉 문명화하는 것에 대한 옹호와 어떻게 연결되는지 보여준다. 이해관계를 인간이 지닌 정념적 본성의 근본적이고 환원불가능한 양태로 구분하는 이 과정은, 그것을 본질적으로 '경제적인 것'으로 간주하는 경향과 함께 진행됐다.

푸코에 따르면, 이해관계에 근거한 선택과 행위라는 관념의 등장은 서구 주체성 이론의 심대한 변화를 보여주는 것으로서, 정치질서와 개인의 관계에 대한 사유에 중대한 영향을 미쳤다.46) 푸코가 보기에 이해관계를 추구하는 경험적 주체에 관한 이론은 '이해관계'와 '권리'(흄이 제시한 두 가지 형태의 공론)의 관계를 이해하는 데 중대한 함의를 가지며, 국가이성과 주권의 문제라는 틀 바깥에서 통치적 이성을 갱신할 수 있도록 해주는 핵심 요소를 구성해냈다.

흄에 따르면, '자신에게 고유한' 이해관계를 지닌 개별 주체는 궁극적으로 비이성적이거나 감정에 근거한 선호에 따라 행동하는, 그리고 직접적으로 그런 선호를 표현하는 선택의 주체라 할 수 있다. 이해관계는 이성적 추론이나 초월적 도덕 원칙의 산물이 아니라 '본래적 존재'가 가진 정념의 표현이며, 이런 이유에서 환원불가능한 것이다.47) 정념·의지·행동은 이성에 비해 진실되거나 거짓된 것도 아니고 이성에 부합하거나 반대되는 것도 아닌, "근원적 사실이자 실재이며 그 자체로 완전한 것"이다.48) 감정적 선호의 환원불가능한 표현으로서 이해관계는 권리와는 달리 양도될 수 있는 성질의 것이 아니다. 이성적 추론은 "어떤 정념에 대한 선호와 싸울 역량"이 없으며,49) 사실 그 무엇도 누군가 자신이 현재 선호한다고 느낀 것을 다른 것으로 바꾸게 강제할 수 없다.50)

---

46) 푸코의 1979년 3월 28일 콜레주드프랑스 강의. [오트르망 옮김, 『생명관리정치의 탄생: 콜레주드프랑스 강의 1978~79』, 도서출판 난장, 2012, 436쪽.]

47) Hume, *A Treatie of Human Nature*, p.415. [『정념에 관하여』, 160쪽.]

48) Hume, *A Treatie of Human Nature*, p.458. [『도덕에 관하여』, 28쪽.]

49) Hume, *A Treatie of Human Nature*, p.415. [『정념에 관하여』, 160쪽.]

따라서 이해관계는 전적으로 주관적이고 사적인 선택의 원칙으로 기능한다. 푸코가 말하듯이, 이는 개인을 선호에 근거해 선택하고 행동하는 하나의 고립된 원자로 만든다. 이해관계가 제시하는 이런 개인의지의 무매개적이고 절대적인 주관적 형태는, 주권에 대한 계약 이론이 제시하는 법적 형태의 의지와는 완전히 상이한 것이다.

　　에른스트 카시러의 지적에 따르면, 그 어떤 당위[의무]로도 "인간의 감성적인 성향을 지양하거나 철저히 변혁시킬 수 없다"는 사실을 깨닫는 바로 그 순간에 윤리나 당위의 모든 초월적 체계는 내재적으로 도전에 직면하게 되는데, 그런 "[인간의] 감성적인 성향은 당위에 거슬려 거듭 생겨나고 당위보다 언제나 더 강력하게 대두된다."[51] 포브스가 주장한 바 있듯이, 흄의 『논고』는 "신을 참조하지 않는 정치철학"이라고 할 수 있다.[52] 푸코의 용어를 빌리면, 흄의 사회계약론에서는 모든 초월성이 철저히 배제되어 있다. 자연법에 근거한 사회계약론은 이해관계를 권리의 경험적 원칙으로 제시함으로써 권리와 이해관계를 화해시키려 한다. 간단히 말하면, 개인은 **처음에는** 이해관계의 계산에 따라 계약을 맺을 것이다. 그렇지만 일단 계약을 맺게 되면, 개인은 특정한 이해관계를 초월하는 훨씬 더 높은 수준의 의무를 자각하게 된다. 그 혹은 그녀는 이제 법률적 주체로서 의무를 가지게 되는 것이다. 흄은 바로 이런 설명을 거부하며 이해관계는 결코 지양될 수 없고, 사회계약을 준수하기 위한 궁극적 기반으로 남아 있어야 한다고 주장한다.[53]

---

50) Hume, *A Treatie of Human Nature*, p.416. [『정념에 관하여』, 161쪽.]

51) Ernst Cassirer, *The Philosophy of the Enlightenment*, Princeton: Princeton Univer-sity Press, 1951, p.246. [박완규 옮김, 『계몽주의 철학』, 민음사, 1995, 330쪽.]

52) Forbes, *Hume's Philosophical Politics*, p.65.

53) Hume, *A Treatie of Human Nature*, pp.550~553. [『도덕에 관하여』, 121~125쪽.] 또한 다음의 글들을 참조하라. Hume, "Of the Original Contract"; "Of Passive Obedience," *Essays Moral, Political and Literary*, op. cit.

흄에 따르면, 개인은 통치에 복종함으로써 자신의 이해관계가 지속된다고 계산할 때에만, 통치에 복종해야 한다는 의무를 받아들인다. 다시 말해, 개인은 행정관의 재판과 규칙이 제공하는 '안전'이 자신의 이해관계에 도움이 될 것이라 판단하는 한에서만 복종이라는 의무를 수용한다는 것이다.[54) 흄 역시 정치사회의 법에 복종해야 한다는, 부차적이고 상이하지만 발명된 것은 마찬가지인 '도덕적 의무'를 인정한다. 하지만 이런 부차적 의무는 결국에는 일차적인 "이해관계에 따른 자연적 강제"에 의존하며, 이를 초월할 수 없다. 이해관계는 법적 의무에 결코 종속되지 않는다. 법적 의무로 환원될 수 없고 계속해서 이 법적 의무를 초과하는 일차적인 "이해관계에 따른 자연적 강제"가 없다면, 법에의 복종이라는 이차적인 시민적 의무는 존재할 수 없을 것이다.

결국 흄의 이론이 도입한 것은 법적 형태의 의지로 환원될 수 없는 상이한 의지, 즉 주체적 형태의 의지이다. 이 둘의 행동 논리는 상이하다. 먼저 법적 형태의 의지는 자연권의 교환·포기·양도를 통해 현실화된다. 개인은 이런 행위를 통해, 특정한 권리를 보유하는 동시에 자신에게 부과된 권리의 체계에 종속됨으로써 한 명의 법적 주체가 된다. 법적 주체가 됨으로써 개인은 자신의 자연권의 한계를 수용하고, 자신의 계약 이전 지위를 초월하는 주체적 형태의 의지가 있음을 받아들인다.

반면 이해관계의 의지에 근거한 주체는 완전히 다르게 표현된다. 이해관계는 절대 교환·포기·양도될 수 없다. 개인은 이해관계를 양보하는 것이 아니라 다른 사람의 이해관계와 자신의 이해관계를 '조정'할 뿐이며, 결국 사람들은 **각자의 이해관계를 만족시키는 데 더 나은** "품행과 행위의 어떤 체계"[55)에 합의하게 될 것이다. 이런 점에서, 질 들뢰즈의 지적처럼, 흄의 정치철학은 법률보다 제도에 관련된 것이다.[56)

---

54) Hume, *A Treatie of Human Nature*, pp.550~553. [『도덕에 관하여』, 121~125쪽.]
55) Hume, *A Treatie of Human Nature*, p.529. [『도덕에 관하여』, 101쪽.]

흄에 따르면, 정의의 지배는 발명된 것이며 '인공적'인 것이다. 이 역시 '자연적'이라 말할 수는 있지만, 이는 자신의 정념을 활용할 인공적 방법을 고안하는 것이 '발명하는 종'으로서의 인간 공통의 특성이라는 의미에서만 그렇다.[57] 정의의 지배는 부지런하고 창의적인 정념의 '산물'로서, "그런 정념을 만족시키는 더욱 기술적이고 세련된 방식"[58]이다. 정의는 목적을 위한 수단일 뿐, 그것을 발견하고 고안한 경험적 주체성을 대체하는 법적 주체를 확립하지는 않는다. 들뢰즈는 정의와 통치에 대한 흄의 설명이 정치사회의 구성에 대한 기존의 법적 설명이 가정했던 적극적/긍정적 축과 소극적/부정적 축을 뒤집는다고 말한다. 가령 후고 그로티우스는 정의를 '부당하지 않은 것'이라 부정적으로 정의하며, 불의를 정치사회의 합리적-법적 질서에 반하는 것이라 규정한다.[59] 여기서 긍정적인 것은 사회의 바깥, 즉 정치사회의 구성에 앞서 개인의 자연권과 자연에 존재한다. 권리는 정치사회가 근거하는 금지들이 결정된 이후에 남은 것이라 할 수 있다. 반면에 흄의 철학은 우리의 정념을 만족시키기 위한 "우회적이고 간접적인" 수단의 철학, 발명과 제도적 고안물의 철학이다.[60] 책략과 인공적 장치를 통해, 우리의 이해관계는 보호되는 것이 아니라 이해관계를 추구하고 만족시키는 실정적 수단들을 제공받고 **인도**된다. 이해관계는 제한되는 것이 아니라 이해관계가 공공의 이익으로 연결될 수 있는 자발적이고 결합적인 도식 속에서 점차 증가하

---

56) "제도는 법과 같은 제한이 아니라, 반대로 행위의 모델, 다양한 기획, 적극적 수단을 발명하는 체계, 간접적 수단의 적극적 발명이다." Gilles Deleuze, *Empirisme et subjectivité: Essai sur la nature humaine selon Hume*, Paris: PUF, 1973, p.35 [한정헌·정유경 옮김, 『경험주의와 주체성』, 도서출판 난장, 2012, 74쪽.]

57) Hume, *A Treatie of Human Nature*, p.484. [『도덕에 관하여』, 55쪽.]

58) Hume, *A Treatie of Human Nature*, p.526. [『도덕에 관하여』, 98쪽.]

59) Hugo Grotius, *The Law of War and Peace*, New York: Classics Club, 1949, p.18.

60) Hume, *A Treatie of Human Nature*, p.497. [『도덕에 관하여』, 67쪽.]

고 다양화된다. 사회의 바깥은 부정적 의미를 가지는데, 왜냐하면 사회의 바깥에서는 인간의 본성 자체가 존재할 수 없기 때문이다.[61]

푸코에 따르면, 이런 경험적 주체 이론은 이해관계에 근거한 주체성의 형태를 전면에 내세우는데, 이런 주체성의 형태는 이해관계의 '역학'을 정교화하는 출발점이 된다. 푸코는 이 새로운 주체의 형상이 이해관계에 근거한 경험적 주체 이론과 경제과정에 대한 분석이 교차하며 생성된 영역 속에서 등장한다고 주장한다.

5

이 놀랍도록 다양한 노동과 그것의 생산물 [및] 요구와 자원들 속에서, 이름 없는 개인의 생계와 안녕을 사회라는 실재의 일반 체계와 연결짓고 그 개인을 자연의 모든 사고와 모든 정치적 사건에 종속되게 만들며 궁핍이나 향락을 경험할 수 있는 그의 능력을 어느 정도 세계 전체로까지 확장시키는 이 무섭고도 두려운 이해관계라는 문제 속에서, 이런 외견상의 혼란 속에서, 어떻게 우리는 자신을 위한 개개인들의 노력이 도덕 세계의 일반 법칙에 의해, 서로 적대하는 이해관계들의 공공연한 갈등에도 불구하고 전체의 안녕에 이바지하고, 각자가 자신의 이해관계를 이해해야 하며 그 이해관계를 자유롭게 마음껏 추구할 수 있어야 비로소 가능한 공공의 복지에 이바지함을 감지하게 되는 것일까?[62]

교환메커니즘에 대한 중농주의자들과 애덤 스미스의 분석에서는 "자신의 이해관계에 근거한 교역"이 최대한 허용되어야 할 뿐 아니라, 개개인이 자신의 특수한 이해관계를 최대화하기 위해 노력해야 한다. 바로 이

---

61) Hume, *Enquiries*, p.206.

62) Jean-Antoine-Nicolas de Condorcet, *Esquisse d'un tableau historique des progrès de l'esprit humain*, Paris: Éditions sociales, 1971, p.209.

런 행위가 모든 개인의 이해관계를 증진시킬 것이기 때문이다. 개인의 사적 이해관계의 추구는 이해관계를 충족시키기 위한 대상과 수단을 증식시키는 체계와 함께 기능하며, 결국 개인의 의지가 다른 모든 경제적 주체들의 의지와 자생적으로 조화되는 상태로 귀결될 것이다.

흄에 따르면, 개인의 주관적 선호가 가진 비환원적 특수성과 개개인이 세계와 맺고 있는 특수한 상황 때문에, 개인의 계산에 따른 행동은 고립된 특수한 사건일 수밖에 없다.[63] 이해관계에 따른 선택의 이런 원자적 특수성과 국지적 조건은 18세기 말 사상가들에게 (긍정적으로 다뤄지든 부정적으로 언급되든) 주된 주제였고, 경제적 합리성 모델이 기본적으로 **개인**의 합리성이라는 형태로 발전하는 데 중요한 요소로 기능했다. 사적 이해관계의 게임 속에서 고립된 개인은 불투명한 내재성의 장에 속하게 되며, 이 장 속에서 개인의 행동은 자신의 지식과 의지를 뛰어넘는 우연한 사태·사건에 영향받는다. 또한 마찬가지로, 개인의 행동은 미처 자신이 의도하지도 알지도 못한 사이에 공공의 선을 이루는 이해관계에 기여하게 될 것이다. 다시 말해 이런 '국지적 상황' 속에서[64] 개인은 푸코가 묘사한 바 있는 의존성과 생산성으로 이중화된 의도치 않은 세계에 놓이게 된다.[65] 우선 개인의 행동은 자연적 사건과 타인의 행동이 만들어내는 자신의 의지로 통제할 수 없는 무한한 세계에 의존하게 된다. 그리고 이에 덧씌워져, 개인의 행동은 의도하지 않게 사회의 이해관계를 구성하는 이해관계의 무한한 집합에 기여하게 되는 것이다.

이런 국지적 상황은 이해관계의 주체로서 개인이 가진 합리성을 쓸모 없게 만들기는커녕 오히려 그것을 위한 기반을 제공한다. 국지적 상황 속에서 개인은 자신의 이해관계를 계산하고, 이를 통해 타인들이 서

---

63) Hume, *A Treatie of Human Nature*, p.531. [『도덕에 관하여』, 103쪽.]

64) Smith, *The Wealth of Nations*, pp.395, 531. [『국부론』(개역판/상), 303, 553쪽.]

65) 푸코의 1979년 3월 28일 콜레주드프랑스 강의. [『생명관리정치의 탄생』, 384쪽.]

로 관계맺는 것과 유사한 방식으로 스스로를 다른 주체들과 연결시킨다. 즉 '행동의 도식'은 고립된 이해관계 주체들의 행동 결과 나타나기 때문에, 각 개인의 계산된 행동이 가지는 경제적 합리성과 실정성("전혀 의도하지 않았던 목적"의 생산[66])은 개인 행동의 조건과 그것이 가져오는 효과가 그 자신의 지식과 의지를 벗어나 있는 **한에서만** 가능할 것이다. 푸코에 따르면, 이것이 바로 스미스의 '보이지 않는 손'의 의미이다. 여기서 경제인은 자신의 지식과 의지를 벗어난 의존과 생산성의 체계에 속한 이해관계의 주체로 자리매김되지만, 동시에 바로 이런 특성이 그들 행위의 경제적 합리성을 위한 전제 조건이 된다.

푸코는 스미스의 '보이지 않는 손'이 보여주는 섭리의 솜씨보다는 그것이 비가시적으로 작동한다는 성격 자체에 더 주목한다. 스미스의 유명한 주장에 따르면, 경제적 이기주의는 집단적 선에 근거해 개인의 행동을 지도하려는 시도보다 더 바람직한 것이다. 왜냐하면 집단적 선에 근거해 개인의 행동을 지도하려는 시도는 결국에는 "부적절한 방해들"을 부과하는 것으로 귀결될 해로운 행위이기 때문이다.[67] 집단적 선은 원칙상 계산할 수 없는 것이기에, 그 어떤 누구라도 경제과정을 총체화하려 **시도해서는 안 된다.** 왜냐하면 그것[총체화]은 그 누구도 **할 수 없는** 일이기 때문이다. 어떤 군주에게도, "어떤 한 개인 …… 어떤 위원회나 참의원"에게도 사적 이해관계의 추구에 관한 권한을 "안심하고 위임할" 수는 없다.[68] 왜냐하면 "인간의 어떤 지혜나 지식"도 "사적 개인의 노동을 감독하고 그것을 사회의 이익에 가장 적합한 작업으로 인도해야 하는" 의무를 수행하는 데 충분하지 않기 때문이다.[69]

---

66) Smith, *The Wealth of Nations*, p.456. [『국부론』(개역판/상), 552쪽.]
67) Smith, *The Wealth of Nations*, p.540. [『국부론』(개역판/상), 661쪽.]
68) Smith, *The Wealth of Nations*, p.456. [『국부론』(개역판/상), 552쪽.]
69) Smith, *The Wealth of Nations*, p.687. [『국부론』(개역판/하), 848쪽.]

따라서 사적 이해관계 추구의 제한을 철폐하는 것은 경제과정에 대해 군주가 가졌던 권리를 인식론적·실천적으로 폐기하는 것과 함께 이뤄진다. 이해관계의 개별적 주체를 합리적인 경제적 행위자로 만들어주는 것은 경제과정의 불투명성, 즉 본질적으로 원자적 단위로 이뤄지는 계산과 행위의 다양성을 총체화할 수 없는 데서 오는 필연적 비가시성이다. **오직** 고립된 이해관계의 주체만이 합리적이다. 이 고립된 상황에서만, 개인은 스스로의 이해관계를 파악하고 그것을 추구하는 가장 좋은 방법을 계산할 수 있다.[70] 경제 주체의 의존성과 생산성에 관한 공식인 '보이지 않는 손'은 경제적 합리성의 국지적 조건을 명시한다. 경제적 합리성은 본질적으로 고립된 개인들의 합리성으로, 이들의 특수한 행동은 총체화되지 않은 채 다른 이들의 행동과 수렴하게 될 것이다.

그럼, 이런 질문이 제기된다. 만약 중농주의자들의 주장처럼 인구와 경제과정의 자기조절적 자연성이 사물을 자신의 의지에 따라 지휘하려는 군주의 능력을 제한한다면, 스미스의 주장처럼 경제적 교환의 총체성이 가진 불투명성이 경제를 파악하고 지휘하려는 군주의 시도를 부적절한 것으로 만든다면, 즉 경제과정은 어떤 의미에서 통치의 손에서 '벗어나' 존재하는 것이라면, 통치행위에 적합한 영역은 어디인가?

6

인류는 지금 느끼는 대로의 자기 마음을 따르는 과정에서, 불편을 제거하거나 확실하고 근접한 이익을 얻으려고 애쓰는 과정에서, 자신의 상상력

---

70) 물론 흄과 스미스 모두 인정하듯이, 개인은 어떤 대상이 자신의 이해관계를 충족시킬 수 있을지, 선택한 전략이 자신의 이해관계를 달성하는 데 최선의 것인지에 대해 잘못된 판단을 내릴 수 있다. 따라서 교육과 여타 보완적 수단들이 요구된다. 즉 니콜라 드 콩도르세가 하나의 전제조건으로 내걸었던 것처럼, 개인은 개별적 주체로서 자신의 이해관계가 어디에 있는지 이해할 수 **있어야만 한다.**

이 전혀 예측할 수 없었고, 다른 동물들처럼 자신의 본성을 따르는 과정에서 그 목적을 인지조차 못한 채 넘어가버린 결말에 다다른다……. 최초로 어떤 지도자 밑에 들어간 사람은 자신이 영원한 종속의 본보기를 보여주고 있다는 사실을 인식하지 못했을 것이다……. 마치 우리가 알지 못하는 곳에서 불어오고 마음 내키는 대로 어디로든 흘러가는 바람처럼, 사회의 형태들은 흐릿하고 아득한 기원에서 연원한다. 이 형태들은 인간의 사색으로부터 발생한 것이 아니며, 철학의 시대 훨씬 이전에 등장한 것이다……. 국가들은 인간의 어떤 계획을 실행해서가 아니라 사실상 인간 행동의 결과로 우연히 설립된 것이다.[71]

퍼거슨의 『시민사회사』는 '특수한 동물 종種'으로서의 인간에 대한 '자연사'를 제시한다.[72] 이는 "항상 집단으로 존재해온, 집단으로서의" 인류의 역사라 할 수 있다.[73] 인간의 본성은 그 자체로 사회적·역사적이다. 시민사회, 혹은 단순히 사회는 자연적 권리의 교환·양도·포기라는 원초적 계약에서 생겨난 것이 아니다. 사회는 이미-항상 존재해온 것, 종으로서의 인간이 가지는 자연적·역사적 형태이다. 즉, 사회는 "개인만큼이나 오래된 것"이라 할 수 있다.[74]

[따라서] 누군가 "어디서 자연상태를 찾을 수 있는가?"라고 묻는다면, 우리는 "바로 여기에서"라고 답해야 할 것이다. 그것이 영국이든, 희망봉이든, 마젤란 해협이든 상관없이 말이다.[75]

---

71) Ferguson, *An Essay on the History of Civil Society*, p.122.

72) Ferguson, *An Essay on the History of Civil Society*, p.2.

73) Ferguson, *An Essay on the History of Civil Society*, p.4.

74) Ferguson, *An Essay on the History of Civil Society*, p.6.

75) Ferguson, *An Essay on the History of Civil Society*, p.8.

흄과 마찬가지로, 퍼거슨에게 있어 인간은 "그 시작부터 무엇인가를 발명하고 고안해내는 운명을 지닌" 존재이다.[76] 원시적인 움집과 화려한 왕궁은 모두 신화적인 자연상태와는 거리가 있고, 그런 의미에서 **똑같이** '비자연적'이다. 하지만 거꾸로 발명하는 종으로서의 인간에 비춰 보면 자연스러운 것이다. 퍼거슨의 논의에서 우리는 역사화된, 그리고 어찌 보면 상대화된 인간 본성(인류학이 곧 받아들이게 될 관점)을 발견할 수 있다. 퍼거슨의 논의에서 인간은 이런 관점에 근거해 분석된다.

퍼거슨에 따르면 시민사회 속에서 인간은 스미스가 '사회적'인 동시에 '비사회적'인 정념이라 부른, 혹은 "양자 사이에서 일종의 중간적인 지위"를 점한다고 말한 '이기적' 정념에 따라 행동한다.[77] 시민사회의 인간은 '우정'과 '적대감,' '연합'과 '알력,' '전쟁'과 '우호,' '애정'과 '공포'가 혼합된 성향을 가진다. 무엇보다 (이 역시 흄의 인간관과 통하는데) 시민사회 속의 인간은 '편파적'이다. 인간은 서로를 강화시키는 통합적인 동시에 분열적인 국지적 형태로 다른 이들과 결합되어 있다. 즉, 사랑과 증오라는 '탈이해관계적' 정념은 함께 작동하기 마련이다. 적에 대한 분열적 증오가 친구에 대한 통합적 사랑을 증진시키는 것이다.[78]

퍼거슨은 시민사회가 이기적이고 경제적인 이해관계에 기초해서만 작동한다고 주장하지 않는다. 오히려 경제적 이해관계는 일종의 '탈이해관계적' 이해관계, 즉 푸코가 (경제적) 이해당사자들의 (비이기적) 이해관계라 부른 자생적인 통합적 틀 속에서 작동한다.[79] 퍼거슨의 작업

---

76) Ferguson, *An Essay on the History of Civil Society*, p.6.

77) Adam Smith, *The Theory of Moral Sentiments*, Oxford: Clarendon Press, 1976, p.74. [박세일·민경국 옮김, 『도덕감정론』, 비봉출판사, 1995, 71쪽.]

78) "한 분파 또는 한 종파에 대한 우리의 애착은 종종 반대 분파나 종파에 대한 적개심에서 그 힘을 얻는 것처럼 보인다. 반대로 이런 적개심은 종종 우리 편에 대한 열정에서, 즉 우리 당파의 권리가 정당함을 입증하려는 욕망에서 발생하는 것처럼 보인다." Ferguson, *An Essay on the History of Civil Society*, pp.16, 3~15.

에서는 이런 두 종류의 '이해관계'와 그에 따른 각각의 행동양식 간의 긴장이 존재한다. 이 두 이해관계는 통합적인 **동시에** 분열적이며, 공히 인간 행동을 생산적으로 종합하는 **동시에** 개인 간 대립을 일으킨다. 하지만 이기적이고 경제적인 이해관계는 '탈이해관계적 정념들'과는 다른 방식으로 작동한다. 탈이해관계적 정념들이 분열적으로 작동하면서 동시에 **국지화된** 통일체와 충성구조를 만들어 낸다면, 경제적 이해관계는 사회적 유대를 분할하는 동시에 추상적이고 비국지적인 관계들을 생산해낸다. 퍼거슨에 따르면 '상업국가'에서 비로소,

> 개인은 조국의 보존에 걸려 있는 이해관계를 완전한 형태로 경험할 수 있을 것이다……. 이런 인간은 종종 고립되고 외로운 존재이다……. 사회를 형성하는 강력한 엔진은 일단 애증의 유대를 파괴한 이후에 그들의 교제를 지속시키거나 서로 대립시킨다.[80]

즉, 경제적 이해관계 주체들의 활동에는 불가피한 탈영토화의 측면이 존재한다. 추상적이고 고립된 경제적 자아, 스미스가 우리 모두 어느 정도 될 수밖에 없다고 본 '상인'이 "반드시 어떤 특정국의 시민일 필요는 없다. …… 어느 지역에서 자기의 사업을 운영하는가는 대체로 그들[상인]에게는 상관이 없다."[81] 탈이해적 이해관계에 의해 촉진되는 편파적·지역적·공동체주의적이고 자연발생적으로 생성되는 사회적 유대는 고립된 개인들의 이해관계에 따른 행동들을 조정·결합하는 새로운 (흄 식의) 도식 기반을 제공하는 동시에 비국지적인 경제적인 이해관계들이 분열 증식하는 경향을 도입하는 환경을 조성한다.

---

79) 푸코의 1979년 4월 4일 콜레주드프랑스 강의. [『생명관리정치의 탄생』, 415쪽.]

80) Ferguson, *An Essay on the History of Civil Society*, p.19.

81) Smith, *The Wealth of Nations*, p.426. [『국부론』(개역판/상), 513쪽.]

퍼거슨에게서 이기적인 경제적 이해관계가 상대화되고 있다면, 정치 권력의 법적 성문화 역시 그렇다고 할 수 있다. 존 밀러, 스미스 같은 이들과 마찬가지로,[82] 퍼거슨 역시 권위에 법적 권리를 부여하고 그에 상응해 종속을 의무화하는 협정이나 계약 속에서 정치권력의 기원이나 본질적 성격을 찾지 않는다. 시민사회는 권력의 '공식적 설립'과 구별되는 (그리고 그것과 대립하는) '우연적 종속'의 형태들을 자연발생적으로 산출한다. 요컨대 "우리는 무리의 의지를 규합하는 규칙을 정하기 이전부터 무리를 이뤄 움직여왔다. 우리는 누군가가 지도자임을 주장할 수 있는 근거를 정하거나 지도자를 선출하는 방식을 정돈하기 이전부터 지도자를 따랐던 것이다."[83] 즉, 밀러가 이와 동일한 요지에서 말하고 있는 것처럼, "또래보다 용기가 월등하거나 활동 능력이 뛰어난 학생은 종종 학교의 리더가 되고 매우 전횡적인 권위를 확보하게 된다."[84] 『신분 구별의 기원』에서 밀러는 더욱 세밀하고 구체적으로 이 주제를 다루는데, 그 일반적인 원리는 동일하다. 퍼거슨과 마찬가지로 밀러에게 권력의 자연적 기초는 개인의 자질과 능력(특히 전쟁 시기에 자연스레 나타나는 특질들)의 차이라 할 수 있으며, 이는 **권위**의 형태를 가지게 된다. 즉, 권위는 필수적인 집단적 과업에서 드러나는 숙련·지식·성취의 자연적 혹은 후천적 차이(바로 이 차이가 타인의 찬사·존중·존경을 이끌어낸다)에서 발생한다. 권위는 타인에게 영향력을 행사하고 순종을 요구하며 자신의

---

82) John Millar, "The Origin of the Distinction of Ranks," in William C. Lehmann, *John Millar of Glasgow 1735-1801*, Cambridge: Cambridge University Press, 1960. 스미스는 『국부론』 제5편에서 이 주제를 발전시킨다. 또한 조시아스 터커(Josiah Tucker, 1713~1799)에 대한 포칵의 언급을 참조하라. Pocock, "Josiah Tucker on Burke, Locke, and Price: A Study in the Varieties of Eighteenth-Century Conserva -tism,"*Virtue, Commerce and History*, pp.157~191.

83) Ferguson, *An Essay on the History of Civil Society*, p.133.

84) John Millar, "The Principle of Law and Government," in William C. Lehmann, *John Millar of Glasgow*, op. cit., p.348.

관점을 따르도록 하는 능력을 포함하는데, 이런 권위와 연령·재산·가문 등이 어우러져 '신분'의 바탕을 이룬다. 따라서 권위는 자연적·사회적 토대를 가지며, 그 필연적 기능들을 완수하고, 역사적으로 다양한 형태를 띠게 된다. 결국 권위에 대한 법적 성문화와 제한은 사후적인 것이며, 자발적으로 형성된 권위와 복종이라는 사회적 관계가 가진 하나의 기능인 것이다. 교역이 사회의 노동분업을 촉진한다는 잘 알려진 논의 이외에 퍼거슨과 밀러에게서는 권위의 영역에서 나타나는 또 다른 자연적 노동분업의 관념을 발견할 수 있다. 시민사회·언어·팔다리가 '특수한 동물 종'으로서 인간에게 자연적이고 필수적인 것처럼, 권력 역시 시민사회에 있어 자연적이고 필수적인 것이다.[85] 사람들의 타인에 대한 복종은 태초부터 존재해왔으며, 인간 존재의 자연적·사회적 형태는 정치권력과 통치의 형태가 등장하고 발전하는 영원한 모태이다.

끝으로 사회가 자생적으로 권위와 복종의 과업을 결합·분리한다는 이 도식은 (전적이지는 않지만) 원칙적으로 "이해관계의 일치나 대립"이 낳는 역사적·정치적 변화의 내적 동학이라는 주제와 연결된다. 이런 응집적·분열적 역학이 사회적 유대를 창출하거나 그 유대를 분열·변형시켜 상이한 민족과 연령에 적합한 여러 통치형태나 '처리양식'을 생산하기도 하는 원칙이다.[86] 시민사회나 '자연사회'의 역사에 대한 이 관점은 '스코틀랜드 계몽주의' 사상가들 사이에서 반복된 주제였다.

인구가 정치적 문제가 되면서, 인간에 특수한 자기조절적 공존형태의 자연스러움을 객관화하는 작업은 이미 인간에게 자연적인 사회성의 형태를 창출하기 위해 가능한 분석과 개입의 영역을 마름질하기 시작했다. 푸코가 통치 문제틀의 변화를 언급하는 것은 바로 이런 영역(훗날 시민사회, 사회, 혹은 민족이라 불리게 될 영역)과 관련되어 있다.

---

85) Ferguson, *An Essay on the History of Civil Society*, pp.63, 84, 100.

86) Ferguson, *An Essay on the History of Civil Society*, pp.62, 134.

> 인간은 이해관계에 따라 노동하고, 돈이 되는 기술을 익히도록 부추겨
> 진다. 직공에게 자기노동의 산물을 보장해주고, 그에게 독립 혹은 자유
> 에 대한 전망을 제공하라. 대중은 부의 획득에서 믿음의 대상을 발견했
> 다……. 여기서도 정치인은 인구 자체의 경우와 마찬가지로, 오류를 피
> 하는 것 정도만 할 수 있을 뿐이다……. 상업은 …… 자신의 경험에 의지
> 하는 인간이 잘못을 범하기 쉽지 않은 분야이다……. 만약 인구가 국부
> 와 연결된다면, 자유와 개인의 안전은 인구와 국부 모두의 중요한 토대
> 일 것이다. 비록 이 토대가 국가와 연결되더라도 자연이 국가 구성원의
> 증가와 근면함을 보장할 것이다.[87]

푸코에 따르면 자유주의는 이해관계에 근거한 경제 주체의 비총체적 다
양성을 조정하는 원칙과 법적·정치적 주권의 총체화하는 통일체에서
작동하는 원칙들 간에, 이질성과 양립불가능성이 존재한다는 것을 인식
하는 데서 출발한다. 법적 주체성과 경제적 주체성은 이질적 형태를 띠
며, 각자의 영역에 상이하게 통합되어 있다. 결과적으로 그들은 정치적
질서와 상이한 관계를 맺으며, 상이한 원칙에 근거해 정치권력의 행사
를 제한하려 든다. 법적 권리의 주체는 주권자에게 "당신은 이것을 해서
는 안 된다. 당신은 권리가 없기 때문이다"라고 말한다. 반면에 경제적
이해관계의 주체는 "당신은 이것을 해서는 안 된다. 당신이 행하는 바를
당신이 알지 못하며 또 알 수도 없기 때문이다"라고 말한다. 후자는 통
치이성으로서의 국가이성이 가진 **자격을 박탈한다.** 즉, 자칭 전능한 주권
자의 합리성에 근거한 통치라는 아이디어를 기각하는 것이다. 이제 주
권권력은 일종의 폐위 위협에 시달리게 된다. 즉, 주권권력은 자신의 영
역에서 경제 분야를 제외시켜 버리거나, 중농주의자들이 제안하듯이 이

---

87) Ferguson, *An Essay on the History of Civil Society*, pp.143~144.

영역을 둘로 분할해 주권자의 지위를 독립적인 경제과학의 수동적 관리 인으로 제한해야 하는 상황에 처하게 된다.

푸코에 따르면, 실제로는 이 두 가지 제안 중 어느 것도 채택되지 않았다.[88] 해결되어야 할 것은 이질적 원리에 따라 행동하는 개인들이 살고 있는(즉, 경험적 이해관계의 주체들인 동시에 권리의 법적 주체들이 거주하는) 주권의 통일된 영역 내에서 어떤 합리적 원칙에 근거해 정치권력이 행사될 수 있는지 결정하는 문제였다. 이런 문제를 시민사회와 결부지어 제기함으로써, 즉 사회를 통치받아야만 하는 대상으로 정의함으로써, 통치술은 자신의 종별성과 일반성 모두를 잃지 않을 수 있었다. 이를 통해 통치술은 정치적 주권의 통합된 영역 중 일부를 양보하지도, 경제과학의 필요에 수동적으로 굴복하지도 않을 수 있었던 것이다. 퍼거슨은 『시민사회사』에서 시민사회의 상이한 층위와 장소에서 자생적으로 생겨나는, 완전히 경제적이지도 완전히 법률적이지도 않은 통합된 유대와 집단적 삶의 영역에 대해 논한다. 그러므로 이제 정치권력의 문제는 이미 존재하는 영역, 즉 역사를 통해 역동적으로 변해온 사회적·자연적 환경의 두터운 복잡성 속에서 경제적 주체성과 법적 주체성을 부분적이지만 불변하는 요소로 틀지운, 이미 **시민적인** 사회와 관련된 통치 과제와 목적의 차원에서 나타난다.

푸코는 경제인, 즉 합리성과 자유를 지닌 원자적 요소가 객관화되고, 따라서 자연적·사회적 인간으로 통치될 **수도** 있는 것은 경제적 이해관계라는 이기주의를 연합적인(또 분열적인) 비이기적 이해관계가 창출한 사회적 유대의 연결망 속에 위치시킴으로써였다고 주장한다.

경제적 주권에 대한 자유주의의 비판은 정치적 주권의 전체적 통일성에 대한 비판으로 나아가지 않았다. 법적·정치적 주권의 통합적 틀 자체는 문제시되지 않고, 다만 통치이성을 주권자 혹은 국가의 총체화하는

---

88) 푸코의 1979년 4월 4일 콜레주드프랑스 강의. [『생명관리정치의 탄생』, 400~402쪽.]

이성과 동일시하는 입장만 문제시된 것이다. 시민사회에 근거해 통치의 대상·도구·과업을 재구성하는 작업은, 국가라는 법적 통일체와 통치 간의 관계를 재구성할 가능성과 필요성의 제기로 나아갔던 것이다.

통치의 모든 합리화된 형태들은, 비용-효율의 원리를 포함한다고 말할 수 있다. 즉 모든 통치는 가장 적은 정치적·경제적 비용으로 최대 효율을 얻고자 한다. 푸코에 따르면 자유주의 정치합리성의 특징은, 그것이 통치 효율의 최대화와 통치 자체의 최대화를 동일시하지 않는 데 있다.[89] 오히려 자유주의는 경제과정의 최적화와 정부 규제의 최대화는 양립 불가능하다고 말한다. 그것은 자기 활동의 합리성과 필수적인 자기조절의 원칙을, 통치되는 것들의 자연적 자기조절 과정 속에서 찾는다. 자유주의적 통치술의 목표는, 사회 속에서 작동하는 경제과정의 자율성과 최적의 상태를 위한 조건을 보장하는 것, 즉 푸코 식으로 말해 자연적 과정을 **안전**메커니즘의 틀 속에서 보장하는 것이다.[90]

18세기 말에 이르러 자유와 안전은 거의 동의어가 됐다. 개인이라는 원자적 요소는 자기조절적 통치가 보장해야 하는 핵심적 대상이 됐는데, 이는 자신의 사적 이해관계를 추구할 개인의 자유가 자기조절적 통치과정의 필수조건이었기 때문이다. 이런 점에서 자유는 사회적 삶의 자연적 과정들, 특히 자신의 이해관계를 추구하는 교환과정을 통치하기 위한 **기술적** 필요조건이라 할 수 있다. 법과 개인 자유의 보장은 서로를 전제로 한다. 이해관계의 통치는 필연적으로 '자연적 자유의 체계'의 통치여야만 한다.[91] 자유는 법률이 금하지 않는 것이라는 부정적 방식으로 정의되거나, 침해할 수 없는 천부적 권리에 준거해 결정되는 것이 아

---

89) Foucault, "Naissance de la biopolitique," *Résumé des cours*; *Dits et Écrits*, t.3: 1976-1979, Paris: Gallimard, 1994, pp.818~825. [「강의요지」, 『생명관리정치의 탄생』, 435~443쪽.]

90) 푸코의 1978년 4월 5일 콜레주드프랑스 강의. [『안전, 영토, 인구』, 478쪽.]

91) Smith, *The Wealth of Nations*, p.687. [『국부론』(개역판/하), 848쪽.]

니다. 자유는 자연적 과정의 최적화된 작동을 자신의 과업으로 삼는 통치의 필연적 상관물이자 수단으로서 긍정적으로 요청된다. 즉, 자유주의는 자유의 적절한 사용을 요구하는 것이다. 이런 면에서 통치이성의 원칙으로서 자유주의가 지닌 핵심적이고 독창적인 특징은 그것이 통치합리성, 다시 말해 정치권력행사의 합리성을 피통치자 자신의 자유와 이해추구적 합리성과 연결시키는 데 있다. [자유주의 안에서] 통치이성은 자신을 국가와 동일시하는 주권자의 합리성과 동일한 것이 아니다. 오히려 자유주의는 통치받는 자들의 자유와 합리성의 작동 안에서, 정치권력의 행사를 제한하고 합리화할 수 있는 원칙을 발견한다.

안전-자유라는 자유주의 원칙은 법과 질서라는 이율배반적 원칙을 조정할 수 있는 공식을 제공하는 듯하다. 통치를 자연적 과정의 요구(또한 이 과정이 전제하는 자유로운 이해관계의 추구)에 종속시키는 것은 경제와 사회에 대한 국가의 법적 규제를 합리화하기 위한 원칙을 제시한다. 이제 '인간이 아닌 법에 의한 통치'는 정치사회의 계약적 기원이라는 법적 개념이 아니라 자유주의 통치술에 적합한 법적 규제형태들의 기술적 타당성에 준거해 요청된다. 국가활동의 법적 규제와 '일반적이고 평등한 법'을 통한 통치활동은 국가에 의한 예외적, 특수적, 개별적 개입형태를 배제한다. 이제 법의 지배는 내부적인 제한 원리를 갖지 않은 국가의 '자의적' 활동형태를 배제하는 것을 의미한다. 또한 피통치자들 혹은 '이해관계를 추구하는' 주체 자신들이 민주주의적 혹은 '대의적' 의회 체계에 참여하는 것은 법적·정치적 주권의 통합적 틀 속에서 통치활동을 합리적으로 견제할 수 있는 가장 효과적인 체계를 생산한다.

새로운 통치방식의 상관물로서 시민사회는 경제과정과 관련해 자기제한적이고 경제적 혹은 '검약적'인 정부의 법적 규제를 합리화할 수 있는 기반을 제공해준다. 하지만 푸코는 자유주의는 법적 사유의 산물도, 부상하는 시장관계의 자생적 이데올로기도, 정치경제학의 논리적 파생물도 아니라고 주장한다. 푸코에 따르면 경제적 교환체계는 통치이성에 대한 자유주의 비판이 과도한 통치의 효과를 식별하고 측정하기 위한 특별한 시험장을 제공한다.[92] 이런 의미에서 자유주의는 경제적 성과를 지향하는 동시에 검약적인 정부라는 서로 직접적으로 연결된 두 가지 뜻을 지닌 경제적 통치합리성으로 스스로를 제시한다.

이런 시민사회의 도식은 정치권력의 행사를 자연적 영역(권력이 이미 자발적으로 발생한 권위와 복종의 형태로 이기적·비이기적 이해관계의 게임과 내적이고 역동적인 관계를 맺고 있는 영역)과 관련지어 파악한다.[93] 그러므로 통치는 권위와 복종의 형태를 띤 현존하는 사회적·경제적 관계들의 한 기능으로 여겨질 수 있다. 통치의 목적이 시민사회의 자율적 작동을 어느 정도 보장할 수 있는 조절의 틀을 제공하는 것인 한, 국가의 통치권력은 사회의 내재적 권력관계의 연장선상에서 혹은 그런 내재적 권력관계와 접목되어 행사되는 것으로 간주될 수 있다. 사회와 그 경제과정이라는 이런 명목 아래, 그리고 사회의 '자기통치'와 자기조절이라는 내재적 메커니즘과 특유한 자연스러움의 명목 아래, 국가의 통치는 비판받는 동시에 요구되는 것이다. 다시 말하면, 통치는 사회와 경제가 스스로 작동하기 위해 어느 정도 필요한 질서를 바라는 사회적 요구에 부응하는 과정으로 볼 수 있다.

푸코는 통치의 대상이자 목적이 된 시민사회와 관련해 자유주의가 지닌 문제설정적 성격을 밝혀낸다. 국가의 역할과 기능은 이미 존재하는 사회에 준거해 결정되어야 하며, 이런 사회라는 자연적·자기생산적 존재야말로 국가가 앞장서서 보장하고, 최적화된 작동을 보장해야 하는 대상이다. 안전메커니즘들 내부에 사회의 자연적 과정을 위치시킴으로써 이런 목적을 달성하려는 시도는, 사회를 국가 안과 밖에 모두 존재하는 하나의 복잡하고 가변적인 자리에 위치시킨다. 사회는 국가의 통합

---

92) Foucault, *Résumé des cours*, p.113.

93) Ferguson, *An Essay on the History of Civil Society*, pp.98~100, 133.

적인 법적 규제 틀 내부에 존재하지만, 동시에 근본적으로 집중화된 정치권력이 도달할 수 없는 자연적 현실에 속한다.

푸코에 따르면, 시민사회는 우리가 마지막에 가서는 인정할 수밖에 없는 일종의 원초적 현실이 아니며, 초시간적인 국가의 본성에 대립하는 자연적 소여도 아니다. 게다가 국가가 날조한 이데올로기적 산물 같은 것도 아니다. 푸코는 시민사회가 통치가 행사하는 어떤 정치테크놀로지의 상관물이라고 말한다. 시민사회와 국가의 구분은 정치권력의 행사를 위한 '특수한 도식'의 한 형태이다.[94] 푸코는 시민사회를 정치권력과 그것이 영원히 도달하지 못할 모든 것이 만나는 유동적 접면에 위치한 '상호행위적 실재'라고 묘사한다.[95] 따라서 시민사회의 윤곽은 태생적으로 가변적이고 끊임없는 수정에 개방되어 있으며, 그에 상응해 시민사회의 통치형태를 묘사하는 권력관계의 다이어그램 역시 가변적이다.

푸코가 보기에 시민사회의 정치적 대상화는 **어떻게** 통치할 것인가라는 비교적 개방적인 실험적 문제-공간을 결정하는 데서, 즉 안전의 문제 틀에 맞춰진 적절한 통치**기술들**을 찾아내는 데서 핵심 역할을 한다. 정치권력과 그것의 지배를 '자연적으로' 벗어나는 것 간의 경계에 위치한 이 '상호행위적' 영역은 문제화의 공간, 즉 통치의 정치테크놀로지를 발전시킬 실험적 혁신을 시도할 수 있는 비옥한 토대를 제공한다.

19세기 전반기에 발전한 공간, 즉 공적 법률이 '사적' 권력 및 권위의 형태들과 뒤섞인 혼종적 통치 공간은 이런 변화를 잘 보여준다. 요컨대 '시민사회'에 이미 존재하던 권력형태들은 이제 통치기술로서 법적으로 틀지워진 동시에 도구화됐다. 19세기 초 고용주들의 '온정주의'에 대한 자크 동즐로[96]와 프랑수와 에발드[97]의 연구는 이와 관련된 놀라운 사

---

94) Foucault, *Résumé des cours*, p.113.

95) 푸코의 1978년 4월 5일 콜레주드프랑스 강의. [『안전, 영토, 인구』, 453쪽.]

96) Jaques Donzelot, *L'Invention du Social: Essai sur le déclin des passions politiques*,

례를 보여준다. 프랑스의 경우, 중앙 정부는 상이한 생산과정에 특정한 규제적·규율적 필요조건을 명시하는 것이 정부의 입법 권한을 넘어선다고 선언했다. 따라서 생산에 필요한 규율질서를 결정할 권한과 책임은 개별 고용주들에게 주어지는 것이 최선이었다. 이로써 나타난 고용주의 감독체계는 국가의 법적 승인 아래 개인을 경제적 삶에 통합시키는 일종의 사적인 통치질서라 할 만하다. 이런 질서에서 생산의 기술적 조직화는 종종 노동자의 가정생활에까지 확장되는 규율권력의 행사와 긴밀히 결합됐다. 따라서 스미스의 말처럼, 국가는 "사적 개인의 노동을 감독하[는] …… 의무로부터 완전히 해방된다."[98] 하지만 스미스의 예상과 달리, 이는 '자연적 자유의 체계"의 통치절차를 결정할 책임을 '사적' 영역에 속한 특정한 범주의 개인들에게 떠넘김으로써만 가능했다.

다른 영역에서 제레미 벤담은 판옵티콘적 중앙감시의 기술적 원리와 계약관리의 행정적 원칙을 결합시킴으로써, 정부가 '공적 안전'의 기능을 수행하는 동시에 사적 관리를 통해 '국가를 위한 경제'를 만들어내는 모델을 제시했다.[99] 국가가 법적으로 교육을 강제해야 하지만 교육의 실질적 수행과 내용에는 개입하지 말아야 한다는 존 스튜어트 밀의 주장도 이와 비슷한 맥락에서 나온 것이라 할 수 있다.[100]

Paris: Fayard, 1984; Seuil, 1994. [주형일 옮김, 『사회보장의 발명: 정치적 열정의 쇠퇴에 대한 시론』, 동문선, 2009.] 이 책의 일부가 영어로 번역된 바 있다. "The Pro-motion of the Social," *Economy and Society*, vol.17, no.3, August 1988.

97) François Ewald, *L'État Providence*, Paris: Grasset, 1986.

98) Smith, *The Wealth of Nations*, p.687. [『국부론』(개역판/하), 848쪽.]

99) Élie Halévy, *The Growth of Philosophical Radicalism*, London: Faber & Faber, 1972, p.85. 재인용.

100) "국가 교육에 대해 가해지는 반대론은 국가에 의한 교육의 강제에는 적용될 수 없고, 국가 스스로 교육을 지도하는 경우에 적용된다. 국가가 교육을 강제하는 것과 국가 스스로 교육을 담당하는 것은 완전히 별개이다." John Stuart Mill, "On Liberty," *Utilitarianism, Liberty, Representative Government*, London: Dent, 1972, p.161. [박홍규 옮김, 『자유론』, 문예출판사, 2009, 224쪽.]

바로 여기서 통치합리성에 관한 푸코의 분석은 개별화하는 규율테크놀로지를 분석한 『감시와 처벌』[101]의 '미시물리학적' 관점과 연결됨을 알 수 있다. 정치권력의 행사를 합리화하는 자유주의적 원리들은 개인들을 사회질서의 주요 부분에 규율적으로 통합시키는 기술의 증식에 근거하고 이를 활성화하는 '가능한 통치술'의 틀을 윤곽지으며, 사회생활의 다양한 회로에 생산적으로 투입되기에(혹은 배제되기에) 적절한 품행과 행위의 형태를 빚어낼 목적으로 개인의 삶을 통치하는 '전술적으로 다양한' 정치적 테크놀로지가 형성될 수 있는 공간을 구획한다.

푸코의 상당수 작업은 개인을 하나의 생명존재로, 즉 자연적·사회적 환경과 필연적 관계를 맺는 인구의 일부로 대상화했던 18세기 말의 '제도적' 요소와 인식론적 요소의 관계에 초점을 맞춘다. 개별 생명의 삶과 품행의 특정한 측면을 문제시하는 실천을 분석함으로써, 푸코는 인간과학·사회과학의 분석 영역 확장과 이와 결부된 개별화하는 정치기술의 발달에 대해 논한다. 푸코의 분석에 따르면, 이런 관계망을 정치적으로 문제화하는 것은 개별화하는 기술의 작동을 자유주의 통치의 요구에 맞춰 조정하기 위한 실천적 정식이 정교화되는 하나의 특별한 영역을 구성하게 된다. 바로 이런 영역 안에서, 자연적·사회적 인간은 하나의 **정상인**, 즉 사회질서에 개인을 통합하고 개인-인구-환경 복합체의 통치적 관리라는 요구에 답하는 특수한 전문지식의 상관물이자 대상이 된다.[102] 이른바 질서에 대한 요구, 즉 개인을 행위의 적합한 도식에 통합시키는

---

101) Michel Foucault, *Discipline and Punish: The Birth of the Prison*, London: Pantheon, 1977. [오생근 옮김, 『감시와 처벌』(재판), 나남, 2003.]

102) 이런 주제는 푸코의 『광기의 역사』에서 이미 드러난다. 이 책의 몇몇 부분에서 푸코는 자연적·사회적·정상적 인간을 법적 인간과 조화시키는 문제에 대해 논한다. Colin Gordon, "*Histoire de la folie*: An Unknown Book by Michel Foucault," *History of the Human Sciences*, vol.3, no.1, February 1990. 이 주제는 『성의 역사』 1권에서 더 직접적으로 다뤄질 것이다.

메커니즘에 대한 자연적·사회적 요구는 형식적으로 국가에서 독립되어 있지만, 궁극적으로는 국가에 의해 비호되는 일련의 전문지식(의학, 정신의학, 심리학, 범죄학, 교육학 등)을 통해 해결될 것이다.

8

푸코의 자유주의 분석은 통치이성에 대한 비판적 성찰이라는 자유주의의 실천적 차원에 집중한다. 푸코는 자유주의를 하나의 이론적 교리, 유토피아적 꿈, 이데올로기, 혹은 특수한 통치정책의 집합으로 분석하지 않는다. 오히려 자유주의는 통치행위의 합리화, 즉 현존하는 것에 대한 끊임없는 성찰과 비판의 원칙과 방법이다. 자유주의의 내적 조절원리는 통치에 대한 의심스런 경계를 늦추지 않아야 할 필요성에서 기인하는 것으로, 자유주의는 통치가 자신의 필요성과 한계를 둘 다 결정하는 요소, 즉 사회와 관련해 그 소임을 초과하려는 영구적 경향을 제어하려 시도한다. 삶의 특정한 영역에 대한 국가의 개입은, 사회의 이름 아래 그 개입의 정당성(그 개입은 개인의 **필수적** 자유를 침해하는가?)**뿐 아니라** 개입 방식의 효율성(국가의 개입이 없어도, 사회구성원들 자신에 의해 그 목적이 달성될 수 있는가?)을 엄밀히 조사받는다. 바로 이런 사회의 이름 아래, "자신의 일을 스스로 처리할 수 있는" 사회 구성원의 능력에 의거해 통치는 요구되는 동시에 비판받는다. 통치는 사회가 계속 생존하기 위해, 혹은 그것의 내재적·자연적 동학에 따라 발전하기 위해 필요한 질서와 안전의 한 기능으로 요구된다. 하지만 동시에 국가의 통치 범위와 권한은 바로 그 사회의 엄격한 감독 아래 놓여져야 한다.

지금까지 나는, 이런 방식으로 자유주의에 접근할 때 자유주의를 어떻게 통치이성의 한 형태로, 즉 총체화하는 국가권력의 법적-정치적 형태를 개별화하는 사목적 통치의 실천에 맞춰 조정하는 기획으로 이해할 수 있는지 보여주고자 했다. 하지만 초기 자유주의에 대한 이런 개략적 묘사가 통치의 일반 이론을 제공해주는 것은 아니다. 착상에 있어서나 실천에 있어서나 모든 근대적 통치가 자유주의적이었던 것은 아니며, 초기 자유주의가 실험한 통치술의 특징적 요소와 관계가 불변인 채 유지된 것도 아니다. 초기 자유주의의 정치합리성이, 통치술을 위한 방법론적 원칙과 그것을 특정한 **문제들**에 적용하기 위한 하나의 도식을 제공한 것은 사실이다. 하지만 이런 문제의 해결은, 자유주의적 합리성 자체에 대한 검증 과정과 함께 이뤄졌다. 이런 점에서 푸코는 자유주의가 마주한 근본적 도전은 인구의 구성 요소로서 생명이 야기하는 통치의 문제들이었다고 주장한다. 보건, 위생, 출생률, 사망률, 기대 수명, 인종 같은 인구 문제들의 '생명정치적' 합리화는 **개인**의 권리와 자유로운 주도권을 필수조건으로 하는 통치의 자유주의적 합리화 속에서 이뤄질 수 없었다.103) 바로 이런 문제들로 인해 자유주의 통치성의 초기 형태는 위기에 빠졌고 크게 변형됐다(이에 대해서는 본서의 1장을 참조하라).

오늘날 우리는 분명 이처럼 상이한 세계에 살고 있지만 자유주의적 문제들은 여전히 현대 정치 사상의 구성 요소로 남아 있으며, 최근 정치적 정체성의 문제들이 제기되는 방식에 계속 영향을 미치고 있다.

지나친 단순화의 위험을 무릅쓰고 말해본다면, 일반적으로 우리의 민주적 정치질서에서 통치의 원칙과 절차는 (암묵적이든 명시적이든 간에) 통치받는 개인들을 국가로 통합하는 모종의 통일되고 통일하는 법적-정치적 틀을 전제한다. 즉, 우리의 통치의 원칙과 절차는 통합된 국가 내에서 피통치자 개인의 소속형태와 가능한 행동양식을 결정하는 법적 틀을 전제하고 있는 것이다. 하지만 이것만으로는 통치의 기반을 이루기에 부족하다. 효과적 통치를 위한 실천원리는 더 나아가 다양한 사회적·경제적 실존형태를 가진 개인들, 특수한 집단 혹은 '공동체'의 구성원이고, 생물학적 인구의 구성 요소인 생명이자 다양한 이해관계·욕구·자질·능력을 가진 이들이 어떻게 '사회'의 다양한 영역들에 통합되

---

103) Foucault, *Résumé des cours*, pp.109~110.

는지를 설명해내야만 한다. 따라서 통치의 실천원리를 정식화하려는 시도는 개인이 사회에 통합되는 이 상이한 양식들과 그것 모두를 포괄하는 정치적 질서가 공동으로 작용할 수 있는 도식을 어떻게 만들어내는가 하는 문제에 직면할 수밖에 없다. 푸코의 초기 자유주의 분석은 우리가 인구의 일부인 생명이자 사회의 구성원으로, 동시에 합리적으로 이해관계를 추구하는 경제적 행위자 등으로 대상화되면서, 어떻게 우리가 **통치가능한** 존재로 구성되는지를 추적하고 있는 것이다.

이런 분석은 다소 거칠게 실천적 통치이성이라는 문제의 조건들을 묘사하지만, 그에 상응해 시민권과 정체성을 둘러싼 동시대의 정치형태를 가능케 해온 조건들도 묘사하고 있다. 또한 정치적 정체성과 시민권의 실행가능한 모델이 충족시켜야만 하는 조건들도 보여준다. 푸코의 자유주의 분석은 근대 정치의 핵심 요소가 형성되는 데 관여해온 일련의 합리적 원칙들에 초점을 맞춘다. [푸코가 보는] 근대 정치의 특징은 두 축 사이에서의 진자운동이다. 한 축은 국가가 우리 삶의 세밀한 부분에까지 무례하게 개입하는 것이 아닌가 의심하는 공포와 비판이다. 또 다른 한 축은 통치가 우리의 개별적 삶의 조건과 질을 향상시키고, 우리를 불안정과 위험으로부터 보호하고, 개인이 발전할 수 있는 조건과 기회를 제공하고, 개인의 건강에 대한 욕구를 충족시키고, 우리가 살아가는 지역 공동체와 자연환경을 보전할 책임을 지는 동시에 우리의 권리를 존중할 것이라는 기대, 그리고/혹은 존중해야만 한다는 요구이다. 간단히 말해, 정치권력에 대한 우리의 관계는 푸코가 말하는 '국가의 통치화'에 의해 형성되어왔다. 즉, 우리는 **통치**의 정치적 테크놀로지들이 형성해온 존재형태에 기대어, 개인이나 집단으로 **국가**에 맞서거나 무엇인가를 요구한다. 우리는 통치받는 개별적 생명존재라는 명목 아래, [즉] 우리의 건강, 능력 개발, 특정 공동체에의 소속, 인종, 젠더, 사회·경제생활에의 참여형태, 세대, 환경, 우리가 직면할지 모를 특정 리스크 등의 명목 아래 국가권력을 매도하거나 국가권력에 호소하게 된다.

고전적 자유주의 정치 사상뿐만 아니라 현대의 자유주의 정치 사상도, 이런 근대 서구 정치이성의 이율배반을 제거하는 데 성공하지 못했다. 여전히 법을 통치질서에 종속시키지 않고서는, 법과 통치질서를 화해시키는 것은 불가능하다. 바로 이런 이유 때문에, 푸코 자신은 권리의 확인에만 그치는 정치와, 국가로부터 독립적이라는 시민사회의 (신화적) 덕성을 다시 들먹이는 정치 모두에 회의적이었다. 개인이 국가권력과 맺고 있는 관계를 성문화할 것을 제안하는 이 두 정치형태는, 모두 통치차원에서의 권력의 문제를 회피한다. 푸코에 따르면, 건강에 대한 **권리** 같은 것은 존재할 수 없다.[104] 의료보험의 제공이나 개인의 '필요와 능력'에 맞는 교육의 실행과 같은 영역은 순수한 법적 용어로는 해결되지 않는 권력과 의사결정과 관련된 복잡한 문제들을 제기한다. 이와 마찬가지로 독립적인 시민사회가 어떤 자기통치적 형태를 가지건, 개인에 대한 권력의 행사는 핵심 쟁점으로 남아 있을 것이며, 이런 권력행사를 중앙집권적 국가권력과 조화시키는 것 역시 계속해서 해결해야 할 문제로 남을 것이다.[105] 물론 이는 권리의 정치 혹은 집단적이고 '제도적인' 실험에 근거한 정치가 의미없다는 것이 아니다. 다만 개인과 집단이 정치권력과 맺는 관계를 하나의 정치적 쟁점으로 구성하려는 모든 시도는, 예컨대 '시민권'을 어떻게 법적으로 성문화할 것인가의 문제로 환원되지 않는 고유한 통치의 문제에 직면할 수밖에 없다. 이것이 궁극적으로 의미하는 바는 사회적·정치적 자아정체성의 모델, 즉 우리가 시민이자 생명을 가진 구체적 개인으로서 우리 자신과 맺는 관계는 우리가 타인에 의해 통치되는 방법뿐 아니라 우리 자신이 타인을 통치하는 실천에 어떻게 결부되어 있는지를 설명해내야만 한다는 것이다.

---

104) Michel Foucault, "Social Security," *Politics, Philosophy, Culture*, op. cit., p.170; "Un système fini face à une demande infinie," *Dits et Écrits*, t.4: 1980-1988, Paris: Gallimard, 1994, p.376.

105) Foucault, "Social Security," pp.167~168; "Un système fini……," pp.374~375.

어쩌면 오늘날 좌우파를 막론하고 자유주의의 주제들이 정치적 장으로 '복귀'하고 있는 것은 그다지 놀라운 일이 아닐지도 모른다. 왜냐하면 우리는 오늘날 자유주의 통치합리성의 중대한 전환, 즉 개인이 통치에 대해 가지고 있는 요구나 기대를 부분적으로 경제화함으로써 개인과 정치권력의 관계를 수정하려는 시도를 목격하고 있기 때문이다. 오늘날 우리 자신을 개별적 주체로 정치적 대상화하는 방식의 변화는 중앙집권적 국가권력과 구체적 개인을 통치하는 기술들이 맺고 있던 관계의 변화로 이어지고 있다.106) 합리적-'경제적' 주체성의 새로운 상은 자유주의 통치이성의 이런 근대적 판본의 상관물이자 파트너로 등장한 것처럼 보인다(본서의 1장을 참조하라). 벤느와 푸코의 주장처럼, 우리가 우리와 통치의 관계를 변화시킬 것을 요구받을 때, 우리가 자신과 맺고 있는 관계, 즉 주관적 자기정체성을 변화시키도록 요구받을 때에야 우리는 국가의 정치권력이 우리 개인의 삶에 작용하는 방식에 대해 깨닫게 된다. 그때서야 우리는 그것의 존재를 **느끼게** 될 것이다.107)

---

106) 어쩌면 우리는 이런 변화를 사목의 '사유화'를 위한 완전히 상이하고 새로운 프로그램이라 부를 수 있을 것이다.

107) Foucault, "Social Security," p.163; "Un système fini……," p.370.

7 | 사회경제학과 빈곤의 통치

조반나 프로카치

빈민에 대한 구제는 통치의 수단, 즉 인구 내에서 가장 다루기 힘든 부분을 제어하고 그 외 다른 인구 집단을 개선하는 강력한 수단이다.[1]

흔히 우리는 18세기 말~19세기 초를 정치경제학, 즉 우리 사회의 본성에 대해 많은 것을 말해줄 책임을 진 이 새로운 담론이 역사에 등장한 시기로 생각한다. 정치경제학의 운명에서 특이한 점은 이 담론이 19세기 내내, 심지어 현재까지 늘 우리 역사의 **중심**에 자리잡고 있다는 데 있다. 이 담론은 지배하는 측과 저항하는 측 모두에게서 특별한 지위를 누렸고, 우리 사회의 모든 갈등이 전개된 하나의 무대로 기능했다.

하지만 경제에 대한 우리의 역사적 관점을 오랫동안 지배해온 이 확실성을 잠시 의심해보면 어떨까? 정치경제학의 중심적 위상을 분석의 기본 전제로 인정하기 전에, 먼저 어떻게 이런 중심적 위치가 구성되며 그것은 어떤 목적에 기여하는가 같은 질문을 던져보면 어떨까?

이는 계보학적 접근, 즉 환원불가능해 보이는 어떤 대상도, 반론불가능해 보이는 어떤 진실도 일련의 재추적가능한 작동들의 최종 산물로

---

1) Firmin Marbeau, *Du paupérisme en France et des moyens d'y remédier ou Principes d'économie charitable*, Paris: Comptoir des imprimeurs unis, 1847.

보고 그 구성과정의 동학을 찾아내려는 시도의 핵심 장점일 것이다. **이 때 권력은 분석적 원리로 작동한다.** 역사 연구는 더 이상 이미 주어진 특정한 대상들의 변천과정을 재추적하는 것이 아니라, 역사의 대안적 가능성들이 서로 대치하고 있는 상황 속에서, 특정한 구체적 배열들을 만들어내는 수렴과 파생의 경로들을 탐구하는 것을 의미하게 된다.

이런 방식으로 수행되는 정치경제학의 계보학은, 필연적으로 이 담론에 부여된 중심적 위상을 의심해봐야 하는데, 이런 접근은 몇 개의 중요한 단서를 제공한다. 예를 들어 정치경제학의 중심성을 강조하는 입장에는 몽매주의가 존재한다. 경제 사상의 공식 역사는 그 고전적 텍스트와 주제들을 선별하는 과정에서 '속류 경제학'이라 이름 붙여진 저작들을 역사의 주변으로 밀어내고, 그들이 속한 지적 환경이 필연적으로 명석치 못하고 모호하며 서투른 수준을 보여준다고 평가절하해왔다. 정치경제학에 대해 우리가 이미 가지고 있는 진리의 내용과 합치하는 '고상한' 저작들과 정당하게 묵살될 수 있는 일탈성을 지닌 '속류적' 저작들을 구분하는 이 행위는, 이미 고정된 역할의 등장인물들을 가지고(여기서 사회의 구조적 요소로서 생산양식은 역사적 주인공을 판별하는 기준을 둘러싸고 벌어진 갈등의 핵심 장소로 기능해왔다), 적절한 교훈에 도달하기 위해 이미 정해진 내용을 답습할 뿐인 편리한 역사기술 방식일 것이다. 하지만 역사학에 요구되는 것이 이미 알고 있는 것을 재확인하는 것이 아니라 우리 자신에 대한 새로운 단서를 제공하는 것이라면, 우리가 더 이상 '속류적인 것'을 꺼릴 이유는 전혀 없다.

이 글이 제안하는 것은 경제 사상사가 역사의 뒤안길로 밀어 넣은 것들을 다시 보고, 이런 재독해가 정치경제학과 그것이 근대 사회의 형성과정과 맺고 있는 관계에 대해 우리에게 제공하는 새로운 단서들을 수집해보자는 것이다. 먼저 이런 시도는 최초의 **불확실성**, 즉 우리로 하여금 사회적 존재의 구성물들을 재고하도록 강요하는, 이제는 널리 공유된 하나의 불확실성에서 시작된다. 이어서 우리는 노동계급 운동에 관한 역사 기술이 사회학적 범주로 환원해온 미시적 인구 집단들(즉, 미치광이들, 걸인들, 사회적 빈곤층, 범죄자들, 여성과 어린이, 이교도들)을 재발견할 것이다. 이런 재발견은 그들과 우리 모두에 새로운 시각을 던져주는데, 우리는 그들을 사회화하기 위해 요구되고 생산된 모든 사회기술적 발명들의 계승자이자 동시에 그들의 부랑생활, 불결한 슬럼, 불법성의 계승자이다. 칼 폴라니가 적고 있듯이, "산업혁명의 지적인 기원은 기술적 발명이 아닌 사회적 발명"[2]이었기 때문이다. 이런 사회적 발명은 도처에 존재하는 힘으로서, 무수히 새롭고 혁신적인 기술들의 상호행위들을 통해 다양한 사회적 존재들의 환경에 적용됐다.

그러나 이는 기원의 중심성에 대한 숭배를, 독특하게 창의적인 주변성에 대한 새로운 신화로 대체하기 위한 것이 아니다. 이는 문제를 완전히 잘못 설정하는 것일 게다. 오히려 우리는 이런 역사의 모든 구성 요소는 중심적인 동시에 주변적일 수 있다고 말해야 할 것이다. 여기서 우리가 목표하는 바는 서사시의 낭송을 위해서나 요구될 만한 거대한 수사적 범주들에 문제제기하고, 사회적 영역의 형성과 변천의 물질성을 재발견하는 것이다. 이 물질성은 지배와 복종의 거시적 관계로 구성된 것이 아니라, 국지적 차원에서 다뤄지는 수많은 사회적 관계들과 억제되거나 혹은 격려되고 권장되는 다양한 행위양식들로 구성된 물질성이다. 이런 의미에서 노동은 상호부조집단, 산재보상제도, 위생학과 정신의학 같은 기술들과 더불어, 사회성의 구체적 패턴들을 창출하는 테크놀로지 장치로 그 중요성을 가진다. 또한 정치경제학이 이런 발명의 영역에서 주된 부분을 차지하는 한, 그것은 진실과 이데올로기적 신비화라는 이항대립의 관점이 아닌 그 스스로가 가능케 한 '사회적 전환'(폴라니)의 맥락에

---

2) Karl Polanyi, *La grande trasformazione : Le origini economiche e politiche della nostra epoca*, trad. Roberto Vigevani, Torino : Einaudi, 1974, p.151. [홍기빈 옮김, 『거대한 전환: 우리 시대의 정치·경제적 기원』, 도서출판 길, 2009, 351쪽.]

서 검토될 필요가 있다. 정치경제학은 사회를 그것의 요구에 종속시키는 오만한 명령이 아니라, 새로운 사회적 공간을 여는 일련의 특별한 테크놀로지로 간주되어야 한다. 이제 필요한 것은 이런 새로운 기술들이 가져온 변화들, 이들의 영향을 받은 자리바꿈들, 이들이 증진시키거나 낡은 것으로 만들어버린 전략들을 추적하는 작업일 것이다.

❧

이 글은 독일에서 사회정책Sozialpolitik, 프랑스와 이탈리아에서 사회경제 économie sociale라 불린 '속류적' 저작들을 재검토할 것이다. 특히 프랑스의 상황, 즉 각 저자들의 입장, 영감의 원천, 내놓은 제안의 측면에서는 이질적이었지만, 공적인 것과 사적인 것 사이에 자리잡은 그 전략적 위치나 관심에서는 동질적이었던 이 담론의 장을 검토해볼 것이다.

사회경제학의 담론적 참조점은 영국의 토머스 맬서스, 프랑스의 장 드 시스몽디와 함께 고전 정치경제학 내부에서 출현한 비판 담론들이다. 여기서 우리는 이 관계에 대해 자세히 분석하거나 정리하기보다는 사회경제학이 고전적 정치경제학으로부터 스스로를 구분짓는 데 기여한 몇 가지 문제적 쟁점들에 초점을 맞출 것이다. 우선 비판 담론으로서 사회경제학은 사회는 단순히 법률이 낳은 산물이 아니라 그 자신의 규칙과 기능을 가지고 실정적으로 존재한다는 발견에서 시작한다. 이 발견은 이미 중농주의자들에 의해 정치경제학의 핵심적 교리로 받아들여지고 있었지만, 사회경제학은 이런 발견을 역으로 정치경제학을 비판하기 위해 사용한다. 이들은 경제적인 것에 맞서 사회적인 것을 옹호하는 과정에서, **사회적 빈곤** 문제의 분석을 그들의 핵심 논의로 삼는다.*

---

* 이 글 전반에 걸쳐 프로카치는 '빈곤'(poverty)과 '극빈(층)'(pauperism)을 엄격히 구분해 사용하는데, 후자는 '사회적' 문제가 될 만큼 대중화된 동시에 '사회적' 개입을 통해 해결될 수 있다고 여겨지는, 확장된 형태의 근대적 빈곤 현상을 의미한다. 이에 따라 여기서는 개념적 확장의 위험을 다소 무릅쓰고 pauperism을 '사회적'이라는 형

    이런 맥락에서 사회적 빈곤은 경제학이 목표로 삼는 사회경제적 질서의 주된 요소이자 경제학에 대한 사회의 대응, 그리고 포착하기 어려운 사회적인 것 내부로 침투해 들어가는 경제학의 선분으로 동시에 기능한다. 19세기 초반, 빈곤 담론은 (사실상 빈곤 문제가 그들의 이론적·실천적 정체성 전체를 결정했던) 사회경제학자들에게서처럼 맬서스와 시스몽디에게도 중요한 정치적 의미를 가졌는데, 이는 바로 (경제적 담론의 한계인 동시에 경제학이 정복해야 할 새로운 대륙으로서의) 빈곤의 이중적 성격에서 기인한 것이었다. 한편으로 빈곤 문제는 체계의 붕괴 및 장애메커니즘과 위기의 분석을 통해 정치경제학의 도구들을 정교화할 기회를 제공한다(하지만 이런 분석은 19세기가 끝나고 존 메이너드 케인스가 사회경제학을 부흥시킬 때까지 어떤 중요한 진전도 이뤄내지 못했다). 다른 한편으로, 빈곤 문제는 좀 더 다양하고 유연한 도구들에 매개되는 '경제적' 통치 수단을 가능케 함으로써, 정치경제학 그 자체만으로는 다루지 못했던 일련의 사회적 상황들에 대한 접근 통로를 제공했다. 사회경제학은 분명히 18세기 박애주의적 정신에서 출발한 것이지만, 점차 이전의 자선적 관점에서 분리된 박애의 기술들을 산업화에 의해 이식된 새로운 사회질서의 문제들과 매우 근대적인 방식으로 연결시키는 몇몇 주제들을 중심으로, 빈곤에 대한 그 자체의 문제를 정교화한다. 사회경제학과 연계된 새로운 박애주의는, 노동이라는 매개를 통하지 않고 정치경제와 인구를 연결시키는 특정한 방식을 통해서 작동한다.

용사를 덧붙여 '사회적 빈곤'으로 옮겼다. 프로카치는 '빈곤'과 '사회적 빈곤'의 구분이 '사회 문제'에 대한 다양한 담론들이 각인되고 다양한 형태의 새로운 기술들이 작동할 수 있는 하나의 구성적 표면으로서 '사회적인 것'이 등장하는 데 결정적인 역할을 했음을 지적하고 있다. '사회적 빈곤'과 '사회적인 것'의 등장이 가지는 관계에 대한 좀 더 상세한 연구로는 다음을 참조하라. Mitchell Dean, *Constitution of Poverty: Toward a Genealogy of Liberal Governance*, London: Routledge, 1991; 田中拓道, 『貧困と共和国: 社会的連帯の誕生』, 京都: 人文書院, 2006. [박해남 옮김, 『빈곤과 공화국: 사회적 연대의 탄생』, 문학동네, 2014.]

빈곤 문제가 초기 고전경제학자들의 개념적 지평 속에 존재하지 않았다는 말은 아니다. 부의 증대에 관한 담론으로 구성된 정치경제학은 결코 빈곤 문제를 피해가지 않았다. "사회적 번영의 최고 단계에서 대다수의 시민들은 단연코 그들의 일일 노동 외의 자원을 거의 소유하지 못할 것이며 결과적으로 항상 궁핍한 상태에 가까울 것이다."[3] 또한 우리는 애덤 스미스에게서는 빈곤, 데이비드 리카도에게서는 '생존임금'에 대한 논의를 발견할 수 있다. 하지만 이 저작들에서 빈곤은, 그것이 부에 관한 담론이 전개되는 하나의 배경막이자 [부를 향한 욕구가 가진] 그 추진력·동기·힘의 저장지로 제시된다는 의미에서, 단순히 풍요의 대응물로 등장할 뿐이다. 빈곤은 그것이 충족되지 않은 욕구들이나 아직 발견되지 않은 욕구들의 영역인 한에서, 즉 무한히 확장되는 영역이자 경계없는 시장의 상징인 한에서, 부에 대응하는 개념일 뿐이다.

> 음식에 대한 욕구는 모든 사람의 위장의 작은 용량에 의해 한정되어 있지만 …… 그런 한정된 욕망의 만족을 넘어선 것들이, 만족될 수 없으며 전혀 한계가 없다고 생각되는 욕망들을 충족시키기 위해 제공된다.[4]

부에 대응하는 요소들의 집합으로서 빈곤은 그 자체로는 어떤 독립적 의미도 가지지 않았다. 풍요의 증대라는 전망에 대한 이론적·실제적 근거로서, 빈곤의 임무는 이 풍요를 현실화하는 데 있었다. 따라서 빈곤을 직접적 개입에 의해 통제불가능한 자연적 사실로서 취급하는 이 '경

---

3) Jeremy Bentham, "Principles of the Civil Code," *The Works of Jeremy Bentham*, vol.1, ed. John Bowring, Edinburgh: William Tait, 1843, p.314. 빈곤과 생존임금에 관한 스미스와 리카도의 고찰로는 각각 뒤의 각주 4번과 6번을 참조하라.

4) Adam Smith, *An Inquiry into the Nature and Causes of the Wealth of Nations*, vol.1, ed. Roy H. Campbell and Andrew S. Skinner, Oxford: Clarendon Press, 1976, p.181. [김수행 옮김, 『국부론』(개역판/상), 비봉출판사, 2007, 214쪽.]

제학적' 해석("생계에 대해 법이 무엇을 할 수 있는가? 직접적으로 할 수 있는 것은 아무것도 없다⋯⋯. 물리적 제약들이 분명한 곳에서 정치적 개입은 별 소용이 없다")[5]과 단순한 내치에 의존했던 행정체제 사이에서, 빈곤의 유용성이 발견되지 않았다는 것은 놀라운 일이 아니다. 즉, 고전적 정치경제학은 **빈곤의 정치**의 유용성을 발견하지 못했던 것이다. 또한 영국에서 빈민통치 법안(예를 들어 1834년의 구빈법 개정)에 대한 정치경제학의 개입은 납세자의 부담을 감소시키고 생계 수단으로서 임금노동을 보편화하면서 노동시장을 보호하는 목표 이상을 제시하지 못했다. 이 담론에서 빈곤은 관리 가능한 데이터가 아니었다. 모든 형태의 빈민구제법에 반대했을 때,[6] 리카도는 다른 방식의 관리로 그 법들을 대체하려고 했던 것이 아니다. 단순히 빈곤은 [성장을 통해] 제거되어야만 하는 것이었다. 앞에서 봤듯이, 현실에서 있어서는 빈곤이 부에 관한 담론의 중요한 한 부분을 차지했을지라도 말이다.

이런 모순은 맬서스에 의해 폭로됐다. 아일랜드 소작농에 대한 맬서스의 유명한 예시[7]는 빈곤이 어떻게 경제의 외적 한계가 아닌 내적 한계로 작동하는지 보여준다. 장-바티스트 세, 존 스튜어트 밀, 리카도에 의해 정교화된 '시장개척의 법칙'과는 반대로, 맬서스의 아일랜드 소작농의 예는 매우 특별하고 중요한 하나의 생산물로서 "소비자를 생산하는 일"에 대한 고려가 없다면, 새로운 시장을 개척하기 위해 무작정 제품을 생산하는 일은 헛된 시도임을 잘 보여준다. 감자와 누더기 옷에 의존해 살아가는 가난한 아일랜드 소작농은 관리를 필요로 하는 소비자

---

5) Bentham, "Principles of the Civil Code," p.303.

6) David Ricardo, "The Principles of Political Economy and Taxation," *The Works and Correspondence of David Ricardo*, vol.1, ed. Piero Sraffa, Cambridge: Cambridge University Press, 1951, p.108.

7) Thomas R. Malthus, *Principle of Political Economy, considered with a View to Their Practical Application*, London: John Murray, 1820, Bk.1, ch.1, sec.IV.

의 극단적 예시이다. 물질적 안녕의 유혹에 무관심하며, 경제체제의 근본적 활동, 즉 끊임없는 '욕구'의 확장에 게으른 이 소작농은 과소소비로 야기되는 위기의 메커니즘을 의인화함으로써 생산의 장미빛 전망 뒤에 잠복하고 있는 위협을 풍자적으로 보여준다. 궁핍이 부에 근거한 경제구조의 중요한 사회적 정박점이라면, 즉 단순히 그것의 이데올로기적 정당화로 기능하는 것이 아니라 그것의 개입을 가능케 하는 기술적 조건으로 작동한다면, 아일랜드 소작농은 '전복'(즉, 하나의 도덕적 전환이라기보다는 기술사회적 전환으로서 궁핍에서 안락으로의 이행에 대한 거부)의 위험을 상징하는 동시에, 욕구의 증대를 위한 이상적 모델인 한에서 정치경제학의 특권적 주체를 구현한다.

경제라는 무대에 완전한 형태의 참여자로서 등장한 '사회적 빈곤층'은 새로운 과학적 대상이 될 운명에 처한다. 하지만 이런 일이 가능하려면 경제과학이 재정의되어야 하는데, 이것이 시스몽디의 주된 관심사였다. 리카도의 정치경제학을 비판하며 시스몽디의 어조는 거의 18세기의 정치경제학, 즉 '행복'을 목적으로 하는 '통치의 과학'으로서의 정치경제학으로 되돌아간다. 하지만 독일 관방학의 '내치학'에서 주요 주제였던 18세기 말의 이 번영국가라는 주제는 정치경제학이 규정하는 새로운 맥락에서 부활한다. 이제 행복은 새로운 문제에 대한 해결책, 즉 경제기획이 부의 증대과정에서 한데 불러모았지만 계속 상호적대감을 유지하는 사회 집단들을 중재하는 수단으로 등장한다. 사회 문제를 정치경제학의 기술적 혁신(즉, 소유의 생산적 역할, 노동분업, 시장메커니즘이 노동시장으로 확산된 형태로서의 계약-형태)의 맥락에서 이해하는 이 새로운 방식을 고려해볼 때, 시스몽디의 목적은 이 문제들의 경제적인 중요성을 명료히 하는 데 있었던 것 같다. 즉, 시스몽디에 따르면 이런 사회적 문제에 의해 위협받는 것은, 부의 체제 그 자체이다. 시스몽디는 경제학자들이 사회 문제의 관리가 그들의 경제적 기획의 미래에 얼마나 중요한 것인지를 깨달아야 한다고 주장한다. 당시 시스몽디는 아직 이 문제가 또 다른 학문의 기원이 될 것이라고 생각하지 못했으며, 그런 의미에서 정치경제학에 대한 시스몽디의 생각은 여전히 스미스의 생각과 가까웠다. 그런데도 시스몽디가 발견한 문제는 새로운 것이었다. 18세기에 행복은 보편적 기획, 즉 정치권력이 그것을 실현할 임무를 지닌 사회의 목표로 간주됐다. 반면에 이제 '행복'은 인구의 각각 다른 부분들을 이어주며 그들의 상호관계를 통제하는 절합된 기획의 일부로 출현한다. 시스몽디의 엄격한 경제학적 관심은 균형의 문제에 입각해 있으며,[8] 그는 이를 통해 시장의 작동을 통한 자율조절의 가설에 의문을 제기하고 일반적 과잉생산의 위기이론을 발전시키는데, 이때 그가 말하는 균형이란 가장 일반적 의미에서 **사회적** 균형의 문제에 뿌리를 두고 있다.

맬서스와 시스몽디에게서 나타나는 새로운 문제는 인구의 관리이다. 이들은 이 문제를 정치경제학의 문제라고 봤으나, 이에 대한 반응은 사실 다른 곳에서 제기됐다. 즉, 다양한 행정가들, 경제학자들, 자선사업가들, 의사들 등이 이 문제에 주목했으며, 이들의 활동은 고전 정치경제학과 그 계승자들에 비교했을 때 좀 더 다양하고 중간적인 단계, 즉 앎^{savoir}의 단계에서 기능하는 담론들을 발달시켰다.

❧

여기서 앎은 담론적 세계에서 중요한 위치를 점하는 한 유형의 담론을 지시하기 위한 용어이다. 앎은 '과학들'의 분석-프로그램적 차원과 (상상적인 것인지 실재적인 것인지와는 관계없이) 직접적인 사회적 개입의 필요성을 매개하는 '교환기'로 작동한다. 하나의 '과학'이 실재의 추상화에 근거한 인식론적 조작, 즉 분석 대상의 발명에서 시작해 이를 통해 그 자신의 '현실 기획'을 발전시킨다면, 앎은 그렇게 과학적으로 구획된 대

---

8) Henryk Grossman, *Simonde de Sismondi et ses théories économiques: Une nouvelle interprétation de sa pensée*, Varjaviae: Universitatis Liberae Polonae, 1924.

상을 다시 하나의 관계의 장, 즉 과학적 기획의 도구들이 실재의 구체적 작동에 내재한 불투명성·견고함·장애 등과 만날 수밖에 없는 관계의 장 속으로 끌어들인다. 정확히 이런 의미에서 앎은 권력의 시각, 즉 서로에 외부적인 원리들을 연결시키는 행위와 이런 연결망을 해독하는 원칙들을 좀 더 분명하게 반영한다. 이런 장 속에 재삽입된 앎의 대상은 더 이상 출중한 과학적 대상이 아니라, 무엇보다 그것에 근거해 개입을 가능케 하는 대상이 된다. 담론이 새로운 대상을 구축하는 수단이자 새롭고 복잡한 배열의 원천으로 기능하는 것은, 이런 과학과 앎의 (서로 대립한다기보다는 상호보완적인) 재형성과 재구성의 놀이를 통해서이다.

사회경제학이라 불리는 것은 이런 하나의 앎이다. 사회경제학은 맬서스와 시스몽디를 따라, 정치경제학과 구분되는 자신의 위치를 당연시했다. 앙투안 뷔레의 표현에 의하면, 이전의 경제는 정치적이었다. 왜냐하면 중농주의자들과 스미스에게 필요했던 것은 행정의 과학뿐이었기 때문이다. 이에 따라 정치경제학은 그 분석 대상을 훨씬 더 좁게, 즉 가장 엄격한 의미에서의 생산으로 축소하고 그 스스로를 부의 과학으로 정의했다. 하지만 "부의 이론은 독립적인 과학이 될 수도, 또 되어서도 안 된다. 왜냐하면 이 이론을 지탱하는 사실들은 그 의미와 가치를 결정하는 도덕적·정치적 질서에 불가분의 관계로 연결되어 있기 때문이다."[9] 뷔레는 중농주의적 '부의 일람표'와 함께 '빈곤의 일람표' 또한 경제학적 분석의 대상이 되어야 한다고 주장한다.

그동안 계속 끊임없이 연접됐던 정치경제학과 사회경제학은 이제 완전히 별도로 존재하게 된다. 이런 분리는 사회경제학이 자신의 특수한 분석 대상을 인식하면서 이뤄지게 된다. "사회경제학 연구에서 가장 중요한 것은 이런 도덕적 사실들 및 제도들과 산업적 현실 및 노동의 성장

---

9) Antoine Buret, "Introduction," *De la misère des classes laborieuses en Angleterre et en France*, Paris: Paulin, 1840.

이 맺고 있는 관계이다." 따라서 사회경제학의 진정한 대상은 "공적 번영을 일구고 유지시키는 질서와 화합의 모든 수단에 관한 지식으로, 이때 부는 이 번영의 원천이지만 궁극적으로는 다수 구성 요소들의 하나일 뿐이다." 그러므로 핵심은 "도덕적 안녕으로서의 질서와 물질적 안녕으로서의 안락을 분리불가능한 것"[10]으로 다루는 것이다.

여기에 수반되는 것은 자크 동즐로의 표현을 빌리면[11] '경제학과 도덕의 체계적 접목,' 사회적 빈곤의 정복과 **빈곤의 정치학**의 발명을 가능케한 기술적·담론적 도구들이다. 여기서 '도덕'은 이데올로기나 전략을 가리키지 않는다. 우리는 사회경제학자들을 과거에 대한 노스탤지어에 사로잡힌 고루한 도덕주의자로 오해해서는 안 된다. 여기서 '도덕'은 일련의 통치기술들이 **행위**로서 사회적인 것에 관여할 수 있게 만드는 담론적 매개물이라 할 수 있다. "한 인간 집단의 행동들이 결국 그들의 도덕성이다. 따라서 문제는 그들에게 오직 올바른 행동만을 가르치는 것이다."[12] 도덕적 원리는 **질서**이며, 이 질서는 자유주의 사회의 생존에 필수적인 것으로 간주된다. "자유와 질서 사이에는 대립이 존재하지 않으며, 사실상 후자는 전자의 조건이다."[13] 이런 질서는 일련의 장애물·방해자와 마주하게 되는데, 19세기 전반엔 '빈민'이 이런 장애물로 인식됐다. 이때 이들을 묘사하는 담론으로서 도덕은, 19세기 말 새로운 기준에 따라 '빈민'이라는 개념을 해체하고 새로운 집합을 창조해낸 통계-수학적 담론과는 아직 거리가 멀다. 동시에 이 빈민을 통합하는 담론으로서

---

10) 저자 미상, "De l'enseignment de l'économie politique," *Revue mensuelle d'économie politique*, vol.2, 1833.

11) Jacques Donzelot, *The Policing of Families*, London: Hutchinson, 1979.

12) Louis-René Villermé, *Tableau de l'état physique et moral des ouvriers*, vol.2, Paris: Jules Renouard et Cie,1840, p.48.

13) Charles Dunoyer, *L'industrie et la morale considérées dans leurs rapports avec la liberté*, Paris: A. Sautelet, 1825, p.47.

도덕은 기존의 자선 구제의 담론과 연속선상에 있다. 하지만 이 두 개의 시점들 사이의 열린 공간 속에서, 이런 도덕과 경제학의 접목은 개입을 위한 일련의 기술적 도구들의 정교화를 가능케 했다.

❧

"우리는 사회적 빈곤이라는 골칫거리에 대한 해결책을 찾거나 세계적 혼란이 일어날 것에 대비해야 한다."[14] 뷔레의 '빈곤 일람표'가 빈곤이라는 하나의 긴급한 정치적 문제를 인정하는 것이라면, 여기서 '사회적 빈곤(층)'은 무엇을 의미하는가? 이런 범주가 가리키는 것은 무엇이며, 그 목적은 또 무엇인가?

> 대도시의 이 유동적 인구 …… 산업이 끌어들이지만 정기적으로 고용할 수는 없는 …… 이 인구는 사상가들과 정부 모두에게 심각한 관심의 대상이자 골칫거리이다. 사회적 빈곤, 즉 우리 문명의 그 위험한 적은 이런 사람들 사이에서 발생한다.[15]

> 사회적 빈곤층은 사회에 의해 상처받고 결과적으로는 사회에 저항하는 인간 집단이다.[16]

> 사회적 빈곤은 그것의 범위와 강도로 인해 사회에 일종의 재앙이자 영구적 골칫거리가 된 빈곤의 한 형태이다.[17]

---

14) Buret, *De la misère des classes laborieuses*……, p.74.

15) Buret, *De la misère des classes laborieuses*……, p.69.

16) François-Félix de La Farelle, *Du progrès social au profit des classes populaires non indigentes*, Paris: Guillaumin, 1847, p.7.

17) Antoine-Elisée Cherbuliez, *Précis de la science économique et de ses principales applications*, vol.2, Paris: Guillaumin, 1862, p.305.

따라서 사회적 빈곤층은 **사회적 위험**, 요컨대 폭도의 전조前兆 수준으로 강화된 빈곤층이다. 사회적 빈곤층은 본질적으로 도시적인 집단 현상으로, 사회적 질서를 그 내부에서부터, 공동 주택들과 산업시설에서부터 "포위하는" 다양한(그래서 더욱 위험한) 인구의 합성물이다. 이 빈곤층은 예측도 추적도 불가능한 전파와 집합의 경로를 따라 흘러가며, 그 안에 사회질서를 위협하는 모든 위험들이 녹아 들어간 마그마와 같다. 이들은 어떤 통치 심급의 꼼꼼한 시선으로부터도 벗어나며 고분고분하지 않다. 이와 같이, 사회적 빈곤의 정의는 본질적으로 경제적 범주를 통해 작동하지 않는다. 사회적 빈곤의 이미지는, 빈곤의 특정한 단계라기보다는, 그것이 가진 유동성과 무한성의 느낌들, 즉 이 모든 위협적 특징을 야기하는 도시 군중의 거대하고 모호한 인상을 강조한다.

　　이제 우리는 사회경제학이 어떻게 사회적 빈곤과 빈곤을 구분하는지, 또한 전자를 제거하자는 담론이 어떻게 후자를 보존하자는 주장과 함께 제기될 수 있는지 이해할 수 있다. "사회적 빈곤이 완전히 정복되면, 우연적인 빈곤의 총합인 빈민만이 남을 것이다."[18] 왜 이런 담론 속에서 빈곤 자체는, 즉 부자와 가난한 자들로 나뉜 사회의 존재, 사회적 불평등의 결과물로서의 빈곤 자체는 공격의 대상이 되지 않는 것일까? 왜 그것은 사회적 빈곤 같은 범주 아래 분류되지 않는가? 그 이유는 사회적 불평등의 제거가 사회적 빈곤 담론의 목적이 아니기 때문이다. 이에 대해 사회경제학자들은 모두 시스몽디의 입장에 동의한다. "사실 입법자의 목표는 조건들에 있어서의 평등이 아니라 모든 조건들 안에서의 행복이다."[19] 즉, 불평등은 공격의 대상이 절대 아니며, 산업사회의 '자연적'이고, 반박불가능한 주어진 사실로 간주된다.

---

18) Antoine-Elisée Cherbuliez, *Étude sur les causes de la misère*, Paris: Guillaumin, 1853, p.121.

19) Jean de Sismondi, *Nouveaux principes d'économie politique, ou De la richesse dans ses rapports avec la population*, vol.1, Paris: Delaunay, 1819, p.11.

빈곤은 …… 조건들의 불평등으로부터 유래한다……. 불평등을 파괴하는 것은 인간적으로 불가능한 일이다. 따라서 항상 부자와 빈자가 존재할 것이다. 그러나 제대로 통치되는 국가에서는 빈곤이 극빈으로 악화되지 않을 것이다……. 이런 악화를 막는 과제는 빈자들뿐 아니라 부자들의 이해관계 역시 걸려 있는 일이다.[20]

따라서 빈곤에 비해 사회적 빈곤은 곧 반사회적이자 '부자연스러운' 것, 즉 부에 관한 담론으로서 정치경제학 담론이 구축하려 한 자연적 질서에 스며든 기형적인 무엇처럼 보인다. 부의 발전을 위한 자연적 토양, 즉 욕구의 확장을 위한 무궁무진한 원천이자 정치경제학이 내세운 사회적 기획의 기술적 작동원리로서 빈곤은, 근본적이지만 분석이나 관리는 불가능한 주제로 주변화됐다. 그 존재의 구체성 때문에 사회적 자연의 계획된 질서에 이질적일 수밖에 없는 빈곤 문제는 하나의 대비점, 즉 부정의 예비 지점으로만 간주됐던 것이다. 이런 시나리오에서 빈민은 사회적 빈곤에서 벗어나 안녕의 가치를 고수하는 도덕적 모범으로서만 등장할 수 있었는데, 이런 모범적 인물들은 문학에서 흔히 '존경할 만한' 혹은 '자립적인' 빈민으로 구현됐다. 빈곤에 법적 지위를 부여하는 구빈법에 반대하고, 빈곤에 대한 권리나 빈민권을 인정하는 공적 구제를 힐난한 영국 경제학자들에게서도 동일한 시각을 발견할 수 있다.

사회적 빈곤은 축출하고자 하지만 빈부 격차는 인정하는 이런 담론과 함께, 사회경제학은 사회적 빈곤을 '초자연적'이고 적나라하게 미개한 생활양식이라는 의미에서 반사회적인 것으로 간주하는 또 다른 시나리오를 정식화하는 데 일조했다. 개인의 본능적·반사회적 성향에 대한 분석에 의거해 사회는 이제 불가피한 구속으로 제시된다. 즉, 자연적 한계와 장애물만을 가지는 '야만적' 사회에서만 순수한 상태로 분출될 수

---

20) Marbeau, *Du paupérisme en France*……, p.20.

있는 자유, 평등, 타고난 성향은 문명화된 사회에서는 불가피하게 제약되고 억압된다는 것이다. "문명화된 인간은 끊임없이 매일 매 순간 스스로를 제어하는데, 왜냐하면 그가 그러지 **않을 수도 있기** 때문이다." 게다가 "문명화된 사회에는 불평등하게 타고난 능력들이 계속 더 격차가 벌어지는 경향이 있다."[21] 따라서 인류가 자발적으로 사회적인 것이 사실이라면, 그것은 인류가 본능적으로 자연적 욕구에 근거한 비문명 사회를 향하는 경향이 있음을 의미한다. 하지만 본능은 인류를 문명[시민]사회로는 이끌지 않는다. 본능은 통합을 위한 자연적 토대를 제공하지 못할 뿐 아니라, 인류에 반해, "빈곤·무지·고립에 의해 연합적 사고를 잃어버린 사회 계급들에서"[22] 그 자신의 적으로 드러나게 된다. 빈곤통치의 목적은 이 타고난 기질들을 완전히 억압하는 것이 아니다. 오히려 이 기질이 사회 발전에 호의적 역할을 수행하는 한, 즉 부의 기획에 유용하고 필요한 경우, 이 기질들이 "사회체제에 의해 허용된 수단을 통해 만족을 얻도록"[23] 방향을 돌리는 데 있었다. 따라서 적당한 비율로 이뤄지는 제재와 지도는 사회적 빈곤이란 이질적 힘을 (정치경제학과 그것의 자연질서에 관한 담론이 이를 단지 비본질적인 것으로 제외한 것에 반해) 활용하는 행정적 조치의 토대가 된다. 이는 각각 서로를 강화시키는 두 개의 등록부[즉, 낡은 도덕 담론과 새로운 산업사회 담론]에서 작동하는 담론이다. 사회적 빈곤의 통치가능성이 이런 사회의 '비자연성'에 근거한다면, 우리는 이 담론의 혁신적 중요성을 (이 담론을 부분적으로 구성하는 낡은 언어에도 불구하고) 간과해서는 안 된다. 앙투안-엘리제 세불리에는 사람들이 문명을 위해 자신의 자유를 축소시키는 것을 받아들이는 요인을 "종교적 이념의 영향"에서 찾았지만, 그 영향의 의미를 보여주기 위해

21) Cherbuliez, *Étude sur les causes de la misère*, pp.13~14.

22) Cherbuliez, *Étude sur les causes de la misère*, p.15.

23) Cherbuliez, *Étude sur les causes de la misère*, p.24.

피에르 벨의 『역사비평 사전』에서 나오는 브라질 항목 내용을 인용한다. "옷을 입을 필요성을 느낄 만큼만 그들에게 그리스도교 정신을 주입할 수 있다면, 이는 영국 제조업에 큰 이득이 될 것이다."[24]

하지만 사회적 빈곤 담론의 공격 대상이 빈곤이 아니라면, 즉 부자들의 존재를 불가피하게 떠받치고 있는 빈민의 제거가 아니라면, 이 담론의 목표는 무엇이란 말인가? 그것의 목적은 불평등의 제거가 아니라 **차이**의 제거였다. 여기서 비로소 '도덕'이란 용어가 그 정확한 의미를 얻게 된다. '차이'라는 개념을 통해 내가 강조하려는 것은 '사회적 빈곤'이라는 개념의 본질적 중요성은 일련의 **다른 형태의 품행**, 즉 이제 막 정교화되고 있던 사회화 기획에 고분고분하지 않은 품행들을 표지하는 데 있었다는 점이다. "극빈은 신체적·도덕적 습성들의 집합이다."[25]

사회적 빈곤은 유동성이다. 영토적 정착과 인구의 고정된 집중에 저항해 빈곤층은 제어도 활용도 불가능한, 유동적이고 포착하기 힘든 사회성의 잔여를 구현한다. 질서에게 반복되는 악몽인 부랑은 무질서와 반사회성의 원형이 된다. "불법적인 범죄활동이 발생하는 어디에서나 모든 악의 근원적 형태인 부랑자들이 발견된다. 그들은 범죄활동의 타고난 장인이다."[26] 유동성은 **난잡함**도 의미한다. 사회조직을 공고히 하는 데 활용하기 힘든 비밀스런 결사들, 사회적 기획의 목표를 위해 그들을 동원하려는 모든 시도로부터 벗어나 '법제적' 또는 '계약적' 규정에 포착되지 않는 자발적 연대체들, 내연관계, 공모, 직업 단체와 주민연대 등. 우리의 저자들은 도시 전체에 계속 쏟아져 들어와 도시를 오염시키는 빈민 구역의 거대한 위협과 위험의 이미지들을 끊임없이 열거한다.

---

24) Cherbuliez, *Étude sur les causes de la misère*, p.25.

25) Cherbuliez, *Précis de la science économique*……, vol.2, p.305.

26) Honoré-Antoine Frégier, *Des classes dangereuses de la population dans les grandes villes*, vol.1, Paris: J.-B. Baillieère, 1840, p.50.

사회적 빈곤은 독립이다. 계약적 교환을 통해 이식된 다른 모든 구속과 종속의 유기적 유대에 대한 거부는 (모든 계층의 인구를 위계적으로 구성된 연결고리에 포괄하고 통합시키는) 새로운 사회적 결합의 구조화하는 요소로서 욕구를 활용하는 것이 얼마나 어려운지 보여준다. 전통적 결연관계를 꿋꿋이 유지하고 자신들의 생계조직의 통제권을 포기하길 거부하는 이 '뻔뻔한 빈민들'은, 새로운 사회조직이 침투할 수 없는 구역에 계속 머무른다. 스스로를 자유롭게 처분할 수 있는 권리 개념에 근거한 사회에서 공적 구제는 사회적 의존층을 재생산할 뿐이라는 경제학적 비판은, 사실 당시 낡은 것으로 간주됐던 이런 사회적 유대들에 대한 공격이었다. 이 사회적 유대들이 낡은 것으로 공격받은 이유는 이들이 의존을 중재하는 특별한 방식, 즉 사람들을 하나의 덩어리로 구성하고, 노동시장 네트워크에서 개인의 '자유로운' 움직임을 저해하며, 욕구의 만족을 통해 얻을 수 있는 보상을 무시하기 때문이었다. 더 나아가 이 집단에 대한 방대한 묘사들은, 방탕하고 술에 취해 장래에 대한 아무런 대비가 없는 빈민들이 구제금을 아무렇게나 방만하게 사용한다는 사실을 생생히 보여줬다. 이 집단의 또 다른 특징은 제조업과 품삯일 사이를 오간다는 데 있었다. 이들은 소득수준이라는 기준을 무시하고 고집스럽게 자신의 독립성을 사수하는데, 이것이 바로 이들을 사회적 빈곤의 범주 아래 머무르게 하는 것이었다. 19세기 전반 노동계급의 생활조건에 대한 연구자들은 이 집단들의 품행이 가지는 이런 비일관성을 묘사하면서 이들은 자신의 활용가능한 시간의 반만 생산적 활동에 사용하며, 보통 나머지는 "구역질나는 난잡한 술잔치"[27]에 바친다고 주장했다.

이렇게 독립적이며 자신들에게 주어진 시간의 주인인 빈민들은 그들 자신에게 주어진 미래의 주인이기도 하다. 다시 말해서, **사회적 빈곤은 무절제함인 동시에 소박함이기도 하다.**

---

27) Villermé, *Tableau de l'état physique et moral des ouvriers*, vol.2, p.66.

일반적으로 노동자들, 특히 도시 노동자들은 미래에 대해 조금도 생각하지 않는다고 단언할 수 있다. 돈을 더 많이 벌면 벌수록 그들은 더 많이 써버린다……. 일하라, 그러나 즐겨라. 이것이 시골 지역 노동자들을 제외한 대부분 노동자들의 모토인 듯하다.[28]

유일하게 확실한 것으로서 현재에 충실하고 미래라는 것에 종속되기를 거부하는 이런 삶은 세불리에가 문명화된 인간의 특징으로 묘사했던 '금욕'과 전혀 어울리지 않는 것이다. 소량의 재산을 취득함으로써 경제적 독립을 얻을 수 있다는 약속된 꿈에 근거한, 또한 동시대 정치경제학이 자본 축적의 주요 장치로 간주했던 모든 저축 담론들은 여기에서 기술적인 장애물을 만나게 된다. 이에 따른 저축은행의 도입은 쉽게 처분가능한 자본의 창출이라는 목표와는 별도로, "일상의 무질서를 혐오하는 경제의 정신"[29]을 일반 대중들 사이에 전파하면서 금욕의 기술로서의 기능을 담당하게 된다. 빈민들의 소박함 역시 문제가 됐다. 빈민들은 욕구를 증가시키는 것을 거부하고, 욕구와 안녕의 그칠 줄 모르는 유혹에 무감각하다. 맬서스의 아일랜드의 소작농은 영국 제조업의 경이로움과 마주하고서도 그 자신의 욕구를 '인식하지' 못했고, 따라서 감자와 누더기 이상의 그 무엇을 얻기 위해 자신의 자유가 줄어드는 것을 받아들이지 못한 채 무관심한 상태로 남아 있었던 것이다.

마지막으로 **사회적 빈곤은 무지와 불복종이다.** 사회경제학자들은 이 두 가지가 서로 연결되어 있다는 사실을 믿어 의심치 않았다. "자연은 인간을 만들었고, 교육은 시민을 만든다. 더 많은 교사를 고용하면 더 적은 수의 경찰이 필요할 것이고, 더 많은 학교가 생기면 감옥은 그만큼 줄

---

28) Villermé, *Tableau de l'état physique et moral des ouvriers*, vol.2, p.34.

29) Charles Dupin, *Progrès moraux de la population parisienne depuis l'établissement de sa caisse d'Épargne*, Paris: Firmin Didot frères, 1842, p.8.

어들 것이다."[30] 여기서 말하는 무지는 노동의 조직을 방해하는 기술적 후진성도 포함한다(예를 들어 공예학교를 위한 기획들이 제출됐다). 하지만 전체적으로 훨씬 더 골치 아픈 무지의 형태는 "의무와 그 유용함에 대한 무지"로, 이는 "게으름·부도덕·불결·경솔함은 물론, 여러 종류의 질병·질환으로 이끌기 때문에 궁핍의 원인으로 가장 큰 비중을 차지"한다.[31] 그리고 가난에 찌든 대중의 불복종을 낳고, 그들이 거리로 쏟아져 나와 뻔뻔한 요구들을 하도록 만드는 것은 바로 이런 의무와 그 필요성에 대한 무지였다. 즉, 그들이 정치권력에 자신들의 운명에 대한 책임을 묻고, 이 상황을 바꾸기 위한 수단으로 정치적 투쟁에 기대는 것의 밑바탕에는 바로 이런 무지가 존재하는 것이다.[32]

❧

사회적 빈곤은 이러저러한 품행양식**이다**라고 말하는 것은 오해를 낳을 수 있다. 여기서 핵심은 빈민이 존재한다는 구체적 현실을 논하는 것도 아니고, 그들이 구현하는 사회적 존재 양식을 칭송하는 것도 아니다. 여기서 분석되는 것은 그들의 '실제' 삶이 아닌데, 왜냐하면 이 담론적 맥락에서 사회적 빈곤은 하나의 **구실**이기 때문이다. 즉, 사회적 빈곤은 특정한 (꼭 사회적 빈곤층에만 적용되는 것이 아닌) 사회적 박테리아를 고립시키고, 그 박테리아의 활동을 통제할 적절한 (역시 꼭 이 문제에만 적용되는 것은 아닌) 기술들을 발명할 수 있게 해주는 지적 실험을 위한 정치적 실험실이었다. 이들이 사회적 빈곤층이라는 이름으로 한데 뭉뚱그

---

30) Firmin Marbeau, *Politique des intérêts, ou Essai sur les moyens d'améliorer le sort des travailleurs, sans nuire aux propriétaires, et de concilier l'ordre avec la liberté, la stabilité avec le progrès*, Paris: Mame, 1834, p.136.

31) Marbeau, *Du paupérisme en France*……, pp.33~34.

32) Adolphe-Jérôme Blanqui, *Des classes ouvrières en France pendant l'année 1848*, Paris: Pagnerre, 1849.

려진 여러 종류의 하위인구 집단들을 구분하려는 시도도 없이 하나의 균질적인 집단처럼 간주된다는 사실은, 이 개념이 허구적인 것임을 보여준다. 이 개념이 정말로 가리키는 것은, 앞서 지적한 바와 같이, 사회질서의 기획이 직면한 역경들/방해자들의 종합인 것이다.

여기서 의도하는 바는, 마치 빈민이 산업질서의 정치적 대립항이라도 되는 양, 전자의 사회적 세계를 후자의 그것과 대치시키는 것도, 전자의 긍정성을 후자의 부정성에 대립시키는 것도 아니다. 모든 사회적 전환은 국부적이고 미세한 단계에서의 불가피한 마찰들을 수반한다. 내가 여기서 분석하고 싶은 것은, 이런 마찰들이 일어나는 바로 그 현장에 관한 것이며, 이 현장이 그 진행 중인 전환에 관해 무엇을 말해주는가에 관한 것이다. 다시 말해, 나를 이 주제로 이끈 것은 빈곤통치의 발명으로 우리가 잃어버린 것에 대한 노스탤지어가 아니라 이런 '역사적' 충돌이 야기한 효과들, 그것이 사회구조에 가져온 특별한 변화들에 대한 호기심이다. 따라서 우리의 목적은 빈민들이 살았던 비위생적 공간들이나 그들이 유지했던 결속형태를 애도하는 것도, 부에 대항해 빈곤을 옹호하는 것도 아니다. 그보다는 우리의 현재의 유래에 있어서 부의 담론만큼이나 중요한 빈곤의 담론을 살펴봄으로써 현재의 밑바탕을 들춰보고, 두 담론의 결합이 만들어낸 사회적 질서의 본질에 대해 가능한 한 많은 단서를 얻어내는 것이 우리의 목적이라 할 수 있다.

구체제 말기에서부터 혁명 기간 동안, 빈곤과 구제의 문제는 당시 경제학자들이 새롭게 발견한 노동과 부의 긴밀한 결합이라는 관점에서 접근됐다.[33] 이런 관점에서 보자면, 빈곤은 시장에 대한 노동의 자유로운 접근을 방해하는 모든 장애물을 제거하고 빈곤층을 생산 주기에 통합시킴으로써 단번에 해결될 수 있는 것이었다. 즉, 부의 마르지 않는 원

---

33) Robert Castel, "L'aliéniste, l'hygiéniste et la philanthrope"(ch.3), *L'ordre psychiatrique: L'âge d'or de l'aliénisme*, Paris: Minuit, 1976, pp.138~152.

천으로서의 노동과 노동의 마르지 않는 원천으로서의 부는 사회조직의 마술 열쇠로 여겨졌다. 하지만 19세기에 들어서면 노동의 기적에 대한 이런 믿음은 불가능해진다. 노동은 모든 형태의 빈곤을 흡수해 그것을 제거하기는커녕 그 자체로 새로운 빈곤의 형태들을 양산해냈던 것이다. 그리고 이에 그치지 않고 노동은 또 다른 차원의 새로운 문제들을 만들 어냈다. "노동은 도덕화의 구성 요소이다. 하지만 동시에 그것이 획득한 자원의 악용을 통해 무질서의 구성 요소가 되는 경향이 있다."[34] 노동 은 질서의 일반 원칙으로 부적합하며, 그 자신이 생산해내는 문제들, 즉 실업과 난잡함을 양산하는 인구와 자본의 과잉집중, 그 위계구조에 따 른 불평등의 악화, 노동이 생산하는 부와 빈곤 사이의 접촉면과 부의 축 적에 있어 빈곤의 불가결한 역할 등조차 해결할 능력이 없다. 이런 맥락 에서 빈곤의 정치의 발명이 의미하는 것은 노동질서의 보편화, 즉 생산 주기에 의한 비생산 영역의 재활성화가 아니다. 그와는 반대로 빈곤의 정치는 빈곤의 영역을, '노동' 범주와 연결된 기술들이 가능케 한 사회 적 통치와는 다른 방식의 사회적인 것의 통치를 위한 버팀목으로서 중 요시한다. 따라서 사회적 빈곤에 대한 담론은, 다양한 사회 인구들(노동 하는 자들과 생산조직 밖에 머무르는 자들, 반항자들과 순응자들, 구호를 요 청하는 자들과 전통적인 자조조직에 의존하는 자들) 모두를 포괄한다. 빈 민은 우리가 이미 지적했던 문제들이 명확해지고 그 증상들이 한데 모 여 있는 현장이다. 그것은 하나의 분석의 장으로서, 기본적으로 공장의 세계에 외부적이다. 빈민에게 공장은 마지막 목표도 종착점도 아니었다. 빈곤은 유기적 사회질서 구성을 위한 기술들을 고안해내기 위한 개발 구역으로, 이 새로운 사회질서는 (그것이 다루는 인간주체들의 국지화가 구체적으로 어떤 형태이든지 간에) 지금까지 특정한 형태 없이 존재해온 사회적 삶의 영역들을 관리 아래 두는 것을 목표로 한다. 여기서 문제

---

34) Frégier, *Des classes dangereuses* ……, vol.1, p.276.

가 되는 것은 생산적 주체와는 다른 종류의 주체, 요컨대 "스스로의 의무를 아는" 문명화된 정치적 주체라 할 만한 것의 구성이다. 여기서 전투의 대상이 되는 것은 **불평등**의 낙인으로서의 빈곤이 아니라, 행동들의 집합이자 **차이**의 매개체로서의 사회적 빈곤인 것이다.

⚜

그렇다면 이 전투에 사용된 무기는 어떤 것이었을까? 매우 방대하고 조직화된 무기들이 있지만, 여기서는 간략하게만 살펴보도록 하자.

무엇보다 통계학이 사회적 빈곤이라는 카오스를 풀어낼 판독의 기술으로 기능했다. 또한 저축은행과 미래 대비 모임, 즉 우리가 이미 살펴봤듯이 금욕을 가르치고 미래를 이용해 현재를 협박하기 위한 수단들이 존재했다. 보험제도, 상호부조 단체들, 노동 허가서, 작업장 규제, 상여금의 조직 등이 이뤄졌고, 최하층의 가장 유동적인 집단에까지 위계를 확대시키는 중재와 회유의 수단으로서 (감독관을 고용하고, 중재회의에 노동자를 포함시키고, 십장제도를 도입하는 등의 방안을 통해) '노동귀족'의 형성이 추구됐다. 고용주와 노동자들 간의 유사가족적 관계에 근거한 온정주의적 체제는 노동자와 그 가족을 대상으로 한 도덕 교육을 실시하고 일요일의 자유시간까지 조직하는 정도로 확대됐다. 공적 영역과 사적 영역을 절합하는 기존의 자선활동과 (가장 중요하게는) 그 전략적 장점들을 합리화한 사회구제 조직들이 등장했고, 이에 따라 구제는 과거 자선의 능력을 훨씬 넘어 통제와 회유, 도덕화의 성찬식이 됐다. 이 새로운 자선활동의 중심 선수는 바로 '빈민의 방문자'[35]였는데, 이들은 사회사업의 선조로서 '생계 필수품'을 사회 구석구석까지 전달하는 한

---

35) Joseph-Marie de Gérando, *Le Visiteur du pauvre*, Paris: Treuttel et Wurtzs, 1820; *The Visitor of the Poor; Designed to Aid in the Formation of Provident Societies*, London: Simpkin and Marshall, 1833.

편, 올바른 사회행정을 위해 불가피한 것으로 간주되기 시작한 '성격 연구'를 동시에 수행한, 위대한 미래를 구현한 인물들이었다.

또 다른 기술들은 위생, 즉, 도시의 공공위생에 관한 규칙들, '주거지의 내치,' 작업장의 위생규칙, (맬서스의 그 유명한) 혼인과 출산에 있어서의 위생 등에 초점을 맞춘다. 이 저자들에게 위생학은 사회적 관계들을 읽어내는 격자, 즉 더욱 '질서정연'하고 명확한 순환경로를 개발하고 그 관계들을 인도하는 시스템이었다. 이에 덧붙여 (예를 들어 탄광촌 같은 곳에서의) 노동자 집단주택이나 집단농장 같은 위생학의 기원지에서 혁신들이 이뤄졌는데, 이는 집단들의 이전과 재배치에 따른 전체 사회적 관계의 새로운 창조를 가져왔다.

또 다른 중요한 요소는 가족의 강화로, 이는 개인을 안정화하고 오래된 친족관계를 붕괴시키는 동시에 그것의 다양한 구성원들을 차례로 상호반목시킬 수 있는 다형적 사회장치로서 활용됐다.[36]

특정한 기능들의 전면적 통합을 통해, 교육은 또 다른 주요 테크놀로지 집합을 구성한다. 유치원과 초등학교 무상교육의 필요성이 제기되고, 내부적 규율과 함께 감독관으로 훈련된 직원들이 요구됐으며(이와 함께 고등사범학교 같은 훈련학교들이 필요해진다), 체육과 레크리에이션이 특정한 역할을 담당하고 휴일이 축소됐다. 강의계획안에 대한 논의들 역시 몇몇 부분에서 새로워졌는데, 특히 초등교육에서부터 정치경제학의 기본 개념을 가르칠 필요성에 관한 논의가 흥미롭다. "이 교육은 문학 연구에 의해 촉발되는 상상의 나래에 대한 최고의 해독제"[37]로, 특히 "시간의 측정할 수 없는 가치, 저축의 누적이 가진 기적 같은 능력, 결혼관계에서 알뜰함의 절대적 필요성 같은 근본적 진리에 대중은 아주 무지

---

36) Donzelot, *The Policing of Families*, pp.48~95.

37) Michel Chevalier, *De l'instruction secondaire à l'occasion du rapport au roi de M. Villemain*, Paris: Guillaumin, 1843.

하다."38) 이런 정치경제학 교육은 그때까지 사용됐던 '형법과 무력'39)이라는 도구보다 더 효과적으로 대중의 불복종을 억누를 수 있는데, 이는 그 효과가 대중 규율의 수단으로 사회질서에의 참여라는 근본적 개념을 전파하고 연합 의식을 발전시키는 데 있었기 때문이다.

여기서 우리는 정치경제학의 재출현을 목격하는데, 이제 사회경제학은 정치경제학을 사회적 빈곤층에서 식별되는 심각한 문제인 의무에 대한 무지를 해소하기 위한 기술적 도구로 차용한다. 이것은 흥미로운 수렴으로, 특히 우리는 이런 교육기술들의 대상이 어린아이에만 국한되지 않았다는 것을 눈여겨봐야 한다. 학교가 향락·유동성·난잡함이 넘쳐나는 길거리와 대비되는 장소라면, 이 담론은 인구의 다른 집단들도 목표로 하며 이들의 품행양식을 유년기의 그것에 동화시키려 한다.

제도들은 빈곤에 무기력하지만, 그래도 그것을 약화시킬 수는 있다. 이는 받는 자들에게는 굴욕감을, 감정을 가진 인간에게 불쾌함을 안겨주는 자선행위를 통해서가 아니라, 유아기 때부터 좋은 습관을 지니고 자라서도 그것을 실행하도록 대중들을 가르침으로써 가능할 것이다.40)

사회화의 수단으로서의 빈민의 유아화와 유년기에 대한 가치부여, 이 두 전략은 영구적 교육가능성이라는 거대한 사업의 기술적 버팀목으로 함께 작동한다.

정치경제학은 또 다른 담론과도 연결된다. 자신의 의무에 무지한 빈민은 확실히 교육되어야 하지만, 동시에 먼저 그들이 통합되어야 하는

---

38) François-Félix de La Farelle, *De la nécessité de fonder en France l'enseignement de l'économie politique*, Paris: Imprimerie de Hennuyer et cie, 1846.

39) La Farelle, *De la nécessité de fonder en France……*, op. cit.

40) Villermé, *Tableau de l'état physique et moral des ouvriers*, vol.2, p.147.

질서에 긴밀히 연루될 필요가 있었다. "사람들은 대개 그들이 참여하는 제도를 가장 많이 존중한다."[41] "하나의 제도는 여론에 의해 인정받지 못한다면 안정적으로 운영될 수 없다."[42] 따라서 유아화에 의해 가능해진 보호감독의 시각과 함께 또 다른 주체상, 즉 정치적 책임을 가지며, 정치적 대의기구에 참여할 수 있는 주체의 구성이라는 문제가 대두된다. 이것은 **참여**와 **연합**이라는 두 핵심 개념을 중심으로 하는 완전히 다른 기술적 개입의 측면을 보여준다. 질서유지 수단으로서 (중산층 확대의 기술인) 소유에의 참여, 결정과정에의 포섭을 위한 수단으로서 위계화된 권력의 중간 단계에의 참여, 정치적 장에서의 갈등 완화 수단으로서 연합적 형식을 통한 정치활동에의 참여, 더 일반적으로는 주체로 하여금 개인적 차원을 넘어 (규율과 권력관계를 축소된 범위에서 재생산하는) 결합된 이해관계의 단계로 나아가도록 만드는 구조화된 동시에 구조화하는 유대 수단으로서의 연합이, 이런 기술적 개입의 사례일 것이다.

✤

19세기 전반 동안, 정치적으로 정의된 빈곤은 사회 문제가 등장하는 표면을 구성한다. 하지만 첫 등장 이후, 그것이 하나의 실제적이고 체계적인 (가령 세기말의 '사회법' 같은) 개입의 장이 되고, 정치경제학이 맬서스와 시스몽디가 제기한 사회적 질문들과 결합해 재정의될 때까지, 이 개념은 이미 많은 일련의 변형을 겪어야 했다. 이제 사회적 빈곤은 새로운 배치들로 분해될 것이고, 사회경제학의 개념적 도구들은 구체적 형태를 갖추기 위해 더 이상 빈-부 대립쌍에 의존하지 않을 것이다. 이제 고용과 실업이 새로운 분석적 대립쌍으로 등장한다.* 어떻게 이런 변화

---

41) Alexandre de Laborde, *De l'esprit d'association dans tout les intérêts de la commu -nauté*, vol.1, 2ᵉ éd., Paris: 1821, Librairie de Gide Fils, p.16.

42) *Le Censeur européen*, vol.VII, 1818, p.296.

가 일어났고 무엇이 이전의 대립쌍을 점차 부적합한 것으로 만들었는지 밝히는 작업은 앎과 통치의 특별한 대상으로서 사회적인 것이 구성되고 변형되어온 경로를 재구성하는 데 중심적인 문제로 남아 있다. 지금까지 내가 한 작업은, 어떻게 정치경제학 담론이 빈-부의 결합 외부에서는 기능할 수 없었는지, 그리고 정치경제학이 좌절한 빈곤이라는 열린 공간을 침투해 정복한 사회경제학이 어떻게 새로운 대상과 (그것을 촉발한 담론보다도 더 오래 살아남을) 전체 테크놀로지들을 생산해냈는지를 보여주는 것이었다. 빈곤이라는 소재가 그 대응쌍으로 산업체계의 기적에 대한 칭송을 수반한 반면, 빈곤의 통치는 새롭고 상이한 전략의 실현을 가능케 했다. 부의 무제한적 증대라는 사회적 기획의 지지대로 욕구가 사용되는 것과 나란히, 이런 프로그램으로부터 욕구를 분리시키려는 전략도 존재했다. 사회경제학이라는 이 전략은 자칫 전복의 원리로서 작용하기 쉬운 욕구를 사회통합의 도구로 활용하기 위한 것이었다.

---

* 프로카치가 간단히 언급한 이런 변화를 통치성의 관점에서 상세히 추적한 작업으로는 다음을 참조하라. William Walters, *Unemployment and Government: Genealogies of the Social*, Cambridge: Cambridge University Press, 2000.

8 | 사회의 동원
자크 동즐로

복지국가의 위기에 대한 신사회민주주의의 접근방식을 평가하고, 신사회민주주의와 신자유주의가 가진 상대적 강점들을 비교하는 것은 하나의 문제적인 모험처럼 보인다. 왜냐하면 이 두 담론 모두 진단과 해결책을 동시에 포함하고 있기 때문이다. 이 문제에 관해서는 어떤 방식으로 접근하든 간에 임의적 의견이나 전문가들의 중재에 의존할 수밖에 없으며, 따라서 이에 대한 명확한 입장을 발전시킬 여지가 거의 없다.

이런 난국에서 벗어날 수 있는 유일한 길은 이 문제를 **민주주의의 통치가능성**이라는 가장 일반적이고 중요한 맥락에서 다시 고려해보는 것뿐이다. 이는 구체적으로 다음과 같은 것을 의미한다.

1) 복지국가가 민주주의의 어떤 부분에 대한 해결책을 제시했는가를 묻는 것. 이는 국가와 관련된 모든 문제들을 발전의 문제로 환원시켜, 국가의 성장에 관한 일반사를 제시하는 것과는 완전히 다른 일이다. 중요한 것은 복지국가의 공식이 어느 정도까지 민주주의에 의해 구성됐는지, 예컨대 프랑스에서는 복지국가가 어떻게 공화국을 현실화하는 문제에 대한 해결책으로 제기됐는지를 묻는 일이다.

2) 복지국가라는 해결책이 그 정치적 기능과 관련해 현재 어느 정도의 위기에 처해 있는지를 살펴보는 것. 복지국가가 어떤 문제에 대한 어떤 방식의 해결책이었는지를 알 수 있을 때, 우리는 비로소 현재 그것이 왜 그리고 어느 수준의 위기에 처해 있는지를 알 수 있을 것이다.

3) 신사회민주주의 같은 담론들을 공화국의 통치가능성이라는 문제틀과 결부시켜 고려해보는 것.

| 복지국가는 무엇에 대한 해결책인가? |

1. '복지국가'*라는 표현은 19세기 후반부터 그 의미가 긍정적이든 부정적이든, 민주주의 사회에서 국가의 역할과 위치는 무엇인가라는 질문에 대한 하나의 답변으로 제시되어왔다.

모든 답변에는 그에 상응하는 문제가 있기 마련이다. 사실 19세기 전반 프랑스에서 국가가 문제가 됐던 적은 거의 없었다. 이 시기 사람들은 18세기에서와 마찬가지로 자연권(산업사회의 새로운 문제의식을 반영하듯, 자연권은 노동자들의 자유결사에 대한 권리를 포함하는 것으로 확대됐으며, 이를 통해 상업적·정치적 억압을 종식시킬 수 있을 것이라 기대됐다)과 대비되는 전제정에 대해 논했다. 예컨대 벵자맹 콩스탕은 공포정치를 분석하면서, 이를 국가에 의해 발생한 문제라기보다는 전제정의 전도된 형태로 간주했다. 또한 프랑수아 기조는 국가의 문제보다 통치의 문제에 더 많은 관심을 기울였다. 기조는 통치와 저항의 방식에 관한 연구를 남겼는데, 이 연구들에서 그의 몇 안 되는 국가에 관한 언급은 자유로운 사적 이해관계와 열정의 통치를 가능케 할 감옥의 설립에서 국가가 가지는 유용성에 대한 내용에 한정되어 있다. 피에르-조제프 프루동은 국가에 대해 논했지만, 교회나 다른 권위의 상징에 대해 이야기할 때와 동일한 방식으로 이들을 비판함으로써 자신의 연방주의적 계획에 힘을 싣기 위해서만 이 주제에 관심을 기울였다.

---

* État-providence. 프랑스어 providence는 '신의 섭리' 혹은 '신의 보호'를 뜻하며(따라서 이 표현은 '섭리국가'로도 번역된다), 미래를 예견하거나 다가올 위험에 주의를 기울인다는 뜻의 라틴어 providere를 어원으로 가진다(따라서 이 표현은 '방비국가'로도 번역된다). 복지국가를 리스크, 보험, 안전 보장 같은 개념들과 연결시켜 종합적으로 검토하는 이 책의 논의들을 이해하려면 이 점을 염두에 두는 것이 좋다.

국가에 특별한 관심을 기울이는 작업들이 쏟아져 나온 것은 제2공화국[1848~52년] 이후였다. 알렉시스 드 토크빌의『구체제와 혁명』[1853]은 구체제에서뿐 아니라 혁명 뒤에도 꾸준히 성장한 국가, 더 나아가 혁명 자체에 의해 가속화된 국가의 발전을 보여줌으로써, 탈중앙집권화라는 계속 논의될 주제의 첫 지표를 제시했다. 칼 맑스도『루이 보나파르트의 브뤼메르 18일』[1852]에서 제2공화국의 실패 사례를 통해 계급관계에서의 국가의 역할과 본질을 분석하면서, 국가가 어떻게 혁명의 장애물인 동시에 도구가 될 수 있는지 보여줬다. 샤를 브루크 뒤퐁-화이트는 국가와 개인에 관한 책[1857]**에서 개인에게서의 국가의 해방적 기능이라는 G. W. F. 헤겔의 논제를 논했는데, 이 책은 이후 제2제정[1852~70년]에 반대하는 공화주의자들의 입장에 큰 영향을 미쳤다.

따라서 국가의 문제는 프랑스에서 1848년 혁명과 함께 처음으로 등장했다고 말할 수 있다. 그것은 권리라는 포괄적 주제, 즉 그때까지 공화주의적 이상을 지지하는 이들의 결집점이자 공화파와 좌파가 연합할 수 있게 해줬던 주제의 균열을 통해 등장했다. 처음에 권리의 선언은 전제정에 종말을 고하고 조화로운 체제를 가져올 것으로 기대됐다. 선언된 모든 권리는 특권의 폐지, 요컨대 자연질서로의 회귀를 의미했다. 보통(남성)선거권을 통해 모두에게 부여된 정치적 주권은, 이 권리와 당연히 상관관계에 있는 것처럼 보였던 다른 권리, 즉 정치적 주권에 효력을 주는 수단인 노동권과 함께 선포됐다. 이 선언은 1848년 2월에 이뤄졌고, 같은 해 6월 프랑스에서는 종교전쟁 이후 가장 격렬한 내전***이 발발했다. 이 분쟁은 국가가 노동권 선언에 걸맞는 정책을 제시하고 사회

** Charles Brook Dupont-White, *L'individu et l'état*, Paris: Guillaumin, 1857.
*** 1848년 6월 파리에서 일어난 노동자 봉기를 말한다. 2월 혁명을 통해 수립된 민주공화정 정부는 성인 남자의 보통선거권을 도입하고, 노동권을 보장하기 위해 국립작업장을 설치했다. 보수파들은 이에 반대했고, 6월에 이르러 정부는 국립작업장 폐쇄를 결정한다. 이것이 노동자 봉기의 직접적 원인이 됐다.

가 이 권리를 지키도록 적극 개입하기를 기대하는 자들과, 국가의 개입을 옛 전제정의 지속으로 간주하고 공화정으로부터 국가 개입의 축소를 기대했던 자들 사이에서 일어났다. 노동권·재산권과 관련해 공화국에서 권리가 기능하는 방식에 관한 두 개의 완전히 적대적인 관점이 등장했고, 이에 따라 권리라는 주제에 균열이 생기게 됐다. 국가의 문제, 즉 그것의 본질과 역할에 대한 논의가 급증한 것은 바로 이런 균열, 그리고 그 균열이 사회에 던지는 모순된 의미들의 결과였다.

제3공화국[1870~1940년]의 창시자들은 이전 체제의 붕괴를 야기했던 이 미해결된 난제에 또 다시 직면하게 되고, (복지국가를 구성하는 것으로 볼 수 있는) 두 개의 전략을 통해 이 문제를 해결하려 했다.

(1) 주권과 연대를 구분하는 것.

(2) 권리의 모순적 언어를 통계의 동질적 언어로 대체하는 것.

2. 진보적 공화주의자들에게 국가의 문제는 다음과 같았다. 어떻게 국가는 국가 개입이 시민의 자유를 부정하고 국가를 무한히 확대시킬 것이라는 비판을 피하며 (시민들의 투표함 앞에서의 주권과 공장 안에서의 종속 간의 모순으로부터 촉발되는) 혁명의 위협에 대처하고, 사회를 교정하는 영향력을 행사할 수 있을까? 어떻게 공화주의 국가는 국가에게서 사회를 재조직하는 심급으로서의 역할을 기대하는 혁명 진영의 요구와 국가가 시민사회의 특권을 침해하는 것을 극도로 싫어하는 자유주의-전통주의 진영 사이에서 일관된 개입노선을 정립할 수 있을까?

이 문제는 전통적 권리 개념들 안에서는, 그 권리가 개인 주권의 원리에 근거해 있는 한, 해결될 수 없었다. 그 이유는 다음과 같다.

(1) 권리가 개인만이 가질 수 있는 것이라면, 개인은 언제라도 국가의 개입을 거부하고 이를 마비시킬 수 있다.

(2) 국가가 일반의지의 구현체, 즉 개인의 주권과 권력을 능동적으로 종합한 결과물이라면, 그 무엇도 국가에 반대하거나 대항할 수 없다.

따라서 국가는 주권의 형이상학에 내재한 이 악순환에서 벗어나야 했고, 이를 위한 새로운 기반을 마련해야만 했다. 그 해결책은 주권과는 구분되는 연대라는 개념에서 발견됐다. 이런 발견과 함께, 주권은 국가의 행동 원칙이 아닌 통치자의 선출 원칙으로서만 기능하게 된다.

세기의 전환기에 막대한 영향력을 갖게된 이 연대 개념(이 시기 레옹 부르주아의 연대주의는 국가의 기본 원리로 자리잡았다)을 발전시킨 이는 바로 에밀 뒤르켐이었다. 뒤르켐은 연대 개념이 사회 발전의 일반적 법칙을 압축적으로 보여준다고 믿었다. 사회구성의 본래적 근간은 구성원들 간에 공통의 정체감을 낳는 상황의 유사성에 근거한 연대이다. 뒤르켐은 이것을 '기계적 연대'라 부른다. 뒤르켐에 따르면, 이 기계적 연대는 완전히 제거되지는 않지만, 유기적 연대에 의해 서서히 대체된다. 노동분업의 증가로 인한 상호의존과 사람들이 자신을 개인으로 정체화하는 경향에 근거하는 유기적 연대는 유사성에 근거한 기존의 기계적 연대를 강화하면서 동시에 그 위에 덮어 씌여질 것이다.

이렇게 정식화된 연대 개념은 제3공화국의 출범과 함께 착수된 사회를 조직하려는 실천들이 가진 합리성을 표현하고 있다. 먼저 유사성에 근거한 연대 개념은 노동조합의 합법화 문제를 결정했던 기준에 상응하는 것처럼 보인다.* 즉, 사회적 유대는 독립된 개인들이 그들의 유일한 상대로서 국가와 대립하게 되는 상황을 피하기 위해 허용되어야 했다. 하지만 이를 위한 조직의 형태는 일반의지의 구현체임을 자임하면서 공화국을 위협했던 혁명가 집단처럼 사회 내 사회, 국가 내 국가를

---

* 프랑스에서는 1884년의 발덱-루소법에 의해 노동조합이 합법화됐는데, 이 법은 국가의 직접적 개입이 아니라 경영자측과 노동자측의 자율적 타협을 장려했다. 여기서 국가의 역할은 "당사자들이 타협점을 찾도록 입법적 틀을 제공"하는 데 있었는데, 프랑수아 에발드에 따르면 이로써 '타협'이 자본-노동 관계의 새로운 원칙으로 등장했다. 프랑스 제3공화정에서 연대주의 개념이 등장한 배경과 그 발전에 대해서는 다음을 참조하라. 홍태영, 『국민국가의 정치학』, 후마니타스, 2008. 특히 2부 참조.

출현시키는 것이 되어서는 곤란했다. 여기서 사회적·직업적 조건의 유사성들은 정치적 주권을 개인의 양심과 연결되는 것으로 남겨두면서 사회성의 구축에 수용가능한 규준을 마련했다.

한편 유기적 연대 개념은 의무교육과 미성년자 보호법, 이혼 관련법 같은 가족에 대한 국가 개입의 새로운 형태들과 잘 부합한다. 여기서 문제는 이 자연적 결합의 영역(자유주의자들과 전통주의자들 사이에서 항상 국가에 앞서 존재하며, 따라서 국가보다 우선권을 가진 것으로 여겨져왔던 영역)에 대한 개입을 정당화할 기준을 찾는 것이었다. 유기적 연대 개념은 사회를 구성하는 개인들 간의 상호의존 원칙을 소위 자연적 연합이라는 틀 속에서의 의존상태보다 더 우위에 놓음으로써 이런 개입을 정당화할 수 있었다. 즉, 사회적 연대라는 이름 아래, 국가는 가족과 기업 같은 결합체에 개입할 자격을 부여받게 된 것이다.

뒤르켐 같은 사회학자들이 합리화한 이 연대 개념은 국가 개입의 법적 맥락과 그것의 정당화 및 한계를 재정의하는 데 이용됐다. 레옹 뒤기의 '공공 서비스'나 모리스 오리우의 '제도' 같은 개념들은 전적으로 이런 연대 개념에서 발전한 것이다. 이 개념들은 국가 개입의 범위를 구체화하는 것, 즉 언제 국가가 시민의 특권을 침해할 권한을 가지는지, 언제 시민들은 이에 반대할 정당성을 가지는지를 결정할 수 있게 한다. 국가는 사회연대라는 이름 아래 현재 사회 발달의 조건들과 그것에 필요한 조치들에 부합해 행위할 수 있지만, 그 이상을 행해서는 안 된다.

공화주의 국가가 사회적 법안들과 그에 따른 경제적 개입을 발전시킨 것은 바로 이런 사회연대라는 이름에 기대서였다. 연대 개념은 국가 자체가 더 이상 사회적 관계의 판돈이 아니라 사회관계의 외부에 위치하면서 그 진보의 보증인이 되는 상황을 가능케 했던 것이다.

3. 연대 개념은 사회 자체의 구조보다는 사회적 유대의 형태에 영향을 끼치는 국가 개입의 틀뿐만 아니라 그 구체적 양식도 규정했다. 그 목표

는 노동권의 인정과 적용이 아니라 특정 구성원들이 직면한 더 큰 리스크, 그들이 사회 전체에 노출시킬 수 있는 리스크를 감안한 사회적 연대 형태의 발전이었다. 이런 맥락에서 노동 관련 문제들은 더 이상 분배적 정의가 아닌 회복적 정의의 문제가 됐으며, 이는 또한 절대적인 것이 아니라 구체적으로 인지된 사실과 경험적 우연성들의 함수로서의 권리 개념이 등장하는 계기가 됐다. 즉, 이제 문제는 재산권을 약화시키는 것이 아니라, (다시 한번) 모든 개인이 그들의 욕구를 만족시키는 데 있어서 동등한 기회를 갖지 못한다는 사실을 감안하고, 이런 불평등을 줄이기 위한 사회연대적 조치들을 실행에 옮기는 것이었다. 이와 관련해 통계의 동질적 언어는 권리의 모순적 언어가 만들어낸 적대들을 대체할, 사회적 세력 관계를 중재하는 실용적이고 쌍방향적인 도구를 제공했다.

4. 복지국가는 위에 서술한 두 개의 전략에 근거하며, 이 원리를 통해 우리는 그 기원과 목적을 이해할 수 있다.

　사회 외부에 위치하며 사회 진보의 담보자로 기능하는 복지국가의 원칙은 자유주의자들과 공산주의자들, 전통주의자들과 혁명주의자들 간의 적대감을 제거하는 전략에 기대어 있다.

　복지국가의 목표 혹은 정당화 양식은 공화주의적 이상을 그것을 둘러싸왔던 제약들에서 구해내고, 규제적 국가 개입의 관점에서 그 이상을 실현할 경로를 찾아내는 데 있다. 적대적 태도들을 제거함으로써, 복지국가는 합의사회의 점진적 실현을 그 목표로 한다. 이 합의사회는 다음과 같은 민주주의적 요구와 사회주의적 요구를 만족시킬 것이다.

　(1) 기회를 확대하고 개인의 사회적 계발을 도움으로써, 복지국가는 해방의 원동력으로 작용하며 자유를 창출해낸다.

　(2) 리스크를 줄이고, 사회적인 것을 증진하고 그에 상응해 경제적인 것의 불합리성을 제한함으로써 복지국가는 사회화를 위한 원동력으로 작용하며 집단의 안전을 창출해낸다.

| 복지국가는 어느 정도의 위기에 처해 있는가? |

복지국가의 위기에 관한 모든 논의는 그것을 구성하던 두 개의 전략이 이제 그 기능을 충족하지 못하고 있다는 진단에 근거한다.

프랑스에서 사회통치의 형식에 관한 질문을 재정립한 두 개의 운동들, 즉 1960년대의 개혁주의와 극좌주의 운동은 서로 다른 방식으로 연대와 주권의 구분에 근거한 국가와 사회의 역할 분배를 의문시했다.

1. 1960년대의 개혁주의는 장물랭클럽*과 시투아앵60** 같은 토론 집단이 오랫동안 다루고 논쟁해온 내용을 이어받았다. 이 활동은 1960년대에는 에샹주에프로제 클럽***에 의해 계속됐으며, 1968년에 출판되어 널리 알려진 『국가의 국민화를 위하여』†를 포함, 국가에 관한 일련의 저작들의 출판으로 이어졌다. 이 책의 제목은 이 운동이 공격하려 했던 것이 무엇이었는지 보여준다. 그 대상은 무엇보다 연대 개념이 수립한 사회에 대한 국가의 외부적 지위였는데, 이들에 따르면 이런 국가의 지위는 (자크 들로르의 표현을 빌리면) 자신의 팽창주의적 논리에 사로잡히고 사회로부터 분리되어 제 기능을 상실한 개체로서, 국가의 유사-전제주의적 발전을 조장해왔다. 즉, 국가는 외부성이라는 그 피난처에서부터 발전해 사회 진보의 단순한 외적 담보자가 아닌 사회의 운명을 직접 책임지는 관리자로 전환되어왔다. 사회 진화의 메커니즘을 서서히 전유

---

* Club Jean Moulin. 1958년 다니엘 코르디에(Daniel Cordier, 1920~)와 스테판 에셀(Stéphane Hessel, 1917~2013)이 결성해 1970년까지 활동한 일종의 싱크탱크.

** *Citoyens 60*. 1960년에 창간된 잡지. 1947년 앙드레 크루지아(André Cruiziat, 1908~1996)가 결성한 대중교육 운동 '신생활'(La Vie nouvelle)의 기관지 격으로서, 훗날 사회당의 자크 들로르(Jacques Delors, 1925~)가 초대 편집장을 맡았다.

*** Club Échanges et Projets. 1973년 들로르가 장물랭클럽의 정신을 이어받아 새롭게 결성한 비영리 단체로서, 사회에 대한 국가의 책임을 강조했다.

† Claude Alphandéry, *Pour nationaliser l'État*, Paris: Seuil, 1968.

하고 결정권을 획득함으로써, 국가는 사회의 실질적 주권을 거의 파멸시켰다. 그리고 이에 따라 탈정치화 현상이 등장하게 된다.

[이런 맥락에서] 사회가 기대하는 진보를 성취하는 데 있어서 국가가 맞닥뜨린 당면의 어려움들은 국가의 고압적 지위에 의해 야기된 시민의식의 상실에서 비롯된 것으로 설명된다. 예를 들어 개혁주의 사상가들은 어떤 사안을 결정할 필요가 있을 때마다 아무것도 하지 않은 채 국가에 결정을 떠넘기고, 이를 핑계로 나중에 결정사항을 거부하는 '사회적 파트너들'(경영자와 노동자)의 태도를 비난한다. 즉, 이들에 따르면 진보의 추구 자체가 국가의 고전적 역할로 인해 위협받게 된다.

2. 한편, 좌파가 비판하는 것은 국가와 기술관료들의 보호 아래 실현된 진보의 현실 그 자체이다. 일상에서의 진보의 실제 효과들, (항상 더 좋은 방향은 아니지만) 진보가 변화시킨 것, 진보가 변화시키지 않은 것(삶 자체), 사람들이 미처 이해하기도 전에 위로부터 진행되는 변화의 양식 등, 이 모든 것이 좌파 담론의 구체적 소재들이다. 동시에 이는 하나의 독특한 장소(이제 국가와 동일한 진보의 언어를 구사하는, 즉 시민의 일상에 거의 관심을 두지 않는 양적 언어를 구사하는 정치조직들과 노동조합에 의해 빈 칸으로 남겨진 장소)를 차지한 담론이다. 이 담론은 주권이 행사되는 고전적인 방식들에 대한 불만을 토로하고, **자발성**과 **노동자 통제** 같은 개념들을 강조하면서 주권의 재전유를 요구하는 담론이다.

다시 말해 좌파는 실상 사회에 속해야 할 주권을 국가가 강탈했다며, 국가 주도의 진보 노선을 비판하는 주장을 펼친다.

3. 우리는 어떻게 이 두 개의 비판들이 가진 함의가 사회적인 것의 개념 전체를 약화시키는지 쉽게 짐작할 수 있다.

국가의 외부성과 그것의 확대된 역할, 그리고 그것이 야기하는 시민의식의 상실에 대한 개혁주의의 비판은 이런 상황이 만들어내고 사회

지출의 확대를 조장하는 기대체계에 초점을 맞춘다. 즉, 사회보장 비용과 국민총생산 간의 불일치 증대와 연결된 국가의 **급부 기능**과, 노동시장의 요구사항을 침해하는 국가의 주기적 개입과 관련한 국가의 **법적 기능**이 그들의 비판 대상이다.

국가의 사회적 개입이 가진 기술관료적 성격에 대한 (좌파적) 비판은 사회적인 것의 환원적·강압적 성격 자체에 대한 비판으로 나아간다. 즉, 사회질서라는 획일적 언어에 대항해, 이 비판은 다양한 범주와 상황의 구체성을 옹호하고, 사회적인 것의 통계학적 성격에 대항해 이것이 가지는 선별·배제·강압의 악영향에 초점을 맞춘다. 간단히 말해, 통계의 통일적 언어는 차이와 자율성의 언어에 의해 도전받게 된다.

4. 이제 우리는 복지국가가 왜 위기에 처하게 됐는지 좀 더 쉽게 이해할 수 있다.

(1) 연대와 주권의 구분은 국가와 사회 각각의 위치를 결정하고, 국가와 사회적 갈등 간의 적절한 거리를 확보하며, 국가로 하여금 사회의 진보를 주의깊게 관리하도록 만들 것으로 기대됐다. 이는 결과적으로 국가에 의해 조직된 연대와 사회에 내재한 것으로 인정되는 주권을 조화시킴으로써 공화주의적 이상의 실현에 기여할 것이었다.

하지만 실제 결과는 어떤 면에서 이런 계획과는 정반대로 진행된 것 같다. 사회로부터 거리를 둔 결과, 국가는 연대를 실현하는 데 더욱 더 큰 난관에 부딪힐 수밖에 없었다. 또한 사회는 그 자신의 주권에 대한 어떤 실제적 감각도 잃어버린 것처럼 보인다.

(2) 국가에 의한 사회적 개입은 (개인을 사회적으로 계발하는 한편, 사회적인 것 자체를 촉진하는, 즉 자유와 안전을 동시에 강화하는) 두 가지 발전 전략을 결합시켜 사회적 조화를 이루는 것을 목표로 했다.

여기서도 실제는 이와 정반대로 귀결됐다. 안전에 대한 욕구의 충족은, 국가가 모든 문제에 대한 책임을 질 것이란 기대를 발생시킴으로써 그 자신의 팽창적 논리를 따르게 된다. 이와 동시에, 그동안 국가 통제에 의해 실질적 의미를 잃게 된 자유는 국가에 대항해 작동하기 시작한다. 이 두 경향은 조화로운 사회를 만들기 위해 서로 보완하기는커녕 전통의 무게에서 해방된 자유가 혁명적 관점의 포기와 동일시된 안전의 가치와 서로 대립 구도를 형성한 1968년의 극적인 갈등을 야기했다.

| 이제 국가의 역할은 무엇인가? |

따라서 현재 상황에서 문제가 되는 것은 다음 세 가지라 말할 수 있다.

1. 첫 번째 문제는 신사회민주주의와 신자유주의 사이에서 벌어진 논쟁의 맥락, 즉, 1960년대에 시작된 통치성의 위기를 해결하기 위해 고안된 제안들의 급증과 관련이 있다.

도식적으로 말하면, 문제는 다음과 같다. 이제 국가는 진보의 담보자에서 운명의 관리자, 즉 그 어느 때보다도 경제에 크나큰 부담을 안겨주고 있는 안전 문제를 책임지는 존재로 전환됐다. 이와 동시에 국가는 새로운 형태의 자유, 즉 국가 스스로가 추방하려 한 전통적 권위양식들의 쇠퇴로 인해 확대됐지만, 동시에 변화 자체를 국가가 주도함으로써 그 실내용은 텅 비어버린 자유를 획득한 시민들과 마주하게 됐다. 이런 상황에서 국가는 무엇을 해야 하는가?

신자유주의가 제안하듯이, 국가는 시민적 자유의 개별적 책임 측면을 더욱 강조하면서 자신의 안전 기능을 축소시켜야 할 것인가? 아니면, 신사회민주주의자들이 주장하듯이 사회적 자유라는 자발적 자원에 기대어 국가가 현재 맡고 있는 안전에 관한 업무 일부를 사회의 영역에 이전해야만 하는가?

이 논쟁은 진보라는 주제를 변화라는 주제로 대체하는 것과 같다. 시간이 지나면 결국 연대와 주권의 진정한 결합이 이뤄질 것이라는 종전의 믿음은 이제 사라졌다. 그 대신에 이제 목표는 (둘 중 어느 쪽을 택하든 간에) 연대와 주권을 현재 속에서 공존시키는 것, 즉 시간에 대한 사회의 새로운 관계를 발명해내는 것으로 변했다.

이런 논쟁이 등장했다는 것은 사회민주주의의 유토피아적 시각이 붕괴했음을 보여준다. 사회민주주의적 기획은 사회적인 것의 경제적인 것에 대한 점진적 승리와 개인적 해방의 결합에 기반한, 민주적이면서 사회주의적인 사회의 전망을 포함하고 있었다. 이제 이런 꿈은 국가의 역할을 강화시키는 안전의 형태와 그 역할을 거부하는 자유 간의 진퇴양난에 의해, 복지국가의 위기에 의해 사라질 운명에 처했다.

하지만 이런 유토피아적 희망의 좌절이 사회민주주의 **전략**의 실패를 의미하지는 않는다. 사회민주주의 전략의 본질은 전통과 혁명, 자유주의와 공산주의 사이에서 하나의 사회 발전 노선을 구축하는 데 있었다. 사람들이 복지국가의 위기를 말하기 시작한 시점은 사회민주주의의 두 적들이 누렸던 정치적 비중이 완전히 붕괴한 시점이기도 하다. 프랑스의 1968년 5월 사건들, 공산당의 통제를 벗어나 오히려 이에 대립했던 이 사회적 봉기는 전통의 부채를 청산함과 동시에 혁명의 가설도 폐기함으로써 역설적으로 이런 중간 노선의 승리를 구체적으로 보여줬다.

신사회민주주의와 신자유주의의 논쟁은 바로 이런 중간 노선 전략의 승리를 완성한다. 신사회민주주의와 신자유주의의 대립은 이제 사회구조를 결정적으로 위협하는 대치에 근거한 것이 아니라, (예컨대 신자유주의자인 미셸 크로지에와 신사회민주주의자인 알랭 투렌 간의 논쟁에서 보듯이) 사회를 더욱 역동적으로 만들기 위해 갈등을 활용하는 최선의 방법은 무엇인가라는 주제를 중심으로 이뤄진다. 이는 따라서 사회민주주의의 영역 안에서 이뤄지는 논쟁, 즉 사회구조 자체가 아니라 사회적 유대의 형태에 관한 논쟁인 것이다.

2. "현재의 논쟁이 마치 역사를 원점으로 되돌리는 것인 양, 사회적인 것의 위기를 말하는 것이 과연 합당할까?" 현재의 논쟁이 사회질서에 관

한 상이한 이상들 간의 대립(사회민주주의 전략이 몰아낸 바로 그 대립)
이 아니라, 단지 사회적 유대가 취할 수 있는 대안적 형식들에 대한 논
의에 머무르는 상황에서, 이를 사회적인 것의 성장의 위기라고 부르는
것이 더 정확하지 않을까?

의심할 바 없이 지금의 논쟁은, 사회질서는 갈등의 위험들(전통에 의
한 억압의 지속이나 저개발에 의한 빈곤상태에서 비롯되는 위험들)을 피해
야 한다는 계몽주의 이래의 사고방식이 이제 낡았음을 보여준다.

하지만 사회적인 것에 관한 오래된 개념과의 이런 결별은 어느 정도
일련의 상반된 원칙들에, 즉 갈등을 제거하는 대신에 활용하고, 책임을
받아들이고 공유하는 새로운 절차(평생교육, 자기관리, 분권화 등)를 사
회적 파트너들과 시민들 개개인 사이에 확산시킴으로써 상충하는 욕구
와 이해관계에 대한 새로운 현실주의적 인식을 적용하는 것에 근거한
새로운 개념의 여지를 마련해주는 것은 아닐까? 게다가 이 새로운 개념
은 그 기본 방향을 유지하기 위해서만 사회적인 것의 기존 체제를 수정
한다. 예전처럼 이 새로운 개념은 개인과 사회, 사회와 국가 사이에 세워
진 장애물을 없애려 한다. 이 새로운 개념은 개인에 대한 국가의 법제화
된 보호 대신에 성취와 만족을 집합적으로 매개하는 하나의 장치를 마
련하는 평생교육체계를 통해 사회화의 과정을 강화한다.* 분권화의 경
우도 마찬가지로, 이전에는 국가가 사회의 요구에 응답하는 것이 기대됐
다면, 이제는 국가가 중심의 다원화를 통해 자신의 문제들을 사회로 돌
려보냄으로써 사회가 그 문제를 해결할 임무를 떠안게 된다. 요컨대 복
지국가의 위기라는 이름 아래 일어나고 있는 것은 지금까지 지속되어온
공적인 것과 사적인 것 사이의, 혹은 국가와 시민사회 사이의 혼성화(지
난 세기부터 작동해온 사회적인 것의 바로 그 원리)인 것이다.

---

* 동즐로는 평생교육체계에 대해 본서 13장(「노동 안에서의 즐거움」)에서 더 자세히 분
  석하고 있다. 특히 394~399쪽을 참조하라.

3. 위기라는 것에 대해 말하고 싶다면, 사회적인 것의 위기보다 차라리 정치적인 것의 위기에 대해 말하는 것이 더 적절하지 않을까? 우리의 정당들은 앞서 논의한 공화주의적 이상의 분열과 그로부터 출현한 적대들에 근거해 발전했다. 즉, 그 발단에서 이들의 등장은 권리에 대한 다양하고 상충되는 해석을 각기 합리화하는 이데올로기에 의해 촉진됐던 것이다. 진보라는 주제는 정당들에게 권력 교체를 위해 요구되는 최소한의 의견 일치를 제공해줬으며, 더 나아가 (사회적인 것이라는 개념은 심지어 그보다 더 모호하지만) 그 개념에 내재한 모호함 덕분에 서로를 차별화할 수 있는 주요 토대로 기능해왔다. 어떤 사람들은 진보가 자본주의에 적당한 보답을 제공하고 그 앞길을 닦아주기에 진보를 지지할 수 있었다. 반면 어떤 사람들은 진보가 사회주의로 가는 길을 열 것이기에 진보를 지지할 수 있었다. 전자의 경우 진보의 전개를 조절하기 위해 전통의 권위를 끌어들인 반면, 후자는 과거 대신 미래의 질서가 규정하는 목표로서 혁명의 위협과 전망에 근거해 그 속도를 조절했다.

하지만 사회적인 것이 적대 세력들 사이의 상호행위를 매개하는 주제로 기능하기를 멈추고, 대신 그런 상호행위가 이뤄져야 하는 실제적 차원이 된다면, 즉 사회적인 것이 국가가 사회를 돌보는 영역이 아니라 사회의 동원 자체를 의미하게 된다면, 세력관계의 장으로서의 정치는 어떻게 될까? 무엇이 그것의 기반이 될 수 있을까? 아마도 정치는 그 존재의 결핍 또는 과잉 상태로 치달으리라고 예측할 수 있을 것이다.

이 중 결핍상태는 전통적 기반들을 내던지면서, 자신의 권위를 사회질서의 재현에 근거해 수립하려는 어떤 시도도 하지 않았던 발레리 지스카르 데스탱*의 재임기가 잘 보여준다. 데스탱 정부는 현실 자체와 그것의 외부적, 가변적, 예측불가능한 제약들을 제외하고는 그 어떤 것에도 권위를 부여하지 않는 권력이었다고 말할 수 있다. 이런 상황 속에서

---

* Valéry Giscard d'Estaing(1926~   ). 프랑스의 제23대 대통령(1974~81년).

개인은 모든 초월적 속성을 박탈당한 채 이름없는 배치와 마주하게 되고, 이에 따라 이 배치에 적응하고 이 배치를 유일한 현실적 가치로 받아들인다. 이제 이를 넘어선 어떤 초월성도 존재할 수 없다.

반면 정치의 과잉은 프랑수아 미테랑의 성공적인 선거 운동에서 잘 드러난다. 이 담론은 데스탱의 재임기에 형성된 공허감을 메우는 것을 목적으로 하는데, 사실 이런 목적은 구체적인 사회제도들의 동원 원칙을 비틀거나 침해할 때에만 비로소 달성될 수 있는 것이다. 그리고 바로 이런 이유로 현재 통치적 동요의 스펙타클이, 즉 이데올로기적 명령과 의사결정을 재분배하려는 시도 사이에서, 혹은 일방적 법령과 일반화된 협상 사이에서 갈팡질팡하는 모습이 연출되고 있다.

제3부

통치기술들

통계, 보험, 범죄학, 리스크학

| 통계학과 인문과학 |

통계학은 인문과학은 아니지만, 인문과학에 막대한 영향을 끼쳐왔다. 많은 다른 영역들(농업, 기상학, 때때로 물리학)에서도 사용되고 있으니, 나는 여기서 통계학이 사회학자들의 도구라는 사실을 특별히 고려하지는 않겠다. 나는 통계라는 방법론 자체보다 좀 더 근본적인 것에 관심이 있다. 그동안 통계학은 사회 법칙의 형식과 사회적 사실의 특성을 결정하는 데 기여해왔으며, 인문과학 내부의 개념과 분류들을 산출해왔다. 더욱이 통계학이 수집한 자료들을 통해 거대한 관료 기관이 탄생했다. 통계학은 그저 정보를 제공할 뿐이라고 생각할 수도 있으나, 통계학 자체를 근대 국가의 권력테크놀로지의 일부로 보는 것이 옳을 것이다.

1) 법칙의 형태

사회학의 여러 학파들은 통계학에 상이한 역할을 부여해왔다. 1830년

---

* "인간과학의 역사를 왜, 어떻게 쓸 것인가?"(Comment et pourquoi faire l'histoire des sciences humaines?)라는 제목의 콜로키엄이 1980년 5월 30일에서 6월 1일에 걸쳐 파리10대학교(낭테르)에서 개최됐다. 이 논문은 그때 논의된 많은 논문들 중 하나이다. 이 논문의 목적은 콜로키엄 제목이 암시하는 몇몇 방법론적 문제들을 다루기 위한 사실적 배경을 제공하는 것이었다. 당연히 이 글에 실린 것과 완전히 상이하게 통계학의 역사를 서술할 수 있는 주요 방식들이 여럿 있다 — 해킹의 각주.

대 초 오귀스트 콩트는 자신의 새로운 과학에 '사회역학' 혹은 '사회물리학'이라는 이름을 붙이길 원했다. 그러나 그와 거의 동시에 벨기에 천문학자 아돌프 케틀레가 인류에 대한 새로운 통계과학에 이와 동일한 명칭을 부여했다. 콩트는 항상 이런 시도에 반대했으며, 확률로부터 거리를 두기 위해 '사회학'이라는 명칭을 만들어냈다.[1] 그러나 케틀레는 야심 찬 선동가였다. 케틀레는 세계통계기구를 조직했으며, 1833년 영국학술협회에 통계 분과가 도입되는 데 중요한 역할을 했다. 케틀레는 새로운 '과학'의 원로가 됐던 것이다. 오늘날 우리는 케틀레가 콩트에게 승리를 거뒀음을 알고 있다. 근대의 유력한 사회학적 사유들은 사회 법칙을 통계적 형태로 제시하는 것을 당연하게 생각한다.

2) 통계적 사실의 특성

오랫동안 통계 법칙은 개인 수준의 비통계적 사실들로부터 파생된 부수현상으로 여겨졌다. 1890년대에 이르러 에밀 뒤르켐은 이런 생각에 반대했고, 사회 법칙은 중력의 법칙과 같이 불변의 힘으로 상위에서 개인에게 작용한다고 주장했다. 이런 판단은 철학적 근거를 갖고 있었다. 뒤르켐은 진화의 특정 단계에 들어서게 되면 나타나는 법칙들, 과학에서 나타나는 법칙들을 둘러싼 논쟁에 조예가 깊었다. 뒤르켐이 가져온 혁신은, 자신의 주장의 근거를 통계와 범죄에 관한 정량적인 사회적 사실의 완전한 규칙성과 안정성에서 찾았다는 것이다. 특히 프랑스에서 통계학의 또 다른 명칭은 '도덕과학'(일탈, 범죄자, 법원 판결, 자살, 매춘, 이혼에 대한 과학)이었다. 그 이전에도 '도덕과학'이라고 지칭됐던 실천이 존재했는데, 이는 존 로크의 관념론에 근거한 완전한 이성에 대한 선험

---

1) 케틀레의 작업, 그리고 케틀레와 콩트의 관계를 가장 간단하게 볼 수 있는 자료는 여전히 다음의 책이다. Joseph Lottin, *Quetelet, statisticien et sociologue*, Louvain/Paris: Institut supérieur de philosophie, 1912.

적 과학이었다. 도덕과학은 아카데미에서 두 번째 분과로 제도화됐으며 1803년 나폴레옹 1세에 의해 폐지됐다. 이 분과는 1834년에 다시 설립 됐으나 '도덕과학'이라는 말은 이제 완전히 다른 것을 의미하게 됐다.[2] 당시 도덕과학은 무엇보다 비도덕적 행동을 경험적으로 그리고 하나의 덩어리로 연구하는 과학이었으며, 이는 뒤르켐 이전까지 60년 동안 번 성해왔다. 1862년에 이르자 근대 수리심리학의 위대한 창시자 빌헬름 분트는 통계학자가 인간의 다른 모든 현상과 마찬가지로 사랑에도 법칙 이 있음을 입증할 수 있다고 주장했다. 1891년 뒤르켐의『자살론』이전 에 월터 윌콕스(1861~1964)는 자신의 박사논문인『이혼 문제』를 출판 했는데, 여기서 그는 이혼률과 자살률이 상관관계가 있는 사회적 지표 라는 점에 주목했다.[3] 매우 오랜 활동 기간 동안에 윌콕스는 케틀러가 이전에 했던 그랬던 것처럼 미국의 통계사회학과 인구조사 분야에서 거 의 지배적인 역할을 수행했다. 케틀러부터 윌콕스에 이르는 시기 동안 사회적 사실은 단순히 통계적 특성을 갖는 사실로 변화해갔다.

3) 개념과 분류

우리가 사람들과 그들의 활동에 대해 생각할 때 쓰는 근대의 많은 범주 는 수치 자료의 수집과정에서 구축됐다. 가령 상습성[재범]이라는 개념 은 1820년대에 범죄에 대한 수량적 연구가 시작됐을 때 등장했다. 의료 통계학 덕분에 19세기 동안 사망 원인의 표준 목록이 확립됐고, 오늘날

---

2) 특히 계몽주의의 '도덕과학'에 초점을 맞추며, 두 가지 다른 종류의 도덕과학을 구 분한 작업으로는 다음의 학위논문을 참조하라. Lorraine Daston, *The Reasonable Calculus:Classical Probability Theory, 1650-1840*, Thesis(Ph.D.), Cambridge, MA.: Harvard University, 1979.

3) Walter, F. Willcox, "The Divorce Problem: A Study in Statistics," *Studies in History and Economics and Public Law*, vol.1, no.1, ed. Faculty of Political Science, New York: Columbia University, 1891, pp.1~74,

까지 이어지고 있다. 세계보건기구가 사용하는 [의료/질병통계] 분류는 윌리엄 파가 자신이 맡은 (잉글랜드와 웨일스) 등록청을 위해 고안한 분류표에 근거한다. 세계 대부분의 지역에서, (그 목록이 정기적으로 개정됐지만) 공식적인 목록상의 원인 외에 다른 원인에 의한 사망은 오랫동안 위법이었다. 예를 들어 고령으로 인한 사망은 위법이었다.[4] 인구조사의 경우, 미국 헌법 제1조 2항은 10년마다 인구조사를 하도록 정해놓고 있다. 처음에 인구조사는 단지 선거구의 경계를 확정하기 위한 것으로서 4개의 질문만 있었다. 1870년에 질문은 156개로 늘어났고, 1880년대에는 13,010개가 됐다. 아마도 더 중요한 것은 범주의 변화일 것이다. 새로운 사람들이 고려되기 시작했고, 인구조사에서 사용된 범주들, 잉글랜드·웨일스 공장 검사청 같은 관료 기관이 사용한 범주들은 산업사회 계급구조의 공식적 형태를 만들어냈다(적어도 나는 이렇게 주장하고 싶다).[5] 또한 새로운 종류의 사람들뿐만 아니라 통계학적 메타-개념들도 등장했는데, 이 중에서도 가장 주목할 만한 것은 '정상성' 개념이다. 뒤르켐이 자신의 작업을 사회의 정상적 상태와 병리적 상태를 구분하기 위한 일반 이론을 제시하는 것이라고 여겼던 것은 우연이 아니다. 19세기의 마지막 10년에 이르자 생물통계학, 유전학, 영미 통계 이론의 창시자인 칼 피어슨은 가우스 분포를 정상(정규) 곡선이라 이름 붙였다.

---

4) 이런 관찰에 대해서는 다음의 훌륭한 박사학위 논문 초고의 도움을 받았다. Anne Fagot-Largeault, *L'explication causale de la mort*, Th. Méd., Paris: Université de Paris, 1978; "Probabilities and Causes: On Life Tables, Causes of Death, and Etiological Diagnoses," *Probabilistic Thinking, Thermodynamics, and the Interaction of the History and Philosophy of Science*, ed. Jaakko Hintikka, David Gruender, and Evandro Agazzi, Dordrecht/Boston: Reidel, 1987.

5) 나는 1981년 10월 서던캘리포니아대학교에서 열린 "지식, 권력, 역사"(Knowledge, Power, History)라는 제목의 푸코 관련 컨퍼런스에 제출한 논문에서 이 주제를 자세히 다룬 바 있다. Ian Hacking, "Biopower and the Avalanche of Numbers," *Humanities and Society*, vol.5, no.3/4, Summer/Fall 1983.

4) 관료제의 권력

19세기에 새로운 종류의 권력이 나타났다는 미셸 푸코의 테제는 잘 알려져 있다. 어떤 측면에서 이는 의학과 법률의 전략적 발전이라 할 수 있을 것이다. 더 일반적으로 말해, 푸코는 이 새로운 권력을 자신이 생명정치라고 부른 것의 일부로 봤다. 신체에 대한 관심이 높아졌으며, 푸코가 감옥과 성에 대한 자신의 작업에서 설명했던 신체의 규율은 "신체와 관련된 전체적인 미시권력"을 구성했고 이는 신체정치, 사회적 신체를 목표로 하는 "포괄적 수단, 통계적 평가와 개입"과 쌍을 이루는 것이었다. 이 모델에 완전히 동의하지 않더라도, 우리는 인구와 일탈행동에 대한 통계가 산업국가에서 필수불가결한 부분을 차지하고 있음을 쉽게 이해할 수 있다. 이런 정치는 사회보험을 통한 자본 형성에 직접적으로 관련되어 있다. 다니엘 드페르가 **보험테크놀로지**라고 부른 것이 존재하며, 이는 안정적인 사회질서를 제공하는 것과 관계가 깊다.[6] 드페르는 두 개의 주요 산업보험 중에서 하나는 국내 투자를 위한 자본을 제공한 반면, 다른 하나는 인도차이나를 프랑스에 안겨줬다고 지적한다.

새로운 통계 지식의 적용이 대부분 사악한 결과를 낳은 것은 분명 아니다. 위대한 빅토리아 시대 사회개혁가들의 이데올로기를 의심하는 사람일지라도, 통계 조사에 근거해 위생관리를 행한 그들의 고군분투가 그 시대의 가장 중요한 개선이었음을 인정할 수 있다. 이런 위대한 노력이 없었다면, 우리 대부분은 존재하지도 않았을 것이다. 왜냐하면 우리의 먼 조상들이 사춘기까지 살아남지 못했을 것이기 때문이다. 통계자료는

---

6) 이 아이디어에 대한 이론적 설명은 아직 [영어로] 볼 수 없다. Daniel Defert, Jacques Donzelot, François Ewald, Gerard Maillet, Catherine Mével, *Socialization du risqué et pouvoir dans l'enterprise*, Paris: Ministère du Travail, 1977; Arpad Ajtony, Stephen Callens, Daniel Defort, François Ewald, Gerard Millet, *Assurance, Prevovance, Sécu-rité: Formation historique des techniques de gestion sociale dans les sociétés indust-rielles*, Paris: Ministère du Travail et de la participation, 1979.

표면상으로는 이데올로기에 중립적이다. 공장 검사관들이 수집한 자료를 맑스보다 열심히 사용한 사람도 없을 것이다. 그러나 맑스조차도 통계에 근거한 관료제가 국가를 어떻게 바꿔 놓을지에 대해서는 인식하지 못했다. 보험테크놀로지가 적절히 작동한 국가에서 프롤레타리아 혁명이 발생한 적이 없다는 것은 건성일지언정 정확한 일반화이다. 반대로, 부분적인 산업화 이후 보험테크놀로지가 적절히 작동하지 못한 모든 곳에서는, 좌파 혁명이든 우파 혁명이든, 혁명이 발생했다.

| 통계학의 역사에 대한 나의 관심사 |

나는 역사가가 아니라 실증주의의 강렬한 뒷맛을 본 철학자이며, 주로 역사 문제에 대해 분석철학을 실천하는 내 동료들과도 다르다. 나는 대학생 때 '개념적 분석'을 하도록 훈련받았고 아직도 그렇게 하고 있다. 그러나 나는 때때로 개념들의 구조, 그리고 그로 인해 발생하는 철학적 난점이 그것들의 역사적 기원과 관련되어 있다고 생각한다. 혁명을 통해서든 혹은 갑작스러운 변화를 통해서든 관념의 급진적 변화가 발생한다면, 이런 전환을 가능케 한 것이 무엇이든 간에, 그것은 그 이후의 이론에 흔적을 남기기 마련이다. 나는 우리가 철학적 문제라고 부르는 많은 것들이, 실은 개념적 과거에 대한 희미한 '기억' 때문에 발생한 것이라는 아이디어를 가지고 있다. 오랫동안 이어져온 포스트헤겔주의의 전통에 따르면, 철학적 문제는 우리 사유에서 미처 인식되지 못한 측면들 때문에 발생한다. 영국 철학에서 이런 전통은 일상 언어의 몰역사성에 주목했다. 나는 그 대신 철학적 혼란을 야기하는 개념적 비일관성은 이런 개념을 가능케 했던 이전의 상황과 그 상황에서 만들어진 개념들 간의 역사적 비일관성에 다름 아니라고 생각한다. 확률, 우연, 결정론에 대한 많은 근본적 문제들은 이런 이유에서 발생한다.

나는 어떤 문제의 역사적 기반을 드러내는 것이 문제를 소멸시킨다고 생각하지 않는다. 나는 치료가 아니라 설명에 관심이 있다. 이는 역사 연구의 동기로서는 특이한 것이며, 이런 연구의 결과 역시 역사학이라 부르기 힘들다. 이는 현재 관념들의 비일관성을 이해하기 위해 과거를 이용하는 것이며, 역사적 내용을 철저히 규명하기보다는 그 역사적 현장에서 개념들 간의 관계에 대한 가설을 제출하는 것을 목표로 한다. 이런 탐구는 조르주 캉길렘의 초기 연구와 크게 다르지 않을 수도 있다. 캉길렘은 많은 측면에서, 무엇보다 질문을 신중한 제한한다는 점에서 훌륭한 교범이라 할 수 있다. 철학자는 너무 많이 조사하려 할 때 위험에 빠지게 된다. 캉길렘은 하나의 한정된 문제, 말하자면 19세기 의학에서의 정상과 병리 문제에 어떻게 집중할 수 있는지를 보여줬다. 이를 통해 우리는 지성사의 모든 종류의 구석진 곳들에 이르게 되지만, 거기서 단순히 맴도는 대신 처음 시작한 중심으로 다시 끌려 나온다. 여기서 나는 나의 목적에 따라 다음과 같은 문제군을 선택했다.

1) 비결정론

18세기 말, 위대한 물리학자 피에르-시몽 라플라스는 결정론에 관한 고전적 주장을 확립했다.[7] 가장 작은 사건조차 필연적 방식으로 발생하며, 이는 과거와 자연의 위대한 법칙에 의해 결정된다. 라플라스의 사회 개념은 경제나 사회 연구에서 '물리적 필연성'이나 '자연의 물리적 법칙'을 주창한 안-로베르-자크 튀르고나 니콜라 드 콩도르세 같은 선구자들의 영향을 받은 것이다. 그러나 19세기 말이 되면 미국 철학자 찰스 샌더스 퍼스는 우리가 우연의 세계에 살고 있다고 주장했으며,[8] 뒤르켐

---

7) Pierre-Simon Laplace, *A Philosophical Essay on Probabilities*, New York: Dover, 1951. [조재근 옮김, 『확률에 관한 철학적 시론』, 지만지, 2012.] 이 책은 1795년에 라플라스가 행한 강의의 기반이 되며, 확률에 관한 그의 주저에 대한 입문서 역할을 해준다. *Théorie Analytique des Probabilités*, Paris: Courcier, 1812.

8) Charles Sanders Peirce, "The Doctrine of Necessity"(1892), *Selected Writings*, ed. Philip P. Wiener, New York: Dover, 1966.

은 사회 자체의 환원불가능한 통계적 법칙이 존재한다고 강조하게 된다. 나는 이런 사건들이 인과성 범주에서 발생한 근본적 변화를 나타낸다고 생각한다. 이는 하나의 형이상학적 혁명으로 이어졌다. 루크레티우스가 [궤도에서] 일탈하는 원자에 대해 말하긴 했지만, 물리적 결정론은 오랫동안 자연에 대한 연구자들의 확고한 관점이었다. 그렇다면 어떤 사건들이 우리가 **결정론의 약화**라 부를 수 있는 사태를 야기했을까?

2) 우연의 법칙

라플라스는 확률이 주관적인 것이며, 한편으로는 우리의 지식과 다른 한편으로는 기저원인에 대한 우리의 무지와 관련되어 있다고 생각했다. 1800년경에는 사망률의 법칙과 같은 몇 가지 통계적 속성을 가진 법칙들이 알려져 있었지만, 이는 피상적이며 사실의 요약일 뿐인 것으로 간주됐다. 사망이라는 현실은 개별적인 원인에 의해 야기되며, 확률과는 관계가 없다는 것이다. 하지만 19세기 말에 이르면, 사망원인은 특성 상 확률적인 것으로 간주됐다. 결정론이 약화되기는 했지만 이는 자유를 위한 새로운 장소가 만들어졌기 때문이 아니었으며, 사실 상 중요한 것은 **우연을 길들이는 것***이었다고 할 수 있다. 1800년에는 실제적인 것이 아니었던 우연은 같은 세기 말에 이르면 '실제적인' 것이 됐는데, 이는 우연을 통치하는 법칙형태들이 발견됐기 때문이었다.

3) 수치에 대한 열정

종종 계산기의 발명자라 불리는 찰스 배비지는 1832년에 수치 상수에 관한 책의 출판을 촉구하는 팸플릿을 발간했다.[9] 이에 호응해 파리, 베

---

* 이것은 통계학의 역사에 대한 해킹의 주저 제목이기도 하다. Ian Hacking, *The Taming of Chance*, Cambridge: Cambridge University Press, 1990. [정혜경 옮김, 『우연을 길들이다: 통계는 어떻게 우연을 과학으로 만들었는가?』, 바다출판사, 2012.]

를린, 런던의 학회가 2년마다 교대로 인류에게 알려진 수치 목록을 작성하기로 했으며, 배비지는 20가지 종류의 수치를 이 목록에 포함시켰다. 이들은 물질, 천문학, 원자중량, 비열 같은 친숙한 것부터 시작했으나 곧 한 사람이 시간당 자를 수 있는 참나무의 길이, 한 사람이 한 시간 동안 살아 있는 데 필요한 공기의 체적, 인간·말·낙타·증기기관 간의 생산력 비교, 다양한 종의 상대적인 뼈의 무게, 다양한 언어 간의 상대적인 문자 출현 빈도 등의 문제로 넘어가게 됐다. 출간된 대부분의 숫자는 새로운 것이었으며, 10년만 지나도 매우 낡은 것이 됐다. 1820년에서 1840년 사이에 숫자표의 출판은 기하급수적으로 증가했다. 숫자에 대한 열정은 거의 보편적인 것이 됐으며, 인간과학에만 국한된 것도 아니었다. 토머스 쿤은 정확히 이 시기에 물리학에서 숨겨진 전환이 있었다고 주장한다.[10] 쿤의 통찰을 좀 더 명확히 해보자. 갈릴레오 갈릴레이의 과학은 세계가 수학의 언어로 쓰여 있다고 주장했지만, 그 모델로 기하학과 대수학을 제시했다. 19세기에 이르게 되면 추상적 수학이 아닌 경험적 수치가 주요 역할을 담당하게 됐으며, 이것은 자연과학자들이 측정해야 하는 하나의 과제로 자리잡게 된다.

콩트 본인은 숫자에 적대적이었는데도, 실증주의는 이내 실증적 사실이 숫자에 의해 측정된다는 것을 당연하게 받아들였다. 통계적 수치에 집착하는 이들을 통렬히 비판한 프레데릭 르 플레 같은 보수적 사회학자의 경우에도 유럽 노동자에 대한 그의 걸작[11]에서 숫자를 제외하면

---

9) Charles Babbage, "On the Advantage of a Collection of Numbers to Be Entitled the Constants of Nature and Art," *Edinburgh Journal of Science*, NS6, vol.12, 1832.

10) Thomas Kuhn, "The Function of Measurement in Modern Physical Science," *The Essential Tension: Selected Studies in Scientific Tradition and Change*, Chicago: University of Chicago Press, 1977.

11) Frédéric Le Play, *Les Oeuvriers européens: Étude sur les travaux, la vie domestique, et la condition morale des population ouvrières de l'Europe*, Paris: Impériale, 1855.

그리 많은 것이 남지 않는다. 그 책의 1855년 초판을 보면, 우랄 산맥의 반+유목민 양치기 가족에서 셰필드의 목수 가족에 이르기까지 대가족들의 가계생활비에 대해 알 수 있다. 각각의 가족에 대해서는 약 500개의 숫자, 즉 그들이 신발, 우유, 학교 수업료, 양배추, 꽃양배추, 양초를 얼마나 많이 소비하는지가 기록되어 있다. 19세기 말이 되면, 누구도 물리학자 윌리엄 톰슨 켈빈 경의 주장에 반대할 수 없게 된다. "여러분이 자신이 말하는 것을 측정할 수 있다면, 여러분은 그것에 대해 무엇인가를 알고 있는 것입니다. 하지만 여러분이 그것을 측정할 수 없다면 …… 여러분의 지식은 빈약하며 불만족스러운 종류의 것입니다."[12]

| 어떤 시기가 중요한가? |

내가 보기에는 1820~1900년이 중요한 시기인 것 같다. 가령 1905년에는 방사성 붕괴의 근본 법칙이 우연의 과정이라는 것이 인정됐고, 생물학 연구에서도 몬테 카를로 시뮬레이션*이 사용되고 있었다. 우연은 길들여졌다. 하지만 모든 시대 구분은 의심의 여지가 있다. 양자역학은 근원적이고 결정론적인 '숨겨진 변수들'과 형식적으로 모순된다는 존 폰 노이만의 증명으로 종결된 1900~36년을 어떻게 무시할 수 있겠는가? 반대로 거슬러가면, 정치경제학의 기원과 클로드 아드리엥 엘베시우스, 장-바티스트 세, 애덤 스미스, 제러미 벤담, 토머스 맬서스, 데이비드 리카도의 작업을 어떻게 무시할 수 있는가? 라플라스로 하여금 사회 문제의 확률을 논의하게 만들고, 콩트와 케틀레의 정신적 할아버지였던 이는 1794년의 공포정치 아래서 사망한 콩도르세가 아니었는가?

---

12) Sir William Thomson Kelvin, "Electrical Units of Measurement," *Popular Lectures and Addresses*, vol.1, London: Macmillan, 1889, p.73.

* Monte Carlo simulation. 난수를 사용한 무작위적 표본을 시뮬레이션해 함수의 값을 확률적으로 결정하는 기술. 물리학에서는 물론, 응용통계학이나 금융수학, 최근에는 기후 변동의 예상에 이르기까지 다양한 영역에서 사용되고 있다.

이런 질문에 대해서는, 우리가 하나의 문제를 선택해야만 한다고 답할 수 있을 것이다. 철학자로서 내게는, 우연의 길들이기와 비결정론이 바로 이런 문제처럼 보인다. 나는 실제 우연이 존재할 가능성, 우연이 세계를 이루는 근본 구조의 일부일 가능성의 증가에 관심을 가지고 있다. 이런 가능성은 미시물리학의 출현을 통해 확증됐으며, 1800년에는 결코 인정되지 않다가 1900년에 이르러서야 하나의 가능성으로 인정됐다. 나의 가설은 라플라스와 리카도 이후의 사건들을 통해 퍼스와 뒤르켐의 학설이 실효성을 갖게 됐다는 것이다.

이것이 급격한 단절이 될 수 있는가? 소위 1860년의 결정론 세계와 1880년의 비결정론 세계 사이에서 단절을 찾아야 하는가? 나는 여기서는 이런 종류의 분석에 동의하지 않는다. 하지만 본질적으로 이런 접근에 반대하는 것은 아니며, 내 책『확률의 등장』**에서 두 세기 전 유사한 일이 벌어졌음을 주장한 바 있다. 하지만 결정론의 약화는 갑작스럽게 일어난 것이 아니다. 이는 일부 잘 알려진 사건들과 인지되지 못한 많은 사건들 간의 체계적인 상호작용의 결과였다. 대부분의 사건들은 자신이 무엇을 하고 있는지에 대해 명확한 관점을 갖고 있는, 그리고 비결정론에 대해서는 생각해본 적도 없는 사람들에 의해 일어났다. 점차 시간이 지나가고 이야기가 펼쳐지면서 사람들은 형이상학적 결정론이 점진적으로 쇠퇴했음을 알게 되겠지만, 당시에는 누구도 그것을 알아채지 못했다. 다음은 이런 몇몇 사건들에 대한 스케치이다.

(1) 19세기 초에 인간사에서 경제적 법칙(사망률의 법칙 같은 것)을 찾을 수 있다는 관념이 등장했다. 이런 법칙은 명백하며 불변의 것으로 여겨졌으며, 불규칙성이 존재할 경우 이런 불규칙성은 섭동***으로 인

** Ian Hacking, *The Emergence of Probability: A Philosophical Study of Early Ideas about Probability, Induction and Statistical Inference*, London/New York: Cambridge University Press, 1975.

*** perturbation. 인접한 천체의 영향으로 행성의 궤도가 변하는 현상.

해 발생한 것으로 간주됐다(섭동의 은유는 행성운동의 이론에서 유래한 것이다). 이런 초기 시절에 인문과학의 모델은 뉴턴 식 모델이었다.

(2) 라플라스가 정식화한 확률 이론이 등장했다. 여기서 확률은 본성상 실제적 사실이 아니라 진정한 원인에 대한 우리의 무지로 간주됐다.

(3) 1820년 이후에 숫자들이 쇄도하면서 범죄, 자살, 노동자의 병, 전염병, 생물학적 사실의 통계에서 놀라운 규칙성들이 드러났다. 수학자들은 이런 현상을 분석하려 시도했다. 위대한 응용수학자 시메옹-드니 푸아송은 1835년에 충분한 데이터를 수집하면 대량의 현상에서 불규칙성이 사라진다는 수학적 사실에, '대수大數의 법칙'이라는 이름을 붙였다.[13] 이 용어는 확률수학에서 표준이 됐으나, 사실 푸아송의 최초 용법은 배심 재판의 분석과 관련된 것이었다.

(4) 그 사이 케틀레는 통계에 대한 선전 작업을 수행하고, 이후 국제적인 모델로 자리잡을 1840년 벨기에 인구조사 준비에서 핵심 역할을 수행했다. 또한 케틀레는 종 모양의 가우스 분포의 '오차 법칙'이 인간의 사회적·생물학적 특성의 분포 법칙임을 전 세계에 널리 알렸다.

(5) 통계학적 결정론에 대해 엄청난 토론이 있었다. 우리 시대의 철학자들은 비결정론이 자유의지의 여지를 제공할 수 있다고 생각하는 경향이 있다. 1860년 당시의 정서는 정반대였다. 파리 행정구의 자살률이 정확히 예측될 수 있다면(일산화탄소 중독이나 익사 같은 세부적인 자살의 종류 역시 동일하게 예측될 수 있다면) 자살자들이 이 크나큰 죄를 언제라도 그만둘 수 있었던 것은 어찌된 일일까? 통계 법칙은 마치 그 행정 구역의 몇몇 개인에게 꼭 작용해야만 하는 것처럼 보였고, 인간의 자유는 위기에 빠지게 됐다. 이런 논쟁은 여러 형태로 반복됐고, 여기에는

---

13) Siméon-Denis Poisson, *Recherches sur la probabilité des jugements en matière cri-minelle et en matière civile*, Paris: Bachelier, 1837. 푸아송은 '대수의 법칙'(law of large numbers)이라는 표현을 2년 전[1835년]의 공개 강연에서 처음 사용했다.

당시 매우 인기 있던 헨리 버클의 『영국 문명사』(1857)*를 둘러싼 논쟁도 포함된다. 버클은 인간 행동이 물리학의 세계처럼 고정된 법칙에 지배를 받는다는 사실이 통계에 의해 증명됐다고 주장했다.

(6) 사회개혁가들은 통계적 법칙에 지배되는 인구의 '경계 조건'을 재조직함으로써, 의식적으로 버클이 강조하는 불가피한 역사적 발전에 영향을 미칠 수 있다고 봤다. 특히 하위 관료들의 현명한 개입을 통해 변할 수 있는 대상은 일탈, 가난, 빈민 같은 사실들이었다. 빈민[les miserables]은 외젠 쉬의 작품을 연상시키는 빅토르 위고의 소설 제목인 동시에 세계통계기구의 기본 주제이기도 했다. 1860년에 파는 이 거대한 회의를 개최하면서 통계 법칙이 인구의 진로를 결정할지라도 우리(그들이 아닌 '우리')는 경계 조건을 바꿔 그 인구가 진화하는 법칙을 변경할 수 있기 때문에 통계학이 자유의지를 배제하지 않는다고 주장했다. 찰스 디킨스의 『어려운 시절』(1854)은 이런 통계적 공리주의에 대한 가장 강력한 비판을 선택의 자유에 대한 특유의 풍자로 담고 있다.

(7) 1860년 이후에 영국의 제임스 클러크 맥스웰과 독일의 루트비히 볼츠만은 물리학의 위대한 신종 아이디어 중의 하나인 (이론물리학 내에서 열역학 조건의 불가역적 변화를 처음으로 설명해낸) 통계역학을 발전시켰다. 그러나 볼츠만은 비결정론에 공공연히 거리를 두면서, 대량의 분자의 경우에는 푸아송 식의 대수의 법칙으로 그 안정성을 이해할 수 있다고 생각했다. 이와 달리 맥스웰은 케틀러가 인구의 가우스 오차곡선에 대해 연구한 내용은 물론이고, 영국에서 출판된 이와 관련된 다른 연구들에 대해서까지 잘 알고 있었다.

(8) 다윈주의도 일정 부분 영향을 끼치긴 했지만, 영향력 있는 독자들이 찰스 다윈의 작업을 확률론적으로 해석하기 시작한 것은 사회적 다윈주의가 고조된 이후였다.

---

* Henry Buckle, *History of Civilization in England*, London: John Parker & Son, 1857.

(9) 다윈의 사촌인 프랜시스 골턴은 정상 분포 혹은 가우스 분포에 기대어 생물학적 사실과 인간의 유전 현상에 대해 설명하기 시작했다. 골턴은 평범함으로의 회귀(우리가 평균으로의 회귀라고 부르는 것)를 유럽 내 유명 가족들의 관한 연구를 통해 밝혀냈으며, 이는 상관계수라는 근대적 개념으로 이어졌다. 우리가 통계 법칙을 사용해 어떤 현상을 예측하고 정리할 뿐만 아니라 설명하려 할 때, 우연은 거의 길들여진 것이라 할 수 있다. 하지만 흥미롭게도 골턴 자신은 정상 곡선에 대해 결정론적 태도를 가지고 있었던 것 같다. "야생의 혼란 한가운데서 고요히 스스로를 숨기며 지배하는 법칙……. 비이성의 최고 법칙."[14]

(10) 결정론의 쇠퇴는 주제별로 체계적으로 발생했다. 분트와 함께 실험심리학의 위대한 창시자였던 구스타프 페히너는 실험에서 피험자들이 상대적 무게에 대해 잘못 판단하는 이유를 정상 분포의 법칙을 통해 설명했지만, 신체에 대한 자극이 정신이 경험하는 감각으로 전달되는 과정에 대해서는 완전히 결정론적인 법칙을 고수했다.[15] 소위 베버-페히너 법칙으로 불리우는 그의 추론은 특성상 확률론적이지만, 신체와 정신의 상호작용이라는 핵심 요점에서는 확률의 문제가 들어설 수 있는 공간이 없었던 것이다. 이때가 1860년이었다. 1879년에 이르면, 헤르만 에빙하우스가 확률 곡선을 사용해 단기 기억에 대한 연구를 시작하게 된다. 에빙하우스의 세대는 이를 순전히 외재적인 임의적 오차라기보다는 내재적인 확률의 구현으로 간주할 수 있었던 것이다. 우연이 길들여지자 이 이론들에서 확률은 완전히 새로운 의미를 얻게 됐다.

요약하면, 어떤 인간의 탐구 영역도 내가 숫자의 쇄도, 결정론의 약화, 우연의 길들이기라고 부르는 사건들의 영향으로부터 자유로울 수 없

---

14) Francis Galton, *Natural Inheritance*, London: Macmillan, 1889, p.66.
15) Gustav Fechner, *Elemente der Psychophysik*, Bd.2, Leipzig: Breitkopf und Härtel, 1860, pp.430~432. 영어로는 1권만이 1966년에 번역됐다.

었다. 우리가 지금은 명백하지만 사소하다고 생각하는 몇몇 것들이 당시에는 극히 중요했다. 전염병학이 한 예가 될 수 있을 것이다. 1832년에 콜레라가 유행한 이후 반세기 동안, 유럽인들은 전염병에 대한 공포에 사로잡혀 있었다. 그러나 공포가 약해지면서, 전염병에 대한 통념이 결정론적인 재앙에서 확률론적 감염으로 이동해갔고, 국지적이기는 했지만 많은 확률 추론이 이와 연결됐다. 큰 그림을 선호하는 사람들은 경제학 이론의 발전 역시 인과적 과정에 있어 우연의 메커니즘이 도입됐다는 관점에서 설명할 수 있을 것이다.

(1)~(10)와 같은 무수한 이야기 이후에, 뒤르켐이 자살 통계에 대한 50권의 프랑스어 저작들을 조사하면서 확률론적인 사회 법칙이 고유한 현실을 가지고 있다고 생각하게 된 것은 놀라운 일이 아니다. 또한 에밀 부트루가 자연 법칙의 우연성에 대해 주장한 것도 자연스러운 일이다.[16] 퍼스는 우리가 우연의 세계에 살고 있다고 가르치기 시작한 철학적 사유의 연쇄에서 마지막 고리에 해당한다고 할 수 있다.

| 역설들 |

여기에는 몇 가지 교훈적인 역설이 있다. 숫자가 쇄도하고, 사회적·생물학적 사실이 끊임없이 계산되고, 물리적 수량이 거의 미친 듯이 엄밀하게 측정되면서, 갈릴레오와 아이작 뉴턴의 세계가 온전하게 남겨지기에는 너무 많은 숫자들이 생산됐다. 한때 모든 사람들은 이런저런 '섭동'은 있을지라도, 기본적으로 뉴턴의 법칙은 정확하다고 믿었다. 이런 주장은 많은 것들을 계산하거나 측정할 수 없는 질적 우주에서는 전적으로 신뢰할 만했지만, 양적 우주에서는 정확성이 불가능해지고, '평균으로부터의 편차'가 '규범'이 됐다. 비결정론이 막 도래하려는 순간이었다.

---

16) Émile Boutroux, *De la contingence des lois de nature*, Th. Lett., Paris: Germer-Baillière, 1875.

나는 이 모든 기이한 사건에 눈을 뜨게 해준 에른스트 카시러에게서 두 번째 역설을 발견한다. 카시러는 라플라스에게 결정론은 하나의 은유로서, 확률이 객관적 실재보다 우리의 무지를 보여준다는 점을 설명하기 위한 장치였다고 주장한다. 카시러에 따르면, 근대적 결정론 개념은 1872년 에밀 뒤 부아-레이몽의 유명한 연설에서 처음 발견된다.[17]

카시러는 중요한 것을 지적했으나 이야기는 좀 더 복잡하다. '결정론'이라는 단어는 약 1789년에 독일어에 등장하지만 현재의 통념과는 약간 다른 개념이었다. 이 개념은 1860년대에서야 프랑스어나 영어에서 자주 사용되기 시작했는데, 당시에는 자유의지에 도전한다는 이유로 분노를 샀다. 특히 라플라스의 고전적 주장을 처음 근대적인 방식으로 해석하기 시작했던 사람이 1872년의 뒤 부아-레이몽이 아니라 1859년의 샤를 르누비에였다는 사실을 깨닫는다면, 이 시기는 카시러의 의견과 대략 일치한다.[18] 자유의지라는 오랜 문제는 주로 동기와 의식을 지닌 인간이 자유롭게 선택할 수 있는지, 이 선택이 정신상태에 의해 사전에 결정된 것은 아닌지 같은 질문과 연관되어 있었다. 1847년에 뒤 부아-레이몽은 베를린의 작지만 영향력 있는 집단의 일원이었는데, 이 집단은 정신이 물리적·화학적·전기적 용어로만 이해되어야 한다고 선언했다. 1872년 이제 원로가 된 뒤 부아-레이몽은 라플라스의 완전한 물리적 결정론 속에서 어떻게 의식이나 자유의지의 장소를 찾을 수 있는지 묻는다. 데카르트주의자였던 라플라스의 경우, 분자 운동의 필연적인 결정은 정신의 선택이라는 문제와 대립되지 않았으나 뒤 부아-레이몽은 두

---

17) Ernst Cassirer, *Determinism and Indeterminism in Modern Physics: Historical and Systematic Studies of the Problem of Causality*, New Haven: Yale University Press, 1956; Emil du Bois-Reymond, "Über die Grenzen des Naturerkennens," *Reden*, Bd.1. Folge, Litteratur, Philosophie, Zeitgeschichte, Leibzig: Veit, 1885.

18) Charles Renouvier, *L'homme: La raison, la passion, la liberté, la certitude, la proba -bilité morale*, Paris: Librairie Philosophique de Ladrange, 1859.

개가 서로 대립한다고 믿었다. 따라서 라플라스는 확실히 결정론자였다. 그러나 뒤 부아-레이몽의 결정론은 결정론 자체가 약화되던 순간에 이르러서야 새로운 일련의 문제들을 만들어낸 것처럼 보인다. 이는 사유의 역사에서 발견되는 일반적 패턴이다. 하나의 사유는 압박을 받게 되는 바로 그 순간에 날카롭게 공식화되고 ('결정론'이라) 명명된다. 통계적 결정론을 둘러싸고 1860년대에 벌어진 새롭고 약간 광적인 일련의 토론들은 이 시기가 그런 압박의 시기였음을 확인시켜준다.[19]

| 이것은 담론의 역사인가? |

과학사가들은 내적 역사와 외적 역사를 구별한다. 외적 역사는 정치, 경제, 연구소의 금전상황, 학술지의 유통 등 지식 자체에 외재적인 모든 사회적 환경의 문제이다. 반면에 내적 역사는 지식, 추측, 실험, 반박 같은 개별 항목에 대한 역사이다. 우리는 외적 역사와 내적 역사의 관계를 훌륭히 설명해낼 수 없다. 혹자는 익명의 담론을 다루면서 누가 말했는가와 관계없이 무엇이 말해졌는가에 주목하는 푸코의 고고학에 희망을 걸 수도 있다. 아니면 정반대 방향을 택해, 충분히 의도적으로 이런저런 사건을 초래한 창시자나 행위자에 대해 연구하는 것이 더 나을까?

1) 외적 역사

숫자의 쇄도는 최소한 부분적으로는 산업화와 시골에서 도시로 사람들이 유입된 결과였다. 새로운 수치 집계에 대한 많은 사유 패턴들은 나폴레옹 시대에 등장했다. 나폴레옹이 유럽, 이집트, 동양의 곳곳에 퍼져 있는 부대에 필요한 식량, 무기, 장비 등을 끊임없이 기록하는 다수의 보급장교 없이 진군했을 것이라고 믿기는 힘들다. 대부분의 경우, 새로운

---

19) Ian Hacking, "Nineteenth-Century Cracks in the Concept of Determinism," *Journal for the History of Ideas*, vol.44, no.3, July 1983.

수치 집계에는 더할 나위 없이 충분한 의식적 이유가 존재한다. 예컨대 농민들과 농업 노동자들에게는 보험과 연금이 그다지 필요하지 않았다. 그렇지만 시골의 대가족 체제가 도시에 의해 붕괴되자, 일상 노동자들을 위한 새로운 형태의 안전이 요구됐고, 우리는 이런 변화가 어떻게 새로운 계산방식을 낳았는지 꽤 정확하게 추적할 수 있다.

예컨대 영국에서는 노동자들에게 질병 혹은 사망에 대해 보험을 제공하는 수많은 공제조합이 등장했다. 사망률표는 오래 전부터 알려져 있었지만 보험통계상의 난점들은 여전히 존재했다. 빈민은 부자보다 더 일찍 사망한다. 그런데 얼마나 일찍 사망하는 것일까? 질병에 대해서 알 수 있는 정보 역시 거의 없었다. 1825년과 1827년 사이에 영국 하원의 특별위원회는 이 문제를 해결하고자 했다.[20] 질병의 통계 법칙은 무엇인가? 영국의 모든 저명한 통계학자들이 이 문제에 대해 증언했다. 국가 부채 책임통계기사는 그런 법칙은 있을 수 없다고 단언했다. 파리 당국도 문의를 받았으나 유감스럽지만 모른다고 답변했다. 사실 1824년 하이랜드협회가 발간한 자료가 하나 있었으나(이 자료는 주로 농업 개혁을 위해 효과적으로 사용됐다),[21] 이 자료를 신뢰하는 사람은 거의 없었다. 그러나 10년 뒤에 다수의 연구자들이 직업이나 지역 등에 따른 특정한 질병의 법칙을 발견해냈다. 이때부터 파는 모든 질병에 고유한 수학적 발전 법칙이 있다고 주장할 수 있게 됐다. 간단히 말하면, 숫자가 쇄도하던 기간 중에 공제협회는 보험료를 어떻게 설정할 것인가의 문제로 골머리를 앓았는데, 10년 뒤 이 문제는 자신들이 무엇을 하고 있는지 잘 알고 있는 사람들에 의해 해결된 것이다.

---

20) *Report of the Select committee to Consider the Laws Respecting Friendly Societies*, 5 July 1825.

21) *Report on Friendly or Benefit Societies: Exhibiting the Law of Sickness to Be Deduc -ed from Returns by Friendly Socieities in Different Parts of Scotland, Drawn up by a Committee of the Highland Society of Scotland*, Edinburgh: A. Constable, 1824.

통계학은 하나의 응용과학이다. 당연히 우리는 그것의 외적 역사에서 세계의 많은 남녀들이 자신들이 가진 실용적 문제들을 지적인 방식으로 처리한 풍부하고 우수한 사례들을 발견할 수 있다. 그럼에도 불구하고 우리는 어떤 상이한 질서 같은 것을 포착해내야 한다. 데이터를 수집함으로써 실용적 문제를 해결하는 특정한 방식이 등장했다. 누구도 이런 방법론을 옹호하며 논쟁하지 않았다. 그들은 그저 이를 실천하고 있었을 뿐이다. 많은 경우 그렇듯이, 극단적인 사례들을 살펴봄으로써 새로운 유형의 추론이 출현했음을 보여줄 수 있을 것이다. 이런 광기는 실용적인 사람들이 그저 명확하고 크게 문제되지 않는 탐구형식을 추구하고 있었을 뿐이라는 사실을 의심하게 만든다.

(1) 숫자에 대한 순전한 페티시즘이 등장했다. 앙드레-마리 게리는 범죄와 자살에 대한 통계학적 사고에 관심이 많은 프랑스 변호사였다.[22] 게리는 1832년에 우리가 현재 통계적 가설 검정에서 순위부여 방법이라고 부르는 것을 비체계적인 방식으로 개발했다. 또한 게리는 자살에 관한 85,564건의 개별 사례와 그 각 사례들의 동기를 추측한 보고서를 축적했다. 게리는 1832년과 1864년 사이에 살인 미수 혹은 살인으로 기소된 21,132개의 사례를 분석했고, 이를 4,478개의 동기로 분류했다. 이런 숫자에 대한 페티시즘은 실용적인 문제를 해결하는 사람들이라는 간편한 외적 역사를 넘어서는 무엇처럼 보인다.

(2) 게리가 고안해낸 자살에 대한 일련의 분류는 오늘날 우리에게는 거의 미친 것처럼 보이지만, 상당 부분은 경찰이 공식 보고서를 작성하는 데 필요한 항목이 됐다. 숫자의 쇄도가 시작됐을 때 분류들이 다양화됐다. 왜냐하면 분류야말로 이 새로운 담론의 형태였기 때문이다. 단순

---

22) André-Michel Guerry, *Essai sur la statistique morale de la France*, Paris: Crochard, 1833; *Statistique morale de l'Angleterre comparée avec la statistique morale de la France*, Paris: J.-B. Baillière et fils, 1864.

히 새로운 분류에는 직접적 동기가 있었다고 외적 역사가들이 쉽게 말할 수 있을지라도, 분류와 수치 계산이라는 바로 그 사실 자체는 새로운 실천에 내재적인 것이었다. 우리는 새로운 말하기 방식과 행위 방식의 출현을 설명할 수 있는 방법론을 여전히 갖고 있지 않다.

나는 이 복잡한 쟁점들을 어떻게 진솔하게 분석할 수 있을지 모르겠다. 물론 정치·상업·질병 같은 세부사항에 주의를 기울여야겠지만 이와 동시에 정치·상업·질병은 그 자체로는 사회적 영역의 모든 것이 수치 계산의 문제가 되어야 한다는 요구를 설명해주지 못한다.

2) 익명의 담론

통계학자의 관료제보다 더 익명적인 것은 없다. 그렇지만 (케틀레, 파, 골턴 등을 비롯해 루이-르네 빌레르메, 빌헬름 렉시스, 프랜시스 에지워스, 혹은 어떤 누구를 선택하던 간에) 이 과학의 창시자들은 이 과학에 각자의 개인적인 특성들을 남겼다. 파는 1839년에서 1879년까지 런던에서 등록소를 운영했다. 잉글랜드와 웨일스의 공식 통계는 전 세계의 모델이 됐는데, 그렇게 만든 사람이 바로 파였다. 케틀레의 벨기에 인구 조사 역시 케틀레라는 사람의 흔적을 분명하게 지니고 있다. 우리는 여전히 이런 사람들의 그림자 속에서 살고 있다. 우리의 정부는 그들이 발명한 체계에 따라 우리를 분류하고, 부양하며, 세금을 부과한다. 그리고 우리는 법률적으로는 파의 질병분류표에 열거된 원인에 따라 사망한다. 우리는 푸코의 고고학 모델을 적용해 파나 케틀레가 생산한 종류의 통계학적 지식connaissance에 대해 이야기하고, 이와 동시에 특정한 지식을 가능케 하는 수치 계산의 앎savoir을 정식화해야 하는 것일까?

| 권력, 철학, 자선활동 |

내가 지적한 난점들은 모든 인문과학에 대한 역사적 접근에서 어느 정도 공통적으로 발견된다. 여기서는 (비록 푸코의 의학적-법적 연구와 일부 관계가 있기는 하지만) 내 주제에 특유한 문제를 다루면서 마무리하고자 한다. 교도소에 대한 푸코의 역사는 벤담의 판옵티콘에서 시작한다. 벤담주의자들의 형벌 프로그램은 공리주의자들의 위생 개혁과 박애주의적 노력이라는 더 큰 비전의 일부였다. 모든 신체적 변화는 도덕적 의도를 갖고 있었다(심지어 19세기 말 값싼 수세식 변기 광고조차 그것이 노동자 가족의 도덕성에 가져다주는 이점과 이를 통한 사회질서의 안정성 창출에 대해 강조한다). 나는 '공리주의자'보다 덜 영국적인 용어를 선호한다. 빌레르메 이후에 프랑스의 위생개혁자들은 엄격한 의미에서 공리주의자들은 아니었지만, 그들의 언어와 활동은 영국의 위대한 공리주의 위생개혁가 에드윈 채드윅의 것과 동일했다. 이는 모두 통계학의 시초를 알리는 초국가적 산업 철학의 일부라 할 수 있다. 최초 통계학 '저작' 후보 중 하나는 1791~99년에 걸쳐 발행된 21권짜리 『스코틀랜드 통계조사』이다. 스코틀랜드 목사들이 각자가 담당하던 교구의 상태에 관한 상세한 설문지에 응답한 자료를 모은 이 책에서, 존 싱클레어는 '통계적'이라는 단어란 "거주민들의 행복의 양을 확정하기 위해 한 국가의 삶의 조건을 대상으로 하는 조사"를 의미한다고 말한다. 싱클레어도, 스코틀랜드의 칼뱅주의 목사들도 벤담주의자는 아니었지만 이들 모두 '행복의 계산'을 확립하는 게임에 참여하고 있었던 것이다.

아마도 내가 이미 언급했던 '도덕과학'은 이런 현상에 대한 일반적인 명칭이 될 수 있을 것이다. 이 용어는 독일이나 영국보다는 프랑스에서 부도덕한 행위에 대한 과학을 지칭하기 위해 흔히 사용됐다. 그러나 이 명칭은, 예컨대 1858년에 경제학·철학·심리학을 통합한 캠브리지 대학교의 새로운 학부에 붙여진 이름이기도 하다(1969년까지 모든 다른 학문은 자신의 분과나 학부를 구성해 떨어져 나가고 오직 철학만이 이 학부에 남게 되어서, 결국 '도덕과학'이라는 이름은 결국 버려지게 됐다). 원래 초기 도덕과학의 근본 원칙은 벤담주의적 공리, 즉 최대 다수의 최대 행복이었다. 이를 위해서는 남성과 여성의 수를 세고, 그들의 행복보다는 불행(그들의 도덕성, 범죄성, 성매매, 이혼, 위생 문제, 기소율 등)을 측정하는 것이 필요했다. 통계 법칙이 등장하면서 사람들은 사랑의 법칙을, 혹시 그것이 무리라면 최소한 일탈행위의 규칙성을 발견할 수 있었다. 통계학을 통해 결정론이 약화되고 우연이 길들여졌지만, 그것이 새로운 자유를 가져다주지는 않았다. 비결정론이 자유의지를 위한 여지를 창출한다는 주장은 공허한 웃음거리이다. 통계의 관료제는 행정적 지배를 통해서만이 아니라 분류체계를 결정함으로써 설립되는데, 사람들은 이 체계 속에서만 자신과 자신에게 개방되어 있는 행동들에 대해 생각하게 된다. 비결정론의 특징은 바로 이런 클리셰, 정보, 통제라 할 수 있다. 결정론이 약해지면 약해질수록 제약의 가능성은 더욱 많아진다. 이 모든 것이 시작된 시기에 대해서는 우리의 친구 게리(개인적으로 85,564개의 자살 사례를 수집했던 그 변호사)가 잘 표현한 바 있다. "다양한 공공 사업에서 감시와 통제의 도구로서 통계학이 가지는 중요성에 대해서는 나폴레옹 1세의 통찰력을 따라갈 수 없다."[23]

---

23) Guerry, *Statistique morale de l'Angleterre*……, p.3.

10 | 보험과 리스크
프랑수아 에발드

'보험'은 모호한 용어이다. 우선 이 단어는 그 목적이나 사회적 형태가 무엇이든 간에 보험**제도**를 지칭할 수 있다. 민영 회사, 국유 회사, 사회보장 계획, 상호부조조합, 보험료로 운영되는 회사, 생명보험, 화재보험, 손해배상보험 등 다양한 제도적 유형의 보험이 있으며, 보험전문가들은 대인보험과 대물보험, 상호부조 체계와 보험료 체계, 사회보험과 민간보험을 구분하며 다양한 방식으로 보험을 분류해왔다. 각각의 보험제도는 서로 다른 목적, 수혜자, 법적 기반을 가지고 있다.

이런 다양성은 의문을 불러온다. 왜 이처럼 상이한 활동이 공통의 이름으로 묶이게 됐는가? 공통점이 무엇인가? 사실 '보험'이라는 용어는 이런 제도들만이 아니라 그 다양성을 통합해 어떤 제도가 보험제도로 식별될 수 있고, 어떤 제도가 보험제도가 되려면 어떠해야 하는가를 알려주는 요소를 가리키기도 한다. 이 두 번째 의미에서의 보험은 어떤 개념이 아니라 **추상적 테크놀로지**를 지칭한다. 19세기의 보험통계기사, 경제학자, 공법학자의 용어를 빌리면, 보험테크놀로지는 '조합'의 기예라 할 수 있다. 보험이 그 자체로 조합인 것이 아니라 보험은 리스크의 테크놀로지에 근거해 각각에 주어진 기능과 의도된 효용효과에 맞춰 다양한 보험을 조합해낼 수 있는 것이라는 말이다. 테크놀로지로서의 보험은 경제적·사회적 현실의 다양한 요소를 특정한 규칙에 따라 조합하는 기예이다. 다양한 조합으로부터 다양한 보험제도가 나오는 것이다.

그러나 보험이라는 용어는 세 번째 의미로도 이해되어야 한다. 보험이라는 추상적 테크놀로지와, 우리가 계약하거나 가입하는 다양한 보험제도 사이의 실제 관계는 무엇인가? 이런 제도들을 [보험이라는/보험의] 테크놀로지의 적용이라 본다면, 모든 보험제도들이 각각의 목적이나 관리양식은 다르지만 근본적으로 똑같다는 말일 것이다. 그러나 사실은 그렇지 않다. 보험제도들은 하나의 단일한 원리를 상이한 여러 목적에 적용한 반복이 아니다. 예컨대 해상보험은 육상보험과 다르며 사회보험제도는 단순히 국유화된 보험 회사가 아니다. 보험제도들은 어떤 리스크 테크놀로지의 **바로 그** 적용이 아니다. 보험제도들은 언제나 여러 가능한 적용방식 중 **하나**일 뿐이다. 이는 '조합'이라는 용어를 보면 분명해진다. 즉, 하나의 보험제도는 다양한 조합의 가능성 중 오직 하나만을 구현한다. 그렇다면 추상적 테크놀로지와 구체화된 제도 사이에서 제3의 용어가 들어간 자리를 찾아야 하는데, 여기서는 그것을 보험**형태**라 부르겠다. 추상적 테크놀로지를 구체화하는 것이 보험통계기사의 일이고 보험제도의 설립이 사업가의 일이라면, 사회학자·역사가·정치분석가의 목적은 왜 어떤 시기에 보험제도가 특정한 형태를 띠었는지, 왜 리스크의 기술이 다른 방식이 아닌 특정한 방식으로 사용됐는지를 규명하는 일일 것이다. 보험형태의 다양성은 그 테크놀로지나 제도의 원리로부터 연역될 수 없다. 보험형태의 다양성은 보험시장, 즉 안전이 사고 팔리는 시장을 만들어내는 경제적·도덕적·정치·법적 조건, 즉 사회적 조건들과 관련 있다. 이런 조건은 단순히 제한 조건이 아니라 기회, 즉 새로운 사업과 보험상품을 위한 발판을 제공한다. 보험테크놀로지가 어떤 시기에 어떤 제도에서 취하는 특정한 형태는 **보험적 상상**, 즉 해당 사회적 맥락에서 어떻게 보험테크놀로지가 이윤을 창출하고, 유용하고 필수적인 것으로 이용될 수 있는가에 달려 있다. 따라서 가령 19세기 말에 탄생된 사회보험은 이 경우 정치적 상상이기도 한 어떤 보험적 상상의 발달과 결합된 새로운 보험형태의 실현으로서 분석되어야 한다.

그러니까 보험테크놀로지는 특정한 상상의 힘을 빌어, 특정한 제도에서, 특정한 형태를 취하게 된다. 테크놀로지, 제도, 형태, 상상 같은 범주들이 결합되는 방식은 논리적 서술의 문제로, 이는 물론 해상보험과 육상보험이 형성된 실제의 역사적 과정과 일치하지는 않는다. 보험테크놀로지와 보험과학은 수학의 천상에서 뚝 떨어져 제도로 구현된 것이 아니다. 그것들은 다양한 실천을 점검하고 합리화하면서 그 실천들로부터 점차적으로 형성된 것으로, 이런 실천의 원인이라기보다 그 효과이다. 또한 보험이 이제 완성된 형태를 갖추게 됐다고 봐서는 안 될 것이다. 끊임없이 변하는 경제적, 도덕적, 정치적 상황 아래 존재하는 보험의 실천은 언제나 보험의 기술을 재조정한다.

보험은 리스크의 테크놀로지로 정의될 수 있다. '리스크'라는 용어는 요즘 모든 것에 쓰이는데, 사실 리스크는 이런 테크놀로지의 범주 외에 정확히 의미하는 바가 없다. 리스크는 보험이 만들어낸 신조어로, '자르는 것,' 따라서 '암초,' 결국에는 '공해상에서 화물선에 닥친 위험'을 뜻하는 이탈리아어 리스코risco에서 유래됐다고 한다. 레옹 세의 『새로운 정치경제학 사전』에 따르면, "보험의 모든 이론은 리스크라는 근본 개념에 근거한다."[1] 또한 리스크 개념은 보험에 대한 법적 정의의 중심이다. "리스크는 보험의 근본 요소이다. 리스크가 이런 계약유형의 대상이기 때문이다." 리스크는 보험의 본질적 요소를 이루며, 심지어 모리스 피카르와 앙드레 베송에 따르면 "리스크 개념은 그 기원에서 보험법과 보험과학에 고유한 것이며 민법이나 일상 언어에서 쓰이는 리스크 개념과는 현저히 다르다."[2] 그러면 리스크라 불리는 이것은 무엇인가?

---

1) Michel Lacombe, "Assurance," *Nouveau Dictionnaire d'Économie Politique*, t.1, éd. Léon Say et Joseph Chailley, Paris: Guillaumin, 1896, p.94.

2) Maurice Picard et André Besson, *Traité général des assurances terrestres en droit français*, t.1, Paris: Librairie Générale de Droit et de Jurisprudence, 1976, p.35.

일상 언어에서 '리스크'라는 용어는 위험이나 위난, 즉 누군가에게 일어날 수 있는 불행한 사건과 동의어로 이해된다. 이는 객관적 위협을 지칭한다. 반면 보험에서 리스크는 특정한 사건이나 현실에서 일어나는 (불행한) 사건 일반이 아니라 일군의 사람들, 더 정확히 말해 어떤 개인의 집단(즉, 하나의 인구 집단)이 대표하고 소유한 가치 또는 자본에 일어날 수 있는 어떤 사건을 다루는 특정한 방식을 지칭한다. 그 자체로 리스크인 것은 없다. 현실에서 리스크는 없다. 그러나 다른 한편으로 그 어떤 것도 리스크가 **될 수 있다.** 이 모든 것은 위험을 어떻게 분석하고 사건을 어떻게 보느냐에 달려 있다. 임마누엘 칸트 식으로 말하면 리스크의 범주는 오성의 범주이며, 감성이나 직관에서 나올 수 없다. 리스크의 테크놀로지로서의 보험은 무엇보다 합리성의 도식, 즉 현실의 어떤 요소들을 분해하고 재배열하고 질서짓는 방식이다. "리스크를 감수하다"라는 표현은 진취적 기업가 정신을 특징짓는 말로 쓰이는데, 이는 이런 유형의 계산을 경제적·금융적 사안에 적용한 데서 나온 것이다.

리스크 개념은 위험과 위난 같은 개념보다는 한편으로는 운, 우연, 확률, 우발성 또는 무작위성 같은 개념과 관련되고, 또 다른 한편으로는 손실이나 손해와 연결되어 있다. 그리고 이 두 계열은 사고[우발적 사건]라는 개념에서 결합된다. 보험은 사고, 즉 어떤 값어치를 잃을 가능성에 대비하는 것이다. 보험은 리스크라는 범주를 통해 모든 사건을 사고로 객관화한다. 보험의 일반적인 모델은 운에 맡기는 도박이다. 리스크, 사고가 일어나는 것은 룰렛판이 돌아가고 카드 게임에서 패를 뽑는 것과 같다. 보험과 함께 도박은 세계의 상징이 된다.

보험은 원래 보상이나 배상의 행위가 아니었다. 그것은 특정한 유형의 합리성, 확률 계산에 따라 정식화된 합리성의 실천이다. 그렇기 때문에 오직 리스크에 대해서만 보험을 들고, 이 리스크가 사망·사고·우박·질병·출산·징용·파산·소송 같이 다종다기한 것들을 포함할 수 있는 것이다. 오늘날 보험업자들이 (수익을 창출할 것이라고 말하는) 리스크군으로 고안해 관리하는 것들을 모두 다 상상하기란 힘들다. 보험업자의 활동은 단지 존재하는 리스크를 수동적으로 기재하고 그것에 대한 보험을 제공하는 것이 아니다. 보험업자는 "리스크를 생산한다." 보험업자는 지금까지 사람들이 불의의 운명에 내맡길 수밖에 없다고 느꼈던 것에서 리스크를 생산해낸다. 보험의 특징은 익숙한 사건들의 본질을 바꿔 어떤 객관성의 유형을 구성하는 것이다. 보험은 어떤 사건들을 리스크로 객관화함으로써 사건의 의미를 전도시킨다. 즉 보험은 이전에는 장해물이었던 것을 가능성으로 만들 수 있다. 보험은 이전에는 두려운 사건이었던 것에 새로운 존재양식을 부과하며 가치를 창조한다.

> 가장의 죽음으로 어려워진 생계를 돕기 위해 저축을 통해서나 얻을 수 있던 자산을 즉각 마련해줄 때, 재산이 부족한 노인에게 말년을 지탱하는 데 필요한 연금을 지급할 때, 보험은 탁월하게 창조적이다.[3]

보험은 개인들의 삶뿐만 아니라 한 인구 집단의 삶을 변형시킬 수 있는 잠재력을 지닌 합리성 유형의 실천이다.

따라서 특별히 보험에 적합한 영역은 없다. 보험테크놀로지의 원칙에 따라 취급될 수 있는 사건 유형에 속하는 한, 모든 것은 리스크가 될 수 있다. 혹자가 말했듯이, "보험은 리스크에 대한 보증의 영역을 무한히 확장하고 '모든 것을 포괄하는' 형태를 띠어야 한다. 실제로 보험은 무제한 보증의 특성을 갖게 되는 경향이 있다." 물론 보험에는 구체적인 제약이 있다. 리스크 역시 충분히 분리되고 분산될 수 있을 때, 리스크의 가치 규모가 보험업자의 능력을 벗어나지 않을 때에만 보험이 가능하다. 그런데도 한때 보험에 들 수 없다고 보였던 것들이 어떻게 이후 공동보

---

3) Albert Chauffon, *Les assurances: Leur passé, leur présent, leur avenir*, t.1, Paris: Che-valier Marescq, 1884, p.309.

험이나 재보험 같은 보험테크놀로지의 발전 덕에 보험에 들 수 있는 것이 되는지는 주목할 만하다. 특히 재보험의 기술은 특유의 연금술을 통해, 보험의 관점에서 본 리스크란 무엇인지를 아주 잘 보여준다. 여기서 리스크는 자유자재로 분할될 수 있는 추상적 수량으로, 보험업자가 그 중 일부를 뮌헨이나 취리히의 재보험업자에게 넘기면 재보험업자는 세계 각지에서 유사한 종류의 리스크들을 모아 균형을 맞춘다. 이런 상황에서 각 개인이 염려하는 개별 사건과 보험업자의 연쇄망에 의해 조작되는 리스크라는 개별 대상 간에 공통점이 있을 수 있을까?

보험은 블레즈 파스칼이 '우연의 기하학,' '우연의 대수학'이라 불렀던, 오늘날의 확률 계산과 연결된 실천이다. 따라서 보험은 인구학, 계량경제학, 여론조사와 함께 아돌프 케틀레의 **사회물리학**과 밀접한 관련을 맺는다. 사회물리학처럼 보험은 확률 계산을 통계에 적용한다. 사회물리학은 사람과 사물, 그들의 관계를 고려하는 데 일련의 분산을 도입하고 사법적 실천과 갈등을 일으키지 않으면서도 책임에 대한 기존의 사법적 개념·실천을 떠받치고 정당화하던 도덕적 사고방식과 완전히 이질적인 사고양식을 제시한다. 사회학은 법 이외의 다른 사회적 규칙성의 요소를 탐구하고 사회 규제의 여러 기제 중 일부 기능만을 법에 허용했지만, 어쨌든 법에 **이미 할당된** 영역은 문제삼지 않았다. 범죄적 성향은 일정하게 나타나며 사회적 사실로서의 범죄행위는 규칙성을 가진다는 발견이, 법이 위법행위를 심판하고 실제 범죄자를 다루는 방식에 즉각 영향을 주지는 않았다. 즉, 범죄의 규칙성이라는 사회학적 발견은 범죄자를 법적 책임소재 판단의 측면에서 다루는 것이 부적합하다는 논리로 이어지지 않았다. 물론 법의 철학적 토대와 사회의 최고 규제 심급으로서 법이 누렸던 영광은 변했지만, 실제 법의 실행에 영향을 미치지는 못했다는 말이다. 그러나 보험의 발달은 다르다. 보험은 법적 권리와 동일한 수준에 위치한 실천으로, 책임소재를 가리는 하나의 법으로서 손해 배상과 보상 보장을 목표로 한다. 보험과 법은 꽤 이질적인 범주, 체제, 경제를 운용하는 책임소재 판단의 두 가지 실천이다. 이들은 각각 자신이 모든 것을 망라한다고 주장한다는 점에서 그 자체로 상호배제적이다. 이것이 민법상 책임에 관한 논쟁을 부채질하며 2백여 년간 이어져온 리스크와 과실을 둘러싼 그 유명한 논쟁이다. 사회학은 철학적 측면에서 책임에 관한 사법 이론에 도전했지만, 실천의 측면은 건드리지 않았다. 보험은 이 실천에 직접 도전했다. 사회학과 보험은 법적 권리에 관한 새로운 이론과 실천의 가능성을 도입했다는 점에서 역사적으로 중요하다. 그런데 이는 정치적으로, 즉 사회적 평등의 새로운 목표를 제시함으로써가 아니라 사회학과 보험의 특별한 기술적 합리성의 측면에서, 그 **고유한** 속성을 통해 이뤄진다. 책임소재를 판단하는 법과 보험은 동일한 대상에 관련된 두 개의 서로 다른 기술이다. 테크놀로지로서 보험은 그것을 활용하는 정치 노선과 독립적으로 존재한다. 19세기에 사회주의자는 보험을, 자유주의자는 법적 책임을 옹호했다고 보는 것은 잘못일 것이다. 양쪽은 이 두 테크놀로지를 사용하는 각자의 정책이 있었으며, 하나의 정치적 입장에서 둘 중 어떤 것이든 옹호할 수 있었다.

보험의 의미에서 리스크는 다음과 같은 세 가지 특징을 지닌다. 보험은 계산가능하고, 집합적이며, 하나의 자본이다.

1. 리스크는 계산가능하다. 이것이 핵심이며 이 점에서 보험은 도박이나 복권과 근본적으로 구별된다. 어떤 사건이 리스크가 되려면 그 확률을 계산할 수 있어야 한다. 보험은 이중의 토대를 갖는다. 어떤 사건의 규칙성을 나타내는 통계표, 그 통계에 확률 계산을 적용해 그런 종류의 사건이 실제로 일어날 가능성의 수치를 구하는 것.[4]

책임소재라는 사법 논리에서 판사는 실제로 일어난 사고나 손상을 출발점으로 삼아 과실행위에 그 원인이 있음을 유추해낸다. 판사는 과

---

4) 사실 보험은 훗날 보험의 합리화를 가능케 통계의 구축에 앞서 시행됐다.

실이 없었다면 사고도 없었을 것이라고 가정한다. 반면 보험업자의 계산은 의지의 작용과 상관없이 사고의 객관적 확률에 근거한다. 즉, 사고가 누군가의 과실에 따른 것이든 아니든, 혹은 피할 수 있었던 것이든 아니든 상관없이, 사람들의 선의 또는 악의와 상관없이, 그들이 할 수 있었던 또는 할 수 없었던 것이 무엇이든 간에, 사고는 특정한 비율로 일어난다. 법 이성은 세계에 대한 도덕적 시각에서 나온다. 판사는 어떤 개인이 다르게 행동했더라면 사고는 일어나지 않았을 것이며, 사람들이 올바르게 행동한다면 세계는 조화로울 것이라고 가정한다. 반대로 보험업자는 한결같이 사실을 기재하는 태도를 지닌다. '……했다면'이라는 가정은 중요하지 않으며 중요한 사실은 해마다 이런저런 산업재해나 교통사고가 일어나며, 누가 어떤 소망을 표현하든 간에 사건의 통계수치는 대단히 규칙적으로 반복된다는 점이다.

19세기 중엽에 최초의 산업통계인 탄광 관련 통계에서 등장한 것이 바로 이것[이런 논리]이다.

> 동일 직종에 종사하는 다수의 노동자들을 조사해보면 매해 일정한 수준의 사고가 발생함을 알 수 있다. 따라서 사고가 순전히 운에 따른 것처럼 보이지만, 사고는 신비한 법칙에 의해 지배된다.[5]

이런 일정함이 리스크의 객관적 본질을 분명히 드러낸다. 노동력 규모나 이직률과 상관없이 해당 탄광이나 공장은 일관된 부상·사망 비율을 보일 것이다. 떼어놓고 보면 불규칙하고 조금만 신중하면 피할 수 있는 것처럼 보이는 사고도 인구 집단의 맥락에 놓고 보면 예측과 계산이 가능한 것으로 다룰 수 있고, 다음 해에 얼마나 사고가 일어날지 예측할

---

5) Octave Keller, *Exposition universelle de 1889: Congrès international des accidents du travail*, t.1, Évreux: C. Hérissey, p.269.

수 있다. 단 한 가지 알 수 없는 것은 누가 사고를 당할지, 즉 누가 재수 없는 번호에 당첨될 것인가의 문제뿐이다. 이 모든 것이 의미하는 바는 사고는 피할 수 없다거나 정해진 운명이라는 것이 아니라, 과실과 책임의 문제로 파악하는 것과는 다른 식으로 사고에 접근할 수 있으며, 법이 가장 적절하고 효과적인 접근방식이 아닐 수 있다는 것이다.

2. 리스크는 집합적이다. 사고는 손해·불행·고통처럼 언제나 모두가 아닌 누군가에게만 닥치는 개인적인 것인 반면, 사고의 리스크는 인구 집단에 영향을 미친다. 엄밀히 말해서 개인적 리스크란 것은 없으며, 그렇지 않다면 보험은 도박에 불과할 것이다. 리스크는 인구 집단 내에서 분산될 때에만 계산가능한 것이 된다. 보험업자의 일은 리스크를 선택하고 분할함으로써 바로 그 인구 집단을 구성해내는 것이다. 보험은 오직 집단에만 적용될 수 있고, 그것은 리스크를 사회화함으로써 작동한다. 보험은 각 개인을 전체의 일부로 만든다. 리스크 자체는 전체로서, 즉 하나의 실체, 하나의 확실성으로서만 존재하며, 보험을 든 각 개인은 오직 그것의 부분만을 표상한다. 보험의 특징적인 전략은 상호성의 구축이다. 이런 상호성은 상호부조조합의 경우에는 의식적이지만, 보험료로 운영되는 회사의 경우에는 무의식적인 것이다.

법적 책임의 체제에서 사고는 사고를 일으킨 자와 피해자를 분리한다. 여기서 사고는 예외, 즉 그 자체로 조화로운 것으로 간주되는 질서를 교란하는 것일 뿐이기에, 이 체제는 가해자와 피해자를 구별하고 개별화하고 분리한다. 사고는 개인적 과실·경솔함·부주의에 의한 것으로서, 통상적인 것이 될 수 없다. 도덕적 사고방식에서는 사고를 구분의 원칙으로 사용한다. 즉, 사고는 연루된 개인들 간의 특별한 사건이다. 반면 보험은 상당히 다른 개별화의 양식을 통해 기능한다. 리스크는 무엇보다 관련 인구 집단의 특성이다. 누구도 그것을 피할 수 없고, 사고를 피해간 사람들처럼 다른 이들과 선을 그을 수도 없다. 보험을 의무화하는 법이 통과될 때 법적 선의의 원칙이 신화임이 드러난다. 각 개인의 행동이 실제로 흠잡을 데 없이 결백해도, 그 행동은 타인에 대한 (매우 작을 수는 있지만 어쨌든 존재하는) 리스크를 포함하고 있다. 절대적으로 선한 의지란 없다. 전통적으로 행위의 올바름을 평가하는 법적 기준으로 인용되는 '좋은 가장家長'조차 다른 이들을 위험에 빠뜨리는 특유의 약점이 있을 수 있다. 리스크라는 관념은 인구 집단을 구성하는 모든 개인이 동등한 위치에 있다고 가정한다. 즉, 모두가 리스크 요소이며, 모두가 리스크에 노출된다. 그렇다고 모두가 똑같은 정도의 리스크를 야기하거나 겪는다는 것은 아니다. 리스크는 전체를 규정하지만, 개개인은 각자의 몫으로 떨어지는 리스크의 확률에 따라 구별된다. 보험은 개개인을 리스크로 정의하며 개별화하지만, 그 개별성은 더 이상 법적 책임의 주체 같은 추상적인 불변의 규범과 관련되지 않는다. 그것은 해당 인구 집단의 다른 구성원들의 개별성, 즉 평균적인 사회학적 개별성과 관련된다.

보험이 만들어내는 상호성에는 특별한 속성이 있다. 그것은 가족, 협회, 조합, 자치공동체의 질적인 상호성과는 다른 추상적 상호성이다. 질적인 상호성의 경우, 개인이 그 집단의 특정한 의무, 위계, 질서를 존중하는 한 거기에 '속하게' 된다. 가족은 나름의 규칙을, 노동조합은 내부 규정을 가지고 있다. 이런 상호성은 개인의 위치를 지정하고, 개인을 도덕화하고 교육하며, 양심을 만들어낸다. 이와 달리 보험의 상호성은 개인을 자유롭게 놔둔다. 보험은 최대한의 사회화와 최대한의 개별화를 결합한 연합형태를 제공한다. 사람들이 개인으로 자유롭게 존재하도록 놓아두면서도 연합의 혜택 역시 누릴 수 있게 하는 것이다. 보험은 사회나 사회화와 개인적 자유라는 두 대립항을 조화시키는 듯하다. 곧 살펴보겠지만 보험의 정치적 성공은 바로 이 점에서 기인한다.

3. 마지막으로 리스크는 하나의 자본이다. 보험의 대상이 되는 것은 실제로 사람들이 경험하고 고통받고 원망하는 부상이 아니라 손실이 일어났을

때 보험업자가 보상해줄 자본이다. 이미 겪은 부상은 복구할 수 없으며, 사고 이후는 결코 그 이전과 동일할 수 없다. 누구도 아버지나 어머니를 대체할 수 없고, 온전했던 몸이 손상된 것은 다른 것으로 대체할 수 없다. 고통의 측면에서 봤을 때 이런 것들은 값을 매길 수 없지만, 그래도 이에 대한 금전적 보상을 제공하는 것이 보험의 속성이다. 부상을 리스크로 취급하는 보험은 부상을 경험하는 것과 보상받는 것을 이원화함으로써 작동한다. 동일한 사건은 이중의 지위를 얻게 된다. 그것은 한편으로는 복구할 수 없는 일회성을 지닌 사건이며, 다른 한편으로는 보상받을 수 있는 리스크이다. 그러므로 여기서 주요 문제는 일회적 사건과 그에 대한 금전적 보상의 관계를 어떻게 확립하느냐이다. 사태가 금전적 가치를 가지는 한, 보험은 이 관계를 만족스럽게 정립할 수 있다. 하지만 몸, 손, 팔, 다리의 값은 어떻게 정할 수 있는가? 보험업자가 지불할 보상금과 고통을 야기하는 손실을 동일한 척도로 측정하는 것은 불가능하다. 보상과 부상의 관계는 임의적일 수밖에 없다. 그렇다고 보상이 부당하다거나 규칙이 없다는 것은 아니다. 부상의 성립 요건을 완전히 충족해야 하는 사법상의 배상과는 달리, 보험보상 지불은 계약으로 합의된 요금표에 의해 결정된다. 보상비 가격일람표는 미리 정해져 있어, 일어날 수 있는 모든 가능한 사건에서 '몸의 가격'과 모든 형태의 부상에 대한 보상 수혜권을 결정한다. 생명과 건강은 값을 매길 수 없는 것이라 주장할 수도 있다. 그러나 생명보험, 건강보험, 재해보험의 실천이 한결같이 보여주는 것은 모든 것에 값을 매길 수 있고, 우리 모두에게 값이 매겨지며, 이 가격은 모두에게 동일하게 적용되지 않는다는 점이다.

인간이 처음 보험을 떠올린 것은 항해의 리스크에 대비해 선적을 보험에 드는 것이었고, 그 다음 화재의 리스크와 관련해 집, 수확작물, 모든 자산에 대한 보험이 등장했다. 그리고 나서 자본이라는 관념, 마침내 이윤에 대해 보험을 들 수 있다는 관념이 이전의 혼잡한 사고들로부터 분명한 형태로 서서히 등장하면서, 인간은 그 자신이 때이른 죽음으로 파괴될 수 있는 자본이라는 것, 즉 보험을 들 수 있는 이윤을 스스로 체화하고 있다는 점을 이해하게 됐다. 그러자 생명보험, 즉 인적자본의 때이른 파괴에 대한 보험이 고안됐다. 다음으로 인간은 인적자본이 파괴될 수 있다면, 질병, 쇠약함, 노령 등으로 인해 그것이 제대로 사용될 수 없는 경우도 있다는 것을 깨달았고, 그래서 재해보험, 질병보험, 연금보험을 고안했다. 실업이나 인적자본의 때이른 파괴에 대한 보험은, 진정으로 대중적인 보험형태이다.[6]

피해자가 겪은 부상과 (민간 회사나 사회보장제도의) 보험업자가 지급하는 고정된 보상이 이원화됨으로써 보험업자와 피보험자 간에 비루한 계산, 분쟁, 요구, 오해가 생겨난다. 피보험자가 보기에, 보상 수준은 결코 자신이 겪은 고통과 손실에 미치지 못할 것이다. 신체적 손상이 현금가로 변환될 수 있다는 사실로 인해, 피보험자는 자신의 고통, 부상, 질병이나 죽음을 최대의 이익을 뽑아내기 위한 투자의 문제로 접근하게 된다. 사회보험이 산업재해에 적용되기 전에는 종업원이 보상을 받으려면 고용주에 대해 법적 행동을 취해야 했다. 의심할 바 없이 이는 노동자에게 부당하고 불평등한 싸움이었지만, 이런 방식은 부상을 보상받기 위한 투쟁을 고용주의 권력에 대항한 투쟁, 개인의 존엄성을 인정받기 위한 투쟁으로 전환시켰다. 노동자는 고용주가 '잘못했다'는 공적인 인정을 받아야만 했다. 산재보험이 등장하면서 이런 싸움의 성격은 변했다. 그것은 노동자가 자신의 신체손상으로부터 가능한 한 많은 돈을 받아내는 문제가 됐다. 이제 판사의 자리는 전문가가 대신하게 된다. 전문가는 개인의 보험 관련 정체성을 부여하고 범주 분류표 상의 위치를 지정해 해당 기준에 따라 개인의 위치를 '객관적으로' 정해준다.

---

6) Chauffon, *Les assurances*, p.228.

"정해진 시간 단위에서 가능한 손해의 실제 가치"로서 리스크가 가지는 이런 세 가지 특징에서 보험의 정의를 끌어낼 수 있다. 즉, "통계 법칙에 따라 조직된 상호성을 통해 우연의 효과를 보상하는 것."

흔한 오해와 달리, 보험은 우연을 없애는 것이 아니라 그 범위를 고정시킨다. 즉, 보험은 손실을 없애는 것이 아니라 손실을 공유해 손실이 느껴지지 않도록 하는 것이다. 보험은 이런 공유를 가능케 하는 메커니즘이다. 보험은 손실을 개인에서 공동체로 이전해 손실이라는 사건의 속성을 바꿔놓는다. 보험은 강도의 관계를 범위의 관계로 대체한다.[7]

이것을 표준적인 정의로 받아들일 수도 있겠지만, 이런 정의는 사회적·법적 관점에서 봤을 때 보험 조합의 핵심 요소일 수 있는 **정의**의 문제를 명확히 밝히지 않고 있다. 보험은 누군가에게 닥친 손실을 상호화함으로써 최소한의 보험금을 받아 보상을 제공하는 것에 그치지 않는다. 보험을 이렇게 협소하게 정의하면, 보험에 상응하는 역할을 하는 협회 및 길드와 보험 간의 차이를 식별하기 힘들다. 보험의 특별한 점은 단지 개인의 부상 부담을 집단 전체에 분산시키는 데 있는 것이 아니라, 이런 분산이 더 이상 구제나 자선의 이름이 아니라, 정의의 원칙, 권리의 규칙에 따라 이뤄질 수 있게 만든다는 점이다.

보험은 운에 근거한 게임의 규칙, 즉 승부가 판가름나기 전에 패를 거두고 공동 판돈에서 자기 몫을 챙기려는 참여자가 가져갈 액수를 결정하는 규칙을 인간사에 적용한 것에 불과하다. 형평성을 엄격히 지키려면, 개개인은 이길 수 있었던 가능성에 비례해 배당금을 받아야 한다.[8]

---

7) Chauffon, *Les assurances*, p.216.

8) Eugène Reboul, *Assurances sur la vie*, Paris: Dubuisson, 1863, p.44.

이런 '비례 배당금'이 보험에서 쓰이는 리스크의 개념을 정의한다. 자유주의적 사유는 자연에 맡겨진 행불행의 분배가 그 자체로 정당하다고 믿는다. 이때 운의 자유로운 작용은 보장되어야 하며, 운의 작용에 대비하는 것은 개개인이 자유롭게 자발적으로 해야 할 일이다. 이런 접근법에 따라, 사고 보상에 대한 법원 판결은 부상의 원인 규명과 연결되어야 한다. 즉, 손해가 자연적 원인에 의한 것인지 손해 비용을 부담해야 하는 어떤 사람에 의한 것인지가 규명되어야 하는 것이다. 이때 문제는 사태를 원래의 질서대로 되돌리는 것이다. 반면 보험은 정의에 대해 사뭇 다른 관념을 제시한다. 원인에 대한 관념은 집합적 부담을 나눠 가진다는 관념으로 대체되고, 각 구성원의 부담액은 규칙에 따라 정해진다. 리스크라는 관념은 부상의 원인을 밝혀내는 도구가 아니라 부상의 부담을 분산시키는 규칙이다. 보험이 제시하는 정의는 더 이상 자연이 아닌 집단, 더 정확히는 해당 집단이 어느 정도 자유롭게 정할 수 있는 사회적 규칙에 호소한다. 이는 당연히 사회적 불평등이 가진 불의를 분명히 드러나게 한다. 피에르-조제프 프루동은 이렇게 설명했다.

저축은행, 상호부조, 생명보험은 어느 정도 안락함을 누리며 그것을 지키려 이들에게는 훌륭한 것이지만, 빈곤 계급에게는 접근불가능하다고까지 말할 수는 없더라도 사실상 쓸모 없는 것이다. 안전은 다른 것처럼 구매되는 상품이다. 그런데 그 가격은 구매자가 궁핍할수록 낮아지는 것이 아니라 보험을 든 액수의 규모가 클수록 떨어진다. 분명 보험은 부자의 새로운 특권이요, 빈자에게는 잔인한 역설이다.

그러나 역으로, 보험의 혜택을 최대 다수에게 확장하고자 하는 한, 보험의 개념은 '자연히' 사회적 재분배라는 관념을 함축한다.

그렇다면 보험은 특정한 유형의 합리성의 실천이다. 보험이 시행되는 특별한 영역은 없다. 보험은 대상에 의해 정의되기보다 도처에 존재하는 어떤 형식이다. 보험은 사물, 사람들, 그리고 그들의 관계를 객관화하는 일반 원리를 제공한다.

보험 절차에는 몇 가지 구분되는 기술의 차원이 있다. 우선 보험은 경제적·금융적 기술이다. 보험이 교회가 이자를 금지한 결과로서 등장한 이유가 바로 이것이다. 이자가 리스크에 대한 보상이 됐을 때에는 더 이상 금지 대상이 되지 않았다. 결국 육상보험의 형태들은 그것이 톤티 연금* 식의 투기형태이든, 요한 드 비트**가 종신연금에 적용한 이미 합리화된 방법이든 간에, 국가의 대부 사업에서 유래한 것이다.

둘째, 보험은 도덕적 테크놀로지이다. 리스크를 계산한다는 것은 시간을 관리하고 미래를 규율하는 것이다. 18세기에는 기업을 경영하듯이 삶을 운영하는 것이 도덕성의 정의가 되기 시작했고, 미래를 대비하는 것이 도덕성의 최고 미덕으로 간주됐다. 미래에 대비한다는 것은 단순히 그날그날 살아가지 않고 불행에 대비하는 것뿐 아니라 자신의 책무를 수학적으로 관리하는 것을 의미한다. 무엇보다 그것은 더 이상 자신을 신의 섭리와 불의의 운명에 내맡기는 것이 아니라, 불행이 닥치더라도 그 결과를 벌충할 수단을 손에 넣음으로써 스스로의 일에 책임을 질 수 있도록 자연, 세계, 신과 맺는 관계를 바꾸는 것을 의미한다.

셋째, 보험은 손해에 대한 보상·배상의 기술이다. 보험은 정의를 집행하는 양식으로서 법적 권리와 경합한다. 보험은 누군가 겪는 손해를 모두가 부담하며, 개인적 책임을 집합적·사회적으로 만드는 유형의 정

---

* (La) Tontina. 나폴리 왕국의 은행가 로렌초 데 톤티(Lorenzo de Tonti, 1602~1684) 가 창안한 종신연금으로서, 각 가입자들은 일정액을 출자해 펀드를 마련한 뒤 국채를 구입하고 이로부터 종신연금을 받는데, 출자자 중 사망자가 있으면 남은 출자자의 배당이 그만큼 늘게 됐다. 이 종신연금은 18~19세기에 널리 유행했다.

** Johan de Witt (1625~1672). 네덜란드의 정치 지도자. 수학에도 뛰어난 재능을 지 녔던 드 비트는 1671년 『상환부채와 비교해본 종신연금의 가치』(Waardije van Lyf-renten naer Proportie van Los-renten)를 집필하기도 했는데, 이 저서는 우연과 확률에 대한 최초의 수학적 접근 중 하나로 꼽히고 있다.

의를 주장한다. 법의 원칙이 혜택과 책임의 '자연적' 배분을 지키는 데 집중하는 반면에, 보험에서 정의란 형평성 있는 규칙을 세워 공유하는 것이라는 관념에 의거한다.

이처럼 다양한 차원의 결합이 보험을 **정치테크놀로지**로 만든다. 보험은 특정한 방식으로 동원되고 사용되는 사회적 힘들의 테크놀로지이다. 즉, "보험은 사람들의 이해관계를 새롭게 묶어낸다. 사람들은 사회 속에서 더 이상 그저 나란히 놓이지 않는다. 영혼과 이해관계의 상호침투가 사람들 사이에 긴밀한 연대감을 만들어준다. 보험은 이해관계의 연대를 확립하는 데 실질적으로 기여한다."9) 보험은 참여자들이 정의의 규칙에 동의하고 합의할 수 있게 해주는 연합의 양태를 이뤄낸다. 보험은 합의에 의해 확립된 질서가 자연적 질서를 대신하는 계약적 정의를 꿈꿀 수 있게 한다. 더 이상 정치적 신화인 것만이 아니라 완전히 실재하는 사회계약에 의해 각 구성원이 사회적 혜택과 부담을 나눠갖는 것, 이것이 이런 사회의 이상이다. 보험은 빈곤과 노동계급의 불안정함의 문제에 대한 해결책을 고안하는 것을 가능케 한다. 보험 덕분에 노동자는 자신이 감당할 수 있는 최소한의 분담금으로 끊임없이 위협이 되는 재난들에 대비할 수 있다. 따라서 "임금으로 해결해야 하는 통상적인 지출에 망설이지 말고 보험료를 포함시켜야 한다. 노동자에게 보험이 없다면, 모든 것이 불확실해 현재에는 확신이 없고 미래에는 희망과 위안이 없을 것이기 때문이다."10) 루요 브렌타노에 따르면 노동자는 여섯 가지 보험에 들어야 한다. (1) 자녀들을 위한 생명 보험, (2) 노년을 대비한 연금보험, (3) 훌륭한 장례식을 위한 보험, (4) 병약해질 때를 대비한 보험, (5) 질병보험, (6) 마지막은 일자리 부족으로 인한 실업에 대비한 보험으로, 이는 나머지 다른 보험료를 제때 지불하기 위한 보험이기도 하다.

---

9) Chauffon, *Les assurances*, p.303.

10) Chauffon, *Les assurances*, p.230.

마지막으로 보험은 인간을 두려움에서 해방시킨다.

보험의 가장 유익한 점은 모든 활동과 영혼을 마비시키는 두려움을 인간사에서 제거해버린다는 것이다. 어딘가에서 세네카는 아무것도 두려워하지 않는 자가 왕Rex est qui metuit nihil이라고 말했다. 두려움에서 해방된 인간은 창조의 왕이다. 그는 모험을 두려워하지 않는다. 바다는 그에게 복종하고, 그는 그의 운명을 바다에 맡긴다.11)

보험은 사업을 경영할 수 있게 해주고, 따라서 부를 증식시킨다. 행위를 해방시킨다는 점에서 보험은 종교에 비견될 만하다.

보험에 의한 행위의 해방은 다른 영역에서 오직 종교만이 가져온 해방에 비견될 만큼 강력한 개선책이다……. 이런 전반적인 안전의 감각은 기존의 단편적인 보험형태가 이미 만들어냈고 앞으로 등장할 통합적 보험형태가 심화시킬 것으로서, 이는 신자들을 고취시킨 종교적 믿음을 세속적 지평으로 옮겨놓는 것과 같다.12)

이렇듯 **리스크의 철학**이라 불릴만한 것을 만들어내 인식론적 변화의 중요성을 결과 과소평가해서는 안 된다. 이런 변화는 정의와 책임뿐만 아니라 시간, 인과성, 운명, 공과, 섭리 등에 대한 정신적 태도의 개종과도 같은 과정을 증명해주는 것이다. 이로써 인간이 자기 자신과 맺는 관계, 타인과 맺는 관계, 세계와 맺는 관계는 모두 전복됐다. 보험과 보험의 철학이 등장하면서, 인간은 자신에게 닥치는 불행을 신의 섭리로 받아들

---

11) Chauffon, *Les assurances*, p.296.
12) Ferdinand Gros, *L'Assurance: Son sens historique et social*, Paris: Bureau d'Organi
-sation économique, 1920, p.108.

이지 않는 세계로 진입한다. 이 세계는 신이 없는 세계, '사회'가 일반적인 판관이 되어 우리 운명의 원인들에 답하는 세속화된 세계이다.

사법적 관점에서 보면 보험 안전의 새로운 정치학은 권리의 새로운 전략을 통해 작동한다. 특히 이것은 노동권/법의 출발점이 됐다. 이 전략의 특징은 (공적이든 사적이든, 노동자가 운영하든 고용주가 운영하든) 모든 수혜체계가 약속을 지켜야 한다는 점을 정언명령으로 만든다는 것이다. 보험료를 내는 노동자는 자신이 가입한 것(질병 수당, 노년은퇴연금, 사고보상 등)을 돌려받게 되리라는 점을 확신해야 한다. 보험테크놀로지는 기존의 모든 공제조합제도에 스며들어, 그 제도의 기능을 합리화하고 그들이 약속한 안전을 제공하도록 만들 필요가 있다. 여기에는 두 가지 핵심 요소가 있는데, 둘 다 보험 회사가 개척한 것이다. 하나는 수학적 형식으로, 미래를 규율하고 확률의 조합이 단순한 복권 이상이라는 점을 분명히 해 제도 운영의 확실성을 보장하는 확률 계산의 **기술**이다. 다른 하나는 보험**계약**이라는 법적 형식이다. 보험료를 지불하는 사람은 **보상받을 권리를 획득하고**, 회사는 계약을 맺은 사람에 대해 도덕적 의무뿐만 아니라 법적 의무를 진다. 즉, 보험은 안전을 계약으로 보증하고 법률화하고 법적인 것으로 만드는 것이다.

19세기 말에 이르면, 미래를 대비하는 제도는 보험의 합리성을 따라야 하고, 명목적인 구조가 무엇이든 간에 모든 종류의 수혜 조직은 사실상 보험제도가 됐다는 것이 분명해졌다. 이제 보험은 특정한 제도라기보다 어떤 종류의 미래 대비 제도에서도 실현될 수 있는 합리성과 관리의 조직 도식, 즉 하나의 형식을 의미하게 됐다.

노동자 보험에서 **안전 보장**이라는 과제는 국가보험에 대한 논쟁으로 이어졌다. 입법부가 단순히 노동자에게 권리를 부여하는 것으로는 불충분하고, 이런 권리가 실제로 보장되도록 책임질 필요가 있음이 분명해졌던 것이다. 보험제도의 안정성을 누가 국가보다 더 잘 보증할 수 있는가? 이 문제의 이면에는 더 근본적인 문제, 즉 보험제도의 영속성이라는 문제가 있다. 보험제도는 안전을 제공하는 것이므로 반영구적으로 지속되어야 할 필요가 있다. 보험이 등장하면서 사람들은 일종의 시간 척도가 확장되는 것을 경험하게 되는데, 이는 한 세대나 일생이 아니라 몇 세대에 걸친 것으로 확장되며 따라서 사회가 앞으로 영원히 존속할 것이란 점을 가정한다.

이제 사람들은 개인의 일생에 한정된 제한된 시간 관념으로부터 사회의 일생을 기준으로 측정되는 사회적 시간으로 이동하며, 이는 연대주의 정치 이론에서 정식화된 **연대**의 관념을 가능케 한 오귀스트 콩트 식의 진보 관념을 실현시킨다. 국가는 안전을 보장하는 가운데, 마찬가지로 국가 자신의 존재, 유지, 영속성도 보장한다. 사회보험은 또한 혁명을 방지하는 보험이기도 하다.

보험의 발달은 사회적 도덕의 변화뿐만 아니라 개인이 자기 자신, 자신의 미래, 사회 등과 맺는 관계의 변화도 수반한다. 사회보험은 연대주의에서 표명되고 프랑스 공화국이 추구한 세속화된 도덕성을 구현한다. 칸트가 "내 위의 별이 빛나는 하늘과 내 안의 도덕 법칙"을 얘기할 수 있었다면, 앞으로 사람들은 오직 사회에 대해서만 얘기할 것이다. 개인은 한편으로 내가 물려받은 것에 대해 부담을 지고 미래에 대해 내 몫의 책임을 지면서 역사에 의해 사회와 연대를 맺게 되고, 다른 한편으로 내가 사회의 불행에 한 몫 했고 사회로부터 받은 혜택으로 동료들에게 빚을 졌다는 점에서 동시대성에 의해 사회에 속하게 된다. 19세기 말엽 보험의 발달은 **사회정치학**의 탄생이라 불리는 것과 궤를 같이 한다. 즉 정치철학은 더 이상 사회 형성의 시초로 돌아가 외부로부터 (자연상태, 사회계약, 자연법 같은) 운영 원리를 찾아 '사회'를 건설하거나 정당화하려 하지 않고, 그 대신에 역사와 사회학 법칙과 함께 (말하자면) 외부가 없는 '사회'를 정치적 자기정당화의 영원한 원리로 만들었다. 프랑스 혁명의 입법가들은 자연권, 인권, 영구적 권리를 규정하고 보장하면서 인간을 위해 법을 제정하고 있다고 믿었다. 그러나 이제 권리, 입법, 정치는 '사회적인 것'이 될 것이다. '사회'는 그 자체로 자신의 원칙과 목적, 원인과 결과가 되고, 인간은 자신을 사회적 존재, 즉 '사회'가 만들고 소멸시키고 소외시키고 제약하고 억압하고 또는 구원하는 존재로 인식함으로써만 구원과 정체성을 찾을 수 있다.

19세기가 끝나갈 무렵에 이르면 보험은 단순히 신중한 사람이 어떤 리스크를 방지하는 여러 방법 중 하나에 머무르지 않는다. 그 다양한 인식론적·경제적·도덕적·법적·정치적 차원에서 리스크의 테크놀로지는 새로운 정치적·사회적 질서의 원리가 된다. 이제 보험은 **사회적인** 것이 된 것이다. 이는 단지 새로운 종류의 리스크가 보험의 대상이 된다는 의미를 넘어, 유럽 사회가 사회와 사회적 문제를 일반화된 리스크 테크놀로지의 측면에서 분석하게 됐기 때문이다. 19세기 말에 이르면 보험은 일군의 제도를 뜻하는 동시에 산업사회가 자신의 조직·기능·규제 원리를 구상하는 다이어그램을 의미하게 된다. 사회는 하나의 거대한 보험 체계로 그려지고, 보험의 형식들을 명시적으로 받아들이는 것이 곧 사회의 본래 속성에 충실한 것으로 여겨지게 된 것이다.

11 | '대중의 생명'과 보험테크놀로지
다니엘 드페르

| 보험테크놀로지 |

사회정책의 역사는 정치적 갈등의 에피소드와 그런 갈등을 일시적으로 해소하고 종결시키는 입법행위를 강조하는 경향이 있다. 하지만 이런 작업을 하다 보면, 이 최종 해결책이 대중투쟁의 목표와 이를 촉발시킨 요구들에 진정으로 부합하는지에 초점을 맞출 필요는 없다는 것을 깨닫게 된다. 사실상 사회사는 놀라운 계보를 지닌 더 은밀한 수많은 쟁점들에 의해 횡단되기 마련이다.

산업재해보험의 역사도 마찬가지이다. 19세기 빈민층의 상황과 비교해보면, 산업재해에 대한 금전적 보상이 보험체계에 의해 자동적으로 당연히 보장되는 사태는 대중의 승리로 보일지 모른다. 하지만 실제로 프랑스의 노동자 운동은 이런 해결책을 승인하기를 주저했으며, 애초에 노동자의 지지를 받지 못하고 통과된 법률을 추후에 수용했을 뿐이다. 왜냐하면 산업사회에서 보험의 역사는 인구를 관리하고 손실 보상의 재원을 도달하는 기술의 발명에서, 애초에 금융업자들이 고안하고 (산업재해를 시작으로 훗날 질병과 노령을 거쳐 실업에 이르기까지) 노동 불능의 경우들에 대한 사회적 해결의 패러다임으로 자리잡게 된 리스크 관리의 신흥 테크놀로지에서 시작됐기 때문이다. 산업노동의 위험과 불확실성에 대처하는 이 보상의 테크놀로지는 이후 사회보험제도로 발전하면서 산업자본주의 사회의 변형에 크게 기여했지만, 이런 역할은 은행의 역사 같은 다른 역사에 비해 많이 연구되고 주목받지는 못한 것 같다. 본 연구는 사회적 합리성과 사회적 관리의 한 도식으로서 보험장치의 형성에 관한 공동 연구의 성과를 바탕으로 한다.[1]

산업재해는 사회보험제도가 자리잡는 데서 하나의 전략적 위치를 점하고 있다. 오늘날 우리가 사회보험이라 부르는 것은 프랑스에서는 민간보험 회사의 산업재해 부서를 국유화함으로써 탄생했다. 이런 산업재해 보험은 노동계급의 투쟁을 통해 쟁취한 결과가 아니었다. 오히려 그것은 처음에는 생명 보장(이전까지는 금융사들이 대중적 수준까지 확장시키지 못했던 실천)의 논리에 따라 형성됐다. 해운업을 정복한 지 1백 년 뒤, 보험기술이 결정적 전기를 맞고 프롤레타리아 문제에 대한 부르주아적 해결책의 일반 원칙으로 자리잡게 된 것은, 바로 이런 인간 생명에의 투자를 통해서였다. 이런 변화의 첫 번째 결정적 문턱은 종신연금이라는 오래된 기술이 자신의 대립물, 즉 생명보험으로 변한 것이다. 이 급진적 변화로 인해 다음과 같은 새로운 기본 요소들이 등장했다.

1. 직업·가족·이웃 등 경험적 형태의 연대보다는 순수한 과학적 관점에서 인구를 동질적 계열들로 이해하는 인구관리방식.
2. 종전처럼 개인의 사망에 대한 추측/투기가 아니라 의학적으로 감독되는 기대 수명에 대한 추측에 근거한 재정운용방식.
3. 이후에 인적자본이라 불릴 요소에 대한 최초의 실질적인 경제적 합리화. 다만 아직 인적자본의 주체는 노동력의 소유자가 아니라 불로소득으로 생활하는 이들임에 유의해야 함.

---

1) Daniel Defert, Jacques Donzelot, François Ewald, Gerard Maillet, Catherine Mével, *Socialisation du risqué et pouvoir dans l'enterprise*, Paris: Ministère du Travail, 1977 (타자기로 친 원고를 참조); Arpad Ajtony, Stephen Callens, Daniel Defort, François Ewald, Gerard Millet, *Assurance, Prevovance, Sécurité: Formation historique des techniques de gestion sociale dans les sociétés industrielles*, Paris: Ministère du Travail et de la participation, 1979.

4. 자본을 집적하는 새로운 경로.

5. 개인 행위를 감독하는 일단의 새로운 규칙. 전통적인 도덕적·사회적 명령이 아니라 기술적 지식에 기초한 법-외적 규칙체계.

또한 우리의 연구 프로젝트는 관리 원리로서의 보험의 발달을 구성하는 두 번째 선분, 즉 노동자 운동의 탈상호부조화를 재구성할 것이다. 사회보험은 노동계급 내부의 연대라는 오래된 영역을 완전히 주변화해 일단의 새로운 정치적 관념들 주변에서 재조직했다.

19세기는 새로운 사회체계가 빈민의 수를 늘리자, 빈민 구호의 문제를 자유주의적 사회철학의 관점에서 재고한 시기라 할 수 있다.* 이제 미래의 대비가 자선을 대신하게 됐다. 개인은 자신의 운명을 스스로 책임져야 했으며, 저축은 의지력 문제로 이해됐다. 빈곤한 노동자의 비참한 생활은 방종, 즉 노동자라는 존재조건에 부적절하고 교육을 통해 시급히 교정되어야 할 도덕적 태도의 결과로 치부됐다.

어떤 고용주들은 노동자에 대한 고용주의 의무가 임금관계를 넘어선다는 입장을 보였다. 이들에 따르면, 임금 이외의 추가적 보충물, 즉 교육제도, 주택, 의료제도, 공원, 저축은행, 매점 같은 온정주의적 제도가 노동자에게 제공되어야 한다. 반면에 엄격한 자유주의자들이 보기에, 노동자의 조건은 관습법의 작용에 맡겨야 했다. 온정주의는 사적이고 국지적인 제도들의 체계를 만들어냄으로써 이런 관습법의 작용을 방해하는 효과를 가진다. 하지만 두 입장 모두 새로운 노동 관련 법의 제정을 시도하진 않았다. 온정주의는 고용주의 책임을 확대했지만 단지 관용을 제공할 뿐 노동자에게 새로운 권리를 부여하지는 않았으며, 관습법을 논하는 이들은 노동고용을 위한 일반적 계약 형태를 고수하면서 이들을 일반적인 법적 계약으로 분류했다. 보험이 제공한 새로운 해결책은 이

---

* 본서의 7장을 참조하라.

두 관점을 넘어서 산업 영역과 관련된 법이 등장할 가능성을 창출했다. 하지만 동시에 보험이라는 해결책은 파업 기금, 마을금고, 연합 운동 같은 당시 막 등장하던 노동계급의 조직양식들(나폴레옹 민법전은 아직 이들의 법적 지위를 명시하지 않았다)에 대한 공격이기도 했다.

여기서 우리는 이중적 과정을 다루고 있다. 그 중 하나는 제1제정에서 1848년 혁명 사이에 노동계급의 연합형태가 점진적으로 재구성된 과정이며, 또 하나는 1852년 제2제정과 함께 시작된 노동자 운동의 탈상호부조화 과정이다. 물론 상호부조적 조직들은 19세기 말까지 계속 호황을 누렸지만, 이 시기가 되면 그들의 조직 운영방식과 그들이 촉진하는 형태의 정치적·문화적 연대는 보험 회사의 그것과 크게 차이를 보이지 않는다. 또한 이와 같은 시기에 집합적 연합의 새로운 법률적·이데올로기적 프레임이 구축됐다. 주요 계기만 언급하면, 1848년에 결사의 자유가 인정됐고, 1863~67년에 회사법과 노동조합법이 제정됐으며, 1901년에는 노동조합의 권리들이 일반화됐다. 이런 새로운 구성의 개념적 설계는 생-시몽주의에서 가져온 것처럼 보인다.

보험의 전략은 기존의 사회조직을 해체하고 재구성하려는 이런 시도의 핵심을 관통하고 있다. 보험은 그 기술적·재정적 우월성을 바탕으로, 노동자의 상호부조론과 고용주의 박애적 온정주의를 물리칠 수 있었다. 무엇보다 가장 결정적인 차이는, 피보험자들은 서로 간에 사회적 공동체를 형성하지 않는다는 데 있다. 이에 따라 산업사회에 존재했던 사회성의 틀이 변하게 되는 것이다. 아마도 노동자 운동이 상호부조조직에 대한 통제권을 유지했던 사회들과 노동자 운동이 탈상호부조화를 겪은 사회들 간의 비교 연구는 매우 흥미로운 작업일 것이다.

우리가 여기서 그 효과를 재추적하려는 세 번째 힘의 선분은, 책임 소재를 묻지 않은 채 보상을 제공하는 보험이 등장함으로써 나폴레옹 민법전에 규정된 산업 관련법의 자유주의적 프레임에 일어난 변형이다. 법은 손해 배상을 위한 근간이었지만, 1870년대 재해 노동자를 위한 보상보험과 고용주를 위한 민사보상 책임보험이 등장하면서 손해 배상과 관련된 법률적 문제는 우회되기 시작했다. 보상은 약정에 따라 무조건적으로 이뤄졌지, 더 이상 어느 쪽의 책임이라는 관념에 의거하지 않았다. 피고용자와 보험 회사 간의 거래에서는 대신, 산업활동별로 계산된 **직업적 리스크**(민법이 근거하고 있던 개인의 의지라는 영역을 벗어나 이를 대체할 수 있는 통계학적 자료)가 고려됐다. 과실의 세계, 즉 그것이 고용주의 태만이든 노동자의 경솔함이든 간에 법정이 사고의 책임을 결정하고 할당했던 세계는 이제 보통의 작업과정에 내재하고 있는 '직업적 리스크'의 세계로 대체됐으며, 보상은 **모든** 재해 노동자들이 누릴 수 있는 권리가 됐다. 이에 따라, 기업·이윤·직업적 리스크 등은 법률적 관념이 됐다. 이런 역사적 변화는 상업적인 보상보험의 도입에 의해 촉발됐다. 이 제도가 발달하면서 산업 영역에는 두 가지 양자택일의 보상절차가 공존하게 됐다. 하나는 형법적 손해 배상으로, 재해 노동자가 고용주를 상대로 소송을 제기하면 받을 수 있었지만 실제로는 매우 어려웠다. 다른 하나는 보험 회사가 제공하는 보증 보상으로, 보상은 확실하지만 금액이 적었다. 1898년의 법률[2]이 이 문제를 최종적으로 정리하기 이전에도 이미 이 양자택일의 절차는 종업원 상해보험 및 사용자 보상책임보험이라는 단일한 보상방식에 의해 보장되고 있었다. 이 보험들은 법적으로는 구분됐지만 공통적으로 고용주가 임금에서 공제한 보험료로 충당됐으며, 따라서 그 비용은 최종적으로는 소비자에게 전가될 생산 비용의 일부로 여겨졌다. 그리고 사회는 손실보상 청구의 최종적인 일반적 근거가 됐다. 이런 새로운 보상체제는 무과실적 책임 원칙을 도입하

---

2) 1880년에서 1898년 사이에 논의된 '노동자들이 노동을 수행하는 중에 [그로 인한] 피해자가 되는 사고의 책임에 관한 법률'(Loi sur la Responsabilité des Accidents dont les ouvriers sont victimes dans l'Exercice de leur Travail)을 말한다. 이 법률은 과실에서 직업적 리스크로의 이행을 보여준다.

는 한편, 전통적인 감독방식에서 벗어난 집단에 의한 손실보상을 가능케 함으로써 민사적 책임의 원칙과 전면 대립했다. 민법의 이런 '변용'은 형평성에 대한 새로운 개념을 촉진했는데, 이제 모든 산업재해가 보상에 대한 사회적 요구를 포함하게 되면서, 사회체는 개인에 대한 보상을 책임지는 일반적 채무자가 됐던 것이다.

이런 변형은 노동법의 제정으로 공식화됐다. 처음에 보험은 사적 사업의 형태로 등장했지만, 이를 사회정책의 도구로 삼으려는 유럽 각국 의회의 논의과정에서 하나의 진정한 **정치적 테크놀로지**로 발전했다. 그때까지 보험은 단지 돈이 되는 상업활동의 한 형태였지만 이미 기업활동에 새로운 제약을 부과하고, 자신의 보상 책임을 줄이기 위해 의학계를 압박하기 시작하고 있었다. 이어서 연대주의 같은 새로운 정치 이데올로기와 결합된 새로운 보험정책이 도입됐으며, 이런 법제화가 생산 비용과 생산성 수준에 미칠 영향을 연구·조정할 목적으로 국제대회가 열렸다. 또한 이 새로운 법률적 프레임과 함께, 이에 절합될 새로운 인구관리 방식, 즉 인구를 집단으로 분류하고 통계적 한계치, 중앙값, 한계오차를 결정하는 통계적 양식이 출현했다. 이에 따라 전체로서의 인구와 그들의 무작위적 변화를 대상으로 한 끝없는 분석이 가능해지면서, 새로운 리스크가 식별되면 이에 대한 비용이 산출되기 시작했다. 새로운 보호수단이 새로운 형태의 보험가능한 불안정성을 가시화한 셈이다. 마침내 미래가 일반적인 경제적 질서에 따라 배치될 수 있게 되면서, 안전은 마르지 않는 시장이 되거나 더 많은 정치적 개입을 향한 동력이 된다.

사회의 합리화를 위한 **일반화될 수 있는 테크놀로지**의 한 형태로서, 보험은 일종의 다이어그램, [즉] (오늘날 일부 사상가들이 우리에게 제시하는) 안전체계의 국유화와 사유화에 대한 대안들 사이에서의 선택을 초월한 사회조직의 형상 같은 것이다. 흔히 보험은 국가 기관의 고비용 관료집중제에 대립되는 공동체의 자기조절 기능으로 오해되곤 하지만 사실 보험이 국유화될 가능성은 항상 존재해왔다. 비록 보험이 전적으로 자유주의의 세력장 안에서 탄생하기는 했지만 말이다. 자유주의는 숙련된 노동·상품·자본의 자유로운 순환을 가로막았던 집합적 연대와 영토화, 즉 이미 17~18세기에 **내치**로 알려진 법적·규제적 원리에 의해 긍정적으로 이론화됐던 장애물을 극복해왔다. 요컨대 보험테크놀로지는 내치가 감시·감독해온 것들을 탈규제화했던 것이다.

| 인간 생명: 노동력인가 자본인가? |

오늘날 역사 서술에서 유행하는 사유 중 하나는, 집합적 소비양식(건강, 위생, 교육)의 발전을 자본이 국가라는 매개체를 통해 노동력을 더 많이 착취하기 위한 과정의 일부로 보는 것이다. 하지만 더 면밀히 사실들을 검토해보면 이와 다른 면이 드러난다. 칼 맑스와 프리드리히 엥겔스가 노동계급의 상태를 연구하기 위해 참조했던 19세기 위생학자들의 저술은 종종 아동기부터 시작되는 육체적 소진에 의한 노동력 낭비를 끊임없이 경고한다. 특히 광부들은 건강 문제가 심각했는데, 25세가 남성 체력의 정점이자 생산성의 절정으로 여겨진 당시에 광부들의 건강은 그 나이에 훨씬 못 미쳐 망가지곤 했다. 여기서 이미 (인간) 에너지의 보전 문제가 제기되어왔다. 하지만 노동자의 수명 연장은 자본가의 관심사라기보다 의사, 박애주의자, 정부 감독관의 문제였으며, 징병검사위원회의 보고에 질겁한 군인들의 관심사였다. 이 집단은 노동계급의 상태라는 문제를 위생의 문제로 접근했지만, 당시 지배적이던 산업적 사고방식을 그대로 받아들이지는 않았다. 실제로 인간 수명이 경제적 계산의 요소로 등장한 배경은 산업생산성 문제 때문이 아니었다. 오히려 인간 수명에 대한 관심은 이미 부유층, 정확히 말해 연금생활자 계급의 생명을 계산하고 있었던 금융 부문에서 유래했다. 이 영역에서 처음 정교화된 기술 덕분에, 보험 회사의 표현을 빌리면, '대중의 생명'은 19세기 후반 경제적 관심사로 등장할 수 있었다. 종업원보험의 역사적 모체라 할 수 있는 생명보험은 전통적 실천인 종신연금의 논리를 뒤집은 것으로 이해되어야 한다. "종신연금은 언젠가 끝나게 되어 있다"는 격언에서 엿볼 수 있는 이유 때문에, 오랫동안 프랑스 왕실은 종신연금을 통해 자금을 차입해왔다.* "종신연금을 조건으로 이뤄지는 기부"는 공식적으로 상환이나 이자를 명기하지 않은 무담보 증여로 간주됐으며, 고리대 금지를 우회하는 수단으로 이용됐다. 종신연금은 통상 20년을 가정하고 계산됐지만 간혹 60년까지 연장되곤 했다. 이는 전통적인 종신연금의 두 가지 특징 때문이었다. 먼저 종신연금은 연금을 가입한 사람과 연금의 수령자를 구분했으며, 동시에 연금의 금리는 연금'가입자'의 최초 가입 연령에 관계없이 고정되어 있었다. 그렇더라도 연금생활자가 연금을 가장 확실히 보장받는 길은 자신이 '가입자'이자 수령자가 되는 것이었기 때문에, 결국 이것이 가장 일반적인 계약형태였다. 하지만 다음과 같은 일도 벌어지곤 했다. 예컨대 노년의 이모가 재무부의 종신연금을 어린 조카를 가입자로 해 매입한 다음, 조카가 그녀의 여생 동안 사적으로 (노년인 이모의 기대 수명이 짧은 만큼 더 많은 정액의) 연금을 지급하는 것이다. 여기서 이미 재보험의 초보적 형태가 출현하고, 삶과 죽음에 대한 전망이 가족의 재정 계산에서 주요 요소로 떠오르게 된 것이다.

공적 차입의 관점에서 사태는 더 복잡했다. 국가는 신용이 튼실할 때에는 연령별 누진 금리를 부과해 국가 부채를 줄일 수 있었다. 가령 루이 14세의 전성기에 젊은 가입자의 금리는 7%였지만, 노령 가입자는 14%였다. 반대로 국가 재정이 부실해지면, 이를 만회하기 위해 모든 연령층에 높은 금리를 부과해야 했다. 따라서 종신연금이 언제 연령별로 차등 발행됐는지 살펴보면, 루이 14세의 재정상태를 추적할 수 있다.

결국 기대 수명의 분류와 연구는 이중의 경제적 관심사(부채가 채권자의 사망에 따라 청산될 수 있었기 때문에 이를 계산해야 했고, 연금의 금

---

* 당시 국가나 왕실은 재무부를 통해 종신연금 증서를 발행하고, 개인은 연금을 받는 대가로 이 채권을 구매했다.

리도 확률적 기간에 기초해 통제될 필요가 있었다)를 통해 금융적 계산에 들어왔다. 여기서 이런 지식의 가치는 그저 비용 절감에 있었다.

종신연금의 경우, 연금생활자들은 만기일마다 '가입자'의 생존을 입증해야 했다. 그래서 사람들은 정기적으로 안부를 알 수 있는 가까운 친척 중 '가입자'를 선택하곤 했다. 하지만 1750~80년 제네바 은행가들이 종신연금의 변형태를 고안해냈는데, 여기서는 동시대 영국의 제임스 도슨[1705~1757], 토머스 심슨[1710~61], 리처드 프라이스[1723~1791]가 개발한 생명보험의 모든 기초 요소가 발견된다. 이 새로운 방식은 당시에 '제네바인 가입자'Genevan heads 방식으로 잘 알려져 있었다.

1. 제네바 은행가는 자신이 발행한 모든 종신연금을 제한된 가입자 집단에게 집중시킨다. 은행가는 남은 수명의 기대치가 가장 긴 제네바 인구 가운데 해당 집단을 선택하는데, 여기서 기대치는 가족 병력, 현재 건강상태, 연령·성별·경제적 상황에 따른 사망률의 편차에 기초해 계산될 것이다. 이런 기초자료는 제네바의 저명한 의사 테오도르 트롱샹과 그의 제자들에 의해 확정됐다.

2. 이런 경험적·과학적 관찰에 근거해 은행가는 유사한 기대 수명을 가진 동질적 가입자 명단을 작성했고, '제네바인 가입자들'에 대한 감독을 책임진다. 여기에는 건강 검진, 백신 접종(당시 천연두 백신이 막 도입됐다), 여행, 주소 이전, 사망증명 등이 포함된다.

3. 은행가는 그 연금들을 동일한 약정의 집합으로 통합한다. 이때 약정의 숫자는 그가 선택한 가입자의 숫자와 같으며, 따라서 가입자의 생명에 대한 리스크는 모든 연금에 걸쳐 균등하게 분배된다. 결과적으로 개별사망은 1/x만큼 자본 손실을 가져올 것이다.

이런 약정 중 '30명의 젊은 제네바 독신여성 가입자와 생명'이라는 계약이 가장 유명하다. 그 약정의 건강 보고서는 유럽의 각종 관보에 실렸으며, 영주들의 건강 보고서만큼 중요해졌다.[3]

4. 은행가는 동질적인 연금계약 덩어리를 개인 투자자에게 판매가 능한 상품으로 분할한다. 실질 가치의 다양성 때문에 거래가 불가능했던 기존의 종신연금과는 달리, 이 상품은 모두 동일한 가치를 지니기 때문에 거래가능한 증권으로 바꿀 수 있었다.

5. 개별 연금생활자들은 재무부가 아니라 은행업자하고만 거래하면 된다. 이들은 가입자, 즉 자기 가족의 장수를 무작정 기대하기보다는 최적 기대 수명이라는 통계적 확신에 따라 투자하게 됐다.

이런 장구한 전사前史를 통해 우리는 변화의 핵심 계기를 발견할 수 있다. 먼저 국가가 자신의 채권자의 사망에 투기한다. 이어서 재무부와 연금생활자를 중개하던 제네바 은행가들이 자신의 가입자들의 수명에 투기하기 시작했다. 이들은 그 과정에서 일련의 전문 지식에 근거해 기대 수명의 기준을 확립하고 이를 보증하는 조치를 취한다. 이 은행가들은 부채를 청산하는 요행수로서의 사망이 아니라 성별·연령·위생·가계도·가정환경 등의 요인에 의해 결정되는 다양한 생명에 관심을 기울인다. 즉, 은행가는 사망이라는 복권을 생명이라는 측정가능한 자본으로 대체했다. 이제 우리는 사망에 대한 투기에서, 오늘날 '인적자본'(노동력으로서의 생명이 아니라 세습 재산으로서의 생명으로 여겨지는 자본)이라 불리는 것을 최초로 합리화하는 실천으로 옮겨간다. 사망에 대한 투기가 이처럼 인적자본에 대한 금융적 합리화로 이행하는 과정에서, 생명보험이 근대 복지체계의 모체로 등장하는 데 필요한 이론적 조건의 핵심이 주어졌다. 이제 종신연금은 가족이 소유한 복권이나 국가의 정책 수단으로 기능하기를 멈추고, 거래가 불가능한 자산에서 하나의 유동적인 자본으로 변한다. 이 새로운 금융적 합리성은 사망의 가능성이라는

---

3) Herbert Lüthy, *La Banque Protestante en France de la Révocation de l'Édit de Nan-tes à la Révolution*, Paris: S.E.V.P.E.N., 1959.

문제를 과학적으로 통합하며, 그 사망의 가능성은 (여기서 경제 전문가로 기능하는) 은행가들과 의사들의 공동 통제 아래 감시된다. 이제는 은행가들이 사회성의 자연적 형태와는 상이한 원리에 의해 결합된 추상적 개인들의 집단을 만들어내고 관리하게 된 것이다.

| 부유층의 생명 |

인간 생명이 자본으로 관리되는 이 새로운 방식을 조사하기 위해 프랑스 최초의 생명보험 회사인 '인간생명보험 회사'Compagnie d'Assurances sur la Vie des Hommes의 미출간 문서들을 검토해보자.4) 1814~15년 부르봉 왕조가 복원되면서 고국으로 돌아온 왕당파들은 망명 시기에 접한 영국식 생명보험 기술을 프랑스에 도입했다. 프랑스 최초의 생명보험 회사는 왕당파 오귀스트-카지미르 드 구르퀴프에 의해 설립됐다. 드 구르퀴프의 회사는 영국의 이퀴터블 생명보험 회사를 모방해 설립됐으며, 세 가지 종류의 보험을 제공했다. 그 가운데 하나는 사망에 관련한 것이었고, 다른 것은 **수명**에 대한 것이었다. 첫 번째 상품은 생명보험이다. 이것은 피보험자가 일시불이나 연부불로 보험료를 지불하면, 회사는 피보험자(또는 명기된 가입자)의 사망 직후 약속된 금액을 그의 상속인에게 지불했다. 두 번째 상품은 정기보험이다. 회사는 약정 기간 안에 사망이 발생하면 보험금을 지불하고, 그렇지 않을 경우에는 보험금을 지불하지 않는 방식이다. 세 번째 상품은 거치보험이다. 특정한 시점에 피보험자가 살아 있으면 원금 총액을 지급하는 방식이었다.

이때 보험료는 보험 종류, 연령 집단, 정부의 보험통계기사가 산출한 프랑스 사망률 일반표 등을 기준으로 책정됐다. 그렇지만 당시 보험가입자들은 부유층이었고 그들의 기대 수명은 평균치보다 길었기 때문에,

---

4) Archives Nationales, Archives Manuscrits de la Compagnie d'Assurances sur la Vie des Hommes, Microfilms 47 AQ sq 1818-1966.

보험 회사는 수익을 올릴 수 있었다. 보험은 상속할 수 있는 자산이었기에 나폴레옹 민법전 중 가족상속법을 따랐으며, 세습 재산에 관한 법적 문제에 속했다. 보험 회사는 사형, 자살, 전쟁과 그 영향에 의한 사망, 비유럽 국가에서의 항해 중 사망, 극단적인 영아·고령 사망, 천연두 백신 미접종자의 사망을 약정에서 제외했다. 즉, 보험의 표적 집단은 사망률의 일반 법칙을 따르는 인구였다. 여기서 바로 생물학적 생명의 참되고 규칙적인 풍부함이 관찰 대상으로 등장하게 된다. 하지만 이 모델에 맞지 않는 요소들도, 보험료에 추가 요금을 보태면 특수한 보험에 가입할 수 있었다. "천연두 접종을 받지 않았나요? 추가 요금을 내세요. 여행을 할 계획인가요? 위험도에 따라서 추가 요금이 붙습니다" 등.

이에 따른 전반적 결과로서, 인구는 점차 세밀해지는 리스크의 하위 부류 속에서 무한히 분석되기 시작했다. 한 인구 집단을 피보험자로 만든다는 것은 리스크의 정도, 행위, 한계, 그리고 처음에는 배제됐지만 이제는 더 주변적인 집단을 배제하며 특별한 하위 부류로 간주되는 주변적 범주에 따라 인구를 분류하고 나눈다는 것이다. 이런 방법으로 행위들을 위험도에 따라 경제적으로 처리하는 것이 무한히 일반화될 수 있었다.

상호부조적 혹은 박애주의적 형태의 연대에서는 각각 동료 노동자들과 박애주의적 고용주가 개인의 지출·협잡·낭비, 즉 인구의 도덕성 문제를 감시했다. 반면에 보험은 위험을 그 비용에 따라 위계적으로 분류해 관리하는 방식을 사용했다. 즉, 여기서 우리는 사회와 사회의 리스크에 대한 자유주의 관리양식의 출현을 목도하고 있는 것이다.

| 재해보험 |

이제 프랑스의 가장 오래된 재해보험 회사인 '세퀴리테 제네랄'[종합안전보장 회사]$^{Sécurité\ Générale}$의 고문서를 살펴보자.5) 1865년 11월 14일 특

---

5) Archives Nationales, Manuscrits de la Sécurité Générale, 117 AQ 16.

별 포고에 의해 면허를 받은 이 회사는 산업·상업신용금고^{Crédit Industriel} et Commercial의 후원으로 그해 12월 2일에 출범했다.

일련의 연구로 [에두아르] 베스니에 드 라 퐁토네리 씨는 사고의 양과 비율이 수학 법칙을 따른다는 것을 보여줬다. 즉, 이 요소들을 신중히 비교하면 사회적 채무의 범위와 다양한 보험 범주에 적합한 요금을 결정할 수 있다. 우리의 정관이 제시하는 비율은 이런 계산을 취합한 것이다.6)

이 회사는 철도역에서 보험료를 덧붙인 티켓을 파는 방식으로 성업 중이던 한 영국 회사를 모델로 출범했다. 하지만 프랑스 철도 회사들은 '철도'와 '재해'라는 단어를 결합시키기 꺼려했다(훗날 항공 여행이 확산될 때 비슷한 논쟁이 일어났다). 그에 따라 이 회사는 처음에는 산업체의 수장들이나 상호부조·공제조합 등을 끌어들이기 위해 단체보험 조항을 제시하는 정책을 사용했다. 여기서 우리는 산업재해에 대비하기 위해 설립됐지만 (1848년 혁명을 야기한 이데올로기적 속성을 제거하고자 기존의 이런 결사체들을 개편하고 강제로 등록시킨) 1852년의 법률에 위해 억제된 상호부조주의·온정주의 네트워크와 결합된 재보험의 맹아적 형태를 볼 수 있다. 프랑스에서는 두 개의 역사적 단계를 거쳐 산업재해가 '직업적 리스크의 범위'로 다뤄지게 됐다. 먼저 보험 회사들은 여행보험을 도입하는 과정에서 뜻밖의 문제와 마주쳐야 했으며, 그 다음에는 예기치 못하게 국가와 경쟁해야 했다.

19세기 노동자들에게 개인이 보험에 가입해야 한다는 것은 낯선 관념이었다. 보험은 소액 저축자보다는 재산 소유자를 위한 것, 즉 부르주아지의 관심사로 여겨졌다. 하지만 1850년대 이후 영국과 미국은 '노동계급'의 저축을 목표로 하는 다양한 종류의 생명보험 개발에 성공했다.

---

6) Archives Nationales, Manuscrits de la Sécurité Générale, 117 AQ 16.

제2제정기[1852~70년]의 프랑스에서 대중적 생명보험이 시작된 것은 노동자의 임금 수준이 30% 상승한 시점이었다. 그렇다고 당시 대중의 투자 규모를 과장하면 안 된다. 장 부비에에 따르면, 20세기 초 프랑스 주요 도시의 사망자 중 2/3 가량은 아무런 유산도 남기지 못했다.[7] 대중의 저축은 자본을 집중시키는 전문 기술을 지녔던 보험 회사의 주된 표적이 아니었을 수도 있다. 재해보험 회사와 비슷한 시기에 등장한 은행 체계(리옹 은행은 1963년 유한책임 회사에 관한 법률이 통과되자마자 곧 지점들을 개설하기 시작했다)는 주로 부르주아지의 저축형태였던 주식을 통해 철도에 필요한 투자 자본을 끌어모았다. 따라서 노동계급에게 보험을 판매하는 창의적 시도는 자본의 집중과정을 통해서는 온전히 설명될 수 없다. 비록 그런 시도를 1863~68년에 개시되어 유통 화폐의 양뿐만 아니라 그 구성을 규제하는 정책이 시행된 법적·금융적 맥락과 떨어뜨려 이해할 수는 없지만 말이다. 특히 19세기 프롤레타리아트의 열악한 고용과 주택 사정을 감안한다면, 재해보험 회사에 보험료를 납입하는 것이 노동자들에게 낯선 생각이었듯이, 보험료를 적극적으로 모은다는 생각 역시 보험 회사에게 낯선 관념이었다. 보험료를 수금하는 비용이 보험료의 가치를 상회하기 일쑤여서 미국 회사들조차 수금 시도를 아예 하지 않았다. 게다가 노동자들이 보험 가입을 회피한 또 다른 이유가 있었다. 보험 회사가 제공하는 보상이 나폴레옹 민법전 1382조에 따라 법원이 보장하는 수준보다 훨씬 낮았던 것이다.[8] 노동자와 고용인뿐 아니라 보험 회사와 국가에게도 이것은 매우 중요한 문제였다.

'대중의 생명'에 관여하는 보험은 세 가지 상해를 포괄하고 있었다.

1. 사망 사고. 이 경우는 드물지만, 많은 액수의 돈이 오갔다.

---

7) Jean Bouvier, *Un Siècle de banque française*, Paris: Hachette, 1973.
8) Code Civil, article 1382("La responsabilite delictuelle").

2. 영구 장애. 이 경우 여생 동안 연금을 받을 권리가 주어졌는데, 이런 원칙은 여론의 강력한 지지를 받았고 보험의 인기를 높이는 데 기여했다. 하지만 상해자의 평균 연령이 40세에 불과했기 때문에 보험 회사로서는 수익을 올리기 어려웠고, 이에 따라 연금을 할인된 금액에 일시불로 지불하거나 장애인을 재활시키는 방식을 통해 끊임없이 비용을 감축하려 시도했다.

3. 회복가능한 상해. 이 경우 재해 노동자는 일정 기간 손해를 보상받을 수 있었으며, 이런 형태의 보상이 전체 매출액 가운데 1/3 가량을 차지했다. 보험 회사는 이런 보상이 실업급여 같은 것이며, 따라서 사회적 빈곤을 퇴치하는 일반적인 사회적 기능을 담당할 수 있다고 즐겨 내세웠다. 특정한 상해의 평균 보상 기간은 지속적인 통계적 관찰과 의학적 조사의 대상이 됐으며, 보험 회사는 이런 연구를 통해 그 기간과 비용을 줄이고자 했다.

이 세 가지 범주는 대중보험 시장의 핵심을 형성한다.

의사들은 곧 리스크 비용의 절감을 위한 상업적 압력을 받았다. 근대 의료 집단의 수많은 윤리적·직업적 입장은 보험 회사의 이런 압력에 저항하면서 출현한 것이다. 피해 처리뿐만 아니라 실제의 노동과정 구조를 합리화해 비용과 리스크를 줄이자는 생각은 [제2제정기] 국가와의 경쟁이 가속화되어 보험 회사들이 고용주들에게 직접 보험을 제공하게 되면서부터 발전했다. 예컨대 세퀴리테 제네랄의 문서를 보면 "노동자의 태만과 부주의," "공장규칙 위반," "작업, 특히 파리 성벽 작업의 위험성"(파리 성벽 작업은 1875년에 숱한 사고의 원인이었다)과 관련한 맞소송 기록은 1876년 이후에야 나타난다. 이때부터 비용절감 노력은 주로 의료 분야가 아니라 산업재해가 기원한 지점을 향하게 된다. 즉, 신기술을 위한 투자와 노동과정에 대한 감독 확대를 추동한 힘은 **노동력** 부족과 고비용 문제라기보다는 금융 이익을 위한 전략에서 비롯된 보상

체계였다고 할 수 있다. 바로 이런 과정을 통해 **노동자의 생명**은 돈을 들여 보존해야 할 가치 있는 상품이 됐던 것이다.

다시 말해, 이런 금융적 보상장치와의 결합이 노동자의 생명에 가치를 부여했던 것이지, 그 반대가 아니다. 즉, 노동자의 생명의 가치가 이런 결합을 생산해냈던 것이 아니라는 말이다.

| 국가와의 경쟁 |

1864년 1월 2일, 쥘 파브르는 작업장에서 상해를 입은 노동자들의 비참한 현실과 관련해 정부에 탄원을 제기했다. "노동자들은 고용주의 아량에 기대거나 법정에 호소하는 것 외에는 대안이 없다." 정부 입장을 대변해 외젠 루에르는 이렇게 답변했다.

> 지금까지 법은 고용주에게 규칙 위반과 태만의 책임을 물음으로써 산업재해에 대비해왔습니다. 입법부의 승인 아래 정부를 대표해 제가 말할 수 있는 것은, 만약 우리가 이런 잔혹한 해악을 완화할 효과적 수단을 발견한다면 즉각 이를 검토해 기꺼이 실행할 것이라는 약속뿐입니다.

이에 덧붙여 교육장관은 이렇게 말했다. "재해 때문에 가족의 생계를 부양할 수 없는 노동자들에게 새로운 생계 수단을 제공할 수 있는 제도가 있다면, 그것은 문명의 새로운 업적이 될 것입니다."[9]

이런 의견교환은 세퀴리테 제네랄의 정관이 이미 작성되어 정부의 승인을 앞둔 상태에서 일어났다. 회사의 주장에 따르면, "노동자들에게 타인의 재산이 아닌 자기 노동의 산물을 통해 자신으로부터 창출된 새로운 형태의 보상을 제공함으로써, 우리는 이미 요구되는 목적을 달성했다." 하지만 나폴레옹 3세 정부는 대중에 대한, 특히 산업재해로 고통

---

9) Archives Nationales, Manuscrits de la Sécurité Générale, 117 AQ 16.

받는 노동자들에 대한 자신의 특별한 동정심을 과시하길 원했고, 이에 따라 법원은 산재 사건과 관련해 고용주들에게 호된 보상 판결을 내렸다. 따라서 민간 보험 회사가 정부에 해결책을 제시했는데도 불구하고, 정부는 그 해결책의 실행을 사적 금융 기관에 맡겨둘 생각이 없었다. 세 퀴리테 제네랄은 이와 관련한 유감을 길게 기록하고 있다.

우리와 정부는 동일한 목적을 가지고 있었기에 서로 협력하는 것이 당연했다. 따라서 우리 이사회는 정부와 교섭을 진행했으며, 이들의 후견 아래 회사의 정관이 마련되고 초기 활동에 관한 사업설명서가 작성됐다. 정부는 우리에게 명백히 호의적인 협력의 메시지를 보냈다. …… 정부가 우리를 동료로 간주하고 우리가 제시한 방향에 동의한다고 믿었기에 우리는 정부가 우리의 전략을 활용해 곤경에 빠진 노동자들을 도울 수 있도록 협약을 마련했고, 이런 관점에서 요청된 문서 조항에 어떤 단서도 달지 않았다. 정부가 우리와 경쟁할 것이라고는 꿈에도 생각하지 못했다. 따라서 정부가 지난 6월, 원래 우리가 치유하고자 했던 해악을 다루기 위한 기금 설립을 선언했을 때 우리는 놀라움을 금하지 못했다. 1866년 7월 31일자 『모니튀르』에 보도된 최고 행정법원의 '산업재해장애 기금' 설립안에 따르면, 해당 기금은 정부에 의해 운용되며 4백만 프랑의 조성을 목표로, 모든 공공 사업은 1%의 세금을 추가로 분담하는 한편, 노동자로부터의 기여는 최소화할 것을 약속하고 있다.
　우리는 이런 기금 조성방식의 원칙이 무엇인지 묻고 싶은 생각은 없다. 다만, 그것은 정치적 원리로서 중요한 문제를 제기한다.
　1. 국가는 어느 정도까지 개인의 행위와 미래의 대비에 개입할 수 있고, 이런 임무를 스스로 떠맡을 수 있는가?
　2. 국가가 특정 집단의 요구를 위해 공동 재산으로부터 기금을 조성하고, 이를 통해 시민들 가운데 특정한 계급과 연대하면서 다른 계급에게 손해를 끼치는 행위는 어느 정도까지 정당화될 수 있는가?

우리 이사회의 임무는 정부정책의 원리들을 검토하는 것이 아니라 그 것의 해로운 결과를 예방하는 것이다. 이런 국가와의 예상하지 못한 경 쟁에 직면해 우리는 황제에게 몇 차례 진정서를 제출한 바 있다. 우리가 이해하기로는, 국가는 자신이 이미 승인한 회사를 대신해 스스로 보험 회사가 되려 하고 있다.[10]

세퀴리테 제네랄의 이사회는 프랑스에서 제정된 최초의 사회보험 법 안의 원리에 담긴 두 가지 논점을 정확히 잡아내고 있다. 첫째, 국가는 기존에 사적으로 이뤄진 미래 대비의 역할을 공적으로 떠맡으면서, 단 순한 질서의 파수꾼이라는 자유주의 국가관과 단절하게 된다. 그 실체 에 있어서 국가는 이제 모두의 의지를 대변한다기보다 (비록 나폴레옹 3세가 정당성 확보를 위해 보통선거권을 인정하기는 했지만) 특수한 행위 자로서 자신의 고유한 의지를 지닌다. 둘째, 그런 의지를 집행하는 도구 는 공공 재산에서 취해진다. 공공 재산의 운영은 이중의 소득 재분배 효 과를 가져온다. 산업재해장애 기금을 확충하기 위한 세금은 국가의 공 공 서비스 구매층으로부터 충당되는데, 이런 공공 서비스는 그 자체로 경제적 하부구조를 제공하고 완전고용을 달성하는 이중의 목적을 가진 것이다. 게다가 고용의 보조는 국가의 실업급여 기금에 자금을 유입시 킬 것이다. 이 점에서 나폴레옹 3세는 분명 클로드 앙리 드 생-시몽과 독일의 사회주의자들, 특히 요한 칼 로트베르투스가 제시한 사회복지 국가라는 아이디어에 영향을 받았다. 우리는 19세기의 국가사회주의가 법과 국가의 철학이었으며, 오늘날 우리가 알고 있는 사회주의 이상의 것이었음을 기억할 필요가 있다. 나폴레옹 3세가 노동자에게 제공한 안 전의 모델은 퇴역자에게 주택과 보살핌을 제공하는 군인 복지의 모델에 따른 것이다. 더 나아가 산업재해장애 기금은 당시 뱅센느와 브시네에

---

10) Archives Nationales, Manuscrits de la Sécurité Générale, 117 AQ 16.

막 설립된 군병원이 제공하는 혜택과 동일한 종류의 복지를 노동자들에게 확대하는 것을 목표로, 새로운 보험의 기술을 활용했다.

세퀴리테 제네랄은 철저한 자유주의 정신으로 정부의 이 도전에 맞섰다. 이들은 새로운 서비스를 제공하며 국가와 경쟁하기 시작했다.

국가의 신규 사업은 우리에게 너무나 불리해서 회사의 파산을 우려할 정도였다. 우리는 국가와 우리가 공동으로 설계했던 협약체계가 국가의 이해관계에 부합하는지 궁금했다. 마침내 우리는 국가가 지정한 모든 보험 거래를 1백만 명까지 고정금리로 인수하겠다고 제안했다. 하지만 어떤 답변도 오지 않았기에, 우리는 노력을 배가하기로 결심했다.

우리는 명예를 걸고, 우리 회사의 기본적인 운영 원칙이 건실하고 공정하며, 노동계급과의 공감의 정신에 근거해 있고, 노동자 스스로에게 이익이 되는 것임을 증명하고자 했다. 이런 새로운 노력은 우리와 대립하는 체계에 대한 최고의 비판이 될 수 있었다. 우리의 목표는 보험의 혜택을 모든 종류의 리스크로 확대하는 것이었다. 우리는 상호부조조직, 선원복지 기금, 소방 회사들에게 우리 회사와 협력했을 때 가질 수 있는 이득을 보여줄 필요가 있다고 생각했다. 회사 설립부터 우리는 상호부조조직이 스스로 질병과 그로 인한 노동 불능으로 야기되는 비용을 다룰 수 있도록 자율성을 보장하는 재보험 정책을 고려해왔다.[11]

내무장관은 상호부조조직의 재보험 방안에 대해 이렇게 답했다.

국가는 이윤의 획득을 포기할 수 있으며, 심지어 공공의 이해관계를 위해서는 확실한 손해조차 감수할 수 있기 때문에, 국가만이 상호부조조직에 충분히 관대하고 유리한 조건을 제공할 수 있습니다. 1866년 7월

---

11) Archives Nationales, Manuscrits de la Sécurité Générale, 117 AQ 16.

31일자 황제의 칙서에 표명된 논지를 실현할 최선의 수단으로 소집된 본 위원회는 이제 막 산업재해장애 기금과 사망 기금의 설립을 위한 안건을 제출해 승인받으려던 참입니다.[12]

정부에 보내는 답변에서, 세퀴리테 제네랄은 상업적 운영 원칙의 우월성을 주장했다. 직업적 리스크에 대한 보험이 정교화된 것은 국가의 법 제정이나 산입직 고려의 측면에서가 아니라 바로 이런 맥락, 즉 징치적·금융적 경쟁의 상황에서였다. 정부가 광부와 상이군인을 위한 특수 목적의 보험을 제공하기 시작했고 세퀴리테 제네랄은 해양부 직원의 도움을 받아 선원을 대상으로 하는 좀 더 나은 재해보험을 만들어 국가와 경쟁하기 시작했다. 이 상품은 여행자보험과 산업재해보험을 결합한 것으로, 모든 선원이 고용계약을 통해 자동적으로 보험에 가입하게 되는 새로운 특징을 가지고 있었다. 몇 년 후 회사는 보장범위를 선박당 최대 10명으로 제한했다. 하지만 그럼에도, 이전까지 개별 고용계약만 맺었던 선박 회사들이 선원 채용과 단체보험 계약을 결합시킨 것은, 이후 산업계의 단체협상에서 주목할 만한 선례라 할 수 있다. 실제로 이처럼 보험이 산업재해로 확장됨으로써 야기된 새로운 법률적 문제들의 맥락 속에서, 이후 노동법의 원리가 정식화된 것처럼 보인다.

국가와의 경쟁은 세퀴리테 제네랄의 모든 세부 활동에 영향을 끼쳤다. 회사는 행정 기관이 자사의 통계자료를 활용하지 못하게 이의 출판을 금지했고, 1896년에는 장기간 주요 행정 부처에서 법무 전문가로 활약한 오귀스트 푸제를 신임 이사로 채용하려고 '회전문 인사'[13] 관행에 기댔으며, 가능한 모든 홍보 수단을 적극 활용했다.

---

12) Archives Nationales, Manuscrits de la Sécurité Générale, 117 AQ 16.
13) Pantouflage. 행정 부처의 은어로서, 중역 국가 공무원이 이미 긴밀한 관계를 형성하고 있던 민간 부분에서 제안한 자리를 받아들이는 것을 지칭한다.

고용주들이 정부가 발표할 보험 계획을 기다리는 쪽을 선택하기 시작하면서, 세퀴리테 제네랄의 발전에 제동이 걸리기 시작했다. 전체적으로 이 회사는 여전히 손해를 보고 있었지만, 그래도 가장 이익이 되는 부분은 단체산업계약 분야였다. 회사의 경쟁적 노력은 "리스크의 수용과 분류를 위한 신중하고 타당한 연구," 즉 점점 더 다양한 리스크를 보험 적용의 대상으로 수용하되 보상금 지급 비율은 최대한 줄이는 것에 집중됐다. 하지만 산업재해 보상액을 줄인다는 것은 국가 기금과의 경쟁에서 지는 것을 의미했다. 보험 회사의 보상액에 만족하지 못한 노동자들은 고용주를 상대로 소송을 거는 것을 택했으며, 법원의 징벌적 배상액의 수준은 보험 회사의 보상액보다 훨씬 높았다. 즉, 세퀴리테 제네랄은 고객들을 잃지 않으면서 보상금도 낮춰야 하는 어려운 상황에 놓여 있었는데, 이에 대한 유일한 해결책은 고용주들에게 불만에 찬 노동자들의 소송에 대비한 보험을 제공하는 것이었다.

사실, 고용주들은 옛날부터 독자적인 공제조합체계를 가지고 있었다. 하지만 산재 보상을 위해 공제조합이 동원할 수 있는 자금은 광범위한 네트워크에 근거한 보험체계보다 훨씬 적었다. 세퀴리테 제네랄이 국가와의 경쟁에서 이길 수 있는 최선의 방법은 고용주들에게 새로운 리스크, 즉 사용자의 배상 책임에 대비하는 보험을 제공해 이들을 고객으로 유치하는 것이었다. 제2제정은 노동계급과의 연합을 공공연히 표방했기에, 고용주를 위한 보험을 제공하기 어려웠다. 이런 약점을 노려, 회사는 간접적인 방식으로 고용주 보험을 도입하기 시작했다.

분명히 세퀴리테 제네랄의 목적은 투자자들에게 수익을 보장하는 것이다. 그렇지만 우리 회사에게는 박애주의적 목표도 존재한다. 우리가 중대한 재해들을 모두 보장하고, 낮은 보험료를 제공하는 것은 이런 목표 때문이다. 그렇지만 우리는 두 임무 사이에서 적절한 균형을 유지해야 한다. 현재의 보장 수준은 보험료에 비해 너무 높으며, 재해는 너무 빈번하고, 상해자의 요구는 과도하며, 사망 급여는 촌수의 제한 없이 상속될 수 있는 자산처럼 간주되고 있다.[14]

국가와 계속 경쟁하기 위해 비용을 줄이고, 적어도 기존의 산업 고객들을 유지하기 위해 세퀴리테 제네랄은 두 가지 산업보험, 즉 종업원 상해보험과 사용자 배상책임보험을 결합한 상품을 제공했다. 이후 산업법의 제정을 가능케 하고 1898년에 산업재해와 관련한 새로운 법 조항 제정을 가져온 것은 사실상 사고를 집단적으로 부담하는 방식이라 할수 있는 이 새로운 종류의 보상방식이었다.

결과적으로 국가의 보험 기금은 운영 첫 해 597건만을 계약했는데, 이는 세퀴리테 제네랄이 일주일 동안 맺은 계약건수와 비슷한 수준이었다. 세퀴리테 제네랄의 탁월한 비교우위는, 이제 보험 회사가 고용주의 법적 대리인 역할을 맡음으로써 보험 회사의 보상액에 불만을 품은 노동자가 제기하곤 했던 고용주에 대한 소송을 두려워할 필요 없이 노동자에게 지급하는 보상액을 낮출 수 있었던 데서 기인했다.

1865년 세퀴리테 제네랄이 회사 정관을 규정할 때, 제1조와 제12조에는 단지 다음의 사항만 명시되어 있었다. "회사는 그 목적에 따라 피보험자가 입은 상해를 보장한다"(제1조), "이 조건을 단체보험 상품으로 확장해 산업체, 부조조직, 공제조합의 수장들에게 제공한다"(제12조). 1871년 8월 22일, 이사회는 회사의 목적을 재정의했다. "주지하다시피 세퀴리테 제네랄의 목표는 노동계급을 위해 산업재해에 대비하고, 재해 노동자에게 치료 비용을 제공하며, 재해 사망자의 미망인과 유가족에게 보상금을 지급해 위로하는 것이다."[15] 노동자들이 보험 회사의 보상액에 불만을 품고 고용주에게 소송을 제기할 경우를 대비해 보험 회사는

---

14) Archives Nationales, Manuscrits de la Sécurité Générale, 117 AQ 16.

15) Archives Nationales, Manuscrits de la Sécurité Générale, 117 AQ 16.

고용주들에게 특별 기금을 통한 보험을 제공하고 그들의 법률대리인으로 활동했으며(이에 따라 손배소송 재판은 기업 소재지가 아닌 보험 회사 본사의 소재지에서 열리게 됐다), 그 대가로 고용주는 보험 회사를 대신해 임금에서 노동자의 보험료를 바로 공제해줬다. 이런 거래의 결과, 세 퀴리테 제네랄은 노동계급의 보험 회사로 자처할 수 있었다.

결과적으로, 보험 회사는 전통적인 보상형태, 즉 상호부조적, 온정주의적, 법적 보상들을 대체하게 됐다. 한때 산업재해와 그 보상을 둘러싼 갈등의 공적 장소였던 법정은 이제 보험기술에 그 기능을 넘겼다. 비용을 감축하려는 보험 회사의 노력은 의료 검진 및 재해 노동자의 회복과 재활을 감독하는 절차의 도입을 가져왔다. 머지않아, 보험 회사는 노동조건의 위험도에 대한 감독에까지 개입하게 될 것이다.

| 노동자 운동의 탈상호부조화 |

1791년 6월 14일, 국민의회는 프랑스 혁명이 낳은 위대한 법률 중 하나인 르 샤플리에 법을 공표했다. 구체제의 낡은 동업조합이 되살아나면 위험하다고 본 국민의회는 이 법을 통해 노동자 결사를 금지했다. 그 대신에 이 법은 집합적 형태의 연대라는 매개고리가 일소된 사회 공간 속에서, 국가와 개인의 직접적인 대면적 관계를 제공했다. 이후 1871년 파리 코뮌에 이르기까지 이 집합적 공백은 새로운 산업 결사를 세우기 위한 은밀한 전투의 장으로 기능했고, 다양한 경쟁적 모델은 당대 계급투쟁의 핵심 쟁점이 됐다. 낡은 봉건적 질서가 해체되자마자 사람들은 새로운 결사들의 급격한 증가를 목격했다. 우애주의자, 박애주의자, 연합주의자, 상호부조주의자, 재산소유자, 협동조합원, 사회주의적 생활공동체원, 사회주의자, 공산주의자 등이 19세기 정치적 행위자들이 스스로를 지칭하던 용어들이었다. 이들의 사회화 도식들은 오늘날 우리가 가진 조직을 기준으로 해서, 기껏해야 노동자 정당이나 복지국가의 조야한 원형 정도로 사후적으로 부당하게 평가되어왔다. 하지만 특수한 형태로 계열화된 연대로서의 보험은 이처럼 다양한 대립적 결사의 전술들을 물리치고서야 비로소 설립될 수 있었다.

처음에 대중은 낡은 동업조합적 질서를 거부한 국민의회의 조치가 귀족 권력의 종식을 목표로 한다고 이해해 환영했다. 임노동자들은 자신이 원하는 곳에서 일할 수 있는 권리를 가진 것에 만족했다. 하지만 집정부 시기[1795~99년]에 실업의 위협이 증가하자 상호부조조직과 더불어 혁명 이전의 동업조합도 재구성되기 시작했다. 역사학자 조르주 르페브르의 적절한 지적처럼, 임노동자들에게 경제적 자유는 이제 남의 일이 됐던 것이다.16) 19세기 사회에서 동업조합이 차지했던 중요성을 정확히 확정하기는 쉽지 않지만, 여하간 이 시기에는 여전히 소수의 고용주와 장인들이 밀접한 경제적 유대를 맺고 있었다. 공제조합들은 이런 전통적인 동업조합의 기초 위에 설립됐고, 이 조직들은 1834년 무렵에 이르러 정치적 수준의 변화를 넘어 총체적인 사회 변혁을 추구하는 새로운 정치조직들의 중추가 됐다. 노동자들의 상호부조연합은 부분적으로 공산주의적 색채를 가진 저항 집단으로 발전했으며, 자본주의 경제 내부에 하나의 협동조합 네트워크를 형성했다. 이들은 권력의 쟁취가 아니라 자본주의적 노동조직과의 경쟁에서 노동자 조직이 가진 경제적·사회적 우위(생산 단위에서 노동자 조직의 우위, 소비와 분배체계에서의 우위, 결정적으로 노동자 은행이라는 우위)를 통해 승리하는 것을 목표로 삼았다. 1789년 이후 1848년 혁명에 이르기까지 노동자들·장인들의 투쟁을 고취해온 전통적인 코뮌적 아이디어(길드를 통한 사회의 조직화)의 상징과도 같은 1871년 파리 코뮌 이전에는, 이런 프로그램들 중 그 어떤 것도 노동계급의 중앙화된 정치적 리더십을 염두에 두지 않았고, 이 조직들의 기본 단위 역시 공장보다는 지역이었다. 이런 노동계급의 상호부조

---

16) Georges Lefebvre, *La Révolution Française*, Paris: PUF, 1930. [민석홍 옮김, 『프랑스 혁명』, 을유문화사, 2000.]

주의는 전통적인 금융적 연대 전술과 새롭게 정교화되고 있던 사회성의 체계가 교차하는 지점이 됐다. 『라틀리에』는 이렇게 말했다.

질병과 실업에 대한 대비책으로, 상호부조조직은 일시적 완화책에 불과하다. 우리는 공제조합을 복지연합으로 전환해야 한다. 앞으로는 복지연합이 노동자의 퇴직연금을 보장해야 한다. 퇴직연금은 군인뿐만 아니라 노동자의 권리이기도 하다. 이들은 동등하게 조국에 봉사하기 때문이다. 또한 인간에 의한 인간의 착취는 점점 줄어들게 될 것이다. 이를 위해 우리는 노동자의 산업적 연합을 결성해야 한다. 원칙은 이미 분명하다. 다만 대중적인 형태가 아직 충분히 발전하지 않았을 뿐이다.

보험 전술은 두 번의 대전투 이후에야 영국의 보험 회사들이 '대중의 생명'이라 부르던 영역에 그 해결책을 관철시킬 수 있었다. 노동자들의 상호부조조직과 고용주들의 박애적 온정주의 사이에 벌어진 전투, 상호부조의 공식을 접수한 고용주들의 제도와 금융업자들의 보험 회사 사이에 벌어진 전투. 부르주아지의 공제조합 기획은 이미 18세기부터 제기되어 왔다. 1805년 매우 온정주의적이던 자선협회가 상호부조주의적 방식을 채택했고, 1786년에 설립되어 곧 등장할 사회의료서비스의 진정한 선구자가 될 파리박애협회 역시 이 방식을 따랐다. 1808년에는 마르세유 자선협회가 이에 동참했고, 1821년에는 이 단체들 간의 조정을 위해 자선협회 협의회가 설립됐다. 또한 '미래 대비와 촉진을 위한 고등위원회'는 1852년까지 상호부조조직을 계속 장려했다. 이런 조직들의 반대편에는 더 엄밀하게 노동계급으로 이뤄진 상호부조 단체들이 존재했다. 이들은 파업을 지원했으나 1834년에 곧 금지됐다. 노동계급의 신문 『라틀리에』는 박애주의자들의 활동이 "그들이 갖고 있지 않은 권리, 즉 후견인으로서의 권리를 사칭한다"고 비판한다. 1848년경에 되면 노동계급의 상호부조주의는 종종 프루동주의적 변형을 겪었다.

노동자들의 연합에 유일한 기반이 생산이라면, 불평등은 다시 나타나고 말 것이다. 또한 노동자들의 연합이 소비에 기초해 세워진다면, 노동자는 소비자에게 종속되고 만다. 이상적인 원리는 호혜성에 근거한 체계, 즉 삶의 모든 측면을 보장해주는 보험체계일 것이다. 이러할 때, 우리 모두는 서로를 위해 봉사하게 될 것이다.

이후 상호부조주의는 사회주의로 이행하게 된다. 1852년 이후 상호부조조직은 정치적으로 의심스러운 대상이 됐고, 행정 기관의 등록과 감시를 받아야 했다. 미인가 조직은 자연히 비밀결사로 간주됐다.

국립작업장*을 폐쇄한 1849년 이후, 제헌국민의회는 3백만 프랑의 대부금을 마련해 상호부조조직을 지원하기로 했지만, 그 지원 대상은 고용주와 노동자가 공동 설립한 조직에 한정됐다. 이는 사실상 어려움을 겪고 있는 고용주들의 상호부조조직을 은밀히 돕기 위한 지원금으로, 특정 직업을 대표하는 연합체는 융자받을 수 있는 자격이 없었다. 1848년 혁명이 일어나자, 노동부는 상호부조조직의 중재위원회를 자처하며 인민상호저축은행 설립을 계획했지만, 1852년까지 행해진 몇 안 되는 공적 대출은 모두 재정적 곤란을 겪고 있던 고용주 조직에 할당됐다. 국가보험체계라는 아이디어가 처음 등장한 것은 바로 이 시기라고 할 수 있다. 앙리 하츠펠트가 이런 반세기의 사회정치사를 적절히 요약하면서 말하고 있듯이, "상호부조정신은 이제 노동계급을 떠나게 됐다."[17]

고용주들이 노동계급의 상호부조주의를 재정복하려 했다면, 보험 회사는 상호부조 자체를 끝장내려고 했다. 예컨대 1789년 혁명 이전에 성직자들이 화재 피해자를 도울 목적으로 설립한 기금이 존재했는데, 혁

---

* 국립작업장은 1848년 2월 혁명 직후 수립된 민주공화정이 실업 문제를 해소하고 노동권을 보장하기 위해 설립한 기관이다. 본서의 8장을 참고하라.

17) Henri Hatzfield, *Du Paupérisme à la Sécurité Sociale*, Paris: Armand Colin, 1971.

명으로 세속화된 이 기금은 제1제정의 출범과 함께, 자선협회의 형태를 빌려 기금부 산하에 재편됐다. 이후 부르봉 왕조가 복귀하자, 복권한 왕당파를 비롯해 지주들과 은행가들은 1백여 개 이상의 상호부조 화재조합을 결성했다. 하지만 이와 동일한 시기에 거대 은행의 자회사들인 누벨 루알과 페닉스가 해상보험을 모델로 한 화재 리스크 보험을 판매하면서 이 상호부조조직들과 경쟁하기 시작했다. 이런 경쟁은 두 가지 측면에서 흥미롭다. 첫째, 이들의 경쟁은 지방의 자본 비축분을 보험 회사의 본사가 위치한 파리로 몰려들게 하는 새로운 경로를 창출해냈다. 둘째, 보험은 상호부조주의의 규율을 붕괴시키기 시작했다.

상호부조방식은 총계와 비용이 확인·정산되는 연말에, 재해보상금을 지불했다. 따라서 보험료가 좀 더 부과되거나 평균적인 보상 액수가 줄어들 수 있었다. 이런 상황은 조합에 가입한 회원들이 각자의 행동, 즉 화재의 원인과 정도에 대한 진술, 보상청구의 타당성 등을 서로 감독하게 만들었다. 이에 반해, 보험 회사는 보험료를 고정시켰으며, 보상금의 즉시 지불을 약속했다. 이는 보험기술이 이 전쟁에서 승리하도록 만든 결정적인 장점이었다. 보험은 상호감시라는 집합적 내부 규율을 확률 전문가의 정교한 계산으로 대체했고, 이에 따라 전혀 다른 정보 획득과 책임 입증의 체계가 설립됐다. 보험의 부도덕성에 대한 비난, 즉 보험이 사람들의 범죄를 부추기지 않을까 하는 의심은 당시에도 존재했고, 이런 의구심은 오늘날까지 스릴러 작가들의 핵심 주제로 남아 있다. 하지만 사실 상호감시로 입증된 고정자산만 보장한 상호부조 화재조합과 달리, 보험은 가치를 알 수 없거나 내용을 확인할 수 없는 재산까지 보장했다는 데서 보험 회사의 과감성을 찾을 수 있다. 1848년이 지나면서 이미 노동뿐만 아니라 자본 진영에서도 상호부조적 연대의 진정한 형태를 포기하기 시작한다. 사람들은 보험과 이 보험이 강화시킨 국가에 기대기 시작했고, 하나의 계열화되고 중앙화된 관리 도구로서의 보험은 은행이나 국가뿐 아니라 중앙화된 노동조합에서도 활용될 수 있었다. 19세기 말 번성했던 상호부조조직들이 이제 보험기술을 채택하는 것으로 선회했던 것이다.

고용주들은 노동자들의 상호부조조직이 임금 삭감에 반대하는 노동자들의 집단 행동을 지원해 노동시장을 왜곡한다고 비난해왔다. 고용주들은 이런 조직 대신에 오직 질병·질환·노령의 구제에만 사용되며 고용주가 통제할 수 있는 구성방식의 복지연합을 선호했고, 이런 조건이 충족된다면 기금도 기꺼이 분담하고자 했다. 아마도 기금 관리를 위해 명예위원들이 위촉될 수도 있을 것이고, 여러 직종들이 공동의 기금으로 혜택을 누릴 수도 있을 것이다. 이는 발달된 형태의 '자선'이라고 할 수 있을 것이다. 사실 노동자들이 연대 기금에 대한 자신들의 통제권을 지키기 위해 벌인 투쟁은 산업재해의 안전을 둘러싼 투쟁보다 훨씬 더 빈번했다. 특정한 형태의 사회성인 특정한 형태의 금융적 연대를 부과하려던 노력을 둘러싼 이 투쟁들을 검토해보면, 보험기술의 형태와 성공을 이해할 수 있다. 보험기술은 탁월한 금융적 우월성에 근거해 노동자들의 연합과 연결되어 있던 정치적 문제들을 주변화했던 것이다.

보험이 제공한 미래의 대비책은 다음과 같은 특징을 지녔다.

1. 노동자들의 상호부조와 달리, 보험은 가입자를 수평적으로 서로 결합하지 않는다. 그 대신에 가입자는 중앙의 관리 아래 개인별로 계열에 따라 결합된다. 보험의 전체적인 법적 틀은 개인 고객과 보험 회사 사이의 계약으로 구성된다.
2. 보험 회사의 적립금은 피보험자가 처분할 수 없다(이것은 저축은행의 존립 이유 중 하나이기도 했다). 노동자를 규칙적으로 일하게 만들기 위해서는, 그 노동자가 자신의 임금을 모두 소비하지 못하도록 막을 필요가 있었다(실제로 며칠 동안 계속 이어지곤 했던 성월요일* 축제 같은 경우를 보라). 하지만 저축 습관의 함양이 파업 기금의 조성으로 이어져서는 안 되기에, 노동자가 자신의 저축을

마음대로 처분하는 것 역시 막아야 했다. 보험 기금은 계약에 따라 정확히 약정된 보상만 제공했으며, 그 금액도 보상 비율에 따라 미리 정해져 있기에 이의 좋은 수단이 됐다.

3. 이런 저축의 유일한 목표는 정의된 리스크에 대한 대비였다.

4. 이런 보장은 오로지 고객의 보험 가입에만 근거한다. 즉 이것은 [노동자(=고객)가] 정기적인 노동, 규칙적인 시간 엄수, 규율적인 소비, 개인의 책임감 등을 [약속한다는 것을] 함축한다. 이 체계에서는 부유층의 자선이나 국가의 개입이 필요하지 않다.

5. 노동자들의 상호부조조직과 고용주들의 온정주의적 박애주의 조직 사이의 투쟁을 통해 가시화됐던 정치적 쟁점들은 수학적 지식(확률표, 통제되는 보상, 확정된 리스크 등)에 근거한 기술적 해결책이 등장함에 따라 사라져버렸다.

6. 보험체계는 특정한 사회 계급이 아니라, 연령·성별·직업적 위험과 리스크의 성격에 따라 분류된 인구 집단들과 관련된다. 리스크 자체는 계급을 불문하고 나타날 수 있다. 자본과 노동을 대립시키는 대신, 보험은 양쪽에 동일한 보장을 제공한다.

7. 따라서 정치가 개입된 해법이 요구됐던 사회적 요인들이 탈영토화된다. 이제 비전문가는 접근할 수 없는 전문 지식의 확률적 장치에 근거한 다각적·계급타협적 기술만이 남게 된다.

8. 자의적인 사적 자선과 의무적인 국가의 책임 사이에서 보험은 규제된 자유의 공간을 제공한다. 보험은 생명과 재산을 보호받으려는 부유층뿐 아니라, 수확물을 보장받아 우연의 효과를 통제해 토

---

* St. Monday. 월요일(사실상 화요일이나 수요일까지)이 됐는데도 출근하지 않고 '동료들의 날'이라며 선술집 등에서 시간을 보내던 노동계급의 전통을 일컫는다. 18~19세기 전반, 주로 영국과 프랑스에서 사회 문제가 됐으며, 정부와 부르주아 계급은 이 전통을 규율하기 위해 많은 노력을 기울였다.

지 소유자가 되고자 하는 농민들에게도 이익을 제공한다. 그보다 더 가난한 사람들에게는 오랫동안 건강보험밖에 제공할 수 없었지만, 이를 통해 보험은 그들이 한번도 누려본 적 없는 건강을 보장받기 위해 일하고 저축하게 만드는 기막힌 술책을 부렸다.

해운업계 신문『르 파크보』는 1852년 12월 2일에 이렇게 적었다.

보험 회사는 우리와 거래하면서 견실한 원칙과 규칙적인 운영으로 자신들의 탁월함을 입증했다. 이 때문에 보험은 참된 공적 제도가 될 수 있었던 것이다. 게다가 프랑스의 법은 엄격한 조건들을 보험 회사에 부과함으로써 대중이 그들을 신뢰할 수 있게 만들어줬는데, 아마 이런 경우는 다른 나라에서 찾아보기 힘들 것이다.[18]

이제 보험은 공적 제도로 인정받게 됐다. 이 시기에 보험의 '국가주의자'라고 할 만한 사상가들이 매우 상이한 전술을 가지고, 서로 적대적인 진영에서 출현했다. 예컨대 프랑스의 루이 블랑이나 독일의 페르디난트 라살레처럼 국가사회주의에 속한 사람들도 있었고, 수익과 더불어 새로운 사회적 이미지를 확보할 수 있는 이 영역에 국가가 정책적으로 뛰어들거나 이 영역을 보장하는 구상을 제기한 사람들도 있었다.

1848년 이후 한동안 화재보험·농업보험 회사들이 많은 수익을 올렸는데, 이때 국가의 새로운 수입원으로 국영보험 방안이 검토됐다. 프랑스 의회는 매번 담배와 주류의 국가 독점화와 묶어서 이 방안을 지속적으로 검토했다. 이는 약탈적 징수라는 기존의 세금에 대한 부정적 이미지로부터 자유롭고, 더 나아가 재분배·안전·건강 같은 긍정적 이미지를 심어줄 수 있는 매력적인 국가 수입원이었다. 이것이 바로 노령과

---

18) *Le Paquebot*, 2 décembre 1852.

불행에 빠진 시민을 보호하고, 자원을 재분배하는 근대 안전국가의 모습일 것이다. 여기서 안전은 영토의 점유를 뜻하는 낡은 군사적 관념이 아니라 개별적이면서 전체로서의 삶들을 포괄하는 근대적 개념으로 이해되어야 한다. 보험의 지원 아래, 국가에게는 시민들의 삶과 내밀하고 규칙적인 관계를 맺을 수 있는 엄청난 기회가 열린 것이다. 사회주의자, 나폴레옹 3세, 오토 폰 비스마르크, 윌리엄 글래드스톤, 이들 모두는 이것이 무엇을 의미하는지 정확히 이해하고 있었다.

12 | 범죄학: 특수한 지식의 탄생*

파스콸레 파스퀴노

로베르트 무질의 『특성 없는 남자』111장에서 주인공 울리히의 아버지는 '사회[학적] 학파'**로 "놀라운 전향"을 한다. "법무부가 형법 개정을 위해 소집한 위원회"에 참여한 이 원로 법학자의 이론적 전향을 두고, 그의 동료들은 '유물론적'이자 '프로이센적'이라고 비난한다.

전향 이전에 이 법률가의 생각은 무엇이었고, 그 생각이 이제는 어떻게 바뀐 것일까? (좀 자의적이지만) 나는 이 질문에서 출발해 19세기 말경에 일어난 형법의 변화에 대해 논의해보려 한다.

이 원로 법학자의 이론적 관점 변화를 깎아내리려고 '악의적으로' 붙여진 '프로이센적'이라는 욕설은 당시 카카니엔^Kakanien(오스트리아-헝가리 제국을 일컫는 무질의 용어)에서 '처신을 못함'을 가리키던 일종의 암호였다. 하지만 그의 동료 법학자들이 이 단어를 사용했을 때는 그 이상

---

* 이 글은 미셸 푸코가 19세기 말 법의 변화를 다루기 위해 1979년 콜레주드프랑스에서 조직한 세미나를 위해 쓴 논문이다. 나는 콜레주드프랑스의 폴 벤느 교수와 이탈리아 파도바대학교의 안토니오 네그리 교수에게 감사를 표하고 싶다. 특히 정부의 논란 많은 기소로 인해 1979년 4월부터 수감된 네그리의 학식과 지성은 내가 이 낯선 연구 영역에서 방향을 잡을 수 있게 해줬다 — 파스퀴노의 각주.
** sozialen Schule. 독일의 프란츠 폰 리스트(Franz von Liszt, 1851~1919)를 중심으로 한 '사회학적 형법 학파'(soziologischen Schule des Strafrechts)를 말한다. 이들은 반사회적 위험성을 중심으로 범죄자의 유형(개선이 불필요한 자, 개선이 가능한 자, 개선이 불가능한 자)을 구별해 각 유형에 맞는 처벌을 해야 한다고 주장했다.

의 의미가 담겨 있었다. 즉, 이들은 1899년에 베를린대학교의 형법 교수로 취임한 프란츠 폰 리스트가 주축이 된 청년독일[신파] 형법 학파Jung -deutsche Kriminal isternschüle를 염두에 두고 있었음이 분명하다.

폰 리스트의 베를린대학교 취임 강연은 우리 논의의 좋은 출발점이 될지도 모른다.[1] 하지만 우리는 이 강연이 더 장기간에 걸쳐 진행된 과정의 귀결일 뿐임을 염두에 둘 필요가 있다. 말하자면 이 강연은 법의 이론적 기반을 송두리째 뒤흔들고, 러시아에서 이탈리아를 거쳐 네덜란드에 이르기까지 말 그대로 유럽 대륙 전역의 법학적 사유를 변화시킨 어떤 광범위한 논쟁, 즉 범죄인간학과 관련된 논쟁의 순수 법학적 정리에 불과하다. 따라서 이 범죄인간학과 관련된 논쟁을 재구성하기 위해서는 폰 리스트의 강연보다 15년을 더 거슬러 올라가, 1885년 대륙 법학의 남쪽 끝 나폴리대학교에서 이뤄진 엔리코 페리의 '실증주의 범죄학'에 대한 강연에서 시작할 필요가 있다.[2]

이 강연을 실마리 삼아 우리는 무질의 소설 속에서 처음에는 "법학자에게 반미치광이란 없다"*는 신념을 가지고 있던 법학자의 전향이 불

---

1) Franz von Liszt, "Die Aufgaben und die Methode der Strafrechtswissenschaft," *Straf -rechtliche*, Bd.2, Berlin: J. Guttentag, 1905, pp.284~298; *L'objet et la méthode des sciences pénales: Conférence d'ouverture du cours de droit pénal faite le 27 octobre 1899 à l'Université de Berlin*, Paris: A. Rousseau, 1902.

2) Enrico Ferri, *La scuola criminale positive: Conferenza del Prof. Enrico Ferri nella Uni -versità di Napoli*, Napoli: Enrico Detken, 1885. [페리(1856~1929)는 체자레 롬브로소(Cesare Lombroso, 1835~1909)와 라파엘레 가로팔로(Raffaele Garofalo, 1851~1934) 등과 함께 '실증주의 범죄학파'의 대표적 인물로 꼽힌다. 곧 자세히 설명되겠지만 이들은 공통적으로 체자레 베카리아, 토머스 홉스, 파울 요한 안젤름 리터 폰 포이에르바하(Paul Johann Anselm Ritter von Feuerbach, 1775~1833)에 의해 설립된 고전주의 범죄학에 반기를 들면서 과학적이고 실증적인 범죄 연구를 주장했다.]

* 이 구절은 『특성 없는 남자』 111장의 제목이기도 하다. 이는 '모오스부르거 사건'(본서 361쪽의 옮긴이 각주를 참고하라)이 법학자들에게 제기한 딜레마를 압축적으로 표현한다. 요컨대 원칙적으로 법학자들에게는 이성과 자유의지를 가지고 범죄를 저지른 이를 처벌하거나 이런 책임 능력이 없다고 여겨지는 미치광이를 정신병

러온 센세이션을 이해할 수 있다. 또한 이 강연은 소설에 등장하는 다음과 같은 구절을 이해하는 데에도 도움을 줄 것이다.

사회적 관점에서 보면, 범죄적으로 '퇴화된' 인간은 도덕적 기준이 아니라 그가 사회 전체에 끼치는 위험성의 정도에 따라 처벌되어야 한다고 말할 수 있다. 그가 더 위험할수록 그가 자신의 행동에 더 책임을 져야 한다는 결론이 이로부터 도출된다. 또한 우리는 필연적인 논리적 과정에 따라, 겉보기에는 가장 죄가 없어 보이는 이들, 가령 미치거나 도덕 박약이어서 선천적으로 형벌의 교정 효과가 적을 수밖에 없는 이들이 가장 엄중히 처벌되어야만 한다는 결론에 이르게 된다.[3]

무질은 "정의를 간단한 말로 정당하게 설명하기란 어렵다"고 말했다.[4] 만약 앞으로의 내 설명이 몇몇 지점에서 너무 성급하거나 모호하게 느껴진다면, 나는 이 말에 기대어 미리 양해를 구해야겠다.

그러면 1885년 나폴리로 돌아가보자. 강연을 시작하면서 페리(이 인물과 그의 경력이 가진 전형으로서의 중요성에 대해서는 잠시 뒤에 살펴볼 것이다)는 사회학적 형법 학파의 주요 테제들을 개혁가적 열정을 담아 잘 정리하고 있다. 특히 페리는 이 학파의 주요 테제들을 당시 지배적이던 고전학파의 테제들과 대조시킴으로써 정식화한다.

원에 보내는 두 가지 선택항만이 제공된다. 하지만 소설 속에서 평상시에는 정상적인 생활을 영위하다 특정한 상황에서 의식을 잃고 범죄를 저지르는 모오스부르거는 이런 법학적 분류가 부딪힌 한계를 폭로하고 있다. 푸코는 1975년의 콜레주드프랑스 강의에서 19세기 법학자들이 마주치게 된 이런 딜레마와 이 딜레마를 해결하는 과정에서 확대된 정신의학의 권력에 대해 설명하고 있다. 미셸 푸코, 이재원 옮김, 『비정상인들: 콜레주드프랑스 강의 1974~75년』, 도서출판 난장, 근간.]

3) Robert Musil, "So far as Jurists Are Concerned, There Are No Semi-insane People" (ch.111), *The Man without Qualities*, vol.2, London: Panther, 1968, p.285.

4) Musil, *The Man without Qualities*, vol.2, p.283.

페리에 따르면, 범죄자란 범죄를 저지른 이들을 말한다.5) 요컨대 범죄자는 정신적·도덕적 기질이 정상이 아닌 이들이다. 우리는 이들이 저지른 범죄행위의 동기를 찾으려고 애쓸 필요가 없다. 왜냐하면 범죄행위는 이들이 지닌 범죄성에서 기인하는 것이기 때문이다. 이 짧은 몇 마디 말을 통해 페리는 형벌과학과 형벌적 실천의 새로운 대상이 등장했음을 선언하고 있다. 즉, 고전 형법사상의 외부에서 발전해온, 그러나 19세기 내내 조금씩 전면화되어온 범죄인homo criminalis의 형상이 바로 그것이다. 이런 형상이 어느 날 범죄학자 페리의 머릿속에 떠오른 판타지 이상의 것임을 보여주기 위해,6) 이 새로운 대상-인간형이 얼마나 진지하게 다뤄졌는지 보여주는 예를 들어보자. 1925년에 열린 런던 국제 교도학 회의에서 의장 러글스 브리스는 개회사를 통해 이렇게 선언했다.

모든 문명 국가들에서는 [범죄에 대한] 책임의 정도와 처벌의 형태·강도에 관련이 있는 만큼 '범죄인'이 법의 개념에 들어와야 하며, 따라서 범죄자에 대한 병리학적·심리학적[그리고 (그가 덧붙였을 법한) 사회학적] 연구가 필요하다는 것을 점점 더 깨달아가고 있습니다.7)

하지만 왜 '범죄인'을 새로운 인물로 생각해야 하는가? 형법 이론이 19세기 말에 발명된 것도 아닌데, 이런 관점은 역설적인 것이 아닌가?

---

5) 이 놀라운 동어반복은 약 한 세기가 지난 오늘날에도 반복되고 있다. 로제 메를과 앙드레 비투에 따르면 "비행자란 범죄를 저지른 사람이다." Roger Merle et André Vitu, *Traité de droit criminel*, 2ᵉ éd., Paris: Éditions Cujas, 1978, p.28.

6) 예컨대 베네데토 크로체는 『순수 개념의 학문으로서의 논리학』에서 이렇게 주장한다. "한 교수의 머릿속을 휘젓는 작은 생각들 속에서 우리는 새로운 학문의 탄생을 본다. 그래서 복이 많게도 우리에게는 사회학, 사회심리학 …… 범죄학, 비교문헌학 등이 있는 것인바, 이 각각의 학문에는 고유한 방법론이 있다." Benedetto Croce, *Logica come scienza del concetto puro*, Bari: G. Laterza & Figli, 1909, p.249.

7) Enrico Ferri, "Le congres penitentiaire international de Londres," *Revue Internation-ale de droit pénal*, no.1, janvier 1926. 재인용.

이런 관점이 가능한 이유는 사실상 (이탈리아의 체자레 베카리아에게서든, 영국의 제러미 벤담에게서든, 혹은 독일의 파울 요한 안젤름 리터 폰 포이에르바하에게서든) 고전적 형법 이론은 범죄인과는 완전히 다른 인물, 이른바 형벌인^{homo penalis}의 존재를 상정하고 있었기 때문이다.

고전적 [형법] 이론에서 형법적 정의는 법, 범죄, 처벌의 삼각형으로 구성된다. 이 세 요소들의 관계는 새 개의 표준적 원칙에 의해 정의되는데, 이것이 바로 유명한 "법 없이는 처벌 없다"^{nulla poena sine lege}, "범죄 없이는 처벌 없다"^{nulla poena sine crimine}, "처벌할 법 없이는 범죄도 없다"^{nulle crimen sine poena legale}이다. 간단히 말하면, 법을 어겼을 때에만 어떤 행위를 처벌할 수 있고, 범죄행위가 발생했음은 증명해야 하며, 오직 법에 의해서 규정된 위반행위만이 범죄라는 말이다.[8]

이 고전적인 형법적 정의는 다음과 같은 광범위한 이중의 역사적 흐름 속에서 등장한 것임을 짧게 언급해둬야겠다. 첫 번째는 왕권의 자의적 행사에 제한을 두려는 흐름이다. 여기서 우리는 나폴레옹 민법전 이전인 1794년에 이미 '프로이센 일반 토지법'과 함께 등장한 주요 현상, 즉 법의 성문화에 주목해야 한다. 이처럼 법이 성문화되고 공표됨에 따라 기존에 군주, 치안기구, 의회, 여타 행정 기관들에 의해 발표됐던 특별 칙령과 포고령 등은 사라지게 됐다('사회'를 연구하는 역사학자들은 이런 사건의 중요성을 종종 간과하곤 한다). 두 번째는 시민사회의 기반이 되는 계약을 존중하고, 시민의 의무를 확정하며, 법을 방어하려는 움직임이다. 이런 경향은 독일 형법학의 아버지라 불리는 포이에르바하의

---

8) 이 문구는 다음의 책에서 처음 등장한 것 같다. Paul Johann Anselm Ritter von Feuer-bach, *Lehrbuch des gemeinen in Deutschland geltenden peinlichen Rechts*, Gießen: G. F. Heyer, 1801, para.20. 여기서는 [1840년의] 13번째 판을 사용했다(41쪽). 이 문제에 대해서는 프리드리히 폰 하이에크가 [『자유헌정론』(1960)에서] 인용하는 다음의 논문을 참고하라. Stefan Glaser, "Nullum crimen sine lege," *Journal of Comparative of Legislation and International Law*, vol. 24, no.1, February 1942.

저작들에 잘 나타나 있다. 포이에르바하는『형법에 적용되는 독일 관습법 편람』8장에서 이렇게 말한다.

시민사회는 상호존중 속에서 각자의 자유를 보장하는 개인들의 의지와 힘의 연합에 근거해 세워진다. 일반의지와 헌법에의 복종을 통해 구성된 시민사회, 이것이 바로 국가이다. 이런 국가는 합법적 상태의 유지, 말하자면 법에 따른 인간들의 공존을 목적으로 한다.[9]

다시 말해 왕권의 제한과 법적 지배의 확립이라는 이런 이중적 흐름 속에서 고전적 형법 이론이 형성됐던 것이다.

법-범죄-처벌의 삼각형과 관련해 여기서 흥미로운 것은 범죄자의 형상이 없다는 점이다. 그 자리에 [대신] 상정되는 것은 처벌 능력의 주관적[주체적] 근거를 구성해주는 '자유의지'이다. 그 본성상 자유의지는 모든 이들(가령 모든 법적 주체)에게 공통된 능력이다. 그 자체로 자유의지는 특정한 지식형태의 대상이 아니다. 사람이라면 누구나 범죄를 범할 수 있기에, 형벌인은 별도의 종種이 아니라 하나의 역할이라 할 수 있다. 또한 형벌인의 행위를 설명해주는 것은 범죄학이 아니라 '일반적 인간학'(지금은 낡은 관념처럼 느껴지는 인간 주체에 관한 일반 이론)이다. 따라서 이 형벌인을 설명하는 이론은 경제인homo economicus의 행위를 설명하는 이론과 본질적으로 동일하다. 자신의 행동에 책임지는 자유의지의 원칙이야말로 고전적 형법 이론을 완성시킨다. 즉, 이런 자유의지의 가정 덕분에 고전적 형법 이론은 "삶에 좋은 것과 나쁜 것을 계산하는" 공리주의 이외의 특수한 지식형태를 필요로 하지 않았다.[10]

---

9) Feuerbach, *Lehrbuch*……, p.36.

10) Cesare Beccaria, *Dei delitti e delle pene*, Monaco: [s.n.,] 1764. [한인섭 옮김,『범죄와 형벌』(개정판), 박영사, 2010.]

형법 이론의 고전적 체제에서 범죄를 저지른 사람은 분명히 이렇게 말해지거나, 스스로 이렇게 말했을 것이다. "더 나은 것을 보고 그렇다고 시인하면서도, 나는 더 못한 것을 따르고 있다"video meliora proboque, deteriora sequor(오비디우스).* 형벌인은 계약의 주체인 시민 자신이다. 형벌인은 우리 모두에게 하나의 잠재성으로 존재하며, 어떤 사람이 잘못된 계산의 결과로 법을 어겼을 경우에만 현실화된다. 페리는 다른 이들과 함께 기존 형벌질서의 이런 '합리성'에 문제를 제기한다. '사회학적' 혹은 '실증주의적' 형법 학파의 담론은 사회와 범죄라는 두 가지 축을 중심으로 구성되어 있었다. 법-범죄-처벌의 문제가 아예 사라지지는 않았지만 이제 부차적인 것으로 밀려나게 됐다. 도식적으로 말해서, 우리는 이런 변화와 함께 기존 형벌인의 형상에 새로운 주체인 범죄인이 합류하게 된다고 말할 수 있다. 범죄인은 잘못된 계산 때문이 아니라(사실 이런 논리에 따르면, 감옥에 갇히는 것은 경제적 파산과 별다를 바 없다), 사악한 본성 때문에 범죄를 저지르는 별도의 인종이다. 고전적 법에서 범죄가 마음의 붕괴나 계산과정의 혼란에 기대어 설명됐다면, 새로운 법 이론에서 범죄인은 사회체의 배설물 같은 존재이자, 인류 진화에서 과거 단계의 잔여물인 동시에 사회조직의 쓰레기였다. 페리가 나폴리 강연에서 말했듯이, 범죄인은 본성상 야만인이고 사회적으로 비정상인이다.

  이 건조한 도식을 더 쉽게 이해하기 위해, 고전적 형벌질서를 구성하던 두 개의 주요 장치들 중 독일 법학자들이 '위하'Abschreckung/威嚇라 부른 것(위협, 만류), 혹은 '억제를 향한'ad deterrendum 개입이라 알려진 것에 대한 사회학적 형법 학파의 분석과 탐색을 살펴보자(다른 주요 장치인 감옥에 대해서는 미셸 푸코의『감시와 처벌』을 읽어보기 바란다11)).

  ---

  * Ovid, *Metamorphoses*, Bloomington: Indiana University Press, 1967, p.154. [천병희 옮김,『원전으로 읽는 변신이야기』, 숲, 2005, 311쪽.]

  11) 또한 다음의 책을 참조하라. Michael Ignatieff, *A Just Measure of Pain*, London: Macmillan, 1978.

우리는 정념이 인간의 의지에 부여하는 충동을 억누르거나 제거할 수 있음을 경험하게 되는데, 형법은 그 원동력이다.

형법은 두려워할 줄 안다고 여겨지는 이들에게 무서운 대상을 보여줌으로써, 그들의 의지에 영향을 끼치기 적절한 동기를 부여한다.[12]

전문 법학서가 아닌 폴-앙리 티리 돌바크의 『자연의 구조』에서 따온 위 두 인용문은 고전주의 시대의 사법적 발화가 내가 '일반적 인간학'이라 부른 담론적 실천 내부에서 등장했음을 잘 보여준다. 물론 여기서 돌바크가 아주 일반적인 형태로 제시하는 위협의 장치가 그 자체로 새로운 것은 아니다. 토머스 홉스와 사무엘 폰 푸펜도르프도 이런 위협의 효과에 대해 쓴 적이 있고, 무엇보다 과거 대중 앞에서 행해진 고문과 공개 처형은 바로 이런 위협의 기능을 수행한 바 있다. 하지만 18세기 개혁가들의 사상에서 새롭고 특이했던 점은, 이들이 이런 위협이 공개 처형의 본보기 식의 불연속적인 공포를 통해서가 아니라 부드럽지만 엄격하고 통합적인 사법활동의 효력 속에서 범죄의 상이한 형태에 따라 처벌을 분류하고 조절하는 체계에 의거해 이뤄지면,[13] 인간의 의지가 압박을 받아 개인의 열망이 계약과 법이 정해 놓은 자유의 한계를 넘어설 수 없을 것이라고 생각했다는 점이다. 즉, 공리주의는 "각자의 이해와 행복을 추구하라. 그러나 법의 한계 내에서 그렇게 하라"고 이야기했던 것이다. 다시 말해 위협은 이제 자신에게 도전하는 이는 누구든지 처벌하는 **군주의 권력**에 근거하지 않았다. 그것은 조심스럽지만 중단 없는 위

---

12) Paul-Henri Thiry d'Holbach, *Système de la Nature, ou Des loix du monde physique et du monde moral*, t.l., London: [s.n.,] 1770, pp.228, 231; Karl Binding, *Die Normen und ihre Übertretung*, Bd.2, Leipzig: W. Engelmann, 1877, p.25. 재인용.

13) Michel Foucault, *Surveiller et punir*, Paris: Gallimard, 1975, pp.106ff, 116~119. [오생근 옮김, 『감시와 처벌』(재판), 나남, 2003, 169ff, 184~188쪽.]

협을 가하는 **법**을 자신의 기반이자 도구로 삼았으며, "삶에 좋고 나쁨을 계산하는" 특수한 형태의 정신적 재현을 매개로 삼아 작동했다.

벤담은 『처벌과 보상의 이론』에서 이 문제에 대해 이렇게 말했다.

각 개인은, 심지어 자신이 인식하지 못할 때조차, 쾌락과 고통을 계산해 이에 따라 행동한다. 만약 누군가가 자신에게 즐거움을 주는 행위가 결국 고통으로 이어진다는 것을 안다면, 이런 생각은 그가 잘못된 행동을 하는 것을 가로막는 힘을 발휘할 것이다. 또한 이때 예상되는 고통의 총합이 그가 잘못된 행위로 얻는 기쁨의 총합보다 더 크다면, 이 억압적 힘은 더 커져서 그 행위는 일어나지 않을 것이다.[14]

벤담은 이 문제는 대해 더 진전된 논의를 펼친 바 있는데, [곧 살펴볼] 벤담의 두 가지 언급은 고전적 이론의 처벌적 합리성을 이해하는 데 도움이 된다. 먼저 "상상에 근거한 처벌이 생산하는 인상의 강화에 대하여"라는 제목이 붙은 장에 등장하는 주장이 있다.

각각의 범죄에 정해진 특정한 처벌을 묘사한 판화를 넣어 형법전의 요약본을 출판한다면, 그것은 법의 인상적인 해설서 혹은 법의 이해가능한 이미지가 될 것이다. 그러면 이 책을 본 사람들은 "만약 이 법을 어기면 나는 이런 고통을 겪어야 하는구나"라고 생각할 것이다.[15]

따라서 벤담은 "의지에 영향을 끼치지 못하고, 따라서 유사한 행동을 막는 데 도움이 안 되는 형벌들"을 '비효율적'이라며 거부했다.[16]

---

14) Jeremy Bentham, *Théorie des peines et des récompenses*, éd. Étienne Dumont, London: Vogel & Schulze, 1811, pp.12~13.

15) Jeremy Bentham, *Traités de législation civile et pénale*, t.3, Paris: Bossange, Masson et Besson, 1802, pp.75~76.

내가 인용하고자 하는 벤담의 두 번째 언급은 판옵티콘과 관련된 것으로, 이 언급은 감옥이라는 장치 자체가 위하의 장치를 속에서 얼마나 중요한지를 보여주기 때문에 흥미롭다.

형벌의 현장은 수많은 사람들이 모여 있는 대도시의 근교에 위치할 것이다. 대도시 사람들 가운데는 범죄의 처벌을 눈앞에서 직접 보여줄 필요가 있는 이들이 다수 포함되어 있다. 이 건물의 외관과 특이한 형태, 건물을 둘러싼 벽과 해자, 문을 지키고 있는 경비병들은 범죄자들이 감금되어 처벌받고 있다는 인상을 강화시켜줄 것이다. 입장을 쉽게 하면 많은 수의 방문객을 끌 수 있을 것이다. …… 수많은 관람객들 앞에서 펼쳐지는 가장 놀라운 구경거리! 이 구경거리는 대화, 가정 교육, 교훈적 이야기에 얼마나 유용한 주제인가! …… 하지만 실제 처벌은 외관상 드러난 것만큼 심하지는 않을 것이다. …… 처벌이 가시적으로 이뤄지기만 하면, 상상력은 이 처벌을 과장하게 되어 있다.[17]

처벌의 상상적 극장. 포이에르바하는 '심리적 억제'의 문제를 다루면서 이와 동일한 원칙을 임마누엘 칸트의 『순수이성 비판』에 등장하는 추상적 언어들을 사용해 말한 바 있다.

인간의 욕망하는 능력이 범법 중이나 범법을 욕망하는 순간에 오는 쾌락에 의해 움직이는 한에서, 그 감성적 본성상, 모든 법의 위반에는 심리적 기원이 있다. 이 감성적 충동은 자신의 범죄행위가 그런 행위를 하려는 충동을 충족시키지 못해 생기는 쾌락의 상실보다 훨씬 더 큰 악을 불러올 수밖에 없음을 개개인이 깨닫게 될 때 무효화될 수 있다.[18]

---

16) Bentham, *Traités de legislation civile et pénale*, t.2, op. cit., p.381.

17) Bentham, *Théorie des peines et des récompenses*, p.203.

지금까지 우리는, 전향하기 이전에 울리히의 아버지가 가지고 있었던 이론적 배경 및 법학적 신념과 관련해 꽤 중요한 하나의 논점을 다소간 길게 재구성해봤다. 이제부터 우리는 울리히의 아버지가 행한 전향 자체의 성격을 살펴보도록 할 것이다.

　　1870~80년대부터, 고전적 형법의 합리성을 구성했던 핵심 요소들이 결정적으로 뒤집히기 시작한다. 페리는 이렇게 주장했다(여기서는 페리의 예만 살펴보겠지만, 사실 이런 전복을 보여주는 예는 수없이 많다). 억제 수단으로서의 처벌이 범죄를 저지를 때 얻을 수 있는 이익을 상쇄시킨다는 베카리아의 주장은 이론적으로도 현실적으로도 잘못됐다. 먼저 현실적으로 범죄와 범죄자의 수는 통계적으로 계속 증가해왔다. 또한 이론적으로 범죄자는 베카리아처럼 똑바르고 정상적인 생각을 하지 않는다. 아니, 범죄자는 전혀 생각이란 것을 하지 않는다고 말할 수도 있다. 범죄자는 인간이 아니기에 형벌인일 수가 없는 것이다.

　　그렇다면 범죄의 증가와 처벌의 무력함을 극복하기 위해 우리는 무엇을 해야 하는가? 페리에 따르면, 해답은 위협이 아니라 범죄의 근원 자체를 제거하는 데 있다. 우리는 위하에서 무해화Unschädlichmachung로 나아가야만 한다. 새로운 형벌 이론은 시민들을 설득해 법을 어기지 않게 하기보다는 범죄자들이 해를 못 끼치게 하는 데 관심을 둘 것이었다. 따라서 이제는 범죄의 기원 혹은 병인학이 문제로 제기된다.

　　자유의지의 문제는 오랫동안 법학자들 간의 논쟁에서 아주 중요한 주제였다. 앞서 살펴본 것처럼, 고전적 이론에서 처벌권의 주관적 근거로 기능한 것은 자유의지였기 때문이다. 광기에 대한 초기 정신의학자들의 논의와도 연결되어 있는 이 자유의지를 둘러싼 논의는 19세기 내내 아주 세밀히 검토됐다. 크리스티안 빌헬름 에버하르트 바이안트는 이 주제에 관한 최초의 권위 있는 저작인 『범죄의 요소로 간주된 자유의지

---

18) Feuerbach, *Lehrbuch*……, para.13, p.38.

에 관하여』를 1837년 암스테르담에서 출판했고, 페리 역시 1878년『책임귀속의 이론과 자유의지의 부정』이라는 논문으로 학자로서의 경력을 시작했다.[19] 이 논문의 서두에서 페리는 결정론에 대한 알프레드 푸예의 논문을 인용함으로써 자신의 입장을 요약하고 있다.

형이상학적 고찰에 기대지 않아도, 우리는 인간적 관점에서 처벌을 정당화할 수 있다. 그리고 이런 순수한 사회적 차원에서의 정당화는 사물의 절대적 진리를 향해 올라갈 필요가 없다. 왜냐하면 실제로 현존하는 사회적 관계들에서 그 정당화가 도출되기 때문이다.[20]

여기서 자유의지의 문제 이상으로 문제가 되고 있는 것은 처벌의 근거를 찾는 일이다. 이 새로운 관점에 따르면, 범죄 혹은 더 정확히 말해 범죄자가 공격하는 대상은 법이나 주권이 아닌 사회이다. 따라서 이제 법이 (모든 주체의 의지를 직접적으로 표현하고 있다는 점에서) 사회에 선행하는 것인가, 아니면 법은 사회가 작동하는 법칙들을 명문화한 부차적인 것에 불과한가의 문제가 중요해진다.

이 문제를 더 자세히 살펴봐야 한다. 왜냐하면 법을 사회의 부차적 산물로 보는 관점이 훗날 새로운 형법 이론의 슬로건이 되는 '사회방어'의 주제로까지 연결되기 때문이다. '사회방어'라는 주제에 대한 가장 명확한 주장은 19세기 말 폰 리스트, 헤라르트 안톤 판 하멜 등과 함께 국제형사학협회 의장을 맡았던 벨기에 법학자 아돌프 프린스의 저작들에서 발견된다. 하지만 먼저 이 '사회방어'라는 표현이나 문제틀 자체가 새로

---

19) Christian Wilhelm Eberhard Vaillant, *De libera voluntate ad delictum contrahendum necessaria*, Amsterdam: C. A. Spin, 1837; Enrico Ferri, *La teorica dell'imputa-bilità e la negazione del libero arbitrio*, Firenze: G. Barbèra, 1878.

20) Alfred Fouillée, *La liberté et le déterminisme*, t.2, Paris: Ladrange, 1872, para.3, p.26; Ferri, *La teorica*……, p.7. 재인용.

운 것은 아니었음을 지적할 필요가 있다. 1830년대 초에 이탈리아 법학자 조반니 카미나니는 『사회안전의 법칙에 관한 이론』이라는 매우 중요한 책을 출판했다. 카미나니는 여기서 그때까지 형벌 이론의 근본으로 간주되어온 범죄와 처벌이라는 개념을 '사회공격'과 '사회방어'라는 새로운 개념으로 대체해야 한다고 주장했다.[21] [고전적 법학자로 분리될 만한] 포이에르바하 역시 처벌의 존재 이유는 사회적 삶을 위협하는 위험을 막기 위한 것이라 말한 바 있다.[22] 하지만 말이 항상 사물인 것은 아니고, 어쨌거나 실천과 동일한 것도 아니니, 이 문제를 더 자세히 살펴봐야 한다. 폰 리스트와 페리에게서처럼, 프린스에게도 '사회방어'는 단순한 선언적 상투어 이상의 것이었다. 즉, 이것은 새로운 형법 합리성의 근본 원리로서, 그 핵심 요소는 다음과 같다.

1. 첫째, 책임귀속. 처벌권의 주관적 근거에 대한 질문은 법전에서 완전히 사라지지는 않았지만 점점 더 배경으로 밀려났다. "'나'[자유의지를 가진 주체]란 수수께끼 같은 것이다. 수수께끼에서는 처벌의 근거를 찾을 수 없다."[23] 즉, 이제 책임의 축은 칸트나 고전적 법이론가들이 주장한 것처럼 이성이나 좋고 나쁨의 계산에 있는 것이 아니라, 사회적 삶에 합치하느냐 그렇지 않느냐에 놓이게 됐다.

2. 둘째, 사회방어. 이 생각 자체가 새로운 것은 아니었다면, 어떻게 형법 이론의 질서에서 전환이 있었다고 말할 수 있을까? 이에 답하려면 우선 형벌 이론의 각 단계에서 방어해야 하는 '사회'란 무엇을 뜻했고, 또 '방어'라는 개념은 정확히 무엇을 뜻했는지 물어야 한다.

---

21) Giovanni Carmignani, *Teoria delle leggi sulla sircurezza sociale*, vol.1, Pisa: Presso i fratelli Nistri e ca., 1831, p.21.

22) Feuerbach, *Lehrbuch*……, para.103, p.203.

23) Adolphe Prins, *La défense sociale et les transformations du droit pénal*, Bruxelles: Misch et Thron, 1910, p.10. 프린스의 이전 저작도 참조하라. *Criminalité et répression: Essai de science pénale*, Brussels: C. Muguardt, 1886.

먼저 '방어'의 문제부터 살펴보자. 위협은 형벌장치의 요소에서 완전히 사라지지는 않았지만 단지 하나의 구성 요소로서만, 즉 부차적인 것으로서만 남게 됐다. 사회학적 형법 학파는 여전히 위협의 가치를 인식하고 있었으나, 소위 '우발적 비행자'(폰 리스트의 용어로는 일시적 범죄자Augenblicksverbrecher)를 다루는 수단으로서만 가치가 있다고 생각했다. 이제 우발적 범죄자는 형벌인의 잔여물일 뿐이었다. 즉 그/녀의 행위가 사악하고 위험할지라도 그/녀의 내적 본성은 그렇지 않다는 것이다. 하지만 진정한 범죄자는 전혀 다른 문제였다. 진정한 범죄자에 맞서 사회를 방어하려면 앞서 우리가 그/그녀의 '무해화'라 부른 것이 수반되어야 한다. 이에 덧붙여 다음의 사실도 염두에 둬야 한다. 우발적 범죄자에 대한 잔여적 위협과 교정불가능한 범죄자(폰 리스트의 표현으로는 개선불가능한 범죄자unverbesserliche Verbrecher)에 대한 (물리적 제거로 이어지는 경향이 있는) 무해화 사이에는 훗날 국제형사학협회가 사회위생학이라고 부르게 될 것, 즉 범죄의 사회적 온상을 사전에 일소할 목적으로 행해지는 활동의 다양한 개입 지점들이 열려 있었다.

따라서 이 새로운 법 이론은 순수한 인간학적·정신적 사실로서의 범죄가 아니라, 하나의 사회적 현상으로서의 반항적인 범죄자 무리에 중점을 두었다. 여기에 기이한 역설이 존재한다. 범죄성이 사회적 병인을 지닌 현상이라고 주장한다면, 어떻게 범죄자가 반사회적 본성을 갖고 있다고 말할 수 있는가? 사실, 이런 역설에 해결책을 제공해준 것은 다윈주의였다. 요컨대 동일한 사회조직체 안에 종의 다양한 진화 단계가 공존할 수 있으니, 이런 점에서 사회는 상이한 본성들의 혼합물이라는 것이다. 또 사회의 진화 한가운데에서, 바로 그 과정 덕분에, 진화의 올바른 속도를 따라잡지 못하고 뒤처져서 그 존재가 전체[사회]의 올바른 작동에 해가 되는 개인과 집단을 낡은 잔재물로 인식할 수 있다는 것이다.

우리는 여기서 방어가 문제되고 있는 '사회'가 포이에르바하의 '시민사회'와는 상이한 것임을 알 수 있다. 포이에르바하가 말한 시민사회에서는 국가가 법을 보증하는 주체로 활동하고, 이때 법과 사회는 동일한 것이거나 더 정확히 말하면 법과 계약은 사회의 기반을 이루는 것이었다. 이때 법은 군주권에 제한을 가함으로써 불평등한 특권을 상징적으로 소멸시키는 기능을 한다. 혹은 더 실질적으로 말하면 법은 18세기 후반 유럽에서 등장한 크고 작은 주체화/종속화의 기제들을 승인하고 공식화해 비교적 통일된 연속체로 결합시켜내는 기능을 담당했다.

반면에 19세기 말의 법학자들과 범죄학자들이 생각한 새로운 '사회'는 자유방임과 법의 지배라는 낡은 자유주의 프로그램이 실패한 산물이었다. 혹은 우리는 그렇게 주장하는 셈이다. 중농주의 이래로 효과적인 통치합리성으로서의 자유주의는 실현 자체가 불가능한 것으로 판별됐고, 이는 19세기에도 마찬가지였다. 국가 개입이 정당하게 이뤄질 수 있는 구역을 설정하고, 국가의 과제와 그렇지 않은 것 사이의 경계를 정하는 작업은 단 한번도 만족스럽게 이뤄진 적이 없다. "통치하기 위해서는 아무것도 하지 않는 것이 좋다"는 왕에 대한 프랑수아 케네의 조언은 까다롭고 궁극적으로 실현불가능한 것이었다. 사실상 19세기의 정치 전략 전반을 지배했던 흐름은 좌충우돌하는 속에서 '아무것도 하지 않는 것'과 '너무 많이 하는 것' 사이의 중간 길을 추구하는 '개혁'의 흐름이었다. 이런 흐름의 강점은 새롭게 등장한 다양한 사회적·경제적 힘들과의 관계 속에서 통치활동을 위한 공간과 정당성을 정의하는 능력에 있었다. 하지만 이 과정에서 개인 주체들의 기반 위에 사회를 만들어내려는 시도는 어느새 사라져버렸다. 완전한 자유방임이 이뤄질 때 등장할 것이라 여겨졌던 자연적 사회는 실현되지 않았다. 종속화의 기제들은, 에르네스트 르낭의 표현을 빌리면 "자연은 그 자체로 불의"[24]라고

---

24) 에른스트 르낭[Ernest Renan, 1823~1892]의 이 말은 다음 책에서 제사(題辭)로 인용됐다. Émile de Laveleye et Herbert Spencer, *L'État et l'individu ou Darwinisme social et christianisme*, Florence: Imprimerie de Joseph Pellas, 1885.

말해질 만큼 제대로 작동하지 않았다. 그리고 좋은 자연이 없다면, 이제 법을 통한 통치 역시 불가능했다.

그렇다면 새로운 근본 원칙으로서 봉사하는 것은 무엇일까? 주체도 법도 아닌, 갈등과 이해관계의 복합체로 간주된 사회 자체이다. 자연이 아니라 공동체, 즉 공동사회 혹은 민족공동체Volksgemeinschaft로서의 사회 말이다. 이제 처벌의 근거라는 형법 고유의 문제로 돌아가보자. 폰 리스트는 자신의 논고에서 법은 근본적 이해관계를 방어하기 위해 존재한다고 적었다. [따라서] 위법행위는 이렇게 정의됐다.

위법행위는 그 행위 자체에서 알 수 있듯이, 공동체에서의 삶을 위해 필수적인 사회적 정신상태에 결함이 있음을 보여주는 것이다. …… 나의 목적은 법에 의해 정의된 위반행위가 아니라 법 앞에 자신을 드러내는 위반행위들의 물질적 내용을 밝히는 것으로, 따라서 이런 물질적 내용은 법을 넘어서 혹은 법의 바깥에서만 정의될 수 있다. 그런데 법보다 높은 곳에는 오직 국가의 형태로 조직된 사회만이 존재할 뿐이다. 따라서 우리는 바로 이 사회에서 위반의 원칙을 찾아야 한다.[25]

여기서 사회는 처벌권[처벌할 수 있는 권리]의 유일하게 유의미한 기반으로 격상되며, 법은 사회의 핵심적 이해관계들을 성문화하는 변동가능한 양식으로 전락한다. 사회가 더 이상 자연적인 것이 아니라 역사적인 것으로 이해됐기 때문에 더욱더 그렇게 됐다. 사회에 대해 말할 수 있는 이론적 지반은 더 이상 법이 아니라 '역사사회학'이다. 따라서 (이번에는 근대적 의미에서의) 인간학적 지식의 재활성화와 발달은 '자연적

25) Franz von Liszt, *Lehrbuch des deutschen Strafrechts*, 2 Aufl., Berlin: J. Guttentag, 1884; *Traité du droit pénal allemand*, Paris: Giard et Brière, 1911, pp.94, 232~233, note 2. 다음도 참조하라. Prins, *Criminalité et répression*, p.22.

자유'라는 관념을 논박하는 중대한 기능을 수행했다. 역사적 시공간에서 등장한 각각의 사회는 그 자체의 신화, 그 자체의 문화, 그 자체의 범죄 자들과 그들에게 대응할 방어 수단을 생산하듯이 그 자체의 법적 권리 형태를 생산하기 때문에, 이제는 사회를 법적 권리 위에서 정초할 수 없게 됐다. 즉, 새로운 형법질서에서 사회는 처벌권의 유일한 원천일 뿐만 아니라 모든 권리, 법, 범죄성의 직접적 원천이 될 것이었다.

페리에 따르면 칼 맑스, 허버트 스펜서, 찰스 다윈의 이론은 (페리 자신의 표현과 약간 다른 표현을 사용해 말하면) 범죄사회학의 인식론적 전제를 대변한다. 하지만 페리는 이 세 명에 덧붙여, 이들만큼 유명하지는 않았던 프랑스 심리학자 베네딕트 오귀스탱 모렐을 네 번째 이름으로 종종 인용하곤 했다. 여기서 퇴화 이론과 밀접한 관련을 맺고 있는 이 중요한 인물에 대해 자세히 다룰 시간은 없다. 이 인물에 대한 자세한 소개는 로베르 카스텔의 『정신의학의 질서』를 참고하기 바란다.[26] 여기서는 다만 본능적 행위에 대한 모렐의 이론이 없었다면 이 범죄학이라는 특수한 앎의 형성은 훨씬 더 어려웠을 것이란 점만 지적하기로 하자(물론 이런 주장의 근거에 대해서는 좀 더 설명할 필요가 있다).[27]

---

26) Robert Castel, *L'ordre psychiatrique: L'âge d'or de l'aliénisme*, Paris: Minuit, 1976, pp.276ff.

27) 이를 위해 모렐의 글에서 한 단락을 인용해보도록 하자. "법학적 혹은 의학적 관점에서, 이 연구가 정신병원의 환자나 모두가 인정하는 명백한 광기의 경우에만 한정된다고 생각한다면, 이는 이 연구의 목적과 범위를 잘못 이해한 것이다. 우리는 책을 통해 연구되거나 정신병원에서 목격할 수 있는 엄밀한 의미에서의 광기나 사람들에게 일반적으로 이해되는 광기 이외에도 그 기괴함, 극단적인 위험성, 행위자들의 본능적인 동시에 이성적인 변태적 성격으로 판사를 당혹스럽게 만드는 수많은 인간 행위들이 존재함을 이미 경험적으로 알고 있다.…… 광기에 대한 모호한 정의들, 정신이상자의 형사적 책임 정도, 부분적 착란(partial deliria)의 의학적·법학적 결과들에 대한 이론들이 우리에게 무슨 소용이 있겠는가? 우리는 다만 광기가 하나의 질병이며, 우리의 옛 성현들의 말처럼 손상된 신체(corporis affectus)의 문제임을 보여줄 수 있는 것으로 만족한다. 또한 하나의 광기만이 존재

3. 마지막으로, 이 새로운 형법의 합리성을 구성하는 세 번째 핵심 요소는 범죄자의 형상이다. 이 요소도 하루 아침에 어디선가에서 등장해 법의 풍경 속에 편입된 것은 아니다. 이 요소에는 다양한 선례와 복잡한 전사前史가 있다. 이 점을 추적하려면 또 하나의 특수한 지식, 즉 법의학의 역사를 재구성해야 한다. 18세기에 프랑수아 가요 드 피티발은 이미 여러 권으로 된 주요 재판 사례 모음집을 출판하면서 모든 종류의 범죄자들을 관찰했다.28) 약 한 세기 뒤에는 독일의 포이에르바하가 『진기한 형법 사례』에서 동일한 작업을 수행했다.29) 하지만 이런 법의학 문헌들에서 재현된 인물들은 훗날 부과될 일관된 정체성을 결여하고 있다. 우리가 여기서 마주하게 되는 범죄인의 선조는 하나의 종 혹은 인종이 아니라 사회에도 자연에도 낯선 괴물이다. 괴물은 아직 지식의 대상이 되지 않았다. 잘해야 피티발과 포이에르바흐의 저작들 같은 동물 우화집에서 (정신이 아니라 자연의) 우연한 변종이나 진기한 존재로 분류됐다. 19세기 말이 되서야 이 괴물은 미치광이가 되고 동물 우화집에서 정신병원으로 옮겨진다. 이제 미치광이가 된 괴물은 정신의학자들과 법학자들이 1820년대 프랑스에서 발생한 괴이하고 동기 없는 범죄들의 무수한 흔적을 추적하며 양산하기 시작한 모든 팸플릿에 등장하게 됐다.30)

하는 것이 아니라 그것의 조건은 매우 다양하며, 정신이상자는 단 하나의 이상적이고 추상적인 범주가 아니라 …… 오히려 다양한 정신이상의 범주가 존재함을 보여주는 것으로 충분하다." Bénédict Augustin Morel, *Traité de la médecine légale des aliénés*, Paris: Victor Masson, 1866, pp.ii~iii, iv.

28) François Gayot de Pitival, *Causes célèbres et intéressantes avec les jugemens qui les ont décidés*, [20 vols.,] Paris: Chez la veuve Delaulne, 1734~43.

29) Paul Johann Anselm Ritter von Feuerbach, *Merkwürdige criminal-rechtsfälle*, 2 vols, Giessen: Tasché und Müller, 1808~11.

30) Michel Foucault, *Moi, Pierre Rivière ayant égorgé ma mère, ma sœur et mon frère* ……, présenté par Michel Foucault, Paris: Juillard, 1973 [심세광 옮김, 『내 어머니와 누이와 남동생을 죽인 나, 피에르 리비에르』, 도서출판 앨피, 2008.]

죽어가는 이의 영혼을 둘러싸고 벌어지는 천사와 악마의 싸움을 연상시키는 투쟁의 결과로, 의사들과 판사들은 마침내 하나의 합의에 도달했다. 의사들은 이제 광기의 문제에서 전문가로 신뢰받게 됐으며, 이와 동시에 판사들은 사법기구를 위협하던 법적 딜레마로부터 벗어나게 됐다.[31] 『특성 없는 남자』속의 모오스브루거는 의심할 바 없이 이런 괴물의 계보가 다다른 최후의 상상적 대표 인물일 것이다.*

이 시점에서 범죄자 자체는 (수상이나 왕을 죽이거나 무정부주의자가 되는 경우를 빼면) 더 이상 특별히 불온한 존재가 아니다. 체자레 롬브로소가 토리노에 설립한 범죄학 박물관에서 볼 수 있듯이 범죄자는 일종의 전시물,[32] 즉 공포를 안겨줄 힘마저 잃은 온순한 동물이 됐다. 괴물이라는 형상은 그 자신이 공포에 휘둘리지 않기 때문에 공포를 안겨준다. 프린스는 범죄자의 이런 형상에 대해 이렇게 말했다.

> 사회가 기업처럼 자신의 폐기물을 처리할 수 없다는 것을 인정해야 할까? 우리 역시 사회행정의 간접비를 삭감하고, 사회의 잔여분을 재활용하고, 힘의 손실을 최소화하기 위해 노력할 수 있다. 열등한 유기체조차 열등한 기능에 적응하는 데 성공한다면 충분히 유용할 수 있다.[33]

---

31) Robert Castel, "Les médecins et les Juges," *Moi, Pierre Rivière* ……, pp. 315~332. [「의사와 재판관」, 『나, 피에르 리비에르』, 459~484쪽.]

* 모오스브루거는 밤새 술을 마시고 귀가하던 중 의식불명 상태에서 창녀를 잔인하게 살인한 혐의로 재판에 회부된다. 소설 속 재판에서 문제가 되는 것은 모오스부르거의 정신상태가 과연 정상적인지, 그가 범행 순간에 자유로운 선택을 할 수 있었는지의 여부를 가리는 일이다. 결국 모오스부르거는 사형선고를 받게 되지만, 사형집행은 정신과 의사들에 의해 그의 정신병 여부가 정확히 가려질 때까지 유보된다. 무질은 이 소설 속 재판을 통해, 범죄자의 자유의지와 처벌 가능성의 문제, 정상인과 정신병자의 경계 문제 등을 조명하고 있다

32) 롬브로소 박물관에 대해서는 다음의 책을 참조하라. Giorgio Colombo, *La scienza infelice: Il Museo di antropologia criminale di Cesare Lombroso*, Torino: Bollati Boringhieri, 1975. 여기에는 사진 자료가 많이 담겨 있어 유용하다.

여기서 핵심은 이 범죄자의 계보학적 선조에는 괴물의 형상 말고도 19세기가 이미 더불어 사는 법을 깨우쳤던 다른 인간형들이 포함된다는 데 있다. 교정불가능한 아이들, 변태, 동성애자, (일찍이 알렉상드르-장-바티스트 파랑-뒤샤틀레가 그 생리학적 특징을 표로 만든[34]) 매춘부, 그리고 산업주의의 폐해를 발견한 장 드 시스몽디를 좇아 사회경제학자들이 줄기차게 말해온 '위험한 계급들,' 즉 빈민 대중 등.

형법 이론은 바로 이런 범죄인의 형상을 중심으로 그 자체만의 특수한 지식을 구성할 것이었다. 그도 그럴 것이, 인간에 대한 벤담 식의 일반적 지식체제는 더 이상 가능하지 않거나 아직 가능하지 않았기 때문이다(후자의 관점에 따르면, [합리적 선택 이론의 원류가 된] 루트비히 폰 미제스의 것과 같은 작업이 아직 부족한 격이었다). 이 특수한 인간학은 사회학, [즉] 사회에 대한 일반적 지식의 곁에 자리잡게 될 것이었는데, 내가 계속 지적하려고 했던 것이 바로 이것이다. 게오르크 루셰와 오토 키르히하이머가 『처벌과 사회구조』에서 잘 지적했듯이, 19세기 말의 범죄학자들에게 "범죄과학은 본질적으로 사회과학이었다."[35]

지금까지 페리가 나폴리대학교 강의에서 내놓은 몇 가지 주장을 검토해봤다. 그렇다면 페리는 어떤 사람이었을까? 학자이자 법학자, 롬브로소의 제자로서 페리는 확실히 이탈리아 법학파 중 가장 활동적이고 유명했다. 또한 페리는 독특한 정치적 이력을 가지고 있다. 페리는 젊은 진보주의자로 1880년대 이탈리아사회당에 가입했고, 당내 좌파, 즉 (훗날 베니토 무솔리니가 속하는) '최대 강령파'의 지도자로서 중요한 역할

33) Prins, *La Défense sociale*, p.162.

34) Alexandre-Jean-Baptiste Parent-Duchâtelet, *De la prostitution dans la ville de Paris considérée sous le rapport de l'hygiène publique, de la morale et de l'administration*, 2 vols, Paris: J.-B. Baillière, 1836. 특히 3장을 보라.

35) Georg Rusche and Otto Kirchheimer, *Punishment and Social Structure*, New York: Columbia University Press, 1939.

을 수행했다. 또한 페리는 1900~05년 당 기관지 『아반티[전진]』의 편집
자로 일하기도 했다. 파시즘의 등장 이후, 페리는 파시스트로 전향하고
왕국의 상원의원으로 일하다 1929년 사망한다. 1919년 페리는 형법 개
정을 위한 왕립위원회 의장으로 추대됐고, 1921년 이탈리아 형법 초안
을 출판했는데,[36] 이 초안은 이탈리아 파시스트 체제의 형법뿐 아니라
쿠바와 소련을 포함한 여러 나라들의 형법적 기반이 됐다.

이제 페리와 카밀로 프람폴리니[이탈리아의 노동운동가]가 활동하던
파시스트 이전 시기 이탈리아와 이탈리아사회당의 "수많은 언어들과 무
서운 말소리들"[37]에서 벗어나, 형벌과학의 대상과 방법을 다룬 폰 리스
트의 베를린대학교 취임 강연을 살펴보자. 여기서 폰 리스트는 형벌과학
의 세 가지 과제를 열거하는데, 간단히 요약하면 다음과 같다.

1. 첫 번째 과제는 제 임무를 수행하는 데 필요한 지식을 미래의 범죄
학자들에게 제공해주는 교수법을 정립하는 것이다. 이 점과 관련해, 폰
리스트는 법과 정의의 지배에 대한 지식만으로는 불충분하다고 봤다. 예
컨대 판사는 그저 미리 정해진 형벌을 특정한 범죄에 부과하는 데 스스
로를 국한시켜서는 안 된다. 판사라면 위법행위보다는 위법행위를 저지
른 범죄자-주체에 맞춰 형벌을 조정할 필요가 있다(바로 여기서 "범죄인
의 유형에 따른 처벌"이라는 폰 리스트의 주요 주장이 제시된다).

2. 두 번째 과제는 범죄의 사회심리학적 원인을 해명함으로써 처벌
이 반사회적 행위에 대한 사회의 특수한 반응에 불과한 것임을 보여주
는 것이다. 법은 단지 이 '반응'을 조정하기 위해 존재한다. 내가 보기에
이것은 사회방어 개념의 근본적인 정식화인 듯하다.

---

36) Enrico Ferri, *Relazione sul progetto preliminare di codice penale italiano*, libro I,
   Roma: L'Universelle imprimerie polyglotte, 1921. 이것은 4개 국어(이탈리아어, 프
   랑스어, 영어, 독일어)로 작성된 문서이다.

37) Dante Alighieri, *The Inferno*, New York: Penguin, 1954, p.25. [김운찬 옮김, 「지옥」,
   『신곡』, 열린책들, 2007, 22쪽.]

3. 세 번째 과제는 지금까지 정의된 형법 이론과 실천의 영역을 넘어서는 것이다. 폰 리스트는 범죄와의 전쟁이라는 이름 아래, 범죄성의 뿌리를 공격하라고 입법자들에게 촉구한다. 폰 리스트는 범죄성의 뿌리에 대한 이런 공격을 기존의 위하에 근거한 일반화된 예방 전략에 대비시켜 전문화된 예방 혹은 사회위생학이라 명명했다.[38]

고전적 형법 이론이 자유와 영원한 사회질서의 헌정으로서의 법으로부터, 오직 인간만을 아는 일반적 인간학의 대수학을 통해, 질서를 유지·강화하는 목적의 법적 장치들을 도출해냈다면, 19세기 후반에 스스로를 정립한 형법 이론은 사회가 삶과 법권리의 원천이라는 전제로부터, (부적절하게 주체화/종속화되어 늘 위험하기에 신뢰할 수 없는 주체들이 야기하는) 모든 무질서에 취약한 사회체에 대한 징후학이자 병리학인 동시에 치료법이기도 한 특수한 인간학을 통해, 스스로를 방어하는 주체로서 사회의 활동을 추론해냈다고 할 수 있다.

앞서 인용한 프린스의 언급을 상기해보면, 우리는 이 지점에서 두 개의 변별적 발전 방향이 등장함을 볼 수 있다. 둘 중 하나는 무해화의 정책을 향해 나아갔다. 상습적 범죄자들에게 라티움의 늪지대 개간 사업을 맡기자는 페리의 제안을 상기해보라. 페리에 따르면, 이 늪지대에서 범죄자들은 말라리아에 걸려 죽을 수도 있는데, 그렇게 되면 우리는 선을 위해 범죄자들을 사회에서 제거하는 동시에 경제적 이득도 얻을 수 있다는 것이다.[39] 이런 제안은 이후 파시스트 시대에 실제로 실행에 옮겨진다. 또 다른 관점은 프린스에게서 좀 더 명확히 드러나는 것으로서, 경제의 원칙이라 불릴 수 있는 것이다. 이는 사회질서를 관리하는 비용을 최소화하는 데 목적이 있다. 분량 때문에 형벌체제의 역사에 대해서

---

38) von Liszt, "Die Aufgaben und die Methode der Strafrechtswissenschaft"; *L'objet et la méthode des sciences pénales*, passim.

39) Ferri, *La scuola criminale positive*, pp.57~58.

는 더 자세히 설명할 수 없지만, 확실한 것은 이 지점이 이들의 이론이 다다른 마지막 단계는 아니었다는 것이다.

끝으로, 이 논의의 성격과 관련해 한마디 덧붙여야겠다. 나는 여기서 이런 종류의 분석에 이미 제기됐던 질문에 답해보고자 한다. 그 질문은 아마 이렇게 정식화할 수 있을 것이다. 여기서 묘사되고 있는 역사는 어떤 종류의 것인가? 이것은 무엇의 역사라 말할 수 있는가? 우선 내가 이 글에서 다룬 것이 엄밀한 의미에서의 법의 역사나 법 이론의 역사가 아니라는 것을 분명히 해야겠다. 내가 그런 역사를 쓰려 했다면, 예컨대 독일의 경우에 나는 폰 리스트의 작업뿐 아니라 칼 빈딩이나 칼 폰 비르크마이어 같은 이들을 포함한 이론적 논의 전체를 다뤄야 했을 것이다. 또한 내가 서술한 것이 법학 전체의 역사는 더더욱 아니다. 이는 너무나 명백해서 별다른 부연설명이 필요 없을 것이다.

내가 여기서 보여주려 한 것은 (비록 실험적이고 불완전한 방식이기는 하지만) 형법의 합리성들과 그 변형들의 역사이다. 나는 모든 역사적 사건에 단일하고 안정적인 일관성의 평면이나, 역사적 삶의 경로에 단단히 고정되어 이름 붙일 수 있는 지반 같은 것은 존재하지 않는다고 믿는다. 또한 현실은 직접적으로 주어진 것이 아니라고 믿기 때문에, 나는 '합리성들'이란 말을 통해 우리가 어떤 실천들을 지각하도록 만들어주는, 그리고 이런 실천에 통합되어 있는 동시에 이런 실천들을 가로지르는 이해가능성을 살펴보고자 했다. 다시 말해 이 연구는 칸트가 '이성'에 제기했던 것과 동일한 질문(즉 시대별로 구분되는 합리성들과 실천들의 지도를 제작하는 와중에 그것들이 지닌 기능의 양태, 그것들이 출현하던 모습, 그 '한계'를 동시에 가시화하면서 칸트가 던졌던 질문)을 역사에 대해, 지금의 경우에는 법의 역사에 대해 던져보려는 시도로 이해되어야 한다. 여기서 맑스주의의 오래된 '변혁' 문제는 다시 한 번 칸트적 의미에서 '비판'의 중심에 자리잡게 된다. 하지만 나는 현재와 역사에 직면해 단순히 세계사적 전망을 찬양하거나 비난하는 데 그치고 싶지도 않았다. 오히려 필수적으로 보여줘야 할 것은 (이렇게 말할 수 있다면) 역사를 역사로 환원시키기 위해 역사적 형태들을 끊임없이 약화시키는 것이리라. 나는 이런 작업으로부터, 약간의 우회를 거쳐 현재의 현행성과, 다시 말하면 '가능한 것'과 다시 접촉할 수 있는 정치적 소득이 있기를 기대하고 있다.[40] 그렇게 할 수 있으려면, 끊임없이 우리의 귀를 계속 시끄럽게 만드는 요란한 과거들을 침묵시킬 필요가 있다.

그러므로 과거와 역사는 토마스 만의 『요셉과 그의 형제들』에서 풍경이 '연안의 여행자'에게 속하는 방식으로 우리에게 속하게 될 것이다. 만은 다음과 같이 말한다. "그 끝을 헤아릴 수 없는 길 앞에서 우롱당하는 탐험가들을 떠올려보라. …… 해안을 거닐다 눈앞에 보이는 점토 섞인 모래 언덕, 그 사구가 끝인가 하여 가까이 다가갔더니, 웬걸, 그 너머로 또 다른 곳, 또 다른 해각으로 유인한다면."[41]

---

40) 여기서 '가능한 것'이란 무질이 『특성 없는 남자』에서 사용한 의미에서의 '가능한 것'을 말한다. "현실 감각이 있다면, 가능성 감각도 있어야 한다"(4장의 제목), 특히 나는 다음의 단락을 염두에 두고 있다. "그러나 가능성이란 그렇게 신경이 여린 사람들의 환상만을 포함하는 것은 아니다. 그것은 아직 발현되지 않은 신의 의도를 의미하기도 한다. 가능한 체험이나 가능한 진실이 그저 현실의 체험이나 현실적 진실에서 진짜 현실적인 것들의 가치를 뺀 것과 같지는 않다. 오히려 그것들은, 적어도 그것들의 편에 서 있는 사람들의 입장에서 보면 아주 신적인 것, 불, 비약, 창조의지는 물론, 현실에서는 보이지 않지만 '사명' 혹은 '창안'으로 지칭될 수 있는 의식적인 유토피아주의를 품고 있다." Musil, *The Man without Qualities*, p.48. [안병률 옮김, 『특성 없는 남자 1』, 북인더갭, 2013, 25쪽.]

41) Thomas Mann, *Joseph and His Brothers*, Part 1: The Tales of Jacob, London: Har-mondsworth, 1978, p.3 [장지연 옮김, 『요셉과 그 형제들: 야곱 이야기』, 살림, 2001, 25쪽.] 이 인용은 나의 친구 E. 갈제나티의 도움을 받았다.

13 | 노동 안에서의 즐거움*
자크 동즐로

| 서 론 |

지난 10년간 프랑스에서는 [파시즘의] 악명 높은 슬로건으로 기억되는 '노동을 **통한** 기쁨'과 구별되는, 이른바 '노동 **안에서의** 즐거움'을 추구하는 새로운 담론이 출현했다. 이 새로운 담론의 주제는 그 파시스트적 선례와 달리, 생산성이라는 목적을 떠받들고 찬양하기 위해 국가장치가 날조한 단순한 이데올로기, 표상이 아니다. 오히려 이것은 생산성의 추구가 야기한 부작용에 대처하는 과정에서 구상되어, 노동체제 안에서의 국지적인 향상을 통해 결국 사회 구성원들과 노동체제의 관계를 전면적으로 변화시킬 수 있도록 고안된 일련의 개혁·실험의 산물이다. 파시즘과의 대비를 이어가면, 이런 조치들의 목표는 사람들이 노동을 순전한 구속이 아니라 그 자체로 좋은 것, 즉 자기초월의 기회라기보다는 자기실현을 위한 수단으로 인식하도록 만드는 것이다.

분명 이런 개혁과 실험은 현행 생산구조의 변혁이라는 목표에 견줘보면 빈약해 보인다. 유연한 노동시간, 일자리 창출, 자주관리적 작업팀,

---

* 이 글은 다음의 책에 처음 기고됐다. Jean Carpenter, Robert Castel, Jacques Donzelot, Jean-Marie Lacrosse, Anne Lovell, et Giovanna Procacci, *Résistance à la médecine et démultiplication du concept de santé*, Paris: Collège de France, 1980. [이 책은 경제사회발전연구조직위원회(Comité d'organisation des recherches appliquées sur le développe -ment économique et social) 산하 기획국의 의뢰로 작성된 정부 보고서이다.]

평생교육 같은 혁신들 중 그 어떤 것도 자본주의 체제를 수정하려는 진지한 시도로 간주될 수 없다. 실제로 이 혁신들의 목표는 생산조직의 변혁이 아니라 개인이 생산적 노동과 맺는 관계의 변화이다. 하지만 전자를 이루지 못하면 후자의 목표도 불가능할 것이다. 제법 길어진 자본주의의 역사를 돌아보건대, 이윤과 생산성의 증진이라는 단 하나의 동기만을 아는 논리 속에서 노동자의 행복을 추구한다는 것은 실질적으로 몽상이다. 그러나 최종 결과를 예단하지 않아도 알아야 할 것이 있다. 원래 이런 계획들은 경영자들 중 현대화된 분파가 개시했지만, 지금은 국가가 그것을 떠맡기 시작했다. 또한 평생교육개발청과 노동조건개선청이 과거 프랑스 정부의 생산성향상청을 대체할 수 있었던 것에서 충분히 알 수 있듯이, 이런 계획들은 명백히 생산성을 우선시한다.

이 두 기관은 각자가 추진하는 실천을 통해 개개인이 각자의 노동과 맺는 관계를 변화시키려 하는데, 이 문제에 접근하는 방식은 각기 다르다. 어떻게 보면 평생교육개발청을 비롯한 평생교육 기관은 이 문제를 간접적·외부적 관점에서 접근하며, 주로 개개인이 각자의 노동과 맺고 있는 심리적 유대관계에 관심을 둔다. 이런 기관들은 노동자가 이런 연결고리에 대해 가지고 있는 **법적/지위적** 인식, 즉 [자기가 하고 있는] 노동이 자신의 개별성을 규정하고 마치 운명처럼 자신의 자리를 정해준다고 생각하기 때문에 직업을 잃는다면 자신의 정체성을 박탈당하는 것이며, 자신이 노동하는 장소나 내용이 조금이라도 변하면 그것을 잠재적인 위협으로 받아들이는 생각을 깨부수려고 한다. 그 대신에 새로운 접근법은 개인의 자율성, 개인의 적응력을 강조한다. 즉, 개인에게 '변화하는 세계에서 변화의 주체'가 되라고 제안한다. 또한 이 새로운 접근법은 주어진 노동을 통해 개인을 규정하는 대신에, 생산적 활동을 개인의 숙련 기술이 펼쳐지는 장소로 여긴다. 기본적으로 개인의 자유란 주어진 위치를 수용하거나 거부할 수 있는 가능성을 의미해왔다. 그러나 이제부터 자유란 노동에서 얻는 만족감, 노동에의 몰입 정도, 자신의 잠재력을 충분히 실현할 수 있는 능력에 따라 개인의 능력을 끊임없이 다른 곳에서 펼칠 수 있는 가능성을 의미하게 됐다. 이와 관련해 로베르 카스텔은 '새로운 심리 문화'(집단의 역동화, 잠재력 개발 집단 등)가 '평생교육'의 영역에서 거둔 성공에 대해 분석한 바 있다.[1]

다른 한편, 노동조건개선청의 목표는 노동의 내용을 바꿔 노동 내부에서 노동을 변화시키는 것이다. '공공관계' 학파 같은 경영학 이론가들, 임금·노동시간·일자리 창출 같은 용어로 자신의 요구를 내걸던 노동조합들은 모두 (비록 관점은 달랐지만) 이전까지는 노동의 맥락과 환경에만 관심을 가졌다. 경영학자들이 경제적 계산을 내세워 일에 대한 심리적 적응도를 향상시키려 했다면, 노동조합은 노동의 세계가 양산하거나 필수불가결하게 만든 일체의 인간적 결손을 보상하는 장소로서의 사회를 내세워 노동을 사회적으로 보상받을 척도를 원했다. 하지만 어느 쪽이든 노동 자체는 현실원칙으로, 경제 영역과 사회 영역의 분리를 주재하는 절대적 소여로 기능했다. 노동조건개선청의 주창자들이 내건 목표는 이 거대한 전제를 가능한 한 부식시키고, 탄력적 노동시간을 도입해 노동을 유연화하며, 직무를 재조정하고 노동에 부여된 숙명감과 자명함을 파괴하고 경제적인 것과 사회적인 것의 자의적 구분을 없애 노동을 확장하는 것이었다. 이렇게 그 내용의 유동성을 회복시킴으로써, 노동이 부과하는 사회적 관계를 바꾸는 것이 가능해졌다. 자주관리적 팀제를 도입하고, 생산의 재조직 같은 것에 내재된 경제적이자 사회적인 결정에 노동자들을 참여케 함으로써 말이다. 결국 노동과 사회적인 것의 관계는 변하기 시작했다. 지금까지 노동은 욕구들의 만족을 위한 것으로 간

---

1) Robert Castel, "Vers une rénégotiation des frontières du normal et du pathologique," *Résistance à la médecine*; *La Gestion des riqsues*, Paris, 1981. 카스텔의 초기 작업에 관해서는 다음의 잡지에 실린 콜린 고든과 피터 밀러의 서평들을 참조하라. *I & C*, no.2, Summer 1977; no.7, Autumn 1980; no.8, Spring 1981.

주되어왔다. 그러나 노동이 유발하는 불만 때문에 이런 욕구들은 오히려 증폭됐으며, 역설적으로 일하고 싶어하지 않는 욕구가 강화됐다. 새로운 담론은 노동을 사회적인 것의 영역, 즉 사회적 욕구가 충족되는 특권적 공간으로 만듦으로써 이 문제를 변형시키자고 제안한다.

노동과 노동 주체의 지위에 대한 이 도전들은 얼마나 중요한 것인가? 이 도전들은 어느 정도나 심층적 위기의 표면적 효과에 불과하거나 일련의 심원한 변형을 완화하기 위한 억제책일까? 노동 안에서의 즐거움이라는 이 새로운 담론은 최근의 건강 개념에 붙어다니는 위기와 새로운 심리적 기술들의 유행이 가져온 부산물에 불과한가? 아니면 거꾸로 이런 경향이 실질적인 의미와 효과를 갖기 시작했다고 할 수 있는 것인가? 그러나 또 하나의 질문을 덧붙이지 않는다면 이런 질문들에 답할 수 없을 것이다. 즉, 이 담론의 구성 요소들은 어디에서 온 것인가? 이런 담론을 형성시킨 기저의 합리성은 무엇인가?

먼저 우리는 작금의 계획들이 없애려 하는 노동과 노동 주체의 배치가 언제부터 형성된 것인지 확인할 필요가 있다. 노동자의 지위에 대한 법적 정의는 얼마나 오래된 것인가? 어떤 이유 때문에 우리는 자동적으로 노동을 다른 사회적 관계에 상관 없이 독자적인 논리를 따르고 그 자체의 구속력을 행사하는 과정으로 보게 된 것인가?

1) 계약에서 법적 지위로

19세기의 3/4분기 전까지는 의존성과 자율성이라는 용어로만 노동자가 생산에서 차지하는 지위가 표현됐다. 노동자가 공장에 들어가는 순간, 고용계약을 주재하던 자유는 종속의 과정으로 변한다. 그곳에서는 사장만이, 사업을 살리기 위한 규칙·보상·처벌의 체계를 배타적으로 활용할 수 있는 자신의 특권을 통해, 산업노동의 조건을 결정했다. 따라서 생산과 노동자의 관계는 지배의 관계였다. 자신들의 주요 요구, 즉 자기조직화와 자유로운 결사의 권리를 위해 19세기의 노동자 계급은 이 지배를 공격 목표로 삼았다. 노동자들에게는 이것이야말로 원래 1789년 혁명이 자신들에게 부여한 계약의 자유를 실제 작업장에서 회복할 수 있는 유일한 길로 보였다. 당시 노동자들은 여전히 노동을 기술적 숙련, 개인의 능력, 장인적 자부심과 결부시켜 생각하고 있었기 때문에, 이런 요구의 힘은 클 수밖에 없었다. 그러나 19세기 말로 갈수록 두 가지 변화가 동시에 일어난다. 즉, 노동에서 수공업적 요소가 꾸준히 줄어들었고, 노동자들의 권리(노동조건을 보장받고, 탈숙련 노동력의 고용에 대해 사장이 자의적으로 행사하던 권력을 약화시키는 권리)가 성취됐던 것이다. 마치 한 가지 변화가 다른 변화의 조건이라도 되는 것처럼, 노동자의 점진적 탈숙련화가 노동자의 법적 재인정을 가져온 것처럼 보인다. 노동의 가치가 더 이상 숙련에서 찾아질 수 없다면, 이후로 노동의 가치를 평가할 근거는 노동이 가능케 한 노동자의 권리 안에 존재할 것이었다.

따라서 노동자들은 권리를 통해서만, 직업적 숙련에 근거해 자율성을 주장할 수 없게 된 노동력을 보호해주는 바로 그 권리를 통해서만 주체로서의 자율성과 지위를 회복하게 된다. 주지하다시피 아나코-생디칼리즘에 의해 노동자가 자신의 작업을 지배하고, 따라서 생산과정의 주체라는 생각이 마지막으로 꽃피운 것은, 산업입법이 노동력 사용을 제한할 수 있는 권리와 보장을 노동자에게 제공하고, 노동자의 자율성을 노동의 영역 자체로부터 이런 제한과 보장된 보상의 영역으로 이동시킴으로써, 노동자를 보호하는 토대가 놓이던 바로 그 시기였다. 게다가 얼밀히 말하면 이런 산업입법은 노동자의 권리를 확립해준다기보다는 노동자의 임금을 보전해준 것이었다. 산업재해 관련법이나 이후의 퇴직·실업 관련법은 자신의 노동을 수행하는 노동자에게 부여된 권리가 아니라, 노동자가 일을 할 수 없는 다양한 상황에서 임금을 보전해주는 원칙으로 귀결됐다. 물론 산업협약의 효력이 특정한 계약 당사자(고용주와 노조)만이 아니라 모든 범주의 피고용인들에게도 미치게 된 덕분에, 노동자들은 노조활동과 단체협상을 통해 권리의 수혜자일 뿐만 아니라 창조자가 됐다. 그렇더라도, 권리를 획득하고 방어하는 이런 법적 행위는 고용계약을 본질적으로 바꾸지 못하고 그 조건만 규제할 뿐이다. 요컨대 이런 법적 행위는 고용계약의 정의에서 **계약적인 것**을 희생해 **법적/지위적인 것**의 영역을 확대한 것일 뿐이다. 계약이 일종의 지배를 상징하는 한, 노동자의 지위에 유리한 모든 척도는 지배에 대한 저항으로 기능한다. 그 저항이 노동자를 생산과정에서 이탈하게 만들고, 노동자와 노동의 도덕적 분리를 승인하고 체계화하는 경우에라도 말이다.

노동의 자율화는 노동의 자격을 박탈하고, 노동자의 법적 자격을 재인정한 이중적 과정의 결과이다. 주지하다시피 이것은 테일러주의의 귀결이다. 프레데릭 윈슬로 테일러는 노동의 기술적 분업을 강조하고 활용해 노동자를 기계적 생산과정의 단순한 부품으로 만든 것만이 아니다. 테일러는 노조와 노동자에게 방어적 권리를 부여하고, 이로 인한 고용주의 권위 하락을 받아들여 활용한 인물이기도 하다. 테일러에 따르면, 노사 간의 갈등은 고용주들이 자신의 특수한 권력을 이용해 공장 규칙에 따른 벌금 부과로 임금을 삭감하고 군대식 규율 강화로 생산성을 높이려 하기 때문에 발생한다. 이에 맞서 노동자들이 새로운 안전 규정을 활용해 생산율을 떨어뜨리려 하는 것은 당연하다. 하지만 이처럼 규율을 남발하는 대신에 인간이 기계에 적응할 수 있는 최적의 조건을 계산해낼 수 있다면, 안전의 한도를 피하기 위해 꼼수를 부리기보다는 이를 적절히 염두에 둔다면, 규율은 노동자의 등 뒤[즉, 감독관]가 아니라 기계 자체에 장착될 수 있을 것이다. 이렇게 권위주의적 조직의 굴레에서 벗어나 자율성을 갖게 된다면, 노동의 생산성은 더 높아지고 임금만이 단체협상의 유일무이한 목적이 되리라는 것이다.

이것이 실제 일어난 일의 도식적 요약에 불과하고 실상은 훨씬 덜 평화적이었더라도, 프랑스에서 테일러주의의 적용이 제1차 세계대전 이후 고용주와 노동조합 간의 협약을 가능케 한 것은 여전히 사실이다. [프랑스노동총동맹의 지도자였던] 레옹 주오는 이 타협을 간략히 이렇게 표현했다. "노동과정에서 안전을 개선하고, 사회보험을 확립하고, (특히) 임금인상을 보장한다면, 생산성 향상은 얼마든지 받아들일 수 있다."

2) 인적 요인

이런 자율화의 과정을 거치면서 노동은 안전과 생산성을 동시에 증진시키는 것을 목적으로 하는 새로운 과학의 핵심 대상이 될 수 있었다. 프랑스에서 이 새로운 과학은 단명한 『노동과학평론』과 함께 1920년대에 출현했고, 그 뒤로는 1933년 발간되어 현재까지 나오는 『인간노동』과 함께 이어지고 있다. 『인간노동』은 "인간을 연구해 인간활동을 분별 있게 활용하는 것"을 목표로, 생리학과 심리학의 협력을 추구한다.

> 상이한 유기적 기능들의 다양한 지표·계수·평가를 통해 개인들을 그 소질에 따라 특징짓고 분류할 수 있듯이, 그 무엇보다 복잡한 원동기, 즉 인간이라는 원동기가 작동하는 최적의 조건 역시 결정할 수 있다.

이 잡지의 창간인은 장-모리스 레이(파리운송공사의 심리학자)와 앙리 루지에(의사)였다. 특히 루지에는 자신의 스승이자 정신건강연맹의 창립자인 에밀 툴루즈가 비정상적 인구들을 겨냥해 제안한 기획들, 즉 감시, 선별, 예방 등의 광범위한 활동을 '정상적인 노동 인구'에게도 적용하자고 제안한다. 이런 선별, 적응, 취업지도 등을 위해서는 인체의 생물측정학이 활용될 수 있다. 개인이 각자에게 가장 적합한 기능을 하려 하려면 어떻게 해야 하는가? "노동자의 행복은 이 적응의 과학을 최대한 정밀화하는 데 달려 있기" 때문에 이런 질문 자체는 너무나 당연한 것이었다. 직무적성검사는 항공기 조종사나 철도 기관사처럼 전문성이 높은 직종에 최초로 도입되어, 이후 모든 숙련직으로 점차 확대됐다. 어떻게 특정한 업무에 지출되는 개인의 노동력을 최적화하면서 안전과 생산성을 저해시키는 과도한 피로 역시 피할 수 있는가? 바로 이 피로라는 문제가 생물측정학자들을 사로잡았고, 이로부터 실증적인 측정에 대한 그들의 순진한 믿음만큼이나 방법론적으로 단순한 연구의 대상이 출현했다. 예컨대 지상 1m 위에 위치한 직경 40cm의 크랭크가 13kg의 물체를 움직일 때 노동자의 최적 노동량은 크랭크를 분당 24~26회 돌리는 것이다. 이보다 적은 수는 생산성의 측면에서 좋지 않으며, 이보다 많은 수는 안전에 해로울 것이다. 하지만 인사 선발에서 적성검사를 도입하고 전문적인 계산을 적용해도, 산업재해의 수준은 꾸준히 증가했다. 이에 따라 세 번째 질문이 등장한다. 어떻게 하면 인력선발과정과 노동과정에 재해감소에 기여할 기준을 추가할 수 있을까? 따라서 재해를 유발할 성향이 높은 개인을 미리 걸러내려는, 그 시도의 무용함만큼이나 그 끈질김에서 감탄을 금치 못하는 시도가 이뤄졌다. 산업재해의 증가와 반복(사고를 당한 사람이 다시 당할 공산이 높다)을 설명하려면, **무엇인가** 특별한 숨겨진 요인이 있어야 했다. 따라서 재해 성향을 정확히 진단할 수 없는데도, 이와 관련한 한두 개의 지표적 특성을 가진 개인들은 최소한 덜 위험한 직무로 배치됐다. 이런 유형의 요인 조사는 생산의 한 요소로서 '인적 요인'(물론 매우 복잡하지만 그 자체로는 통제될 수 있는[있다고 여겨진] 요소)을 다루는 이 과학 전체의 특징이었다.

20세기 전반에, 우리는 노동 문제를 관통했던 두 가지 담론, 즉 **법적 담론**과 **의료-심리학적** 담론의 탄생을 보게 된다. 이 두 담론은 **권리의 주체로서의 노동자**와 (노동자를 단지 하나의 요인으로 다루는) **과학의 대상으로서의 노동**을 분리했다. 또한 이 두 담론은 생산을 비교적 상이한 두 가지 실체, 즉 사회적인 것과 경제적인 것으로 분할한다. **사회적인 것은 권리라는 직권의 편**, 생산의 논리에 맞서는 저항의 편에 선다. 사회적인 것은 노동자를 생산성의 노예로 만드는 계약에 맞서 노동자의 **법적 지위**를, 고용주의 이윤에 맞서 노동자의 연대를, 노동의 불만족에 맞서 임금과 여가를 통한 만족을 내세운다. **경제적인 것은 생산성**을 위한 **힘의 분배**, 이윤을 위한 직무의 합리화, 생산 증가를 위한 노동 강화의 편에 선다. 1920년

대부터 이 새로운 대립쌍은 생산, 정치경제학, 그것의 비판으로서의 맑스주의 등에 관한 기존의 중요한 포괄적 담론들을 부차적인 것으로 격하시키며, 생산의 조직화에 관한 사회정치적 쟁점을 규정해왔다. 양차 세계대전 사이의 정치 지형은 바로 이 새로운 두 실체 사이에서 가능한 관계의 체계에 근거해 형성됐다고 할 수 있다. 당시의 지배적 인식은 이 두 변형의 노선을 진보의 쌍생아로 보는 것이었다. 연대와 합리성을 동시에 증진하는 것이야말로 서로 상이하지만 하나로 수렴되는 방법을 통해, 19세기의 사회를 유린한 이윤의 이기적 역할과 그 비합리적 결과를 줄여주지 않을까? 이제 필요한 것은 두 과정을 잘 조절해 연대가 합리성의 증진에서 편익을 끌어낼 수 있도록, 즉 알베르 토마의 표현을 빌리면, "사회적인 것이 경제적인 것을 지배하도록" 만드는 것이었다. 그러면 산업적 민주주의, 즉 정치적 민주주의가 '사회 문제'를 다루는 데 부적합하다는 것이 분명해진 19세기에 태어난 저 새로운 희망이 실현될 수 있을 것이었다. 당시 이런 관점은 국제노동기구는 물론이고, 사회주의 정당과 사회민주주의 정당에 의해 유럽 전역에서 공유됐다.

다른 한편, 막 탄생한 공산주의 정당이 보기에 이 새로운 두 실체는 하나가 다른 하나를 압도함으로써, 즉 연대의 증진이 생산성의 목표가 된다고 해서 조화될 수 있는 성질의 것이 아니었다. 오히려 이 두 실체는 자본과 노동의 대립을 강화하고 격화시키는 모순의 항들일 뿐이다. 산업합리성은 (자본주의적 맥락에서) 이윤의 도구일 수밖에 없으며, 이윤의 논리를 극단적으로 밀어붙인 형태일 뿐이다. 산업합리성은 모든 노동자를 철저히 테일러화된 프롤레타리아로 만들며, 그 합리성의 궁극적 귀결은 이런 과정이 생산하는 소외, 즉 노동자가 생산과정에서 느끼는 소외감의 확대일 뿐이다. 노동자들의 권리 행사와 확대는 이들의 권리가 산업합리성의 논리를 파괴하고, 자신들의 모순을 이 논리 속에 각인시킬 때에만 가치를 가질 것이다. 목표는 경제적인 것을 사회적인 것에 종속시키는 것이 아니라, 사회적인 것을 동원해 경제적인 것을 파괴하는 것이다. 여기서 중요한 것은 사회적인 것이 [수단이 아닌] 목적으로서의 지위를 가진다는 것이다.

3) 코포라티즘과 그 이후

양차 세계대전 사이에 등장한 모든 신코포라티즘은 공산주의 전략이 제기한 이런 위협에 대한 대응이었다. (피에르-조제프 프루동과 클로드 앙리 드 생-시몽의 영향을 받은) 히야상트 뒤브레이유와 막심 르로이 같은 우파 사회주의자에서부터 공공연한 파시스트들, 마르셀 데아와 앙리 드 망을 필두로 당시 막 등장하던 신사회주의자들, 당대의 '신우파들'(아르망 도뒤유와 '오드르 누보'[신질서] 집단), 잡지『에스프리』와 프랑수아 페루의 이론에 근거한 영성주의 집단에 이르기까지, 신코포라티즘을 옹호하는 사람들의 범위는 매우 광범위했다.

나는 이들 모두가 결국에는 전체주의로 귀결됐다는 이유로, 앞서 말한 모든 신코포라티즘적 경향을 하나로 뭉뚱그릴 생각은 없다. 그렇지만 이들이 [각자가 수행한] 분석의 출발점에 있어서 상당한 유사성을 보여준다는 인상을 지울 수는 없다. 무엇보다 이들 모두는 노동자와 노동의 분리를 사회의 근본악, 사회를 타락시키는 도덕적 분열로 본다. 이런 분리는 노동자들을 오로지 임금 수준에만 관심을 갖게 만듦으로써, 탈사회화의 과정과 개인주의의 강화를 불러온다는 것이다. 이제 개인의 만족은 노동 바깥에서만 추구되기 때문에, 사적 여가의 영역을 확장하고 이를 위해 임금을 올리라는 압력이 등장한다. 결국 노동자들은 생산자라는 특이성을 상실하고 원자화된 개인들로 구성된 익명의 대중에 통합되며, 이런 대중의 고립된 상태로 인해 이들은 생산체계가 이 모든 불만족의 일차적 원인이라는 정치적 선동의 표적이 된다. 이런 식으로 이 담론들은 당시의 개인주의를 낳은 '미국 모델'과 그 결과를 활용하는 공산주의 모델을 한꺼번에 비난한다. 즉, 공산주의는 미국 모델의 인과관계적 귀결이며, 이 치명적인 관계는 이제 멈춰야만 한다는 것이다.

신코포라티즘 사상가들은 이 문제에 대해 비율과 정량은 다양하지만 기본적으로 동일한 처방전을 제시한다. 이 모든 드라마가 노동자와 노동의 분리, 사회적 권리와 산업합리성의 분리, 사회적인 것과 경제적인 것의 분리에서 비롯된 것이라면, 한 쪽을 다른 쪽과 맞세우고 마지막 폭발을 위해 양자의 분리를 악화시키는 전략이 [현재와 마지막 폭발 사이의] 중간 시기를 깎아먹으리라는 것을 감안할 때 이런 분리들이 단기간에 자연발생적으로 합쳐질 전망이 보이지 않는다면, 지금 당장 이 필수적인 **관계개선**을 실현하는 것이, 즉 노동자와 노동의 즉각적 화해를 목적으로 하는 것이 낫지 않겠는가? 하지만 그것이 어떻게 가능할까? 노동자의 법적 주장을 명령구조의 개선이라는 기업의 요구에 겹쳐 놓음으로써, 그리고 각 개인이 기업 내에서의 자신의 위치를 이해하고, 기업 자체는 (종업원과 고용주가 모두 함께) 개인을 초월한 공통의 이상에 봉사하는 제도로서의 지위를 획득하는 노동공동체를 재창조함으로써.

'노동을 통한 기쁨'이라는 담론은 나치즘의 독점물이 아니다. 이 담론은 동시대에 노동 문제를 제기한 여타의 신사회주의·신전통주의 집단이 낳은 산물이기도 하다. 지식인에 대한 공통적인 경멸, 노력의 중요성과 아름다움을 무시하는 지식인의 부르주아적 개인주의에 대한 증오 이외에도, 당시의 신코포라티즘적 방안들은 '노동을 통한 기쁨'이라는 주제의 두 가지 기본 구성 전략을 파시즘·나치즘과 공유한다. 첫째, 이들은 중세 시대 직능조합의 가치를 새로운 노동기술에 투사한다. 이들의 주장에 따르면, 새로운 테크놀로지는 노동을 조직하고 훈육하는 데 기여하기 때문에 그 자체로 악하지 않다. 악은 이런 테크놀로지에 결합되어 프롤레타리아트화라는 맑스주의적 분석에 근거를 제공하는 가치들에 존재한다. 따라서 노동의 영광을 옹호하고 새로운 '노동의 기사도'*를 창출하기 위한 투쟁이 요구된다. 두 번째 기본 전략은 노동자들이 획

---

* Hyacinthe Dubreuil, *La Chevalerie du travail*, Paris: Bernard Grasset, 1941.

득하고 쟁취한 권리를 기업 내부의 기능적 맥락에 재통합하는 것이다. 이로써 노동자들의 권리 행사를 참여적 정신의 발현으로 제한하고, 노동자들을 임금체계가 가져온 무책임성에서 구해내 스스로 기업의 리스크와 이익에 책임을 지도록 만들 수 있다. 결과적으로 기업이라는 유기적 통일체가 복원되고, 민족공동체는 그 효과적인 조합단위, 즉 회사, 공동체, 지역, 가족에 근거해 한데 뭉칠 수 있을 것이다. 이로써 마침내 무제한적 쾌락과 목적 없는 향유라는 유일한 원칙을 통해 국가를 전복하고 사회를 개인의 총합으로 분해하려는 운동이 억제될 수 있다.

이렇듯 노동자와 노동의 분리라는 주제가 양차 세계대전 사이에 사회정치적 쟁점을 형성하고 이것이 제2차 세계대전으로 연결됐다면, 그에 상응해 전쟁 이후에 나타난 결과들은 무엇이었을까? 그 결과들은 이런 근본적 분리가 제기하는 문제를 얼마나 개선했을까?

파시즘의 경험이 남긴 흔적과 공산주의라는 실제, 이 두 가지 요인이 특히 프랑스 같은 전후 의회민주주의 국가의 상황을 특징지었다. 전자가 일종의 검열 역할을 했다면, 후자는 위협과 도전이었다.

파시즘의 경험은 민족주의, 코프라티즘, 노동의 노고에 대한 군사적 찬양 같은 주제에 오명을 씌었다. 이제 사회라는 관념은 민족이라는 관념에 대립되어 설명됐다. 민족주의는 개인을 협력적 단위로 조직하고, 개인의 힘을 국력 증진과 전쟁이라는 목표 아래 동원한다. 또한 개인을 효용에 따라 냉혹하게 선별하고, 부적격자들에게 '최종 해법'을 자행했다. 이 모두는 이제 거부되어야 할 것들이다. 이와 달리 사회의 의무는 모든 수단을 동원해 구성원의 만족을 증진하는 것이다. 또한 사회는 구성원 간의 상호작용을 가로막는 장벽을 없애고, 구성원을 배제하기보다는 통합한다. 결국 사회적 요구의 충족이라는 이해관계 속에서 여전히 생산성에 대한 관심이 유지됐지만, 이 관심은 이제 긴급한 문제, 요컨대 생산성에 대한 관심으로 인한 사회적 비용, 그로 인해 (고용 부적격자처럼) 선험적으로 제외되고, (부상자나 환자처럼) 다치고, (상습 결근자나 실업자처럼) 무시당한 사람들을 돌보고 그 비용을 감당해야 할 필요성과 연결됐다. 파시즘적 민족주의는 부적격자에 대한 '최종 해법'을 장기로 삼았다. 승전한 민주주의 국가는 부적격자를 지원하는 동시에, 이런 지원이 그들을 무시하는 것이 아니라 완전한 시민으로 대하는 것임을 분명히 해야 하는 이중의 의무[임무]를 지닌다. 앞서 살펴봤듯이, 초기의 노동과학은 노동력의 산 육체를 주조해 생산체의 효율을 최적화하려고 하면서 적격과 부적격의 경계선을 분명히 하는 데 열중했다. 그러나 전후 노동과학을 계승한 학문들은 양쪽에 다 발을 딛고 있었기 때문에 이런 경계선을 의심했다. 즉, 당시 맡고 있던 이중적 과업 탓에 이들은 그 경계선을 다시 긋기보다는 가능하면 지우려고 했다. 게다가 이들의 선배들은 노동을 위한 최적의 능력으로서의 건강이라는 정의를 당연시했지만, 이제 이런 건강 개념 자체가 의심받기 시작했다.

직간접적으로 파시즘의 기억을 상기시키는 모든 것과 거리를 두려는 의회민주주의 국가의 욕구는 파시즘과 나치즘이 처음 등장한 곳이 바로 이 민주주의 체제였기에 더 강할 수밖에 없었다. 이 사실을 잊지 않았던 공산주의자들은 사회주의의 실질적 자유와 의회민주주의의 형식적 자유를 대비시켜 의회민주주의란 형식적 민주주의에 불과하고, 이런 형식적 한계가 그 사회를 파시즘에 빠뜨린 빈곤과 실업을 낳았다고 비난했다. 사태가 이렇게 전개되자 서구 사회의 모든 구성원을 질병·사고·노령·실업 등이 가장 민감한 형태로 구현하는 물질적 위협에서 보호할 것을 보장하기 위해, 사회권을 반드시 인간의 권리에 포함시켜 선언해야 한다는 요구가 종전 직후에 제기됐다. 이 문제를 다룬 윌리엄 베버리지의 보고서는 유럽 전역, 특히 프랑스에서 사회보장의 구축을 촉진했다. 사실, 프랑스에서는 1898년과 1930년의 사회보험법을 통해 어느 정도 사회보장이 확립되어 있었다. 하지만 이 법안들은 매우 제한된 형태였기에 노동자 일부에게만 혜택이 제공됐고, 민법의 틀 안에서 작동했기에 공공 당국은 특정한 집단들이 계약할 때 보험 조항을 삽입하라고 권장하거나 강제하는 정도만 개입할 수 있었다. 그러나 이제는 행정 기관의 책임 아래 모든 사회 구성원을 포괄하도록 이런 보장을 일반화하는 것이 목적이 됐다. 이것이 종종 '복지국가'의 탄생이라 불리는 것인바, 국가가 이런 역할을 떠안는 것이 도덕적 의무일 뿐만 아니라 경제적 치유책임을 발견한 존 메이너드 케인스의 '기적'이 그것의 작동을 가능케 했기에 이 이름은 매우 적절해 보인다.* 양차 세계대전 사이에는 한 쪽이 다른 쪽에 헤게모니를 행사하거나 양자가 퇴행적으로 융합되는 것 외에는 사회-경제 양극화의 해결이 불가능해 보였다. 그런데 이제 이 둘의 괴리에 각각의 기능적 효용을 보장해 양자를 성공적으로 절합할 방법이 발견된 것이다. 사회권을 인정해 국가가 보조금을 지급하면 경제가 자극될 것이고, 실업이 줄어들면 사회권에 대한 요구가 줄어들 것이다. 복지보조금의 수준은 어떻게 결정되어야 할까? 그것은 정세에 달렸고, 주로 경제와 사회 중 어느 한 쪽의 과잉을 비난하며 다른 쪽을 강조하는 사람들 간의 정치적 선택이 됐다. 즉, 사회적 영역의 경제적 비용을 둘러싼 논란이 정치적 논쟁의 맨 앞을 차지하게 됐던 것이다.

한편에는 생산성의 사회적 비용이, 다른 한편에는 사회적인 것의 경제적 비용이 존재했다. 해방 이후 이 두 노선이 겪어온 변천을 살펴보면, 하나의 누적된 변경이 노동자의 지위와 노동의 지위 양쪽에서 효력을 발휘했음을 볼 수 있다. 이 두 경향이 수렴하는 지점이 '노동 안에서의 즐거움'에 대한 새로운 담론이 출현하는 장소라 할 수 있다.

| 생산성의 사회적 비용 |

제2차 세계대전 이전에 (생리학적·심리학적) 노동과학은 건강한 개인만을 다뤘다. 그래서 이들의 적성 검사, 노동에 최적화될 수 있는 이들의

---

* '복지국가'를 뜻하는 프랑스어 État-providence에서 providence가 '신의 섭리' 혹은 '신의 보호'를 뜻하기 때문에 이렇게 말한 것이다.

활용에 집중했다. 이와 정반대로, 정신의학의 관심은 병자와 비정상인을 위한 검사와 치료로 제한됐다. 여기서 건강한 자와 병든 자를 구분하는 기준은 노동 여부에 있었다. 이런 자명한 구분은 전쟁 이후 노동의 정신병리학이라는 새로운 학문이 등장하자 사라지게 됐다. 이 새로운 분과 학문은 한편에 있던 산업보건의와 산업심리학자, 다른 한편에 있던 정신의학자와 작업치료사가 만난 결과였다.

이런 만남은 전쟁 속에서, 전후 개혁의 요구 속에서 이뤄졌다. 제2차 세계대전 중 상대적으로 고립됐던 영국은 부득이하게 생산 자원 전체를 동원해야 했으며, 얼마 전까지 생산 현장에 투입하기에는 부적절하거나 위험하다고 간주됐던 이들까지 노동 현장에 배치해야 했다. 이전까지 확고하던 노동 세계의 진입 장벽은 일거에 상대적 문제가 됐다. 이와 동시에 이전까지 유행하던 폐질** 급여 대신에 재활과 재통합의 기술을 활용하는 것이 더 효과적인 정책으로 간주됐다. 게다가 전쟁 직후 외국 정신의학계에서 등장한 개혁 사조는 정신질환자의 재사회화 가능성과 그들을 노동 현장으로 돌려보내는 데 작업치료요법이 가지는 효과를 강조하기 시작했다. 이런 개혁적 정신의학자들이 산업보건의들과 결합하면서 노동의 정신병리학을 촉발시킨 관념이 탄생했다. 즉, 적합함과 비적합함의 경계가 상대적이라면, (일부의 주장대로) 노동이 사람을 병들게 하지만 (다른 일부의 주장대로) 치료도 할 수 있다면, 노동 자체는 선하지도 악하지도 않으며, 개인에 대한 노동의 영향은 노동자가 노동에 부여하는 의미와 그것을 결정하는 환경에 달려 있지 않을까? 노동자가 속한 관계의 틀이 노동자 개인에게 노동이 의미 있는가 없는가를 결정하며, 노동자를 건강하게도 아프게도 만드는 것이 아닐까?

** invalidity/廢疾. 주로 산업재해 보상이나 연금 지급, 보험 계약시에 사용되는 용어. 고칠 수 없는 병, 혹은 병으로 인해 업무를 수행하는 데 필요한 능력이 없는 상태로, 대개 업무 수행 중 입은 부상이나 건강 문제 때문에 생긴다. 요즘은 장애인에 대한 차별적 용어인 탓에 거의 사용되지 않는다.

따라서 노동의 정신병리학은 적성 검사를 폐기하지 않은 채 노동에 대한 주체의 반응, 주체의 행위가 그 지각된 의미(보상, 과잉보상, 보상 상실 같은 용어에 함축된 의미)의 결여를 반영할 수 있는 방식을 강조하는 두 번째 개념 영역에 그것을 연결시킨다. 공공 당국은 장애인의 치료·재활과 더불어, 적성에 대한 전쟁 이전의 실증주의적 과학만으로는 다룰 수 없다고 입증된 현상들(산업재해, 상습 결근, 알코올 중독)의 예방까지 이 새로운 과학에게 목표로 부과했다. 1950년대의 프랑스에서 이 새로운 임무는 '엘랑'*의 노동정신병리학자들과 클로드 베이유, 폴 시바동, 로제 아미엘 같은 의사들 간의 협업을 통해 개시됐다. 작업치료사, 산업보건의, 인간공학자의 협력을 통해, 이런 조류는 약 20년 동안 장애인 치료, 산재 예방, 상습 결근과의 전쟁 같은 분야에서 일련의 개혁을 촉진했다. 각각의 개혁은 노동 영역에 존재하던 정상적인 것과 병리적인 것 사이의 구분을 폐기하는 방향으로 나아갔다.

노동의 정신병리학이 장애인 치료에 끼친 영향은 그것이 '폐질'이나 '부적응' 같은 경쟁 개념을 물리치고, 그로 인해 비워진 [개념적] 영역에 '자원봉사' 형태의 치료업에서부터 가장 생산적이고 수익성 높은 작업까지 연속된 교류의 영역을 구축함으로써 '장애' 개념의 적용 분야를 확장했다는 것으로 요약될 수 있다. 1957년에 통과된 법률은 공식적으로 '폐질'이라는 용어를 '장애'로 교체하는 동시에 (금전적 인센티브를 제공해) 사업체들이 일정 비율의 장애 노동자를 고용하게 장려했다. 여기서 '폐질'은 재적응 정책과 양립할 수 없다는 이유로 폐기됐다. '폐질'은 모욕적이고 경멸적이며 부정적인 용어로서 돌이킬 수 없는 상해를 함축한다. 반면에 '장애'는 노동이 하나의 목표로 부여될 때 주체가 적당한

---

* Association l'Élan Retrouvé. 1848년 폴 시바동(Paul Sivadon, 1907~1992)과 노무상 담사였던 쉬잔느 보메(Suzanne Baumé, 1925~1996)가 환자와 정신장애자들의 사회 복귀를 돕기 위해 창설한 재활 기관. 1956년에 공공 기관으로 승격됐다.

환경의 도움 아래 자신의 타고난 능력을 활용해 스스로의 보상력[자신의 결함을 보충하려는 힘/의지]을 발견하도록 도와주기 위해서만 그/녀의 결함에 개입할 것을 강조하면서, 기능적 목표라는 관념을 그대로 놔둔다. 즉, 어떤 목표를 향해 나아가는 것은 노동자로 완성되는 데 중요한 요소이며, 여기서 당면 목표는 자신의 장애를 극복하는 것이다.

1) 보편적 장애

1975년 후속 법률(소위 '장애인을 위한' 법)이 통과되면서 '부적응' 개념은 부정확하고 유용하지 않은 낡은 개념으로 선언됐다. 장애 개념은 특정한 적성을 요하는 직무와 관련되어 명확히 정의된다. 이와 대조적으로 부적응 개념은 사회와 관련해 정의된다. 하지만 이는 하나의 기준이 되기에는 너무 일반적이며, 사회를 통합적이 아니라 너무 배타적이고 까다로운 심급으로 만드는 것은 아닐까? 사실상 사회 부적응자는 불만족스러운 사회적 조건, 즉 정상적으로 사회화될 수 있는 자신의 가능성을 실질적으로 손상시킨 사회적 조건을 거부한 사람이 아닐까? 그렇다면 장애를 노동 능력의 감소로 규정하는 기존의 좁은 정의를, 개인의 사회로의 통합을 방해하는 모든 요소를 포괄하는 일반적 개념으로 확장시키는 것이 어떨까? 어떻게 보면 1975년의 법안은 다양한 해결책들이 적용될 수 있는 모든 물리적·정신적 장애요인을 단일한 '기능장애' 개념 아래 묶어버리면서 바로 이런 작업을 행했다고 할 수 있다.

재적응 정책은 선별보다 동화를 우선시했기 때문에, 혹은 선별의 배제 효과를 보완할 수 있는 별도의 메커니즘을 선별기제에 덧붙였기 때문에, 그때까지 노동에서 배제된 인구를 등급화된 개입양식에 따라 재분류하고 인간과 노동의 관계를 관리하는 연속적·점진적 영역을 확립함으로써 그 인구에 대한 치료 분야를 재고하게 만들었다.

이로써 개인이 성취한 성과에 따라 몇 단계의 점진적인 진보과정을 조직하는 것이 가능해졌다. 첫 단계는 순수한 치료활동(체조, 운동요법,

신체단련, 집단활동)과 기본적인 사회 치료를 위해 가벼운 가사노동을 하는 준-치료 단계에 해당한다. 다음은 상업적 판매를 위해 예술품과 수공예품을 만드는 조직활동 단계이며, 이런 동기 부여를 통해 개인은 이제 일반적인 노동 시간과 속도를 습관화(또는 재습관화)하는 산업훈련 단계로 넘어가게 된다. 최종적으로 장애인은 평가와 적합한 직무 배치를 거쳐, 보호작업장과 '실제' 공장에서 생산적 노동을 수행하게 된다. 이때 장애를 관리하는 의사의 역할은 작업장 문 앞에서 멈춘다. 공장에서 의사의 임무는 고작해야 중증 장애자를 특정한 직무에 배치하는 정도이다. 그런데 자신의 욕망과 소명에 비춰볼 때, 또한 장애의 발생을 예방한다는 자신의 다른 소임을 완수하기 위해, 의사가 **모든** 직무를 설계하고 배치해야 하는 것이 아닐까? 그래서 노동 인구의 상당수를 구성하는 '경증 장애자들'이 불필요한 어려움과 제약 없이도 일할 수 있게 해야 하지 않을까? 장애의 관념이 이해되는 지금의 방식은 여전히 정상성 개념에 너무 많이 의지하고 있는 것은 아닐까? 프랑스 공장의 작업라인에 서른 살 넘은 여성이 거의 없으며 마흔을 넘은 노동자도 매우 적다는 사실은 무엇을 의미하는가?[2] 이런 수치는 이 집단들이 공장노동과 관련해 장애를 느끼고 있음을 보여주는 것이 아닐까?

이 과정이 가져온 현재의, 물론 아주 잠정적인 결과로, 이 과정이 생산한 메커니즘 내부에서 기묘한 순환적 성질이 두드러지게 됐다. 만약 "자기 자신을 결함이 아니라 우리를 풍요롭게 해줄 수 있는 차이, 호소, 우리에게 희망을 줄 수 있는 존재라 규정하는 장애인의 말을 경청"해야 한다면,[3] 거꾸로 하기 싫은 육체노동에서 나타나는 열정 결핍은 그 자체

---

2) Jacques Bourret et Alain Winsner, "Le médecin du travail, l'aménagement des postes de travail pour handicapés," *Revue français des Affaires sociales*, année 26, no.1, janvier-mars 1972.

3) 툴루즈 시가 후원한 초급 장애학교에서 M. M. 디네젤(Dienesel)이 행한 연설.

로 우리가 똑같이 주목해야 할 잠재적 장애의 징후라고 불려야 할 것이기 때문이다. 이미 '정상인을 위한 치료'가 존재하고 있으니, 돌봄의 기술을 비장애인에게까지 확대하는 것이 가능하지 않겠는가?

산업재해 예방은 이처럼 정상과 병리의 경계가 지워짐으로써 결국 노동의 조직화에 개입하게 되는 경향의 또 다른 예를 보여준다. 해방 직후 최초의 재해예방 프로그램은 여전히 테일러주의에서 이어진 인간-기계의 구분을 특징으로 갖고 있었다. 즉, 한편으로는 재해를 일으킬 만한 성향의 개인을 미리 식별해 인적 상황을 개선하고, 다른 한편으로는 보호막 등의 안전장치를 추가해 기계를 점차 개량하는 식이었다. 재해 원인을 분류하는 전반적 원칙은 적절한 예방기술을 추론해 특정한 책임 요소를 확인하는 것이었다. 이에 따라 안전은 노동과정 자체의 내용에서뿐만 아니라 필수적인 안전절차를 준수하지 못한 노동자들에 대한 기존의 훈련에서도 개념적으로 독립된 분과학문이 됐다.

이런 안전 개념은 의사와 인간공학자들이 협력해 기존의 이분법(기술과 심리, 기계와 인적 요소)이 제거된 인간-기계체계의 통합 이론을 제시하고 생산적 운용 productive operation (앙드레 옹브르당, 장-마리 파베르주, 모리스 드 몽몰랭 등)이라는 포괄적 개념이 등장함에 따라, 1950년대 후반부터 변하기 시작한다. 이제 더 이상 인간과 기계의 결합이 규명되고, 어느 한 쪽이 그 책임을 감당할 필요가 없게 됐다. 이제는 사고가 뒤따르기 전에 막을 수 있도록 작동체계가 저하되는 과정을 감독해야 됐다. 또한 전체 생산과정 절차는 기능장애를 막을 수 있도록 재고되어야 했다. 원인을 따지고 보면, 엄밀히 말해 사고는 인간이나 기계 때문이 아니라 둘의 잘못된 결합 때문에 발생한다. 이런 사고는 생산사슬의 다른 지점에까지 파괴적인 효과를 유발하고, 결국에는 재해로 귀결될 것이다. 결국 겉으로 드러난 원인이나 안전규정의 위반 뒤에는 허술한 의사소통, 명령·실행의 정확성 부족, 조직적 결함 같은 복합적 상황이 존재하며, 재해를 예방하기 위해서는 이 점들을 교정할 필요가 있다.

이런 재해 개념은 예방에 대한 생각이 전체적으로 변한 것과도 관련 있다. 우선 (그 관념이 수반하는 사회정치학적 파급력과는 별도로) 직접적 책임소재를 따지는 대신에, 이제는 생산의 모든 행위자가 사고의 과정을 발견하는 데 협력해야 했다. 또한 노동자들은 노동의 만족도와 정비례해 안전메커니즘을 지킨다는 성향이 발견됐다. 노동자들은 자신의 역량을 정당히 인정받고, 감독관과 좋은 관계를 유지하며, 자신의 작업을 반추해볼 가능성이 허락될 때에야 집단적으로 안전을 추구하는 데 참여한다. 그에 따라 노동과 노동관계의 가치를 회복하는 수단을 동시에 쓰지 않으면 재해 예방의 질적 변화를 기대할 수 없음이 알려졌다.

상습 결근이라는 문제에 대해서도 동일한 결론이 제출됐다. 1960년대에 고용주들은 상습 결근을 막으려 부단히 애썼다. 고용주들은 결근을 단순한 게으름의 문제로 보고, 테일러가 생산성을 높이기 위해 쓴 처방, 즉 수당(기본적으로 근면 수당의 변형인 '건강 수당')을 도입했다. 그러나 이 전술은 질병과 비질병의 구분, 건강과 노동의 연결을 여전히 신성시했다. 이런 확실성, 혹은 잔존하던 사고방식은 1970년대에 두 가지 원인에 의해 전복됐다. 첫째, 1970년대 초에는 장 루슬레가 '노동 알러지'라 부른 것이 특히 젊은 노동자들 사이에서 출현했다. 이것은 수동적인 노동 거부로 개인들은 삶에서 노동의 역할을 줄였고, 특별 검사나 의무적 재훈련을 회피한 대부분에게 노동은 현금을 얻고 보조금 수급 자격을 유지하기 위한 수단으로만 여겨졌다. 이에 따라 상습 결근이 집단적 현상이 되면서, 이에 대한 전략적 입장이 마련되어야 했다.

1975년에 통과된 법은 월급제를 모든 임금 소득자에게로 확대함으로써 노동자 대다수, 특히 프랑스 북부 노동자들의 지위에 영향을 끼쳤다. 이 법은 임금 소득자의 사회보험에 중요한 변화를 도입했다. 이전까지 사회보장제도가 지급하는 질병 수당은 통상 임금의 50%로 고정되어 있었는데, 이제부터는 나머지 절반을 고용주가 부담해야 했다. 이 법이 시행되자 병가는 급격하게 증가했고, 고용주들은 조직적 대응에 나섰다.

이들은 세퀴렉스 같은 '의료 부대'를 통해, 병가 중인 노동자를 '습격'하기 위한 의사를 고용하는 식으로 질병 수당의 '남용'을 억제했다. 이 작전은 서로 다른 두 집단의 의사들이 이전투구를 벌일 만큼 추잡했으며, 그들 직업의 신뢰성을 실추시켰다. 하지만 적어도 이는 노동 영역에서 질병 개념에 대한 논쟁을 촉발했다. 병리학적 증세가 동일한데도 누구는 출근하고 누구는 결근한다면, 질병과 비질병의 구분이 어떤 의미를 가지는가? 결근한 이들을 상습 결근이라 부른다면, 아픈 몸을 이끌고 출근한 이들은 '출근 집착'이라 불러도 무방하지 않겠는가? 나아가 두 집단의 행동이 **사회적** 반응이라면, 이는 건강의 관점에서 어떻게 평가될 수 있을까? 노동자가 스스로 내린 건강 진단은 얼마나 진지하게 취급될 수 있을까? 만약 노동자는 일하기에 너무 피곤하고 몸이 좋지 않다고 말했으나 의사가 이 말을 받아들이지 않았을 경우, 이로 인해 산업 재해가 발생한다면? 그리고 일정한 의학적 증세가 없어도 상습 결근을 하는 여성노동자, 특히 어머니들의 경우, 의학적 억압이 아닌 탁아소와 데이케어 센터를 제공하면 상습 결근이 더 쉽게 해결되지 않을까?

질병 개념에 대한 이런 불확실성은 '노동 알러지'의 문제와 수렴한다. 노동해야 하는 이들과 휴식을 취해야 하는 이들의 엄격한 의학적 구분이 노동에 대한 태도의 문제를 해명하는 데 충분치 않다면, 노동자가 자신의 노동에 긍정적 의미를 부여해야만 노동 의욕이 올라간다면, 이런 유인 요소를 강화하는 것, 즉 직무와 노동관계의 질을 향상시키는 것이 상습 결근의 가장 확실한 해법으로 등장해야 할 것이다.

2) 테일러주의를 넘어

장애인의 재통합, 재해의 예방, 상습 결근의 축출. 이런 목표들 아래 해결책들을 고안하는 과정에서 노동의 정신병리학은 기업의 사회병리학이라는 틀을 구축하는 데로 나아갔다. 최근 이 분과학문의 역사를 추적한 시바동은 다음과 같은 현재적 교훈에 도달했다.

이제 진정한 문제는 더 이상 예방이나 재활이 아니라 노동의 실제 목표를 결정하는 요인들을 이해하는 것이다. 노동은 노동자에게 의미가 있는 한에서만 정당한 것으로 받아들여진다. 노동의 의미가 긍정적이라면 노동자는 자기발전을 실현할 수 있고, 그 의미가 부정적이라면 방어와 저항의 메커니즘을 낳을 것이다. 이런 메커니즘조차 작동할 수 없다면, 개인의 정신 건강과 기업의 생산성이 함께 위험에 처하게 된다.

이제 기업의 재해율과 결근율이 기업의 생산력을 측정하는 도구로 사용되면서, 이 두 수치는 그 기업의 사회적·경제적 건강을 알려주는 지표가 된다. '사회적 감사'라는 제도는 이런 관점을 반영한 것이다. 최근의 법률은 기업의 사회적 감사를 필수사항으로 요구하고 있는데, 이 감사의 평가 요소는 직무와 성별에 따른 임금 격차, 노동시간과 결근율, 산업 재해와 직업병 발생률, 교육훈련과 직무 향상에 투자하는 노력의 정도 등이다. 생산성의 사회적 비용과 이 비용을 감축하려는 기업의 노력이 균형을 이루는 이 대차대조표에서 노동의 정신병리학은 노동의 세계를 변형시키는 또 다른 노선과 만나게 된다. 기업 자체에서 시작된 관리기술들의 발전이 바로 그것이다.

사실 여기에는 상이한 두 가지 노선이 관련되어 있다. 첫 번째 노선은 공적인 것으로, 국가가 자금을 제공한다. 이 노선의 출발점은 기업의 '사회적 낭비,' 즉 기업이 야기하는 사회적 비용을 처리하는 문제이다. 이 노선은 안전 문제를 가장 우선시하며, 따라서 (실존적 정신분석과 유사한 문제설정을 거쳐) 노동의 유의미성이라는 문제와 만나게 된다. 여기서 생산성의 문제는 그것의 효과, 즉 안전 문제라는 논리적 결과와 관련해서 문제가 된다. 두 번째 노선은 민간 부문에서 등장하며, 기업이 자금을 담당한다. 이 노선의 출발점은 기업의 내부 기능이며, 생산성 향상을 위해 노동조건을 최적화하고 비용을 줄인다는 목적과 관련되어 있다. 여기서 산업노동자의 지위는 그 노동자가 기업의 목표에서 일탈하는 행동에 치우지는 정도에 따라 정해진다. 여기서는 이런 일탈행동들이 행동주의-행태주의적 문제틀에 따라 처리되며, 안전 문제가 생산성 증대라는 더 높은 차원의 목표와 관련해서만 제기된다.

후자와 관련된 논의의 역사는 비교적 잘 알려져 있으니, 여기서는 이 논의들이 미국에서 차례대로 도입되어 경영과학의 소관이 되어간 그 연속적 발달 단계만을 간략히 요약하겠다. 먼저 1950년대 초에 공공관계 학파는 기업의 기능적 문제들이 단순히 의사소통 부족의 결과이며, 인간관계와 사교기술을 교육시킴으로써 해결될 수 있다는 해석을 내놓았다. 그 다음 단계로 공공관계 학파의 상대적 실패를 지적하는 사회체계 학파가 등장했다. 이들에 따르면, [앞서 말한 식의] 의사소통의 방식이 실패한 이유는 상이한 사회적 행위자들이 각자의 환경을 저마다 다르게, 심지어는 서로 대립적으로 인식한다는 점을 깨닫지 못한 데 있었다. 따라서 기업의 기능장애를 줄이려면 인식 차이의 불가피한 성격을 깨닫고 절충적 해법을 모색하는 의사소통의 체계를 확립해야 했다. 그러나 이 학파도 여전히 의사소통이라는 문제에 머물러 있었으며, 생산의 사회적 관계에 직접 개입하기보다는 그 관계의 환경과 **분위기**를 변화시키는 데 초점을 맞췄다. 다음으로 '환경' 개념의 비판에서 출발하는 사회기술체계 학파가 경영학파의 최신 판본으로 등장한다. 이들은 '환경'을 일종의 마약과도 같은 것, 즉 계속 약효가 떨어져 점점 많은 양을 처방해도 점점 적은 효용만이 산출되는 것으로 봤다. 이 학파에 따르면, 노동과의 관계를 변화시키기 위해서는 노동에 대한 추가적 유인을 배정하기보다는 노동 자체를 변형하고 노동자 스스로가 기본 욕구를 충족할 수 있게 해야 한다. 그런데 이렇게 가장 기초적인 욕구가 일단 충족될 때 이어서 등장하는 요구가 자기조직화의 욕구, 즉 **사회적** 욕구가 아니라면 무엇이겠는가? 따라서 노동자들이 스스로 노동 분업, 작업 리듬, 보상 수준을 결정하는 자율적인 작업팀들을 통해 기업은 효율적 생산관리를 방해해온 노동과 노동자의 왜곡된 관계를 완전히 끝장낼 수 있을 것이다.

생산성의 사회적 비용을 줄이기 위해서 노동의 정신병리학이 도입한 '사회적 감사'와 새로운 경영학파가 찾아낸 '사회적 욕구' 사이에서 우리는 **진단**과 **처방**의 완전한 대응, 새롭게 발견된 총체성의 복구와 마침내 실현될 유토피아의 약속을 발견하게 된다. 그러나 이 두 개념의 적용이 가져오는 효과는 (분명히) 생산성이라는 정언명령 자체의 억압이 아니라 (물론 이 역시 중요하지만) 이 요구의 **위상** 변화일 뿐이다. 테일러주의적 생산성 개념은 인간을 생산 요소로 환원시키고, 이 요인이 차지하는 자리를 가능한 한 축소시킨다. 하지만 이런 생산성 절대주의는 기업 내부의 저항을 유발했을 뿐 아니라 전체 공동체에 과도한 비용을 물리는 심각한 사회적 부작용을 불러왔다. 사회적 감사와 '사회적 욕구'의 도입으로는 이 두 가지 결과 중 어떤 것도 완전히 제거할 수 없다. 하지만 그런 도입의 과정에서 한편으로는 사회적으로 해로운 부작용을 어느 정도의 비용과 정도로 수용할 수 있는지 대략적이나마 측정할 수 있는 용어들이 제공됐고, 다른 한편으로는 기업 내에서의 저항도 일정 부분 감소했다. 이 두 가지 개념 덕택에 생산성은 기업과 여타의 '사회적 파트너들'이 협상할 수 있는 대상이 될 수 있다. 이 사회적 파트너 중 첫 번째 집단은 공동체 대표들로서, 생산의 유해한 생태적·사회적 효과에 개입해 상응하는 보상금이나 세금 환급 등의 비용에 비춰 이 효과들을 신중히 측정하는 역할을 맡는다. 두 번째 집단은 노동자의 대표들로서, 생산을 제한하는 다양한 방법을 통해 위험을 행사한다. 기업은 이런 행위로 인한 예상 비용에 비춰 임금 인상안의 현실성을 평가할 수 있다. 이런 생산성 개념의 새로운 점은 테일러주의처럼 인적 요인을 최대한 배제시키는 것이 아니라 계산에 포함시킨다는 것이다. 결국 '노동 안에서의 즐거움'은 경제적 경쟁이 갈수록 격화되는 세계에서 생산력을 유지시킬 필요성을 배경으로, 각 개인이 자신의 삶에 부여하고 싶은 의미의 정도와 사회가 관용할 의사가 있는 파괴의 양을 협상할 수 있는, 개인에게 부여된 역량(더 정확히는 개인에게 주입된 명령)이라 할 수 있다.

| 사회적인 것의 경제적 비용 |

1945년에 설립된 프랑스 사회보장체계는 두 가지 핵심 원칙에 근거하고 있었다. 첫 번째 원칙은 사회복지 수당에 대한 예전의 제한들을 없애고 단일한 조직을 통해 모든 수당을 집중 관리함으로써 모든 복지를 단일한 '사회적 리스크' 개념에 근거해 보장하는 것이다. 특정한 필요에 대한 보장은 1930년대에 만들어진 예전 보험체계의 개인적·계약적 테두리를 벗어나 모두를 위한 동등한 권리가 됐다(혹은 그렇게 되도록 계획됐다). 이 권리는 이제 노동세계와 직접적·개인적으로 결부되지 않고서도 공동체와 연결되며, 여기서는 무엇보다 지속적인 취업을 위한 개인의 역량을 유지하는 것이 최우선 목적이 된다. 두 번째 원칙은 경제적 균형 유지를 위한 일반적인 정책틀에 근거해 복지 수당을 국가가 관리함으로써 사회 진보의 효과적 도구로 활용하는 것이다. 보험의 납입과 지급을 국가가 관리하는 것은 부의 사회적 재분배를 통해 더 평등한 소득 수준을, 특히 저축-소비의 선순환을 가져오기 위한 것이었다.

하지만 10년이 채 지나지 않아, 이 도식은 붕괴 징후를 보였고, 복지 국가라는 개념에 대한 활발한 비판이 등장했다. 1963년의 국회 재정위원회 예산보고서는 사회보장 기금의 심각한 적자를 지적했다. 설상가상으로, 그 다음해부터 시행될 제5차 국가경제 5개년 계획을 준비하는 과정에서 1970년에 이르면 사회보장비의 지출 증가가 국민총생산의 성장률보다 두 배 이상 빠를 것이라는 전망이 제출됐다. 결국 전쟁 직후 만들어진 [사회보장]체계는 경제적인 것과 사회적인 것의 화해를 가져올 것이라는 애초 의도와 달리, 사회복지 수당의 통제불가능한 증가를 가져옴으로써 둘 모두를 붕괴시킬 것처럼 보였다. 경제적·사회적 정책 형성을 단순화하기 위해 고안된 체제는 실질적인 생산상태와 단절된 채 그 자체만의 팽창 논리를 내장한 것으로 드러났던 것이다.

이런 현상의 원인을 검토하면서, 사회보장의 두 가지 기본 원칙이 재고됐다. 먼저 사회보장은 부의 사회적 재분배를 조직하는 것을 목표로 했다. 하지만 세금 부과 자체가 실패한 곳에서 사회보장이 부의 재분배에 성공할 수 있으리라 기대할 이유가 어디 있단 말인가? 실제로 사회적 보상체계의 발달은 결국 인구학적으로 유리한 사회직업 집단이 다른 집단보다 훨씬 유리한 보호체계를 갖출 수 있도록 도왔다(예컨대 사양 산업보다 성장 산업에 종사하는 이들이, 장인이나 농업 종사자보다 제조업 일반, 특히 관리직이 보상체계의 혜택을 많이 받았다). 만약 국가가 이런 불균형의 심화를 원치 않는다면 국고로 보상금 지급을 늘리는 수밖에 없었고, 그러면 복지 지출의 증가가 더욱 가속화될 것이었다. 또한 사회보장제도는 단일한 사회적 리스크 개념에 근거해 다양한 욕구에 대한 보험을 관리하려 했다. 하지만 오히려 이 때문에 조화로운 사회정책이 실현불가능해진 것이 아닐까? 사회복지 지출은 크게 질병 보험, 가족 수당, 산재보험으로 구성된다. 각 항목별로 분리·평가된 지출 계획은 한 부분의 적자를 메우기 위해 다른 부문의 자원을 끌어오는 것으로 귀결됐다. 예를 들어 질병보험의 급격한 지출 증가는 가족 수당에 할당된 기금을 고갈시켜버렸다. 회계정책이 전체 정책을 급속하게 장악했으며, 그에 따라 예컨대 가족에 대한 일관된 사회정책의 형성이 좌절됐다. 복지 지출의 팽창을 가져오는 외부의 사회적 불균형과 정책 형성을 방해하는 내부의 회계 불균형 탓에, 사회보장제도는 모든 것을 국가에 의존하는 상태로 몰아넣지만 국가가 이에 대해 일관된 원칙을 적용하는 것 역시 불가능하게 만드는 통제불가능한 과정처럼 보이게 됐다.

무엇을 할 것인가? 공동체가 자율적으로 문제를 해결하게 놔두고 국가는 가장 취약한 계층만을 구제하는 식으로 일반적인 사회보장을 포기해야 하는가? 아니면, 가족 계획과 새로운 지역공동체 시설을 확충해 여성에게 알맞은 사회정책을 마련하거나 노인에 대해서는 과거의 일에 대한 자동적 보상이 아닌 그들이 현재 생활하는 맥락과 상이한 필요에 상응하는 정책을 마련하는 식으로, 욕구의 인정을 확대하는 활기차고 새로운 사회정책을 실시해야 하는가? 사실 1960년대의 논쟁에서 나온

상이한 주장들은 공통적으로 법률적 욕구 개념, 그에 따른 법적/지위적 주체 개념, 수혜자이자 청구자로서의 주체에게 할당된 위치 등을 겨냥했다. 주체의 엄격한 법적 지위 탓에 사회가 주체의 자율적 자원에 기대거나 주체의 집합적 책임감을 동원할 수 없었던 것이다.

민주주의에서 한 번 인정된 권리를 되돌린다는 것은 (대개의 경우) 진지한 논의거리가 될 수 없다. 하지만 사회안전의 위기가 야기한 성찰들은, 사회정책의 법률적·권리지향적 성격을 개인의 자율성과 집합적 책임이라는 쌍둥이 같은 주제의 방향으로 구부리는 정치적 결정을 내리곤 했던 이후 정부들의 새로운 신자유주의 철학을 배양하는 데 주된 역할을 했다. 새로운 고용·보건정책을 낳은 것은 이런 정치적 변화였다.

1960년대에 사회복지 문제가 야기한 위기는 두 가지 핵심 요인, 즉 생산과 사회지출의 격차 증가, 질병보험의 비용 증가와 관련 있었다. 전자의 불균형이 훨씬 더 심각했는데, 왜냐하면 사실상 복지 수당 전체의 배분 집행을 책임지고 있었지만 국가는 노동시장의 90%가 공공 사업 바깥에서 운용되는 노동시장에 영향력을 행사할 수 없었기 때문이다. 게다가 노동시장 자체가 원활히 작동하지 않았다. 당시 기업들은 유럽경제공동체의 결성과 집약적 산업구조조정의 맥락 속에서 인력 부족, 특히 숙련 노동력의 부족을 호소하기 시작했으며, 이와 반대로 노동조합은 실업 증가를 우려하고 있었다. 그렇다면 여기서 충족되어야 할 현실적 욕구는 무엇인가? 실업 급여와 지원을 늘릴 것인가? 아니면 산업구조의 변화에 노동력을 적응시킬 것인가? [상황이 이렇다면] 주체가 지닌 법적 지위의 고정성, 즉 바람직한 변화보다는 이미 획득한 지위를 선호하고, 자신의 지위와 권리에 딱 들어맞지 않는 일자리보다는 실업을 선호하는 태도야말로 근본적인 패악의 온상 아니겠는가? 평생교육제도는 이런 인식에서 출범했으며, 그 목표는 개인의 유연한 자율성에 호소함으로써 주체에 대한 법적/지위적 개념의 값비싼 비용을 청산하고, 사회적 급부와 생산의 점증하는 괴리를 해결하는 것이었다.

위기의 또 다른 주요 요인은 질병보험의 지출 증가였다. 질병보험은 복지 비용에서 가장 비중이 높았고, 나머지 항목에 적자를 일으키는 요소였다. 사실 이 항목의 지출은 우리 사회에서 건강의 가치가 되돌릴 수 없을 만큼 인정받고 있음을 보여주고, 원칙상 그 전체 비용은 삭감될 수도 없었다. 하지만 적어도 건강을 합의된 정책의 문제로 다루는 것은 가능했고, 또 그럴 수밖에 없었다. 최소한 예방과 관련해 전체 경제에 끼칠 질병의 비용을 염두에 둔 선택과 우선순위에 집중할 수 있었다. 또한 주체의 무책임함을 퇴치하려면 건강 캠페인을 인구 전체에게 실시하는 동시에 병리학적 리스크가 높고 공동체에 많은 비용을 안기는 특정한 사회 집단을 겨냥한 선별적 행동 프로그램이 실시되어야 했다.

1) 평생교육

1971년, 당시 조르주 퐁피두 정권의 수상 자크 샤방-델마의 정책자문관이던 자크 들로르가 도입한 평생교육*은 상이한 두 가지 압력에 일괄적으로 대응하기 위해 제시됐다. 청구자로 행동하는 사회적 주체가 유발한 비용 부담을 줄여야 할 공공 기관의 필요가 그 하나이고, 생산 비용에서 테크놀로지의 역할이 갈수록 증가한다는 관점에서 기업에 대한 노동력의 태도를 바꾸려 했던 고용주들의 요구가 다른 하나이다.

첫 번째 압력은 1971년 [경제사회협력대학센터-국립성인교육연구소 소장이던] 베르트랑 슈바르츠의 선언에서 처음 명확히 나타났다.

평생교육의 목표는 모든 사람이 자신을 둘러싼 기술적·문화적·사회적 세계를 더 잘 이해하고 자신이 살아가는 구조에 개입해 변화시킬 수 있는 변화의 행위자가 되도록 만드는 것이다. 평생교육은 모든 사람이 능

---

* formation permanente. 회사가 이윤의 일부를 직원들의 교육에 할당할 것을 법제화한 제도. 평생직업교육(formation professionnelle continue)이라고도 불린다.

동적 존재로서 자신의 힘을 자각하게 만드는 것을 목표로 한다. 또한 사람들을 자율적으로 만들어 자신의 상황과 환경을 파악하고 이해하며 영향을 끼쳐 사회의 발전과 자신의 발전이 상호작용함을 인식하고, 사회의 변화와 진화에 대응할 수 있도록 만드는 것을 목표로 한다.

달리 말해, 사회와 공적 권력에 대한 사람들의 태도를 변화시키려면 변화에 대한 사람들의 태도 역시 변화시켜야 한다는 것이 문제이다. 그리고 이렇게 할 수 있으려면, 변화의 과정 속에서 능동적 태도를 취할 수 있는 수단과 성향을 사람들에게 제공함으로써, 이들이 변화를 수동적으로 좇아가다 미처 적응하지 못하고 결국 공적 권력에 보상을 요구하게 되는 것을 막아야 한다. 따라서 평생교육은 말 그대로 요람에서 무덤까지 이어지는, 개인이 노동현장에서 노동에 대해 자율적 감각을 가지도록 만들기 위한 끊임없는 재훈련 과정이어야 한다. 평생교육은 두 개의 세계, 즉 불만족스럽지만 정체성과 권리를 부여해주는 노동의 세계와 법에 의해 보호되지만 그 자체로는 아무런 의미도 없으며 단지 비싸고 무익한 보상으로 지탱되는 노동 외부의 세계 사이에서 생기는 주체의 분열을 종식시킨다. 예를 들어 은퇴라는 상태는 포상이자 쇠퇴라는 모호한 성격으로 인해, 그 중요성과 기간을 확대해야 한다는 주장과 노년층이 가지는 심리적 박탈감을 우려하는 입장을 동시에 낳는다. 바로 여기에 평생교육에 적합한 주제가 놓여 있는데, 평생교육은 활동적 삶은 벅차지만 여전히 일할 수 있는 노동자를 사회가 지원해야만 하는 이 역설적 상황을 전환시킨다. 평생교육은 삶 자체를 지속적인 진보로 바라볼 것을 제안한다. "각 연령층의 사람들은 표현되고, 육성되며, 존중받고 보존되어야 할 자신들만의 가치를 지닌다." 이런 맥락에서 퇴직은 희생했던 삶의 시간을 되찾는 것이나 죽음을 기다리는 시기가 아니라, "젊은이들로 하여금 우리 사회의 논리적 귀결을 볼 수 있도록 도와주는 미래의 생생한 이미지이다. 은퇴는 미래의 실험실이다."[4]

고용주들이 제기한 두 번째 요구를 이해하려면, 고용주들의 단체와 경제협력개발기구가 1960년대에 생산한 보고서들을 살펴보는 것이 가장 유용할 것 같다. 이 자료들을 보면, 새롭고 값비싼 테크놀로지가 지속적으로 근속 연한을 단축시키는 동시에 기계의 순환 속도를 증가시키는 동안, 테크놀로지와 인력의 균형추가 어떻게 테크놀로지 쪽으로 기울기 시작했는지 알 수 있다. 이런 상황으로 인해, 노동력의 태도를 테크놀로지의 발전에 적응시키는 동시에 노동자들이 산업기술의 수준과 내용의 지속적 변화를 심리적으로 받아들일 수 있게 만듦으로써, 노동 비용의 점진적 증가에 대비하려는 새로운 채용정책이 물망에 올랐다.

이렇듯 각각의 공적 요구와 산업적 열망을 단일한 조직적 도식 속에서 통합하는 평생교육을 만들어내기 위해 새로운 법령이 발명됐다. 이 법령은 모든 노동자에게, 물론 일정한 시한 내에, 특정한 형태의 재훈련을 받을 권리를 부여했다. 권리? 앞서 살펴본 요구들에서는 권리의 역할을 제한하는 것이 주된 요소가 아니었나? 하지만 평생교육의 권리는 사실 두 개의 주된 법적 범주, 즉 민법과 공법 중 어디에도 속하지 않는 특수성을 가지고 있다. 본질적으로 법제도의 힘과 권위가 사적 자유의 영역과 공적 권력의 영역을 구별하는 데 있다면, 평생교육의 수립은 지난 30년간 법에서 나타난 뚜렷한 변화과정(공과 사의 구분을 해체하고, 사회적 관계의 통치에서 법적 요소를 감소시키는 변화)의 부분적 사례라고 할 수 있다. 평생교육은 개인에게 부여된 권리이지만, 실제로는 사회적 매개를 통해서만 효력을 발휘할 수 있는 형태의 권리이다. 즉 이 권리는 사회적 파트너들이 공공 기관이 승인한 훈련 기관의 서비스를 받기로 동의할 때에만 실행가능하다. 이런 식으로 이 법 조항은 평생교육을 탄생시킨 두 가지 주요 요구사항을 강제로 화해시킨다.

---

4) Jean Carotte, "Préparer, adapter, réadapter à la vieillesse," *Revue français des Affaires sociales*, année 27, no.1, janvier-mars 1973.

구체적으로 말하면 이 결정의 두 당사자, 즉 고용주와 노동조합은 평생교육의 가능성에 서로 다른 기대를 품고 있었다. 노동조합의 주된 관심은 고등교육을 받을 수 있는 기회가 노동자들에게 주어짐으로써, 이전까지 엘리트들만 누렸던 문화의 혜택을 받을 수 있게 되지 않을까 하는 데 있었다. 하지만 대학은 산업 지역에서 너무 멀리 떨어져 있었고, 이런 역할을 맡고 싶어하지 않았다. 게다가 고용주들은 이런 계발방식보다는 관리자의 재교육과 관리기술의 전파를 위해 1950년대 초부터 하나둘씩 설립됐던 사설 훈련 기관을 활용하고 싶어했다. 그러나 감독직의 기능에 적합한 [관리기술 식의] 심리사회적 기술은 노동조합이 수용하기에는 고용주의 이해관계와 너무나 노골적으로 결부되어 있었다. 사실 대학과 관리자 훈련 기관은 모두 평생교육의 일부를 맡았지만, 노사 양쪽 중 한쪽만을 만족시키는 경향 때문에 그 역할은 제한적이었다. 오히려 평생교육 관련법의 최대 수혜, 양쪽이 만족하는 필요를 충족시키고 그 고유의 목적도 충족시킨 이들은 카스텔이 '새로운 심리 문화'라고 부른 것의 주창자들, 즉 바디랭귀지 선생, 인간잠재력 전문가, 인간관계 분석가 같은 이들이었다.[5] 이렇게 도입된 기술들이 필요에 맞춰 새롭게 발명된 것인지, 기존의 것을 새로운 고객에 맞춰 개조한 것인지는 그리 중요한 문제가 아니다. 중요한 것은 이 기술들이 평생교육법의 의도를 완수했다는 것이다. 그 법이 마련한 시장 논리를 받아들이고, 그 법이 조화시키려 했던 두 가지 요구사항을 모두 만족시킴으로써 말이다. 이런 담론들의 내용과 그 광범위한 다양성·가변성은 평생교육법이 열어 놓은 새로운 관점이나 '틈새'의 측면에서 총체적으로 설명될 수 있다. 요약하면 이렇다. (누구에게도 이 과정을 밟아야 할 의무는 없으니) 어떻게 사람들의 실제 욕망에 상응하는 매력적인 외양의 대상을 만들 수 있을 것인가? (우리가 이 생산의 세계와 관련되어 있으니) 어떻게 현실적

---

5) 앞의 각주 1번을 참조하라.

이고 적합하다고 간주될 수 있는 동시에 (시장경쟁이라는 조건에 노출되어 있으니) 상업적 논리에서도 그럴 듯해 보이는 대상을 만들 수 있을 것인가? 이런 상황에서 [앞서 말한 담론들이 만들어낸] 생산물의 질은 그 내재적 내용이 아니라 앞서 언급한 요구사항들을 잘 복제해 단일한 패키지 안에서 조화시킬 수 있는 능력에 따라 결정된다. 담론 생산물이 내용으로 환원되어 그것이 그저 빈약하고 공허한 담론에 불과하다는 사실이 드러나는 것을 막기 위해 패키지 자체는 다양할 수 있고, 실제로 다양해야만 한다. 실제로 중요한 문제는 담론이 아니라 그것과는 전혀 다른 어떤 것, 즉 하나의 변혁, 주체의 위치와 사회적 생산관계의 질서가 합체되는 지점을 생산해내는 것이다. 이 말은 하나가 다른 하나에 기계적으로 종속된다는 의미가 아니라, 둘 모두를 하나의 동일한 진리 지반 위에 올려둔다는 것을 의미한다. 얼핏 보면 이런 담론 생산물들은 맑스주의나 정신분석의 조악한 파생물로 보일 것이다. 그리고 실제로 이 담론 생산물들은 맑스주의나 정신분석에 대한 인용을 꺼리지 않는다. 하지만 핵심은 이것이 아니며, 실제로 이 담론 생산물은 정반대의 것이다. 정신분석은 우리 각자에게 하나의 진리가 있다고, 어린 시절 형성됐으나 기억 속에서 억압된 일조의 산물이자 비밀인 우리 자신의 특이한 역사로서의 진리가 있다고 말해왔다. 맑스주의는 우리를 지배하는 우리 자신보다 강한 힘이 있으며, 우리가 사회적 관계의 외양을 넘어 해독해야 하는 것은 이런 진리라고 주장해왔다. 하지만 [심리문화의] 새로운 전문가들이 말하는 것, 정확히 말해 이들이 자기 나름의 새로운 확신으로서 활용하는 주장은 주체에나 역사에나 내재된 진리 같은 것은 없다는 것, 주체는 그 자신의 역량 속에만 존재할 뿐이라는 것, 주체는 해독되어야 할 진리가 아니라 실현되어야 할 잠재력이라는 것이다. 또한 이 담론 생산물에 따르면, 현실이란 우리를 둘러싼 환경 속에 존재하기 때문에, 우리의 역량에 따라 변화시킬 수 있으며 그 변화로 인해 우리 자신을 더 완벽히 실현할 수 있도록 해주는 사회적 관계의 조직화된 형태 속에 존재하기 때문에, 역사 또한 신화에 불과하다. 따라서 [이런 사회적 관계를 변화시키고 자아를 실현하라는] 이중적 요구를 어떻게든 성공적으로 수행하는 것 말고는 어떤 진리도 존재하지 않는다. 결국 이 기술들은 경제적인 것과 사회적인 것, 사적인 것과 공적인 것 사이에 해결의 매개적 차원을 상정해둔다. 이 차원에서 상상력의 지배를 위한 일종의 법적 피난처였던 주체의 법적 지위를 전복시키는 행위를 통해, 주체는 이제 상상력을 고갈시키는 가능성들의 세계로 내몰리게 된다.

2) 생명의 비용

건강보험 지출의 놀랄 만한 증가 비율이 알려지며 1960년대에 개발된 보건정책 역시 이와 유사하게 사회적인 것과 경제적인 것의 구별이 불합리하다는 가정에서 출발했다. 당시 고용 영역에서는 우선 개인을 채용하는 것과 해고하는 것의 상대적 비용을 평가하고, 그 다음에 고용과 훈련에 적합한 일관된 정책을 채택하는 것이 바람직한 사회경제적 상식으로 통용됐다. 만약 우리가 개인에게 투자된 사회적 비용과 건강관리 비용의 총합, 사망시의 비용, 그/녀가 생산해낸 것(즉, 개인이 만들어낸 생산물의 총가치) 등을 비교한다면, 보건 영역에서도 이와 유사한 상식이 등장하지 않겠는가? 물론 이것은 생명의 비용(생명 유지에 기술적으로 필요한 총액)과 그 가격(생명 유지에 실제로 소비되는 총액)을 구분한다는 의미이다. 여기서 고용의 경우와 다른 점은 단 하나뿐이다. 고용 영역에서 개인은 사회의 매개에 근거해 실현되는 권리를 할당받지만, 보건 영역에서는 이와 반대로 개인적인 것의 동원에 근거해 효력이 발생하는 하나의 사회적 심급, 하나의 집중된 사회적 계획이 주어진다.

보건정책에 경제 원리를 도입하려면 우선순위 결정과 관련해 '어떻게'와 '누구'라는 두 가지 질문을 던져야 한다. 즉, 우리는 비용 효과가 가장 좋은 행동양식을 선택하고, 개인의 장애가 경제에 끼치는 영향을 감안해 개인의 상이한 범주들에 주어질 우선순위의 수준을 결정해야 한다. 따라서 우리는 먼저 비용, 그 다음으로 질병이 경제에 끼치는 영향의 순서대로 성인-아동-노인의 [우선순위가 정해지는] 상을 얻게 된다. 성인의 경우에는 질병으로 인해 차질을 빚은 생산성의 비용까지 치료 비용의 면에서 손실로 더해진다. 아동의 경우에 지출은 단기적 비용이지만 장기적 투자로 구성된다. 마지막으로 질병이 생산에 아무런 영향도 끼치지 않는 노인의 경우에는 치료 비용만이 순수한 경제적 손실로 계산된다. 이런 관찰에 근거해 (가정방문 도우미, 가정방문 간호시설을 개발해) 가능한 한 많은 노인을 집에 머물게 하려는 노인정책이 탄생했다. 무엇보다 매우 저렴했기 때문에 노인들 자신이 이 방식을 가장 선호했던 것이다. 또한 행정 기관이 암암리에 실행한 비공식 정책도 생겨났다. 정부는 장기 입원이 필요한 노인들의 치료비 지원을 국가의료보험에서 재빨리 배제함으로써, 노인들이 자신의 자산으로 비싼 치료비를 지불하도록 강요했다. 이로써 노인들은 자신의 집이나 아파트를 처분할 수밖에 없었고, 결국 완치 뒤에도 돌아갈 곳이 없는 경우들이 생기게 됐다.6)

의료경제의 기준에 따라 우선순위를 결정한다는 것은 간호 비용과 간호에 따른 건강상의 이익 사이에서 가장 좋은 관계를 얻는 개인들, 즉 종합치료가 건강관리의 생산 비용을 실질적으로 절약해주는 사례들을 식별해낸다는 의미이기도 하다. 여기에는 표적 집단을 중심으로 생각하고, 인구를 각자에게 가장 적합한 치료방식에 따라 분류하며, 이로써 각 치료양식을 더 합리적으로 분배해 차후의 개별적 질병 치료에서 발생할지 모를 가장 값비싼 결과를 미리 방지하는 것이 포함된다.

의료경제학의 두 번째 주요 원칙은 최대의 비용 수익율을 가져올 수 있는 치료법을 선별하는 것이다. 단일한 계획으로 상이한 수많은 목적을 동시에 다룰 수 있는 '통합적 도식'은 여기서 연원된 것이다. 이런 접근법의 가장 성공적인 사례는 임산부 관리와 아동 보호인데, 이 사례들

---

6) Fançois Forette, "L'insécurité sociale des vieilards," *Le Monde*, 19 novembre 1980.

에서는 의료적·예방적·사회적 자원을 고루 갖춘 단일한 기구에게 각 사례별로 적절한 수준의 관련 재정·기술을 지원해주며 출산 전후의 사망률 감축, 정신적·육체적·사회적 장애에 대한 예방 검사의 추진, 유아 양육기술에 대한 가정교육 실시를 모두 맡긴다. 일반적 차원에서는 예방이 최우선시되는데, 이로써 국토는 면역·조절·통제를 기획하는 정책의 장으로 변하며, 사회는 개개인이 각자의 건강을 관리하도록 동원되며 공동체가 (사용자 위원회나 집단적 자력구제 등의 형태로) 건강 문제에 민감하게 반응하도록 고취되는 장소가 된다.

따라서 의사와 환자가 맺는 고전적 계약은 질병과 건강을 경제적으로 공동 관리하기 위해 국가와 개인이 맺는 두 번째 계약으로 보충되는 것처럼 보인다. 질병은 이제 국가의 관심사인바, 국가는 질병이 사회에 야기하는 비용, 질병의 사회적 분포, 질병을 생산하는 사회적 요인, 시민의 협조가 요청되는 그 예방수단 등을 알고 있다. 다른 한편, 건강은 개인의 관심사로서, 개개인이 심신의 건강을 위해 노력해야 한다. 비록 여전히 기존의 의사-환자 계약을 통해 작동하지만, 새로운 계약은 고전적 계약을 의심하기도 한다. 고전적 계약에서 질병은 [환자에게] 하나의 권리를 부여했고, 치료를 요구했다. 반면에 새로운 계약에서 질병은 오직 그 비용의 측면에서만 의미를 가지며, 건강은 시민이 책임져야 할 문제로 변한다. 따라서 의사와 환자가 맺는 기존의 관계는 환자가 자신의 권리를 남용할지도 모르며 의사가 과도하게 즉흥적이거나 손쉬운 치료만을 제공할지도 모른다는 점에서 의심의 대상이 된다. 결국 의료 위기에 대한 담론은 사전 예방과 지도의 이중적 메커니즘을 위해 권리를 청산하도록 프로그램화되는 동시에 주체가 자신의 건강을 책임지도록 고안된 치료상의 관계를 규정한다고 이해될 수 있다.

그러므로 경제 발전과 사회적 지출 증가 사이의 격차, 노동과 '행복' 사이의 격차로 인해 발생한 위기는 두 가지 기제를 통해 한번에 봉쇄되기에 이른다. 한편으로는 평생교육을 통해 저 낡고 지나치게 융통성 없는 사회적 권리의 체계를 경제적 요구와 접합시킨 새로운 권리를 생산함으로써, 다른 한편으로는 새로운 보건정책을 통해 바로 그 사회적 권리의 관리에 경제적 명령을 도입함으로써. 따라서 국가가 사회적인 것을 관리함으로써 경제적 균형을 촉진한다는 오래된 케인스주의적 관념에 대항해, 사회적인 것을 경제와의 폐쇄된 순환적 관계에 가둠으로써 사회적인 것을 경제적으로 관리하려는 신자유주의적 사유가 등장하게 된다. 종종 주장되듯이, 이런 변화는 사회적인 것의 종말을 뜻하지 않는다. 오히려 이 변화는 경제적 제약의 통합을 통한 사회적인 것의 변형, 즉 개인을 자율화하고 공동체에 책임을 이양하는 이중적 전술을 통해 주체의 법적 지위를 해체함으로써, 사회적 심급을 역사의 주체라는 지위로까지 상승시킨 변형을 뜻한다. 모든 관련된 사실들을 검토해 결정을 내리는 장소는 이제 사회적 심급에 위치한다. 한 가지 예를 들어보자. 지난 시기 인구정책 담론은 가족·노동·조국의 신성한 이름으로 출산 증가를 요구했다면, 오늘날의 담론은 주체에게 사회 급여 수준의 유지와 '계획된' 셋째 아이를 저울질하는 냉혹한 계산과 자율성을 요청할 뿐이다.

| 결 론 |

지금까지 우리는 두 개의 노선을 추적했다. 첫 번째 노선은 기업, 그리고 생산성이 유발하는 사회적 비용에 중점을 둔다. 이 노선은 노동자들이 노동의 의미를 찾지 못하는 것이, 사회적 비용의 지속적이고 억압적인 부담의 주된 원인임을 밝혀냈다. 여기서 생산성 증대에 대한 기업의 내적 관심은 자율적 조직에 대한 태생적 욕구를 활용하는 새로운 노동 조건의 발명을 가져왔다. 두 번째 노선은 국가, 그리고 사회적 지출의 경제적 비용을 통제하려는 국가의 욕구에 중점을 둔다. 이 노선은 우선 평생교육이라는 기술을 통해 사회권 체제를 경제적 요구에 맞게 조종하고, 다음으로 새로운 보건정책과 사회정책 관리의 완전한 합리화를 통해 사회권의 영역에 경제적 원칙을 침투시키는 것으로 이어졌다.

이 두 변형의 노선은 상호교차하며 두 개의 변별적 수준에서 작동하는 일련의 대응을 낳았다. 첫 번째 층위에서 평생교육은 노동자의 생산적 역량을 '해방'시킴으로써 생산의 논리와 대립하던 노동자의 탄력적인 법적/지위적 태도를 붕괴시켰다. 이는 노동자들이 자신의 '사회적 욕구'를 고려한 노동조건을 강화하는 계획에 순응하게 만들었고, 이로써 이 새로운 공식은 노동자들이 생산의 논리에 저항하는 것이 아니라 거꾸로 적극 동참할 것이라는 확신 속에서 경제적 필요에 따라 적용될 수 있었다. 두 번째 층위에서 새로운 보건정책은 건강보험의 비용을 절감하고 그것을 추구하는 과정에서 [개인들로부터] 협력을 구하기 위해, 기업에 대한 사회적 감사를 사회적으로 개인들을 동원하는 도구로 변화시켰다. 노동에서의 무의미함은, 책임을 개인에게 이양하고 자율성을 부과하며 예방의 시민적 의미를 증진시키는 것을 통해서 보상됐다. 이와 동일한 목표들이 평생교육을 통해서도 추구됐다.

이렇게 생산·생산성의 영역과 사회의 위생관리·사회적 행정의 영역 사이에 연속성의 원칙, 끝없는 순환이 수립된다. 그 원리상 이것은 코프라티즘적 국가에 상응하는 듯하다. 하지만 둘 사이에는 앞선 분석에서 평가·설명하려던 차이가 존재한다. 여기서 문제는 노동을 통해 기쁨을 창조하는 것(또는 노동에도 불구하고 기쁨을 느끼는 것)이 아니라 즐거움**과** 노동을 생산하는 것, 이 계획의 실현을 위해 한쪽 **안에서** 다른 쪽을 생산하는 것이다. 요컨대 경제적인 것을 통해 사회적인 것을 실현하는 것(혹은 경제적인 것에 맞서 사회적인 것을 실현하는 것)이 아니라 더 큰 효율과 더 적은 비용이라는 이해관계 속에서 둘을 결합시키는 것이 문제이다. 노동 안에서의 즐거움은 사람들 눈 앞에 일신되고 변화된 사회적 영역 안에서의 행복 모델을 제시함으로써 사람들의 관심을 민족주의적 히스테리나 개인의 이기주의에서 다른 데로 돌린다. 그런 사회적 영역 안에서는 기술의 사회적 비용에 대한 관심과 사회적인 것의 비용을 감소시키는 기술에 대한 관심이 새로운 사회적 조화의 가능성과 필요성을 창출하고, 바로 그 새로운 사회적 조화를 통해 주체의 법적 지위가 소멸됨으로써 주체의 참여에 대한 제한들도 제거될 것이었다.

최근에 심리학적 기술과 담론이 사회적으로 부쩍 많이 유통되고 있다는 것은 무엇을 의미하는 것일까? 지금까지 질병과 건강을 구분해온 확신이 소멸되어버렸다는 것은 무엇을 의미하는 것일까? 최소한 우리가 지금까지 이 문제를 살펴본 수준에서 말한다면, 이 과정에는 심리학적 주체의 강화보다는 (이 단어의 모든 의미에서) 동원이 관련되어 있다고 할 수 있다. 즉, 여기서는 정상적인 것과 병리적인 것의 경계를 옮기는 것이 핵심 요인인 것이 아니라, 곳곳에 스며들어 삶의 의미를 삶의 비용과 비교해 따지는 현실원칙에 의거해 이 경계를 사회 속에서 협상 가능한 요소로 만드는 것이 핵심 요인인 것이다. 이제부터 국가는 그 협상에서 논의를 주재하고 독려하는 역할만을 수행할 것이다.

14 | 위험함에서 리스크로

로베르 카스텔

나는 현재 특히 미국과 프랑스에서 발달하고 있으며, 근본적인 혁신을 이뤄내면서 정신의학과 사회사업의 전통에서 멀어지고 있는 듯한 사회행정의 예방 전략에 대해 고찰해보려 한다.

우선 아주 도식적으로 말하면, 그 혁신이란 이런 것이다. 새로운 전략을 통해 **주체**라는 관념, 혹은 구체적인 개인을 해체하고, 그 자리를 **요인들**, 즉 리스크 요인들의 조합으로 대체하는 것이 바로 그것이다. 실제로 이런 일이 일어나고 있다면, 이 변동은 중요한 실천적 함의를 지닌다. 이제는 돌보는 사람과 돌봄을 받는 사람, 돕는 자와 도움받는 자, 전문가와 의뢰인이 직접 대면하는 관계의 형태는 더 이상 개입의 핵심 요소가 아니다. 그 대신에 리스크 일반을 생산하는 것으로 여겨지는 일련의 추상적 요소를 수집·정리해 **인구의 흐름**을 밝혀내는 것이 핵심 요소가 된다. 이런 자리이동은 새로운 보건정책의 수립·실행을 책임진 두 집단, 즉 행정가들과 전문가들 각자의 관점이 이루던 균형을 완전히 뒤집어 놓았다. 단순한 집행인이 되어버린 현장 실무자들의 감시에서 완전히 벗어나 자율적인 힘으로 관리정책이 구성되어가는 동안, 전문가들은 이제 자신들이 종속적 역할을 맡게 됐음을 알게 됐다.

더욱이, 곧 말하겠지만, 이 새로운 인구관리의 공식이 '선진 산업'(또는 '탈산업'이나 '탈근대') 사회의 요구에 적합한 통치가능성 계획의 신종 프레임에 속하는 한, 이 실천적 함의에는 정치적 의미도 있다.

다른 중요한 변동과 마찬가지로, 이런 변화는 이전에 완만하게 진행된 실천의 진화가 어느 시점에선가 문턱을 넘어 질적 변화의 특성을 띠게 된 것이다. 예컨대 다양한 체계의 건강검진이 발달해 환자와 의사의 개별 면담을 거의 불필요한 것으로 만드는 지점까지, 근대 의학 전체는 이런 점진적인 흐름에 가담해왔다. 이제 개별 환자의 검사는 환자의 의료기록을 주고받는 것을 통해서만 연결된 여러 전문가들이 다양한 상황에서 축적된 환자의 기록을 검토하는 행위가 되어버렸다. 이것이 마이클 발린트*가 '익명성의 결탁'이라 불렀던 것이다. 이제 진단은 아픈 사람과의 구체적인 관계가 형성되는 곳이 아니라, 환자의 의료 기록을 구성하는 여러 전문적 평가들의 관계 속에서 종합된다. 이미 여기에 현재에서 기억으로, 시선에서 객관적 사실의 축적으로의 이행이 존재한다. 그에 따른 결과는 전문가와 의뢰인의 개인화된 관계에 근거했던 임상의학의 위기, 또는 주체의 임상의학에서 '전염병학적' 임상의학, 즉 오랜 의사-환자 관계를 대체하는 다양하면서도 확실히 부분화된 전문성의 체계로의 이행이라 부를 수 있을 것이다. 물론 이것은 의사의 종말을 의미하지는 않지만, 분명히 의료행위의 근본적인 변형을 나타낸다.

지난 20년간 이런 의료 영역의 재정의는 의학의 진화와 그 부작용의 해결책·완화책 관련 논의에 불을 지폈다(발린트 그룹, 집단 의료, 일반 진료를 재평가하려는 시도 등). 이에 더해 이런 진화가 일어나게 된 바로 그 객관적 조건 자체가 충분히 탐구되어왔다. 건강관리의 테크놀로지가 점차 '과학적'인 방향으로 진화해온 점, 기술적으로 발전한 의학이 출현하고 실행되는 특권적 장소로서 병원이 점차 중요해진 점 등. 그러나 정신의학을 둘러싼 논의는 이 정도까지 진행되지 않았다. 이 분야의 결정적인 실천적 쟁점은 다수 의사들의 접근방식처럼 관계를 개선하는 데 초

---

* Michael Balint(1896~1970). 헝가리의 정신분석학자. 다수 의사들이 토론으로 각 임상사례들을 함께 검토하는 집단진단('발린트 방식')을 창안한 것으로 유명하다.

점을 두든, 더 복잡한 상황에 맞춰 새로운 자원으로 관계를 강화하든, 아니면 치유관계를 변질시키는 치료와 무관한 사회적 기능, 이를테면 억압이나 통제의 기능을 비판하든 간에, 여전히 치료적 관계에 초점을 맞춘다. 비록 완전히 철 지난 것은 아닐지라도 이 문제틀은 오늘날 정신의학 분야를 변형시키는 최근의 혁신을 더 이상 따라가지 못하고 있다. 바로 이것이 내가 밝히려는 주장이다. 하지만 여기서는 예방의학 전략의 특권적 대상을 지칭해온 **위험함**이라는 관념이 **리스크**라는 관념으로 대체되어온 지난 1백 년간의 경로를 요약하는 데 집중할 것이다.[1]

위험함에서 리스크로. 이것이 역사적으로, 이론적으로, 실천적으로 의미하는 바는 무엇인가?

| 위험함의 역설 |

고전 정신의학에서 '리스크'는 폭력적이고 예측불가능한 행동을 저지를 수 있는 정신질환자가 체현한 위험을 의미했다. 위험함은 주체의 내재적 특질에 대한 확증인 동시에(그/녀는 위험하다) 위협적인 행위가 실제로 일어난다는 사실이 주어졌을 때에만 증명된다는 점에서 순수한 확률, 어느 정도의 불확실성을 함축하기 때문에 다소 불가사의하고 매우 역설적인 관념이다. 엄밀히 말하면 **현재의** 증상과 **앞으로 일어날** 행위 간의 가능한 관계에 대한 **가설**에 근거해서만 **위험함을 누군가에게 귀속시키는 것**이 가능하다. 재범의 리스크에 대해 말할 때조차 위험하다는 진단과 실제 행위 간의 불확실성이 언제나 어느 정도 존재한다. 예컨대 누군가 '편집광'이라거나 '본능적인 변태'라고 말하는 것은 당분간 어떤 행위로 발현되지 않더라도 역설적으로 주체 '안에' 자리잡았다고 간주되는 리스크를 이미 전제하고 있는 것이다. 따라서 유별난 **예측불가능성**은 병리

---

1) 나는 이 새로운 문제틀을 더 체계적으로 설명하려고 한 바 있다. Robert Castel, "La gestion prévisionnelle"(ch.3), *La Gestion des risques*, Paris: Minuit, 1981.

적 행위의 속성이 된다. 예컨대 모든 광인은 차분해 보이더라도 위험을 초래할 수 있는데, 이런 위협이 실현되는 것은 여전히 가능성의 문제로 남아 있다. "오늘은 해롭지 않지만 내일은 위험해질 수 있다."[2] 줄곧 문제가 되어온 고전 정신의학의 이런 역설에 직면해 정신의학자들은 대체로 예방적 개입의 철저한 신중함을 선호해왔다. 근거 없는 개입이 오류일지라도 그것이 진정 오류인가는 결코 알 수 없을 것이기에, 의심의 여지가 있을 때는 개입하는 것이 낫다. 반면 개입을 꺼렸는데 위협이 실제로 발생할 경우, 이는 분명한 오류이며 정신의학자는 비난에 직면하게 될 것이다. 따라서 이처럼 예측불가능한 폭력행위를 주기적으로 보도하는 신문 기사를 읽고 한 19세기 정신의학자가 말하기를, "광인이 심각한 범죄를 저지를 때까지 기다리지 않고 감금했다면 우리는 매일 같이 이런 사건들에 유감을 표할 필요가 없었을 것이다."[3]

하지만 이런 식으로 철저한 예방정책을 세울 수 있을까? 아주 조야한 방식으로만 가능하다. 왜냐하면 여기서 기대할 수 있는 것은 이미 위험하다고 진단받은 자들의 폭력행위를 예방하는 것뿐이기 때문이다. 그러므로 한편으로는 진단의 오류가능성에서, 다른 한편으로는 개별 환자들을 하나하나씩 진단할 수밖에 없다는 데서 이중의 제약이 발생한다. 이 때문에 고전 정신의학은 감금과 단종斷種이라는 조야하기 마찬가지인 예방적 테크놀로지를 사용할 수밖에 없었다. 감금은 위험하다고 간주되는 개인을 가능하면 미리 무해화시키는 것이다. 이런 의미에서 프랑스의

---

2) Augustin Constant, Ludger Lunier et Edouard-Baptiste Dumesnil, *Rapport general á M. le Ministre de l'Intérieur sur le service des alienes en 1874*, Paris: Imprimerie nationale, 1878, p.67.

3) Ludger Lunier, "Revue médicale des journaux judiciaries," *Annales médico-psycho-logiques*, vol.VIII, 1848, p.259. 이 연보에는 이런 사건들을 다루는 고정란이 있었는데, 여기에는 이런 상황에 직면한 정신의학자가 느끼는 불편함과 동시에 예방을 위한 경각심의 필요성을 강조하는 '고찰들'이 함께 실렸다.

1838년 법이나 이탈리아의 1904년 법 같은 주요 강제감금 법안은 예방을 위한 법이었다고 해도 과언이 아니다. 왜냐하면 주변에 있다가 그/녀의 병리적 증상을 인식한 누군가가 위험경보를 울리면, 그/녀는 환자로서 새로운 환경(수용소)으로 강제 이전되고, 그곳에서 본인이 체현한 위협이 발현되지 않도록 체계적으로 관리될 것이기 때문이다.

그렇지만 그 도덕적·정치적 측면에 대한 의문은 둘째치고서라도, 이런 전략은 **기술적 측면에서도** 꽤 만족스러운 전략이 아니라는 점은 짚고 넘어가야 한다. 이 전략은 적용가능성을 심각하게 제한하는 자의적 요소를 가지고 있었다. 감금의 엄청난 경제적 비용이 리스크 예방의 편익을 훨씬 능가한다는 이유 하나만으로도, 위험이 의심된다는 단순한 이유로 다수의 사람을 감금하는 것은 불가능했다. 따라서 프랑스 같은 나라에서 감금된 정신질환자의 수는 10만 명 수준을 꾸준히 유지해왔는데, 이것은 얼핏 많아 보일 수 있지만 '예방'되어야 할 위험의 수를 고려해본다면 대단히 적은 수라 할 수 있다. 게다가 편집광과 '착란 없는 광기'에서 출발해 의지와 본능의 그 모든 변화무쌍한 병리학의 발전으로 이어지는 발달의 경로를 거치면서 '위험함'이 이해할 수 없는 원인과 예측할 수 없는 발현방식을 지닌 점점 더 다기능적인 실체가 되어감에 따라, 감금의 한계는 점점 더 분명해졌다. "수용소에 가두기엔 너무 정신이 멀쩡하고 감옥에 가두자니 법적 책임을 물을 수 없는" 이 모든 비정상적인 개인들, "이런 이들은 어쨌든 자유롭게 놔두기엔 너무 해롭지 않은가?"4) 그렇다면 그들을 어떻게 처리해야 하는가?

개중 명민한 정신의학자들은 위험함을 주체의 내적 특질로 취급하는 경향의 함정을 곧 깨달았다. 이에 따라 일찍이 19세기 중엽에 (퇴화를 발견한 것으로 더 유명한) 프랑스 정신의학자 베네딕트 오귀스탱 모렐은

---

4) Paul Sérieux et Lucien Libert, *Les lettres de cachet: "Prisonniers de famille" et "placements volontaires"*, Gand: Vander Haeghen, 1912, p.12.

인구의 가장 불우한 계층에서 나타나는 정신질환이나 다른 비정상성의 **빈도** 측정에 바탕을 둔 '보건·예방적 관점'을 제안하고, 이런 빈도를 노동계급에도 속하지 못한 하층민의 생활조건(영양 실조, 알코올 중독, 주거상태, 성적 문란함 등)과 연결시켰다. 이렇게 모렐은 이미 **객관적 리스크**, 즉 일련의 현상들 사이에 놓인 통계적 상관관계의 측면에서 논의를 펼치고 있다. 또한 실천의 차원에서 모렐은 당시 이미 '위험상태에 있는 인구 집단'이라 불려온 집단, 즉 (당연히) 사회적 위계의 바닥에 있는 이들을 공공 당국이 특별히 감시해야 한다고 제안했다.5) [당시] 정신의학은 수용소에서의 활동에 집중함으로써 18세기 후반 프랑스에서 꽃피운 공중보건 전통으로부터 거리를 두고 있었는데, 이런 제안을 통해 모렐은 의도치 않게 이 전통을 다시 활성화시키고 있었던 것이다.

그러나 모렐은 이런 조치를 실현하기 위한 특정 기술들을 가지고 있지 않았기에, 예방적 관점으로 향하는 이 길을 계속 이어가지 못했다. 모렐에게 개입이란 여전히 특정 개인과 접촉하고, 그/녀를 완전하게 책임지는 것을 의미했다. 따라서 모렐은 자신이 촉진하고자 했던 새로운 예방적 실천을 지칭하기 위해 '일반화된 도덕치료'라는 말을 사용했다. 당시 개별 환자를 위한 강제적 형태의 치료로 확립된 도덕치료라는 개입 방식을 확장하고 확산시키는 것으로 충분하다는 듯 말이다. 모렐은 '방어적 예방'(감금)과 '적극적 예방'을 본질적으로 상이한 것으로 구분하지만, 후자를 다음과 같은 행위로 제한할 수밖에 없었다.

---

5) 모렐은 센 강 하류를 담당하던 경찰청장에게 보낸 편지에서 "가족 내부로 파고들어 지역 거주자의 생활방식을 빈틈없이 지켜보고, 그들의 신체적·도덕적 보건상태를 숙지"하는 데 경찰의 지원을 요청하고 있다. (여기서 그의 요점을 파악할 수 있는데) 모렐은 이렇게 말했다. "이것은 당국의 후원이 있어야만 적절히 수행될 수 있는 섬세한 과업입니다. 다른 방식으로는 이처럼 인구 밀도가 높은 행정 구역에서 통계를 수집해 광기 증가의 원인을 밝히고, 그 질병을 예방하는 데 가장 적절한 예방·보건 수단을 제안하는 유용한 문서를 당국에 제출할 수 없을 것입니다." Bénédict Augustin Morel, *Le Non-restraint*, Paris: Victor Masson, 1860, p.103.

다양한 이유로 다른 이들에게서 격리된 사람들의 지적·신체적·도덕적 상태를 바꾸려고 한다면, 재발률을 줄이기 위해, 그들을 사회 환경으로 돌려보내기 전에 자신과 싸울 수 있도록 그들을 무장시켜야 한다.[6]

즉, 이런 '적극적 예방'은 여전히 전통적인 감금을 겪고 있는 인구 집단에게만 적용된다. 적절한 개입의 테크놀로지가 부족했기 때문에, 모렐은 자신의 확연한 근대적 직관을 활용하지 못했던 것이다.

사실, 모렐이 퇴화를 발견한 것과 같은 연속선상에서 또 다른 예방 전략의 가능성이 등장해 20세기 초엽의 우생학적 정책에서 만개했다. 우생학 또한 위험보다는 리스크의 측면에서 사유하기 시작한다. 즉, 인종 보존의 이름으로 이뤄진 개입은 특정 개인을 다루기보다 개인이 지닌 위협이 후대에 전이되는 것을 방지하는 데 목표를 둔다. 결과적으로, 단종이라는 예방 조치는 엄격히 정의된 정신질환보다 훨씬 폭넓은 범위의 지표에 근거해 미래의 리스크를 억제할 수 있기 때문에 감금보다 훨씬 더 광범위하고 단호한 예방의 방식으로 활용될 수 있었다. 1914년 미국정신의학회 회장 같은 권위자는 다음과 같이 선언했다.

> 모든 정신박약자, 저능아, 상습범, 명백하게 정신이 약한 사람, 확증된 모든 술꾼 등이 단종된다면, 정신적으로 결함이 있는 의존적인 계급에게서 나타나기 쉬운 악습들이 철저히 치유되리라는 것은 자명한 명제이다. 이런 수단을 통해서, 우리는 세계의 모든 사람들이 예방 접종을 받는다면 천연두를 완전히 근절할 수 있는 것처럼, 절대적으로는 아니더라도 실질적으로 10년이나 20년 안에 정신적으로 결함이 있는 사람들의 재생산을 억제할 수 있을 것이다.[7]

---

6) Bénédict Augustin Morel, *Traité des dégénérescences physiques, intellectuelles et mo -rales de l'espèce humaine*, Paris: J.-B. Baillière, 1857, p.691.

실제로 20세기 초반의 30년간 우생학적 조치는 광범위하게 이뤄졌으며, 미국처럼 '자유주의적'이라 여겨지는 나라에서조차 다양한 결함을 가진 사람들을 단종시키는 특별법들이 거의 모든 주에서 시행됐음을 기억할 필요가 있다.[8] 그러나 우생학을 정당화하는 것으로 여겨졌던 '과학적' 토대에 영향을 준 위기가 우생학적 개입에 제동을 걸었다. 우생학적 개입은 예방해야 할 리스크가 유전적으로 전이된다는 점이 과학적으로 입증됐다는 가정에 근거하고 있으나, 이런 가정은 대부분의 경우에 증명되지 않았다. 이후 나치가 만들어낸 추악하고 그로테스크한 판본은 도덕적으로나 정치적으로 우생학의 기술에 대한 평판을 실추시켰다. 그러나 이런 비극적 에피소드가 없었다면, 우생학의 앞길에는 의심할 바 없이 밝은 미래가 펼쳐졌을 것이다. 어쨌든 일찍이 1918년에 "삶에 지친 퇴화한 자들을 웃음 가스, 즉 아산화질소로 고통 없이 죽게 할 안락사 기관"의 설립을 최초로 제안한 것은 프랑스의 의사였다.[9]

그러나 우생학의 예방법이 (결정적으로든 잠정적으로든) 신뢰를 잃었다면, 강제 감금 외에 다른 예방법이 어떻게 가능할까? 여기에 모렐의 상황, 즉 리스크를 발생시킬 수 있는 조건에 직접 개입할 필요성은 인정하지만 그것을 실행할 기술은 부재한 상황이 반복될 우려가 있다. 모렐 이후 한 세기 뒤, 제랄드 카플란의 작업을 기반으로 세워진 미국 예방정신의학 전통에서도 여전히 이런 모호함이 특징적으로 나타난다.[10] 여기서 다시 중요한 것은 필요한 경우 정치가의 조언자 혹은 행정적 '의사결정자'의 보조자라는 새로운 역할을 정신의학자에게 부여해 **정신의학자의 개입을 확대**하는 것이다. 다음의 계획안을 예로 들어보자.

---

7) Carlos F. Macdonald, "Presidential Address," *American Journal of Insanity*, vol.71, no.1, July, 1914, p.9.

8) 예를 들어 미주리 주에서는 1923년에 이런 법이 제정됐다.

9) Charles Binet-Sanglé, *Le Haras humain*, Paris: Albin Michel, 1918, p.142.

10) Gerald Caplan, *Principles of Preventive Psychiatry*, New York: Basic Books, 1964.

정신보건 전문가는 입법가들이나 행정가들에게 조언을 제공하고 다른 시민들과 협력함으로써, 정부 기관이 관련 법률이나 규제를 바꾸도록 영향력을 발휘해야 한다. 사회활동에는 교육체계와 대중매체를 통해, 전문가와 일반 공동체 사이의 상호작용을 통해, 공동체 구성원들의 일반적 태도와 행동을 바꾸려는 노력이 포함된다.[11]

이로부터 카플란은 예방의 첫번째 의미, 즉 '일차 예방'을 정의하는데, 이것은 사실상 포괄적인 정치적 개입 프로그램이었다.

그렇지만 정신의학자에게 이 새로운 기능을 맡겨야 할 특별한 이유는 무엇인가? 정신의학자가 [자신이 지니고 있다고] 주장할 수 있는 능력이, 예를 들어 환경정책이나 교육체계를 개혁하는 데 필요한 능력과 무슨 연관성이 있는가? 이런 분야들에서, 카플란의 말을 빌리면 "조언을 제공"하는 정신의학 전문가는 자신의 능력이 도전받거나, 정신의학자인 자신보다 더 적격일 수 있는 다른 전문가들과의 치열한 경쟁에 직면할 위험에 노출된다. '팽창주의적'인 정신의학을 둘러싼 기대와 두려움, 때때로 '정신의학 제국주의'의 위험에 대한 경고로 이어지는 이런 기대와 두려움은 적어도 이 단계에서는 확실히 다소 과장된 것이었다. 사회에서 정신의학이 차지하고 있는 위치와 그 지식의 불확실성을 고려해볼 때, 이런 기대와 두려움은 정신의학자들의 힘을 상당히 과대평가하고 있다. 즉, 전통적으로 정신의학의 고객들은 사회적으로 불규칙하게 분포되어 있음에도 불구하고, 이런 과장된 기대와 두려움은 정신의학자들이 광범위한 사회 문제에 개입할 수 있는 것처럼 말한다. 물론 정신의학자들이 전통적인 치유의 역할을 다소간 유연하게 만들고자 할 수는 있다. 그러나 정신의학자들이 의료행위의 의사-환자 관계에 묶여 있는 한, 자신들의 역할을 변화시키는 데에는 일정한 한계가 있다.

---

11) Caplan, *Principles of Preventive Psychiatry*, p.59.

| 리스크라는 새로운 공간 |

이런 한계를 극복하려면 정신의학뿐만 아니라 모든 사회복지·보건 사업에서 치료의 고전적 형태를 특징지었던 '도움받는 주체'와의 **직접적** 관계가 끊어져야 한다. 이런 과정에서 현장실무자의 전문적 역할은 행정가의 관리 역할과 명시적으로 분리된다.

이런 변환은 **리스크 개념이 위험 개념으로부터 자율적이 되는** 순간에 가능해질 수도 있다. 리스크는 구체적인 개인이나 집단이 체현하는 특정한 위험의 존재로 인해 발생하는 것이 아니다. 리스크는 바람직하지 않은 행동양식의 발생을 가능케 하는 추상적 **요인들**의 조합 결과이다.

예를 들어, 1976년 프랑스에서는 아동기의 비정상성을 발견해내기 위한 일반 체계가 '모자 관리자동화'automated maternal and infantile management라는 이름의 시스템으로 도입됐다.[12) **모든** 유아는 체계적인 검진(생후 몇 일 후, 몇 달 후, 2년 후의 3회 검진)을 받아야 한다. 이런 검진은 신체적이든, 심리적이든, 사회적이든, 아이와 어머니의 모든 가능한 이상을 검사

---

12) 일찍이 1969년에 미국의 리처드 닉슨 대통령은 "정부가 폭력·살인 성향을 가진 이들을 탐지하는 집단 검사를 …… 모든 6~8세 아동에게 시행해야 한다"는 제안을 담은, 자신이 의뢰한 보고서에 대한 의견을 보건교육복지부 장관에게 물은 바 있다. 이때 '비행 성향'을 지닌 주체는 심리 상담, 보육센터, 특별 캠프 의무 등록 등의 '교정치료'를 받게 될 것이다. 장관은 이에 대해, 국립정신건강연구소장의 말을 빌어, 탐지에 필요한 테크놀로지가 믿을 수 있을 만한 결과를 낼 만큼 충분히 발전하지 않았다고 답변했다. Peter Schrag and Diane Divosky, *The Myth of the Hyperactive Child*, London: Harmondsworth, 1981. 재인용. 현재 미국에서 시행되는 체계적 검사는 특별한 리스크를 지닌 것으로 간주되는 집단에 제한적으로 적용된다. 이 점에서 프랑스의 '앞서가는' 위치는 행정적 결정의 전국적 시행을 용이하게 만드는 중앙집권적 권력구조의 결과로 보인다. 덧붙여 1981년 6월(이 시기는 우연이 아닌데, 이는 프랑스 대통령 선거에서 집권당이 바뀐 지 한 달이 채 되지 않았을 때이다) '자동화와 자유'에 관한 정부 위원회는 '모자 관리자동화' 시스템에 대해 적대적인 의견을 내놓았다. 그러나 위원회의 비판은 시스템 운영에서 비밀 유지가 제대로 이뤄지지 않음으로써 야기되는 개인적 자유에 대한 위협에만 초점을 맞췄고, 테크놀로지의 장치 자체에 대한 비판은 아니었다.

한다. 이렇게 모은 자료에는 어머니의 질병과 심리적 결함뿐 아니라 미혼 임신, 미성년자 임신, 국적 같은 사회적 특성에 대한 것도 포함된다. 이런 항목들의 정보수집을 통해 완전히 이질적인 유형의 요인들을 함께 묶을 수 있다. 가령 17세 미만의 미혼모나 40세 이상의 부모에게서 태어난 아기, 어떤 질병이 있거나 이전 임신에서 어려움을 겪은 이에게서 태어난 아기, 농장노동자나 학생에게서 태어난 아기 등.

이런 리스크 요인 중 몇 가지에 해당한다면, 자동적으로 요주의 대상이 된다. 즉 **확률적이고 추상적**으로 존재하는 리스크에 근거해, 위험이 **실제로** 존재하는가를 확인하려고 전문가, 예를 들어 사회복지사가 그 가정을 방문할 것이다. 이제 우리는 경험을 통해 관찰할 수 있는 문제상황에서 **시작**하는 것이 아니라, 오히려 예방하고자 하는 위험의 일반 정의에서 그 문제상황을 **연역해낸다.**

따라서 이런 예방정책은 **새로운 양식의 감시**를 촉진한다. 체계적인 사전 탐지라는 양식을 말이다. 이것은 어떤 바람직하지 않은 사건, 예를 들어 질병, 비정상성, 일탈행위 등의 발생을 예측하고 예방하는 것을 목표로 한다는 의미에서 감시의 형태를 띤다. 그러나 이런 감시는 감시인과 감시받는 자, 후견인과 피후견인, 돌보는 자와 돌봄을 받는 자의 존재, 계약, 상호관계 없이도 이뤄질 수 있다. 이 두 당사자 간의 상호관계는 모든 고전적인 규율, 자선, 치유기술의 필수 조건이었다(심지어 이는 감시의 시선이 승화된 형태에서조차 그러했다. 미셸 푸코가 분석한 판옵티콘 모델을 참고하라).[13] 가장 집합적이고 비인격적이며 억압적인 형태의 병영, 공장, 감옥, 기숙학교, 정신병원에서조차 일탈행위를 탐지하고 교정하기 위한 감시의 작동은 '육체가' 실제 그 장소에 있는 것, 한마디로 특정한 개별화의 형식에 기대고 있었다.

---

13) Michel Foucault, "Le panoptisme"(ch.3, pt.3), *Surveiller et punir*, Paris: Gallimard, 1975, pp.197~229. [오생근 옮김, 『감시와 처벌』(재판), 나남, 2003, 303~347쪽.]

그러나 이제 감시는 감시받는 주체에 대한 어떤 접촉도 없이, 심지어는 어떤 직접적 재현도 없이 실행될 수 있다. 확실히 경찰은 오랫동안 비밀 파일을 기록해왔다. 그런데 이런 비밀서류 파일의 논리는 이제 자랑스럽게 공표된 정교한 '과학적' 사전 탐지의 형태를 띠게 된다.

내가 보기에 여기서 진정한 질적 변화가, 이 새로운 감시의 테크놀로지에 엄청나게 넓은 범위의 시야를 부여해줄 수 있는 변화가 일어난다. 개입한다는 것은 더 이상, 적어도 처음에는, 미리 파악된 개인을 표적으로 삼아 그/녀를 교정하고 처벌하거나 돌보려는 것이 아니다(교정, 처벌, 돌봄의 개입형태를 어떻게 해석하든, 즉 정력적인 자선 단체의 전통에 따라 긍정적인 것으로 보든, 억압에 반대하는 비판적 사유 학파에 따라 부정적인 것으로 보든 간에 말이다). 사실 **더 이상 주체는 존재하지 않기 때문에** 더 이상 주체와의 직접적인 관계 역시 존재하지 않는다. 새로운 예방 정책은 일차적으로 개인이 아니라 요인들, 즉 이질적 요소들의 통계적 상관관계를 겨냥한다. 그것은 개입의 구체적 대상인 주체를 해체하고 리스크를 산출할 수 있는 요인의 조합을 재구성한다. 예방의 일차적 목적은 구체적인 위험 상황에 맞서는 것이 아니라 위험이 침입할 수 있는 모든 가능성을 예견하는 것이다. 사실상 '예방'은 의심을 확률 계산이라는 영예로운 과학적 지위로 승격시킨다. 더 이상 위험함이나 비정상성의 명백한 증상을 보이지 않아도, 예방정책을 규정하는 전문가들이 리스크 요인으로 구성한 특징을 드러내는 것만으로 의심받을 수 있다. 이렇듯 위험이 출현하는 객관적 조건을 **구성**해 그로부터 새로운 개입의 양식을 **도출**해낼 수 있는 예방에 비교하면, 특정한 행위의 발생을 예측하는 것으로서 제한된 예방 관념은 구식의 수공업처럼 보인다.

요컨대 이런 리스크 요인의 일반화된 공간과 위험함의 구체적 공간의 관계는 비유클리드 기하학의 일반화된 공간과 유클리드 기하학의 삼차원 공간의 관계와 같다. 위험함에서 리스크로의 전환을 보여주는 이런 추상화와 일반화에는 개입의 가능성을 무한히 증식시킬 수 있는 잠재력이 있다. 일말의 리스크도 없는, 통제불가능하고 예측불가능한 일말의 우연적 요소도 없다고 확신할 수 있는 상황이 있을 수 있겠는가?

예방이라는 근대적 이데올로기는 예측불가능한 것의 침입으로 이해 된 우연적인 것을 완전히 통제하려는 기술관료적 합리성의 거대한 꿈에 지배되어왔다. 리스크의 완전한 근절이라는 이 신화의 미명 아래, 예방 적 개입의 새로운 표적이 될 한 무더기의 새로운 리스크가 구성됐다. 주 체 안에 숨겨진 위험, 취약한 의지, 비합리적 욕망이나 예측할 수 없는 방종의 결과뿐만 아니라 외부에서 기인한 위험, 주체가 방어법을 배우지 못한 외부의 위험과 유혹, 술, 담배, 나쁜 식습관, 교통사고, 다양한 종류 의 부주의와 공해, 기상재해 등.14) 따라서 거대한 위생학적 유토피아는 두려움과 안전을 번갈아 노래하며 합리성의 착란, 계산적 이성의 절대 적 지배, 그 대행인들(즉, 아무 일도 일어나지 않는 삶의 행복을 추구하는 입안자, 기술관료, 행정가)의 절대적 특권을 이끌어낸다. 이런 초합리주 의는 마치 잡초를 뽑듯 리스크를 근절할 수 있는 양 가장한다는 점에서 철저한 실용주의이기도 하다. 그러나 이렇게 태평한 예방 정신이 표출된 다양한 흐름 전반에 걸쳐(대규모의 국가적 예방 캠페인만 봐도, 이는 현재 프랑스에서 너무 비대하게 발달되어 있다), 이 새로운 마녀사냥이 가져오 는 사회적·인적 비용에 대한 숙고는 흔적도 찾아볼 수 없다. 가령 **예방이**

---

14) 최근 지진이 코트다쥐르 지방[프랑스 남동부 지방]에 미치는 영향을 예방하기 위 한 컨퍼런스가 열렸는데, 여기서 이 문제가 아직 합당한 관심을 받지 못하는 것에 대해 심각한 분노가 표출됐다. 이로부터 (어쨌든 아마도 완벽하게 실재하지만 그 효 과는 완전히 무작위적이고 발생은 예측할 수 없으며 원인을 통제할 수 없는) '리스크' 의 미장센이 어떻게 하나의 기계, 일군의 전문가를 만들어내고 건설 비용과 규범 을 변경하고 여행의 흐름에 영향을 주면서 역시 완벽하게 실재하는 기계를 만들 어내는지 목격할 수 있다. 공포, 또는 최소한 불안의 문화는 말할 것도 없이 이처 럼 절대적 안전의 신화적 재현 아래 새로운 리스크를 끊임없이 발굴해내는 습관 이 촉발한 것이다. 그러나 불안정성의 배양이 강력한 안전정책을 정당화하듯이, 불안의 문화는 불안의 치유법이 유통되는 시장을 확산시키고 있다.

병을 야기하는 측면이 있는데, 이는 사실 술이나 담배처럼 공격받는 '의심스런' 상품을 소비하는 경우에서조차 언제나 발생하는 일이다.

| 실천적·정치적 함의들 |

이런 일반적 함의를 제쳐두더라도, 이런 전환으로부터 몇 가지 실천적이고 일상적인 결과를 끌어낼 수 있다. 여기서는 특히 내가 보기에 중요한 두 가지 변화들만 살펴보기로 한다.

1) 진단과 치료의 분리, 그리고 돌봄 기능의 전문화

좋든 싫든 지금까지 정신의학, 더 넓게는 사회복지와 사회보장 일반의 전통은 담당 인구 집단에게 가능한 한 완전한 돌봄 서비스를 제공하려는 열망을 특징으로 가지고 있었다.

정신의학의 경우, 이런 목표는 처음에는 감금이라는 간단명료한 형태로 실현됐다. 정신질환자로 진단받는다는 것은 특수 기관이나 수용소로 보내져 종종 평생 지속될 총체적 돌봄의 대상이 된다는 것이었다. 그러나 근대 정신의학이 지역에 기반해 운영되는 것으로 변하면서 **돌봄의 연속성**이라는 핵심 관념이 이런 포괄적 소명의식을 이어받았다. 즉, 이제는 다양한 장소에서 활동하더라도 하나의 단일한 의료-사회 팀이 예방부터 병후 간호까지 해당 개인에게 필요한 전 범위의 돌봄을 제공해야 했다. 이것이 프랑스 정신보건정책인 '지역화' 원칙과 미국 지역정신보건센터 운동의 핵심이다.* 정신분석조차 이런 전통과 완전히 무관하지

---

* 1960년대에 등장한 '지역화' 정책은 프랑스 전역을 약 5만 명의 평균 인구를 가진 '지역'(sector)으로 분할하고, 그 지역에 친숙한 전문가들로 구성된 치료팀이 해당 지역의 정신질환자들을 연속적으로 관리하는 것을 목적으로 한다. 미국의 지역정신보건센터는 1963년 '지역정신보건센터와 발달 지체에 관한 법률'이 통과되면서 공식화된 제도로, 국립정신건강연구소의 감독 아래 각 지역에 정신보건센터를 설립하고, 이곳을 중심으로 공동체 기반의 정신병 치료를 제공하는 것을 목적으로 한다.

않다고 할 수 있을 텐데, 알다시피 정신분석은 수년간 다양한 증상의 발현을 추적하고 상담 회기의 리듬에 따라 환자의 인생을 주기적으로 매듭지으면서 나름의 방식으로 돌봄의 연속성을 제공하기 때문이다.

분명 오늘날에도 사라지지 않았지만, 이 **연속적인 구호체제**는 더 이상 의료-심리학적 실천의 준독점적 모델이 아니다. 이제는 더 많은 상황에서 의료-심리학적 평가는 개인에게 **딱지를 붙여** 그/녀의 **이력**과 관련된 **하나의 프로파일**을 만드는 **전문 활동**으로 기능한다. 그러나 이런 연속된 평가가 반드시 개인에 대한 돌봄으로 이어지는 것도 아니다.

이것이 예를 들어 1975년 프랑스에서 통과되어 대략 2백만 명의 개인에게 영향을 준 '장애인을 위한' 법의 논리이다.[15] 장애 진단을 받은 주체는 여러 특별한 궤적을 밟을 수 있는데, 그것이 꼭 의료적 궤적일 필요는 없다. 가령 장애인은 장애인을 위한 작업장이나 노동부조센터에 배치될 수 있다. 즉, 의료와 무관한 단체, 장애인을 '돌보기'보다는 일반 생산기업보다 덜 경쟁적인 환경에서 일하도록 돕는 단체에 말이다. 원한다면 이를 '탈의료화'나 '탈정신의료화'라 부를 수 있겠지만, 사실은 의료-심리학적 진단에 근거한 **행정적 배치**의 실천이 치료를 대체한 것이다. 프랑스에서 이 법은 그것이 정신의학에 치명적 위협이 될 수 있음을 깨달은 대다수 정신의학자들의 결연한 반대에 부딪치고 있다. 그러나 이

---

15) '장애인을 위한' 1975년 6월 30일의 법은 재정적 혜택을 구하고/구하거나 특별 기관에 수용되려고 하는 아동과 성인(혹은 그들의 조력자들)을 위한 각각의 신설 위원회를 데파르트망(départment)[한국의 군(郡) 정도에 해당하는 행정 단위] 수준에서 설치하도록 규정했다. 이 신설 위원회는 산하 전문기술 위원회가 수집한 자료를 바탕으로 운영된다. 전문기술 위원회는 대부분 기술자들로, 데파르트망 위원회는 대부분 다양한 행정 기관의 대표들로 구성되는데, 장애 관련 문제의 결정권은 후자에게 있었다. 당시 보건장관이었던 시몬느 베이유(Simone Veil, 1927~)가 이 법과 관련된 상원에서의 토론 중 말했듯이, "미성년자의 경우에는 이 법안의 4조, 성인의 경우에는 11조에 의거해 데파르트망 위원회가 장애인으로 인정한 자는 앞으로 장애인으로 간주될" 것이었다. *Journal Officiel*, 4 avril 1975.

과정이 제대로 기능하는 데 있어 정신의학자의 개입은 여전히 핵심 요소인데, 장애인의 운명을 결정하는 것은 정신의학자의 전문적 평가이기 때문이다. 그러나 이런 전문성은 더 이상 예전과 같은 역할을 맡지 않는다. 즉, 평가를 할 때는 여전히 정신의학자를 배제할 수 없지만, 관리감독의 과정에서는 이들이 불필요해질 수 있다. 달리 말하면 의료-심리학 전문가들은 개인의 능력(또는 장애)을 평가하는 데 여전히 필수적이며, 이들에 의해 **진찰**받아야 하는 주체는 계속 증가하지만, 이런 식으로 **진찰**받은 개인이 더 이상 똑같은 전문가에게 **치료**받아야 할 필요는 없다. 우리는 치료의 문제틀(또는 비판적 어법에 따르면 억압과 통제의 문제틀)을 이미 지나왔다. 우리는 순수한 전문 지식으로 기능하는 의료-심리학적 진단을 통해 확립된 인구 집단의 차별화된 프로파일을 바탕으로, 그 인구 집단들이 **자동적으로 관리**되는 것을 목도하고 있다. 확실히 우리는 아직 이런 질적 변화의 중요성을 완전히 이해하지 못하고 있다.

2) 행정가에게 완전히 종속된 전문기술자

행정가와 현장실무자 사이의 갈등 자체는 정신보건과 사회복지 직종의 오랜 전통이다. 행정적 요구들을 치유나 돌봄활동의 주된 장애물로 보는 것은 실제로 이 전문 분야의 모든 문헌에서 등장하는 테마이다. 즉, 행정가는 언제나 현장실무자들의 일에 필요한 자원 제공을 거부하고, 하찮은 규정에 얽매여 진취적인 시도에 훼방을 놓으며, 통제와 억압의 기능을 떠맡도록 강요하는 존재로 그려진다.

그러나 전통적 체계에서 이런 입장 차이는 거의 동등한 파트너 사이에서 일어나거나 최소한 책임 분담에 근거한 협상, 타협, 심지어 연합의 여지를 남겨뒀다. 현장실무자는 행정가를 설득하거나 무력화하고, 규정의 허점을 이용하거나, 관리자를 좌지우지하고 위협할 수 있었다. 더욱이 정신의학이 등장한 이래 지금까지 정신보건정책은 현장실무자와 행정가 각자가 맡은 역할 간의 혼란스런 상호작용(혹은 원한다면 변증법적 관계라 할 수 있는 것)의 산물이었다. 역사적 시기와 지역적 차이는 있지만 우리는 정책의 입안과정에서 본질적 구성 논리라 할 만큼 규칙적으로 반복되며 이어지는 공통된 네 가지 국면을 구분할 수 있다.16)

초기 국면은 현장의 작업자들이 지배한다. 일상의 문제를 접하는 현장실무자들은 시행착오를 거쳐 각자의 담당 영역을 조직할 새로운 방식을 서서히 만들어낸다. 따라서 19세기가 시작될 무렵 프랑스에서 기존의 종합병원에 대항해 수용소가 '발명'되고, 제2차 세계대전 이후 문제적 인구를 지리적으로 구획해 돌본 것은 애초에 구체적 상황에 대한 임기응변으로 등장해 이후에 점차 체계화된 것이다.

사실 일찌감치 시작된 두 번째 국면에서는 전문가들이 행정·정치 기관에 접근해 자신들의 방식을 공인할 것을 요구한다. 장-에티엔 도미니크 에스키롤은 1819년 정신병원의 상태와 필요한 개혁에 관한 유명한 보고서를 내무장관에게 제출했다. 전후 미국에서 국립정신보건연구소의 혁신적 전문가들과 1950년대 프랑스 정신의학의 진보파는 각각 민주당 행정부와 보건부의 진보적 행정가와 동맹관계를 맺었다.

수년, 심지어 수십 년간 상호조정과 협상을 통한 교류와 일련의 부침이 있은 뒤, 마침내 새로운 정신보건정책을 확고히 하는 공식적 결정이 내려진다. 이것은 프랑스에서는 1838년의 법과 1960년의 지역화정책에 관한 정부 공문, 미국에서는 존 F. 케네디 대통령이 전폭적으로 지지한 1963년의 '지역정신보건센터와 발달 지체에 관한 법률'로 나타났다. 이런 행정적·의학적 토대에 근거해 문제 인구를 관리하기 위한 새로운 처방이 다듬어진다. 정신질환자나 다른 일탈자를 보살피는 것이 더 이

---

16) 나는 다음의 책들에서 각각 프랑스의 1838년 법과 '지역화' 정책, 1963년의 미국 '지역정신보건센터와 발달 지체에 관한 법'을 분석하기 위해 이 점을 보여주려고 했다. Robert Castel, *L'ordre psychiatrique: L'âge d'or de l'aliénisme*, Paris: Minuit, 1976; (avec Françoise Castel et Anne Lovell) *La société psychiatrique avancée: Le modèle américain*, Paris: Grasset, 1979.

상 **원칙**의 문제를 제기하지 않고, 하나의 정책이라 불리는 것을 구성하는 일관된 행정계획에 기입된 것이다.[17]

그러고 나서 네 번째 국면이 시작되는데, 일반적으로 이 단계의 특징은 전문가들의 실망스런 깨달음이다. 전문가들 사이에서 자신들의 인도주의적 의도가 관료적, 심지어는 억압적 목적을 위해 왜곡됐다는 고발과 배신당했다는 외침이 나타난다. 전문가들은 행정가들의 태만, 적개심, 필요 자원의 지원 거부 등을 비난한다. 그러나 전문가들은 법이 사실 그 핵심 기능을 완수하기 위해, 즉 행정적·법적·제도적·재정적 차원의 골치아픈 문제들을 통합관리하는 데 필요한 조건을 제공하기 위해, 항상 문자 그대로 적용될 필요는 없다는 사실을 쉽사리 잊어버린다. 또한 전문가들은 자신들의 의도가 왜곡되고 이에 실망했더라도, 자신들의 실천이 그 체계의 구축에 핵심 요소였다는 사실을 망각한다.

이것이 정치적 차원에서 도식화해본, 지금까지 이어지는 현장실무자-행정가의 관계구조이다. 최근 몇몇 정신의학 비판은 정신보건 전문가들을 단순히 국가권력의 대행자로 취급해 명백히 이 쟁점을 왜곡했다. 전문가들이 공적 책무를 갖고 있음은 두말할 나위 없지만, 이런 책무는 그 자체로 행정적-정치적 결정의 노골적인 도구화는 아닌 실천에 근거해 유지된다. 국가권력의 몇몇 대행자들이 자신의 실천으로 이룩한 발전을 토대로, 자신의 힘을 이용해 자신의 책무를 재정향하고 기존의 사법

---

17) 예컨대 1838년의 법은 위험하다고 간주된 정신병자라도 형법상 책임을 질 수 없으니 법적으로 감금할 수 없다는 주장과 공공 질서를 지키려면 이들을 감금해야 한다는 주장 사이의 모순을 제거했다. '치유적 격리'라는 이름 아래 새롭게 의학적 정당성을 얻은 강제적 관리는 투옥만큼이나 엄격하지만 이제부터는 치유 목적으로 당연시된다. 광인은 시민적·법적 지위를 부여받고, '특수 기관'에 위치가 지정되며, 심지어 보호관리의 재정적 세부사항까지 법의 틀에서 규정된다. 그러나 훗날 광기의 합리적 관리를 가능케 한 이 완결된 장치는 필립 피넬이 비세트르 병원과 살페트리에르 병원에서 시작한 이래로 약 30년 이상에 걸쳐 눈덩이처럼 불어난 의료행위의 대전환에 의해 가능해진 것이었다.

기능을 전복할 수 있었던 것이 그 증거이다. 이탈리아의 민주주의정신의학 운동의 성취가 바로 이런 예를 보여주는데, 이들의 활동은 1978년 이탈리아 국회에서 그 유명한 제180호법의 통과를 이끌어냈다.[18] 앞서 구분한 네 국면은 이런 역사에서 쉽게 식별될 수 있을 것이다.

이처럼 복잡하고 갈등으로 점철된 관계가 새로운 예방적 테크놀로지의 도입에 따라 해체되고 있음은 분명하다. 사실상 행정은 이 새로운 테크놀로지를 완전히 통제하고 있기 때문에 거의 완전한 자율성을 얻었다. 현장실무자들은 이제 행정관리인의 단순한 보조자가 되어, 위에 서술한 전문적 진단활동을 통해 도출된 정보를 제공할 뿐이다. 이후 이런 정보 항목은 전문가들의 실천과 완전히 분리된 경로를 통해, 특히 컴퓨터 정보 처리를 매개로 한군데 저장되고 처리되어 배포된다.

여기서 근본적인 불균형이 기인한다. 주체에 대한 지식을 소유했다는 사실이 주체에 (좋든 나쁘든) 개입할 수 있는 가능성으로 직접 이어지던 연결고리는 끊어지고, 현장실무자는 관리정책의 목적에 완전히 종속된다. 현장실무자들은 더 이상 자신들이 생산하는 자료의 사용을 통제하지 못한다. 행정관리자는 진정한 '의사결정자'가 되어, 모든 카드를 쥐고 게임을 좌지우지한다. 무엇보다 이것은 지난 20여 년 동안 여러 곳에서 약진해온, 특히 이탈리아에서 진보적인 정신보건 전문가들이 발전시켜온 투쟁 전략의 가능성이 막을 내렸다는 것을 의미한다.

| 탈규율질서를 향하여? |

마지막으로 이런 경향이 '신자유주의' 사회에 적절한 새로운 관리 전략의 개시가 아닌지 궁금해할 수 있다. 새로운 형태의 통제는 더 이상 억

---

18) [1978년 5월 13일 발효된 이탈리아의] 제180호법(Legge 180)은 기존 정신병원을 폐쇄하고 새로운 정신병원 설립을 금지했으며, 급성 정신질환은 종합병원에 통합된 소규모 병실에서 치료하도록 규정했다.

압이나 특히 1960년대에 성장한 복지 개입주의에 의해 작동하지 않는 사회들에서 나타나고 있다(정신의학 분야에서 복지 개입주의는 프랑스의 지역화 정책, 미국의 지역정신보건센터와 함께 나타났다. 여기서는 한마디로 국가기계들에 연결된 통합장치를 활용해 최대한 광범위한 영역과 최대한 많은 사람을 포괄하는 것이 문제였다). 이런 기존의 실천 대신에 혹은 이와 더불어 우리는 인구를 다루는 차별적 양식, 즉 이익이 되는 일을 함으로써 수익을 최대화하고 이익이 되지 않는 일을 주변화하려는 양식의 발전을 목격하고 있다. 최근의 경향은 바람직하지 않은 요소를 사회체에서 격리·제거하거나 교정·치유를 통해 다소 강제적으로 사회에 재통합하는 대신, 경쟁력과 수익성의 요구에 부응할 수 있는 다양한 능력에 따라 개인에게 상이한 사회적 운명을 할당하는 것이다. 이런 경향이 극단에 이르면, 최근 몇몇 프랑스 이데올로그들이 제시한 '이원적' 또는 '이중 속도' 사회 모델, 즉 경제적 합리성의 기혹한 요구를 따르는 초경쟁적 부문이 이처럼 강도 높은 교환회로에 참여할 수 없는 이들에게 피난처(또는 쓰레기 처리장)를 제공하는 주변적 활동과 공존하는 모델을 낳는다. 어떤 의미에서 이런 '이원적' 사회는 실업, 주변화된 청년층, 비공식 경제의 형태로 이미 존재한다. 그러나 지금까지 이런 부적격 판정과 재분류의 과정은 무작위로 이뤄져왔다. 그것은 경제적 경쟁메커니즘, 불완전 고용, 새로운 직업에의 적응 여부, 교육체계의 역기능 등이 낳은 통제할 수 없는 효과였다. 이런 과정을 재설계하려는 시도들도 사람들보다는 하부구조, 즉 산업집중화, 새로운 투자 부문의 개척, 경쟁력 없는 부분의 폐쇄 등에 초점이 맞춰졌다. 사람들이 이런 '객관적' 긴급사태에 알아서 (흔히 그렇게 잘 되지 않지만) 적응하게끔 놔둔 채 말이다.

그러나 앞으로는 인구의 수행력, 특히 그들에게 있을지 모를 결함을 평가해 인구 자체를 설계하는 것이 **기술적으로 가능**해지지 않을까 질문해 봐야 한다. 이것은 이미 장애인들을 대상으로 이뤄지고 있는데, 그들은 장애인 보호 고용이라 불리는 것을 통해 특별한 직업으로 인도된다. 그러나 예를 들어 정확히 동일한 방식이 특별히 재능 있는 사람들, 오직 과잉의 핸디캡만 가지고 있는 사람들에게 적용되어, 고도로 발달되거나 특수한 적성이 요구되는 사회 기능을 담당할 수 있도록 그들을 이끌거나 '치료'할 수도 있다. 더 일반적인 의미에서, 그런 요인의 정의를 바탕으로 차등화된 인구 프로파일을 만듦으로써 어떤 유형의 차이든 틀림없이 객관화할 수 있게 될 것이다. 컴퓨터 덕분에 이렇게 하는 것이 기술적으로 가능해졌다. 그 나머지, 즉 이런 식으로 정의된 어떤 범주에 특별한 운명을 할당하는 행위는 정치적 의지의 문제이다.

정치적 논란을 불러일으키며 이런 가능성을 활용한 전례가 아직 없다고 해서 완전히 마음을 놓을 수는 없다. (로널드 레이건의 미국이 그 극단적인 경우인데) 오늘날 산업국가들 대부분이 처한 상황에서 케인스적 국가의 위기는 몇 년 전만 해도 역사의 흐름에 각인된 듯했던 복지정책의 성장을 지연시킬 뿐만 아니라 축소시키고 있다. 따라서 선진 자본주의 사회에서는 경제 발전과 사회의 정치적 조직화로 인한 불이익에 대응해 보편적 복지를 증진시키는 것이 매우 문제적인 일이 됐다. 그러나 이것이 자유방임으로의 복귀를 의미하는 것은 아니다.

바로 이런 정세에서, 보호관리를 떠맡지 않고 개인을 **지도**하고 **배정**할 수 있게 해주는 개입의 테크놀로지가 결정적 자원임이 드러날지도 모른다. 전통적인 사회정책은 늘 사회적인 것의 자연성이라 할 만한 것을 존중해왔다. 그것을 의심할 때조차도. 즉, 개인은 영토에 기입되고 구체적 집단에 속하며 애정으로 묶인 관계, 선대로부터 상속된 것, 자신의 뿌리 등을 가진다. 때로는 억압적이지만 특성상 점점 더 복지를 지향하게 된 사회정책은 지금까지 이 기본적인 사회 재료에 작용해 길들여지지 않은 에너지의 배출구를 만들고, 무성하게 얽힌 것을 쳐내고, 여기저기서 잡초를 뽑아내고, 때로는 옮겨 심었다. 그러나 그 기능상 예방보다는 교정과 복구를 강조하는 이 모든 조치는 개인이 사회적인 것의 지형 안에서 이미 어떤 자리를 배정받았다고 보는 관점을 공유하고 있었다.

전염병학적 방법에 의거해 수집된 특징들의 조합으로 인구 흐름의 프로파일을 만든다는 것은 사회적인 것에 대해 사뭇 다른 이미지를 제시한다. 즉, 개인이 각자의 능력에 따라 [자신에게 주어진 상황에] 대처하도록 요구받거나 권장받는, 사전에 설계된 회로들로 이뤄진 동질적 공간이라는 이미지를 말이다(이런 식으로 주변성 자체는 미지의 혹은 저항의 영역으로 남기보다는 사회적인 것 내부에서 조직되는 영역이, 더 경쟁적인 경로를 따라갈 수 없는 사람들이 이끌려갈 영역이 될 수 있다).

주어진 것에 질서를 부여하기보다 질서를 예측하는 이런 사고방식은 규율이 아닌 효율성에 집착한다. 이제는 간극을 메우거나 무엇인가를 예방하기 위해 개입하는 현장실무자가 아니라 경로를 계획하고 사람들의 프로파일이 그에 부응할 수 있도록 만드는 행정가가 가장 중요한 장인이다. 개인이 지닌 능력의 '과학적' 평가를 통해 사회적 궤적을 미리 계획하는 능력 덕택에 억압이나 구호가 필요 없을 만큼 완벽한 예방체계, 이것은 참으로 극단적인 이미지일 것이다. 물론 이것은 신화라 부를 수 있는 극단적 가능성일 뿐이지만, 이런 신화의 논리는 리스크 예방의 이름으로 내려진 최근의 결정들에서 이미 작동하고 있다.

통치성과 정치의 계보학

시대를 해석하는 것이야말로 우리의 미덕이기에.
—— 윌리엄 셰익스피어, 『코리올라누스』, 제4막 7장

영원회귀는 영원히 반복되는 이별이기도 하다.
—— 폴 벤느가 다른 식으로 표현한 프리드리히 니체의 말

아마도 이 글에 요구되는 작업은 『푸코 효과』의 출간 이후 생산된 방대하고 풍부한 통치성 관련 작업들을 일별하고 평가하는 것이겠지만, 유감스럽게도 내게는 그런 작업을 수행할 만한 역량이 없다. 그 대신에 나는 이 글을 통해 좀 덜 야심 차지만 내게 더 적절하다고 생각되는 작업을 하고자 한다. 먼저 나는 이 책이 출간된 이후의 역사를 돌아보면서 현재의 관심사 및 질문과 관련해 떠오르는 짧은 단상들을 논하고, 이런 사후 단상들에 근거해 미셸 푸코가 미처 끝내지 못한 작업들을 어떻게 하면 완성할 수 있을지, 아니 적어도 어떻게 그 작업을 계속 이어갈 수 있을지에 대해 다소 과감한 제안을 던질 것이다.

| 첫 번째 사후 단상 |

우선 우리의 첫 번째 질문은 1980년대에 이 책을 편집하는 과정에서, 그 이후에 벌어진 '현재들의 역사'를 쓰는 데 유용할 수 있는데도 불구하고 우리가 혹은 내가 놓치거나 간과한 것이 있는가 하는 것이다.

이 질문에 바로 답한다면, 푸코의 통치성 논의를 설명하면서 내가 가장 심각하게 빠뜨린 것은 『생명정치의 탄생』의 2~3강(1979년 1월 17일과 24일)의 내용이다. 폴 패튼 같은 이들이 지적하듯이, 2~3강에는 최근의 전 지구적 사안과 매우 밀접한 일련의 통찰과 분석이 담겨 있다. 그중 하나는 자유주의가 자유를 생산하고 소비하는 통치형태라는 주장인데, 우리는 지금까지 이 주장의 함의를 철저히 사유하지 못하고 있다. 이보다 덜 중요하지만 마찬가지로 의미심장한 또 다른 주장이 있는데, 그것은 자유주의가 위험을 살아가는 하나의 기예라는 주장이다.

2~3강에서 매우 중요한 또 다른 언급은 통치권력을 제한하는 두 가지 접근법의 비교이다. 한쪽에는 프랑스 식 접근법이 있는데, 이것은 루소 식의 혁명적 접근법으로서 정당성이라는 기준에 초점을 맞추고 권리에 근거한다. 다른 한쪽에는 영국 식 접근법이 있는데, 이것은 효용과 이해관계라는 기준에 초점을 맞추는 벤담 식의 급진적 접근법이다. 푸코의 언급에 따르면, 이 두 가지 접근법은 우리의 시대에까지 살아남았는데, 후자가 경향적으로 좀 더 널리 퍼져 있다.

세 번째로, 아주 중요하지만 여전히 그리 주목받지 못하는 또 다른 구절이 2~3강에 있는데, 그것은 자유주의가 유럽의 국가 간 체제와 세계질서에 대해 갖고 있는 함의와 관련된 구절이다.

여기서 푸코는 통치성의 자유주의적 변화가 국가 간 질서의 모델, 특히 중상주의와 내치국가의 시기에 받아들여진 '힘의 균형' 모델을 변화시켰다고 설명한다. 예전의 경우, 경제적 제로섬 경쟁을 벌이던 국가들 간의 라이벌 관계는 어떤 특정 국가의 전면적 지배를 막는 동맹의 게임에 의해서만 안정화될 수 있었다. 그러나 국내외 시장 교환에 근거한 자유주의 체제는 이런 방식 대신에 모든 참여자가 최적의 이익을 얻고, 각 참여자의 이익이 결국 모두의 이익으로 이어지며, 잠재적 성장의 총합에 제한이 없는 과정을 제시했다. 하지만 중요한 것은, 유럽이라는 공간에서 수많은 국가들이 이처럼 제약 없고 (원칙적으로) 평화적인 동반 성장을 누리려면, 유럽 자체가 대외적으로 세계시장에 무제한 접근할 수 있어야만 했다. 즉, 유럽의 상업이 세계시장에 접근할 수 있어야 한다는 것은 각국의 경제적 상호발전을 통해 '영구평화'로 나아가는 진보의 조건이고, 바로 이런 이유에서 그것은 유럽 지역의 국가 간 질서를 보장하는 목적론적 필요조건이기도 했다. 푸코는 이런 주된 변화를 유럽 식민주의의 초기 단계, 그리고 뒤이은 식민 제국주의의 만개와 구별하면서, 이 중간 단계를 관련 해양법의 제정, (국제법·상법의 자연법적 기반에 대한 논의와 더불어 등장한) 임마누엘 칸트의 영구평화론 같은 새로운 도식들, 나폴레옹 제국과 그 제국의 몰락 이후 1815년의 빈 회의[조약]에 의해 구현된, 국가 간 질서에 대한 내치적·자유주의적 도식의 상이한 혼성체들 등을 통해 제시하고 있다.

이런 분석과 1975~76년의 콜레주드프랑스 강의 『"사회를 보호해야 한다"』 사이의 연속성도 주목할 만하다. 여기서 세계질서의 자유주의적 모델은 중상주의의 제로섬 게임 모델과 단절하고, 국가들이 동시적이고 상호지원적인 궤적을 그리며 성장하는 (잠재적으로) 온건한 패러다임을 제시한다. 『"사회를 보호해야 한다"』에서 푸코는 에마뉘엘-조제프 시에예스가 제시한 제3신분의 국가 모델이 대외 정복을 통한 제국주의적 국가 성장 대신에 국가의 자기 실현을 위한 내생적 성장 경로를 제시했다고 지적한다. 이 새로운 모델에서는 민족 내 구성원들 간의 정치적 투쟁이 폭력의 문턱을 넘지 않고 평화적인 공론장에서 벌어지게 된다. 푸코가 『생명정치의 탄생』에서 말하듯이, 국내외적으로 평화를 조직할 수 있는 이 놀라운 능력은 전 세계적 차원에서 유례없는 국가적·제국주의적 전쟁을 벌일 수 있는 능력과 대응된다. 따라서 『생명정치의 탄생』에는 통치성의 역사가 오늘날 '세계화'라 불리는 것의 역사와 관련되는 어떤 중요한 단계에 관한 실마리들이 있다.

초국적, 국제적, 혹은 연방적 정치체·관계 같은 일반적 주제(푸코의 강의 이후 세대에게 훨씬 더 중요해진 주제)에 대해서는, 잘 알려지지 않았지만 왕정 지배 모델에 맞서 프랑스 혁명 이념의 일부로 등장한 제국적 지배 모델(『"사회를 보호해야 한다"』), 그리고 시라쿠사의 통치자들에게 보낸 서신에서 플라톤이 조언한 도시국가들의 제국적 연방제에 적합한 헌법 형태(『자기의 통치와 타인의 통치』[1982~83년의 콜레주드프랑스 강의])에 대해 푸코가 남긴 언급을 참조할 만하다.

바로 이런 점들이 저 놀랍도록 풍부하고 지속적으로 영감을 주는 푸코의 강의들을 논하던 1991년에 우리가 빠뜨린 주제들이다.

| 두 번째 사후 단상 |

이제 이런 사후 단상을 다른 방향으로 돌려보자. 우리가 주목하고 강조했지만 지금까지 그 장점에 비해 별로 주목받지 못한 것들도 있을까? 겸손하고 편견 없이 말하건대, 몇 가지 그런 것들이 있다.

첫째, 생각해보건대 『푸코 효과』의 매력 중 하나는 일련의 새롭고 강력한 생각들을 소개할 뿐만 아니라 그것들을 푸코만이 아니라 푸코를 둘러싼 비공식 네트워크에 속한 사람들의 집단 작업에 의해 작동시켰다는 데 있다. 우리가 그런 작업들을 한데 모아 공들여 보여주려던 주된 결실 중 하나는, 이토록 다양한 사람들의 작업이 실제로 잘 어울려 통치성의 역사를 연대기적으로 연결되고 연속된 방식으로 요약해 제공했다는 점이다. 『생명정치의 탄생』은 1815~1930년 사이의 시기에 대해 언급하는 바가 거의 없다. 하지만 푸코의 협력자들이 기여한 바를 고려한다면, 그리고 푸코가 다른 곳에서 행한 작업을 이에 더한다면, (페리 앤더슨에 대한 경의를 담아) 내가 "시민사회에서 사회적 시장으로의 이행"이라 표현한 과정의 개요를 믿을 만하게 그려낼 수 있다. 내가 보기에는, 제러미 벤담에서 게리 베커로 바로 건너뛰기보다는 자유주의의 시기 내내 계속된 이행을 추적하는 것이 (정치적 예리함은 물론이고) '현재의 역사'가 제공할 수 있는 양질의 계보학적 깊이나 명료함에 더 중요하다. 그러나 이 점은 응당 받아야 할 이해를 제대로 못 받은 것 같다.

또한 몇몇 기고자들은 [통치성에 대한] 이런 분석들이 법의 역할에 부여한 자리에 지대한 관심을 갖고 있었는데, 이런 주제에 대해 『푸코 효과』는 몇몇 사람들이 깨달은 것보다 더 많은 것을 19~20세기를 다루면서 말하고 있다는 점도 언급하고 싶다. 여기서 우리는 통치성의 근대적 발전에는 법률적 발명과 개입에서의 상당한 노력이 수반됐다는 생각이 풍부하고도 시사적으로 전개되고 있음을 볼 수 있다. 19세기 후반에 사회보험의 창안에 필요한 기술적 뒷받침의 일환으로서 사회법 개념이 발명되고 리스크·위험·책임 등이 법률적으로 재고된 것, 좀 더 최근에는 20세기 중반부터 사회적 시장의 경쟁적 공간을 창출하고 규제하는 제도적 장치들이 발전되어 푸코가 지적했듯이 기업 사회와 법률 사회가 동일한 현실의 양면이 되어버린 것 등이 이에 포함된다. 만약 이 매우 흥미로운 작업이 적절한 관심 아래 읽혔다면, 생각컨대 지난 30여 년간 푸코와 법에 관해 전개된 논쟁들은 더 생산적이었을 것이다.

셋째로 『푸코 효과』의 수용과 어느 정도 관련된 것인데, 여러모로 만족스럽지만 그 수용 과정에서 이상하게 잘 언급되지 않는 점이 있다. 동시대 정치적 선택들과의 직접적 연관성이 그것이다. 푸코의 이 강의들은 프랑스 총선에서 사회당-공산당의 선거연합이 신자유주의 성향의 중도 우파에게 예상치 못한 결정적 패배를 당하기 직전과 직후에 이뤄졌다. 내가 언급한 대로, 푸코는 1959년 사회적 시장의 원리를 수용하기로 한 독일 사민당의 결정을 논한 뒤에 지금까지도 사회주의는 내치국가와 자유주의의 통치도구 사이를 오갈 뿐, 그 자체만의 변별적인 통치합리성을 갖지 못했다고 지적했다. 그러고 나서 푸코는, 이것이 불만이라면 유일한 해결책은 그런 합리성의 발명이라고 덧붙였다. 이런 주장 혹은 도전에 독자들은 불편해 하고 당황하며 침묵만을 지켰다.

푸코의 이런 도전은 비판의 위상과 관련해 『생명정치의 탄생』에서 전면에 부각된 또 다른 도전과 연관되어 있다. 1976년 이래로 푸코가 비판에 대해 공적으로 행한 모든 언급은, 푸코에게 그 자신의 연구 의도를 공적인 정치의 영역에 위치지우라는 외부의 압력이 증가한 것과 무관하지 않다. 우리는 푸코가 자유주의적 통치성이란 비판, 즉 국가이성의 가식과 불필요하고 과도한 통치에 대한 비판을 내면화한 통치성이라고 말했다는 것을 알고 있다. 또한 우리는 「비판이란 무엇인가?」에서 푸코가 비판은 종교개혁 이래로 통치받지 않으려는 의지, 혹은 특정한 방식으로 통치받지 않으려는 의지와 근본적으로 연결됐다고 말했음을 알고 있다. 푸코의 이 언급들은 비판 개념에 독창적이고 긍정적인 의미를 부과했다. 하지만 내가 1991년에 지적했듯이, 『생명정치의 탄생』에는 현대의 두 가지 주된 비판방식에 대한 전면적 도전도 담겨 있다. 먼저 푸코는 자신이 '좀바르트 식' 좌파적 비판(베르너 좀바르트는 근대의 대중·시장사회의 폐해, 즉 푸코가 장난스럽게 두운을 맞춰 요약한 바에 따르면 '사인[기호], 속도, 스펙터클'이라는 악을 비판했다)이라 부른 것에 대한 독일 질서자유주의자들의 반박을 소개했다.* 그 다음으로 푸코는 그 자신이 과장된 '인플레적 경향'의 비판이라 부른 것(신자유주의자들이 먼저 제기했지만 곧 좌파의 일부 분파가 열정적으로 채택한 것으로서, 국가의 팽창적·전제주의적 성격은 변치 않는다는 비판을 말한다)에도 도전했다.

각각 시장과 국가를 포괄적으로 비난하는 이런 비판들을 푸코가 문제삼으려 반비판했다는 점을 더 신중히 고려한다면(때때로 푸코는 후자에 비판적인 만큼 전자에 대한 신자유주의적 입장에 호의적인 것처럼 보인다), 현대 비판 문화의 많은 부분들이 재검토해야 할 것이다.

| 정치의 다층적 기원 |

이런 사후 단상들은 내 글의 핵심 주제로 이어진다. 푸코에 관해 출판된

---

* 푸코는 『생명정치의 탄생』 5강(1979년 2월 7일)에서, 자본주의 사회가 개인들을 원자화·획일화·규격화한다는 베르너 좀바르트의 비판을 소개한 뒤, 독일 질서자유주의자들의 좀바르트에 대한 반비판(즉, 이런 특성은 국가주의나 반자유주의의 특성이지 시장경제의 결과는 아니라는 반박)을 소개한다.

다채롭고 수많은 논의들은 푸코의 통치성 개념과 통치성의 타자로 기능하는 것들(주권, 법, 권리, 정치 이론 등으로 다양하게 식별되는 것들) 간의 불일치나 교착상태를 논의의 중심으로 삼는 듯하다. 우리는 특색 없는 짜깁기에 빠져들지 않으면서도, 이런 괴리뿐만 아니라 우리를 가둬둘 위험이 있는 브랜드 차별화 식의 틀도 넘어서야 할 것이다.

특히 사후 출판된 푸코의 수많은 자원에 주목해야 한다. 이 새로운 자원 속의 몇몇 단서들은 푸코와 다른 이들이 그려낸 통치성의 역사가 이에 수반하는 정치의 계보학, 즉 정치 문화, 품행, 사회성, 주체성의 형태에 대한 계보학을 가능케 하고, 함축하고, 요구함을 보여준다.

우선 푸코의 강의들에서는 정치의 다층적 기원이라 할 만한 것의 일례에 대한 수많은 암시가 발견된다. 푸코의 이력이나 역사적 배경을 감안할 때, 이런 분석들 중 실제로 가장 앞선 것은 다니엘 드페르가 이야기한 대로 그리스에서의 정치적인 것의 기원에 대한 분석이다. 이 분석을 소화해낸다면, 푸코의 후기 분석들은 새롭게 읽힐지 모른다.

『안전, 인구, 영토』와 『생명정치의 탄생』에서는 흥미롭고도 상이한 두 가지 암시가 발견된다. 『안전, 인구, 영토』에서 푸코는 정치의 기원이 통치성에 대한 저항임을 시사하는데, 대항품행의 형태를 띤 이 저항은 곧 그 자체의 사목[권력]을 구성하는 혁명적 전통의 일부가 된다. 그러나 『생명정치의 탄생』의 결론부에서는 통치성의 요소들과 양식들 간의 경쟁과 충돌이 정치의 기원임을 시사한다. 『"사회를 보호해야 한다"』로 거슬러 가면, 세 번째의 생각도 발견된다. 민족과 그 역사에 대해 서로 경쟁하는 담론들이 논쟁을 벌이는 영역, 그리고 바로 그 역사 속에서 각자의 주장·성취·역량을 지닌 구성인자들과 세력들이 논쟁을 벌이는 영역의 창출이 정치가 등장하게 된 기원이라는 생각이 그것이다.

다시 『생명정치의 탄생』으로 돌아오면, 앞서 통치권력을 제한하는 두 가지 방식의 대조를 봤듯이, 이 두 방식의 상호작용·경쟁뿐만 아니라 그 각각이 정치의 영역을 양산하고 형성할 수 있음이 암시된다. 또한 우리는 오래된 혁명 운동들의 사목적 실천과 사회성 같은 혁명과 정치 문화에 대한 푸코의 짧지만 날카로운 언급들을 발견할 수 있다. 이 주제는 1979~80년의 『생명존재의 통치에 관하여』에서 1983~84년의 『진실의 용기』에 이르는 콜레주드프랑스 강의들에서 더 정교화된다.

내가 서로 이어보자고 지금 제안하고 있는 일련의 힌트와 암시에 덧붙여, 푸코는 『생명정치의 탄생』에서 두 가지 상이한 양식의 정당 조직에 대해 언급한 바 있다. 하나는 공직에서의 권력과 이득을 획득하기 위한 기계로서의 정당이고, 다른 하나는 새로운 세계를 만들고 그 자신이 대안 사회로서 기능하고자 하는 조직으로서의 정당이다.

1981~82년의 콜레주드프랑스 강의 『주체의 해석학』에서는 자기에 대한 자기의 관계가 통치성에 대한 저항의 궁극적 기반이라는 놀라운 언급을 발견할 수 있다. 『주체의 해석학』에서 푸코는 서구 문화에 널리 퍼져 있는 두 가지의 인식론적 양식에 대해 말한다. **지식으로서의 앎**과 **영성으로서의 앎**이 그것이다. 특히 후자는 진리에의 접근과 알고 있는 주체의 변형 사이의 필연적이고 양방향적인 연결에 의해 특징지어진다. 유럽 문화에서 이런 앎의 형태가 마지막으로 꽃피운 것은 요한 볼프강 폰괴테의 파우스트이다. 푸코에 따르면, 근대의 인식론적 구성에서는 정신분석학과 맑스주의가 부분적으로 **지식으로서의 앎**뿐만 아니라 **영성으로서의 앎**에 의해 특징지어졌다. 이후 『진실의 용기』에서 푸코는 파우스트를 철학적 영웅의 마지막 근대적 형상으로 재언급하며, 다음과 같은 잊지 못할 표현을 써서 이런 삶의 이상이 정치의 영역으로 이전됐다고 덧붙인다. "파우스트는 퇴장하고, 혁명가가 등장하게 됩니다."

『주체의 해석학』에서 푸코는 국가이성의 합리적 틀에 의거해 움직이는 국가의 관료들이 군주에게 건네는 조언 속에 존재하는 17세기 양식의 정치적 파르헤시아parrhesia에 대해 논의할 계획을 밝혔다.[1] 이 해의

---

[1] 데이비드 콜크러프는 최근의 책에서 푸코를 참고해, 동일한 시기에 영국 의회에서

강의에서 푸코는 혁명가와 근대 예술가가 견유주의자의 두 화신으로서의 삶을 살아간다고 말한다. 진리, '다른 세계'를 향한 선교자적 사명과 인류의 인정받지 못하는 입법자로서의 소명을 표현하는 '다른 삶'을 지독하리마치 보여주는 저 견유주의자의 삶을. 이 짧은 논의 속에서 푸코는 근대의 혁명적 운동들 속에서 관찰할 수 있는 대안적 삶의 양식들에 대해 흥미로운(최근 마이클 하트가 『뉴레프트리뷰』에서 묘사한 바를 따르면 '논쟁적인'*) 언급을 한다. 그 하나는 비관습적이고 방탕한 개인적 행위가 수용되고 가치를 부여받는 [예술가로서의] 삶이고, 다른 하나는 세심한 순종과 관례적인 자기규율을 통해 자신의 적인 타락한 부르주아지로부터 자신들을 구분하는 [혁명가로서의] 삶이다.

1980년대의 강의들에서 푸코는 진실 말하기, 철학적 삶, 진실의 용기, 진실 폭로(진실진술, 자기에의 배려, 파르헤시아, 알레투르기아^{aletourgia})의 각 양상들에 대한 자신의 분석을 엮어 철학적 진실-말하기가 각자의 영역에서, 즉 아고라라는 공공의 공간과 군주의 영혼에서 정치적 조언으로서 행하는 기능에 대해 논의한다. 이런 공간들에서 진실-말하기는 선동, 수사학, 아첨의 담론과 존재양식에 대비되며 경쟁관계에 있다. 푸코는 (보통 플라톤이 기원이라 여겨지는) 입법자, 혹은 법의 입안자·반포자로서의 철학자의 역할이라는 관념을 인정하지 않는다. 특정한 위기상황을 제외하면, 도시나 군주와 관련한 철학자의 역할은 좋은 통치의 내용이 아니라(철학에는 이런 능력이 없다), 주권자에게 걸맞는 철학적 삶의 양식을 알려주는 것이다. 반면에 정치는 철학의 진실이 그 안에서, 그리고 그것을 통해 시험되는 현실로서 철학에 의미가 있게 된다.[2]

이뤄진 정치적 파르헤시아의 실천을 분석한 바 있다. David Colclough, *Freedom of Speech in Early Stuart England*, Cambridge: Cambridge University Press, 2005.

* Michael Hardt, "Militant Life," *New Left Review*, no.64, July-August 2010.

2) "현실[현재]적인 것의 대가"를 치르지 않으려 한다는 이유로 푸코가 비판한 '비판의 인플레적 양식'에 대한 언급(『생명정치의 탄생』)과 이 언급을 비교해보라.

더 나아가 자신이 정식화한 가장 포괄적인 요약문에서, 푸코는 서구 철학 자체를 진실·윤리·권력의 문제가 맺고 있는 상호의존성의 형태를 사유하려고 했던 대안적 방식들의 총체라고 정의한다.

이런 점들 외에도, 푸코의 강의에 산재해 있는 단상들과 총탄들을 한 데 모으면, 아마도 (비록 내가 아는 한 푸코 본인은 어디에서도 명시적으로 언급한 바 없는 주제이지만) 근대의 정치적 주체에 대한 계보학적 연구를 개시할 수 있는 개념틀의 기반이 될 것이다.

| 보충적 논의 |

이 문제를 더 발전시키기 전에, 나는 『푸코 효과』가 출판된 뒤에야 알려지거나 이용가능해진 『생명정치의 탄생』을 이해하는 데 도움이 되는 몇몇 보충 자료를 언급하고 싶다. 그런 자료 중 하나는 1978년에 발표됐지만 1990년대까지는 그다지 알려지지 않았던 푸코의 유명한 강의 「비판이란 무엇인가?」인데, 이 텍스트는 조금 뒤에 다룰 것이다.

그러나 『생명정치의 탄생』을 이해하는 데 실질적으로 가장 중요하지만 제대로 주목받지 않은 보충 자료는 다른 텍스트인데, 앞서 몇 번 언급한 『"사회를 보호해야 한다"』가 그것이다. 특히 권력의 전쟁적 성격 혹은 사회방어와 생명정치보다는 (제3신분의 주도와 능력 아래) 하나의 역사적 기획이자 구성물로서 등장한 민족 개념과 관련된 역사적·정치적 시간의식 상의 변형을 다루는 8~10강이 중요하다. 『"사회를 보호해야 한다"』와 『생명정치의 탄생』 사이에는 몇몇 중요한 연속성과 상보성이 존재한다. 그 중 하나는 각각 『"사회를 보호해야 한다"』와 『생명정치의 탄생』에서 전략적 위치를 차지하는 시에예스의 『제3신분이란 무엇인가?』와 애덤 퍼거슨의 『시민사회사』에 대한 독해의 대칭성이다. 두 번째는 두 강의 모두에서 푸코가 (『"사회를 보호해야 한다"』에서는 반유대주의와 죽일 수 있는 권력의 위임이라는 측면에서, 『생명정치의 탄생』에서는 당-국가의 이행이라는 측면에서) 매우 신중히 살펴보는 전체주의적 통치형태와 비전체주의적 통치형태 사이의 구분이다. 세 번째는 푸코가 『말과 사물』(1966)에서 행한 생명, 노동, 언어라는 주제에 대한 이 두 강의의 은밀하지만 매우 분명한 참조이다.

앞서 나는 통치성의 역사가 정치적인 것의 계보학을 가능케 하고, 이미 함축하고 있으며, 그런 기획으로 확장될 필요가 있음을 지적했다. 그리고 1984년 초 자신의 오랜 '그리스-로마 여행'이 곧 끝나리라는 전망을 그동안 고생해온 청중들에게 밝혔을 때 푸코가 염두에 둔 것은 이런 계보학의 어떤 형태였음을 보여주는 증거가 있다고도 말했다.

푸코의 [지켜지지 못한] 약속은 푸코의 작업이 아직 끝나지 않았음을, 그렇기 때문에 자신이 선택한 어떤 분야에서든 푸코의 작업을 최대한 자유롭게, 창의적으로, 충실히 배반하면서 **도구로 삼는 것**도 유용하겠지만, 우리의 역량이 닿는 한에서 푸코가 미완으로 남겨 놓은 작업을 **완수**하는 것, 최소한 푸코의 작업이 이루지 못한 야심과 목표의 일부를 계승할 수 있는 가능성도 남아 있음을 우리에게 상기시켜준다.

아직 충분히 탐사되지 않은 푸코 생전의 방대한 유산을 뒤지는 것만으로는 이런 작업이 가능하지 않을 것이다. 푸코 자신도 분명 그렇게 해왔듯이, 우리 역시 다른 이들이 발견해낸 것들을 이해하는 데서 현명하게 출발할 수 있을 것이다. 따라서 나는 이 글의 나머지 부분에서 근대 정치·사상의 역사를 파헤친 다른 학자들의 작업(특히 도널드 켈리, 피터 도널드슨), 그리고 최근의 새롭고 중요한 연구들이 통치성이라는 주제와 맺고 있는 짧지만 전도유망한 방식(앤 스톨러, 던컨 아이비슨, 키스 베이커, 베네딕트 앤더슨, 파르타 차테르지)을 살펴볼 것이다.

| 근대 초기의 정치: 푸코, 포칵, 스키너, 켈리, 맥도널드 |

이제 통치성의 역사에서 정치의 계보학으로 향하는 사유가 어떻게 푸코의 몇몇 요점을 (대부분 서로 몰랐고 접촉도 없었지만 저마다 푸코와 교차하는 질문을 던진) 다른 학자들의 발견과 연결시켜주는지 살펴보자.

『"사회를 보호해야 한다"』와 『안전, 영토, 인구』는 각각 존 포칵의 『마키아벨리언 모멘트』와 퀀틴 스키너의 『근대 정치 사상의 토대』가 출판된 해에 [그 강의가] 행해졌다. 『"사회를 보호해야 한다"』의 몇몇 중요한 주제들은 주목할 만하나 다소 저평가된 켈리의 『이데올로기의 기원: 프랑스 종교개혁 시기의 의식과 사회』에서도 다뤄진다.[3]

푸코는 초기에 장 이폴리트와 함께 G. W. F. 헤겔을 연구한 영향으로, 16세기를 대항품행, 비순응, 비판이 탄생한 시기로 좋게 이해했을 수 있다. 즉, 푸코에게 종교개혁은 계몽주의나 그리스의 폴리테이아처럼 근대적 의미에서의 자유와 비자유를 식별해내는 굴절 렌즈의 역할을 했던 듯하다. 켈리는 그 나름의 방식으로 푸코의 주제들과 매우 유사하게 위그노들의 정치사상을 분석하지만, 근대 혁명적 종파주의의 가장 극단적인 요소가 위그노들의 정치사상에서 탄생했다고 주장한다. 한편, 스키너는 영향력 있던 칼뱅파의 반절대주의가 반란의 권리를 정식화했다기보다는 참된 종교적 교리의 의무적 도입을 방해하는 군주의 전복을 종교적 의무로 제시했다고 지적한다. 따라서 푸코가 근대 최초의 비판형태라고 정식화한 "특정한 방식으로 통치받지 않으려는" 욕망은 종종 통치의 의지, 즉 다른 특정한 방식으로, 신에게서 부여받은 방식으로 자기와 타인을 통치하려는 의지와 긴밀히 연결되어 있었던 것이다.

푸코의 강의들과 후기 저작들의 관점에서 켈리의 저서를 다시 읽으면, 프랑스 종교개혁 시기에 등장한 근대 정치 이데올로기와 정치적·

---

3) John G. A. Pocock, *The Machiavellian Moment: Florentine Political Thought and the Atlantic Republican Tradition*, Princeton: Princeton University Press, 1975. [곽차섭 옮김, 『마키아벨리언 모멘트』(전2권), 나남, 2011]; Quentin Skinner, *The Founda-tions of Modern Political Thought*, 2 vols., Cambridge: Cambridge University Press, 1978. [박동천 옮김, 『근대 정치사상의 토대』, 한길사/한국문화사, 2004/2012]; Donald Kelley, *The Beginning of Ideology: Consciousness and Society in the French Reform-ation*, Cambridge: Cambridge University Press, 1981. [이하 이 책에서의 인용은 본문의 해당 부분 뒤에 'BI, 쪽수'만 표기한다(단, 각주에서 인용될 경우는 예외).]

혁명적 당파의 최초 형태 혹은 원형에 대한 켈리의 재구성이, 놀랍게도 그 자신이 "프로테스탄트적 심리의 핵심 요소"라 부른 "양심, 개종, 고백"(BI, 57) 같은 연관 주제들을 중심으로 한 자기의 자기에 대한 관계의 변형 및 강화와 연결되어 있음을 볼 수 있다.

푸코는 『생명존재의 통치에 관하여』에서 세례와 회개라는 성사聖事에 대한 초기 그리스도교 교부들의 교리가 어떻게 발전해왔는지 중점적으로 분석하면서 참회exomologesis와 고백exagoreusis이라는 두 가지 개념을 구분한다. 전자가 '자기를 공적으로 드러내기'pulicatio sui라면 후자는 자신의 정신적 충동을 의무적으로 철저히 표현하는 것인데, 푸코는 그리스도교에서 회개의 실천은 그 우선성이 장기간에 걸쳐 전자에서 후자로 옮겨갔다고 주장한다. (거의 같은 시기에 책을 쓴) 켈리는 16세기에 프로테스탄티즘에서 이런 변화가 반전됐다고 본다. "복음주의는 종래의 영혼의 배려cura animarum를 버리기보다는 재구성해 세속화했다. …… 이제 강조점은 기존의 비밀스런 고백에서 훨씬 공개적인 참회로 옮겨갔다. 종교전쟁 직전에 위그노파의 어느 팸플릿 작가는 이렇게 선언했다. '고백이란 우상을 숭배하지 않는다고 공적으로 선언하는 것이며, 당신이 받아들인 바로 그 교리를 다른 이들에게 전하는 것이다'"(BI, 96). 켈리에 따르면 이런 고백의 사회적 상관물이 '회중'Congregation이다. 이것은 에라스무스가 교회법에 의해 성직자들의 위계로 구조화된 예배당과 구별해, 믿음으로 뭉친 영혼의 공동체를 함의하는 초기 그리스도교 교회를 지칭하기 위해 만들어낸 표현이다. 따라서 "화려한 용어들로 도배된 교황의 교리 대신에 목자와 양떼가 지배적 이미지가 된다. 즉, 양떼를 돌보고 먹이는 기예인 사목신학이 새롭게 중요해진 것이다"(BI, 96).

통치성에 대한 푸코의 가장 유명한 강의는 처음부터 교육과 정치적 원리 사이의, 따라서 자기·군주의 형성과 개인적·사적·공적 통치의 품행 원리 사이의 근본적인 연계를 정식화한다. (정확히 "자기의 통치와 타인의 통치"*라는 제목 아래) 푸코가 행한 마지막 두 해의 콜레주드프랑스 강의는 고대의 맥락에서 통치자와 시민에게 요구된 도덕적 자질, 철학과 정치의 적절한 관계를 다룬다. (이유는 모르겠지만) 푸코는 시민적 공화주의라는 니콜로 마키아벨리와 포착의 주제를 계속 피하는데, 『생명정치의 탄생』에서도 르네상스 이후 정치적 통치를 합리적으로 작동시키는 데 요구된 주체의 자질과 역량에 대해 거의 언급하지 않는다.[4]

다른 한편, 푸코는 국가이성의 초기 개념들(권력의 비밀, 국가의 미스터리, 쿠데타)을 조망하면서 어떤 특정하고 새로운 비극적 감각, 즉 국가권력의 세속적 영속화에 대한 새로운 역사적 의식과 연결된 감각을 환기시키며, (『"사회를 보호해야 한다"』에서의 언급을 다시 가져와) 쿠데타가 셰익스피어의 역사극과 프랑스 고전주의 비극의 핵심 주제라고 주장한다. 푸코가 자신의 마지막 강의들에서 이 주제로 다시 돌아가 진실의 발화와 진실 말하기의 역사적 형태에 대한 자신의 분석을 국가 관료의 역할에 대한 16세기의 정치적 개념과 연결지으려고 했다는, 즉 진실진술, 파르헤시아, 통치성의 역사를 서로 이어보려고 했다는 뚜렷한 증거들이 있다. 1980년의 콜레주드프랑스 강의(『주체성과 진실』)를 시작하면서 통치성과 알레투르기아(진실의 폭로[드러내기]의 한 형태)의 연관성을 탐구해보겠다고 제시한 것과 다소 비슷하게 말이다.

푸코가 여기서 참조했을 법한 몇몇 힌트를 우리는 피터 도널드슨의 『마키아벨리와 국가의 미스테리』,[5] 특히 17세기 저자 가브리엘 노데의

---

* 1983~84년 콜레주드프랑스 강의 『진실의 용기』의 부제가 "자기의 통치와 타인의 통치 2"이다. 마지막 두 해의 강의는 각각 2008년과 2009년에 출간됐다.

4) 게하르트 외스트라이히가 잘 보여줬듯이, 자아(자기에 대한 앎, 자기관리, 자기교육 등)의 새로운 문화에 대한 16세기 신-스토아주의의 관심은 근대 국가의 초기에 교육학과 정치테크닉의 중요한 구성요소가 됐다. Gerhard Oestreich, *Neo-Stoicism and the Early Modern State*, Cambridge: Cambridge University Press, 1983.

5) Peter S. Donaldson, *Machiavelli and Mystery of State*(1988), Cambridge: Cambridge University Press, 1992. [이하 이 책에서의 인용은 본문의 해당 부분 뒤에 'MMS, 쪽수' 만 표기한다. 푸코 역시 『안전, 영토, 인구』에서 노데의 논의를 길게 다룬다.]

쿠데타 관련 논고와 (푸코의 표현을 빌리면, '정치적 영성'라고 불릴 만한 것과 사실상 정확히 들어맞는) '강한 정신'esprit fort을 다루고 있는 그 논고의 마지막 단락을 분석한 장에서 발견할 수 있다(MMS, 176).

켈리의 지적처럼, 16세기에는 '정치의 과학'이라는 개념이 성숙되어 있었고 '정치적 인간'이라는 새롭고 논란이 될 만한 공적 인간형도 등장하게 된다.6) 켈리는 여기서 "정치적 인간은 나쁜 그리스도교인이다" homo politicus, bose Christus라는 마르틴 루터의 말을 인용한다.

『안전, 영토, 인구』의 10강(1978년 3월 15일)에서 푸코는 그리스도교의 사목과 통치적 합리성으로서의 국가이성의 차이를 조목조목 비교한다. 그 중 하나는 구원과 희생에 대한 것이다. 그리스도교 사목의 특징이 양떼 모두를 잃을 위험과 자신의 안녕을 무릅쓰고, 필요하다면 양떼의 안녕을 보존해야 한다는 자신의 사명까지 무릅쓰고 한 마리의 길 잃은 어린 양을 찾아나서는 데 있다면, 노데와 다른 저자들은 필요와 공공의 구원에 따라 선택과 배제를 행하고 전체와 국가를 위해 소수를 희생시킬 국가이성의 사목이 요구될 수 있다고 말한다. 그러나 이와 정반대로, 노데와 동시대를 살았던 독일 법학자 아르놀트 클라프마르는 "공공선은 통치자가 일반적 법을 위반할 것도 요구하지만, 또한 인민을 위해 자기 자신을 죽이거나, 더 나쁘게는 인간의 죄를 떠안고 스스로를 희생한 그리스도를 호기롭게 본받아, 인민을 위해 그들의 죄를 떠안거나 지옥살이라도 할 것을 요구할 수도 있다"고 주장했다(MMS, 131).

도널드슨은 쿠데타라는 은밀한 정치술을 자연적 마술이나 세속적 기적의 형태로 이해한 노데에게서 약간 다른 형태의 영성이 작동하고 있음을 발견했다. "인간의 영혼이 어느 정도 자신이 알고 있는 것의 본성에

---

6) '정치인'(politique)은 애초에 욕설로 쓰이며 악마화됐다가 훗날 (특정 집단에 의해) 긍정적 정체성과 의제를 부여받았지만, '정치적 인간'의 역할은 법학의 주창자, 즉 법학자에 의해 처음부터 요구되고 긍정됐다. "법학자는 곧 정치적 인간이다"(Jurisconsultus hoc est Homo Politicus). Kelley, *The Beginning of Ideology*, p.203.

관여해 함께 한다는 주장은 아리스토텔레스의 인식론에서만이 아니라 고대와 근대 이전의 모든 그리스도교적 지식론에서 볼 수 있는 주요 특징이다. 우리는 마술적 영지주의에서 그것의 다소 과장된 표현을 발견할 수도 있다. 노동은 인간을 변화시키며, 인간은 그 노동을 성취하기 위해 영적인 변환의 과정에 참여해야만 한다는 표현 등이 그 예이다"(*MMS*, 177). 푸코가 『주체의 해석학』에서 자기에의 배려라는 철학적 실천을 설명하며 묘사하고 탐구한 것, 르네 데카르트의 철학이 그 일부를 이루고 있는 초기 근대적 사유의 변형(『안전, 영토, 인구』에서 푸코가 살펴본 다른 변형과 중첩되지만 일치하지는 않으며 데카르트도 연관되어 있는 변형, 즉 국가이성과 세계질서의 분리)에서 그 끝을 향해 달려가기 시작한다고 본 것은 바로 이런 앎의 영적인 전제조건과 효과라는 관념이다. "강한 정신은 [정치적] 비밀에 대한 앎의 심리적 상관물이다. 이 비밀을 사용할 수 있으려면 강한 정신이 필요하며, 거꾸로 이 비밀에 대한 앎은 정신을 탈신비화하고 강하게 만들어주는 데 도움이 된다." 이와 유사하게 "국가를 훌륭한 솜씨로 운용하기 위해 반드시 지녀야 하는 견해"에 대한 노데의 논의는 "정치인의 영혼을 정제하는 과정에서 정치인의 심리적 초상을 확장하는 것"과 관련 있다(*MMS*, 179). [이런 맥락에서] 정치인이 지녀야 할 세 가지 주요 견해는 종교를 포함한 인간 제도의 변화가능성, "국가 안에서 큰 변화를 이루기 위해 세계를 움직일 필요는 없다는 사실"(*MMS*, 182), 쉽게 잘 믿는 대중의 경향이다.

　도널드슨은 노데가 마키아벨리로부터 "효과적인 정치적 행위를 하기 위해서는 심리적 강인함이 요구된다는 생각"을 받아들였다고 결론짓는다. "흔히 마키아벨리는 정치의 테크놀로지, 혹은 정치적 목적을 달성하기 위한 효과적인 절차를, 그런 절차를 사용해야만 하는 사람의 유형과 무관하게 탐구하는 실증적 과학의 창시자로 읽힌다. ⋯⋯ 마키아벨리가 자기-변형에 대해, 어려운 선택에 필요한 정신의 단련에 대해 자주 썼다는 사실을 보게 되는 순간, 우리는 곧 마키아벨리가 늘 이런 식으로 글을 써왔으며, 실제로 단 한번도 [정치의] 기술을 도덕적·심리적 문제들과 분리해 논의한 적이 없음을 깨닫게 된다"(*MMS*, 184).

혹자는 마키아벨리의 가장 유명한 두 저서, 즉『군주론』과『로마사 논고』를 둘러싼 전통적 노동분업 탓에(가령 푸코와 스키너는 전자에 더 집중하거나 공감하며, 포칵은 후자에 더 주목하는 경향이 있다), 푸코의 핵심 사유에 매우 근접해 있지만 그 어떤 논평자도 강조하지 않은 무엇인가가 드러나지 않는 경향이 있음을 덧붙이고 싶을 것이다. 마키아벨리의 두 저서가 각각 군주와 공화정 시민들에게 제시하는 덕성(사자의 덕성과 여우의 덕성) 관념의 본질적인 동일성이 바로 그것이다.『로마사 논고』는 공화정에서 음모를 성공시키기 위한 보안 지침을 제시할 뿐만 아니라 공화정 시민의 대의를 위해서는 무자비해질 필요가 있음을 강조한다. 통치자를 강제 퇴위시켰다면, 왕정복고를 노리지 못하게 그의 친족들을 모두 죽여야 한다. '전사' 교황[율리우스 2세]이 반란을 일으킨 자신의 신민들을 무장 없이 방문했을 때, 반란군들이 그를 사로잡아 죽이거나 감금할 기회를 놓친 것은 소심한 바보짓이었다 등등.

계보학적으로 폭력·비밀·위선을 통해 작동하는 음모적 통치, 위 혹은 아래로부터의 혁명 같은 교리가 지금 우리가 고려 중인 정치적 윤리와 품행이라는 문제틀의 출발점이라 인정하기란 쉽지 않을 것이다. 그러나 근대 초기의 다른 흐름(통치자-피통치자에 대한 유스투스 립시우스의 신스토아주의적 설명, 시험·관리될 수 있는 진실성의 새로운 기준 형성,[7] 오토 힌츠가 칼뱅주의 시기의 프로이센에서 베버 식의 용어로 포착한 '국가정신' 등)과 짝지어 생각해보면, (도널드슨의 주장이 이것일 텐데) 20세기 초에 막스 베버가 '직업으로서의 정치'와 '책임의 윤리'로 이해하려고 한 것의 시작점이 이런 자원들 속에서 발견될지도 모른다.

---

7) Steven Shapin, *A Social History of Truth: Civility and Science in Seventeenth-Century England*, Chicago: University of Chicago Press, 1994.

이런 경로를 따라 통치자와 피통치자의 품행에 관한 정치술 간의 교차·전환을 언급한 논평자들도 많다. 국가이성에 의해 설명되는 통치자의 계산된 신중함이, 근대 초기 사회들에서 공직·민간 업무 종사자들의 효과적 모델이 됐다는 증거가 명백히 존재한다. 예컨대 제이콥 솔의 지적에 따르면, 당대의 베스트셀러였던 발타사르 그라시안의 품행 지침서 『신탁서와 사례분별의 기술』(1647)은 드니 디드로, 그 책을 펴낸 니콜라 아메로 드 라 우세에 의해 '자기에 대한 국가이성'이라는 평을 얻었다(정반대로, 최근 신-푸코주의적 관점에서 20세기의 행정학 개혁에 대해 글을 쓴 필립 베즈는 행정학을 국가의 '자기배려'라 부른 적도 있다).

근대 초기에 공적 영역에서 사적 영역으로 그 의미가 옮겨간 또 다른 예는 이해관계라는 관념인데, 이 관념은 국가의 영역에서 개별 행위자들의 영역으로 이식된 듯하다. 버나드 맨더빌의 『꿀벌의 우화』(1714)와 경험주의 철학에서는 국가의 경제적 주권을 받아들이지 않는 수많은 사적 이해관계가 개인의 선택을 추동하는데, 이 관념은 국가이성의 최초 이론가들이 국가의 속성이라 언급한 불가사의한 비밀·위장에 대한 응수로 그 속성들과 뒤엉켜 경쟁하며 개념화된 듯하다. 그러고 나서 [거꾸로] 이 철학은 공적 행위에서 새로운 덕성의 모델을 촉진했다. 니콜라스 필립슨은 글래스고대학교 교수였던 애덤 스미스가 (그라시안보다 한 세기, 샤프츠베리 백작보다 반세기 늦게) 당대의 스코틀랜드 시민들에게 어떻게 시민적·상업적 활동(다르게 표현하면, 푸코가 '정치적 삶'이라 부른 새롭게 등장하던 공적 영역에서의 행위)에 필수적인 동정과 공감이라는 개인적·사회적 기예를 훈련시키려 했는지 설명한다.

| 최근의 마주침들 |

이제 지난 20여 년간 푸코의 작업에 명시적으로 응답해온 몇몇 학자의 저작들과 푸코가 수행한 작업들 사이의 만남이 어떻게 정치적인 것의 계보학을 조명하고 진척시킬 수 있는지 짧게 살펴보도록 하자.

키스 베이커의 「푸코 식 프랑스 혁명?」[8]은 동시대 영어권의 주류 역사학자가 사상사에 대한 푸코의 기여를 호의적으로 고찰한 논문이자, 푸코 본인이 쓴 적도 없고 쓸 계획도 없었을 프랑스 혁명의 지성사를 [푸코 식으로] 분석한 아주 창의적이고 드문 시도이다. 인구라는 주제를 충분히 다루지 않은 것은 아쉽지만, 베이커는 푸코의 통치성 관련 강의에 의거한다. 프랑스 혁명에 대한 베이커의 분석은 크게 두 부분으로 나뉜다. 한편으로는 권력의 혁명적 테크놀로지의 구성요소가 설명되고, 다른 한편으로는 그것의 전개를 가능케 한 역사적 가능성의 조건들이 열거된다. 전자에는 적절히 파격적인 신-푸코주의적 신조어들이 들어 있다. '탈미분화'(인간 주체의 개별화와 동시에 발생하는 그 관계들의 보편화), '투명화'(사회적·정치적 삶이 완전히 투명해져야 하며, 각 개인은 서로에게 열려 있어야 한다는 요구), 정치화(정치적 주체성의 생산, 혹은 정치의 주체화), 도덕화, 비난, 혁명을 진실의 영역에 위치짓고 정치를 진실의 영역으로 만드는 인식론적/존재론적 '단절' 같은 용어들이 그것이다.

혁명은 양립할 수 없는 두 가지 형태의 권력, 즉 주권과 감시의 융합이다. 베이커에 따르면, 푸코 식으로 볼 때 혁명이 가능해지려면 다음의 조건이 충족되어야 한다. 1) 사회의 발명과 사회체의 생산, 2) 세 가지의 연속적이지만 공존하는 (사법적, 내치-행정적, 통치적) 국가 모델들이, 전체로서의 민족이라는 집단성의 이름으로 주권을 요구하는 '의지에 대한 정치적 담론'의 형태 속에서 융합되며 갈등을 빚는 위기, 3) 비판의 의무, 폭군에 대한 비방, 자의적 권력과 압제로 고통받는 고결한 시민이자 희생자의 자격으로 법정이라는 무대에 서는 변호사들에 의한 사법의 극화劇化 같은 속성과 연결된, 재판정으로서의 여론에 대한 이론.

---

8) Keith Baker, "A Foucauldian French Revolution?," *Foucault and the Writing of History*, ed. Jan Goldstein, Oxford: Blackwell, 1994. pp.187~205. [이하 이 글에서의 인용은 본문의 해당 부분 뒤에 '*FFR*, 쪽수'만 표기한다.]

현재의 역사를 돌아보며 베이커는 이렇게 결론짓는다. 첫째, 프랑스 혁명은 "주권을 인민의 의지와 동일시함으로써 고대의 주권 개념을 완전히 되살려 힘을 불어 넣었다." 둘째 (자신이 푸코의 핵심 질문 중 하나라고 보는 것을 언급하며) "프랑스 혁명은 현대 사회에도 존재하는 주권과 감시의 관계, 즉 그 어떤 형태의 권력도 다른 형태의 권력을 상부구조적으로 정당화해주지 않고, 상호간의 제도화된 대립으로부터 힘을 채워가는 일종의 변증법적 관계를 확정하는 데 기여했다"(*FFR*, 205).

베이커의 이처럼 흥미롭고 깊이 있는 '정신적 유희'가 더 많은 논의를 끌어내지 못한 것은 유감이다. 베이커가 알고 있는지 모르겠지만, 푸코 역시 프랑수아 퓌레의 『프랑스 혁명의 재고찰』(1978)에 경의를 표했다. 베이커가 주로 참조한 이 책에서 퓌레는 정치적 주체성과 정치적 사회성을 획기적으로 논의하고 있는데, 푸코는 훗날 이란 혁명을 다루면서 퓌레의 이 논의를 인용하기도 했다.

(푸코의 열렬한 애독자가 보기엔) 베이커가 이 논문을 쓸 때『"사회를 보호해야 한다"』를 접하지 못한 것, 푸코가 시에예스·제3신분·혁명을 다룬 방식에 의거해 자신의 논문을 점검하지 못한 것은 유감이다. 통치성이라는 주제를 짧지만 아주 중요하게 다루는 두 주요 인물, 앤더슨과 차테르지가 흥미로운 대화를 나누고 있는 최근의 포스트콜로니얼 연구에『"사회를 보호해야 한다"』에서 민족을 다룬 푸코의 논의가 반영되지 못하고 있는 점 역시 유감이다. 이와 달리 내가 상당히 공감하는 이 분야의 또 다른 주요 연구자 스톨러가 파리의 푸코 문서고를 방문해『"사회를 보호해야 한다"』의 녹음 테이프를 어렵사리 해독해 그 내용을『인종과 욕망의 교육』[9]에서 요약하고 강조했지만, 푸코가 통치성 연구를 통해 민족 분석을 일단락지었음을 깨닫지 못한 것도 유감이다.

---

9) Ann Stoler, *Race and the Education of Desire: Foucault's History of Sexuality and the Colonial Order of Things*, Durham: Duke University Press, 1995.

그 의미와 유래에 대해 언급하려면 사전에 상당한 노고가 필요하다는 사실을 전혀 염두에 두지 않은 채, 매우 편리하게 통치성 개념을 사용하는 앤더슨과 차테르지의 방식에는 무엇인가 매력적인 데가 있다. 특히 통치성을 인구학, 인구분류, 선거제도와 연결시키는 앤더슨의 자유분방한 개념 사용은 무척이나 흥미롭고 특이하다(차테르지는 앤더슨의 작업을 존경하면서도 그의 테제를 거세게 비판했다).

앤더슨은 『상상의 공동체』[10]와 그 이후 작업들에서, 근대성의 주된 조물주적 힘인 민족성과 민족주의를 둘러싼 자율과 타율의 지구적-국지적, 유럽적-식민지적, 서양적-동양적 변증법을 다룬다. 훗날 앤더슨은 『비교의 유령』[11]에 수록된 논문에서 이 변증법을 (그 해석은 믿을 만하지 않지만 직접적으로 언급하는) 장-폴 사르트르의 '제한적/무제한적' 계열성에 연결시킴으로써, 푸코를 사르트르의 무제한적 계열성을 지칭하는 다른 용어를 개발한 사람이라 끼워맞춘다.

앤더슨이 사용하는 또 다른 도구/신조어는 민족성의 '모듈성,' 즉 복제가능성으로서, 이것은 민족적 정체성과 의식의 창출을 가능케 해주는 테크놀로지, 지식, 조건의 도구상자와 동일시된다. 앤더슨은 19~20세기에 일어난 왕조 제국에 의한 위로부터의 민족-형성, 그리고 유럽이나 유럽·미국 식민지에서 봉기를 일으킨 피지배 주민들에 의한 아래로부터의 민족-형성의 상이한 방식과 사례를 모두 보여준다. 나는 이런 이야기가 (차테르지가 『권력의 텍스트』[1995]에서 부분적으로 보여준 바 있는 것처럼) 인간과학, 지식/권력, 통치성의 계보학과 관련된 방법론에 아주 깔끔하고 생산적으로 통합될 수 있다고 생각한다.

10) Benedict Anderson, *Imagined Communities: Reflections on the Origin and Spread of Nationalism*, London: Verso, 1983. [윤형숙 옮김, 『상상의 공동체: 민족주의의 기원과 전파에 대한 성찰』, 나남, 2003.]

11) Benedict Anderson, "Nationalism, Identity and the Logic of Seriality," *The Spectre of Comparisons*, London: Verso, 1998, pp.29~45.

차테르지의 『피통치자들의 정치』[12]는 이제는 평범해진 관찰들, 즉 식민지배의 가장 큰 요소는 순수한 상태의 통치성이라는 것, 이 요소는 발전주의와 거버넌스의 포스트콜로니얼적·초국적 양생법에 상당 부분 계승됐다는 것, 그리고 피통치자들은 일반적 의미에서의 정치적 주체가 아니라는 것을 제시하며 시작된다. 차테르지는 전통적인 민주주의적 정치 문화나 법질서와는 전혀 상관없는 방식으로 통치의 대행인들과 직접적으로나 적대적으로 대면하는 피통치자들의 집합적 정치가 어떻게 존재하는지 설득력 있는 사례 연구를 통해 보여준다. 피통치자의 이런 정치형태가 유럽이나 북반구의 다른 곳에까지 퍼져나갈 수 있을지를 우리로 하여금 생각해보게 만든다는 점에서, 통치성에 대한 차테르지의 서발턴 연구는 계몽적이며 시사적이다.

베이커의 논문처럼, 아이비슨의 『자유로운 자아』[13]도 품행의 인도라는 푸코의 통치성 개념이 케임브리지 학파(스키너, 포칵, 필립 페팃)의 시민적/사법적 공화주의나 롤스 식의 정의론과 종합될 수 있는 가능성을 살펴보려고 하는 활기차고 보편적인 사유-실험이다. 통치성을 법치와 대립되는 문제적 개념으로 보는 입장에 대한 도전·극복이라 자임하는 자신의 실험을 통해, 아이비슨은 존 로크의 정치학을 근대 초기 법적 통치의 합리성, 즉 공화주의적 시민이라는 단단한 모델과 결합되어 법치 아래서 품행을 인도하는 완전한 능력을 갖춘 합리성으로 제시한다. 제임스 털리가 처음 보여줬듯이, 푸코와 케임브리지 학파는 이처럼 대안적인 문제화와 계보학의 흥미로운 영역에서 겹친다.

1980~90년대에 그래엄 버첼과 나는 통치성의 서사와 마키아벨리의 시민적 전통이 공명하고 상호작용할 수 있는지 살펴보려는 논문들을

---

12) Partha Chatterjee, *The Politics of the Governed: Reflections on Popular Politics in Most of the World*, New York: Columbia University Press, 2004.

13) Duncan Ivison, *The Self at Liberty: Political Argument and the Arts of Government*, Ithaca: Cornell University Press, 1997.

쓴 바 있다. 아이비슨의 책과 같은 해에 출판된 스키너의 『자유주의 이전의 자유』[14]는 푸코에게 예를 표하면서도, 자유주의의 배반으로 망각된 정치적 자유의 강력한 모델을 되살리기 위해 역사적 기억들을 불러낸다. 그렇지만 스키너와 아이비슨의 계보학은, 마치 앙리 드 불랑빌리에처럼, 역사를 종종 생략하는 탓에 그 자유의지론적이자 선교에 가까운 메시지를 현재에 대한 강력한 분석과 연결시키지 못하는 회고적이고 논쟁적인 근본주의로 흐를 수 있다는 문제점이 있다.

| 도래할 정치의 계보학을 위하여 |

푸코는 살아생전에 불완전하게나마 이런 분석의 요소들을 제공해줬다. 이런 분석 중 몇몇은 푸코의 사유뿐만 아니라 그의 [실천적] 개입의 관점에서 이해되어야 하며, 내가 보기에 푸코의 사유는 공적 활동의 요구와 경험에 의해 갈수록 풍부해지고 가다듬어졌다.

푸코는 공적인 연설·대화를 통해 동료-시민과 정부 고관들에게 조언하고, 사적 만남을 통해 군주(수상이나 미래의 수상)에게 조언했다. 푸코의 제임스 보스웰 혹은 디오게네스 라에르티오스였던 클로드 모리악은 푸코가 당시의 사형제도에 반대해(푸코는 공적 논평을 통해 삶과 죽음을 결정하는 선동적 기회주의의 계산들을 매번 샅샅이 해부했다) 대통령의 점심 초대를 두 번이나 거절한 일화를 일기장에 기록해두기도 했다.

푸코는 사람들의 주의를 환기시키고, 용기를 북돋워주고, 반대하고, 경고하고, 성찰을 촉구하기 위해 다양한 방식으로 개입했다. 다니엘 드페르가 묘사한 바 있듯이, 푸코의 생애는 초기에는 조직된 혁명적 좌파들로부터, 후기에는 자신의 몇몇 친구들이 합류한 집권당으로부터 공적인 발화의 독립을 얻기 위한 전투로 점철되어 있었다. 그리고 스스로 수

---

14) Quentin Skinner, *Liberty before Liberalism*, Cambridge: Cambridge University Press, 1998. [조승래 옮김, 『자유주의 이전의 자유』, 푸른역사, 2007.]

많은 대담을 통해 분명히 밝혔듯이, 푸코는 전면적 개입이 여의치 않은 상황에서는 전술적으로 침묵을 택하곤 했다.

1984년에 푸코는 정당의 문제를 직접적으로 다루려는 계획을 세웠다. 추측컨대, 푸코가 염두에 뒀을 철학적 문제 중 적어도 하나는 자신이 이전 몇 년간 신중히 분류·식별해온 진리와의 다양한 관계맺음 양식과 관련해 정당 정치의 활동과 실천이 그 기술, 주체의 정치적·발화수반적 위치, 발화·존재·행위의 전투적·선교적·사목적·예언적 양상이 한데 뒤섞인 유산 모두와 더불어 어떻게 작동하느냐였을 것이다.

우리 세대는 장년이 되어 이데올로기의 정치 문화가 선동의 정치 문화로 이행하는 과정을 몸소 겪어왔는데, 푸코는 말년의 강의들에서 이런 변화를 특유의 날카로움으로 추적하고 성찰하려고 했다. 플라톤과 플루타르코스에서 데시데리위스 에라스뮈스까지, (푸코가 지적한 대로) 철학자들은 군주와 그밖의 다른 의뢰인들에게 친구와 아첨꾼을 구별해 내는 방법을 오랫동안 조언해왔다. 오늘날 우리가 직면하고 있는 문제는 진리를 말하는 자와 선동꾼을 구별해내는 방법이다.

적어도 영국에서는 선동가들이 비판이라는 주제, 정치 문화의 혁신과 개혁이라는 문제를 악용해왔다. 비록 그런 선동에서 얻는 이익이 오래가지 못했을지라도 말이다. 우리가 직면하고 있는 정치 문화의 문제는 비판 문화의 문제와 깊이 뒤섞여 있는바, 이런 연관성은 더 탐구되어야 한다. 아마도 이 점이 오늘날 『푸코 효과』에서 얻을 수 있는 핵심 메시지일 것이다. 푸코가 1984년에 자신의 다음번 과제로 생각한 것이 바로 이것이었으며, 우리에게는 우리의 능력이 허락하는 한 이 과제를 우선적으로 다뤄야 할 충분한 이유가 있다.

콜린 고든

새로운 (신)자유주의 비판을 위하여

편집자 본인의 긴 서두 논문과 또 그만큼 상세한 한국어판 후기가 달린 책에, 옮긴이들이 덧붙일 수 있는 말은 그리 많아 보이지 않는다. 여기서는 몇 년 전 옮긴이들이 『푸코 효과』의 번역을 논의하기 위해 처음 만났을 때, 그 중 한 명이 제기했던 질문에만 답해보려고 한다. 그 질문이란 이 오래된 책을 지금 한국 사회에 소개하는 의미에 대한 것으로, 말하자면 대략 20년 정도의 시차를 둔, 게다가 서구 사회의 경험에만 초점을 맞춘 이 텍스트를 지금 굳이 번역할 필요성에 관한 것이었다. 당시에는 합의된 결론을 내릴 수 없었지만, 번역이 예상보다 길어지는 동안 옮긴이들은 공적 혹은 사적인 만남에서 종종 이 질문을 다시 끄집어내며 현재 한국 사회와 자유주의 통치성 연구 일반에 대한 서로의 문제의식을 확인할 기회를 가질 수 있었다. 이런 소통의 결과를 잠정적으로나마 정리하면서, 독자들도 혹시 궁금해할지 모르는 위의 질문에 최대한 성실히 답해보는 것이 이 지면에 적합한 작업인 것처럼 보인다.

1. 가장 먼저 떠오르는 답변은, 어느새 국내 학계에서도 회자되기 시작한 '통치성 연구'에서 『푸코 효과』가 차지하는 특별한 위상이다.[1] 특정

---

[1] 지난 몇 년간 통치성 개념을 기반으로 삼은 국내 연구들이 부쩍 늘어나고 있는데, 이 중 비교적 초기의 것이면서 대표적인 문헌으로는 다음을 참조하라. 임동근, 「국가와 통치성」, 『문화과학』(통권54호/여름), 2008; 서동진, 「신자유주의 분석가로서의

담론의 기원을 찾으려는 시도에 대한 푸코의 경고에도 불구하고, 자신이 생산한 효과의 자장 속에서 지성사가들에 의해 사후적으로 기원의 자리를 할당받는 텍스트들이 있기 마련이다. 지난 20여 년간 폭발적으로 증가해온 일련의 통치성 연구를 하나의 담론적 흐름으로 묶을 수 있다면, 이 책은 그 기원의 자리에 놓일 텍스트이다.

물론 통치성 연구라는 것이 『푸코 효과』의 발간과 함께 갑자기 탄생했다는 말은 아니다. 주지하다시피 푸코는 콜레주드프랑스에서 강연하는 동안, 특히 1970년대 중후반부터 자신과 유사한 문제의식을 가진 몇몇 연구자들과 함께 공동 세미나를 조직했다. 프랑수아 에발드, 로베르 카스텔, 파스콸레 파스퀴노, 조반나 프로카치, 다니엘 드페르, 자크 동즐로 등이 참여한 이런 세미나들에서는 연구자들의 발표와 활발한 상호토론이 이어졌고, 여기에 제출됐던 몇몇 논문이 거의 동시에 니콜라스 로즈가 편집자로 있던 영국의 신좌파 저널 『이데올로기와 의식』(이후 제호의 앞글자만 따서 『I&C』로 개명)에 푸코의 통치성 강의 일부와 함께 소개되면서 '통치'의 문제의식이 본격적으로 알려지게 된다.

사실상 하나의 학파로서 확실한 정체성을 가지고 있었다기보다는 그저 유사한 관심사와 접근방식을 공유하고 있었을 뿐인 이 느슨한 '푸코의 동료들'이 행한 작업은 1980년대 중반에 폴 래비노우가 창간한 저널 『현재의 역사』등을 통해 간헐적으로 미국 학계에도 소개되고, 마침내 『I&C』 시절부터 푸코의 사상을 영어권에 소개하는 데 주력해온 콜린 고든, 그래엄 버첼, 피터 밀러가 잡지에 출판된 기존 작업들과 푸코의 강의, 그리고 새롭게 생산된 연구들을 한데 모은 『푸코 효과』를 "통치성에 관한 연구"라는 부제를 달아 1991년에 출판하면서, 결국 사후적으로 하나의 공동 연구집단의 작업처럼 그 이름을 가지게 된다.[2]

<hr>

푸코: 미셸 푸코의 통치성과 반정치적 정치의 회로」, 『문화과학』(통권57호/봄), 2009; 서동진, 『자유의 의지, 자기계발의 의지』, 돌베개, 2009.

이 명명의 효과 속에서 이후 전개된 통치성 연구의 역사는 근래의 학계에서 보기 드문 성공담이라 할 수 있다. 『푸코 효과』의 출판 이후, 『경제와 사회』라는 잡지를 중심으로 이미 독자적인 통치성 연구를 진행해오던 연구자들이 서구 사회의 신자유주의로의 전환과 자유주의 통치의 계보학을 추적하는 작업들을 속속 출판했고, 심리학·경영학·범죄학 등 각 분과에서 중요한 연구들이 잇달아 제출됐다.3) 1990년대 후반 이후 이런 연구가 포스트콜로니얼 연구, 발전주의 연구, 과학기술학 등의 분야로 확장되면서 통치성 연구는 일종의 통합분과적 흐름으로서 영국, 미국, 캐나다, 호주 등 영어권 학계를 중심으로 학문적 시민권을 획득하게 된다.4) 물론 이런 확장의 와중에 이 책의 아이디어, 개념, 방법론은 새롭

---

2) 그렇지만 흥미롭게도 이 책에서 푸코 이외에는 누구도 통치성이라는 단어를 명시적으로 사용하지 않고 있다. 실제로 고든과 동즐로가 어느 대담에서 밝혔듯이 『푸코 효과』의 출간 당시 이 책에 참여했던 여러 학자들의 연구는 이미 상이한 방향으로 진척되어 있었고, 이들은 자신들의 작업이 '통치성 연구'라는 이름으로 묶이는 것을 달가워하지 않았다. 이후 소위 '통치성 연구'는 주로 니콜라스 로즈, 폴 라비노우, 미첼 딘 같은 영어권 학자들이 주도하게 된다. Jacques Donzelot and Colin Gordon, "Governing Liberal Societies: The Foucault Effect in the English Speaking World," *Foucault Studies*, no.5, January 2008.

3) 대표적인 텍스트들을 몇 가지만 열거하면 다음과 같다. Thomas Osborne, Nikolas Rose and Andrew Barry (eds.), *Foucault and Political Reason: Liberalism, Neoliberalism, and Rationalities of Government*, Chicago: University of Chicago Press, 1996; Nikolas Rose, *Powers of Freedom: Reframing Political Thought*, Cambridge: Cambridge University Press, 1999; Mitchell Dean, *Governmentality: Power and Rule in Modern Society*, London: Sage, 2000; Peter Miller and Nikolas Rose, *Governing the Present: Administering Economic, Social and Personal Life*, London: Polity, 2007; Nikolas Rose, *Inventing Our Selves: Psychology, Power, and Personhood*, Cambridge: Cambridge University Press, 1996; Barbara Townley, *Reframing Human Resource Management: Power, Ethics and the Subject at Work*, London: Sage, 1994; Clifford Shearing and Les Johnston, *Governing Security: Explorations in Policing and Justice*, London: Routledge, 2002; Jonathan Simon, *Governing through Crime: How the War on Crime Transformed American Democracy and Created a Culture of Fear*, Oxford: Oxford University Press, 2007.

게 적용·변형되거나 반박되고 수정되기는 했지만, 이 책은 이후 방대한 영역으로 뻗어나간 통치성 연구의 원류를 확인하고, 이후 전개된 일련의 흐름을 탐험하는 입구이자 길잡이 역할을 할 수 있을 것이다.

2. 하지만 지성사에서 『푸코 효과』가 차지하고 있는 중요성과는 별도로, 이 책이 '현재의 한국 사회'에 번역되어야 하는 이유에 대해서는 좀 더 자세한 논의가 필요해 보인다. 옮긴이들이 처음 이 책의 번역을 고려한 이유는 '통치의 위기'라고 일컬어지는 현 시기에 기존의 관습적인 신자유주의 비판을 넘어, (신)자유주의 통치에 대해 새롭게 질문을 던지고 분석을 전개할 긴급한 필요성과 무관하지 않다.

2008년 경제위기 직후 행해진 한 대담에서 데이비드 하비는 이번 위기가 신자유주의의 종말을 의미하는가라는 질문에, "그건 신자유주의를 정의하기 나름"이라고 답한 바 있다.[5] 다소 옹색하게 들리는 하비의 답변은 의도치 않게 '신자유주의'라는 개념을 둘러싼 현실의 한 단면을 폭로하는 것처럼 보인다. 지난 10여 년간 신자유주의는 빠른 속도로 자본주의의 현 단계를 묘사하는 대표 단어로 자리잡았지만, 신자유주의가 무엇을 의미하고 구체적으로 어떻게 작동하는지에 대한 분석은 여전히 상대적으로 부실해 보인다. 한 인류학자가 재치있게 지적했듯이, 오늘

---

4) 고든이 한국어판 후기에서 이런 흐름 중 일부를 정리하고 있지만, 각종 분과학문을 가로질러 전개된 방대한 통치성 연구의 역사를 요약하기란 거의 불가능하다. 어쩌면 완결된 이론이라기보다는 하나의 관점 혹은 방법론에 가까운 '통치성'을 중심으로 다양한 연구들을 묶어내는 것은 그 자체로 무리한 시도인지도 모른다. 통치성 연구 전반에 대한 포괄적인, 그러나 여전히 부분적인 소개로는 다음을 참조하라. Nikolas Rose, Pat O'Malley, and Mariana Valverde, "Governmentality," *Annual Review of Law and Social Science*, vol.2, no.1, December 2006.

5) David Harvey, "The Crisis and the Consolidation of Class Power: Is This Really the End of Neoliberalism?," *Counterpunch*, March 13-15, 2009. [www.counterpunch. org/2009/03/13/is-this-really-the-end-of-neoliberalism/]

날 '신자유주의'를 내세우는 많은 논의들 속에서 우리가 발견하는 것은 구체적 정의와 분석이라기보다는 모든 형태의 사회적 연대를 잠식하는 '시장의 쓰나미' 같은 파국의 '이미지'나 '인상비평'이다.6) 시장 대 사회 혹은 경제적 합리성 대 도덕·연대·공감이라는 다분히 관습화된 이분법에 기댄 이 대중적 이미지 속에서, 신자유주의는 일련의 사회적·도덕적 가치를 일방적으로 파괴하는 시장근본주의로 '손쉽게' 등치되고, 그 자체로 설명되어야 할 대상이라기보다는 현 사회의 모든 모순을 손쉽게 등록할 수 있는 거대한 스크린으로 기능하는 듯 보인다.

물론 이런 이미지가 일말의 진실을 담고 있음을 부정할 수는 없다. 하지만 '신자유주의=시장근본주의'라는 손쉬운 도식의 분석적·실천적 한계 또한 분명해 보인다. 먼저 분석적 차원에서 이런 접근은 신자유주의를 추상적 교리나 이데올로기로 환원시키면서 신자유주의화의 구체적 과정에 대한 분석을 대체하는 경향이 있다. 흔히 신자유주의 이념과 동일시되는 프리드리히 폰 하이에크와 몽페를랑 협회 멤버들의 사상이 시장주의 이데올로기에 근거해 있더라도, 실제 현실 속에서 이들의 이념이 어떻게 도입되고 작동하는지 분석하는 것은 이와는 다른 차원의 문제이다. 더 나아가 이런 방식으로는 오늘날 신자유주의가 누리는 '헤게모니'를 만족스럽게 설명할 수 없다. 신자유주의가 기존의 사회·도덕·정체성을 붕괴시키는 시장의 전일적 지배일 뿐이라면, 이런 프로젝트가 어째서 그토록 광범위하게 동의와 지지를 얻을 수 있었을까? 더구나 경

---

6) Aihwa Ong, "Neoliberalism as a Mobile Technology," *Transactions of the Institute of British Geographers*, vol.32, no.1, January 2007. 주지하다시피 이런 대중적 이미지는 종종 "탈배태된 시장의 지배 대 사회의 자기방어운동"이라고 단순하게 해석된 칼 폴라니의 테제와 결합하곤 한다. 이런 신자유주의에 대한 관습화된 이미지를 '거대한 전환' 테제라고 명명하면서 비판적으로 분석하는 작업으로는 다음을 참조하라. Stephen J. Collier, *Post-Soviet Social: Neoliberalism, Social Modernity, Biopolitics*, Princeton, N.J.: Princeton University Press, 2011.

제위기 이후 보수 정권들조차 신자유주의의 비판자로 자임하는 상황, 즉 **시장주의 혹은 신자유주의 비판이 통치 전략의 일부가 된 상황**에서도, 신자유주의는 어떻게 여전히 헤게모니적 통치 원리로 기능하고 있을까?

하지만 '시장의 쓰나미' 테제의 가장 큰 문제점은 이런 대중적 이미지가 시장 대 사회의 대립이라는 자유주의적 전제와 상상틀에 기대고, 더 나아가 강화한다는 데 있을 것이다. 이 선명한 대립 구도는 역설적이게도 실천적 차원에서는 매우 모호한 정치적 효과를 낳는 것처럼 보인다. 이 구도 속에서 모든 통치행위는 신자유주의로 환원되거나, 역으로 사회·도덕·공동체에 대한 강조는 그 자체로 신자유주의의 대안으로 긍정될 수 있기 때문이다. 2008년의 경제위기 전후로 각국 정부와 자본가 집단이 앞다퉈 '빅 소사이어티,' '새로운 사회적 시장경제,' '윤리적 자본주의,' '자본주의 4.0' 등을 자신들의 기획으로 내세웠을 때, 기존의 신자유주의 비판자들이 보였던 혼란스러운 반응은 이런 대립 구도의 한계를 극적으로 보여주는 예일 것이다. 이런 기획들은 단순히 이데올로기적 기만인가, 아니면 신자유주의의 종말을 의미하는 것인가? 우리는 이런 기획들을 환영해야 하는가, 아니면 거부해야 하는가? 실제 현실 속에서 경제와 사회, 시장과 도덕, 개인주의와 공동체주의 등이 결합하고 분기하면서 형성해내는 혼종적 영역들에 대한 분석들이 시장 대 사회라는 단순한 이분법 속에서 방기되면서, 결과적으로 우리에게는 '나쁜' 신자유주의와 (종종 자유주의와 결합한) '착한' 인간주의적·도덕적·공동체주의적 비판들 간의 앙상한 대립 구도만 남게 된 것이다.[7]

이런 분석적·실천적 한계를 벗어나려면, 무엇보다도 신자유주의적 통치가 '어떻게' 이뤄지는지, 즉 어떤 합리성과 지식에 근거해, 어떤 개

---

7) 오늘날 이런 신자유주의 대 자유주의의 대립 구도가 낳은 정치적 난점들에 좀 더 자세한 설명으로는 다음을 참조하라. Wendy Brown, "Neoliberalism and the End of Liberal Democracy," *Theory and Event*, vol.7, no.1, Spring 2003; Jesook Song, *South Koreans in the Debt Crisis*, Durham: Duke University Press, 2009.

넘적·물리적 장치들을 통해 통치하는가라는 질문을 파고들 필요가 있다. 이것은 나름의 규범과 윤리성·사회성을 갖추고 새로운 주체성과 사회적 관계를 창출하기 위해 현실에 개입하면서 주체의 실천을 통솔하는, 다양하고 이질적인 지식·테크닉·실천으로 구성된 복합적인 통치양식으로 신자유주의를 봐야 한다는 것을 의미한다. 동시에 이것은 신자유주의 통치합리성이 기존 자유주의 통치의 지식·테크닉을 어떻게 재절합하고 변형시키는지 파악하면서, 이런 변화를 자유주의 통치의 계보학 속에서 자리매김할 필요성을 제기하는 것이기도 하다. 이런 작업을 위해서는 당연히 시장 대 사회 같은 단순한 이항 구도가 아닌 좀 더 세심한 분석 도구들이 요구될 것이다.『푸코 효과』가 고전으로서의 의미를 넘어 한국 사회에서 현재성을 가질 수 있다면, 그것은 이 책에 실린 분석들이 자유주의 통치의 역사 속에서 신자유주의 통치의 자리를 짐작할 수 있는 기본틀을 제공함과 동시에, 그 통치성을 분석할 일련의 개념적 도구를 발전시킬 수 있는 출발점을 제시해준다는 사실에 있다.

3. 그렇다면『푸코 효과』에 수록된 연구들은 어떤 점에서 (신)자유주의에 대한 다른 방식의 분석을 가능케 하는가? 여기서 다방면에 걸쳐 있는 이 책의 주제와 관심사를 다시 한번 힘겹게 정리할 필요는 없을 것이다. 다만 우리는 새로운 분석을 위한 단초를 이 책이 제시하는 자유주의 통치와 사회의 관계, 안전장치들에 대한 분석에서 발견할 수 있다고 생각하기에, 이 주제에 대해서만 아주 간략하게 되짚어보도록 하자.

　　고든과 버첼의 논의가 보여주듯이, 푸코는 18세기 자유주의 통치와 사회의 등장을 동시적인 것으로 파악한다. 즉, 자유주의 통치의 전제가 되는 '이해관계의 주체'로서의 호모 에코노미쿠스가 기존의 주권 공간에 자리잡게 될 때, 시민사회 혹은 사회는 주권의 논리와 이해관계의 논리 사이의 이질성을 매개하고 호모 에코노미쿠스를 통치가능한 대상으로 구성하기 위해 등장한다는 것이다.[8] 전체화하는 통일성에 근거한 법률적 주권의 논리 공간과 환원불가능한 다양성에 근거한 이해관계의 논리 사이에서, 시민사회는 '탈이해관계적 이해관계' 혹은 상호간의 감정적 유대와 도덕적 의무 같은 원리들에 근거한, 비사법적인 동시에 비경제적인 사회관계의 새로운 장을 열게 된다. 푸코에 따르면 자유주의 통치 아래 일종의 매개공간으로서 사회는, 한편으로는 정치권력의 항구적 모태로서 과도한 국가의 개입을 방지하고 비판하는 참조점으로 기능하고, 다른 한편으로는 시장의 탈유대적 경향을 제어하고 그 자연적 메커니즘을 적절히 조정함으로써 '안전'을 보장하는 기능을 담당한다.[9]

『푸코 효과』의 논문들이 분석하는 일련의 '안전장치들,' 즉 리스크, 연대주의, 통계학, 사회경제학, 범죄학, 상호부조, 보험, 평생교육 같은 개념적·물질적 장치들은 바로 이런 '사회'를 생산하고 그 기능을 가능케 하는 요소들이다. 이 책에서 안전장치에 대한 분석들은 얼핏 중구난방 제시되는 것처럼 보이지만, 사실 이 장치들과 실천의 선분들은 긴밀히 결합해 사회라는 통치 공간을 마름질한다. 프로카치가 분석한 '빈곤' 문제를 예로 들면, 자유주의 통치의 문제틀 속에서 '빈곤'은 하나의 '사회 문제'로, 즉 자본주의의 메커니즘·소유권과 연결된 문제라기보다는 사회유대의 붕괴, 사회제도의 미비, 개인의 도덕적 결함으로 '문제화'된다. 그리고 이런 사회적 빈곤의 해결책으로는 노동에의 참여를 매개로 한 규율, 자발적 결사의 상호부조, 혹은 빈곤을 계산가능한 리스크로 치

---

8) 푸코는 『생명정치의 탄생』의 11~12강에서 자유주의 통치 아래에서의 호모 에코노미쿠스와 사회 간의 분리불가능한 관계를 집중적으로 다룬다. "사회를 보호해야 한다"는 인종주의 발화에서 착안한 생명정치에 대한 고민이, 통치성 연구와 신자유주의 분석을 거쳐 다시 '사회'의 문제로 돌아온다는 것은 흥미로운 사실이다.

9) 사회에 대한 푸코의 이런 입장을 '민족형태'(혹은 '국민-사회 국가')에 대한 에티엔 발리바르의 논의, 그리고 '자본=네이션=스테이트'의 결합에 대한 가라타니 고진의 논의와 비교해보는 것은 분명 흥미로운 작업일 것이다. 관점의 차이에도 불구하고, 이들의 논의는 모두 각 심급들 간의 긴밀한 상호작용을 자본주의의 작동이라는 틀 속에서 총체적으로 조명할 수 있게 해준다는 장점을 가진다.

환하고 이 리스크를 사회적 차원에 분산시키는 '사회보험' 등이 제시될 것이다(에발드, 드페르). 이때 매개로서의 노동은 자신의 생산물에 대한 권리를 주장할 수 있는 기반이 아니라, 리스크의 사회적 보장에 대한 접근권과 연결된 일종의 사회적 지위로 재정의된다(동즐로). 이런 식의 상호연결된 테크놀로지들의 작동과 이를 뒷받침하는 각종 지식(통계학, 범죄학, 경영학 등)의 생산을 통해 사회는 자본주의의 적대적 자본-노동 관계의 부산물인 빈곤·실업·산업재해·비위생·범죄 등의 문제를 '사회적' 경로를 통해 관리가능한 대상으로 번역해낼 수 있는 것이다.

비록 『푸코 효과』에 수록된 연구들이 신자유주의보다는 사회국가 시기의 안전장치들과 그 시기의 사회 형성 등과 같은 주제에 좀 더 집중하고 있지만, 이 연구들이 채택하는 문제화의 방식과 연구방법론은 신자유주의를 분석하고 신자유주의에 대한 저항을 모색하는 데에도 유용한 지침을 제공해준다. 예컨대 이 연구들의 관점에서 볼 때, 신자유주의에 의한 사회의 죽음을 선언하거나 시장의 쓰나미에 맞선 사회의 자기조정 운동을 요청하는 것은 공허한 레토릭 이상의 의미를 가지기 힘들 것이다. 사회란 것은 주어진 객관적 실재이거나 분석의 시작점이라기보다는, 그 자체가 자본주의 혹은 자유주의 통치의 고유한 문제를 해결하기 위해 설치된 개념적 장치이자 다양한 장치와 실천을 통해 사후적으로 구성된 상호작용적 현실일 것이기 때문이다. 따라서 신자유주의 통치를 극복할 가능성은 오히려 다음과 같은 질문들을 던지고, 그 속에서 작동하는 권력과 저항의 형태들을 포착하고 가시화하는 과정을 통해서만 구체화될 수 있을 것이다. 신자유주의 속에서 식별해낼 수 있는 새로운 지식과 테크놀로지의 형태들은 무엇인가? 신자유주의 통치합리성은 기존의 안전장치들을 어떤 식으로 변형하고 재절합시키는가? 이런 장치들의 재절합과 변형의 효과 속에서 국가·사회·시장은 각각 어떤 형태로 이해가능해지며, 이들 간의 관계는 어떻게 조정되는가? 이 총체적 효과 속에서 생산되는 윤리적 규범과 주체성의 형태는 무엇인가?

물론 이런 질문에 답하는 것은 별도의 방대한 연구가 필요한 작업일 것이다.[10] 또한 서유럽의 경험과 큰 차이가 있는 한국의 상황을 고려해볼 때, 『푸코 효과』가 주로 다루는 사회국가(그리고 그 안전장치들)와의 직접적인 비교 속에서 한국의 신자유주의가 가진 종차種差를 식별해내는 시도에는 세심한 주의가 요구된다. 그렇지만 자유주의와 사회에 대한 이 책의 논의는 1990년대 이후 한국이 직면한 상황과 기묘하게 공명하는 듯하다. 많은 이들이 지적하듯이, 한국의 신자유주의화가 가진 특이성은 그것이 '민주화'와 결합해 동시적으로 진행됐다는 점에 있다. 그런데 이 두 과정, 즉 '민주화'와 '(신)자유주의화'가 중첩되는 바로 그 교차점에서 '사회'는 모든 모순과 적대가 해결되는 물신화된 공간으로 등장하게 된다. 한편으로는 기존의 과도한 국가권력에 의해 억압되어왔으며 민주화된 통치를 위해 재활성화되어야 할 정치권력의 잊혀진 모태로서, 다른 한편으로는 후퇴하는 국가를 보충하는 자발적 결사들의 장이자 시장의 급격한 확대를 제어하고 유대관계의 붕괴를 비롯한 각종 악덕들을 치유하는 공간으로서, 사회는 파스퀴노가 텅 빈 극장으로 비유한 무대의 주인공으로서 끊임없이 소환되어왔던 것이다.[11] 주목해야 할 점은, 이 과정에서 사회를 가로지르는 적대들이 민주화 담론이 근거하는 국가 대 시민사회의 대립이나 신자유주의를 둘러싼 사회 대 시장 간의 대립쌍으로 끊임없이 전치됐다는 것이다.

---

10) 『푸코 효과』에 실린 동즐로와 카스텔의 분석, '선진 자유주의' 통치체제에 대한 영어권 통치성 연구자들의 작업은 이런 질문들에 대한 나름의 답변으로 중요한 참조점이 될 수 있다. 서동진의 책은 부분적이지만 이런 질문들을 통해 한국 사회의 신자유주의화 과정을 들여다 본 선구적인 작업이다(앞의 각주 1번 참조).

11) 이런 점에서 신자유주의가 시장근본주의를 의미한다면, 그런 '순수한' 형태의 신자유주의는 한국에 존재하지 않았다고 말해도 좋을 것이다. 한국의 신자유주의는 '사회'를 '동원'하는 과정과 떼려야 뗄 수 없는 관계를 유지했던 것이다. 이는 한국의 신자유주의화가 '신자유주의적 복지국가화,' '사회적 신자유주의,' 혹은 '좌파 신자유주의' 같은 모순적 언어로 묘사될 수밖에 없는 이유이기도 하다.

비록 시공간적 한계를 가지기는 하지만, 자유주의 서사극의 무대 뒤편에서 적대를 관리하고 주체들을 통치하기 위한 각종 장치들이 어떻게 작동해왔는지 보여준다는 점에서, 『푸코 효과』의 논의들은 오늘날 한국 사회를 둘러싼 거대 서사들에서 탈피해 사회와 (신)자유주의 그 자체를 문제화하고 분석 대상으로 삼으려는 이들을 위한 자원으로 기능할 수 있을 것이다. 혹자는 이 책의 장치에 대한 분석들을 현재의 한국 사회가 직면한 쟁점들과 횡단적으로 연결시켜 새로운 논의를 끄집어낼 수 있을지도 모른다. 예컨대 눈 밝은 이라면 범죄인의 탄생에 대한 파스키노의 분석에서 오늘날 사이코패스와 공안통치를 둘러싼 담론을, 보험·리스크·책임에 대한 드페르와 에발드의 연구를 통해 최근 한국 사회에서 각종 사고·재난이 정치화되는 현상을, 사회의 동원에 대한 동즐로의 분석에서 코포라티즘과 연대주의에 대한 논의를, 법의 논리와 경제 논리의 갈등에 대한 버첼의 논의 속에서 얼마 전 벌어졌던 공화주의 논쟁을 새롭게 조명하고 분석할 수 있는 다양한 아이디어들을 발견할 수 있을 것이다. 물론 이것은 단편적인 예들로, 이 유용한 연장통에서 무엇을 발견하고 취할 것인가는 이제 독자들의 몫으로 남아 있다.

4. 마지막으로, 『푸코 효과』의 의미를 논하면서 통치성 연구의 정치성이라는 주제를 피해갈 수는 없을 것 같다. 무엇보다 고든의 설명처럼 푸코와 그 동료들의 통치성 연구가 1970년대 후반 맑스주의의 퇴조와 (신)자유주의의 부상 속에서 새로운 정치적 패러다임을 모색하려는 시도로 출발했던 만큼 정치의 문제가 이 분석들의 숨겨진 공통 주제라 해도 과언이 아니기 때문이고, 이와 동시에 통치성 연구에 가장 빈번하고 설득력 있게 가해지는 비판 또한 바로 이런 통치성 연구의 정치성에 집중되어 있기 때문이다. 이런 식의 비판을 요약하면 다음과 같다. 통치성 연구는 분석을 위한 분석에 집중하면서 새로운 정치의 가능성을 제시하거나 통치의 실패를 규명하는 데에는 실패하고 있는 것이 아닌가? 이런 분석

들은 가치중립적 혹은 사회학적 접근에 매몰된 채 실제로는 (신)자유주의 장치와 테크놀로지들의 작동을 과대평가하고 있는 것은 아닌가? 좀 과장하면, 통치성 연구자들은 (신)자유주의의 분석과정에서 이들에 대한 일종의 역전이에 빠진 것은 아닌가? 실제로 이 책에 실린 몇몇 연구들을 보면 자유주의 통치테크놀로지를 사회적 적대의 관리라는 반혁명적 시도와 연결시키는 급진적 관점과, 이런 통치테크놀로지의 성공에 대한 은밀한 감탄과 찬사가 묘하게 뒤섞여 있는 듯한 인상을 준다.

푸코의 권력론 전반을 둘러싸고 꾸준히 제기됐던 질문, 즉 푸코의 관계론적 권력론은 저항의 가능성을 사유할 수 없다는 비판의 연장선상에 있는 이런 질문에 답하기 위해, 주지하다시피 다양한 시도들이 있어 왔다. 예를 들어 욕망이나 역능 등의 개념을 통해 푸코의 권력론이나 통치론을 보충해 저항의 존재론적 우위를 철학적으로 확인하려는 시도들이 있었고, 푸코의 통치성 분석을 안토니오 그람시의 헤게모니나 막스 베버의 지배의 사회학, 혹은 칼 슈미트와 조르조 아감벤의 주권 이론 같은 좀 더 고전적인 정치학적 분석들과 연결시켜 이 난점을 극복하고자 한 이들도 있었다.12) 다른 한편으로, 에발드가 "우리가 뒤엉키지 않기를 선택할 수 없는 권력의 놀이들"이라 표현한 사회적 통치의 장에 직접 뛰어들어 통치의 수용가능한 형태와 그렇지 않은 형태를 구분해내고 변화된 조건들과 통치양식의 혁신을 추적하는 과정에서, 통치성 연구자들 사이에서 정치적 지향점이 분화되기도 했다.13)

---

12) 가령 다음의 저작들을 참조하라. Tania Li, *The Will to Improve: Governmentality, Development, and the Practice of Politics*, Durham: Duke University Press, 2007; Mitchell Dean, *Governing Societies: Political Perspectives on Domestic and Inter-national Rule*, Maidenhead: Open University Press, 2007; Sergei Prozorov, *Foucault, Freedom and Sovereignty*, Aldershot: Ashgate, 2007.

13) 에발드는 이런 분화를 보여주는 아마 가장 극단적이면서 흥미로운 사례일 것이다. 1970년대 중반까지 극좌파 마오이스트 집단의 멤버였던 에발드는 푸코의 조교로 '통치성 연구' 세미나에 합류하게 된다. 통치성 연구를 통해 보험사회에서의

1980년대의 콜레주드프랑스 강의들이 속속 출판되면서 이제서야 비교적 뚜렷히 재구성할 수 있게 된 푸코의 경로는, 이들 모두와 상이한 방향으로 나아간 것처럼 보인다. 푸코는 통치장치들에 의한 예속화 과정과 겹치면서도 구분되는, 자기가 스스로를 주체로 구성하는 주체화 과정을 추적함으로써, 새로운 진리 생산과 자기-통치를 가능케 하는 주체화 장치들의 배열과 실천 조건을 탐구하는 방향으로 연구를 진행했던 것이다. 『푸코 효과』에 실린 대담에서 처음 언급한 '정치적 영성' 개념에서 암시되는 이런 '윤리적 전회'는 통치의 문제의식에 자기와 타인의 통치 모두가 포함된다는 점에서 통치성 분석과 연속적이면서도 그 강조점은 변화된 것이다. 더 정확히 말하면, 통치성 개념을 통한 권력의 분석에서 주체화의 양식에 대한 탐구로 이동한 것이라 할 수 있을 것이다.

물론 이런 푸코의 시도가 적대 같은 고유한 정치적 차원을 설명하지 못한다거나, 보편성의 차원을 결여하고 있다거나, 구조 자체의 생성변화를 설명하지 못한다는 이유에서 여전히 '반-정치적'이라 말할 수도 있을 것이다. 그러나 푸코의 작업에 동의하건 안 하건, '통치성'이라는 작업 틀 속에서 권력장치들과 (대항적) 주체화의 문제를 동시에 조명하려는 푸코의 시도는 최근 활발히 이뤄지는 정치적인 것 혹은 정치적 주체화에 대한 연구와 관련해 몇 가지 흥미로운 함의를 던진다. 우선 통치라는 개념이 거시적인 국가 이론과 미시적인 권력의 작동을 연속적인 문제틀 속에서 설명하고 분석하기 위해 도입된 것인 만큼, 저항과 대항정치에 대한 사유 역시 미시적 차원과 거시적 차원의 구분을 재도입하는 것이

혁명의 불가능성 혹은 불필요성을 확신한 에발드는, 이후 사회보험으로 포괄할 수 없는 실존적 리스크들에 대한 유연한 보험정책의 필요성을 강조하면서 프랑스 보험회사들의 입장을 적극적으로 대변하게 된다. 에발드의 이런 지적 궤적에 대해서는 다음을 참조하라. Michael Behrent, "Accidents Happen: François Ewald, the 'Antirevolutionary' Foucault, and the Intellectual Politics of the French Welfare State," *The Journal of Modern History*, vol.82, no.3, September 2010.

아니라 연속적이고 통합적인 문제틀 속에서 사유되어야 할 것이다. 또한 푸코의 논리를 따라가면, 정치적인 것은 언제나 주체화의 문제를 경유한다. 즉, 통치뿐 아니라 정치의 문제도 주체화와 연결된 진리, 실천, 장치의 문제와 동떨어져 사유될 수 없다. 더 나아가 이 두 가지 전제의 귀결로, 정치적 주체화는 통치장치들에 대한 분석의 연속선상에서 논의되어야 한다. 이 둘은 외재적 관계가 아니라 내재적 전환의 관계를 맺는다. 즉, 정치적 주체화가 발생하는 '절대적 외부'는 없다. 마지막으로, 통치가 언제나 진리·지식의 생산과 관계하기에, 정치적 주체화는 기존의 진리형태를 그 권력 효과와 관련해 의문시하는 '비판'과, 진리와 새롭게 관계맺는 방식으로서의 자기-변환, 즉 '영성'의 문제를 포함한다.[14]

이런 점들을 고려할 때, 고대 윤리의 탐구, 특히 진실 말하기와 영성의 문제에 대한 고찰로 나아간 푸코의 이후 작업들은, 비록 우회의 방법을 통하기는 했지만 통치라는 큰 틀 속에서 정치 혹은 정치적 주체화의 영도^{領度}를 사유하려는 실험적 시도였다고 말할 수 있을 것이다. 푸코 본인의 글을 비롯해『푸코 효과』에 실린 연구들, 특히 정치적 주체화의 문제에 대한 다른 작업들과 푸코의 사유를 연결시켜 사유하려는 고든과 버첼의 작업은 이런 점을 염두에 두었을 때 좀 더 폭넓게 이해될 수 있으며, 이는 통치성 연구가 현재 상태의 분석뿐만 아니라 그 대안을 상상하는 데 있어서도 하나의 중요한 참조점이 될 수 있음을 보여주는 것이기도 하다. 이 책의 풍부한 논의들이, 자유주의 통치성에 대한 심화된 연구뿐만 아니라 푸코의 후기 작업들에 대한 이해, 그리고 오늘날 무엇보다도 시급한 신자유주의 비판과 정치적 주체화에 관한 새로운 논의들이 전개되는 데 조금이나마 기여할 수 있기를 바란다.

---

14) 비판과 영성의 문제는 푸코의 말기 작업들에서 핵심 주제가 된다. 푸코의 '정치적 영성' 개념과 이것이 비판 및 주체화의 과정과 맺고 있는 관계에 대해서는 다음을 참조하라. 이승철, 「정치적 영성, 혹은 새로운 정치적 상상을 위하여: 1978~79년의 푸코와 이란 혁명」,『푸코 이후의 철학과 정치』(가제), 그린비, 근간.

❦

『푸코 효과』의 번역은 신자유주의의 위기, 사회의 위기 등이 활발히 논의되던 2009년에 기획됐다. 사회국가의 위기와 신자유주의의 등장을 배경으로 자유주의 통치의 계보학을 되짚어본 이 책이 또 하나의 위기를 분석하고 대안을 모색하는 과정에 도움이 됐으면 하는 옮긴이들의 바람으로 시작된 작업이었지만, 예상보다 꽤 오랜 시간이 걸렸다. 한국, 미국, 영국 등지에서 사회학, 인류학, 문화연구, 역사학, 과학기술학, 경영학 등 다양한 분야를 공부하는 이들이 통치성에 대한 관심 하나로 함께 모여 의견을 나누고 공동 작업을 하는 과정은 그 자체로 흥미로웠지만, 그만큼 일의 빠른 진척을 어렵게 만들었다. 길어진 번역 기간 동안 옮긴이들을 격려해주신 모든 분들, 언제나 좋은 책의 출판을 위해 애쓰시는 도서출판 난장의 이재원 대표, 번역 초기부터 관심을 가지고 한국어판을 위해 특별히 후기를 작성해 보내주신 고든 선생께 감사의 말씀을 전한다. 번역은 옮긴이들이 자신의 관심사·전공과 관련된 장들을 맡아 번역하고 상호검토한 뒤, 이승철이 최종 확인·수정하는 방식으로 진행됐음을 밝힌다. 푸코는 종종 자신의 작업을 초대장에 비유한 바 있다. 자신의 책은 진리의 가르침을 담은 정전 같은 것이 아니라, 이후에 자신과 유사한 작업을 하고 싶어하는 이들에게 보내는 제안서라는 것이다. 아무쪼록 이 뒤늦게 도착한 초대장이 무사히 그 목적지에 도달하기를, 그래서 새로운 '효과'를 낳을 수 있기를 바랄 뿐이다.

2014년 8월
이승철 씀

원문 출처*

2장 | 정치와 담론 연구
이 글의 최초 영어판은 다음의 잡지에 수록됐다. Michel Foucault, "History, Discourse and Discontinuity," trans. Anthony Nazzaro, *Salmagundi*, no.20, Summer-Fall 1972. 본서에 수록된 영어판은 다음의 잡지에 실렸다. "Politcs and the Study of Discourse," trans. Colin Gordon, *Ideology and Consciousness*, no.3, Spring 1978. [프랑스어판의 출처는 본서 85쪽의 '옮긴이 각주'를 참조하라.]

3장 | 방법에 관한 질문들
Michel Foucault, "Questions of Method," trans. Colin Gordon, *I & C*, no.8: Power and Desire: Diagrams of the Social, Spring 1981. [프랑스어판의 출처는 본서 113쪽의 '편집자 각주'를 참조하라.]

4장 | 통치성
Michel Foucault, "Governmentality," trans. Rosi Braidotti, *I & C*, no.6, Autumn 1981. 이 영어판의 번역 대본인 이탈리아어 전사본은 『말과 글』에 수록되기 전에 다음의 잡지에 먼저 프랑스어로 번역되어 수록됐다. "La 'gouvernementalité'," *Actes*, vol.54, no.spéc.: Foucault hors les murs, été 1986. [이탈리아어 전사본에 대한 더 자세한 내용으로는 본서 4쪽의 '일러두기'(2번)와 133쪽의 '옮긴이 각주'를 참조하라.]

5장 | 정치극장: 자본의 계보학(내치와 번영국가)
Pasquale Pasquino, "Theatrum politicum: La genealogia del capitale — La 'polizia' e lo stato di prosperità," *Aut-Aut*, no.167-168, settembre-dicembre 1978; "Theatrum

---

* 본서의 1, 6, 8, 10, 11, 14장은 모두 본서에 처음 수록됐다. 단, 1982년에 개최된 신사회민주주의 관련 컨퍼런스를 위해 작성된 8장은 본서에 수록되기 전에 미리 '발표'된 바 있다. 기존에 영어판이 있었던 글들은 (해당 글의 지은이가 따로 손보지 않은 한) 본서에 재수록되면서 콜린 고든에 의해 모두 수정됐다.

politicum: The Genealogy of Capital — Police and the State of Prosperity," trans. Colin Gordon, *Ideology and Consciousness*, no.4, Autumn 1978. 원래 이 글은 1978년 미셸 푸코가 콜레주드프랑스에서 진행한 세미나에서 발표됐다.

7장 | 사회경제학과 빈곤의 통치

Giovanna Procacci, "L'economia sociale e il governo della miseria," *Aut-Aut*, no.167–168, settembre–dicembre 1978; "Social Economy and the Government of Poverty," trans. Jennifer Stone, *Ideology and Consciousness*, no.4, Autumn 1978.

9장 | 통계학의 역사를 어떻게 할 것인가?

Ian Hacking, "Comment faire l'histoire de la statistique?," *Les sciences humaines, quelle histoire?*, Colloque Paris X-Nanterre, mai 1980; "How Should We Do the History of Statistics?," *I & C*, no.8, Spring 1981. 본서에 재수록될 때 해킹이 다소 수정했다. [이 글이 발표된 콜로키엄에 대해서는 본서 269쪽의 '지은이 각주'를 참조하라.]

12장 | 범죄학: 특수한 지식의 탄생

Pasquale Pasquino, "Criminology: The Birth of a Special Knowledge," trans. Colin Gor-don, *I & C*, no.7: Technologies of the Human Sciences, Autumn 1980. 원래 이 글은 1979년 미셸 푸코가 콜레주드프랑스에서 진행한 세미나에서 발표됐다. [자세한 정황은 본서 343쪽의 '지은이 각주'를 참조하라.]

13장 | 노동 안에서의 즐거움

Jacques Donzelot, "Pleasure in Work," trans. Colin Gordon, *I & C*, no.9: Life, Labour and Insecurity, Winter 1981-1982. [프랑스어판의 출처는 본서 367쪽의 '옮긴이 각주'를 참조하라.]

한국어판 후기 | 통치성, 그리고 정치의 계보학

Colin Gordon, "Governmentality and the Genealogy of Politics," *Educação e Pesquisa*, vol.39, no.4, outubro-dezembro, 2013. 원래 이 글은 콜린 고든이 한국어판 후기로 작성해 2011년 1월에 집필을 완성했다. 그 뒤 2011년 6월 3~4일 양일간 영국 런던대학교 버크벡칼리지에서 개최된 『푸코 효과』 출판 20주년 기념 컨퍼런스에서 처음 발표됐고, 위의 잡지에 영어로 수록됐다.

지은이·옮긴이 소개*

콜린 고든(Colin Gordon) | 옥스포드대학교에서 문학과 철학을 전공했으며, 콜레주드프랑스에서 푸코의 연구 조교로 일했다. 푸코의 논문과 대담을 모은 『권력/지식』(*Power/Knowledge: Selected Interviews and Other Writings, 1972~1977*, 1980)을 번역·편집하는 등 푸코의 통치성 관련 연구를 영어권에 소개하는 데 핵심 역할을 했다. 최근에는 정치의 계보학에 관한 사유를 발전시키고 있다.

미셸 푸코(Michel Foucault) | 1926년 프랑스의 프와티에에서 태어나, 파리고등사범학교에서 루이 알튀세르, 장 이폴리트, 조르주 캉길렘 등에게서 배웠다. 『광기의 역사』(1961), 『말과 사물』(1966), 『감시와 처벌』(1975), 『성의 역사』(1976~84/전3권)를 비롯해 사후 출간된 '콜레주드프랑스 강의' 시리즈 등을 통해 현대 인문학·사회과학의 패러다임을 여전히 혁신시키고 있는 '동시대의 사상가'이다.

파스콸레 파스퀴노(Pasquale Pasquino) | 나폴리대학교에서 철학을, 소르본대학교에서 정치학을 공부했다. 현재는 뉴욕대학교 정치학과 교수로 재직 중이다. 17~18세기 유럽의 정치 사상에 대한 연구를 계속해왔으며, 최근 저서로 『제헌권력과 유럽』(*Le pouvoir constituant et l'Europe*, 2011) 등이 있다. 최근에는 아테네 민주주의와 현대 헌법시스템에서의 법정의 역할에 대해서 연구하고 있다.

그래엄 버첼(Graham Burchell) | 독립 연구자이자 전문 번역가로 활동하면서 푸코 이외에도 질 들뢰즈, 펠릭스 가타리, 폴 벤느, 자크 동즐로, 뤽 볼탄스키 등의 작업을 영어권에 번역·소개해왔다. 푸코의 '콜레주드프랑스 강의' 시리즈의 영어권 책임 번역자로서, 『"사회를 보호해야 한다"』를 제외한 모든 강의의 번역을 맡았다. 최근에는 고백이라는 실천의 역사에 대해 연구하고 있다.

---

* 지은이들은 본서에 논문이 수록된 순서로 소개했고, 옮긴이들은 가나다 순서로 소개했다(공동 편집자 중 하나로, 따로 논문을 기고하지 않은 피터 밀러는 맨 마지막에 소개했다). 지은이들의 저서 중 국내에 번역된 책들은 원서명을 적지 않았다.

조반나 프로카치(Giovanna Procacci) | 뱅센대학교에서 로베르 카스텔의 지도로 박사학위를 받았고, 밀라노대학교 사회학·정치과학 교수(2001~13년)와 유럽사회학회 회장(2005~07년)을 역임했다. 최근 저서로『사회의 발견』(*La scoperta della società: Alle origini della sociologia*, 2003)[공저] 등이 있다.

자크 동즐로(Jacques Donzelot) | 낭테르대학교 정치사회학 교수로 재직 중이다. 도시정책 전문가로서, 현재 프랑스 도시들에 대한 도시사회학적 연구를 진행하고 있다. 주요 저서로『가족의 통치』(*La police des familles*, 1977),『사회적인 것의 발명』(1984)[한국어판 제목은『사회보장의 발명』]이 있으며, 최근『프랑스의 도시들』(*La France des cités: Le chantier de la citoyenneté urbaine*, 2013)을 발표했다.

이언 해킹(Ian Hacking) | 케임브리지대학교에서 박사학위를 받고, 콜레주드프랑스의 '과학적 개념의 철학과 역사' 분과의 교수로 재직했다. 과학철학과 과학사에 대한 다수의 저작을 남겼으며, 특히 1990년대 들어서는 푸코의 논의에 근거해 인간과학에 대한 연구를 발전시켰다. 주요 저서로『우연을 길들이다』(1990),『표상하기와 개입하기: 자연과학철학의 입문적 주제들』(1985) 등이 있다.

프랑수아 에발드(François Ewald) | 소르본대학교에서 철학을 공부하고, 파리정치대학교에서 정치학 박사학위를 받았다. 푸코의 유고집(『말과 글』[*Dits et écrits*], 1994)과 '콜레주드프랑스 강의' 시리즈의 공동 편집자이며, 리스크 개념과 사회보험에 대한 연구로 유명하다. 최근 저서로『혁신의 리스크』(*Aux risques d'innover: Les entreprises face au principe de précaution*, 2009) 등이 있다.

다니엘 드페르(Daniel Defert) | 뱅센대학교 사회학과 교수를 역임했다. 프롤레타리아 좌파와 감옥정보그룹 등에서 활동한 푸코의 오랜 동지이자 파트너로 유명하다. 푸코 사후에는 반(反)에이즈 활동가로 다양한 사회활동을 벌였다. 최근에 자신의 생애와 활동에 대한 대담집『정치적 삶』(*Une vie politique*, 2014)을 발표했다.

로베르 카스텔(Robert Castel) | 뱅센대학교와 파리고등사회과학원 사회학 교수를 역임했다. 1970년대에 정신의학에 관한 계보학적 연구로 유명해졌으며, 이후 근대 사회에서의 노동-사회통합 관계와 사회배제 문제를 연구했다. 주요 저서로『정신의학의 질서』(*L'ordre psychiatrique*, 1977),『사회 문제의 변형』(*Les métamorphoses de la question sociale: Une chronique du salariat*, 1995) 등이 있다.

심성보(SHIM Sungbo) | '킹콩랩' 연구원으로 문화·노동을 연구하고 있다. 지은 책으로『사라진 정치의 장소들』(공저/2008)이 있으며, 바바라 크룩섄크의『시민을 발명해야 한다』(2014), 토마스 렘케의『생명정치 입문』(근간) 등을 번역했다.

유진(YU Jin) | 과학기술학을 전공했다. 버지니아폴리테크닉주립대학교에서 미국 성범죄자 위험관리 체제의 형성에 관한 연구로 박사학위를 받았다.

이규원(LEE Kyuwon) | 문화연구를 전공했으며, 문화·지역 연구를 하고 있다. 『잉여의 시선으로 본 공공성의 인문학: 위기의 지구화 시대 청(소)년이 사는 법』(2011)을 공저했고, 니콜라스 로즈의 『생명 자체의 정치』(근간)를 번역했다.

이승철(LEE Seung-Cheol) | 서울대학교에서 사회학을, 컬럼비아대학교에서 인류학을 공부했다. 현재 신자유주의 통치와 도덕경제의 결합에 대한 박사논문을 쓰고 있다. 미셸 푸코의 『푸코의 맑스』(2004), 웬디 브라운의 『관용』(2010)을 번역했다.

전의령(JUN Euy Ryung) | 한국의 이주/다문화 담론 연구로 노스캐롤라이나대학교에서 인류학 박사학위를 받았고, 포항공과대학교 인문사회학부 대우조교수로 재직 중이다. 현재는 한국의 동물 보호/복지 담론 연구를 기획 중이다.

최영찬(Justin Young-Chan Choi) | 현재 런던대학교 한국학 박사과정에 재학 중이다. 한국 근대 정치사상사를 전공하고 있으며, 미국 근현대사에도 관심을 갖고 있다.

피터 밀러(Peter Miller) | 런던정치경제대학교 회계학과에서 관리회계학 담당 교수로 재직 중이다. 니콜라스 로즈와 함께 통치성 이론을 사회과학에 적용시킨 대표적인 학자로 꼽히며, 주로 회계학의 실천과 역사를 통치성의 관점에서 분석하는 작업을 진행해왔다. 주요 저서로 로즈와 공저한 『현재를 통치하기』(*Governing the Present: Administering Economic, Social and Personal Life*, 2008)가 있다.

찾아보기

알레비(Élie Halévy) 44
앎(savoir/knowing) 233, 234, 250, 288
앤더슨(Benedict Anderson) 437, 446, 447
언표(énoncé/utterance) 87, 95, 96, 107, 109
에라스뮈스(Desiderius Erasmus) 450
에발드(François Ewald) 52, 53, 71, 73, 216, 255, 452, 459, 461~463
에빙하우스(Hermann Ebbinghaus) 282
에샹주에프로제 클럽(Club Échanges et Projets) 258
『에스프리』(Esprit) 85, 376
에스키롤(Jean-Étienne Dominique Esquirol) 421
에지워스(Francis Edgeworth) 288
에피스테메(épistémè) 89, 92
엘리엇(Thomas Elyot) 136
엘베시우스(Claude Adrien Helvétius) 278
연대[성](solidarité/solidarity) 48, 64, 69, 72, 73, 254~258, 260~262, 306, 309, 312~314, 317, 322, 333, 334, 337, 338, 374, 375, 455
　연대주의(solidarisme) 8, 64, 255, 316, 460, 463
오리우(Maurice Hauriou) 61, 64, 256
오브레히트(Georg Obrecht) 170~174
오비디우스(Ovidius) 349
옹브르당(André Ombredane) 385
외스트라이히(Gerhard Oestreich) 31~33, 440
위고(Victor Hugo) 281
윌콕스(Walter F. Willcox) 271
유아화(infantilisation/infantilization) 248, 249
율리우스 2세[교황](Iulius II) 443
위험함(dangerosité/dangerousness) 405~426
이그나티에프(Michael Ignatieff) 52
이폴리트(Jean Hyppolite) 438
이해관계(intérêt/interest) 25, 38, 43~46, 49, 62, 63, 69, 70, 72, 103, 123, 179, 184, 193, 194, 197~205, 207~215, 220, 238, 249, 252, 263, 306, 329, 358, 378, 397, 403, 428, 444, 459, 460
『인간노동』(Le Travail humain) 373
인적자본(capital humain/human capital) 73, 77, 78, 302, 312, 320

ㅈ
자선협회(Société de Bienfaisance) 335
작업치료사(ergothérapeute/ergotherapist) 381, 382
장물랑클럽(Club Jean Moulin) 258
장애(handicap/handicap) 79, 80, 325, 380~390, 399, 419, 420
　기능장애(déficit/deficit) 383, 385, 389
장치(dispositif/apparatus) 133~156, 177, 349, 350, 352, 356, 364
장티예(Innocent Gentillet) 136
전체화(totalisation/totalization) 44, 45 → '개별' 항목 참조
　전체적인 동시에 개별적으로(Omnes et singulatim/all and each) 17, 25, 67
정상성(normalité/normalcy) 127, 272, 384
정신건강연맹(Ligue pour la Santé Mentale) 373
정신의학(psychiatrie/psychiatry) 68, 69, 115, 123, 227, 381, 407~413, 418~422, 424
정의(justice/justice) 28, 72, 118, 145, 188, 201, 257, 304~307, 345, 347, 363
정치산술(arithmétique politique/political arithmetic) 29, 174, 187, 188 → '통계학' 항목 참조
제켄도르프(Veit Ludwig von Seckendorff) 173
좀바르트(Werner Sombart) 432
종신연금(rente viagère/life annuity) 305, 312, 317~320
주오(Léon Jouhaux) 372
지식(connaissance/knowledge) 105 → '앎' 항목 참조
지역정신보건센터(Community Mental Health Center/Centre communautaire de santé mentale) 418n*, 421, 424
진실진술(véridiction/veridiction) 116, 122, 125, 435 → '사법진술' 항목 참조

ㅊ · ㅋ
채드윅(Edwin Chadwick) 289
차테르지(Partha Chatterjee) 437, 446~448
책임귀속(imputabilité/imputability) 51, 71~73, 354, 355

푸코 효과 통치성에 관한 연구

초판 1쇄 발행 | 2014년 10월 13일
초판 2쇄 발행 | 2016년 4월 18일
초판 3쇄 발행 | 2023년 2월 13일

엮은이 | 콜린 고든, 그래엄 버첼, 피터 밀러
옮긴이 | 심성보, 유진, 이규원, 이승철, 전의령, 최영찬
펴낸곳 | 도서출판 난장·등록번호 제307-2007-34호
펴낸이 | 이재원
주　소 | (04380) 서울시 용산구 이촌로 105 이촌빌딩 401호
연락처 | (전화) 02-334-7485　(팩스) 02-334-7486
블로그 | blog.naver.com/virilio73
이메일 | nanjang07@naver.com

책값은 뒤표지에 있습니다. 잘못 만들어진 책은 구입하신 서점에서 바꿔드립니다.
ISBN 978-89-94769-16-5 03300

이 도서의 국립중앙도서관 출판시도서목록(CIP)은
서지정보유통지원시스템 홈페이지(http://seoji.nl.go.kr)와
국가자료공동목록시스템(http://www.nl.go.kr/kolisnet)에서 이용하실 수 있습니다.
(CIP제어번호: CIP2014027597)